KB160658

이용상, 화산이씨 연구

Lý Long Tường, Nghiên cứu Lý Hoa Sơn

박순교

경북대 인문학술원 객원 연구원 (현)
학술 연구 교수 (전. 한국연구재단)
삼사관학교 강의교수 (전)
경북대 영남문화연구원 특임연구원 (전)

역사의 행간에서 명멸해 간 인물들의 감춰진 삶과 운명을 부조하여 복원하는 데에 주로 관심을 가져 왔다. 깊이 있는 통찰력과 문제의식으로 김춘추, 이용상, 경애왕, 고종후, 미추왕, 정세아, 조호익, 설총, 원효 등 광범위한 인물들을 추적하였다. 그에 관한 다수의 책과 글들이 있다. KBS 대하사극 〈대왕의 꿈〉이 저자의 김춘추 논고에서 비롯되었고, 경북 봉화 베트남 타운 건설 계획이 저자의 이용상 논고를 토대로 입안됐다. 2021년, 설총(삼성현) 관련 논문으로 대구경북연구원 최우수 학술논문상을 수상했다.

이용상, 화산이씨 연구

초판 인쇄 2022년 09월 16일
초판 발행 2022년 09월 30일

저　　자 박순교
펴 낸 이 한정희
펴 낸 곳 경인문화사
편　　집 유지혜 김지선 한주연 이다빈 김윤진
마 케 팅 전병관 하재일 유인순
등　　록 제406-19736-000003호
주　　소 경기도 파주시 회동길 445-1 경인빌딩 B동 4층
전　　화 (031) 955-9300 팩 스 (031) 955-9310
홈페이지 http://www.kyunginp.co.kr
이 메 일 kyungin@kyunginp.co.kr

ISBN 978-89-499-6658-8 93910
정가 37,000원

한국 베트남 수교 30주년 기념 학술도서

이용상, 화산이씨 연구

Lý Long Tường, Nghiên cứu Lý Hoa Sơn

박순교 지음

경인문화사

머리말

한국은 아시아의 동단에 있다. 그리고 베트남은 아시아의 남단에 있다. 두 나라는 공간의 상거가 있다. 최치원의 글에서 베트남은 처음 등장한다(〈補安南錄異圖記〉). 하지만 양국 간 인적 교류의 역사는 드물게 보일 뿐이다. 베트남은 한 잔의 물을 마셔도 그 물의 근원을 생각한다.

베트남(Việt Nam)은 85%의 越(Việt)족을 포함하여 54개 소수 민족으로 구성된 나라이다.

영토(330,951km²)는 남북한을 합친 한반도 전체 면적의 1.5배에 달한다. 남한보다는 훨씬 크고, 일본의 영토에는 약간 미치지 못한다. 미국의 뉴멕시코 주보다 약간 크고, 캘리포니아보다 약간 작다. 베트남은 길게 남북으로 뻗어, 북부의 중심 하노이와 남부의 중심 호치민(Sài Gòn) 사이 거리(1,627.1km)가 서울에서 부산까지 거리(325km)의 4배에 달한다. 경작하고 있는 토지는 전체 영토의 25% 내외이다. 위도로는 에티오피아, 나이지리아, 필리핀과 거의 일치한다. 기후는 열대에서 아열대, 온대, 고산 기후까지 망라한다. 동쪽에 긴 바다를 끼고 있어 물류의 요충지이다. 인구는 약 9,740만 명(2021년 기준), 전체 인구 평균 연령은 28세 내외이다.

[그림 1]
Bắc Ninh, Vũ Ninh (phường) 顯靈祠

베트남(Việt Nam)은 수많은 강이 있다. 북부에는 역사의 물줄기 홍강

[그림 2] 베트남의 지도

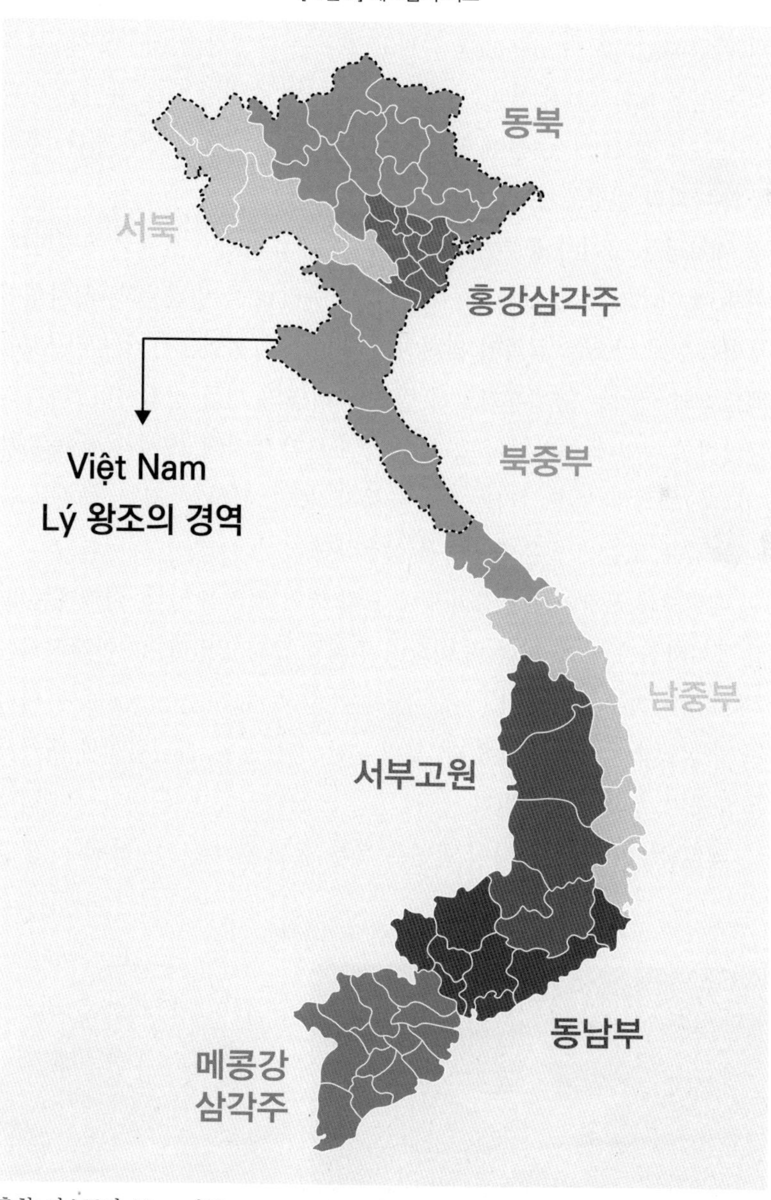

출처: 티스토리. Map of Vietnam

[紅河]이 있다. 중부 지역에선 호이안[會安]의 투본[秋盆]강, 다낭Tourane의 한강[瀚江], 후에(Huế, 化)를 감싸고 흐르는 흐엉강[香江]이 있다. 남쪽에는 구룡(九龍)강이라 불리는 메콩강, '머나먼 송바강'으로 유명한 송바(Sông bà婆, 할머니의 강) 등이 있다. 강역 내에 2천여 개의 강이 있다. 가히 물의 나라라 일컬을 수 있겠다.

베트남은 구리가 풍부하며, 구리로 만든 북[銅鼓]이 자고로 유명하다. 현재 베트남의 화폐 단위 동(đồng) 역시 구리[銅]를 일컫는다. 고사성어 오월동주에 나오는 월족이 남하하여 월남이라 불렸다는 일설이 있다. 베트남의 국기는 금성홍기로서 빨강은 혁명의 피를 상징하며, 하나의 금빛별이 중앙에 배치되어 있다. 별의 모서리 일각이 12시 정방향을 가리킨다. 별의 다섯 모서리는 각각 노동자, 농민, 지식인, 청년, 군인을 함의한다. 또 노란색 별은 황인종을 상징한다.

베트남의 국장에는 빨강 바탕에 노랑 별이 새겨져 있다. 아래에는 노랑 톱니바퀴가 있고, 노랑 벼 이삭이 주위를 감싸고 있다. 그 아래쪽에는 "베트남 사회주의 공화국"("Cộng hoà xã hội chủ nghĩa Việt Nam")이 새겨진 빨강 리본이 장식되어 있다. 노랑 별은 공산당을, 톱니바퀴와 벼이삭은 노동자, 농민을 함의한다.

베트남(Việt Nam) 역사의 발원은 북부 홍강(홍하)에서 시작됐다. 홍강

[그림 3] 베트남의 국기와 국장

[그림 4] 베트남 역대 국장의 변천

출처: coat of arms of Vietnam.svg

의 델타지대에 새로운 수도를 정하고 천년 왕조의 역사를 새긴 왕조가 Lý왕조였다. 태조 이공온李公蘊은 칭제건원稱帝建元하여 자주국의 면모를 일신했다. 1010년 화려성華麗城을 벗어나 대라성大羅城을 지어 수도로 삼고 승룡昇龍(베트남 발음으로는 탕롱, 용이 승천하는 곳)이라 이름 했다. 이곳이 지금의 베트남 수도인 하노이[河內]인 셈이다. 하노이란 도시를 끼고 흐르는 붉은 물, 홍하紅河의 안內이라는 뜻이다.

왕조는 붉게 넘실대는 홍하의 탕탕한 물길을 바탕삼아 신도시(하노이)를 건설하고 남녘 일대의 땅에서 거대한 불꽃의 문명을 일으켰다. 중국의 오랜 종속에서 벗어났고 자주와 독립과 진취의 기상을 내뿜었다. 불교와 유교를 아울렀으며 문과 무의 조화를 이루었다.

대월의 2대 태종, 3대 성종, 4대 인종에 이르기까지 적장자의 왕위계승 원칙이 지켜졌고 나라의 기틀은 크게 갖추어졌다. 태종은 형법의 완성, 영토의 확장 등을 이뤘고, 대월이란 국호를 처음 내세웠다. 성종은 교육 제도를 정비하고 공자의 문묘를 세우기도 하는 등 유학의 진작振作에 힘을 썼다. 특히 인종은 대월 리씨 황조의 정점에 선 황제로 예악, 문물, 행정에 능통했다.

역대의 왕들은 민생을 우선으로 챙기며 매사를 노심초사했다. 왕조는 자주성의 구현에서도 남다른 치적을 남겼다. 건국 과정이 외세를 떨치는 독립 운동의 과정이었듯, 성장 과정도 외세와의 항쟁이었다.

1075년 2월 송나라가 유충한 인종의 즉위를 노려 대월을 공략할 채비를 서둘렀다. 대월은 이상걸李常傑을 중심으로 수륙 양면의 선제공격에 나서, 송나라의 흠欽, 렴廉, 옹邕 등 3주를 파했다. 40여 일의 교전 끝에 옹주에서는 송나라 전군이 몰살하여 사망자가 58,000명에 이르렀고, 흠·렴주 전투에서는 송나라의 사망자가 무릇 십여 만에 이르렀다. 이듬해인 1076년, 송나라는 광남선무사廣南宣撫使 곽규郭逵를 초토사招討使로, 조설趙卨을 부장으로 삼고, 대월 남쪽의 참파[占城], 서쪽의 진랍眞臘과 종횡해 3면에서 대월을 압박했다. 하지만 송나라 군사들은 대월의 유인책에 말려 홍하와 여월강如月江에서 붉은 피를 뿌리며 숨져갔다.

인종의 유일한 약점이라면 수십 명의 비빈을 들여 후사를 얻으려 했으나 무위에 그쳤다는 점이다. 인종은 이복동생의 아들을 후사로 삼았으니 이가 이양환李陽煥. 곧 뒷날의 5대 신종이자 용상의 할아버지였다.

신종이 일찍 죽고 첫째아들 이천조李天祚가 세 살의 나이로 6대 영종이 되니, 이가 곧 용상의 아비였다. 영종이 황위에 오른 지 얼마 되지 않아 신리의 큰 반란이 일어났다. 그 반란을 진압한 두영무는 군권을 손 안에 쥐고 궁궐 안팎의 여자들, 황태후까지 호리며 횡포를 부렸다. 이른바 두씨 일가의 득세요 전횡이며 횡포이자 발호였다. 일가의 처녀를 황실에 들여 후사를 도모하였고 뜻한 대로 용한을 얻었다. 그러자 야료를 부려 황태자인 용창을 폐하고 용한이 대통을 이어받아 7대 고종이 되게 했다. 이 사건은 1175년의 일이었다.

〈화산군 본전〉에는 용상이 황제 고종 곧 용한의 동생으로 나와 있으나 진위를 쉽게 단언하긴 어렵다. 용한이 출생한 것은 1173년 5월 25일이었고, 용상의 아비 황제 영종은 1175년 4월부터는 수족을 굴신할 수 없었고 석 달의 와병 끝에 그해 7월 세상을 떠났다. 〈대월사기전서〉의 '帝疾大漸 황제의 병이 더욱 크게 심해져'란 구절을 보면 죽기 이전 어느 정도 지병을 지녔음이 틀림없다. 그런 황제 영종이 잠자리를 하여 용상

[표 1]

연도	왕조	사건	시대
BC 690		반랑(文郎國, Van Lang) 건국	고대왕국시대
BC 257 ~ BC 208		어우락(絡國, Au Lac)	
BC 207 ~ BC 111		남비엣(南越國, Nam Viet)	
BC 111		중국 한나라 복속	중국복속시대
264		초기 베트남 남북으로 분리	
938		바익당강 전투 승리	
939		오조(吳朝, Ngo)	
968		정조(丁朝, Dinh)	
980		前려조(Tien Le)	
1009 ~ 1225	Ly왕조	리조(李朝, Doi Ly)	
1226 ~ 1400	쩐 왕조	진조(陳朝, Doi Tran)	
1257		元의 침략	
1400 ~ 1407		호조(胡朝, Doi Ho)	
1407 ~ 1427	명의 통치	명의 침략	
1427 ~ 1788	레 왕조	後려조(Doi Hau Le)	
(1527 ~ 1592)		막조(莫朝, Mac)	
1788 ~ 1801		서산완조(西山院朝, Tay Son)	
1802 ~ 1945	응우엔 왕조	완조(阮朝, Doi Nguyễn)	
1858		선교사 처형 빌미로 프랑스 무력 침공	프랑스식민시대
1859		프랑스 사이공 점령	
1862		제1차 사이공 조약	
1887		프랑스 캄보디아 포함 인도차이나 연방 창설, 하노이에 총독부 설치	
1889		프랑스 라오스 합병	
1930		인도차이나 공산당 설립	
1941		베트남독립동맹(베트민 결성)	
1941 ~ 1945		일본군 베트남 진주	일본 점령기
1945		8월 혁명	

출처: Xin Chào Việt Nam

을 두었을까 하는 의문은 여전히 남는다. 7대 황제 고종은 오랜 세월 차근차근 준비된 황제의 재목이 아니라 외척 두씨의 후광으로 무리하게 황위에 오른 인물이었다.

고종은 장성하고서도 정사를 돌보지 않고 향연과 주색에 빠져 암군暗君으로 지내었다. 실정이 겹치매 그 와중 범유范猷의 반란이 일어났다. 황제는 범병이范秉彝를 보내 진압케 했으나 사소한 오해가 쌓여 범병이를 소환, 일거에 죽여 버렸다. 범유의 난 이전에도 잘못을 범했던 황제는 그 이후에조차 잘못을 거듭 범하고 만 것이었다. 범병이의 휘하 장졸들이 분개하여, 일제히 무장반란을 일으키매 황제는 도망가고 황태자 참 역시 뿔뿔이 피난을 떠났다. 피난길에서 열네 살의 황태자는 도적질로 명성이 자자한 진리陳李의 딸과 염문을 뿌렸다. 진씨 일가의 도움을 받아 반란은 평정됐다. 이를 계기로 진씨陳氏의 득세와 발호가 이어졌다. 큰 역사의 흐름에서 보면 작은 도적을 물리치고, 큰 도적을 불러들인 격이었다.

용한이 고종 황제가 된 1175년에서 범유의 반란이 일어난 1209년까지 대략 30여 년에 걸친 기간, 이용상의 행적은 침잠되어 있다. 이용상이 용한의 동복아우였다면 두씨 일가가 권세를 전횡한 이 오랜 시기 일정한 역할을 하거나 어느 정도의 족적은 남겨야 마땅했을 것이다. 용창과 마찬가지로 용상의 침묵은 외가가 두씨 일족이 아님을 짐작케 하는 대목이다. 이듬해 황태자 참은 황위에 올라 8대 혜종이 되었다. 하지만 혜종은 자신의 손으로 불러들인 진씨 외척에 억눌려 제대로 된 개혁 한 번 하지 못한 채 피살됐다.

〈대월사기전서〉에선 1224년 선달 혜종의 병이 깊어 출가하여 절에 머물고 둘째 딸이 황위를 물려받은 것으로 되어 있다. 전후 상황을 볼 때 진수도가 모든 권력을 쥐고 있었던 점, 8년 전 멀쩡히 황태자로 책봉한 첫째 딸을 배제한 점, 여덟 살의 첫째 딸을 버려두고 여섯 살 둘째를 황위에 올린 점 등에서 혜종의 선양과 최후에는 뭔가 진수도의 깊고 어두운 흑막이 숨겨져 있다. 혜종의 실각과 유폐, 죽음은 이용상의 행동에도 결정적 영향을 미친 것이 틀림없다. 혜종 사후 李氏 황족이 몰살된 것, 진수도의 집권 행보가 가속화 되는 과정 등을 볼 때 용상은 이즈음 대월을 벗어나 탈출에 올랐음이 분명하다. 만일 이 탈출의 기회를 놓쳤다면 용상은 서슬 퍼런 진수도의 칼날 아래 불귀의 객이 되었을 것이다.

혜종은 진씨 황비와의 슬하에 두 딸을 두었는데, 둘째 딸 불금이 여섯 살의 나이로 황위를 물려받아 9대 황제 소황昭皇이 되었다. 황태자인 첫째 딸 순천이 번연히 있었음에도 둘째 딸이 느닷없이 황위에 오른 것을 보면, 이에는 역시 진수도의 입김과 계산이 작용했다고 파악된다. 이를 두고 첫째 딸 순천이 진류에게 출가했기 때문이란 견해도 있으나, 출가와 황위계승과의 함수 관계를 설명하긴 뭔가 부족한 감이 있다. 머잖아 소황 불금은 1225년 12월 21일 진승陳承의 차자次子 진경陳煚에게 선양함으로써 226년간의 리씨 황조는 종막을 고하였다. 외척에 의한 나라의 멸망이었다. 외척에 의한 세도정치 끝에 점차 쇠미하여 망국의 길에 다다른 조선과 맥을 같이할 대목이다. 베트남은 오랜 기간 중국의 수탈에 시달렸다. 한나라 때에 남월南越(베트남 발음으로는 남 비엣)이란 나라가 한에 항거하였으나 끝내 복속되어 군현이 설치, 교지交趾, 교주交州라 불렸다. 당나라 때 남방을 평안하게 한다는 안남도호부安南都護府가 설치되었다. 중국인에게선 이래 안남安南(베트남 발음으로는 안 남)이라 불려 왔다. 고조선이 한나라에 항거하다 한사군(낙랑, 임둔, 진번, 현도 등의 4군)이 설치된 것이나, 고구려가 당에 의해 망한 다음 안동도호부安東都護府가 설치된 것과 같은 궤적을 밟고 있다. 중국이 팽창할 때마다 동쪽과 남쪽 끝단에 있던 두 나라는 다 같이 영향을 받았다.

중국의 속박에서 독립, 자존을 내세워 잠시 국호가 대구월大瞿越(베트남 발음으로는 다이 꼬 비엣)로 불렸다가 리씨 황조가 들어서며 이름을 줄여 대월大越로 했다. 이는 대한제국이나 지금의 우리 국호 대한민국에 큰 대자大字를 붙인 것, 같은 대한을 물려 쓰는 것과 같다. 600년 뒤 완씨阮氏 황조는 국호를 고쳐 남월南越(베트남 발음으로는 남 비엣)이라 칭하려 했다. 하지만 청의 종용으로 현재의 월남越南(베트남 발음으로는 비엣 남, 한국어로 베트남)이 되기에 이르렀다. 겉으로는 중국 내 남월과 혼돈될 우려가 있다는 까닭이었다. 춘추오패의 하나로 등장한 월越이 중국 남동의 복건, 광동 일대로 이거移居, 남월이라 칭한 것은 사실이지만, 그보다 남월이 예전 한나라에 대항한 대월의 나라 이름이었기 때문이리라 봄이 중론이다. 이 역시 우리가 고조선에서 조선이란 국호를 따, 명의 고신을 받은 것과 비슷하다. 다른 점이 있다면 대월은 황제를 내세웠고, 조선은 왕을 내세웠다는 차이뿐이다. 안남, 조선, 월남 등은 죄다 당, 명, 청의 입맛에 맞춘 국호들이다. 완씨阮氏 황조는 비록 밖으로 월남越南(베트남 발음으로는 비엣 남, 한국어로 베트남)이라 하면서도 안으로는 대남大南(베트남 발음으로는 다이 남)이라 칭했다. 기실 황제 국가로서의 자존심을 내세웠다.

두 나라는 수차 몽골의 침입을 받은 것도 같으며, 근현대에 들어와 프랑스의 공격을 받거나, 일제의 침탈을 받고 식민 지배를 당한 것도 같다. 또 이념의 대립 끝에 남북으로 갈린 것, 죽고 죽이는 동족상잔의 전쟁을 겪은 점도 똑같다. 다른 점이 있다면 대월은 통일을 이룬 반면, 지금 우리는 여전히 분단의 상태로 남아 있다.

'함께 산다. 함께 먹는다. 함께 일한다'를 삶의 화두로 지켜온 베트남의 호지명(Hồ Chí Minh, 胡志明, Nguyễn Tất Thành. 1890.5.19~1969.9.2) 주석은 현재 베트남 화폐의 유일한 표지 모델이다. 그가 설파했던, '변하지 않는 것으로써 변하는 모든 것에 응변한다'는 말은 금세기에도 아직 유효하다. 필자 역시도 그의 말을 되새기며, 그가 영면해 있는 바딩[波亭] 광장 언저리를 배회하기도 했다.

이공온李公蘊이 고법古法(꼬팝, 현 딘방)에서 태어나 기신起身하여 황제가

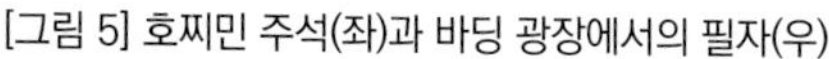

[그림 5] 호찌민 주석(좌)과 바딩 광장에서의 필자(우)

된 지 어언 150년, 이용상(Lý Long Tường)이 태어났을 무렵 궁중 여인들의 암투가 무성했다. 22살의 황태자가 폐위되고 태어난 지 5개월 된 갓난아이가 태자로 책봉됐다. 황제 영종 또한 질병이 겹쳐 굴신이 불가능했다. 영종의 병력을 고려할 때, Lý Long Tường은 영종이 세상에 남긴 마지막 핏줄일 수 있다. 이용상은 태어남과 거의 동시에 부친을 여의었다고 보인다. 그의 삶은 겹겹이 불행과 혼란에 빠져 들었다. 잇달아 즉위한 3명의 황제들 모두 비운에 사라졌다. 진수도를 중심한 진씨 세력이 그 틈을 비집고 발호하여, 역성혁명을 일으켰다. 그 와중 피의 숙청과 학살이 잇달았다. 이용상이 대월을 떠난 까닭은 대략 이러했다. 이윽고 1226년 즈음 황해도 옹진 화산에 표착한 그는 '화산군'으로 책봉을 받았고, 화산이씨의 시조가 되었다. '화산군'이란 봉작이 고려 조정에서 내린 것이라면, Lý Long Tường(李龍祥)의 성명姓名은 대월의 것이었다. '화산군'과 'Lý Long Tường'. 그는 이렇듯 두 나라의 질긴 그림자와 숙명을 안고 살아간, 비운의 황자皇子였다. 800년 역사를 뒤로 하고, 대월의 땅에서는 바람[風]이, 간절한 바람을 담아 바람의 예언을 전하여 왔다.

> 방(Băng, 뽕나무과의 활엽수)나무 숲에 잎새가 다 떨어지고 Tào Khê(曺溪) 강물이 다 마르는 때에 우리 이씨의 혈통이 귀환하리라. 호호탕탕한 홍하紅河의 거센 물줄기를 거슬러, 천년의 역사를 헤집으며 젖과 꿀이 흐르는 약속의 땅, 고법古法(Cổ Pháp, 李朝의 발상지)에 마침내 이르리라.
>
> - 〈홍하에서 온 푸른 별들〉 중에서 -

필자는 한국 베트남 수교 20주년(2012년) 즈음 이용상의 일대기를 다룬 팩션, 〈화산군 리용상〉을 집필했다. 한국 베트남 수교 25주년(2017년) 즈음, 필자는 Nguyễn Vũ Tú 주한 베트남 대사를 모시고 경북 내 봉화와 영주의 베트남 유적을 안내하였다. 그 직후(2018년) 봉화에 세거한 이용상의 혈맥들의 비애와 부침을 다룬 팩션, 〈홍하에서 온 푸른 별들〉을 출간하기도 했다. 이제 한국 베트남 30주년(2022년)을 기념하여 필자는 한 권의 책을 더하게 되었다.

본서는 그간 필자가 오랜 기간에 걸쳐 추적한 내용들을 모두 집약한, 순수한 학술 연구의 결과물이다. 1장은 李龍祥Lý Long Tường'의 고려移居와 역사적 함의, 2장과 베트남 사서와 화산이씨 가승의 同異를 통해 李龍祥 Lý Long Tường'과 관련한 서사를 추적하였다. 3장은 대월 리조의 역사적 변천 과정과 의미 등을 정리하였고, 4장은 이용상 탈출 당시의 대월 리조의 역사적 상황을 분석하였다. 5장은 화산이씨와 관련한 전체 사료, 가승을 조감하였고, 6장은 이용상과 관련한 기록을 바탕으로 봉화 화산이씨 사적, 경북 봉화의 충효당을 망라하는 현존 조형미술의 갈래를 분석하였다. 7장은 이용상과 관련하여 지금껏 고찰된 제반 연구들의 문제점을 비정하고 관련 기록의 체계적인 정리를 염두에 두었다. 8장은 화산이씨 末裔 李長發의 임란 참전과 추숭과정, 충효당 유집의 채록, 수찬 과정과 같은 기억의 서사를 궁구했다. 9장은 李長發이 남긴 유명시의 창작 과정과 그 안에 담긴 함의를 축차적으로 고찰하고, 그의 유명시를 둘러싼 진위 논쟁을 차례대로 정리하였다. 10장과 11장은 화산이씨 혈맥의 흐름과 궤적을 집중 테마로 삼아 화산이씨 족조 관념, 화산이씨의 활동 권역, 사후 피장 묘역, 화산이씨의 주거 공간이었던 고택 등에 대한 고찰을 주로 하였다.

권말 보론 13장에서는, 대월과 연결되거나, 연결되어왔던 신평 이씨와 정선 이씨에 대한 간명한 소개와 정리를 행하였다. 아울러 베트남 출신 재한 유학생 숫자, 베트남 출신 결혼 이주 여성의 전국별 분포, 기왕의 봉화일보 기고문 등을 첨부하였다. 본서의 주지主旨는 상고주의에 머물지 않고, 과거의 서사를 통해 현재와 미래, 동시대인을 지향하여 당세의 국리민복을 지향하고 수렴하는데 있음을 밝혀둔다. 모쪼록 본서를 통하여 800년간 이어진 한국 베트남의 역사적 탯줄이 의미심장하게 재조명되기를 바라마지 아니한다. 당해 지면을 빌어 나의 혈육, 나의 畏友 최원복, 안도근과 Chi Tràn(진지혜) 교수, Ta Anh Tu 서기관, Tran Thi Hien 선생, 경인문화사 한정희 대표님, 편집과 교열에 고생하신 유지혜 선생님 이하 경인문화사 편집부원 모두에게도 깊은 감사를 드린다.

2022. 09. 16.

박순교

차례

서론

[표 1] 화산이씨 전국 분포표(KOSIS 2015 인구총조사)

성씨, 본관별	행정구역별(시군구)	2015
화산	전국	1,237
	서울특별시	304
	중구	6
	용산구	12
	광진구	8
	동대문구	14
	중랑구	6
	성북구	19
	강북구	10
	도봉구	9
	노원구	6
	은평구	18
	서대문구	9
	마포구	13
	양천구	12
	강서구	19
	구로구	14
	영등포구	13
	동작구	15
	관악구	7
	서초구	22
	강남구	21
	송파구	32
	강동구	9
	부산광역시	32
	해운대구	8
	금정구	7
	대구광역시	43
	남구	5
	북구	9
	수성구	12
	달서구	8

성씨, 본관별	행정구역별(시군구)	2015
	인천광역시	209
	동구	8
	남구	37
	연수구	24
	남동구	37
	부평구	45
	계양구	17
	서구	33
	강화군	5
	광주광역시	13
	대전광역시	30
	서구	10
	유성구	8
	대덕구	5
	울산광역시	18
	남구	5
	동구	5
	세종특별자치시	7
	세종시	7
	경기도	338
	수원시	29
	장안구	8
	권선구	10
	영통구	9
	성남시	34
	수정구	7
	분당구	24
	의정부시	11
	안양시	14
	동안구	10
	부천시	9
	원미구	5

성씨, 본관별	행정구역별(시군구)	2015
	광명시	22
	안산시	25
	상록구	6
	단원구	19
	고양시	34
	덕양구	10
	일산동구	7
	일산서구	17
	구리시	6
	남양주시	18
	오산시	7
	시흥시	7
	군포시	17
	의왕시	8
	하남시	9
	용인시	25
	기흥구	13
	수지구	9
	파주시	8
	김포시	17
	화성시	11
	양주시	5
	연천군	6
	강원도	26
	춘천시	6
	속초시	5
	충청북도	45
	충주시	10
	청주시	25
	상당구	14
	서원구	5
	청원구	6
	괴산군	6

성씨, 본관별	행정구역별(시군구)	2015
	충청남도	33
	천안시	5
	서북구	5
	아산시	11
	서산시	6
	당진시	5
	전라북도	26
	군산시	13
	익산시	5
	전라남도	7
	경상북도	58
	포항시	8
	북구	5
	경주시	5
	안동시	10
	청도군	6
	봉화군	14
	경상남도	44
	김해시	10
	밀양시	6
	양산시	5
	창원시	10
	진해구	5

[참조]
전체 인구 총조사는 2015년 행해졌고, 2020년에는 중국 우한발 폐렴으로 행정 전산망에 의거, 20% 표본조사만 행해진 관계로 2015년 총조사가 최신 자료임.

[그림 1] 이용상 왕계도

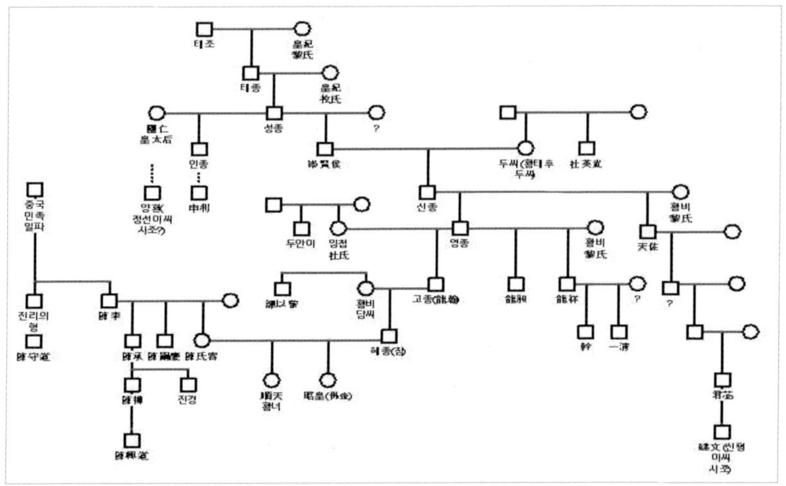

전거: 대월사기전서, 화산이씨 세보

[그림 2] 경북 봉화 창평 화산이씨 관련 유적

[표 2] 피장자

1. 元淑(李公蘊 17세손), 2. 鳳壽(李公蘊 18세손), 3. 봉화 정씨(鳳壽의 처), 4. 希文(李公蘊 19세손), 5. 長發(李公蘊 20세손), 6. 창원 황씨(長發의 처)의 쌍분, 7. 振南(李公蘊 21세손), 8. 惟顏(李公蘊 22세손), 9. 垕(李公蘊 24세손), 10. 羽溪 李氏(垕의 처)의 合墳, 11. 옥천 김씨(擇龍〈李公蘊 24세손〉의 처), 12. 惟曾(李公蘊 22세손), 13. 應蘭(李公蘊의 23세손), 14. 應莢(李公蘊의 23세손)·鳳城 琴氏의 雙墳, 15. 珪(李公蘊의 24세손), 16. 우계 이씨(珪의 처)의 별분, 17. 경(李公蘊의 24세손), 18. 안동 권씨의 合墳, 19. 堡(李公蘊의 24세손), 20. 光宅(李公蘊의 25세손), 21. 昌東(李公蘊의 27세손), 22. 宗德(李公蘊의 28세손), 23. 연안 김씨(宗德의 처)의 별분, 24. 밀양 박씨(晩運〈李公蘊의 29세손〉의 처), 25. 輝鳳(李公蘊의 31세손), 26. 진주 강씨(宗業〈李公蘊의 28세손〉의 처), 27. 진주 강씨(晩祐〈李公蘊의 29세손〉의 처), 28. 예안 이씨(晩祐〈李公蘊의 29세손〉의 처), 29. 昌後(李公蘊의 27세손), 30. 宗述(李公蘊의 28세손), 31. 顯基(李公蘊의 32세손), 32. 진성이씨(鐘杰〈李公蘊의 33세손〉의 처), 33. 源孝(李公蘊의 34세손), 34. 의성 김씨(源孝의 처)의 合墳, 35. 根容(李公蘊의 35세손), 36. 珍城 李氏(陽來〈(李公蘊의 29세손〉의 처), 37. 根宅(李公蘊의 35세손), 38. 鐘烈(李公蘊의 33세손), 39, 한양 조씨(鐘烈의 처)의 合墳, 40. 根宇(李公蘊의 35세손), 41. 珍城 李氏(根宇의 처)의 별분, 42. 陽世(李公蘊의 36세손), 43. 憲基(李公蘊의 32세손), 44. 鐘烋(李公蘊의 33세손), 45. 源明(李公蘊의 34세손), 46. 源道(李公蘊의 34세손), 47. 鐘大(李公蘊의 33세손), 48. 源祖(李公蘊의 34세손), 49. 根萬(李公蘊의 35세손), 50. 반남 박씨(根萬의 처)의 별분, 51. 學基(李公蘊의 32세손), 52. 敦基(李公蘊의 32세손), 53. 珍城 李氏(敦基의 처)의 合墳, 54. 원태(李公蘊의 34세손), 55. 觀基(李公蘊의 32세손), 56. 진주 강씨(觀基의 처)의 合墳, 57. 경주 김씨(鍾浩〈李公蘊의 33세손〉의 처), 58. 鎭基(李公蘊의 32세손), 59. 鍾洛(李公蘊의 33세손), 60. 惟一(李公蘊의 26세손), 61. 인동 장씨(惟一의 처)의 合墳, 62. 寅文(李公蘊의 27세손), 63. 평산 신씨(寅文의 처)의 合墳, 64. 寅郁(李公蘊의 27세손), 65. 김해 김씨(寅郁의 처)의 쌍분, 66. 光國(李公蘊의 28세손), 67. 달성 서씨(光國의 처)의 合墳, 68. 光春(李公蘊의 28세손), 69. 輝大(李公蘊의 31세손), 70. 晩祿(李公蘊의 29세손), 71. 驪州 李氏(晩祿의 처)의 쌍분, 72. 輝星(李公蘊의 31세손), 73. 惟閔(李公蘊의 22세손), 74. 陽煥(李公蘊의 36세손), 75. 源武(李公蘊의 34세손), 76. 鳳城 琴氏(晩實〈李公蘊의 29세손, 영천파〉의 처), 77. 全州 柳氏(相華〈李公蘊의 30세손, 영천파〉의 처) 등

→ 피장인원 : 77基

[그림 3] 경북 영주 장수 星谷 화산이씨 고택

[그림 4] 경남 밀양 무연 화산이씨 밀양파 묘역(무연리~운정)

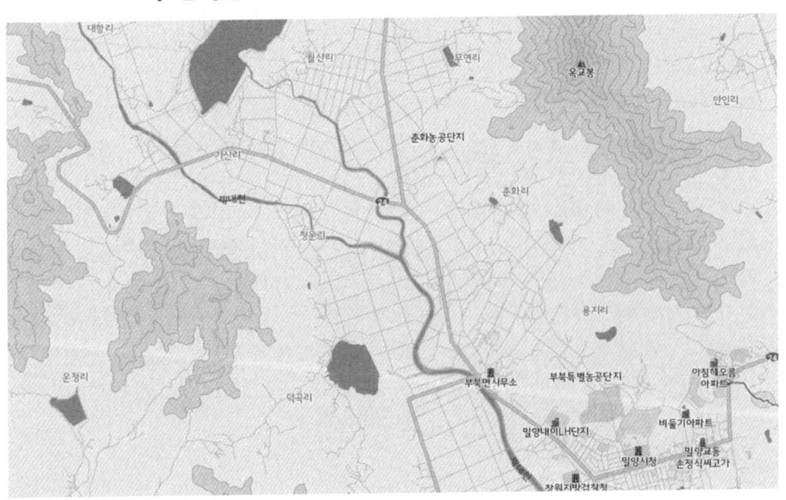

[그림 5] 화산이씨 밀양파 무연리 묘역 일부

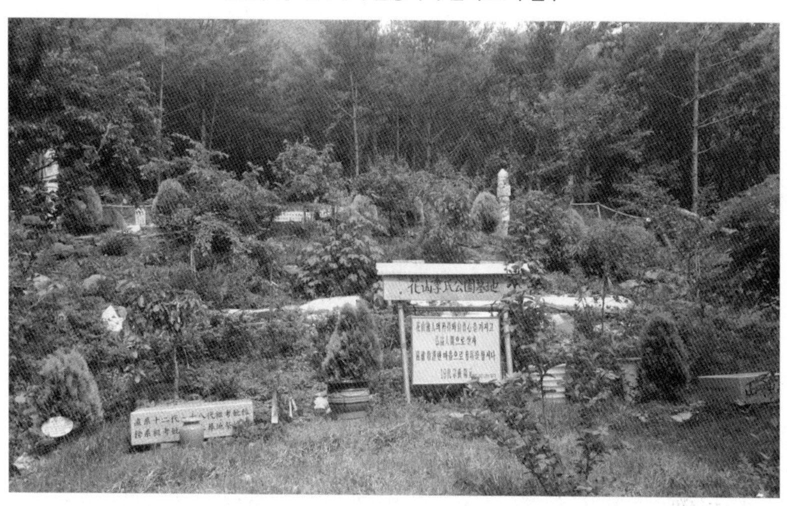

[표 3] 피장자

1. 元美(李公蘊 17세손), 2. 龜壽(李公蘊 18세손)·전주이씨 合墳, 3. 乙忠(李公蘊 19세손), 4. 淑文(李公蘊 20세손), 5. 파평 윤씨의 雙墳, 6. 希長(李公蘊 21세손), 7. 弘培(李公蘊 22세손), 8. 성주呂氏의 別墳, 9. 鳳陽(李公蘊 23세손), 10. 안동손씨의 別墳, 11. 秀英(李公蘊 24세손), 12. 수성羅氏의 雙墳, 13. 友樟(李公蘊의 25세손)·진주강씨의 合墳, 14. 敬一(李公蘊의 26세손)·金寧金氏의 合墳, 15. 德一(李公蘊의 26세손)·선산김씨의 合墳, 16. 貫一(李公蘊 26세손)·밀양박씨의 合墳, 17. 寅禼(李公蘊의 27세손)·김해김씨의 合墳, 18. 寅元(李公蘊의 27세손)·파평윤씨의 合墳, 19. 友柏(李公蘊의 25세손), 20. 진주강씨의 雙墳, 21. 揆一(李公蘊의 26세손), 22. 밀양박씨의 雙墳, 23. 寅華(李公蘊의 27세손), 24. 경주이씨의 雙墳, 25. 宅春(李公蘊의 28세손)·순천박씨의 合墳(?), 26. 英實(李公蘊의 29세손), 27. 盆城 배씨, 28. 인천이씨, 29. 相淳(李公蘊의 30세손)의 처 평산신씨, 30. 輝弼(李公蘊의 31세손), 31. 김해김씨의 雙墳, 32. 寅協(李公蘊의 27세손), 33. 창녕조씨의 連墳(舞亭 待榜谷), 34. 庭春(李公蘊의 28세손, 舞亭 待榜谷), 35. 天泰(李公蘊의 28세손), 36. 의령남씨의 雙墳, 37. 潤昌(李公蘊의 29세손), 38. 盆城허씨의 別墳, 39. 相龍(李公蘊의 25세), 40. 得昌(李公蘊의 30세손)·김해김씨의 合墳, 41. 華基(李公蘊의 27세손), 42. 鍾承(李公蘊의 28세손)의 처 金寧김씨, 43. 根壽(李公蘊의 30세손)의 처 밀양박씨, 44. 泳源(李公蘊의 34세손)의 처 청도김씨, 45. 鍾守(李公蘊의 33세손)의 처 평산신씨(舞亭 待榜谷) 등

→ 피장인원 : 45基

[그림 6] 충효당과 유허비(경북 봉화군 봉성면 창평리 220 소재)

절명시 絶命詩(1592)

百年存社計 오랫동안 사직을 지킬 계책으로
六月着戎衣 유월에 융복[갑옷]을 입었었네.
憂國身空死 나라 걱정에 몸은 자취 없이 죽으나
思親魂獨歸 혈육 생각에 혼이 홀로 돌아가누나.

- 이장발(李長發, 1574~1592) -

Thơ Tuẫn tiết(1592)

百年存社計 Trăm tính tính kế giữ non song
六月着戎衣 Tháng sáu xuất binh giáp nhuộm hồng
憂國身空死 Lo nước thân này xin nguyện chết
思親魂獨歸 Thương nhà hồn đó có về không"

- Lee Jang Bal (Lý Trường Phát). Tạm dịch -

[그림 7] 화산이씨 재실(경북 봉화군 봉성면 소금미 소재)

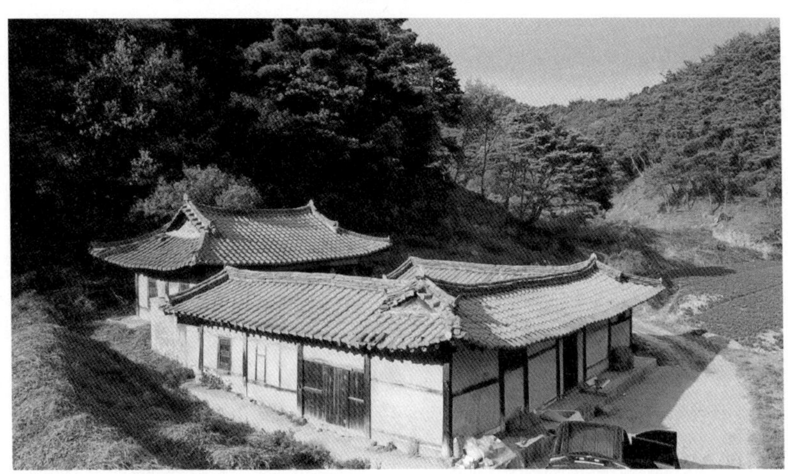

[그림 8] 이조 황성 도안문(端門) (하노이 소재)

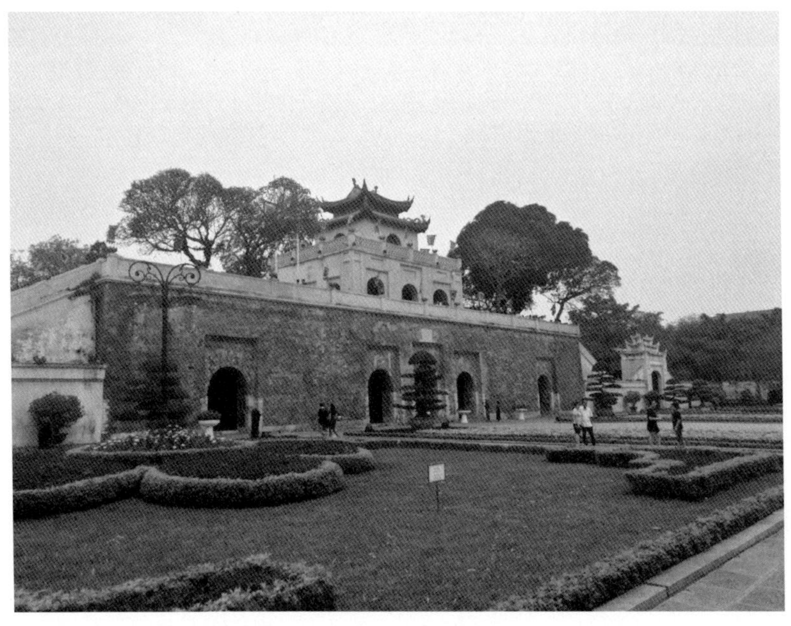

[그림 9] Từ Sơn 역사 특별지구 일람

1. 태조 모후 사당, 2. 태조 모후 릉, 3. 태조릉, 4. 태종릉, 5. 성종릉, 6. 인종릉, 7. 신종릉, 8. 영종릉, 9. 고종릉, 10. 혜종릉, 11.소황릉, 12. 인종 모후릉, 13. Đen Đo사당, 14. 고법사(태조 부모가 처음 조우한 절)

Từ Sơn의 Đình Bảng은 李朝의 역사, 문화를 배태·유지하고 있는 역사의 고향, 발원지라고 할 수 있다. 이조 9명의 황제가 빠짐없이 모두 일대에 영면하고 있다는 점 역시 괄목할 사실이다. 이는 李朝의 뿌리가 이 지역 일대임을 명확히 인식하고 있었다는 사실이다.

한국의 전대통령 문재인이 베트남 국빈 방문(2018년 3월) 중 호텔 조식 대신 하노이 Phở 10 Lý Quốc Sư(쌀국수 식당)에서 쌀국수를 먹었다. 식당 이름 Lý Quốc Sư는 베트남 Lý조, Quốc Sư는 國師(이용상 출신 왕조의 유명한 명공 스님)를 추모한 도로명이다. 식당에서 50보 거리에는 명공 스님의 절이 있었다. 대통령의 동선에서는 이런 역사적 맥락이 전혀 반영되지 않았다. 신남방 정책이 정치적 수사(Rhetoric)를 넘어 수준 높은

[그림 10] 베트남 李朝 국사(Quốc Sư) 명공(阮明空, 1065~1141)을 위한 절. Lý Quốc Sư

국격을 제고하려면 상대 역사, 문화에 대해 치밀하고 철저한 접근의 중요성을 일깨우는 지점이다.

李朝의 아홉 황제 중 마지막 女皇(소황)을 제외한 여덟 명 황제의 신위를 모신 '붉은 사당', 곧 Đen Đo(殿焰) 사당이다. 신위가 모셔진 황제는 1대 황제에서 8대 황제까지 해당한다. Lý Công Uẩn tức Lý Thái Tổ (1009~1028), Lý Thái Tông (1028~1054), Lý Thánh Tông (1054~1072), Lý Nhân Tông (1072~1128), Lý Thần Tông (1128~1138), Lý Anh Tông (1138~1175), Lý Cao Tông (1175~1210), Lý Huệ Tông (1210~1224) 등 이조 8명의 황제를 모신 사당이다. Đen은 한자어 '殿'이며, Đo는 '붉은 색[焰]'을 의미한다. 실제 Đen Đo의 지붕은 모두 붉게 채색된 형태를 띠고 있다. Đình Bảng 의 Đen Đo 사당은 여덟 황제 신위가 모셔진 까닭에, 달리 Ly Bat Đe(李 八帝)사당이라 불리기도 한다.

[그림 11] 베트남 Đền Đô(殿熖) 사당(Bắc Ninh, Từ Sơn, Đình Bảng 소재)

Đen Đo의 구조적 특징은 반달 모양의 호수(Ao co 강을 막은 원형 호수)의 동쪽에 다섯 마리의 용으로 장식한 5용문龍門이 있고, 지붕에는 두 마리의 용이 달을 감싸는 형상이 조각되어 있다. 정전正殿은 8단 지붕의 3칸 건물로 되어 있다. 이름에 걸맞게 지붕을 비롯한 건물 전체에서 고색창연한 붉은 빛이 감돈다. 그리고 매년 李朝 황조 창건 기념일인 음력 3월 14~16일까지 Đen Đo 축제가 거행되고 있다.

Đen Đo 정전 우측에는 '고법전조비古法殿造碑' 제하題下의 중수비重修碑가 위치해 있다. 비문 말미에는 홍정弘定 5년이 음각되어 있는데, '홍정'은 려조黎朝 5대 황제 경종敬宗이 1600년 11월~1619년 5월까지 19년간 사용한 연호이다. 따라서 당해 5년은 1605년에 해당한다. 이로써 Đen Đo 사당은 1605년 중수重修된 사실, 동시에 당시 '고법전'이라 불렸음이 추정된다. 전하는 바에 의하면 대략 770년 만인 1995년 음력 3월 15일 화산이씨의 혈손 일행이 귀향하여, 눈물을 머금고 조상의 사당

[그림 12] 호찌민 주석이 이조의 발상지 Từ Sơn의 古法 지역을 방문

뎬도 사원 재건 독려를 기념하여 촬영한 사진(뎬도 사당 기념관, 2013년 현지 촬영)

[그림 13] 뎬도 축제에 참여한 봉화군 사절단

봉화군에는 李朝 말엽 고려에 이거한 이용상의 2자 一淸의 혈맥이 800년간 이어졌다. 봉화는 李朝의 영원한 안식처인 셈이다. (2018년 5월 30일 현지 촬영)

[그림 14] Đen Đo 사당 위치 사진

출처: 구글맵

[그림 15] '고법전조비' 사진

(Đen Đo)에 진헌하자 당시 하늘의 구름이 여덟 조각의 용 모양으로 나뉘고 李朝를 기리는 도사당의 향로가 우물에서 발견되어 땅위에 드러났으며, 여덟 갈래 왕관 모양의 파일애플이 발견되는 등 여러 상서로운 전조가 잇달았다고 한다. (사진. Đen Đo 사당 기념관, 2013.5 필자 현지 촬영)

[그림 16]

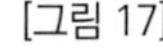

[그림 17]

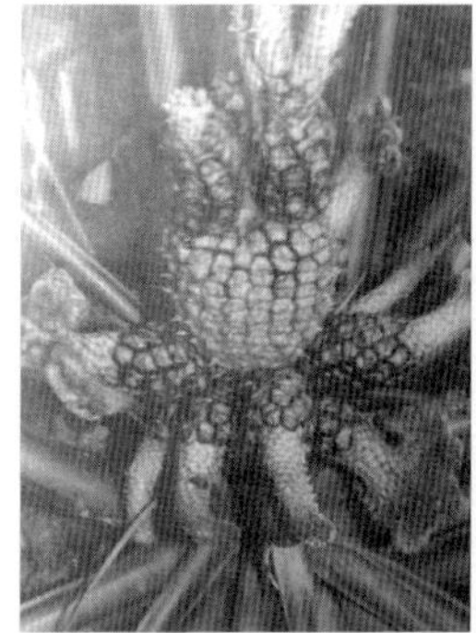

[그림 18]

이는 화산이씨의 유적과 역사가 베트남인들과의 심리적 간극을 끌어당길 '울림 있는 서사'임을 웅변한다.

[그림 19] 하노이 외대 방문 기념(좌에서 두 번째; 하노이 외대 총장님. 2018.12.18)

[그림 20] 하노이 건축대 방문 기념
(좌에서 두 번째; 하노이 건축대 총장님. 2018.12.18)

[그림 21] 경북 봉화군 사절단 박닌성 성장님 방문 기념(2018.11.2)

[그림 22] 하노이 대학 방문 기념(좌에서 다섯 번째 하노이 대학 총장님. 2018.11.1)

[그림 23] Nguyễn Vũ Tú 주한 베트남 대사 경북 봉화 방문 기념(2018.1.4)

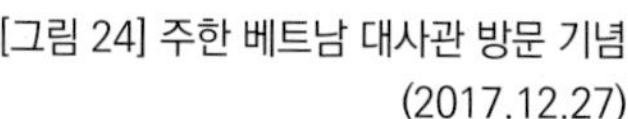

[그림 24] 주한 베트남 대사관 방문 기념 (2017.12.27)

[그림 25] 하노이 대학 방문 기념(좌에서 두 번째; 하노이 대학 총장님. 2018.12.18)

[그림 26] 베트남 박닌성 접견실 내 이상걸의 시

[그림 27] 南國山河 南帝居 詩

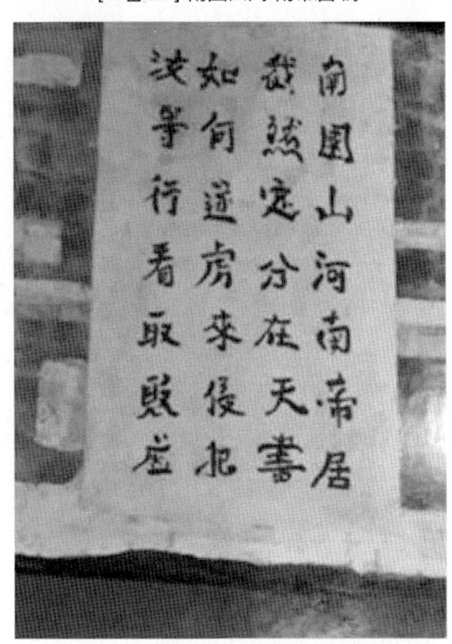

南國山河南帝居
截然定分在天書
如何逆虜來侵犯
汝等行看取敗虛

[그림 28] Nguyễn Vũ Tú 주한 베트남 대사가 묵었던 봉화군 만산고택
(국가중요민속문화재 제279호)

[그림 29] 이용상이 언급된 현존 최고의 비석, 이장발 묘갈명(본책 283쪽 참고)

[그림 30] 이장발의 처가, 창원 황씨 近影

왼쪽으로부터 황순오(창원황씨 봉례공 대종파 부회장), 황대식(창원황씨 대상공파 종회장), 황우여(창원 황씨 전국 중앙 종친회장), 황연조(창원 황씨 봉례공 대종파 회장), 황영한(창원 황씨 정익공파 회장), 황길상(창원 황씨 생원공파 회장), 황문식(창원 황씨 봉례공 대종파 사무총장)

[그림 31] 李長發의 무덤(오른쪽, 墓表 있는 무덤)·창원 황씨(사진에서 왼쪽)의 雙墳

[그림 32] 李長發 墓表의 全面

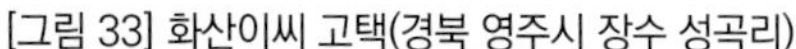

[그림 33] 화산이씨 고택(경북 영주시 장수 성곡리)

[그림 34] 베트남 업무 관련, 봉화군청 방문(왼쪽 엄태항 봉화군수님) 2021.12.16

제 1 장

'李龍祥 Lý Long Tường'의 실존과 고려 移居

一鉢功德水,
隨緣化世間。
光光重照燭,
没影日登山

Nhất bát công đức thuỷ,
Tuỳ duyên hoá thế gian.
Quang quang trọng chiếu chúc,
Ảnh một nhật đăng sơn.

한 종발에 잠겨 머문 공덕의 물이
인연 따라 세상 사이에 흘러들더니
빛들을 더하며 세상 밝히 비추다
그림자 시든 석양 마냥 서산에 지네

(大越史記 全書 卷4 本紀)

제1절 李龍祥에 대한 그간의 연구

한국과 베트남은 2012년을 기점으로 수교 20주년을 맞이했다.[1] 2009년 이래, 양국은 '21세기 포괄적 동반자 관계'에서, '전략적 협력 동반자 관계'로 나아가고 있다. 1992년 양국 수교 이래, 한국과 베트남은 약 4반세기만에 경제, 문화 등 모든 분야에서 경이로운 성과를 이뤄왔다. 2017년 한해, 공식 교역액만 전년보다 40% 증가한 640억 달러에 달했고, 한국은 베트남의 2대 교역국이자 최대 투자국, 베트남은 한국의 4대 교역국으로 부상하였다. 양국 간 전략적 협력 동반자 관계 수립 10주년(2019년)을 맞이하여, 양국 관계는 바야흐로 포괄적 전략적 동반자 관계 격상에까지 나아가고 있다.[2]

2018년 1월 4일 응우엔 부 뚜 주한 베트남 대사의 영주, 봉화(이용상 혈맥의 유적지) 방문,[3] 2018년 3월 22~24일 한국 대통령의 베트남 국빈

---

1) 한국 베트남 친선 교류 협회의 기념 리셉션은 까닭에 매년 12월 22일을 기준하고 있으며, 필자 역시 2013년 12월 22일 정식 초청을 받아 Tran Trong Toan주한 베트남 대사 등과 〈대월사기 전서〉 국역을 포함하여 양국의 문화, 학술 증진에 관해 담소를 나눈 바 있다.

2) 2018년 3월 23일 한국 베트남 국가 정상회담(베트남 국빈 방문) 당시 문재인 대통령의 초청 답사.

3) 2018년 1월 4일 응우엔 부 뚜 대사는 봉화, 영주, 경북도청 일대를 방문했다. 처음 대사는 관계자 및 필자와의 순차 회동(2017년 12월 27일 오전 및 오후 회동)을 통해 한국 베트남 수교 25주년의 의미를 되새기는 차원에서 2017년을 넘기지 않는, 12월 30일을 D-Day로 삼아 봉화, 영주 방문을 희망하였다. 그러나 당초 잡혀 있던 봉화, 영주의 종무식 등 개별 지자체 사정에 따라 방문 일자는 1월 4일로 순연되었다. 필자는 1월 4일 새벽~밤늦게까지 대사의 동선을 선도하며 현장에 대한 상세한 설명을 곁들였다. 당시 응우엔 부 뚜(Nguyễn Vũ Tú) 대사의 수행 인원은 처음 3명으로 거론되었다가(① TRAN NGOC LONG 1등 서기관, ② NGUYEN THAC PHONG 2등 서기관, ③ TA ANH TU 2등 서기관), 방문단 조율 과정에서 7명(① Mrs. Đinh Thị Tâm Hiền, Tham tán; 딘 티 떰 히엔, 투자

순방 중 Nguyễn Phú Trọng 베트남 국가 주석의 환영사[4]에서, 한국·베트남의 오랜 선린과 우호의 징표로 '李龍祥'(Lý Long Tường')이 화두로 각기 언급되었다. 그의 역사적 실존은 한국과 베트남의 밀월을 진작시킬 역사 소재로서 함의하는 바가 깊다. '遠交近攻'의 지리적, 정치적 力關係 설정과 맥을 같이하는 점에서 양국의 선린은 확대될 전망이다.[5]

참사관, ② Mr. Vũ Toàn, Trưởng Phân xã; 부 또안, 통신사장, ③ Mr. Nguyễn Quốc Thành, Bí thư thứ nhất; 웬 꿔억 타잉, 1등 서기관, ④ Mr. Nguyễn Thạc Phong, Bí thư thứ hai; 응웬 탁 퐁, 2등 서기관, ⑤ Mr. Tạ Anh Tú, Bí thư thứ hai; 따 아잉 뚜, 2등 서기관, ⑥ Mrs. Nguyễn Quỳnh Hương (PN anh Toàn); 응웬 꾸잉 흐엉, 사무관, ⑦ Mr. Tô Đình Nam,도 띵 남, 사무관)으로 대폭 증원되었으며, 승용차와 승합차 등 총 2대의 차량으로 이동했다. 기타 화산이씨 종친회 회장단 및 화산이씨 안동파 종손 등 4명이 별도로 동행했다. 이후 한국의 다음, 네이버에서는 주한 베트남의 대사의 경북 산간 지대 방문에 대한 폭발적인 관심으로 2018년 1월 7일 밤(11시 50분~12시 30분) 사이 실시간 검색어 1위를 기록하기도 하였다.

4) "Ngay từ thế kỷ thứ 12-13, hai nhánh hậu duệ vua Lý từ Việt Nam đã tới định cư và có nhiều đóng góp vào công cuộc dựng nước, giữ nước của Hàn Quốc. Tới nay, gần 5.000 người Hàn Quốc thuộc dòng họ Lý Hoa Sơn và Lý Tinh Thiện sinh sống tại Hàn Quốc, luôn hướng về quê hương, đóng góp tích cực vào quan hệ hữu nghị Việt Nam- Hàn Quốc, trong đó ông Lý Xương Căn - hậu duệ đời thứ 31 của vua Lý Thái Tổ đã được bổ nhiệm làm Đại sứ du lịch Việt Nam tại Hàn Quốc"(2018년 3월 23일 《Nguyễn Phú Trọng 베트남 국가 주석의 환영사》 일부).

5) 1992년 4월 2일 양국은 연락대표부의 상호개설 양해각서에 서명, 같은 해 8월 17일 주(駐)베트남 연락대표부 공식 업무 개시, 같은 해 10월 주한 베트남 연락대표부 개시를 거쳐, 1992년 12월 22일 외교 관계를 수립했다. 그와 동시에 하노이에 常住 한국 대사관이 설치되었고, 이듬해 11월 19일에는 호치민에 한국 총영사관이 설치되었다. 1993년 포 반 키엣(Vo Van Kiet) 수상이 방한한 이래, 1996년 김영삼 대통령, 1998년 김대중 대통령, 2001년 쩐득르엉(Trân Đưc Lương) 국가 주석, 2003년에는 판반카이(Phan Văn Khai) 총리, 2004년 노무현 대통령, 2007년 농득마인(Nông Đưc Manh) 당 서기장, 2009년 5월 응우옌떤중(Nguyên Tân Dung), 2009년 이명박 대통령, 2013년 박근혜 대통령, 2014년

베트남 정부에 따르면 2014년 1~10월 當期 한국 기업의 베트남 투자액은 36억 달러로 일본의 12억 달러를 크게 제치고 1위에 올랐고, 2014년 12월에는 '한-베트남 FTA'가 체결되어 향후 양국의 교역 규모는 더욱 확대될 전망이다. 한국이 超고령화 사회로 접어들며 성장 동력을 상실하고 있는 상황에서, 총인구 8,878만 명, 국가 평균 연령 28세의 젊은 베트남은 한국의 최첨단 복합 기술과 접목, 부가 가치를 창출할 재원인 셈이다. V-KIST를 위시하여, 2014년 8월 기준, 한국 기업이 베트남 현지에서 추진 중인 프로젝트는 3,930여 개이며, 약 3,320개의 한국 기업이 베트남에 진출해 있다.[6] '변하지 않는 한 가지로 세상의 만 가지 변화에 대처한다(以不變 應萬變)'는 호찌민(Hồ Chí Minh, 胡志明) 주석의 화두에 비추어, 이러한 시대 상황에서 베트남과 한국의 史的 淵源을 살피고 유대를 강화하려는 학술적 시도, 프로젝트는 매우 영성하다.

베트남은 자칭 한국을 '사돈의 나라'라고 부르며 우방으로 대하고 있다.[7] 중국을 둘러싸고 있는 열다섯 나라 중 유독 한국과 베트남의 역사적 궤적은 기시감(Deja vu)을 일으킬 만큼 흡사하다. 한의 흥기에 즈음하여 베트남에선 南越이, 한반도에선 고조선이 각각 독자 질서를 고집하며 한에 항거하였다. 그러나 한에 의해 두 지역은 복속되어, 군현이 설치되는 굴욕을 겪었다. 베트남에는 交趾, 交州가 설치됐고, 한반도엔 漢四郡이 설치됐다. 당나라 역시 베트남을 복속, 남방을 평안하게 한다는 安

10월, Nguyen Phu Trong 베트남 당서기장이 상호 방문하며 선린을 구축해오고 있다.

6) 외교부, 〈베트남 개황〉, 2014년 8월.

7) 2013년 9월 베트남을 국빈 방문한 박근혜 대통령을 향해 당시 쯔엉 떤 상 베트남 국가주석은 "진정한 친구가 왔다", "한국은 사돈의 나라"라고 공언했다. 총 100억 달러에 달하는 원전 사업 수주에 성공한 것 역시 보이지 않는 끈끈한 유대감이 작용한 것이라 할 수 있다.

南都護府를 설치했으며 한반도엔 고구려를 멸망시켜 安東都護府를 두었다. 중국이 팽창할 때마다 동쪽과 남쪽 끝단에 있던 두 나라는 지대한 영향을 받은 셈이다. 이후에도 두 지역은 중국의 문화적, 정치적 속박을 벗지 못했음은 물론이다. 두 지역에서 불린 국호인, 安南, 朝鮮, 越南 등은 죄다 당, 명, 청의 입맛에 맞춘 것이었다. 양국은 공히 수차례 몽골의 침입을 받았고, 근·현대 프랑스, 일제의 침탈을 거치며 제각기 길고 긴 식민 지배를 경험했다. 2차 세계 대전 직후, 발아한 이념의 대립 끝에 남북으로 갈려 동족상잔의 전쟁을 겪은 점 역시 같다. 이처럼 흡사한 베트남과 한국을 연결하는 인물로서 회자되어 온 이가 李龍祥(VietNam語로는 Lý Long Tường')이다. 正史에선 그의 實在가 확인되지 않지만 1777년 《花山 李氏世譜》重修譜 序, 1879년 6월 발행된 《옹진府 邑誌》를 위시하여, 1903년 윤주영이 撰한 《受降門紀蹟碑》, 1920년 李承哉가 撰한 《花山君本傳》 등과 옹진 지방의 민담에서 그에 관한 기록이 확인된다.

그 대강은 대월 리씨 황조의 혈통인 李龍祥이 고려 고종 때 대월을 떠나 고려로 移居했으며, 이후 몽골의 옹진 침입을 물리쳐 花山君에 봉해졌고 그의 血孫이 현재 花山李氏로 이어져 오고 있다는 것이다. 필자는 이미 그러한 내용에다 역사적 배경을 곁들여 〈花山君 李龍祥〉 題下의 Faction[8]을 집필한 바 있다. 李龍祥과 관련하여 미진했던 쟁점들이 胸中에 남아 있은 차에, 최근 한국 족보의 신뢰성 자체에 근본적 회의를 지닌 연장선에서 李龍祥'의 高麗 移居를 부정하는 글을 접하게 되었다. 이에 '李龍祥 Lý Long Tường'에 관하여 정리한 기왕의 여섯 편의 글들을 차례대로 발표할 작정이며, 본문은 먼저 李龍祥의 실존 여부, 족보 기록 문제에 초점을 두고 있음을 밝혀 둔다.

李龍祥에 대해 관심은 일본이 식민 지배를 위해 옹진 지방의 傳承을

8) 朴淳敎, 《花山郡 李龍祥》, 圖書出版 생각나눔(기획실크), 2012.5.

채록하고 遺墟를 조사하는 과정에서 재확인됐다.[9] 이후 1925년 6월의 《개벽》 60호 〈황해도 답사기〉에서 花山君이 보도되었고, 《조선일보》 1927년 2월 22일자, 《동아일보》 1928년 4월 7일자 〈황해안의 탐방순례〉에서 각각 화산군 李龍祥에 관한 기사가 실린 바 있다. 1934년의 《옹진군 郡勢 一般》, 1936년의 《옹진군 北面 面勢 一般》, 1937년 《황해도 향토지》에도 화산군과 관련한 언급을 발견할 수 있다. 결국, 옹진의 화산 일대에선 화산군에 대한 세간의 전승이 있었음은 짐작하기 어렵지 않다([부록] 표 1 참고).

화산군 연구에 나름의 업적을 쌓은 이는 김영건이었다. 그는 옹진군수의 아들로 태어나 뒷날 베트남에 체재했던 인물이다. 일본과 프랑스의 후원 아래 베트남에 체재했던 그는 어릴 적 기억을 떠올려 옹진 일대에 산재한 화산군의 유적지를 실사했고, 주변의 도움에 힘입어 관련 기록을 일련의 책으로 정리했다.[10] 이에서 그는 당시까지도 화산군의 유허와 옛날의 우물이 존재함과, 화산군이 쌓은 제단, 화산군 3대의 무덤 등의 위치에 대해 밝히고 있다. 또 김영건은 화산군 3대의 무덤을 실사한 것과, 화산군과 관련한 자취의 유무와 자신의 심경을 비교적 소상히 밝히고 있다. 《花山君 本傳》 全文 역시 그의 책에 담겨 있고, 화산군의 《受降門紀蹟碑》 탁본 1첩을 프랑스 〈東洋學院〉에 기탁한 사실도 적고 있다.[11] 한편 베트남에서도 1914년 '레 즈(Le D)'라는 사람이 조선을 방문, 화산李氏의 뿌리를 확인했으며, 1942년에는 베트남 잡지《知新(Tri Tan)》 봄 호에 〈외국에 사는 우리 베트남 사람들〉 題下의 글을 기고하는 등 화산군의 자취가 거론됐다.[12]

9) 《朝鮮及滿蒙 叢書 第3輯·最新朝鮮地誌 下編》, 朝鮮及滿洲社 出版部, 1918.

10) 金永鍵, 〈安南 花山君 李龍祥の事蹟〉, 《印度支那と日本との關係》, 冨山房, 1943.

11) 金永鍵, 《黎明期의 朝鮮》, 정음사, 1948, p.49.

해방 이후인 1965년에는 최상수가 《경향신문》 2월 8일, 2월 10일자 5면에 화산군과 관련한 내용을 기고했음이 확인된다. 또 그는 《受降門紀蹟碑》를 중심으로 관련 내용을 국역하여 책으로 출간하기도 했다.[13] 화산군의 자취는 강무학, 김용국, 김영문 3인,[14] 조성삼[15]에 의해 역사소설로도 다시 씌어졌다. 1997년 이래 베트남 역사학회는 李龍祥과 그의 후손, 화산이씨, 한국 베트남 교류에 대한 학술 서적, 《한국에 있는 베트남 사람(Người Việt Nam ở Triều Tiên)》, 《역사 속에서 베트남과 한국의 문화교류(mối giao lưu văn hóa Việt Triều trong lịch sử)》라는 단행본을 발간한 바 있다.

그 이후 2000년대 들어 이덕일,[16] 박기현[17] 등에 의해 그 내용이 단편적이나마 언급되다가, 근자에 李龍祥의 실존을 전제로 민속학적 입장에서 접근한 논고도 제시됐다.[18] 한편 일본에선 화산군을 둘러싼 진위 여부, 역사 인식의 미묘한 차이 등의 문제를 중심으로 연구가 다시 점화되는 양상이다. 곧 화산군을 둘러싸고 한·베트남 사이 미묘한 입장과 관점의 차이를 단편으로 논한 李鎭榮,[19] 화산군 기록에 대해 철저히 부

---

12) 배양수, 〈뿌리를 찾는 사람들〉, 서남포럼, 2012. 판 후이 레, 〈정선 이씨, 12세기 이래 고려에 정착한 베트남 출신의 李氏〉, 《동아시아 역사에서의 한국과 베트남》, 한-베트남 수교 15주년 기념 역사 심포지움, 2007년 8월 20일 하노이 대우호텔 그랜드 블룸.

13) 崔常壽, 〈13世紀傾 安南王子의 高麗歸化〉, 《韓國과 越南과의 關係》, 韓越協會, 開明文化社, 1966.

14) 강무학·김용국·김영문, 《皇叔 李龍祥》(1966, 金문화사).

15) 조성삼, 《皇叔 李龍祥》(대한민족문화공사, 1966).

16) 이덕일, 《우리 역사의 수수께끼》 3(2004, 김영사).

17) 박기현, 《우리 역사를 바꾼 귀화 성씨》(2007, 역사의 아침).

18) 강은해, 〈한국 귀화 베트남 왕자의 역사와 전설〉, 《동북아 문화연구》 26, 2011.

19) 李鎭榮, 〈族譜と歷史認識, ベトナムと韓國〉, 《ベトナムの社會と文化》 2號, 2000. 〈亡命ベトナム王族の祖先探しと歷史認識〉, 《アジア·アフリカ言語文化研究所·

정적인 입장을 견지한 片倉 穰[20] 등이 接踵하고 있다. 여기에 2007년,[21] 2012년 베트남 하노이에서 李龍祥을 주제로 한 국제 심포지엄이 개최된 바, 그를 둘러싼 열기는 일층 고조되는 양상이다.

한·베트남 양국의 메스컴 또한 지대한 관심을 보였다. 1995년 9월 24일에는 화산군 血親의 베트남 탐방을 집중 조명한 KBS1 TV 〈베트남 왕손 리창칸(한국명 이창근)의 800년만의 귀향〉《일요스페셜》, 2010년 7월 17일에는 화산군의 사적을 살핀 KBS 〈역사의 수레바퀴를 움직여 온 歸化人〉《역사스페셜》이 방송됐다. 앞서 1995년 4월 리창칸(한국명 이창근)씨가 베트남을 방문했을 때 베트남에서는 환영을 위해 3만 군중을 동원했으며, 임시 휴교령을 내렸을 정도였다.[22] 베트남 언론 또한 1995년 花山李氏 종친의 대표가 祭主의 자격으로 베트남 李氏 皇朝의 사당을 방문했을 때 도무오이(Đỗ Mười) 베트남 당 서기장 등 3부 요인이 공항에서 직접 환대하였고, 絶滅된 李氏 皇家의 귀환이라며 전국에 일행의 動靜을 생중계하는 등 대대적 호응을 불러 일으켰다.[23] 2002년 하노이에서 李龍祥 일대기를 다룬 오페라가 공연된 바 있다. 또 2012년 여름에는 한·중 수교 20주년을 기념하여 베트남 국영 TV가 남한에 산재한 李龍祥의

通信》 99號, 東京外大, 2000.

20) 片倉 穰, 〈花山李氏の族譜試論-朝鮮のなかのベトナム〉, 《朝鮮とベトナム 日本とアジア》 4章, 福村出版, 2008.

21) 《동아시아 역사에서의 한국과 베트남》, 한-베트남 수교 15주년 기념 역사 심포지움, 2007년 8월 20일 하노이 대우 호텔 그랜드 블룸.

22) 동아일보, 1995년 9월 22일, 35면 琴東根 기자의 글.

23) 필자가 2013년 음력 3월 15일 베트남 박닌성 축제에 맞춰 방문했을 때, 한국의 화산이씨와 혈통을 같이하는, 李 王朝의 후손을 만난 적이 있다. 필자가 듣기로는 李 王朝의 멸망 이후 고려로 망명한 예외적 경우가 있기도 한 반면, 정적의 감시와 탄압을 피해 베트남 오지로 숨어든 후손 역시 있었고, 그러한 후손의 혈통이라고 설명을 들은 바 있다.

혈손과 봉화군에 유존한 충효당 사적 및 遺墟碑를 촬영·방송한 바 있다. 또 2015년 2월, 베트남을 방문한 김종덕 문화체육관광부 장관은 응엔 쑤언 푹 총리 등 베트남 정부 고위 관리의 요청을 받아들여 한국-베트남 정부 합작으로 李龍祥의 일대기를 영화화, 2016년 하반기 베트남 한국 동시 개봉에 적극적 지원을 약속했다.[24]

李龍祥의 직계 혈통인 李 왕조의 역사는 베트남 인에게는 얼과 혼이 서린 베트남의 정수로 인식되고 있다.[25] 베트남의 國父로 죽어서도 국민들의 절대적인 존경과 사랑을 받고 있는 호찌민(Hồ Chí Minh, 胡志明) 주석이 1945년 9월 13일 李 왕조의 사당[26]을 방문하여 李 왕조의 위업을 배울 것을 역설했다. 호찌민 주석은 프랑스와의 전쟁을 승리로 이끈 뒤, 1955년 네 번째로 도사당을 방문하여 전쟁으로 폐허가 된 사당을 조속히 복원할 것을 주문했다. 과거의 역대 당 서기장, 주석, 대통령, 국회의장 등 주요 국가지도자들이 도 사당을 방문했으며, 요즘에도 거의 모든 주요 국가지도자들이 관례적으로 취임 후 도 사당을 참배하고 사당 입구의 도로양편에 기념식수를 하고 있다. 호찌민 주석과 국가지도자들

---

24) 연합뉴스 하노이 김권용 특파원, 〈한 베트남 첫인연 화산이씨 시조 영화화 지원〉, 2015년 2월 6일자 및 국민일보 이종선 기자, 〈한국 베트남, 고려 귀화 베트남 왕자 李龍祥 일대기 영화 만든다.〉, 2015년 2월 6일자.

25) 李 王朝는 대외적 측면, 곧 중국에 대해서는 왕이라 칭했으나, 대내적으로는 황제라 칭했다. 동시에 중국의 오랜 속박에서 벗어나 사실상의 첫 독립왕조라 할 수 있다. 이런 점에서 베트남 인들의 李 王朝에 대한 사랑은 각별하다고 할 수 있다.

26) 하노이에서 동북 40km 지점에 위치한 박 닌(Bắc Ninh, 北寧)성 딘 방(Đình Bảng)마을에 위치한 사당이다. 11세기에 세워졌으며, 리 왕조 여덟 왕의 위패가 모셔져 있다. 매년 음력 3월 15일 박닌 성에서는 대규모의 축제를 개최하여 오고 있으며, 필자 역시 2010년, 2013년 두 번에 걸쳐 베트남을 집중 방문했으며, 그중 2013년은 화산이씨 종친회장단과 함께 이곳을 방문, 축제 전반을 참관한 바 있다. 이곳의 사당은 Đền Đô(殿熖) 또는 Ly Bat De(李 八帝) 사당이라 불리기도 한다.

이 도 사당을 참배한 것은 이곳이 베트남 사람들의 역사와 정체성을 확인해 주는 중요한 의미를 간직한 사적이기 때문이다.[27] 현재 한국 대사관이 주최하는 베트남 관련 행사에 참석한 허다한 베트남 사람들이 花山李氏 혈족의 안부를 빠짐없이 묻곤 한다는 지적에서 한·베트남 관계에서 李龍祥이란 한 인물이 점하는 정서적 교감의 무게를 짐작할 수 있다. 역사적 관점에서든, 경제적 유대의 관점에서든 한국과 베트남 공히 李龍祥에 대해 커다란 무게를 부여하고 있다. 남한에는 2015년 현재, 통계청 주관 성씨·본관 조사 결과 1,237명이 살고 있다.[28]

제2절 李龍祥의 高麗 移居 創作說

1. 李龍祥 實存의 眞僞

2008년 片倉 穰은 '李龍祥'의 高麗 移居는 역사적 사실이 아니며, 18세기 조선에서 유행하던 족보의 僞造, 變改의 기류에 편승한 창작이라는

27) 이철희 총영사, 〈대월국(大越國) 이용상(李龍祥) 왕자의 고려 망명-한국 화산이씨(花山李氏)의 시조〉, 굿모닝 베트남.

28) http://kostat.go.kr의 국내 통계-인구, 가구-인구 총조사-인구 부문-2000년 총조사-성씨, 본관조에 의하면 花山李氏는 남한 전국 557가구 1,775명이며 그 가운데 459가구, 1,469명이 市 지역의 동에 거주하는 등 근대화로 인한 이촌향도 현상을 보인다. 최다 거주 지역은 서울(475명), 경기도(429명), 인천(212명), 경북(108명)의 순이다. 또한 세거지로 알려진 봉화에는 8가구 14명, 안동에는 4가구 8명, 밀양에는 2가구 4명, 대구 달서구와 달성군에는 도합 3가구 18명 정도가 분포되어 있다. 한편 1985년 조사(258가구, 1,313명)에 비해서는 299가구, 462명이 증가한 셈으로 핵가족화가 늘고 전체 성원 역시 그간에 비해 큰 폭의 증가세를 보였다. 하지만 2015년 총조사에서는 화산이씨 성원의 숫자가 큰 폭으로 감소했음이 드러난다. 한국의 인구 감소 추세와 맞물려 있는 것으로 짐작된다.

주장을 제기했다.29) 일반적으로 조선·한국의 족보란 빛나는 조상을 담아내는 것, 그 사실을 과장하는 것이 중요한 위치를 점하는 경향이 있으며, 그것이 僞譜가 만들어지는 배경이 된다고 지적한다.30) 실제 數多한 族譜(僞譜 포함)가 18세기를 전후해 집중 편찬되었으며, 그 와중 '李龍祥'을 族祖로 한 花山李氏 족보도 創出되었다는 것이다. 이 立論의 골자는 우선 花山李氏 世譜 5修譜(現存 最高本)에 수록된 草譜舊序의 내용 중 李龍祥에 관한 언급이 全無함에 말미암고 있다. 片倉 穰이 말하는 핵심은 곧 "花山李氏 족보 중 가장 최초의 序에(草譜舊序)에 베트남의 왕자, 李龍祥의 사적이 한 마디도 언급되어 있지 않으며, 자신들의 시조가 베트남 李朝의 왕족 출신이라고 하는 것을 기재하고 있지 않다는 것이다.31) 베트남 왕자 李龍祥의 일이 草譜에는 단 한 마디도 언급되어 있지 않다가, 유독 1777년 重修譜 이후부터 5修譜의 序(최근의 序 포함)에까지 李龍祥의 사적이 강조되어, 죄다 시조인 李龍祥의 사적이 강조되어, 그것이 화산이씨 족보에 특유의 가치를 부여하고 있다"라고 지적한다.

片倉 穰은 최초의 序에 베트남 이씨 왕조나 李龍祥의 이름이 보이지 않는 이유를 액면 그대로 받아들여 1777년의 重修譜에 있어서 처음으로 李龍祥을 시조로 하는 세계가 성립했을 개연성을 주장한다. 가령 1706년 (李杯이 草譜를 筆寫, 집록하고 편수할) 初修譜의 시점에서 李龍祥을 시조로 하는 세계표가 성립되어 있었다고 한다면, 최초의 序에 있어서, 이《世

29) 一般に、朝鮮の族譜は、輝かしい祖先をもつことを誇りとする傾向があり、これが偽作の作られる背景とされる。花山李氏の族譜のなかで、李朝の始祖·李公蘊を中国人あるいは閩人とみなしたり、李朝を唐の王室と同じ隴西出身と見立てたりしたのも、花山李氏を貴種集団として誇示するための一手段であったろう。(片倉 穰, 앞의 책, p.105)

30) 片倉 穰, 앞의 책, p.114.

31) 片倉 穰, 앞의 책, p.105.

譜》의 눈알이라고 불러야 마땅할 李龍祥의 사적이 언급되어 있지 않는 것은 부자연스럽다고 본다. 이른바 片倉 穰의 논지는 李龍祥이 후대의 특정 시점에 창출, 加冠, 添記된 것이라는 것이다.[32]

2. 李龍祥 創出의 時期와 背景

片倉 穰은 허구의 사실이 족보에 창출된 시점까지 구명하고 있다. 그 시점은 대략 "이 세보의 重修譜 序에 李龍祥이 등장할 18세기 후반은 數多한 족보(僞譜를 포함)가 편찬되었다. 이 시기에 화산이씨와 같은 《世譜》를 창출, 또는 편찬할 환경이 존재했다고도 생각할 필요가 있을 것이다"라고 하여 18세기 후반 조선 내 대대적 족보 위조 및 개조의 흐름과 연결하여 이해했다.[33] 18세기 당시 조선에서는 베트남과의 잦은 접촉, 중국을 통한 베트남의 사정 등이 전해질 수 있었고, 거기에다 "몽골 항전이라는 相似한 역사적 체험을 소유한 베트남에의 共感이 이 시조 이야기를 創出, 또는 살을 덧붙였다는 점도 考慮에 넣을 필요가 있다고 생각하지 않을 수 없다"라며 사실상 李龍祥을 중심으로 하는 화산이씨 세보의 내용이 허구라고 단정하고 있다. 이른 바 片倉 穰은 1777년 重修譜 편수 과정에서 처음으로 李龍祥을 시조로 하는 世系가 성립, 창작의 개연성에 무게를 싣고 있는 셈이다. 또한 한국에선 李龍祥을 역사적 사실로 간주

32) 물론 이 시기 다수의 족보, 소설이 나타나는 경향을 무시할 수는 없다. 당시 나타난 소설의 경향과 흐름에 대해서는 김광순, 〈오일론심기의 창작방법과 서사기법〉, 《국학연구론총》 1집, 택민국학연구원, 2008.6 및 김광순, 〈한국 고소설의 기원과 시대구분 시론〉, 《국학연구론총》 2집, 택민국학연구원, 2008.12.

33) まだ第3章で紹介した済州島民がもたらしたベトナム情報とか済州島における琉球王子殺害、朝鮮人によるベトナム王子殺害という伝承も18世紀に相応していることから、これらの情報と《世譜》の成立·重修との関連も、時代状況の中で考えてみてはどうかという。(片倉 穰, 앞의 책, p.105)

하는 반면, 베트남은 경제 투자를 유치하는 경제적 관점에서 접근하고 있어 시각차를 드러내고 있다고도 지적한다.[34)]

제3절 李龍祥의 高麗 移居 創作說에 대한 檢討

1. 草譜와 重修譜의 編纂過程

古來로 花山李氏 문중이 龍祥과 관련하여 작성한 기록에는 2종류가 있다. 국립중앙도서관에 所藏 중인 李承哉 編《花山李氏 世譜》(권1~5)(청구기호 한 古朝58 가33-44),[35)]《花山李氏 가전실록》(권1)(청구기호 한 古朝58 가33-44-1=複 44)[36)]이 그것이다.

아래에서는 이러한 기록을 바탕으로 李龍祥과 관련, 동북아의 당시 상황, 그의 출자, 활동, 생몰, 등에 대해 논하고자 한다. 우선 전거로 제

---

34) 韓国では花山李氏の主張を事実として扱い、歴史に価値を与えているのに対し、ベトナムのマスコミは、この歴史的出来事を契機に経済発展のための投資を期待しているというものである。ここには歴史認識の違いがあり、同じ族譜を有する文化であっても、その意味合いや親族的原理の相違が存在すると分析する韓国人による研究も現れている。(片倉 穰, 앞의 책, p.101)

35) 內紙에는 朝鮮總督府 圖書館 所藏印이 찍혀 있고 圖書登錄番號 昭和 4년 5월 10일字가 附記되어 있다. 권두에 五修譜序가 실려 있고 그 연도가 大正 丁巳 仲夏上澣 不肖孫 秉華謹序로 되어 있어 그 작성 연대는 1917년 5월 상순이라 짐작된다. 이로써 그 이전 4번의 撰修가 있었으며, 당해 世譜가 5수판임이 드러난다. 특히 서문의 말미에 부기된 간지를 통해 1706, 1777, 1837, 1873년 4차례 족보 간행이 있었음이 확인된다. 이후 6修譜는 1987년, 가장 최신판인 7修譜가 2000년 발행된 바 있다. 5修譜 이전의 판본은 현재 찾을 수 없다. 따라서 현존 최고 판본은 5修譜인 셈이다.

36) 內紙에는 朝鮮總督府 警務局 保轉本 所藏印이 찍혀 있고 內題로는 花山李氏家藏 卷一 및 花山君本傳이 기재되어 있다.

시된 花山李氏 世譜를 정리하면 다음과 같다. 특히 6修譜 序와 7修譜 序의 경우에는 복수의 인물들이 대거 참여하고 있다.

[표 1]

花山李氏 世譜	作成者	年代	經過
草譜舊序	後孫 工曹佐郎 李枰	1706(숙종 32년) 8월 3일	祖系가 散失되어 作成
重修舊序	後孫 李羲之	1777(정조 원년) 7월	草譜로부터 71년
3修譜 序	唐城人 洗馬 洪直弼	1837(헌종 3년) 4월	重修로부터 60년
4修譜 序	豊壤 趙康夏	1873(고종 10년) 9월上澣	3修로부터 36년
5修譜 序	後孫 李秉華	1917(大正 丁巳) 5월上澣	4修로부터 44년
6修譜 序	後孫 李福永 외4인	1987년 6월	5修로부터 70년
7修譜 序	後孫 李福永 외6인	2004년 9월 1일	6修로부터 17년

序로만 정리하면 花山李氏 족보는 총 7차례 改修된 셈이 된다. 이 중 李枰이 쓴 草譜舊序에는 李龍祥에 관한 언급이 전무하다. 片倉 穰의 지적처럼, 화산이씨 문중의 핵심 표상인 李龍祥이 최초의 草譜舊序에 보이지 않는다는 것은 매우 심각한 일이다.

하지만 후손 李鼎新이 쓴 아래 발문을 보면 草譜는 李枰에 의해 筆寫되어 一帙로 集錄된 것일 뿐 정식으로 간행된 것은 아니었다. 유독 초보에만 跋이 붙어 있지 않다는 것 또한 李枰 개인에 의해 筆寫된 것임을 알게 한다.

> 李氏源原於安南而中葉於麗國而以至于我朝 考諸年紀則八百有餘年 自典書公高隱海陽之後子孫 仍居焉 圭組相繼 蔚爲東土華族 迄于止庵公小成文章 大闡乙科 天性抗直嘗斥權奸 由是坎坷官至承宣而終 噫自玆以後世代久遠 家聲衰替舊譜與家乘亦隨以亡失 故支派之來 昭穆之次幾至紊錯可不惜哉 越在丙戌 我祖考佐郎公慨然有譜錄之意 乃曰 親親之義莫如明世系 收拾家藏便覽他譜手寫草譜一帙 使吾宗名知世系之序仕籍之次 此實吾宗中大業而不幸早世未克刊行 (李鼎新, 〈舊譜跋〉, 《花山李氏 世譜》)

李鼎新은 동시에 草譜 이전 花山李氏 문중엔 舊譜와 家乘이 존재했으나, 止庵公이 명종조의 권신 尹元衡과 戚을 지면서 家聲이 쇠하고 막히어 門籍이 죄다 散失되었다고 밝히고 있다.

止庵公은 諱가 壽福이요, 字는 申之이며 號는 止庵이었다. 1516년(중종 11)에 司馬에 급제하고, 3년 후인 1519년(중종 14)에 문과 乙科에 급제함으로써 중종, 인종, 명종 3조에 출사했다. 관력으로는 玉堂을 거쳐 만년에는 谷山 군수로 나갔으나 微疾로 1558년(명종 13) 관아에서 향년 65세로 無子로 사망했음이 확인된다.[37] 또 다른 기록에는 그의 또 다른 호가 无悶堂이었으며, 1494년(성종 25)에 출생하여 1516년에 22살에 진사, 1519년 25살에 별시 문과(을과)에 장원 급제하여 監察을 除授받았음과,[38] 1529년(중종 24)에 호조좌랑, 1532년에는 황해도 관찰사를 거쳐 승차하여 3司의 관력을 거쳤음이 확인된다.[39] 또한 疏로써 尹元衡을 배척하다 昆陽 郡守, 谷山 郡守로 전전했음을 알 수 있다. 물론 尹元衡의 생몰 연대가 ?~1565년이니 止庵公이 만년에까지 정치적 압박을 받았을 개연성은 충분히 파악된다.

그러나 止庵公의 관력과 족보의 散失을 결부지어 이해하는 李鼎新의 견해는 납득하기 어려운 점이 있다. 止庵公은 乙巳黨籍에 포함되어 관력이 通政大夫承政院左承旨 兼經筵叅贊官 讀書堂知製敎였다. 왕의 교지를 작성할 정도의 文翰職에 있은 점은 일시적인 그의 浮沈을 고려하더라도 전반적인 관력이 화려했으며, 이 정도의 부침으로 족보 散失의 원인을 찾는 李鼎新의 견해는 뭔가 무리가 있다고 판단된다. 또 李葺의 손자 粟은 임진왜란 당시 布衣로 의주 龍灣까지 선조의 행차를 호종하여 原從勳에

37) 李相協, 〈止庵承旨公 墓誌文〉, 《花山李氏 족보》, 회상사, 2004, p.208.
38) 네이트 한국학 인물 사전에는 丙科 壯元으로 기재되어 나타나기도 한다.
39) 李相協, 〈花山李氏 世系〉 17世, 《花山李氏 족보》, 회상사, 2004, p.7.

策錄되어 通政의 품계에 올랐다.[40] 그러므로 족보를 산실할 정도로 가문이 쇠락했다고 보긴 어렵다. 이와 관련하여 李枰이 쓴 草譜舊序의 다음 내용이 주목된다.

> 惟吾譜系一帙 龍蛇兵燹之後散失 殆盡堇有草草瑣錄而日月已久世代寢遠後生之人 往往不知派系之所自~중략~ 於是編作一卷冊子 吾宗世系之來歷官職之高下 昭然明白 后孫 工曹佐郎 枰 謹序 (李枰, 〈草譜舊序〉, 《花山李氏 世譜》)

李枰에 의하면 화산이씨 족보 1帙이 있었으나, 龍蛇兵燹으로 산실되었다고 한다. 龍蛇는 용과 뱀이니, 龍은 壬辰年의 辰(1592년)을 가리키며, 蛇는 癸巳年의 巳(1593년)를 가리키는 것으로 해석된다. 그러므로 李枰의 회고를 존중한다면 대략 임진년 전후의 대전란을 거치며 족보의 산실이 있었다고 봄이 타당할 것이라 짐작된다.

李鼎新은 또한 安南에서 李氏가 발원하여 고려를 거쳐 조선에 이르기까지 年紀를 상고하면 800여 년에 이른다고 했으나, 이 역시 받아들이기 어렵다. 李鼎新이 위 발문을 쓴 1777년에서 대월 이공온이 나라를 건국한 1010년을 빼면, 대략 767년에 불과하다. 그러므로 先系에 관한 부분에서 또 한 번 李鼎新의 착오가 드러난다. 李鼎新이 쓴 위의 발문에 의하면, 족보가 散失된 까닭으로 祖考 佐郎公이 家藏을 수습하고 他譜를 便覽하여 草譜 一帙을 완성했으나, 죽는 바람에 출간되지 못했다고 한다.

여기 李鼎新의 祖考로서, 草譜를 筆寫한 것으로 나타나는 佐郎公은 李枰임이 틀림없다. 화산이씨 世譜대로라면, 李枰은 李氏 황조를 세운 이공온의 22세손으로서 1676년(숙종 2)에 태어나 1734년(영조 10), 향년

---

40) 李相協, 〈中樞府同知事諱奎精墓碣銘〉, 《花山李氏 족보》, 회상사, 2004, p.214.

55세로 사망한 인물이다.[41] 草譜를 작성한 1706년(숙종 32, 丙戌年)은 그의 생몰 연대와 겹친다.[42] 또 李鼎新이 祖考라 칭하고 있는데, 李鼎新은 1725년(영조 1)에 태어나 1784년(정조 8)에 향년 62세로 사망했으며 이공온의 24세손, 李枰의 직계 손자로 나타난다.[43] 또한 李枰이 草譜 序를 쓰며 내세운 佐郎은, 그가 죽은 이듬해 追贈받은 贈職에 해당한다. 물론 李枰이 草譜 序를 쓴 것은 1706년, 그가 죽은 것은 28년 뒤의 일이다. 그러므로 李鼎新이 쓴 발문의 내용처럼 李枰이 草譜를 간행할 겨를이 아주 없었다고 보긴 어렵다. 또 죽은 이듬해 佐郎을 追贈받았으니, 李枰이 序를 쓰며 좌랑을 내세운 것도 전후 맥락으로 보아 어색하다.

李鼎新의 회고에 의하면, 祖考 李枰이 죽은 이후 그의 선친 李憲國 역시 繼述의 뜻을 지니고 고적을 수집하고 채록했다고 한다. 李憲國이 문집을 남길 정도의 文才를 지녔던 점과,[44] '添宗'의 뜻을 감안하면 미완에 그친 李枰의 작업을 李憲國이 계속 수행했다고 봄이 옳다.

> 先君亦有繼述之志 搜採古蹟添宗 今始壽梓以廣其傳 自吾祖始有意於斯至今七十有二年得以成焉 其亦有待而然歟 不肖亦預是役追惟往昔 獨不勝感慨之懷 (李鼎新, 〈舊譜跋〉, 《花山李氏 世譜》)

한편 李鼎新은 이제야 壽梓하여 그 傳을 널리 전하게 되었다며 감격에 겨운 所懷를 밝히고 있다. 이어 자신의 祖考 李枰이 이에 뜻을 둔 지

41) 李相協, 〈花山李氏 世系〉 承旨公派再疊 22世, 《花山李氏 족보》, 회상사, 2004, p.22.

42) 1706년 草譜序를 작성할 당시 李枰의 나이는 30세였다. 그리고 28년 뒤에 사망한다. 그러므로 족보의 향년 55세는 58세로 고침이 온당하다. 또한 그가 사망한 영조 10년은 癸丑이 아니라 甲寅이므로 족보 기록에 오류가 있는 것으로 짐작된다.

43) 李相協, 〈花山李氏 世系〉 承旨公派再疊 24世, 《花山李氏 족보》, 회상사, 2004, p.22.

44) 李相協, 〈花山李氏 世系〉 承旨公派再疊 23世, 《花山李氏 족보》, 회상사, 2004, p.22.

지금에 이르기까지 72년 만에 완성했음과, '不肖亦預是役'에서 짐작되듯 자신 역시 修撰에 참여했음을 밝히고 있다. 위에서 말하는 72년의 기점이 李枰이 草譜를 완성하고 序를 작성한 1706년인지, 그 이전 족보 수습에 뜻을 다진 일정 시점인지는 분명하지 않으나, 전후 문맥으로 草譜 序를 작성한 1706년이 아닌가 짐작된다.[45]

1706년에서 72년을 더하면 1778년이지만, 햇수로만 따지만 1777년이 된다. 이에서 1777년이란 重修 舊序가 나오는 시점이며, 李龍祥에 대한 본격적 언급이 보이는 때이기도 하다. 곧 李枰이 수습한 未完의 筆寫에다, 72년에 걸쳐 여러 사람의 각고의 노력이 보태어져, 大越(安南)에 출자를 둔 李龍祥의 구체적 가계가 기재되었다고 봄이 옳을 것이다. 이는 위에서 李鼎新 자신도 이 작업에 참여했음을 밝히는 데에서 파악된다. 그 밖의 인물로는 重修舊序를 쓴 李羲之가 포함될 수 있다. 특히 李陽復의 다음 跋文에는 大越(安南)과 관련하여 주목되는 내용이 실려 있다.

> 而煩枝派外裔未克詳載 一依佐郎公手草舊譜 而其潤色安南先系族叔羲之氏頗有力焉 (李陽復, 〈舊譜跋〉, 《花山李氏 世譜》)

위에서 李陽復은 후손이 번성하여 枝派와 外裔를 능히 자세히 파악하고 기재할 수 없어, 하나같이 좌랑공이 筆寫한 草舊譜에 의존하여 채록했다는 것과, 大越(安南)의 先系에 대해서는 李羲之가 채록, 윤색했음을 밝히고 있다. 곧 그의 말은 화산이씨의 枝派와 外裔는 李枰의 草譜에 의존했으며, 大越(安南)과 관련된 사안은 李枰이 아닌 李羲之에 의해 새로이 대거 채록되었음을 고백한 셈이다.

---

45) 통상 序는 작업이 완료된 다음 畵龍點睛의 의미로서 작성되는 것이며, 작업의 大義, 경과, 所懷 등을 담는다고 봄이 옳을 것이다.

이는 뒤집어 李枰이 大越(安南)과 관련한 先系에 대한 작업이 미완으로 남겨져 있었음을 의미한다. 李枰이 草譜를 筆寫해 놓고서도 28년이나 간행하지 못한 주된 까닭이 大越(安南)과 관련한 先系가 미비했던 것일 개연성이 아닐까. 적어도 大越(安南)의 1대 황제~8대 황제에 이르는 생몰연대, 즉위년과 治世 기간, 諱, 序次 등은《大越史記 全書》와 비교해도 거의 놀랄 만큼의 정확성과 사실성을 지니고 있다. 李龍祥에 이르는 大越(安南)의 先系는 사실상 李羲之의 勞作이며, 동시에 李羲之의 이 같은 공을 찬양하고 있는 점에서 李陽復 또한 李羲之의 작업에 관해 소상한 내막을 알고 있었다고 해석된다. 또한 위 李陽復 발문의 작성 시점은 일단 李羲之의 작업이 완료된 시점, 곧 1777년 이후의 시점임을 드러낸다.

여기서 李羲之에 의해 重修舊序가 작성된 1777년, 李陽復과 李鼎新의 舊譜跋이 작성됐다는 것은 위의 3인이 협력하여 重修譜를 완간했음을 드러낸다고 볼 수도 있겠으나, 후술하는 바와 같이 李陽復의 생몰연대로 말미암아 그것의 사실성은 의문이다. 여하튼 위 舊譜跋이 기실 草譜와 관련된 跋이 아니라, 외려 重修譜와 관련된 것임을 알 수 있다. 그럼에도 重修譜跋이 아닌, 舊譜跋로 실린 것은 草譜와 重修譜가 긴밀한 관계 하에 있었으며, 重修譜를 草譜의 완간으로 본 까닭이 작용했다고 여겨진다. 이는 화산이씨의 枝派와 外裔는 李枰의 筆寫 草譜에 의존했다는 구절에서도 짐작할 수 있는데, 이 경우 李枰의 筆寫 草譜를 李羲之에게 내어줄 수 있는 인물은 李枰의 손자 李鼎新일 것이기 때문이다. 결국 李枰에서부터 시작된 화산이씨 족보의 복원 작업은 아들 李憲國을 거쳐 손자 李鼎新에 이르러서 이루어진 3대에 걸친 결정판이며, 다시 李鼎新의 이 작업에는 李羲之의 적극적 협조가 보태어졌고 이로써 완결되었다고 판단된다.

이는 李枰이 草譜 서문을 쓰면서, 죽은 다음 추증받은 자신의 贈職을 앞에 내세운 것에서도 짐작된다. 이는 李枰의 草譜 서문이 간행된 형태의 서문이 아니었으며, 따라서 李鼎新이 자신의 祖考인 李枰 앞에 좌랑을 붙이고 일부 내용은 첨삭, 부연, 가능성을 제시하는 것이다. 그러므로 草譜와 重修譜는 사실상 같은 맥락이며 까닭에 草譜 序에 李龍祥이 없음으로 해서, 그의 실존을 의심할 어떤 근거로 삼을 수는 없다.

또 하나 눈여겨 볼 구절은 '潤色安南先系'란 부분이다. 앞서 李羲之가 안남 곧 대월의 先系에 대해 다대한 채록을 한 것으로 간주했다. 한데 그러한 李羲之의 勞作을 李陽復이 굳이 潤色으로 표현한 것은 검토의 여지를 남긴다. 윤색이 날조, 혹은 창출로 볼 여지가 있기 때문인데, 허나 그것이 아님은 위 跋의 성격이 李羲之의 공을 글로 남겨 특별히 기리는 의미가 있으므로 상정하기 어렵다. 또한 李羲之가 安南 先系를 참고하여 화산이씨 족보를 창출한 것이 기정사실이라면, 李陽復이 자신의 跋에서 이런 내용을 새삼 지적한 것은 화산이씨 족보의 성립 자체를 뒤흔드는 중대한 파국이기도 하다. 결국 여기의 윤색이란 안남의 선계에 맞추어 연대와 서차를 조정하고 배열한 내용을 가리킨다고 봄이 옳다.

李羲之에 대해 조사해 보면, 그는 李氏 황조를 세운 이공온의 24세손으로서 1735년(영조 11)에 태어나 1798년(정조 22) 향년 64歲로 죽은 인물이다.[46] 李枰이 이공온의 22세손이므로 李羲之는 李枰보다는 2세대 아래 손자뻘의 인물이다. 李羲之는 重修譜를 작성하던 무렵 41세였으며, 당시 성균 사마로 나타난다.[47] 족보에는 그의 성행이 단결했으며 시문이 온아했다고 기록되어 있다. 李枰의 친손자 李鼎新 역시 이공온의 24세손인 만큼, 李羲之와 李鼎新은 같은 항렬, 같은 파의 족친이었다. 重修譜가

46) 李相協, 〈花山李氏 世系〉 承旨公派再疊 24世, 《花山李氏 족보》, 회상사, 2004, p.92.

47) 重修舊序에는 자신을 進士 羲之로 표기하고 있다. 重修舊序를 쓴 것은 초시에 합격하고 성균관에 수학하던 무렵 전후가 아닌가 짐작된다.

작성될 당시 李鼎新은 52세였으니, 李鼎新이 李羲之보다 11살 위였음이 확인된다. 이런 견지에서 11살 이상의 年輩로서, 또 草譜를 家乘으로 물려받아 막중한 책임을 통감한 李鼎新이 博學한 李羲之에게 重修譜의 찬술을 권하거나, 부탁했다고 봄이 옳을 것이다.

이처럼 重修譜가 작성될 당시 李鼎新이 52세였고, 李羲之는 41세였다. 또한 그들 둘 다 이공온의 24세손이었다. 그런 만큼, 重修譜에는 최소한, 이공온의 25세손까지 망라했을 것으로 짐작된다. 이 경우 당시 重修譜에 기록됐을 枝派와 外裔는 현재 화산이씨 족보의 世系 pp.3~130까지 가운데 25世 이전의 인물에 해당할 것이라 파악된다. 한편 李羲之는 1777년 重修譜를 찬술한 지 7년이 지난 1784년(정조 8) 2월, 48세의 나이로 황해도 평산의 진사 蔡一揆와 더불어 정조가 태조 이성계의 릉, 建元陵에 陵行할 때 자신의 族祖 李孟芸과 蔡貴河 2인을 表節祠에 追配케 해달라는 疎를 奏達하고 있다.[48] 前年에 守臣 徐有防이 고려에 충절을 다하여 조선에 出仕하지 않은 松都 不朝峴의 古蹟과, 林先味, 曹義生, 孟某(失名) 3인을 기려 祭享하도록 하게 해달라는 상소를 올렸는데 정조는 이에 대해 즉시 비답을 내려 表節祠를 건립하게 한 바 있었다. 따라서 李羲之와 蔡一揆는 자신들의 族祖 역시 충절이 뒤지지 않으므로 表節祠에 함께 배향케 해달라는 취지로 상소를 올린 것이었다.[49]

문제의 인물 李孟芸은 부친 李裕와 더불어 충절로 이름을 떨쳤다고 한다. 李裕는 화산이씨 세보에 의하면 대월 이공온의 11세손으로서[50] 호가 海隱, 혹은 大殷이었으며[51] 벼슬은 中顯大夫 典客署令에 이르렀으며,

48) 李相協, 〈川隱先生本傳〉, 《花山李氏 族譜》, 회상사, 2004, p.40, 10행.

49) 李相協, 〈川隱先生本傳〉, 《花山李氏 族譜》, 회상사, 2004, p.40, 3~7행.

50) 그러나 이공온의 10세손이라는 언급도 제시되어 있기도 하다. 李相協, 〈海隱先生事實〉, 《花山李氏 族譜》, 회상사, 2004, p.31, 1행.

51) 李相協, 〈海隱先生事實〉, 《花山李氏 族譜》, 회상사, 2004, p.31, 1행.

아들인 李孟芸이 貴하게 되면서 陞階하여 銀靑光祿大夫 尙書省右僕射가 된 것으로 확인된다.[52] 또한 李孟芸은 호가 川隱, 鰲川徵士, 遯山小隱이라 했다고 하는데,[53] 李孟芸 자신을 포함해 부친 李裕의 생몰연대는 정확한 기록이 없다. 다만 태조 이성계가 李裕에게 이판으로 예빙했으나 不仕하지 않은 사실과, 아들 李孟芸 역시 한성판윤을 3번 제수했으나 불응했다는 구절에서[54] 그들의 개략적인 생몰연대, 곧 麗末鮮初임을 짐작할 수 있을 뿐이다.

당시 李羲之가 정조에게 올린 追配表節祠疏는 화산이씨 족보에서 확인된다.[55] 그 중 주목할 부분은 다음과 같다.

> 李羲之十二代祖 前戶曹典書孟芸卽 花山君號小微子 龍祥 五世孫也 (〈追配表節祠疏〉,《花山李氏 族譜》)

李羲之는 정조에게 李孟芸을 表節祠에 追配케 해 달라는 疎를 奏達하면서, 李孟芸이 용상의 5세손이라고 밝히고 있다. 이는 李裕, 李孟芸과 관련한 家乘에서 일관되게 확인되는 사실이기도 하다.[56] 그와 관련한 사실은 다음《승정원일기》에서도 확인된다.

> 禮曹啓目, 粘進士蔡一揆·李羲之上言內辭緣云云。令本府守臣詳查, 論理

52) 李相協, 〈花山李氏 世系〉 11世,《花山李氏 족보》, 회상사, 2004, p.3.
53) 李相協, 〈川隱先生本傳〉,《花山李氏 族譜》, 회상사, 2004, p.36, 9~11행.
54) 李相協, 〈川隱先生本傳〉,《花山李氏 族譜》, 회상사, 2004, p.36, 2~7행.
55) 李相協, 〈追配表節祠疏〉,《花山李氏 族譜》, 회상사, 2004, p.103, 1행.
56) 李相協, 〈花山君本傳〉 pp.1~5, 〈海隱先生事實〉 p.31의 1행, 〈川隱先生本傳〉 p.35의 1행, p.36의 9행이며, 이들은《花山李氏 族譜》, 회상사, 2004에 각기 수록되어 있다.

啓聞後, 稟處, 何如? 判付啓, 令該留守廣採物議, 兼附己見, 論理狀聞。(《승정원일기》 8년 2월 25일)

一角의 견해대로 만약 李羲之가 李龍祥과 관련한 사적을 創出했다면, 李羲之가 重修譜를 만든 지 불과 7년 만에 李孟芸과 李龍祥을 관련지어 국왕에게 과연 상주할 수 있었을까 반문하지 않을 수 없다.

조선은 譜學의 나라로서 당시의 사대부들은 性理學, 譜學, 禮學을 3대 필수 교양으로 여길 만큼 중시했고, 제각기 나름의 깊은 식견과 통찰력을 지니고 있었다. 조선 후기 궁정은 과거에 합격한 譜學에 관한 통찰력을 지닌 자들로 가득했으며, 譜學에 대한 모든 정보의 집산지이기도 했다. 과연 李羲之 자신이 李龍祥과 관련한 사적을 창출했다면, 그는 7년 전 창출한 李龍祥을 국왕에게 대담하게 거론한 셈이 된다. 이는 당시 시대 상황에서 원천적으로 성립하기 힘들다. 결국 李羲之의 이런 행동은 李龍祥을 포함한 자기 族祖에 대한 뚜렷한 확신이며, 조선 조정 역시 禮曹 回啓, 禮曹 判付에서 보듯 李龍祥의 진위에 이론을 보이지 않았다.[57] 이에서 李龍祥에 관한 사적은 당시 식자층에 의해 확인, 수용되고 있었음이 입증된다.

앞서 살핀 바와 같이 草譜는 필사본이며 간행되지 않았다. 이에서 重修譜가 사실상 명종 이후 散失된 화산이씨 족보의 復刊本이라 할 수 있다. 이는 李龍祥이 고려에 온 지 551년만의 일이며, 명종 때 尹元衡과 척을 지는 바람에 家聲이 몰락한 것으로는 대략 210여 년만의 일이었다. 또한 이 重修譜는 李龍祥에 대한 사적이 충실히 수록되게 된 점에서도 심대한 의미가 있다고 보인다.

57) 李相協, 〈追配表節祠疏〉, 《花山李氏 族譜》, 회상사, 2004, p.104, 3~11행.

2. 舊譜跋의 編纂 過程

重修譜 修撰에는 또 한 사람의 인물이 주목되는데, 그는 전체 5개의 舊譜跋 중 또 하나의 舊譜跋을 쓴 李永祚이다. 李永祚의 舊譜跋은 전체 舊譜跋 중 가장 선두에 위치해 있다. 이것은 그의 연령 및 序次, 또는 족보 편찬 과정을 잘 보여주는 방증일 것이다.

화산이씨 세보에 의하면, 李永祚는 이공온의 23세손으로서 을해년에 출생하여 기해년 7월 1일에 사망한 것으로 확인된다. 위 紀年과 관련하여 李永祚의 부친 李嶷이 영조 경술 4월 1일 졸한 것이 확인되므로[58] 역산하여 볼 수 있다. 우선 영조 경술년은 1730년이 된다. 李永祚가 李嶷의 아들인 점을 고려할 때, 李永祚는 늦어도 영조 경술년 이전, 1730년 이전의 을해년에 출생한 셈이 된다. 결국 1730년 이전으로서 李永祚가 출생한 을해년은 1695년이 된다. 이후 李永祚가 사망한 紀年 기해년은 1719년 또는 1779년이 된다. 1719년에 李永祚가 사망했다면 26세로 사망한 셈이 되며, 1779년 사망했다면 86세로 사망한 셈이 된다. 그러나 李永祚가 壽階하여 嘉義中樞府事의 직을 받았음을 고려할 때, 그의 卒年은 1779년이 된다.[59] 또한 그가 작성한 舊譜跋 역시 重修譜 찬술 즈음 작성된 것인 셈이다. 결국 1777년 정유년 重修譜 편찬에 즈음하여 84세의 나이로 李永祚는 舊譜跋을 작성하고, 2년 뒤 사망했음이 확인되는 셈이다. 당시 李永祚가 작성한 舊譜跋 중 李龍祥과 관련한 대목을 추려보면 다음과 같다.

昔我鼻祖出於安南而久矣 及其國亡 王之弟龍祥公乘舟浮海止泊於我國瓮

58) 李相協, 〈花山李氏 世系〉 直長公派再疊 22世, 《花山李氏 족보》, 회상사, 2004, p.111.
59) 李相協, 〈花山李氏 世系〉 直長公派再疊 23世, 《花山李氏 족보》, 회상사, 2004, p.111.

> 遷地居焉 封爲花山君 此李氏所以花山爲籍也 (李永祚, 〈舊譜跋〉, 《花山李氏世譜》)

위에서 나타나듯 李永祚는 안남 출신 李龍祥을 거론하며 화산이씨의 유래를 설명하고 있다. 다만 '王之弟龍祥'이라 구절이 문제가 되는데, 이에 의하면 용상을 당시 왕의 동생으로 파악했다. 용상의 형은 고종이었으며, 그는 1210년 10월 28일 세상을 떠났다. 용상이 배에 올라 대월을 떠날 당시, 대월의 왕은 고종일 수 없다. 심지어는 고종의 아들 혜종조차도 1224년 12월 자신의 차녀 昭聖을 황태자로 삼아 전위하고 眞教禪寺로 은둔했다. 따라서 용상이 대월을 떠날 무렵의 대월의 왕은 아무리 범위를 넓게 잡더라도 용상의 조카[姪], 종손녀가 될 수밖에 없다. 李永祚 등이 《大越史記 全書》를 봤다면 있을 수 없는 명백한 오류이므로, 거꾸로 《大越史記 全書》를 보지 않은 확증이 된다.

한편 重修譜 찬술 당시 李陽復의 나이도 확인이 가능하다. 화산이씨 세보에는 그가 承旨公 5世孫 校尉 李遇亨派 25世孫으로서 1775년(영조 51)에 태어나 1836년(헌종 2), 향년 61세로 사망한 것으로 나타난다.[60] 따라서 1777년 李鼎新과 李羲之가 힘을 합쳐 重修譜가 작성될 당시 李陽復은 2살이었다. 또한, 李鼎新과는 50세의 年差, 李羲之와는 39살의 年差가 있은 셈이다. 그러므로 생물학적 견지에서 일단 그는 重修譜의 편찬과정에선 배제된 인물임은 거의 확실하다. 따라서 李陽復의 舊譜跋은 최소한 그가 성년이 된 이후에 작성한 것으로 보아야 할 것이다. 이 경우 李陽復의 舊譜跋은 3修譜 1837년이 되지만, 그 경우 그의 사망 이듬해가 된다. 결국 李陽復의 舊譜跋이 작성된 정확한 시점은 달리 확인할 방법이

---

60) 李相協, 〈花山李氏 世系〉 承旨公 5世孫 校尉李遇亨派 25世, 《花山李氏 족보》, 회상사, 2004, p.45.

없으며, 그의 나이를 고려할 때 대략 重修譜에서 3修譜 사이 어느 시점에서 작성된 것이라 볼 수밖에 없다. 또 하나 李陽復은 '族叔羲之氏頗有力焉'이란 구절을 사용했는데, 李陽復과 李羲之와는 39살의 年差가 있으며, 李羲之가 李陽復보다 한 세대 위의 인물이다. 그런데 李陽復이 손위의 李羲之를 가리켜 羲之氏라 한 것은 매우 주목된다. 氏란 말은 '박 씨', '이 씨'처럼 성姓 뒤에 붙어 쓰면 다소 낮춤의 경향이 있으며, '나리 씨', '한국 씨'처럼 이름 뒤에 붙이는 경우에도, 친분은 있으나 아주 가깝지는 않은 느낌이 있다. 또 이는 아랫사람이 윗사람에게 쓰는 표현은 아니다.[61] 李陽復이 跋을 쓸 정도의 나이, 30세가 되었다고 가정할 때, 그 연대는 1805년이 되며 李羲之는 이미 죽은 지 7년이 지난 무렵이 된다. 곧 李陽復이 손위의 족숙이자 39살의 연배이며, 또 이미 고인이 된 李羲之를 가리켜 '羲之氏'라 한 것이 중세적 표현, 말법에 과연 적확한 것인지는 알 수 없다.

화산이씨 족보에 수록된 舊譜跋은 다음과 같이 일괄 정리될 수 있다. 이에서 ①, ②, ⑤의 舊譜跋은 앞서 검토했다.

[표 2]

掲載 順序	作成者	生沒 年代	官職	重修譜 撰述時 年齡	備考
① 舊譜跋	後孫 李永祚	1695~1779	嘉義大夫 同知 中樞府使	82	
② 舊譜跋	後孫 李鼎新	1725~1784		52	李枰 孫子
③ 舊譜跋	後孫 李景行	1730~1809	進士 副護軍兼五衛將	47	
④ 舊譜跋	後孫 李憲默	1722~1787		55	
⑤ 舊譜跋	後孫 李陽復	1775~1836		2	

61) 국립국어원, 〈표준국어대사전〉 氏 07편, 2014.

③의 舊譜跋은 李景行이 작성한 것으로서, 이에서는 특히 다음과 같은 구절이 매우 주목된다.

> 收其四派之族分爲兩卷之冊 血脉貫通節目具備 始廣其傳使其來後無爲道人視則非所謂一其種而合其族者也 (李景行, 〈舊譜跋〉, 《花山李氏 世譜》)

이에서 重修譜는 2권의 책으로 이루어져, 李枰이 쓴 1권의 초보[62]와는 대비됨을 알 수 있다. 李景行은 1730년(영조 6)에 태어나 1809년(순조 9) 12월 14일에 향년 80세로 사망했다. 1809년에 그가 行 折衝副護軍中樞府事 兼 五衛將이 되었고, 그해 죽었으니[63] 1777년 중수보와 관련한 跋을 작성할 당시 副護軍兼五衛將을 칭한 것은 모순이다.

한편 李憲默이 작성한 ④의 舊譜跋을 통해 重修譜의 상세한 작성 과정의 편린을 찾을 수 있다.

> 先輩之經營未就者幾至百年之久 憲默嘗慨然有志於斯 曾與三處諸宗修稧鳩財 殆過十載 今始設役于竹川精舍 數月而功告訖 (李憲默, 〈舊譜跋〉, 《花山李氏 世譜》)

이에 의하면 憲默 이전의 선배들이 족보 修撰을 경영했으나 미완에 그쳤고 그 세월이 백년에 이르렀다고 한다. 憲默이 이에 뜻을 두고 3곳의 종친들과 修稧하여 재물을 모운 지 10여 년 만에 竹川精舍에서 역사를 벌였고 수개월 만에 완성했다고 증언하고 있다. 이는 憲默이 重修譜 완성에 있어 재정적 지원을 담당했음을 드러낸 것이라 할 수 있다. 憲

---

62) 李枰, 〈草譜舊序〉, 《花山李氏 世譜》.

63) 李相協, 〈花山李氏 世系〉 承旨公派再疊 24世, 《花山李氏 족보》, 회상사, 2004, p.106.

默은 壬寅年에 출생하여 丁未年 정월 19일에 卒한 것으로 나타난다.[64] 그 紀年과 관련, 그의 부친 柲의 생몰 연대를 살펴보면 숙종 丁丑年, 곧 1677년에 출생하여 영조 壬申年, 곧 1752년 6월 19일 卒한 것이 확인된다.[65] 이를 역산하면 憲默이 태어난 壬寅年은 1722년이며 그가 卒한 丁未年은 1787년이 된다. 이에서 重修譜와 관련한 跋을 작성할 당시 憲默은 55세였음이 자연스레 확인된다.

重修譜와 관련한 인물들을 연령 순서로 나열하면, 李永祚(82), 李憲默(55), 李鼎新(52), 李景行(47), 李羲之(41)이었다. 각자의 역할을 보면 李永祚는 座長, 李憲默은 재정 지원, 李鼎新은 李枰의 손자로서 집안에 보관 중인 필사본 草譜 제공, 李景行은 鋟梓를 위한 재정적 조력, 李羲之는 重修譜를 직접 작성하며 産婆의 중핵 역할을 했다고 파악된다. 특히 舊譜跋이 연령 순서와는 달리 게재되어 있는 것은 그 순서 자체가 重修譜 편찬의 일정한 역할, 기여의 정도를 가늠할 잣대가 아닌가 짐작된다.

片倉 穰이 말한 대로 重修譜에서 李龍祥과 관련한 전승이 창출되었다면, 3修譜 序(1837년)를 작성한 唐城人 洗馬 洪直弼과 4修譜 序(1873년)를 작성한 豊壤 趙康夏가 과연 그 사실에 대하여 아무런 포폄이나 비정없이 李龍祥을 인정했겠는가 하는 의문이 제기된다. 3修譜 序는 重修로부터 불과 60년 뒤의 일이었다. 重修譜 작성은 1776년, 그 집필이 착수된 지역은 황해도 일대였다. 이런 점을 고려할 때, 불과 수십 년 만에 경북 내륙 지역에까지 李龍祥의 존재가 널리 알려져 여러 사람들의 추인을 얻었다는 대목은 이해하기 힘들다. 또한 3修譜 序(1837년)를 작성한 唐城人 洗馬 洪直弼[66]과 4修譜 序(1873년)를 작성한 豊壤 趙康夏[67]는 각기 당성과 풍양을 본관으로 하며, 당시 중앙 정계에서 활약하던 당대의 권신이었다.

---

64) 李相協, 〈花山李氏 世系〉 承旨公派再疊 23世, 《花山李氏 족보》, 회상사, 2004, p.102.

65) 李相協, 〈花山李氏 世系〉 承旨公派再疊 22世, 《花山李氏 족보》, 회상사, 2004, p.102.

황해도~경북 내륙에 이르는 광범위한 지역에서 李龍祥과 관련한 전승이 체계화되었거나, 분묘를 비롯한 유적이 숱한 사람을 통해 회자되고 있음은 몇몇 사람의 창작에 의해 이루어졌다고 보기에 무리가 있다. 重修譜에서 최초로 李龍祥이 창출되었다면, 찬자인 李羲之는 자신의 위조를 증명할 李杯의 草譜序를 게재한 셈이 된다. 李龍祥이 창출된 존재라면 문제가 될 李杯의 草譜序가 重修譜에 加減없이 실린 것부터 이상하다. 곧 李羲之가 族祖를 창출했을 경우, 자신의 창작 행위가 드러날 草譜序를 몸소 채록, 삽입해 두었다는 것은 모순이다.

한국과 베트남의 역사적 유대를 상징하는 존재로서 李龍祥은 주목할 가치가 있다. 양국의 선린이 증진될수록, 李龍祥의 역사적 비중은 확장될 것이다. 李龍祥에 관한 기록은 화산이씨 重修譜(1777년)에서 최초로 확인된다. 重修譜보다 앞서 李杯이 필사, 집록했다고 하는 草譜(1706년) 내용은 현재 알 수 없으며, 현존하는 李杯의 草譜序에서조차 李龍祥의 이름

---

66) 洪直弼은 1776년(영조 52)~1852년(철종 3)까지 생존한 조선 후기의 학자로서, 본관은 남양(南陽). 초명은 긍필(兢弼). 자는 백응(伯應)·백림(伯臨), 호는 매산(梅山)이며 서울 출신이었다. 병마절도위 상언(尙彦)의 증손으로, 할아버지는 현감 선양(善養)이고, 아버지는 판서 이간(履簡)이었다. 재능이 뛰어나 7세 때 이미 한자로 문장을 지었다고 하며, 1810년 돈녕부참봉에 제수되었으나 나아가지 않다가, 1814년 익위사세마(翊衛司洗馬)로 제배되었다. 이 때 동궁(東宮 : 뒤의 翼宗)이 새로 세자에 올라 당시의 유명인사들을 뽑아 매일 서연(書筵)을 열 때 발탁되었다. 1822년 장흥고봉사에 임명되었으나 물리쳤다(《한국민족문화대백과사전》). 洪直弼이 洗馬의 직을 내세운 점에서 서문을 쓸 당시의 상황이 짐작된다.

67) 趙康夏는 1841년(헌종 7)~?까지의 조선 말기 문신으로 본관은 풍양(豊壤), 자는 경평(景平), 현령 병석(秉錫)의 아들로, 영하(寧夏)의 동생이자, 조대비(趙大妃)의 조카이다. 1864년(고종 1) 조대비의 일족이 대거 등용될 때 증광시에 병과로 급제하여 한림권점(翰林圈點)·관록(館錄)·도당록(都堂錄)에 잇달아 오르고, 서문을 쓸 즈음인 1873년 대사성을 거쳐 부제학·이조참판을 거쳐 경기도관찰사가 되었다(《한국민족문화대백과사전》). 이로 보면 趙康夏는 당대 핵심 세력의 일원이었다고 할 수 있다.

은 없다.

하지만 화산이씨 족보의 전체적 편찬과정을 살펴보면, 이 같은 〈'李龍祥'의 高麗 移居 創作說〉은 억단임을 배제할 수 없다. 화산이씨 문중에는 舊譜와 家乘이 존재했으나 임진왜란을 거치면서 망실된 것과, 이후 李枰이 필사본의 형태로 초보를 완성했으나 출간하지 못했던 점, 그의 아들 李憲國과 그의 손자 李鼎新 3대, 72년에 걸쳐 구보, 重修譜가 완성되었음이 확인되기 때문이다. 특히 草譜序를 작성한 李枰의 이름 앞에 사후 증직된 좌랑이 부기되어 있는 사실은 초보구서 자체가 후대의 인물, 예컨대 重修譜 편찬의 산파 역할을 한 李鼎新 등을 포함한 제3의 인물에 의해 윤문되었음을 뜻한다. 또한 초보구서와 重修譜는 별개의 시점, 곧 1706년과 1777년과 같이 시간적 간극이 존재하는 것이 아니라 활자의 형태를 띤 복간본, 곧 중수보(1777년)의 편찬 시점에서 초보구서, 중수구서를 채록, 망라한 형태였다고 해야 옳을 것이다. 초보구서와 중수보는 시간별, 체제별 분절적이고 독립된 존재가 아니라, 72년에 걸쳐 미완의 형태에서 완간의 형태로 나아간 과정의 산물에 다름 아니다.

중수보의 편찬과정을 정리하면 중수보서를 작성한, 성균 사마 李羲之가 주필이 되어 李枰의 草譜에 미비한 내용을 첨가하였고, 각각의 구보발을 쓴 李永祚(82세), 李憲黙(55세), 李鼎新(52세), 李景行(47세) 등이 자료 제공, 재정 지원 등을 통해 重修譜 편찬에 일익을 담당했음을 확인할 수 있다.

위 5명의 글, 중수보서와 중수보발에선 항용 李龍祥이 언급되고 있다. 또 李枰의 초보구서 역시 이들의 손을 거쳐 채록, 개재되었다. 그런 만큼 초보구서에서 따로 李龍祥을 언급할 필요, 당위성은 상대적으로 낮다. 중수보 편찬 7년 뒤 李羲之가 정조에게 올린 〈追配表節祠疏〉에서, 李孟芸을 가리켜 龍祥의 5세손이라 언급한 점은 보학에 밝은 당대의 시정을 감안할 때, 배향과 관련한 문면이 뚜렷하고 납득할만한 사적 근거를 지녔다고 보인다. 또 후대의 李陽復이 안남 사적을 추보한 李羲之를 칭송한 점에서, 李龍祥을 정점으로 하는 一系의 정리에 힘을 쓴 李羲之의 공을 드러내기 위해 李龍祥에 관한 최초 언급을 李羲之의 몫으로 돌렸을 수 있다.

이 외, 특정 시기, 특정 인물의 창작이라 보기 어렵게 하는 여러 까닭, 정황들이 발견되고 있다. 가령 李龍祥을 둘러싼 폭넓은 민담과 전설이 황해도와 경상도 등에 두루 미쳐 있는 점, 18세기 베트남에 관한 간접적 지식의 축적 결과 창작되었음과 배치되는 일련의 사실들, 李龍祥의 혈손과 관련된 여러 유적들의 존재 등이 그러하다. 이러한 제 문제에 관해 아래에서 정리하고자 한다.

[표 1] 이용상 관련 자료 및 저널

국적	연도	저자	종류	사료명	수록 자료
조선	壬亂 이전	?	서	화산이씨 족보(전란으로 민멸)	李枰, 〈草譜舊序〉
조선	1707	李 垕	서	族譜 序(2子 계열 족보의 서)	화산이씨 초보
조선	1777	李永祚	발	舊譜跋	화산이씨 중수보
조선	1777	李羲之	서	重修舊序	화산이씨 중수보
조선	1784	李羲之	소	〈追配表節祠疏〉	《花山李氏族譜》
조선	1783~1832	權思浹	묘지명	《通政大夫 工曹參議 忠孝堂 李公墓誌銘》	화산이씨 6修譜
조선	1763~1830	李度中	사실서	〈川隱先生 事實序〉	화산이씨 5修譜
조선	1819~1830	金熈周	행장	《通政大夫 工曹參議 忠孝堂 李公行狀》	화산이씨 6修譜
조선	1827	李野淳	묘갈명	《贈通政大夫 工曹參議 忠孝堂 李公 墓喝銘》	화산이씨 6修譜
조선	1790~1833	李仁行	유허비명	《贈通政大夫 工曹參議 忠孝堂 李公 遺墟碑銘》	화산이씨 6修譜
조선	1833	柳台佐	서	〈忠孝堂 遺集序〉	화산이씨 6修譜
조선	1837	洪直弼	서	3修譜 序	화산이씨 3修譜
조선	1873	趙康夏	서	4修譜 序	화산이씨 4修譜

연도	저자	종류	사료명	수록 자료
1879	甕津府	읍지	《甕津府 邑誌》	규장각 想白古915. 17-On3
1903	尹冑榮	비	《受降門紀蹟碑》	화산이씨 5修譜, 《韓國과 越南과의 關係(최상수)》 OR 〈甕津府邑誌〉 규장각 한국학 연구원, 청구기호, 想白古915.17-On3
1904	尹吉求	묘갈명	〈中樞府同知事諱奎精墓碣銘〉	화산이씨 5修譜
1917	李秉華	서	5修譜 序	화산이씨 5修譜
1918	총독부	책자	《朝鮮及滿蒙 叢書 第3輯·最新朝鮮地誌 下編》	朝鮮及滿洲社 出版部
1920	李承哉	가승	《花山君 本傳》	화산이씨 5修譜
1925.6	車相瓚, 朴達成	저널	〈황해도 답사기〉	《개벽》 60호
1927.2.22	李奉來	저널	萬古偉動의 주인공인 안남 왕족 花山君. 옹진 李祥龍의 전설(내고장의 인물과 전설) 15	《조선일보》
1928.4.7	長連一			
1934 or 1930.6		보고서	〈옹진군 郡勢 一般〉	《黎明期의朝鮮》 所引 or 종로도서관 소장
1936		보고서	〈옹진군北面 面勢 一般〉	
1937	황해도 교육회	향토지	〈황해도 향토지〉	
1965. 2.8~10	崔常壽	저널	〈고려에 귀화한 안남 왕자〉	《경향신문》 연재물

[표 2] 이용상 관련 저작(연대순)

국적	연도	저자	종류	논문·저작명	학술지·출판사
일본	1941	金永鍵	논문	〈安南 花山君 李龍祥の事蹟〉	《史學》20
베트남	1942	Le D	논문	〈외국에 사는 우리 베트남 사람들〉	《知新(Tri Tan)》 봄 호
일본	1943	金永鍵	논문	〈安南 花山君 李龍祥の事蹟〉	印度支那と日本との 關係
일본	1948	金永鍵	논문	〈蒙古兵을 격퇴시킨 화산군 '李龍祥'의 사적〉	《黎明期의 朝鮮》 정음사
한국	1966	崔常壽	논문	〈13世紀傾 安南王子의 高麗歸化〉	《韓國과 越南과의 關係》
한국	1966	강무학 외	소설	《皇叔 李龍祥》	金문화사
한국	1966	조성삼	소설	《皇叔 李龍祥》	대한민족문화공사
한국	1966	김용국	기고	〈李龍祥傳-韓·越 親善史〉	《사상계》8
한국	1978	李相伯	논문	花山李氏의 선조 李龍祥에 대하여-安南王弟의 高麗歸化-	李相伯 著作集. 3
베트남	1994	Kinh Bắc	논문	Xung quanh sựtích hoàng tửLýLong Tường ởnước ngoài	Sởvăn hóa thông tin thểth HàBắc
베트남	1997	베트남 역사학회	논문집	Người Việt tại Triều Tiên	Hội khoa học lịch sửV Nam,
일본	2000	李鎭榮	논문	〈族譜と歴史認識 ベトナムと韓國〉	《ベトナムの社會と文化》2
일본	2000	李鎭榮	논문	〈亡命ベトナム王族の祖先探しと歴史認識〉	《アジア·アフリカ言語文化研 所·通信》99
한국	2007	유인선	발제	베트남 李 왕조의 후손 李龍祥의 行跡	한국 베트남 관계사 국제심포 엄(한국역사학회·베트남 역사학회, 하노이 대우호텔 2007)
일본	2008	片倉穰	논문	〈花山李氏の族譜試論―朝鮮のなかのベトナム〉	《朝鮮とベトナム 日本とアジ
한국	2009	윤대영	논문	〈김영건(金永鍵)의 베트남 연구동인(動因)과 그 성격〉	《동남아시아연구》 19권 3호
한국	2011	강은해	논문	〈한국 귀화 베트남 왕자의 역사와 전설〉	《동북아 문화연구》 26
한국	2012	박순교	팩션	《花山君 李龍祥》	생각나눔(기획실크)
한국 Vietnam	2012	영산대, 호찌민외대	발제	《황숙 이용상과 베·한 협력관계의 과거와 현재》	수교 20주년 기념심포지엄 자료
한국	2013	조흥국	논문	〈12~14세기 베트남 사람들의 한국 이주에 대한 재고찰〉	《石堂論叢》55
한국	2014	허인욱	논문	〈高宗代'花山李氏'李龍祥의 高麗 정착 관련 기록 검토〉	《백산학보》100

국적	연도	저자	종류	논문·저작명	학술지·출판사
한국	2015	박순교	논문	花山君 '李龍祥 Lý Long Tường'에 관한 연구(1)	《택민국학연구논총》 15
베트남	2016	DoPhung Thui	논문	《초국가적 다문화주의의 가능성 모색을 위한 월남 왕자 Lý Long Tường' 연구》	계명대 박사 학위
한국	2017	박순교	논문	Vietnam(大越) 皇子 '李龍祥Lý Long Tường'에 관한 연구(2)	《동아인문학》 40
한국	2017	박순교	논문	Vietnam(大越) 皇子 '李龍祥Lý Long Tường'에 관한 연구(3)	《인문연구》 82
한국	2018	박순교	논문	Vietnam(大越) 皇子 '李龍祥Lý Long Tường'에 관한 연구(4)	《동아인문학》 42
한국	2018	박순교	논문	Vietnam(大越) 皇子 '李龍祥Lý Long Tường'에 관한 연구(5)	《동아인문학》 44
베트남	2018	DoPhung Thui	논문	스토리텔링을 통해 베트남 왕자 '李龍祥'의 생애사 재구성	《동아인문학》 44
한국	2018	박순교	논문	〈한국·베트남·일본 三國의 李龍祥 연구 현황과 과제〉	2018동아인문학회 국제심포지엄
한국	2019	박순교	논문	〈이용상 일가의 행적과 기록〉	국제 학술 심포지엄(하노이 외대)
한국	2019	박순교	도판	〈화산이씨 계보도〉(次子 계열)	지성인
한국	2019	박순교	논문	〈Vietnam(大越) 황자 '李龍祥 Lý Long Tường'의 異論 批正〉	《동아인문학》 48
한국	2019	박순교	논문	〈이장발(李長發)의 임란 참전과 「충효당 유집」 발행의 시말〉	《대구경북연구》 18(3)
한국	2020	박순교	팩션	《홍하에서 온 푸른 별들》	지성인
한국	2021	박순교	논문	〈Vietnam(大越) 황자 '李龍祥Lý Long Tường'에 관한 연구(6)-관련 자료 전반의 一瞥, 사료적 가치 검토와 비정을 중심으로-〉 (교육부 한국연구재단 연구비 지원 논문)	《동아인문학》 54
한국	2021	마이 티 흐엉	논문	베트남 황자 이용상의 본적에 관한 연구	신한대 석사논문
한국	2021	응웬 티 타이링	논문	한국-베트남 교류와 화산이씨의 활동 연구	제주대 석사논문
한국	2022	박순교	논문	〈李長發의 殉國과 遺命詩에 대한 檢討〉	《동아인문학》 58

제 2 장

'李龍祥 Lý Long Tường'의 역사적 사적과 실존

大越風俗

花山君

國異中原國人同太古人
衣冠唐制度禮樂漢君臣
銀瓮菊新酒金刀膾細鱗
年年二三月桃李一般春

대월의 풍속

화산군

나라는 중원과 다르나 사람은 태고의 사람과 한결같아
의관은 당의 제도요, 예악은 한의 풍속과 다름이 없네.
은 항아리에는 새 술 빚고 금 칼로 물고기 회치며
해마다 2, 3월 복숭아 오얏 영그니 똑같은 봄날이라네.

* 《화산군 본전》에는 安南으로 되어 있으나 당시의 국명 大越로 정정하여 채록함.

한국과 베트남의 선린우호 관계의 증진에서 빠짐없이 등장하는 으뜸 화제는 화산이씨의 시조 이용상이다.[1] 한국과 베트남을 연결하는 심리적 탯줄로서, 800년에 육박하는 양국 간 가교를 상징하는 표상으로서 이용상은 단골 화두로 거론되었다.[2] 하지만, 그와 별개로 이용상에 관한 심층적, 실증적인 검토는 태무하였다.[3]

한국, 베트남의 전략적 동반자 관계를 위한 정치적 修辭로서 이용상이 빈번히 거론된 것과 달리, 그에 관한 기록을 담은《花山李氏》가전 및 세보는 역사학자들의 관심에서 도외시되어 왔었다. 최소한의 진실성조차 검증되지 않은 상태에서 이용상을 설화와 전설처럼 치부하거나 무조

---

1) 2017년 한국·베트남은 수교 25주년, 전략적 동반자 관계를 구축하고 있다, 2017년 경주 세계 문화 EXPO 역시, '호치민·경주' 교류전이다. 세칭 '사돈의 나라'라는 말이 무색하지 않게, 결혼 이주 여성의 최대 출신 또한 베트남이 차지하고 있다. 2000년 통계 작성 이래, 한국에 결혼 이주한 베트남 여성의 총수는 87,025명, 이혼한 여성은 16,740명이다. 거의 20%에 육박하는 이혼율은 필설로도 형용하기 힘든 파경의 슬픔, 70,285명의 감춰진 눈물을 함의하고 있다(http://kosis.kr/statisticsList/statisticsList_01List.jsp?vwcd=MT_ZTITLE&parm TabId=M_01_01.통계청-국가통계포털-국내통계-인구·가구-혼인·이혼-외국인과의 혼인·이혼).

2) http://kostat.go.kr/portal/index/statistics.action의 통계 정보-국내 통계-주제별 통계-인구·가구-인구 총조사-인구 부문-2015년 총조사-성씨, 본관조에 의하면, 현재 남한 거주 화산이씨 성원은 2000년 1,775명에서 2015년, 1,237명(남자 616명, 여자 621명)으로 500명 이상 급감하였다. 통계청 담당자(042-481-3757)에게 확인한 결과 2010년 각 조사원의 호별 방문에 의한 자료 취합과 달리, 2015년은 주민자치 센터에 입력되어 있는 가족 관계, 주민 등본 등 각 행정 기관의 소장 데이터를 포괄 취합했다고 하므로, 통계치의 변동은 조사 방식의 전환에 기인할 개연성이 높아 보인다. 여하튼 2015년의 자료가 더욱 정확한 수치로 여겨진다. 주 거주지는 2010년과 같이 경기, 서울, 인천 등 수도권에 밀집하여 있으며, 세거지로 알려진 봉화, 안동, 밀양 등 영남 지역에는 불과 58명만이 현재 거주하고 있다.

3) 이용상에 관한 연구사적 검토는 박순교,《花山郡 李龍祥》, 圖書出版 생각나눔(기획실크), 2012.5, pp.266~267 및 박순교,〈花山君 '李龍祥 Lý Long Tường'에 관한 연구(Ⅰ)〉,《택민국학연구논총》15, 2015, pp.299~303에서 총체적으로 정리된 바 있다.

건 백안시하는 것, 혹은 진실에 대한 검증조차 없이 이용상이 무수히 회자되는 것 역시, 죄다 경계하지 않을 수 없다. 이에 대월의 정사를 토대로 이용상과 관련한 기록에서 무엇이 문제이며, 오류인지 검증할 최소한의 절차, 노력이 절실하다.

흔히 알기로 베트남이 해외의 자본과 인원을 끌어들이는 도이모이[刷新] 정책의 단초로서, 대략 800년 전 고려로 이거한 이용상의 후손, 이른바 화산이씨 종친회원의 귀환과 방문에 거국적 환영을 펼쳤다고 되어 있다. 李 왕조의 창건을 기념하는 덴도 축제(매년 음력 3월 15일) 역시[4] 매년 역사성을 부각하며 줄기차게 개최되고 있다. 차제에 이용상의 허실을《大越史記 全書》등을 비롯한 정사를 토대로 축차적으로 검토해 나가고자 한다.

---

4) 李朝의 혈통이 陳朝에 의해 압살된 나머지, ① '화산이씨'의 혈손이 베트남을 방문하기까지 하노이 市長이 부득불 李朝를 기리는 제전에서 祭主를 대행했다는 설, ② 방(Bang)나무 숲에 잎새가 다 떨어지고 Taøo Khea(曺溪) 강물이 다 마르는 때에 이씨의 혈통이 귀환한다는 예언, ③ 대략 770년만인 1995년 음력 3월 15일, 화산이씨의 혈손 일행이 귀향, 눈물을 머금고 조상의 사당에 진헌하자 당시 하늘의 구름이 여덟 조각의 용 모양으로 나뉘고, 李朝를 기리는 도사당의 향로가 땅위에 드러났으며, 왕관 모양의 파일애플이 발견되는 등 여러 상서로운 전조가 접종하였다는 설이 회자되었다, 일련의 奇特한 기적담은, 폐부를 찌르듯 감격적이며 드라마틱하다. 2010년 이래 필자는 여러 차례 베트남을 방문, 도사당 한켠에 위치한 두서너 평의, 박물관이라고 할 수 없는 작고 구석진 회랑에 들러, 벽에 걸린 구름 사진, 파인애플 사진, 유리 곽 속에 담긴 향로를 곱씹으며 상념에 잠겼었다. 하지만 하노이 시장의 제주 대행은 다분히 정치적 함의를 띤 것이다. 이조의 혈통이 절멸되었다는 것 역시 사실이 아니다. 2013년 필자가 박닌성 딘방현에서 행해진 덴도 축제를 참관했을 때, 이·진 왕조 교체 시 박해를 피해 산으로 피신하여 명맥을 이어 간 이조 혈통을 직접 만나 대화하였다. 하여, 베트남 李朝의 혈통이 단연 '화산이씨'뿐이라고 할 수는 없다. 파인애플, 구름과 같은 초자연적 현상 역시 필경 불가사의한 징험이 아닌 우연의 일치라 믿어진다. 아니면 Exodus를 감행한 남 베트남인을 초치하려는 정치적 복선 아래 행해진 선전 책동의 일환일 수도 있겠다.

제1절 李龍祥의 生年, 序次

그간 이용상의 生年 및 家系에 대해 論究된 바 없다. 용상의 역사적 실존 여부, 계보의 문제를 구명하기 위해서도 그의 생년, 가계, 출자에 관한 검토는 일차적이며 긴요한 작업이라 여겨진다.《花山李氏》 가전 및 세보에는 각각 다음과 같이 용상의 次序를 밝히고 있다.

A-1) 花山君 李龍祥 安南王 天祚之二子《花山君 家譜》[5)]

A-2) 龍祥 六世 安南王之次子《花山李氏 世譜》(安南國王 世系 7世)[6)]

A-3) 安南王 諱天祚之二子《花山李氏 世譜》(安南國王 世系 8世 昊昛)[7)]

A-4) 公卽交趾郡王諱公蘊 ①六世孫安南王龍翰②三弟也 ③兄爲己任(?) 兄王愛其德欲禪位 公三讓 ④不學(受?) 遭陳日照襲取之變 ⑤朱理宗寶慶二年(西曆 1226年) 與其族君苾抱祭器浮海東出高麗甕津止于花山高麗高宗十三年丙戌(西曆 1226年)之秋… 中略 … 以上詳見綱目雜出傳記而又尋釋于花山君⑥本⑦賢者詳之《花山李氏 世譜》(安南國王 世系 7世 龍祥)[8)]

A-5) 公卽交趾郡王諱公蘊 ①六世孫安南王龍翰②之弟也 ③素有微子之仁居國以忠君敬兄爲己 任兄王愛其德欲禪位 公三讓 ④不受 遭陳日照襲取之變 ⑤宋理宗寶慶二年 與其族君苾抱祭器浮海東出高麗甕津止于花山⑥之陽 (高)麗高宗十三年丙戌之秋《花山李氏世譜》(中始祖)[9)]

---

5) 金永鍵,《黎明期의 朝鮮》, 정음사, 1948, p.37 所收.

6) 金永鍵,《黎明期의 朝鮮》, 정음사, 1948, p.40 所收.

7)《花山李氏 世譜》5修版(8世 昊昛).

8) 金永鍵,《黎明期의 朝鮮》, 정음사, 1948, p.40 所收.

9)《花山李氏 世譜》5修版(中始祖).

A-6) 以上詳見綱目雜出傳記而又尋釋于花山君本①傳②覽者詳之《花山李氏 世譜》(安南國王世系 7世)[10)]

위 A-1), A-2), A-3)에 의하면 龍祥은 대월의 6세 황제, 천조天祚(英宗 1138~1175)의 2子이다.[11)] A-4)의 ①, A-5)의 ①에서는 6세 황제가 龍翰으로 표기되어 있으나 실제 대월의 6세 황제는 天祚(英宗)이므로 오류이다.[12)] 또 A-4)의 ②에서는 龍祥이 龍翰의 3弟로 나타난다. 하지만 A-5)의 ②를 참조한다면, A-4)의 ②의 '三'은 형태상 '之'의 誤讀인 것으로 판단된다. A-4)의 ③부분은 A-5)의 ③부분이 대거 결락된 채 인용되었음이 짐작된다. 또 앞뒤 맥락을 고려할 때, A-4)의 ④, ⑤는 역시 A-5)의 ④, ⑤로 수정되는 것이 옳다고 판단된다. 다만 A-5)에서 ⑥의 '남쪽'이란 구절이 부가된 것은 윤색인지 알 수 없다. A-4)의 ⑥, ⑦과 A-6)의 ①, ②를 비교해보면 '傳'字가 누락되거나, '覽'자를 '賢'으로 읽는 등의 誤讀이 발견된다. 위 내용을 정리하면 龍祥은 龍翰의 弟로서, 대월 6세 황제 天祚(英宗)의 2子라 할 수 있다.

한편 《大越史記 全書》에선 용창이 皇長子로 명시되어 있다. 용창은 영종 재위 14년인 1151년 11월에 출생했고, 출생과 동시에 顯忠王으로 책봉됐다.[13)] 그로부터 22년 뒤인 1173년 5월 次子 龍翰이 출생했다.[14)] 용창이 태어난 1151년과 용한이 태어난 1173년의 어간, 22년

10) 金永鍵, 《黎明期의 朝鮮》, 정음사, 1948, p.40 所收.

11) 대월은 '內帝外王'의 의식이 뚜렷하였다. 또 중국과는 다른 세계 질서를 표방하였다. 실제 역사서에서도 황제로 표기하였다. 이른바 이상걸이 송나라 主將에게 보낸 격서 중 "南國山河 南帝居"라는 문구가 이를 웅변한다(《대월사기 전서》 본기 권3 인종 丙辰5년 3월조). 역시 內帝外王을 표방하였던 고려가 실제 역사서에서 황제가 아닌 왕이라 표기한 것과는 확연히 대비되는 대목이다.

12) 龍翰은 대월의 7세 황제인 고종(1176~1210)의 이름이었다. 따라서 龍翰은 대월의 6세 황제일 수 없다.

동안에 다른 황자가 태어났을 여지가 있다. 그와 관련하여 다음 기록이 주목된다.

> A-7) 諱龍翰, 英宗第六子也。其母杜氏皇后, 以政隆寶應十一年癸巳五月二十五日誕生, 天感至寶二年冊立爲皇太子。英宗崩, 遂登大寶, 在位三十五年, 壽三十八歲, 崩于聖壽宮。《대월사기 전서》 본기 권4 고종 즉위년조

위《大越史記 全書》에 의하면 용창은 1子, 용한[龍翰]은 6子가 된다. 그 사이 4명의 황자가 있음을 함의한다. 앞서 용상은 용한의 동생으로 나타나고 있다(A-4)의 ①, ② 및 A-5)의 ①, ②). 그러므로 결국 용상은 아무리 빨라도 영종의 7子가 된다.[15]

1175년 정월 용한은 황태자로 책봉됐다.[16] 그 석 달 후인 1175년 4월부터 영종은 悅豫하지 못했고 鬪病했다. 蘇憲誠에게 太子를 포대기로 감싸 안고 政事를 섭정하게 한 것[17]은 영종의 질병이 극심했음을 알게 한다. 이는 다음의 기록에서도 확인이 되고 있다.

> A-8) 乙未天感至寶二年宋淳熙二年 秋七月, 乙巳, 帝崩于瑞光殿。先是, 帝疾大漸, 皇后復請立龍昶。帝曰 : 〈爲人子不孝, 安治民乎。〉遺詔

13) 《대월사기 전서》 본기 권4 영종 14년 11월조.

14) 《대월사기 전서》 본기 권4 고종 즉위년조.

15) 항간에 용상을 영종의 7子로 단언하기도 하나, 7子라는 것은 가장 빠른 경우 그렇다는 일 개연성에 불과하다. 다시 밝히거니와 용상이 영종의 7子라는 확증은 어디에도 없다.

16) 《대월사기 전서》 본기 권4 영종 38년 정월조.

17) 《대월사기 전서》 본기 권4 영종 38년 4월조.

> 蘇憲誠輔導太子, 國家事務一遵成憲。時太后欲行廢立, 恐憲誠不從, 乃以金銀賂其妻吕氏。憲誠曰 : 〈吾以大臣受顧命輔幼主, 今受賂而廢立, 何面目見先帝於地下乎。〉太后又召憲誠, 諭之百端。對曰〈不義而富且貴, 豈忠臣義士之所樂爲。况先帝言猶在耳, 殿下豈不聞伊尹霍光之事乎?臣不敢奉詔。〉事遂寢。[18]

위에서 '帝疾大漸'이란 구절을 주목한다면 영종은 원래 지병이 있었고, 승하하기 직전 병세가 급격히 악화됐다고 짐작된다. 위 A-4)와 A-5)에서 龍祥은 용한의 아우로 나타난다. 그러므로 龍祥의 출생 시기는 용한이 태어난 1173년 5월에서 영종의 병세가 급격히 악화되기 직전인 1175년 4월 사이로 좁혀진다.[19] 따라서 1175년 7월 영종이 사망할 당시 龍祥은 최대 두 살에 불과했다.[20]

용창과 용한 사이 4명의 皇子가 있었기에, 龍祥은 빨라도 영종의 7子[21]인 셈이 된다. 그리고 용한과 龍祥 사이, 다른 형제들이 있었을 개연성까지 상정해 볼 수 있다. 이상한 것은 용상의 고려 내 활동이 1253년 몽골의 5차 침입 때인 것으로 확인된다.[22] 1253년이라면 용상의 아

---

18) 《대월사기 전서》 본기 권4 영종 38년 7월조.

19) 인간의 제반 심리, 육체적 조건을 고려할 때, 상식적으로 병세가 극도로 악화되어 굴신조차 못할 상태에서 남녀 간 운우의 정사를 벌여 후사를 낳았을 개연성은 없다고 추단된다. 한편 https://zh.wikipedia.org/wiki/ 및 https://namu.wiki/w/ 등에서는 용상의 출생 연도를 1174년으로 밝히고 있는데 뚜렷한 근거를 확인할 수는 없다.

20) 박순교, 《花山郡 李龍祥》, 圖書出版 생각나눔(기획실크), 2012.5, pp.9~10.

21) http://ko.wikipBAia.org/wiki/에서도 龍祥은 영종의 7子로 언급되어 있다. 이에 대한 전거 역시 《대월사기 전서》 본기 권4 고종 즉위년에 의거한 것이 아닐까 판단된다.

22) 李相協, 〈화산군 본전〉, 《花山李氏 족보》, 회상사, 2004, p.3.

비 영종이 죽기 직전 회임시켜 출생했다 해도, 1253년 당시 그의 나이는 최소 78살에 이르게 된다. 생물학적으로 불가능한 것은 아니나 흔히 있는 일 또한 아니다. 더구나 낯설고 열악한 이역의 환경에서 그처럼 장수한다는 건 더욱 난망하다. 생몰년 가늠이 가능한 대월 李氏 황조 여덟 황제들의 평균 수명은 대략 45살이다. 겉잡아 가장 오래 장수한 황제 인종과 昭皇이 61살, 태조, 태종의 경우 쉰다섯을 넘기지 않았다.[23] 용상의 부친 영종은 40살, 조부 신종조차 23살을 넘기지 못하였다. 대개 수명과 질병은 유전자의 지배를 받는다. 더군다나 가슴 저미는 격랑과 굴절, 시대의 비운에 마주한 단독자로서의 心傷도 무시할 수 없다. 이 점에서, 섭생을 고려하더라도 이역에 처한 용상의 長壽는 선뜻 받아들이기 어렵다. 〈화산군 본전〉, 〈화산이씨 족보〉 중시조 용상편[24]을 비롯, 일체의 화산이씨 가승에서, 용상의 구체적 생몰 연대를 확인할 수 없다. 용상을 위시, 심지어 이하 6세대(용상~孟芸) 200여 년간의 생몰 연대가 온통 '침묵의 늪'에 빠져 있다.[25]

행여 550여 년 전(중수보 찬술 시점 1777년 기준)의 옛이야기라, 그 始末(1226년)을 잊었다 하자. 이상한 것은 용상 이전 저 멀리, 시간과 공간적으로 훨씬 먼, 대월(안남) 역대 선조들의 휘, 생몰연대가 빠짐없이 수록되어(약간의 착간이 있다 하나) 있는 점에 반해,[26] 시간적, 정서적으로 훨씬 가

---

23) 박순교, 《花山郡 李龍祥》, 圖書出版 생각나눔(기획실크), 2012.5, pp.18~19.

24) 李相協, 〈止庵承旨公 墓誌文〉, 《花山李氏 족보》, 회상사, 2004, p.346 다음 별책으로 합본되어 있는 p.3의 〈중시조 용상〉.

25) 용상 이후 6세대에 걸쳐 생몰 연대가 미상이다가, 7세대인 덕종에 이르러서야 1435년이란 생년이 확인된다(李相協, 〈止庵承旨公 墓誌文〉, 《花山李氏 족보》, 회상사, 2004, p.346 다음 별책으로 합본되어 있는 p.3의 13세 〈德從〉. 원래 덕종은 p.4에 표기되어야 하나 편집상의 실수로 p.3에 인쇄되어 있다).

26) 李相協, 《花山李氏 족보》, 회상사, 2004, p.346 다음 별책으로 합본되어 있는 pp.1~2의 〈안남국왕 세계〉 총편.

깝고 혈연적으로 밀접하며, 화산 일문이 오매불망 眷戀하였을, 까닭에 누구, 무엇보다 명료해야 할 (중)시조 용상의 생몰 연대는 정작 미궁에 빠져 있다.

대저 눈을 감으면 잊지 못할, 제1의 未忘의 인물 용상은 물론, 이하 6세대 생몰 연대가 죄다 실종되어 있다, 이러한 Missing Link는 불가사의한 일로서, 머리(대월 계보)와 수족(용상 이후 7세대 이하 계보)은 있으되, 몸통(용상~6세대의 계보)이 없어, 그 자체로 전형적인 허구와 창출의 일 증거로 비칠 수 있다. 화산 일문에게 'Genesis'나 다름없을, 용상의 시원은 오히려 더 자세하게 기록되었어야 마땅하다. 대월 계보에 비하여 상대적으로 쉽게 기록할 수 있었던 용상, 또 그 이하 6세대의 생몰 연대가 모두 실전되었다는 것은 의아함을 넘어 해괴함마저 자아낸다. 요컨대 용상의 활동 연대, 생몰 연대, 심지어 역사적 실존에 의구심이 생길 대목이다.[27)]

그런데 2子 용한이 태어난 이듬해인 1174년 9월, 영종은 갑자기 황태자 용창을 폐하였다. 그리고 태어난 지 15개월을 넘긴 용한을 황태자

27) https://zh.wikipedia.org/wiki/李龍祥 항목에 의하면 "李龍祥於清化率6000餘人, 攜帶皇冠、龍袍、尚方寶劍以及財寶等物, 分乘三隻大船, 逃往南海。在幾個月的海上流亡之後, 船隊遭遇颱風, 被迫登陸台灣島。當李龍祥決定離開時, 其子李龍憲(Lý Long Hiền)卻得了重病。李龍祥不得不留下200人以照料他"이라 하여 흥미로운 서술이 엿보인다. 이용상이 물경 1개 여단 병력을 넘어서는 6천여 인을 거느리고 베트남 북동 지역 청화에서 3척의 배에 나눠 탔고, 항행 중 중병에 걸린 아들 李龍憲, 아들을 치료하기 위한 군사 200인을 대만에 남겨두고 고려에 도착했다는 내용이다. 이처럼 항공모함의 동원에 비견되는 대규모의 집단 이동이 있었다면, 대장정이 정사에 기록되지 않았을 까닭이 없을 터, 위 서술의 뚜렷한 근거는 현재 찾을 수 없다. 한편 고은, 《만인보》 권29(창비사, 2010) 화산이씨 항목에는 "조선 황해도 옹진반도 화산포, 그 화산포 표착하였으니 살아왔으니, 함께 오는 동안 갖은 위험 갖은 고초로, 33명 중 21명이 파랑에 묻혀 죽고, 그 나머지 열두 명이 살아 귀신 형용으로 표착하였으니"라 하여 33명으로 되어 있다. 여하튼 이용상이 혈혈단신이 아니라, 일단의 무리와 함께 했을 것은 의심의 여지가 없다.

로 책봉하겠다는 意中을 표했다. 22살 성년의 황태자를 폐하고, 15개월의 어린 아이를 황태자로 책봉한 것은 커다란 하나의 정치적 변혁, 또는 파행이었다고 짐작된다. 용창의 황태자 폐립 사유와 관련해서, 기록은 다음과 같이 밝히고 있다.

A-9) 秋九月, 太子龍昶有罪, 廢爲庶人囚之。先是龍昶烝于宮妃, 帝不忍抵死, 故有是命。一日, 帝召宰相謂曰 : 〈太子國之大本。龍昶既爲不道, 朕欲龍翰繼承大統。然彼猶少年, 恐未克堪。如俟其壯, 奈朕年衰何。〉時有內人抱龍翰出, 見帝戴巾, 哭請戴之。帝未及勒, 哭愈甚。帝乃脫而加之, 龍翰大笑。帝益奇之, 建儲之意遂決。(《대월사기 전서》 본기 권4 영종 37년)

위에 의하면 용창이 궁비와 '烝', 곧 간음했고,[28] 황제 영종이 분노를 참지 못해 거의 죽음에 이르렀으며, 不道한 용창에게 나라를 맡길 수 없다는 영종의 所懷가 피력되고 있다. 또 어린 용한이 황제의 두건을 씌워 달라 재촉했다. 이 역시 建儲의 뜻을 굳히는 작용을 한 것으로 드러난다.

하지만 어린 용한의 황태자 책봉에는 용창 개인의 흠결보다 외척 간의 다툼이 작용했을 여지가 크다고 추단된다. 영종의 母는 黎氏 황후인데,[29] 영종의 妃, 곧 황장자 용창의 母 역시 黎氏인 것으로 판단된다. 이는 영종의 母 黎氏 황후의 행동에서 짐작 가능하다.

영종이 사망하기 직전인 1175년, 黎氏 황후는 자신의 아들이자 황제

---

28) 諸橋轍次, 大漢和辭典 7권 p.7322에는 烝의 한 용례로 '長上の 女に 私通する こと. 上烝'으로 풀이하고 있다. 실제 《(대)월사략》에서 같은 논지의 내용이 보다 상세하게 서술되어 있다.

29) 《대월사기 전서》 본기 권4 영종 즉위년.

인 영종에게 용창의 태자 복위를 주청하고 있다.[30] 영종이 사망하고 고종이 국상을 마친 직후, 곧 삼년상을 마감한 시점인 1178년, 黎氏 황후는 다시 실력을 동원하여 용창의 복위를 도모했다.[31] 두 차례 黎氏 황후의 행동은 정치적 결단처럼 비치는데, 같은 黎氏 집안 소생에 대한 보호본능이 작용한 결과가 아닐까 믿어진다.

이는 1179년 고종 재위 5년, 국사를 보좌하던 蘇憲誠이 죽었을 때, 고종(용한)의 母 杜氏 황후가 武贊唐을 緘口시키고 자신의 동생 두안이를 輔政케 한 것[32]만 봐도 같은 집안 세력을 철저히 비호했을 개연성을 입증한다. 이렇듯 黎氏 황후가 두씨를 외척으로 둔 용한[33]에 반대하고 있음이 드러난다면, 용창에의 비호는 그의 出自가 黎氏에서 비롯된 것이 아닐까 짐작하게 한다.

앞서 黎氏 황후는 두영무를 親用하여 職을 내렸으며 1150년부터는 그와 공공연히 私通했고,[34] 같은 해 殿前指揮使 武帶, 光武都의 火頭 梁相箇, 玉階都 火頭 同利, 內侍 杜乙, 智明王, 保寧侯, 駙馬郎 楊嗣明 등이 두영무를 제거하려 했을 때 금을 뇌물로 건네며 적극적으로 두영무의 구명에 나서는 등, 두영무를 중심한 두씨 외척 세력을 보호했었다.

그랬던 黎氏 황후가 용창을 비호한 것과, 그 시점 역시 두영무가 사망한 1157년[35] 이후라는 점과는 兩者 사이의 묘한 연관이 있다. 情人 두영무의 죽음 이후 黎氏 황후는 理性을 되찾아 같은 집안 소생 용창의 복위에 힘을 쏟았다고 보인다. 이 점에서 용창의 母는 역시 黎氏일 개연성이 높다.

---

30) 《대월사기 전서》 본기 권4 영종 38년 7월.
31) 《대월사기 전서》 본기 권4 고종 4년.
32) 《대월사기 전서》 본기 권4 고종 5년 6월조.
33) 《대월사기 전서》 본기 권4 고종 즉위년조.
34) 《대월사기 전서》 본기 권4 영종 13년 9월조.
35) 《대월사기 전서》 본기 권4 영종 21년 8월조.

실제로 龍祥의 모친이 黎氏이며, 나아가 그 실명이 黎美娥이라는 점을 밝힌 견해도 있다.[36] 그렇다면 황장자 용창과 龍祥은 동복형제이거나, 최소한 같은 정치색을 지닌 黎氏 집안의 일원일 개연성은 충분하다.

한편 어린 나이로 황태자의 자리에 오른 용한의 母는 杜氏로서, 용한의 즉위 직후인 1175년 昭天至理 皇太后로 존호되고 있다.[37] 용한이 황태자로 책봉되기 18년 전인 1157년, 두영무는 이미 죽었다.[38] 하지만 두씨 세력의 영향력은 계속 잔존했으리라 짐작되는데, 두영무의 집권 기간이 1140년 宮殿令이 된 이래[39] 1157년 사망할 때까지 18년에 걸쳐 政·軍權을 쥐고 있은 점이나, 뒷날 용한의 외삼촌이 될 두안이가 두영무의 뒤를 이어 소헌성과 양립하며 세력을 쥐고 있은 점[40]에서 짐작 가능하다.

그러한 후광 아래 용한의 母가 황제에게 근접 가능했고, 용한의 잉태로까지 이어졌다고 판단된다. 일각의 주장대로 龍祥이 영종의 7자였다면, 일곱 명의 황자들(용상 포함)을 모두 제치고 두 살 배기 용한이 후계자로 낙점된 데에는 뭔가 강력한 정치적 후광이 작용했다고 보는 것이 온당할 것이다.

결국 당시 대월 궁정의 세력 판도는 黎氏와 杜氏로 대별되며 그 세력다툼에서 杜氏가 최종 승리했고, 그에 따른 表徵이 용창에서 용한에의 황태자 교체였다고 할 수 있겠다.

36) http://ko.wikipBAia.org/wiki/에 의하면 龍祥의 모친은 黎美娥라고 밝히고 있다.

37) 《대월사기 전서》 본기 권4 영종 38년 7월조.

38) 《대월사기 전서》 본기 권4 영종 21년 8월조.

39) 《대월사기 전서》 본기 권4 영종 3년 3월조.

40) 《대월사기 전서》 본기 권4 고종 5년 6월조.

제2절 李龍祥의 가계와 출자

龍祥의 가계에 대해서는 《花山李氏 世譜》 권1 所收 〈分派圖〉[41] 및 《花山李氏 가전실록》 권1 所收 〈화산군 본전〉,[42] 안남국왕 세계[43]를 통해 공히 다음과 같이 정리할 수 있다.

> 李公蘊(6代祖)- 德政(5代祖)- 日尊(4代祖)- 建德(3代祖)- 陽煥(2代祖)- 天祚(1代祖)- 龍祥
>
> (1010~1029) (1029~1055) (1055~1072) (1072~1132) (1132~1137) (1138~1176)

그 결과 龍祥의 가계는 태조-태종-성종-인종-신종-영종으로 왕통이 이어지며, 실상 대월의 정통성을 담보한 셈이 된다.

한편 《大越史記 全書》에선 위와 달리 龍祥의 이름은 찾을 수 없다. 이에 龍祥을 빼고 《大越史記 全書》에서[44] 나머지 대월 황제의 治世와 序次를 다음과 같이 정리할 수 있다.

> 李公蘊(6代祖)- 德政(5代祖)- 日尊(4代祖)- 建德(3代祖)- 陽煥(2代祖)- 天祚(1代祖)
>
> (1010~1029) (1029~1055) (1055~1072) (1072~1127) (1127~1158) (1158~1176)

41) 李相協, 〈분파도〉, 《花山李氏 족보》, 회상사, 2004, 卷頭.

42) 李相協, 〈止庵承旨公 墓誌文〉, 《花山李氏 족보》, 회상사, 2004, pp.1~25.

43) 李相協, 〈止庵承旨公 墓誌文〉, 《花山李氏 족보》, 회상사, 2004, p.346 다음 별책으로 합본되어 있는 pp.1~2의 〈안남국왕 세계〉 총편.

44) 《대월사기 전서》 본기 권2 태조~권4 영종.

양자를 비교하면, 황제의 代數와 序次는 동일하다. 한데, 建德(3代祖), 陽煥(2代祖), 天祚(1代祖)의 治世에서 결정적 차이가 엿보인다. 《大越史記 全書》에서 建德(3代祖)의 재위 연대는 1072~1127년간의 56년,[45] 陽煥(2代祖)의 재위 연대는 1127~1158년간의 38년간,[46] 天祚(1代祖)의 재위 연대는 1158~1176년간이다. 이는 花山李氏 문중에서 작성한 建德(3代祖)의 재위 연대 1072~1133년,[47] 陽煥(2代祖)의 재위 연대 1133~1137년[48]과는 건덕의 졸년과 양환의 즉위년에서는 ±5년, 양환의 졸년에서는 무려 ±21년의 시차가 있는 셈이다. 또한 천조(영종)의 즉위연대를 놓고서는 1158년[49]과 1138년,[50] 무려 20년의 격차를 드러낸다. 花山李氏 《본전》

45) 《대월사기 전서》 본기 권3 인종 즉위년~56년조.

46) 《대월사기 전서》 본기 권3 신종 즉위년~10년조.

47) 李相協, 〈화산군 본전〉, 《花山李氏 족보》, 회상사, 2004, p.1 壬子년조(熙寧 5). 이에 의하면 건덕(인종)의 즉위년은 1072년이 된다. 건덕(인종)의 졸년은 같은 책 p.2에서 壬子년(紹興 2), 곧 1132년으로 기록하고 있어 《대월사기 전서》와 5년의 시차가 드러난다. 한편 같은 책 권두의 〈대월국 안남국 이씨 왕조 역대 국왕 기록 비문〉란에서는 건덕(인종)의 치세가 1072~1128로 적혀 있다. 또한 같은 책 p.346 다음 별책으로 합본되어 있는 p.1의 〈안남국왕 세계〉 4세조에선 건덕(인종)의 치세 중 즉위년을 계축년(熙寧 6)으로 잡아 1073년으로 비정하는 등 통일성이 극히 결여되어 있다.

48) 李相協, 〈화산군 본전〉, 《花山李氏 족보》, 회상사, 2004, p.2 癸丑년조(紹興 3). 같은 책 p.2에서는 이후 5년 뒤인 정사(1137년)에 훙한 것으로 표기하고 있다. 한편 같은 책 권두의 〈대월국 안남국 이씨 왕조 역대 국왕 기록 비문〉란에서는 양환(신종)의 치세가 1072~1128로 적혀 있어 졸년을 두고 심각한 착간과 오류가 드러난다. 또한 같은 책 p.346 다음 별책으로 합본되어 있는 p.1의 〈안남국왕 세계〉 4세조에선 양환(신종)의 치세 중 즉위년을 계축년(紹興 3), 곧 1133년으로 비정하고 5년 뒤인 정사(1137년)에 훙한 것으로 표기하고 있다.

49) 《대월사기 전서》 본기 권4 영종 즉위년조.

50) 李相協, 〈화산군 본전〉, 《花山李氏 족보》, 회상사, 2004, p.2의 소흥 8년조(1138년조). 이러한 오류를 화산이씨 문중도 익히 알고 있는 듯, p.8의 국역본에서는 아무런 추가 설명조차 없이 1158년으로 번역하여 놓고 있다.

의 양환 졸년, 《大越史記 全書》의 천조 즉위 연간 사이에는 무려 21년간의 황제가 없는 '대공위 시대'와 같은 착간이 생긴 셈이다.

《大越史記 全書》에 의하면 建德(3代祖)은 1127년 사망했음이 분명하다. 한데, 화산 문중의 기록에선 이후 5년 더 생존하다가 1132년 사망한 것이 된다. 또 《大越史記 全書》에 의하면 陽煥(2代祖)은 1127년 이미 황제로 즉위했다. 한데 화산 문중의 기록에선 5년이 더 지난 1132년에야 황제의 位에 올랐다고 되어 있다. 왜 이러한 시차가 생기게 된 것일까. 이와 관련, 다음 기록이 주목된다.

> B-1) 時帝春秋以高, 無嗣, 詔擇宗室子立爲嗣。帝弟崇賢侯缺名亦未有嗣。適石七山僧徐道幸至侯家, 與語祈嗣事。道行曰 : 〈他日夫人臨誕時, 必先相告, 盖爲之祈于山神也。〉後三年, 夫人因而有娠, 生男陽煥。(《大越史記 全書》 본기 권3 인종 41년조)

> B-2) 丙申七年宋政和六年夏六月, 僧徐道幸尸解於石室山寺。石室, 縣名, 即今之寧山縣, 名伕跡山, 乃徐道行來遊時, 見山洞中素石有人足跡, 道行以其足跡印之符合。俗傳道幸尸解。先是, 崇賢侯夫人杜氏懷娠, 至是產難。侯追念道行前日之言, 使人馳報。道行即易服澡身, 入巖中尸解而逝。夫人尋生得男, 即陽煥也。鄉人以其異, 納尸龕中奉事之。今伕跡山是其處也。每歲春三月七日, 士女會于寺, 爲一方勝遊, 後人訛以爲僧忌日。其尸至明永樂年間, 爲明人所焚, 鄉人再塑像事之, 如初今存 (《大越史記 全書》 본기 권3 인종 45년조)

> B-3) 冬十月, 帝幸啓瑞行宮省歛。是夜月重輪。求宗室子育于宮中。下詔曰 : 〈朕臨兆民, 久無後嗣, 天下重器, 伊誰可傳, 宜育崇賢、成慶、成廣、成昭、成興侯之子, 擇其善者立之。〉時崇賢侯子陽煥年

方二歲, 而聰敏。上深愛之, 遂立爲皇太子。(《大越史記 全書》 본기 권3 인종 46년 10월조)

위 B-1)에 의하면, 재위 41년(1112년)의 인종이 종실의 아들로 후사를 도모하려 했다는 것과 황제의 아우 崇賢侯 역시 후사가 없었다는 점, 그리고 石室山의 승려 徐道行이 崇賢侯의 집을 찾아가 신탁에 가까운 예언을 했다는 것을 알 수 있다. B-2)에 의하면 그로부터 4년 뒤인 재위 45년(1116), 崇賢侯의 적처 杜氏부인이 회임했으나 난산에 시달리던 중에 徐道行의 尸解로 아들 陽煥을 낳은 것으로 되어 있다. 그리고 B-3)에 의하면 이듬해인 1117년 10월 25일, 陽煥을 황태자로 삼은 것으로 되어 있다. 이로써 陽煥은 崇賢侯의 親子이면서, 인종의 양자로 입적한 셈이 된다.

《花山李氏 世譜》 권1 所收 〈分派圖〉 및 《花山李氏 가전실록》 권1 所收 〈화산군 본전〉의 龍祥 가계에서 숭현후 대신 인종을 표기한 것은 혈통보다 왕통을 기준으로 정리한 것이 된다. 곧 龍祥의 증조(3대조)는 崇賢侯이며, 인종은 擬制的 관계로 이어진 셈이 된다.[51] 그러다보니 숭현후를 빼고, 인종을 가계의 혈통으로 넣는 과정에서 建德(3代祖), 陽煥(2代祖) 사이에 5년의 시차, 양환의 졸년을 두고서는 21년의 착간이 발생했다고 판단된다.

다음, 龍祥의 출자와 관련해선 그의 6대조이자 李氏 皇朝를 창업한 李公蘊에 대해 살펴볼 필요가 있다. 《대월사기 전서》에 의하면 李氏 皇朝를 건설한 李公蘊은 北江 古法州의 사람이며, 그 모친은 范氏이며 이름은 失名이다.[52] 그녀는 焦山寺에서 소요하다 神人을 만나 交遊한 끝에 회임한

51) 朴淳教, 《花山郡 李龍祥》, 圖書出版 생각나눔(기획실크), 2012.5, p.19.

52) http://ko.wikipBAia.org/wiki/. 이공온 조에 의하면 모친의 성씨는 Phạm thị(范氏)로 나타난다. 이름은 失名이다.

것으로 나타난다. 이는 뒷날 李朝를 타도하고 권력을 쥔 陳煚의 先世를 두고 중국의 '閩人', '桂林人'이라 규정한 것[53]과는 크게 다르다. 家祖 역시 이공온의 부친이 神人이라면, 陳煚의 조상은 분명히 陳京, 곧 중국 출신이라 규정하고 있다. 이공온의 先世가 이처럼 불확실하다면, 이공온과 관련해 나타나는 北江의 古法 역시 부친과 연관되는 세력 거점이 아니라 그가 태어난 출생지, 또는 회임한 곳, 모친의 世居地 중 하나일 개연성이 높지 않을까 한다.

이공온의 출신지로 나타난 古法(Cổ Pháp, 李朝의 발상지)은 현재 하노이에서 서북방향으로 20km 거리에 있는 박 닌(Bắc Ninh, 北寧省) Từ Sơn 딘 방(Đình Bảng, 古法)마을이다. 이곳에는 11세기에 세워진 리 皇朝 사당이 있다. 여덟 황제의 위패가 모셔진 도사당(殿焰, Đền Đô) 혹은 李八帝(Lý Bát Đế)사당이 조성되어 있으며, 입구 현판에는 '古法肇基'라는 글자가 새겨져 있다. 1225년 왕위를 찬탈한 陳왕조에서는 古法이라는 지명이 李 皇朝를 연상시킨다는 이유로 마을 이름을 딘 방으로 바꾸어 버렸다. Đình Bảng, 停榜이란 마을이름은 더 이상 과거합격자가 배출되지 말라는 뜻을 가지고 있다.

베트남의 國父로서 죽어서도 국민들의 절대적인 존경과 사랑을 받고 있는 胡志明 주석이 1945년 9월 13일 도사당을 방문하여 李 皇朝의 위업을 배울 것을 역설했다. 호찌민[胡志明] 주석은 프랑스와의 전쟁을 승리로 이끈 뒤, 1955년 네 번째로 도사당을 방문하여 전쟁으로 폐허가 된 사당을 조속히 복원할 것을 주문했다. 과거의 역대 당 서기장, 주석, 대통령, 국회의장 등 주요 국가지도자들이 도사당을 방문했으며, 요즘에도 거의 모든 주요 국가지도자들이 관례적으로 취임 후 도사당을 참배하고 사당입구의 도로양편에 기념식수를 한다.[54]

---

53) 《大越史記 全書》 본기 권5 陳紀 태종 즉위년조.

또 하나 이공온이 대업을 이룬 직후, 古法으로 말머리를 돌려 鄕老들에게 錢錦을 내린 점[55]에서, 자신의 세력을 키워나간 주된 거점이었음은 분명하다.[56] 한편 다음 기록을 보면 李公蘊은 '交州人'이라 서술되고 있다.

B-4) 李公蘊 交州人 (《安南志略》 권12, 李氏世家, 李公蘊)

交州는 기원전 111년(元鼎 6年), 漢이 南越을 멸하고 그 故地에 交趾刺史部를 설치하고, 13刺部의 하나로 삼은 곳이었다. 당시의 交州는 漢 最南端의 영역이며, 下記 9郡을 管轄했다. 南海郡, 蒼梧郡, 鬱林郡, 合浦郡, 珠崖郡, 儋耳郡, 交趾郡(交阯), 九真郡, 日南郡 등이 그것으로 앞의 4군은 중국에 습합되었으나 뒤의 3군은 교통이 불편하여 독자성을 견지해 현재의 베트남으로 이어지고 있다.

한이 멸망한 이후 교주는 吳의 세력 하에 있다가, 226년(黃武 5년) 現在 広西 北海市 合浦를 境界로 그 이북에 廣州가 신설되며 분할됐다. 이후로도 西晋을 거쳐, 南朝의 各 王朝, 隋에 지배되다가, 당의 성립 이후 五嶺山脈(南嶺山脈) 이남 지방, 곧 嶺南五管의 하나로 交州가 속하게 되었다. 624년(武德 7)에는 交州 都督府로, 679년(儀鳳 4)에는 安南都護府로 개칭되어 이후 交州는 安南이라 칭하여져 왔다.

한편 중국 기록에선 이공온의 출자를 交州, 古法 등의 대월 출신이 아닌, 중국 동남 해안의 閩人으로 보고 격을 낮춰 보고 있다.[57] 片倉 穰은

---

54) 이철희 총영사, 〈대월국(大越國) 이용상(李龍祥) 왕자의 고려 망명-한국 화산이씨(花山李氏)의 시조〉, 《베트남 투데이》, 2008.5.

55) 《大越史記 全書》 본기 권2 태조 원년 2월조.

56) 《大越史略》 권2 阮紀 太祖 편에서도 '諱蘊 姓阮氏 北江 古法州人也'라 하여 이공온의 출신을 北江 古法州의 사람으로 규정하고 있다.

57) '閩'이라는 글자가 福建의 옛 이름이라고는 하지만, '虫'자가 들어있는 것에서 짐

다음의 기록을 전거로 들며 중국인들은 李公蘊의 출자를 閩人으로 규정했다고 본다.[58)]

> B-5) 交趾 (中略) (景德) 3年 (黎) 威死 安南 大亂 久無酋長 其後 國人共推閩人 李公蘊爲主[59)]

> B-6) 其祖公蘊亦本閩人 (石湖范,《桂海虞衡志》)[60)]

이러한 견해 외에도 李公蘊의 출신을 중국 남동 해안의 閩人으로 규정한 자료가 존재하는 것은 사실이다.[61)] 이와 달리 《花山李氏 가전실록》 권1 所收 〈화산군 본전〉[62)]에는 이공온의 출신을 두고 다음과 같이 밝히고 있다.

> B-7) 君姓李諱龍祥 號小微子 其先隴西成紀人 系出於有唐之神堯

위에서는 龍祥이 小微子라 불렸으며, 先世는 隴西의 成紀 사람이라 밝히고 있다. 또 중국 당나라의 高祖 李淵과 같은 계보라 밝히고 있다.

작되듯 閩人은 복건, 절강 일대에서 어업을 주로 하던 미개한 오랑캐로 정의되고 있다. 또 《송사》에선 사망광이 신종에게 '閩人狡險'이라 한 것에서 짐작되듯 신의와 지조가 없는 족속으로 치부되고 있었다.

58) 片倉 穰,《朝鮮とベトナム 日本とアジア》, 福村出版, 2008, p.112 註 19), 20).

59) 沈括의 《夢溪筆談》 권25 雜誌2(《사부총간 속편》(상해 상무인서관 1934년 所收)).

60) 《文獻通考》 권330 四裔考7 交趾 所收.

61) http://ko.wikipBAia.org/wiki/. 이공온 조에 의하면 이공온의 先世는 중국 남동 해안 福建省 지방 출신으로 밝혀져 있다. 閩人이 福建省 지방에 산재한 사람들을 칭한 호칭임을 고려할 때 이에 의하면 이공온 역시 '閩人'의 후손인 셈이 된다.

62) 李相協, 〈화산군 본전〉, 《花山李氏 족보》, 회상사, 2004, p.1.

이는 결국 《大越史記 全書》에조차 밝히지 않았던 이공온의 출자를 중국 隴西의 成紀로 더욱 구체화한 것과 같다. 隴西는 현재 甘肅省 西南에 위치한 곳으로 그 예하에 成紀縣이 있었다. 이곳은 伏羲氏가 태어났고, 漢 文帝 때엔 黃龍이 출현했다고 전해지는 聖所라고 한다.[63]

《花山李氏 가전실록》 권1 所收 〈화산군 본전〉의 이러한 서술은, 陳日照(煚石)의 先世를 두고 중국의 '閩人', '桂林人'이라 규정하여,[64] 대월과 접근성을 갖춘 중국 동남 해안으로 설정한 것[65]과 크게 어긋나는 대목이다. 결국 용상의 출자에 관한 한, 〈화산군 본전〉의 서술은 《大越史記 全書》나, 심지어는 중국 측의 기록을 전거로 하지 않고 독자적 서술 체계를 지녔음을 드러낸다.

여기서 隴西의 위치에 대해 주목해 볼 필요가 있다. 주지하듯, 伯夷와 叔齊의 수양산이 隴西에 있다고 여겨질 만큼,[66] 그 곳은 陝西의 서쪽, 四川의 북쪽에 위치한 奧地 중의 奧地이다. 위수를 끼고 남하했다 하더라도 西安을 거쳐 양자강 물길을 따라 杭州에 이르러 바다로 다시 남하해야만 大越과 연결될 수 있다. 육로의 경우에는 더욱 험난하여 太嶺山脈을 넘고 고된 행군을 거쳐 雲貴高原을 돌파해야 大越 북변에 이를 수 있다. 이는 河內, 하노이의 서북 방향 20km 지점에 古法이 있는 점에 비추어 봐도 뭔가 석연치 않다.

〈화산군 본전〉이 작성될 당시 조선 후기에는 중국의 지리 정보에 대한 지식이나 서적이 충분히 축적되어 있었다. 지리상 隴西와 古法, 隴西와 大越은 쉽게 연결될 수 없다. 그럼에도 중국 당나라의 시조와 연원을

---

63) 片倉 穰, 《朝鮮とベトナム 日本とアジア》 福村出版, 2008, p.118 註 17).

64) 《대월사기 전서》 본기 권4 昭皇條.

65) 李相協, 〈화산군 본전〉, 《花山李氏 족보》, 회상사, 2004, p.2에서도 진일조를 閩人이라 규정하고 있다.

66) 《五洲衍文長箋散稿》, 〈孤竹首陽山辨證說〉 朝鮮.

결부시킨 점은 고려의 여지가 많다.

제3절 李長發과 관련한 이용상의 사적

이용상이 문헌상 최초로 확인되는 것은 화산이씨 重修譜(1777년)에서이다. 重修譜보다 앞서 李枰이 필사, 집록했다고 하는 草譜(1706년) 내용은 현재 알 수 없다. 다만 현존하는 李枰의 草譜序에서 이용상의 이름이 보이지 않는 점에서, 이를 근거로 이용상과 관련한 사적을 허구로 보는 견해가 있다.

片倉 穰은 이용상 시조 설화를 창작이라 단정하고 그 과정에서 바탕과 참조가 됐을 만한 전적들을 추정하는 작업을 했했다. 우선 그는《화산이씨 세보》권1 冒頭의〈分派図〉에 보이는 王名·王号와, 같은 책 巻1〈安南国王世系〉総論, 베트남 사서에 보이는〈李朝 王統表〉등을 상호 비교하여 적시했다.[67] 그 중 7대 황제의 이름과 관련된 내용을 간추려 요약하면 다음과 같다.

[표 1]

龍( )	ViBtnam 史書	中國 史書	國內
翰	《大越史記 全書》		
翰	《安南志略》 《欽定越史通鑑綱目》	《宋史》卷488 外國4 交阯	〈花山君本傳〉
幹	《大越史略》		《花山李氏世譜》
翰		《宋会要輯稿》 蕃夷4 交趾	《花山李氏世譜》

67) 片倉 穰,《朝鮮とベトナム 日本とアジア》, 福村出版, 2008, pp.107~109.

위 [표 1]에 의하면 대월 7대 황제 고종의 이름 표기가 각기 異字로 나타난다. 그는 위 내용을 근거로 화산이씨 세보는《安南志略》,《欽定越史通鑑綱目》,《大越史略》,《宋史》,《宋会要輯稿》등을 참고했다고 보고 있다.[68] 이에 의하면 화산이씨 世譜는 유독《大越史記 全書》만 참조하지 않은 셈이 된다. 이러한 문제와 관련하여, 그는 다음의 기록에 주목하고 있다.

> C-1) 其婿陳日照襲主國事 按史記作陳京 而日照爲京之曾孫 未知孰是
> (《花山李氏 世譜》세계 총편 7세 안남왕 용한(고종)조)[69]

이에 의하면 대월 고종의 사위 陳日照가 陳京의 증손이란 말이 된다. 이를 도식화하면 다음과 같이 된다.

陳京------子-------孫-------曾孫(陳日照) (《花山李氏世譜》)

이러한 도식에는 '按史記'의《史記》라는 기록이 핵심 토대를 이루고 있다. 片倉 穰은 여기서의《史記》란《大越史記 全書》를 가리킨다고 파악했다.[70] 그러한 전거로서 그는 다음의 구절을 증거로 제시하고 있다.

> C-2) 初, 帝之先世閩人或曰桂林人有名京者, 來居天長即墨鄉。生翕, 翕生李, 李生承, 世以漁為業。帝乃承之次子也, 母黎氏。以李建嘉八年戊寅六月十六日誕生隆準。龍顔似漢高祖。時大八歲, 為李朝祗

68) 이 경우《大越史記 全書》를 뺀 대월의 대표적인 사서들이 모두 참고서로 활용되었다는 결론이 내려지게 된다.

69) 李相協, 〈화산군 본전〉,《花山李氏 족보》, 회상사, 2004, p.346 다음 별책 p.2의 〈안남국왕 세계〉 7세조.

70) 片倉 穰, 앞의 책, p.108.

應局祗候正, 有從叔陳守度為殿前指揮使, 帝因得入侍宮中, 昭皇見而悅之。《대월사기 전서》 본기 권4 昭皇條

위 구절에 의하면 閩人, 혹은 桂林人이라 불리는 陳京이 陳翕을 낳고 陳翕은 陳承을 낳고 陳承은 次子 陳煚을 낳았다는 것이 된다. 이를 도식화하면 다음과 같다.

陳京------陳翕-------陳承------陳煚 (《大越史記 全書》)

片倉 穰은 陳日照=陳煚이므로,[71] 陳日照=陳煚이 陳京의 증손이라는 구체적인 세대를 기록할 수 있은 데에는 위 《大越史記 全書》를 참조했던 것은 아닌가 하고 추측한다.[72]

또한 片倉 穰은 〈世系〉 総編 末尾에 보이는 다음 구절을 들어 《欽定越史通鑑綱目》도 충분히 참조되었다고 확신하고 있다.

C-3) 以上詳見綱目雜出傳記而又尋釋于花山君本者詳之《花山李氏 世譜》(安南國王 世系 7世)[73]

위의 綱目은 다름 아닌 《欽定越史通鑑綱目》을 칭하는 것이며, 결국 그의 논지에 의하면 화산이씨 《世譜》, 《族譜》의 作成 過程에서 대월의 기본 史書 등을 폭넓게 참조하여 창작했다고 보는 것이 그의 主旨인 셈이 된다.

---

71) 片倉 穰, 앞의 책, p.109.

72) 片倉 穰, 앞의 책, p.108. 한데 陳翕~陳承사이에 진리가 들어가야 한다. 결국 陳煚은 陳京의 증손이 아니라 고손이 되어 세계만을 따진, 위의 추정은 설득력이 없다.

73) 金永鍵, 《黎明期의 朝鮮》, 정음사, 1948, p.40 所收.

[그림 1] 이용상 둘째 아들 一淸의 12세손 장발의 유허비 및 舊宅 원경
(2012년 11월 21일 현지 촬영)

사진 왼쪽의 비문에 선조 李龍祥의 이름과 유래가 담겨 있다. 남북이 분단된 현실에서, 봉화에만 그의 이름이 새겨진 유물이 존재하는 셈이다. 〈한국 경북 봉화군 봉성면 창평리 220 소재〉

한데 片倉 穰의 지적대로 重修譜에서 조선에 전해진 대월의 사서를 두루 참고하여, 최초로 이용상이 창출되었다면,[74] 찬자인 李羲之는 자신의 위조를 증명할 李杯의 草譜序를 그대로 게재한 셈이 된다. 1777년 李羲之는 李杯의 草譜에 미비한 내용을 첨가하여 重修譜를 편찬했다. 당시 李永祚(82), 李憲默(55), 李鼎新(52), 李景行(47) 등이 자료 제공, 재정 지원 등을 통해 重修譜 편찬에 일익을 담당했음은 그들의 序에서 확인되고 있다. 이용상이 창출이라면 문제가 될 李杯의 草譜序가 중수보에 가감없이 실린 것부터 이상하다. 李羲之가 族祖를 창출했다면, 자신의 창작 행위가 만천하에 드러날 단서인 草譜序를 채록해 두었다는 것부터 모순이다. 곧 이용상을 창출하는 한편으로, 자신의 위조 과정을 증빙할 단서인 李杯의 草譜序를 함께 실었다는 것은 논리상 맞지 않는 셈이다. 片倉 穰이

74) 片倉 穰, 앞의 책, pp.107~111.

말한 대로 重修譜에서 이용상과 관련한 전승이 창출되었다면, 3修譜 序(1837년)를 작성한 唐城人 洗馬 洪直弼과 4修譜 序(1873년)를 작성한 豊壤 趙康夏가 과연 그 사실에 대하여 아무런 포폄이나 批正없이 이용상을 인정했겠는가 하는 의문 역시 제기된다. 3修譜 序는 重修로부터 불과 60년 뒤의 일이었다.[75)]

이후 이용상과 관련한 사적이 본격적으로 다시 거론되는 것은 화산군 이용상의 次子 一淸의 12세손 長發과 관련해서였다.[76)] 諱 長發은 字가 榮伯으로 1574년(선조 12) 부친 希文과 德成 尹寬의 딸 사이에서 태어났다. 祖의 諱는 鳳壽로 司僕寺 主簿를 지냈으며, 曾祖의 諱는 元淑으로 箕子殿 參奉을 지냈으며 安東에서 奉花 昌平으로 처음 移居했다. 그러나 楨을 諱로 하는 고조가 奉花 訓導를 지냈던 점[77)] 등을 고려하면, 일가와 봉화와의 인연은 曾祖로까지 올라가는 셈이다.

長發은 그의 나이 15세 되던 해인 1589년, 東江 權士溫 선생의 문하에서 수학을 시작했고 뛰어난 총명으로 말미암아 스승의 사랑을 독차지했다. 그러나 4년 뒤인 1592년 18세의 나이로 경상 좌도 金垓의 聞慶 義兵 대열에 書記로 참전, 그해 6월 10일 왜군의 창칼에 다음의 유장한 유

---

75) 박순교, 〈花山君 '李龍祥 Lý Long Tường'에 관한 연구(Ⅰ)〉, 《택민국학연구논총》 15, 2015, p.320.

76) 이용상은 두 아들을 두었다. 장남은 幹, 차남은 一淸이다. '간'은 예문관 대제학, 都僉議 左政丞, 三重大匡을, 차남 일청은 안동 부사를 역임했다 한다(李相協, 《花山李氏 족보》, 회상사, 2004, p.346 다음 별책으로 합본되어 있는 p.3의 〈화산이씨 족보〉). 한데 예문관의 대제학은 고려 공민왕 11년(1362) 이후 처음 등장하는 관작이다(《고려사》 권76 지30 백관1 예문관), 이용상의 생년이 대략 1173~1175년 만큼 생몰 연대, 생식 가능 연령 등을 고려했을 때 약 150년의 시차가 있다. 따라서 幹과 관련한 관력, 예문관 대제학은 의심의 여지없는 허구, 혹은 착간이다.

77) 李相協, 〈증통정대부공조참의 충효당 이공행장〉, 《花山李氏 족보》, 회상사, 2004, p.273.

명시를 남기고 전사했다.[78]

百年存社稷 六月着戎衣

憂國身空死 思親魂獨歸

그의 장인인 黃昭가 戰場의 주검 속에서 사위 長發의 시신을 거두었고, 현 봉화군 봉성면 창평리 충효당 뒤 金穴山의 癸坐原, 곧 북동쪽 방향(正北에서 15°를 중심으로 한 각도 안의 방향, 북북동에서 남남서향)에 장사했다.

黃昭는 이어 長發이 기거하던 집에 恭愍王의 글씨로 忠孝堂 세 글자를 集字하여 편액을 삼았다고 한다. 長發의 부인은 黃昭의 여식이며 그 슬하에 외아들 振南이 있었다. 長發의 부인은 시어머니를 극진히 봉양하며 고독한 삶을 오래 이어가다가 죽은 이후에야 비로소 남편과 같은 능역에 묻혔다.[79] 외아들 振南은 嘉義大夫를 역임했고 훗날 3남 3녀를 두었다고 한다.[80]

1622년(광해 14), 영남의 縣臣(道臣) 金止男이 長發과 관련한 사적을 啓聞하니,[81] 광해군이 애도하면서 長發을 通政大夫 工曹參議에 증직하였다.[82] 이는 장발이 죽은 해로부터 정확히 30년 만의 일이었다.

金止男은 1559년(명종 14) 嶺東縣監 金彪의 아들로 태어나, 재종숙 金讓의 아들로 입양된 것이 확인된다. 본관은 光山, 字는 子定이었다. 그

78) 李相協, 〈邑誌〉, 《花山李氏 족보》, 회상사, 2004, p.273.

79) 李相協, 〈忠孝堂遺集- 遺事〉, 《花山李氏 족보》, 회상사, 2004, p.272.

80) 李相協, 〈증통정대부공조참의 충효당 이공행장〉, 《花山李氏 족보》, 회상사, 2004, pp.274~275.

81) 李相協, 〈증통정대부공조참의 충효당 이공묘갈명〉, 《花山李氏 족보》, 회상사, 2004, p.277.

82) 李相協, 〈忠孝堂遺集-遺事〉, 《花山李氏 족보》, 회상사, 2004, p.272.

의 나이 33세이던 1591년(선조 24) 소과를 거쳐 같은 해 別試 丙科로 합격했다.[83]

임진왜란 당시 34세였던 金止男이 검열과 정자 같은 內職을 거치며 평탄한 삶을 산 반면, 그보다 16세 아래의 獨子 장발은 문경에서 홀어머니, 외아들, 청상의 부인을 버려두고 목숨을 바쳤다. 이런 대조적인 두 사람의 삶과 실상이, 전란에서 살아남아 이후 해당 지역의 道伯으로 부임한 金止男의 손길에 의해 중앙에 啓聞하며 공론화됐다는 것은 매우 역설적이다. 金止男은 경기, 평안, 전라, 강원, 경상 감사를 두루 거쳤는데, 그가 경상 감사를 지낸 기간(1621~1623)과 그의 졸년이 1631년(인조 9)인 점에서, 이러한 사실은 충분히 입증된다. 이후에도 長發과 관련해선, 다음 사람들의 언급이 주목된다.

C-4-① 公姓李氏諱長發字榮伯 上世有封花山君者曰龍祥 子孫因爲花山人(《通政大夫 工曹參議 忠孝堂 李公行狀》, 金㶏周)

C-4-② 公姓李氏諱長發字榮伯 上世有諱龍祥封花山君 子孫因爲花山人(《通政大夫 工曹參議 忠孝堂 李公墓誌銘》, 權思浹)

C-4-③ 公諱長發字榮伯 花山君龍祥 其上祖也(《贈通政大夫 工曹參議 忠孝堂 李公 遺墟碑銘》, 李仁行)

C)-4-④ 公字榮伯花山人 花山君龍祥 其鼻祖(《贈通政大夫 工曹參議 忠孝堂 李公 墓喝銘》, 李野淳)

83) 한국국학진흥원, 《증보 경상도 선생안》 상, 2005, p.605.

위 기록 모두 長發이 花山君 龍祥의 후손이라 밝히고 있다. 곧 화산군 용상의 존재에 대해 모두가 수긍하고 기정사실로 받아들이고 있음이 확인된다.

이들의 생몰연대를 살펴보면, 金熈周는 1760년(영조 36)~1830년(순조 30),[84] 權思浹은 1753년(영조 29)~1832년(순조 32),[85] 李仁行은 1758년(영조 34)~1833년(순조 33),[86] 李野淳은 1755년(영조 31)~1831년(순조 31)[87]이다.

①에서 金熈周의 관력에 전행병조참판이 보이는데, 그가 병조참판이 된 것은 1819년(순조 19)의 일이다. 일단 ①은 1819년 이후 작성된 것으로 파악된다. ②를 작성한 權思浹은 永嘉(安東)사람으로 앞에 생원이란 말이 붙어 있는데, 그는 1783년(정조 7) 식년시 소과 생원에 합격했다. 그러므로 ②의 작성 연대는 아무리 빨라도 1783년을 앞서지 않는다. ③을 작성한 李仁行의 경우에는 앞에 翊衛司翊衛라는 관력이 붙어 있는데, 그가 1790년(정조 14)에 應製對策으로 인해 溫陵參奉에 발탁되었고, 벼슬이 世子翊衛司翊衛에 이르렀다. 이런 사실을 고려하면, ③역시 1790년 이후 작성된 것이 틀림없다. ④의 李野淳은 만력 임진 후 235년 이후 丙戌 봄이라 밝히고 있어 그 연대가 정확히 1826년으로 확인된다.

이로 보면 譜學에 조예가 깊은 사람들 사이에서 18·19세기까지도 이용상에 대한 인식이 폭넓게 자리했음을 짐작할 수 있다. 그것도 황해도 옹진을 크게 벗어나, 용상의 次子 일청이 안동 부사로 머문 안동과 봉화 일대, 곧 영남 내륙 일대에 널리 퍼져 있었으며, 다시 중앙 왕실과 정계에 이르기까지 언급되고 있었다. 이것은 용상을 둘러싼 史蹟이 순전히

84) 한국국학진흥원·유교문화진흥원, 《경북유학인물지》 상, 경상북도 2008, p.489.
85) 한국국학진흥원·유교문화진흥원, 《경북유학인물지》 상, 경상북도 2008, p.116.
86) 한국국학진흥원·유교문화진흥원, 《경북유학인물지》 하, 경상북도 2008, p.353.
87) 한국국학진흥원·유교문화진흥원, 《경북유학인물지》 하, 경상북도 2008, p.296.

창작되었을 것이란 주장을 반증한다.

重修譜 작성은 1777년, 그 집필이 착수된 지역은 황해도 일대였다. 이런 점을 고려할 때, 불과 수십 년 만에 경북 내륙 지역에까지 이용상의 존재가 널리 알려져 여러 사람들의 추인을 얻었다는 대목은 이해하기 힘들다. 또한 3修譜 序(1837년)를 작성한 唐城人 洗馬 洪直弼과 4修譜 序(1873년)를 작성한 豊壤 趙康夏는 각기 당성과 풍양을 본관으로 하며, 당시 중앙 정계에서 활약하던 당대의 권신이었다.

이러한 사실들은 창작에의 반증이 분명한데, 전승이나 유적 등은 특히 그러하다. 황해도~경북 내륙에 이르는 광범위한 지역에서 이용상과 관련한 전승이 체계화되었거나, 분묘를 비롯한 유적이 숱한 사람을 통해 회자되고 있음은 몇몇 사람의 창작에 의해 이루어졌다고 보기에 무리가 있다.

20세기 들어와서도 이용상에 관한 관심은 계속되었다. 전 예조참판이자 홍문관 부학사 겸 原任 규장각 학사 尹吉求가 1904년(광무 8) 찬한 〈中樞府同知事諱奎精墓碣銘〉[88]에는 이용상에 대한 사적이 자세히 언급되어 있다. 그가 당대 최고의 文士였음을 고려할 때 고기록에 대한 비정이 뒤따르지 않았을 리 없다. 이로써 片倉 穰이 제기한 이용상 시조 설화의 창작설은 그 입론의 근거가 퇴색된다.

이용상에 관한 연구는 金永鍵에 의해 계승됐다.[89] 김영건은 옹진군수의 아들로 태어나 뒷날 베트남에 체재했으며, 어릴 적 기억들을 떠올려 옹진 일대에 산재한 화산군의 유적지를 실사했다. 주변의 도움에 힘입

---

88) 李相協, 〈中樞府同知事諱奎精墓碣銘〉, 《花山李氏 족보》, 회상사, 2004, p.214.

89) 金永鍵에 관해서는 다음의 논문이 참고가 된다. 윤대영, 〈김영건(金永鍵)의 베트남 연구동인(動因)과 그 성격 1930~40년대, 그의 "전변무상(轉變無常)"한 인생 역정과 관련하여〉, 《동남아시아연구》 19권 3호(2009), pp.57~100.

어 관련 기록을 일련의 日書로 정리했는데,[90] 해방 이후 김영건은 위와 똑같은 내용의 책을 조선어로 다시 펴냈음이 확인된다.[91]

이 조선어로 된 책에서 김영건은 자료 수집 과정에서 험난함이 있었고, 일경의 감시를 피해 몰래 자료를 구한 것이라 밝히고 있다.[92] 그러나 그렇게 비밀리 수집한 자료를 버젓이 일본에서 출간한 대목은 쉽게 납득되지 않는다. 이 점에서 그의 발언의 眞僞에 근본적인 의문이 간다. 그의 일어 서적명이 《印度支那と日本の関係》인 점에서 일본의 속국인 조선과 당시 일본의 점령지였던 印度支那와의 상관성을 밝혀 일제의 大東亞 共榮을 학술적으로 뒷받침하기 위함이 아니었던가 추정된다. 곧 印度支那 출신의 이용상이 고려에 왔고, 현재 고려를 이은 조선은 엄연히 일본의 속국이 된 만큼, 印度支那 역시 일본의 속국이 되는 것은 지극히 당연하다는 논리를 추출하기 위한 시도의 하나였다고 생각된다. 특히 杉本直治郎과 함께 한 그의 또 다른 저서는 《印度支那に於ける邦人発展の研究》로서[93] 印度支那에서 邦人의 역할과 발전을 규명하고 있다는 점에서 더욱 자명해진다.[94]

---

90) 金永鍵, 〈安南 花山君 李龍祥の事蹟〉, 《印度支那と日本との 關係》, 冨山房, 1943.

91) 金永鍵, 《黎明期의 朝鮮》, 정음사, 1948.

92) 金永鍵, 《黎明期의 朝鮮》, 정음사, 1948, pp.29~30.

93) 金永鍵, 杉本直治郎, 《印度支那に於ける邦人発展の研究》, 冨山房、昭和17(1942).

94) 일제 강점기 그의 저서 절대 다수는 일본어로 작성되었다. 민족적 입장을 견지했다면, 그가 가장 犬猿처럼 여겨야 할 일인과 합작하여 저서를 저술했을 리 없다. 이처럼 일제를 향한 지속적인 어용, 그러한 노력에 힘입어 김영건은 일본의 후원 아래 베트남에서 일본 치하 도서관 연구원으로 활동했다고 여겨진다. 결국 김영건이 새삼 이용상을 조사한 이유는 일본이 조선을 식민지로 삼고 다시 베트남을 식민지로 하려는 상황에서, 조선과 베트남의 연결고리를 찾아 일본의 확장에 힘을 보태려 한 노력이었다고 믿어진다.

제4절 가승의 오류와 창작설의 진위

전술한 대로 片倉 穰은 용상의 고려 이거 자체에 의문을 피력하였다. 2008년 片倉 穰은 '李龍祥'의 高麗 移居는 역사적 사실이 아니며, 18세기 조선에서 유행하던 족보의 僞造, 變改의 기류에 편승한 창작이라는 주장을 제기했다.[95] 일반적으로 조선·한국의 족보란 빛나는 조상을 담아내는 것, 그 사실을 과장하는 것이 중요한 위치를 점하는 경향이 있으며, 그것이 僞譜가 만들어지는 배경이 된다고 지적한다.[96]

실제 數多한 族譜(僞譜 포함)가 18세기를 전후해 집중 편찬되었으며, 그 와중 '李龍祥'을 族祖로 한 花山李氏 족보도 創出되었다는 것이다. 이용상에 관한 내용은 죄다 조선 족보의 위조와 변조, 창작이 왕성한 붐을 이루던 시대 조류에 무젖어, 안출된 허구의 소산으로 파악했다.[97]

한데 화산이씨 《世譜》, 《族譜》의 作成 過程에서 대월의 기본 史書, 특히 《大越史記 全書》를 참조했다면 발생할 수 없는 의문점을 제시할 수 있다. 왜 화산이씨 《世譜》는 《大越史記 全書》의 기록대로 陳煚이라 하지 않고 굳이 陳日照라고 했을까.

앞서 살핀 바대로, 陳日照는 《齊東野語》, 《宋史》, 《史略》 등에만 보인다. 또한 《大越史記 全書》에서는 모든 기록이 황제의 역사로 나타난다. 반면 화산이씨 《世譜》, 《族譜》는 왕으로 격하하여 쓰고 있으며, 그것도

---

95) 一般に、朝鮮の族譜は、輝かしい祖先をもつことを誇りとする傾向があり、これが偽作の作られる背景とされる。花山李氏の族譜のなかで、李朝の始祖·李公蘊を中国人あるいは閩人とみなしたり、李朝を唐の王室と同じ隴西出身と見立てたりしたのも、花山李氏を貴種集団として誇示するための一手段であったろう。(片倉 穰, 앞의 책, p.105)

96) 片倉 穰, 앞의 책, p.114.

97) 박순교, 〈花山君 '李龍祥 Lý Long Tường'에 관한 연구(Ⅰ)〉, 《택민국학연구논총》 15, 2015, pp.304~305.

중국에서 책봉한 왕명을 중심으로 기록하고 있다.[98)]

《大越史記 全書》를 참고했다면 도저히 나타날 수 없는 오류는 그 밖에도 곳곳에서 엿보인다. 화산이씨 《世譜》에는 용창의 존재가 全無하다. 반면 《大越史記 全書》에선 황태자이자 적장자로서 용창의 존재가 여러 번 언급된다.[99)]

《大越史記 全書》대로라면 용창이 적장자이며 그 아우로 용한이 있다.[100)] 화산이씨 《世譜》에는 용상이 용한의 아우로 언급되고 있다(A-4)의 ①, ② 및 A-5)의 ①, ②). 용상과 관련하여 화산이씨 세보 및 가전에는 天祚의 2子로 기록하고 있다.

D-1-①) 安南王天祚之二子龍祥 國破君亡 抱祭器 東出《화산군 가보》[101)]

D-1-②) 丙申 南宋孝宗淳熙 三年 (西曆 1176년) 五月 王薨 在位 三十九年 子龍翰立 君之兄《화산군 본전》[102)]

---

98) 용상과 관련하여 특별히 《화산군 본전》에서는 용상을 황숙으로 표기한 예가 있기는 하다(金永鍵, 《黎明期의 朝鮮》, 정음사, 1948, p.45 所收). 그러나 당시 대월의 군주는 왕으로 표기하고 있어 전후 문맥에 있어 모순을 이룬다.

99) 《大越史記 全書》 본기 권4 영종 14년 11월조, 영종 37년 9월조, 영종 38년 7월조, 고종 4년조, 고종 7년 1월조.

100) 1151년 11월에 용창이 출생했고, 그로부터 22년 뒤인 1173년 5월 次子 龍翰이 출생했다. 용창이 태어난 1151년과 용한이 태어난 1173년 사이의 22년 동안에 다른 황자가 태어났을 여지는 있으나, 그 흔적은 보이지 않는다. 이상 《大越史記 全書》에 의하면 용창은 1子, 용한은 2子가 된다.

101) 金永鍵, 《黎明期의 朝鮮》, 정음사, 1948, p.37 所收.

102) 金永鍵, 《黎明期의 朝鮮》, 정음사, 1948, p.45 所收.

앞에서 제시한 자료들에서 용상은 영종, 곧 天祚의 2子이며, 용한의 아우라고 보고 있다. 그러므로 용창-용한-용상의 순으로 序次가 매겨진다.

이 경우 용상은 아무리 빨라도 영종의 3子가 분명하다. 그럼에도 화산이씨 《世譜》에선 줄곧 용상을 가리켜 영종의 2子라 지적했다. 이러한 오류는 용창의 존재를 전혀 고려하지 않았을 경우에만 발생할 수 있는 오류이다. 그러나 다음 기록을 보면 용한이 영종의 6子라는 기록이 있다.

> D-2) 諱龍翰, 英宗第六子也。其母杜氏皇后, 以政隆寶應十一年癸巳五月二十五日誕生, 天感至寶二年冊立爲皇太子。英宗崩, 遂登大寶, 在位三十五年, 壽三十八歲, 崩于聖壽宮。(《대월사기전서》 본기 권4 고종 즉위년조)

고종으로 등극한 용한이 천조의 6子라면, 그 아우인 용상은 천조의 7子라야 한다. 결국 용상과 관련한 국내 기록은 철저히 《대월사기 전서》를 참고하지 않았음이 확인된다.

《大越史記 全書》와 비교할 때, 인종의 등극 연대를 둘러싼 부분에서도 ±5년의 차이가 나는 것도 이상하다.[103)]

《大越史記 全書》를 바탕으로 작성한 비고를 보면, 이용상의 세계에 당연히 들어가야 할 숭현후 대신 인종이 세계에 들어간 것도 있을 수 없는 오류이다. 황제로 즉위한 인물들을 위주로 표시하고, 양환이 인종의 양자로 들어갔음을 고려하더라도 혈친을 강조한 족보에서 숭현후를 배제한 것은 이해하기 힘들다.[104)]

---

103) 박순교, 《花山郡 李龍祥》, 圖書出版 생각나눔(기획실크), 2012.5, p.19.

104) 박순교, 〈용상 가계도〉, 《花山郡 李龍祥》, 圖書出版 생각나눔(기획실크), 2012.5, pp.22~23.

[표 2]

화산군 본전·안남국왕세계[105]				대월사기전서				비고(대월사서 전거)	
대조	휘	제명	연대	대조	휘	제명	연대	帝·代數	연대
5대조	덕정	태종	1029~1055	5대조	덕정	태종	1029~1055	2대 태종	1029~1055
4대조	일존	성종	1055~1072	4대조	일존	성종	1055~1072	3대 성종	1055~1072
3대조	건덕	인종	1072~1132	3대조	숭현후 失名			4대 인종	1072~1127
2대조	양환	신종	1132~1137	2대조	양환	신종	1127~1176	5대 신종	1127~1158
1대조	천조	영종	1138~1176	1대조	천조	영종	1158~1176	6대 영종	1158~1176

《大越史記 全書》를 참고했다면 陳日照=陳煚의 나이 역시 금방 가늠이 된다. 진경의 나이는 1225년 당시 여덟 살에 불과했음이 확인된다.[106] 따라서 陳日照=陳煚이 혜종의 치세에 이용상과 더불어 3公이 되어 국정을 운영했다는 따위의 허무맹랑한 얘기[107]는 화산이씨 《世譜》, 《본전》에 애당초 포함되지 않았을 것이다. 陳日照=陳煚은 군필과 더불어 혜종 치세의 국정을 짐작하게 할 핵심 뼈대이다. 군필 역시 〈화산군 본전〉에 의하면 神宗의 아홉째 아들 天佐의 증손이다. 용상과는 두 세대 아래의 인물로서, 사실상 용상의 손자뻘이다. 당시 나이를 계산하면 혜종의 딸 順天, 佛金과 같은 또래의 예닐곱 살 정도에 불과했으리라 여겨진다.[108] 결국 용상이 리군필, 진일조와 국정을 꾸려간 대목은 액면 그대로 믿기 어렵다. 이 중요한 내용의 등장인물에 대하여 최소한의 연령 고증이 되지

105) 李相協, 〈止庵承旨公 墓誌文〉, 《花山李氏 족보》, 회상사, 2004, p.346 다음 별책으로 합본되어 있는 pp.1~2의 〈안남국왕 세계〉 총편.

106) 《大越史記 全書》 본기 권4 소황 2년(1225) 10월조.

107) 박순교, 《花山郡 李龍祥》, 圖書出版 생각나눔(기획실크), 2012.5, p.12.

108) 박순교, 〈용상 가계도〉, 《花山郡 李龍祥》, 圖書出版 생각나눔(기획실크), 2012.5, pp.22~23.

않았다. 이것은 기록의 순전한 허구를 보이는 동시에 《大越史記 全書》 등의 정사를 참조하지 않은 증거이다.

앞서 살핀 바와 같이 이용상의 선조인 이공온의 출신과 관련한 문제에서도 이런 의문은 증폭된다. 《대월사기 전서》에 의하면 李氏 皇朝를 건설한 李公蘊은 北江 古法州의 사람이며, 《安南志略》 권12, 李氏世家, 李公蘊에서도 李公蘊은 交州人이라 분명히 밝히고 있다.

이처럼 《大越史記 全書》의 古法이란 분명한 근거 자료가 있었음에도, 왜 화산이씨 《世譜》에는 隴西라는 出鄕地를 거론했으며, 당 고조와 같은 족속이란 모호한 표현을 사용했는지 의문이 제기될 수밖에 없다.

片倉 穰의 말대로 일개 進士이며 성균관의 유생에 불과한 李羲之가 《大越史記 全書》를 참고하여 족보를 창작했다면, 나머지 조선의 유학자들 상당수도 충분히 대월의 사서들을 접하거나 섭렵할 수 있을 상황이었을 것이다.

그런데 李公蘊의 출자를 古法이 아닌, 거짓이 드러날 隴西로 했다는 것은 생각하기 어렵다. 오히려 그 반대의 경우가 더욱 설득력이 있는데 당시 정조 원년임을 고려할 때, 일개 進士이며 성균관의 유생에 불과한 李羲之는 《大越史記 全書》를 접하지 못했을 개연성이 더욱 높다. 뿐만 아니라 화산이씨 《世譜》에서 李公蘊의 출자를 古法이 아닌, 隴西로 설정한 것은 중국 기록과도 상이하다. 앞서 살핀 바대로 중국 기록에선 이공온의 출자를 交州, 古法 등의 대월 출신이 아닌, 중국 동남 해안의 閩人으로 보고 격을 낮춰 보고 있다. 따라서 李公蘊의 출자와 관련하여, 화산이씨 《世譜》 내용은 매우 독특하다.

또 하나 《大越史記 全書》를 참고했다면 있을 수 없는 오류가 있다. 그것은 소성 공주와 관련한 부분이다. 다음의 《花山李氏 세보》, 《花山李氏 가전실록》 卷頭의 〈화산군 본전〉에는 고종의 딸, 곧 惠宗(龍翰)의 누이가 나타난다. 다만 표기에 있어 약간의 차이가 보이는데, '世譜'의 昭聖公主

가 '本傳'에선 紹聖公主로 달리 기록되어 있다.

> D-3) 寧宗嘉定六年癸丑立 年幼不能聽政 以叔父諱龍祥 及平海公君苾與陳日照 弁爲三公委以國政卽先王之遺教也 而王之妹昭聖公主居中用事 日照以先朝之婿 操弄權專因襲取之(5수판《花山李氏 세보》8세 昊昷)

> D-4) 癸酉嘉定六年 孺子王初立 以叔父及平海公君苾與陳日照 弁爲三公委以國政卽先王之遺教也 尊叔父號皇叔 時主少國疑 王之妹昭聖公主居中用事日照亦以先朝贅婿專作威福操弄國命(〈화산군 본전〉, 《花山李氏 가전실록》)

반면《大越史記 全書》에서 紹聖은 아예 찾을 수 없다. 또 昭聖과 관련한 인물은 혜종의 누이가 아니라, 혜종의 차녀였던 것이 확인된다.

> D-5) 戊寅八年宋嘉定十一年九月, 皇次女生, 後封昭聖公主。(《대월사기 전서》 본기 권4 惠宗條)

> D-6) 甲申十四年十月以後昭皇天彰有道元年, 宋嘉定十七年冬十月, 詔昭聖公主爲皇太子以傳位, 帝出家, 居大内真教禪寺。昭聖即位, 改元天彰有道元年, 尊號曰昭皇。(《대월사기 전서》 본기 권4 惠宗條)

> D-7) 初諱佛金, 後改天馨, 惠宗次女也。惠宗無嗣, 立爲皇太子以傳位。在位二年, 遂禪位于陳。(《대월사기 전서》 본기 권4 惠宗條)

> D-8) 乙酉天彰有道二年十二月陳太宗建中元年, 宋理宗昀寶慶元年十二

> 月十一日戊寅, 昭皇設大會于天安殿御寶床, 百官朝服, 進朝拜于庭下。昭皇乃降服, 勸進陳煚即皇帝位。(《대월사기 전서》 본기 권4 惠宗條)

위 기록을 종합하면, 昭聖은 1218년(혜종 8) 혜종의 차녀로 태어났고(D-5), 1224년(혜종 14) 황태자로서 전위를 받았으며(D-6), 1226년(昭皇 2)에 선위한 것(D-7)이 확인된다. 더불어 그녀의 이름이 昭聖 외에 佛金, 天馨이었음(D-7)도 짐작할 수 있다. 결국 대월의 정국에서 종지부를 고한 장본인(D-8)인 昭聖은 혜종의 차녀였다.

그럼에도 《花山李氏 세보》, 《花山李氏 가전실록》 卷頭의 〈화산군 본전〉에서는 그녀를 혜종의 누이로 비정했다. 이는 명백한 오류를 범한 셈이며, 작성과정에서 《大越史記 全書》를 보지 않은 확증이 된다.

《大越史記 全書》를 참고했다면 나타날 수 없는 오류가 또 있다. 다음의 기록을 보면 그 모순이 확인된다.

> D-9) ①丙申 五月 王薨 在位 三十九年 子翰龍(君之兄) ②丁酉 淳熙四年 王以嗣子幼沖而王之弟賢而有德常欲封王世弟而禪其位 及於孺子王矣 ③及寢疾顧命其弟曰 ④君以延陵之賢 久處周公之位 寡兄百歲後欲傳位於君 君涕泣稽首固辭曰 寧爲斷髮文身逃避荊蠻 不敢奉教 王不得已止 ⑤時紹聖公主適陳日照者閩人也 仍時得政方見柄用 (〈화산군 본전〉, 《花山李氏 가전실록》)

위에 의하면 1176년 병신년에 영종이 재위 39년 만에 죽고 아들 용한이 고종으로 등극했다. 이듬해인 1177년 고종은 嗣子가 유충하고 자신의 동생 용상이 어질고 덕이 있는지라 항상 왕세제로 봉하여 그 位를 선양한 후 젖먹이 어린 아들이 장성하면 왕위를 이어받게 하고자 했다고 한다(D)-9 ②).

《大越史記 全書》와 비교하면, 영종의 사망 연대와 고종의 즉위연대는 일치한다. 그러나 1176년 7월 영종이 죽었을 때, 고종(용한)은 겨우 3세였다.[109] 그렇다면 이듬해인 1177년 정유년 고종의 나이는 4세가 된다.[110] 그 고종의 아우인 용상은 2~3세에 불과하다. 4세에 불과한 고종과, 2~3세에 불과한 용상 사이에는 위와 같은 禪位의 문제가 나올 수 없다.[111] 또 4세에 불과한 고종에게 젖먹이 孺子가 있을 수도 없다. 고종이 아들을 낳은 것은 즉위한 지 18년이 지난 1194년 7월의 일이었다.[112]

또한 D-9)의 ③에서는 고종이 寢疾했을 무렵인 1210년,[113] 고종이 아우인 용상에게 다시 한 번 傳位의 고명을 내렸으나 용상이 고사했다고 한다. 그러나 《大越史記 全書》를 보면, 1194년 7월 참이 태어났고,[114] 1208년 1월 고종은 참을 황태자로 책봉하고 동궁에 머물도록 하여[115] 사실상 후계 문제를 매듭지었다. 결국 위 傳位의 고명은 당시의 상황이나 역학관계로도 전혀 맞지 않는 내용이다.

1208년 기근과 실정이 겹쳐 范猷의 반란이 일어났는데, 고종은 사소한 오해 끝에 토벌군의 수장 范秉彝를 살해했다. 그 결과 郭卜과 같은 軍의 반발마저 일어나 파천의 길에 올랐고,[116] 그 난국을 수습하는 과정에

109) 太子龍翰即位于柩前, 時方三歲, 尊母杜氏爲昭天至理皇太后。(《대월사기 전서》 본기 권4 영종 38년)

110) 《대월사기 전서》 본기 권4 고종 즉위년조에 의하면 용한(고종)의 출생연도는 1173년 5월로 확인된다.

111) 박순교, 《花山郡 李龍祥》, 圖書出版 생각나눔(기획실크), 2012.5, pp.9~10.

112) 《대월사기 전서》 본기 권4 고종 20년 7월.

113) 《대월사기 전서》 본기 권4 고종 36년 10월.

114) 《대월사기 전서》 본기 권4 고종 20년 7월.

115) 《대월사기 전서》 본기 권4 고종 34년 1월.

116) 《대월사기 전서》 본기 권4 고종 35년 7월.

서 황태자 참은 진리의 딸과 혼인하고 진리의 세력을 동원했다. 결국 고종 말기의 정치권력은 진씨 세력, 또 그와 결탁한 황태자 참에게 이미 귀속되어 있었다.

고종 치세 내내 거듭된 실정과 秕政을 고려한다면, 용상이 D-9)의 ④와 같이 주공의 처지에서 보좌했다는 말을 사용하기 어렵다. 당시 조정의 역학 관계로도 傳位의 고명이 나타날 수도 없다. 결국〈화산군 본전〉에 담긴 위 내용은 전혀 설득력이 없다.[117] 거꾸로 이러한 결정적 오류, 순전한 허구야말로《大越史記 全書》를 보지 않은 반증이다.

그럼에도 특기할 것은, 화산李氏 家傳 기록들의 경우 대월 황제의 제위 序次와 廟號, 諱 등에서《大越史記 全書》와 일치하는 부분이 적지 않다는 점이다. 역설적이지만, 이러한 일치와 錯簡 모두, 핵심 뼈대가 오랜 시간 구비전승의 과정을 거치면서 나타난 결과라 여겨진다.

지금까지 '화산李氏'의 여러 家傳 기록을《대월사기 전서》등을 비롯한 정사의 기록들과 대비하여 이용상의 생몰 연대, 가계, 서차, 출자, 심지어 역사적 실존 문제를 검토하려 하였다.《대월사기 전서》등의 정사를 근거로 할 때, 이용상은 천조(영종)의 2子일 수 없다. 빨라도 7子이며, 용상의 위로 황장자 용창을 비롯한 최소 6명의 형들이 있었음이 확인된다. '화산李氏'의 家傳 기록에서 전하는 용상의 가계 역시《대월사기 전서》등과 커다란 격차를 보인다. 1대조의 즉위 연대는 ±20년, 2대조의 졸년은 ±21년, 3대조의 졸년은 ±5년의 차이가 확인된다. 또《대월사기 전서》에 의하면 용상의 3대조는 숭현후임에도, 건덕(인종)으로 비정하는 등, 도저한 착간이 확인된다. 용상의 출자 역시 6대조 이공온을 통해

117) D-9)의 ⑤는 더욱 그러한데 紹聖公主가 陳日照에게 시집간 것은 1225년임이 확인된다(《대월사기 전서》본기 권4 昭皇 2년 10월). 용상의 형인 고종이 죽은 것은 1210년, 소성공주가 혼인한 것은 그로부터 15년이 지난 뒤의 일이므로 위의 서사는 액면 그대로 허구임이 자명하다.

확인 가능하다. 한데, '화산李氏'의 家傳은 ① 고법(《대월사기 전서》), ② 교주(안남지략), ③ 閩人(중국 諸자료)와 달리, 이른바 제④의 설, 곧 중국 농서 출신, 당 고조 이연의 혈통이라 비정하고 있다.

〈화산군 본전〉에는 당시 고려왕 고종이 용상의 입국 소식을 듣고 '고려 역시 몽골의 침입을 받아 海島(바다 가운데에 있는 섬이란 뜻으로 지금의 강화도)에 방랑하여 편안함을 얻지 못하고 있다. 오늘날 목숨이 경각에 달린 용상의 처지와 과연 무엇이 크게 다르겠는가.' 말하면서 옹진에의 안거를 허락한 대목이 나온다. 용상이 고려에 온 것은 1226~1227년.[118] 몽골이 고려를 침습한 것은 1231년. 고려가 수도를 강화도로 옮긴 것은 1232년. 어림잡아 5·6년의 시차가 있다. 용상이 1231년 이후 고려에 왔을 가능성. 용상이 고려에 들어온 지 한참이 지나서야 고종이 입국을 알았을 가능성. 뒷날 용상과 고종이 만났을 때 오간 얘기일 가능성 등을 생각할 대목이다.

---

118) 대월 내 역성혁명이 마감된 것은 1226년으로 확인된다(D-7)). 그 사이 대대적 살육이 대월 내에서 행해졌음을 감안할 때, 이용상이 이 시점 이후 생존하여 고려로 향발했다고 보기는 어렵다. 곧 1226년이 대월을 떠나 고려로 이거한 하한선이 된다. 대한제국 광무 7년(1903)에 수찬한 〈수항문기적비문〉(李相協, 《花山李氏 족보》, 회상사, 2004, p.26)에서는 보경 丙戌이라 하여 대월 출향 연도를 1226년으로 못 박고 있다. 같은 책 《花山李氏 족보》, 회상사, 2004, p.346 다음 별책으로 합본되어 있는 p.3의 중시조 용상 항목에선 보경 2년(1227) 용상이 군필과 더불어 대월을 떠난 것으로 되어 있다. 한편 대월 내 혁명의 단초를 혜종의 선양 시점으로 보아 1224년 12월 이미 유혈 학살과 숙청 작업이 시작되었다고 보는 견해도 있다(박순교, 《花山郡 李龍祥》, 圖書出版 생각나눔(기획실크), 2012.5, pp.12~13). 그 결과〈화산군 본전〉에는 이용상이 혜종의 치세 말년에 이미 대월을 출발한 것으로 되어 있고(李相協, 《花山李氏 족보》, 회상사, 2004, p.2), 이어 이용상과 행동을 같이한 '군필'이 보경 연간에 고려에 이거했다고 밝히고 있다. 그렇다면 보경 연간(1225~1227)이 고려 이거의 주요 시점이 된다. 결국 이용상은 1224년 혜종 말년에 대월을 떠나, 남지나해를 경유하여 1226~1227년 어간에 고려로 이거한 것이 거의 확실한 시점일 것이라 보인다.

이렇듯, 용상의 고려 이거와 관련, '화산李氏' 여러 家傳의 엉성한 敍事, 연대 비정의 모순, 사실의 부정확함에 더하여, 화산이씨의 초보(서)에는 가장 중요한 용상의 이름이 전혀 보이지 않는다. 정작 중요한 눈알이나 다름없는 그의 이름은 중수보(서)에서 初出한다. 이런 점에서, 당시 활발한 국제 교류로 조선에 전해진 대월 관련 자료가 참작, 동원되어 초보~중수보의 어간에 용상 관련 설화가 창출되었다는 주장마저 무조건 배제할 수 없다. 하지만 안동을 위시한 영남 지역의 도백과 문사들에게서, 황해도 옹진에 세거지를 형성한 용상의 사적이 꾸준히 거론, 언급되고 있는 역사성도 아울러 유념할 필요가 있다.

단언컨대, 화산이씨 가승의 구조적 오류는 심각하다. ① 용상의 서차 문제, ② 1·2·3代祖의 생몰 연대, ③ 용상의 출자 문제, ④ 소성 공주의 출자, 혼인 연대, ⑤ 용한(고종)과 용상 사이 禪位의 문제, ⑥ 고종 치세 용상의 3公 輔政 문제 등 거의 전 내용, 모든 부면에 걸쳐 심각한 허구, 오류, 윤색이 고증된다. 심지어 ⑦ 화산이씨 가승에서 전하는 용상의 생몰 연대조차 극히 의심스럽다. 용상의 아비 영종이 죽기 직전 회임시켜 출생했다 해도, 1253년 당시 그의 나이는 최소 78살에 이른다. 그 결과 여든 전후의 고령임을 감안할 때, 1253년 몽골의 침입을 격퇴했다고 하는 용상의 빼어난 업적, 곧 그로 말미암아 '화산군'으로 책봉되었고, '화산이씨'의 장엄한 씨족 유래의 근원이 된 일련의 군공조차, 생몰 연대를 고려할 때 매우 의심스러우며, 실상 연대의 조정이 필요하다.[119] 실제 1777년 7월 이희지가 찬한 중수구서, 이영조가 찬한 구보발에는 용상의 몽골 격퇴 사실, 구체적 생몰 연대가 죄다 전무하다. 용상의 몽골 격

119) 화산군에서 보이는 화산은 용상의 정착지 이름에서 유래한 것이라고 하는데, 〈화산군 본전〉에는 대월에 있던 이름을 딴 것이라 하고 있다(李相協, 〈화산군 본전〉, 《花山李氏 족보》, 회상사, 2004, p.3). 화산이란 지명이 고려, 대월의 것인지, 아니면 둘 공통의 것인지도 궁구할 과제이다.

퇴 사실은 18세기 화산이씨 가승에서 일점일획도 보이지 않는다. 한데 느닷없이 19·20세기 접어들어 1879년 6월 발행된 《옹진府 邑誌》, 1903년 윤주영이 撰한 《受降門紀蹟碑》, 1920년 李承哉가 撰한 《花山君 本傳》, 1928년 4월 7일자 동아일보 등에서 윤색된 형태로 비로소 나타난다. 또 화산이씨 족보에는 용상이 1253년 전후가 아니라, 이미 1226년 화산군으로 봉군받았음을 밝히고 있다.[120] 화산군에의 봉군과 몽골 격퇴는 아예 무관함이 확인되는 셈이다. 〈본전〉에선 옹진 현령 등 핵심 인물 거개가 失名인데 몽골 장수 也窟(몽케칸의 숙부, 皇叔)과 松柱(몽케칸의 동생, 皇弟), 韋孝寬만이 확인된다. 주지하듯, 공성전과 수성전의 맹장 위숙유(509~580)는 중국 남북조 시대 북주의 명장이다. 字가 孝寬이라, 일명 위효관으로 더 잘 알려진 인물이다. 결국 〈본전〉의 위효관은 중국 인물을 모칭한 개연성을 배제할 수 없으나, 그보다 창작의 산물이라 여겨진다. 松柱는 1253년 몽골군의 주장에 속하나 옹진 전투에 참전하였는지 확인할 수 없다. 또 也窟과 松柱의 동선은 달랐기에, 둘이 함께 등장하는 장면 역시 미심쩍다. 몽골이 다섯 상자 속에 검객을 숨겨 고려 진영에 보낸 대목 역시 흡사 고려판 '트로이의 목마'처럼 비친다. 이들 敍事 모두는 다분히 창작의 징표로 읽혀진다. 한 마디로, 〈화산군 本傳〉은 〈화산군 虛傳〉에 가까우며, 1253년 용상의 몽골 격퇴 부분은 심히 의구심을 자아낸다.

이용상을 둘러싸고 진실성을 어그러뜨리는 이러한 전반적 오류는 《대월사기 전서》 등 정사를 일절 참고하지 않았기에 발생한 필연적 결과인 셈이다. 한데 기록으로서의 가치조차 본질적으로 의심케 하는 심각한 오류 뭉치들이, 17세기 조선에 전해진 대월 관련 자료를 참작, 동원

120) 《花山李氏 족보》, 회상사, 2004, p.346 다음 별책으로 합본되어 있는 p.3의 중시조 용상 항목.

하여 창출했다는 주장을 근본에서 허무는 결정적 증좌인 셈에서, 화산이씨 가승은 오류의 양면성을 지닌다. 하여 이제 남은 관건은, 이용상 시조 설화에 담겨진 제반 오류가 처음부터 허구였던 것의 소산인지, 아니면 전승의 과정에서 빚어진 윤색, 오류의 덧칠의 결과였던 것인지 판별하여야 할, 또 다른 기로에 처했다고 보인다.

제 3 장

대월 Lý朝의 역사 변천과 동향

제1절 太祖 李公蘊

제2절 太宗 李佛瑪(德政)

제3절 聖宗 李日尊

제4절 仁宗 李乾德

제5절 神宗 李陽煥

제6절 英宗 李天祚

제7절 高宗 李龍翰

제8절 惠宗 李旵

제9절 昭皇 李佛金(昭聖)

南國山河

南國山河南帝居
截然定分在天書
如何逆虜來侵犯
汝等行看取敗虛

Sông núi nước Nam
Sông núi nước Nam vua Nam ở,
Rành rành định phận tại sách trời.
Cớ sao lũ giặc sang xâm phạm.
Chúng bay sẽ bị đánh tơi bời.

南國의 산하에는 南帝가 거한다고
天書에 분명히 정해져 있거늘
어이하여 너희 역로들이 침범하는가
너희는 참담한 패배를 보고야 말 것이니라

이상걸(Lý Thường Kiệt, 1019~1105년)

베트남의 역사에서는 크게 4개의 통일 왕조가 있다. 그 중 최초로 중국의 속박에서 벗어나, 장기간의 독립과 통일을 달성한 왕조가 이李 DYNASTY였다. 이 시기 중국에 대하여 외교적으로 왕이라 칭했을지언정, 안으로는 황제라고 칭하였고 민족의 자긍심을 애써 숨기지 않았다. 모든 베트남 화폐의 유일한 표지 모델이며 정신적 지주인 Hồ Chí Minh 주석이 이李 DYNASTY에 대해 각별한 애정과 관심을 보인 것도 이러한 맥락이다. 자주, 통일, 독립의 모든 요소를 골고루 갖춰 베트남의 원형질이 마련된 것이 이李 DYNASTY였다.

이 시기에 대월판 '독립선언서'라 해도 손색이 없을 뚜렷한 민족의 독자적 천하관이 면모를 드러내고 있으며, 베트남의 역사서 《대월사기전서》 전편에서 '천하', '사해四海'라는 단어가 집중적으로 반복되어 등장하기도 한다. 1118년 인종은 자신의 친필로 천하가 태평하고 성스러움이 만세까지 무궁할 것이라는 '천하태평天下大平 성궁만세聖躬萬歲' 8자를 써서 비석에 새겨 넣기도 했다. 베트남이 자랑하고 후세에게 물려주고 싶은 모든 요소들을 이李 DYNASTY는 온전히 지녔다.

[표 1]

<table>
<tr><td>BC690</td><td></td><td>Xây dựng nước Văn Lang</td><td rowspan="3">Vương quốc cổ đại</td></tr>
<tr><td>BC257~BC208</td><td></td><td>Xây dựng nước Âu Lạc</td></tr>
<tr><td>BC207~BC111</td><td></td><td>Xây dựng nước Nam Việt</td></tr>
<tr><td>BC111</td><td></td><td>Triều đại Hán</td><td rowspan="6">Bắc thuộc Trung Hoa thống trị</td></tr>
<tr><td>AD264</td><td></td><td>Sự phân chia Nam - Bắc Việt Nam giai đoạn đầu</td></tr>
<tr><td>938</td><td></td><td>Chiến thắng trận Bạch Đằng</td></tr>
<tr><td>939</td><td></td><td>Nhà Ngô</td></tr>
<tr><td>968</td><td></td><td>Nhà Đinh</td></tr>
<tr><td>980</td><td></td><td>Nhà Lê</td></tr>
<tr><td>1009~1225</td><td>Nhà Lý</td><td>Công nhận sự độc lập của Việt Nam</td><td>Vương triều thống nhất</td></tr>
</table>

1226~1400	Nhà Trần	Nhà Trần	
1257		Kháng chiến chống Nguyên Mông lần thứ nhất	
1400~1407		Nhà Hồ	
1407~1427	Sự thống trị của nhà Minh	Sự thống trị của nhà Minh	Vương triều thống nhất
1427~1788	Nhà Lê	Nhà Hậu Lê	
(1527~1592)		Nhà Mạc	
1788~1801		Nhà Tây Sơn	
1802~1945	Nhà Nguyễn	Triều đại nhà Nguyễn	
1858		Cuộc xâm lược của Pháp bằng cái cớ vì sự trừng phạt người truyền giáo	
1859		Pháp chiếm đóng Sài Gòn	
1862		Hòa ước Nhâm Tuất - Hiệp ước Sài Gòn đầu tiên	
1887		Pháp Thành lập Liên đoàn Đông Dương, bao gồm Campuchia. Văn phòng Thống đốc được đặt tại Hà Nội	Thời Pháp trị Thời Pháp thuộc
1889		Pháp sát nhập thêm Lào	
1929		Thành lập Đảng Cộng sản Đông Dương	
1930		Thành lập Liên minh độc lập Việt Nam	
1940~1945		Quân đội Nhật Bản chiếm đóng Việt Nam	Nhật chiếm đóng xứ Bắc Kỳ Chiến dịch Đông Dương
1945		Cuộc Cách mạng tháng tám	

제1절 太祖 李公蘊

李公蘊은 太平 五年 甲戌, 서기 974년 2월 12일 홀어머니 범씨 슬하에서 태어났다. 기록에는 그의 어머니 范氏가 焦山寺에서 神人과 더불어 교접하였고, 그로 말미암아 임신하여 丁朝 太平 五年 甲戌 二月十二日에 출생한 것으로 나타난다.1) 아버지에 대한 구체적 신원이 밝혀지지 않은 것은 마치 고구려 시조 주몽의 탄생 설화와 흡사한 점이 있다.

이후 이공온은 3살 무렵 어머니의 품속에 싸인 채 李慶文(Ly khanh van)의 집에 이르러 養子로 양육되었다. 이러한 사실은 단순히 이공온이 李慶文의 양자가 되었다기보다 그의 어머니 范氏가 李慶文에게 개가했다고 볼 수 있다. 李慶文은 공온에게 자신의 '이'씨 성을 부여한 것은 물론

[그림 1] 초산사 전경

1) 姓李, 諱公蘊, 北江古法州人也。其母范氏, 逍遙遊焦山寺, 與神人交, 因而有娠。以丁太平五年甲戌二月十二日誕生。及長仕黎, 累官至殿前指揮使。臥朝崩, 自立為帝, 都昇龍城, 在位十八年, 壽五十五, 崩于龍安殿, 葬壽陵。(《大越史記 全書》 본기 권2 태조 즉위년조)

[그림 2] 이공온의 모친 범씨 陵域

이고 이후 六祖寺에 遊學하며 萬行(Vạn Hạnh) 法師의 각별한 훈육을 받도록 했다. 이후 만행 법사의 가르침 아래 이공온은 두루 經史를 섭렵하며, 大志를 품었다고 한다. 이런 맥락에서 보면 천하를 경략할 패자의 포부는 李公蘊 개인의 각성이 아니라, 외려 저변에 萬行法師와 李慶文의 영향력이 작용했다고 짐작된다.[2] 결국 이공온은 李慶文과는 의제적 부자관계, 萬行法師와는 사상적 학맥의 사제관계를 형성했다고 할 수 있다.

A-1) 帝之生也, 方三歲。其母懷抱至李慶文家。慶文遂養以為子。幼而聰睿, 姿表秀異。為兒時, 遊學六祖寺, 萬行見而嚚之曰 : 「此非常人, 強壯之後, 必能剖劇折繁, 為天下明主也。(《大越史記 全書》 본기 권2 태조 즉위년조)

2) 《大越史記 全書》 본기 권2 태조 즉위년조.

[그림 3] 이공온의 모친 범씨의 능비, 사당, 陵寢

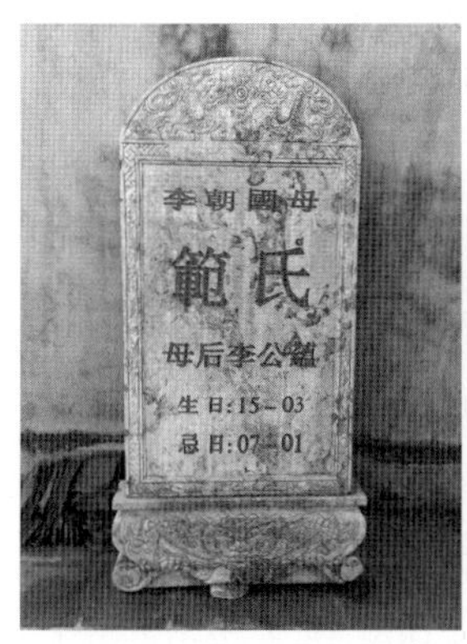

위에서 법사는 이공온을 보자마자, 非常한 그릇으로 여겨 '强壯한 이후에는 능히 번잡함을 쪼개고 잘라 천하의 明主가 될 것'이라 예단하고 있다. 겨우 세 살에 불과한 어린아이에게, 게다가 초면인 경우임에도 明主가 될 것을 예단한 것은 매우 주목된다. 만행이 말한 '明主'라는 구절을 중시한다면, 애초 이공온이 황제가 된 과정에서나, 이후 불교를 국교로 삼고 허다한 사찰을 창건하게 된 배경에 이러한 법사의 영향력이 작용했다고 해석된다.[3] 이공온의 篤信과 好佛이 어느 정도였는지는 다음에서 확인이 가능하다.

A-2) 黎文休曰：李太祖即帝位, 甫及二年, 宗廟未建, 社稷未立, 先於天德府創立八寺, 又重修諸路寺觀, 而度京師千餘人為僧, 則土木財力之費, 不可勝言也。財非天雨, 力非神作, 豈非浚民之膏血歟。浚民之膏血可謂修福歟。創業之主躬行勤儉, 猶恐子孫之奢怠, 而太祖垂法如此, 宜其後世起淩霄之堵坡, 立削石之寺柱, 佛宮壯麗, 倍於宸

3) 만행 법사는 태조 이공온의 치세 19년 중 16년까지 생존하고 있었음이 확인된다(《大越史記 全書》 본기 권2 태조 16년조).

> 居。下皆化之, 至有毁形易服, 破産逊親, 百姓太半為僧, 國內到處皆寺, 其原豈無所自哉。(《大越史記 全書》 본기 권2 태조 원년조)

위의 사료에서 黎文休는 이공온에 대해 몇 가지 사실을 들춰내고 있다. 곧 즉위하여 종묘사직이 굳건하지 않음에도 천덕부, 곧 고법주에 8개의 사찰을 대거 창건하고 諸路의 寺觀을 중수한 것, 京師의 사람 千餘人으로 하여금 僧侶가 되게 度牒한 것에 신랄한 비판을 가하고 있다. 토목의 비용이 가히 헤아릴 수 없었으니, 재물은 하늘의 비와 다르며, 힘은 신의 창작과 다르니 이공온이 백성의 고혈을 짜내어 법을 집행함이 이와 같아, 백성의 태반은 승려가 되었고, 국내의 도처에 절들이 별처럼 연이었다고 한탄하고 있다.

일정 부분 고루한 학자의 지적이고 견해라 치부하더라도, 이공온의 호불 정책의 단면을 짚을 수 있다. 이공온의 치세를 통틀어 실제 창건된 절은 天德府의 8개 사찰(寺刹)을 비롯하여 天御寺, 勝嚴寺, 興天寺, 天德寺, 天光寺, 四大天王寺, 錦衣龍聖壽寺, 萬歲寺, 眞教禪寺를 세웠고, 그 안에 藏書를 비치하고 무수한 梵鐘, 四天帝像을 만들거나 三藏經을 筆寫케 하는 등 役事를 벌였다.

이러한 까닭 저변에는 어린 이공온의 유학 장소가 만행이 있던 六祖寺였던 점, 또 만행이 처음 이공온을 대면하자마자 帝相이라 단언한 점, 그리고 應天心寺 내 感選院 개가 새끼를 낳았는데 하얀 바탕에 검은 털로 天子라는 무늬가 새겨 있었으며, 이것이 戌生의 이공온과 연결되어 천자 등극의 명분이 된다는 점에서[4] 이공온과 불교 세력과의 깊은 유착을 짐작할 수 있다. 이러한 짐작은 만행이 다시 한 번 이공온의 천자 등극을 뒷받침하는 讖言, 혹은 破字를 내세운 점에서 확인된다.[5] 곧 만행은 고법

4) 《大越史記 全書》 본기 권2 태조 즉위년조.

木棉樹의 흔들림을 통해 君의 지배가 약화되면 신하가 강해지며, 黎氏가 몰락하며 李氏가 발호하며 그 뒤로 진씨와 다시 려씨가 일어난다는 類의 해석을 가하고 있다. 이것은 천명사상을 담은 일종의 讖言이자 祕訣이라 할 만하다. 이러한 비결은 마치 이성계의 조선 건국을 후원한 무학이, 이성계의 꿈을 새 왕조 건설에 맞춰 해석한 것과 같은 맥락을 유지하고 있다.

또한 臥朝 역시 이러한 참언의 존재를 알았고 이씨에 대한 거세에 나섰다는 점에서 장기간에 걸쳐 폭넓게 또 조직적으로 참언이 유포되었음이 짐작된다.[6] 그럼에도 이공온이 거세되지 않은 것은 기록처럼 臥朝가 이공온의 존재를 파악하지 못한 까닭이 아니었다. 왜냐하면 이공온은 실제의 李氏가 아니라 이경문의 양자였기 때문에, 즉 완전한 李氏가 아니었기 때문에 눈치를 채지 못한 것이라 봄이 더 설득력이 있다.

만행의 천명사상은 또 다른 기록에서도 확인되고 있다.[7] 곧 만행은

---

5) 是月癸丑日, 李公蘊自立為帝。先是, 古法州延蘊鄉木棉樹震, 鄉人詳認震迹有文曰：樹根杳杳, 木表青青, 禾刀木落, 十八子成, 東阿入地, 木異再生, 震宮見日, 兌宮隱星, 六七年間, 天下太平。僧萬行私自評曰：「樹根杳杳, 根者本也, 本猶君也。杳夭音同, 當作夭。木表青青, 表者末也, 末猶臣也。青菁聲相近, 青當作菁, 盛也。禾刀木, 黎字也。十八子, 李字也。東阿者, 陳氏也。入地者, 北人寇也。木異再生者, 黎氏再生也。震宮見日者, 震東方也, 見出也, 曰猶天子也。兌宮隱星者, 兌西方也, 隱猶沒也, 星猶庶人也。此言君夭臣盛, 黎落李成, 東方出天子, 西方沒庶人, 經六七年間, 而天下平矣。」(《大越史記 全書》 본기 권1 黎紀 己酉年)

6) 乃謂李公蘊曰：「近者臣覩符讖之異, 知李氏壯盛, 而興業必矣。今觀天下之姓, 李最多, 無如親衛寬慈仁恕, 頗得眾心, 而掌握兵柄者, 宗主萬民, 捨親衛, 其誰當之, 臣年七十餘, 願斯須勿死, 以觀德化如何, 誠千載一遇之幸也。」公蘊懼語泄, 遣其兄將萬行匿于蕉山, 然亦以此自負, 始萌覬覦神器之心, 而人亦附焉。臥朝嘗食五廉, 果得李核, 感於讖語, 陰求李氏族誅之, 而公蘊在左右, 終不之覺。(《大越史記 全書》 본기 권1 黎紀 己酉年)

7) 世傳李祖初得天下, 車駕回古法幸扶董鄉寺, 有神人題詩寺柱曰：「一鉢功德水, 隨緣化世間。光光重照燭, 没影日登山。」自僧萬行以其詩進, 李祖覧之曰：「神人之事, 不可曉也。」世人傳誦, 莫識所謂。及李氏終, 以詩爲驗。盖自惠宗上至太祖八代, 而惠宗名昊,

이공온에게 扶董鄕寺 기둥에 神人이 적었다고 하는 시를 올렸는데, 거기에는 李朝의 멸망과 관련한 참언이 적혀 있었으며, 世人은 세대를 전해 암송했다고 되어 있다. 태조가 庚戌에 개국하여, 昭皇 乙酉에 종지부를 찍었으니 1주갑에 해당한다. 따라서 이공온이 훗날 '卽景'에서 읊은 불안한 심사와 憂愁는 그러한 讖言 및 政情을 잘 담고 있다고 해도 과언이 아니다.

이공온은 학문을 익힌 이후 본격적인 출사에 들어서는데 이에 대해서는 다음에서 확인 가능하다.

> A-3) 應天中起家, 事黎中宗。大行崩後, 中宗遇害, 抱屍而哭。臥朝嘉其忠, 授四廂軍副指揮使, 遷左親衛殿前指揮使。及臥朝崩, 遂即帝位, 改元順天, 大赦。初, 古法州應天心寺感選院犬生一子, 白色有黑毛, 文成天子二字。識者曰 : 「蓋戌生人成天子之兆。」至是帝以甲戌年生為天子, 果驗。(《大越史記 全書》 본기 권2 태조 즉위년조)

이공온은 應天에서 일가를 이뤄 黎氏 王朝의 중종을 섬겼으며 중종이 동복아우 臥朝로부터 해를 입고 승하하자 그 시체를 안고 통곡했다고 한다. 臥朝가 형에 대한 그의 충성심을 가상히 여겨 중용하니, 마침내 그는 四廂軍副指揮使를 거쳐 左親衛殿前指揮使가 되어 군권을 장악했고, 臥朝의 붕어 이후 자립하여 황제가 되었다고 한다. 開元하여 順天이라 했는데 이와 관련한 설화가 위 사료에 덧붙여져 있다. 곧 古法州의 應天心寺 내에 있는 感選院 개가 새끼 한 마리를 낳았는데 하얀 바탕에 검은 털로 天子라는 무늬가 새겨 있었으며, 이는 戌生의 사람이 천자가 될 하늘

爲日登山沒影也。然則李氏之興天也, 其亡亦天也。右李朝九帝, 始太祖庚戌, 終昭皇乙酉, 共二百六十年。(《大越史記 全書》 본기 권1 黎紀 己酉年)

의 징험으로 묘사되고 있다. 사실 여부를 떠나 甲戌生 이공온의 천자 등극을 염두에 둔 소재임은 분명하다. 한데 하필 이공온의 정당성을 부여할 설화의 소재가 古法 지역임을 눈여겨 볼 필요가 있다.

> A-4) 庚戌順天元年宋大中符三年祥春二月, 車駕回古法, 賜鄉老錢帛有差。(《大越史記 全書》 본기 권2 태조 원년조)

이공온의 거사 과정은 기록에 따라 '자립', '추대'의 측면을 보이고 있다. 당시 군권의 핵심에 있던 陶甘沐이 이공온에게 거사를 재촉했고,[8] 이공온은 자신의 형을 만행이 있던 육조사에 보냈음이 드러난다.[9] 이는 기록과 달리 거사와 관련한 세력의 결집, 또는 거사의 도모를 위한 계획 마련의 성격이 짙다고 여겨진다. 이공온의 거사는 기민하게 이뤄졌고 특히 친위군의 적극적 협조 하에 성공했다.[10] 이공온의 부인이 黎氏인

---

8) 時祗侯陶甘沐揣知公蘊有欲受禪之意, 遂以微間激之曰 : 「間者主上昏暴, 多行不義, 天厭其德, 弗克終壽, 嗣子幼冲, 未堪多難, 庶事煩擾, 百神靡懷, 下民嗷嗷, 以求真主, 親衞蓋因此時, 發英謀攄睿斷, 遠觀湯武之迹, 近覽丁黎所行, 上順天心, 下從人望, 而欲守區區之小節耶。」(《大越史記 全書》 본기 권1 黎紀 己酉年)

9) 乃謂李公蘊曰 : 「近者臣覩符讖之異, 知李氏壯盛, 而興業必矣。今觀天下之姓, 李最多, 無如親衞寬慈仁恕, 頗得衆心, 而掌握兵柄者, 宗主萬民, 捨親衞, 其誰當之, 臣年七十餘, 願斯須勿死, 以觀德化如何, 誠千載一遇之幸也。」公蘊懼語泄, 遣其兄將萬行匿于蕉山, 然亦以此自負, 始萌覬覦神器之心, 而人亦附焉。臥朝嘗食五廉, 果得李核, 感於讖語, 陰求李氏族誅之, 而公蘊在左右, 終不之覺。(《大越史記 全書》 본기 권1 黎紀 己酉年)

10) 時祗侯陶甘沐揣知公蘊有欲受禪之意, 遂以微間激之曰 : 「間者主上昏暴, 多行不義, 天厭其德, 弗克終壽, 嗣子幼冲, 未堪多難, 庶事煩擾, 百神靡懷, 下民嗷嗷, 以求真主, 親衞蓋因此時, 發英謀攄睿斷, 遠觀湯武之迹, 近覽丁黎所行, 上順天心, 下從人望, 而欲守區區之小節耶。」公蘊內悅其言, 而頗疑甘其有異謀, 陽責之曰 : 「公何為出是言, 吾必執公送官。」甘沐徐謂公蘊曰 : 「甘沐見天時人事如此, 故敢發言, 今反欲告之, 吾誠不避死。」公蘊曰 : 「吾口安忍告公, 但恐語泄而併誅, 故戒之耳。」後日甘沐復謂公蘊曰 : 「國人皆謂李姓大興, 圖讖已見, 此不可掩之禍也, 轉禍為福, 期在旦夕, 此天授人應之時,

[그림 4] 고법전 중수비

점에서,[11] 黎氏 왕조를 타도하고 이공온이 自立하는 데에는 가까운 黎氏 일가의 암묵적 동조도 있었을 개연성이 있다.

특히 이공온이 황제가 된 직후 가장 먼저 한 일이 車駕를 古法으로 돌려 지역의 鄉老들에게 錢帛을 하사했다는 점은 매우 주목된다.

이는 古法이 이공온의 세력거점이자 발상지일 가능성을 강하게 심어준다. 또 錢帛의 하사에 '有差'가 있었다는 구절은 황위 등극 과정에서의 역할에 대한 일종의 논공행상의 의미까지 담고 있다고 판단된다. 이공온은 都城의 新築에 착수하는데, 그에 대한 내용은 다음에 상세히 기록돼 있다.

> A-5) 帝以華閭城湫隘, 不足為帝王居, 欲遷之。手詔曰 :「昔商家至盤庚五遷, 周室迨成王三徙, 豈三代之數君, 徇于己私, 妄自遷徙。以其圖大宅中, 為億萬世子孫之計, 上謹天命, 下因民志, 苟有便輒改, 故國祚延長, 風俗富阜。而丁黎二家乃徇己私, 忽天命, 罔蹈商周之

親衞尚何疑哉。」公蘊曰 :「吾明公意, 與萬行無異, 誠如此言, 計將安出?」甘沐曰 :「親衞公恕寬仁, 眾心尤屬, 方今百姓疲弊, 民不堪命, 親衞因之, 撫以恩德, 彼必翕然來歸, 猶水之就下, 孰能禦之哉。」(《大越史記 全書》 본기 권1 黎紀 己酉年)

11) 諱佛瑪, 一名德政, 太祖長子也。其母皇后黎氏, 以黎應天七年庚子六月二十六日, 誕生于長安府。太祖受禪, 立為東宮太子。及太祖崩, 賴奉曉之志勇, 同心濟難, 遂即皇帝位。在位二十七年, 壽五十五歲, 崩于長春殿。帝沉幾先物, 同符漢光, 征伐四克, 比跡唐太。然君子每以矜大過舉, 責備其賢。(《大越史記 全書》 본기 권2 태종 즉위년)

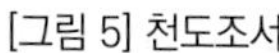
[그림 5] 천도조서

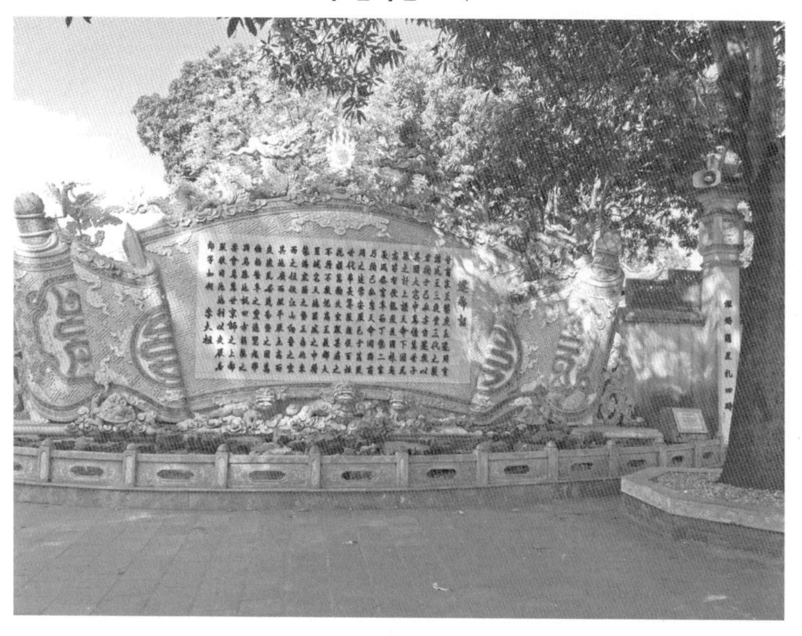

跡, 常安厥邑於玆, 致世代弗長, 筭數短促, 百姓耗損, 萬物失宜, 朕甚痛之, 不得不徙。況高王故都大羅城, 宅天地區域之中, 得龍蟠虎踞之勢, 正南北東西之位, 便江山向背之宜。其地廣而坦平, 厥土高而爽塏音愷, 高燥也, 民居蔑昏墊之困, 萬物極蕃阜之豐。遍覽越邦, 斯為勝地。誠四方輻輳之要會, 為萬世京師之上都。朕欲因此地利, 以定厥居, 卿等如何。」羣臣皆曰 : 「陛下為天下建長久之計, 上以隆帝業之丕洪, 下以措斯民於富庶, 所利如此, 誰敢不從。」帝大悅。(《大越史記 全書》 본기 권2 태조 원년조)

이에 의하면 이공온은 華閭城이 湫隘하여 천도하려 했고, 직접 손으로 조서를 써 다음과 같이 포고했다고 한다.

'옛날 상나라는 5번 천도했고, 주는 3번 천도했으니 어찌 하·은·주 3대의 여러 임금들이 자신의 이익에 따라 망령되이 멋대로 천도했겠는가. 모름지기 그 大宅에 도읍하여 만세자손의 계책을 기억하려 하되, 위로는 천명을 받들고 아래로는 民志에 말미암나니 비록 문득 輒改함이 있었더라도 國祚를 延長하고, 風俗을 富阜하게 한 까닭이라. 그럼에도 이 땅의 丁, 黎두 왕조는 자신의 이익에 따라 天命을 소홀히 하고, 商·周의 자취를 밟지 않았으니 세대가 연장되지 않음에 이르렀다'고 역설했다. 까닭에 '자신은 百姓이 耗損하고, 萬物이 마땅함을 잃음을 심히 애통해 한다'고 밝히고 있다.

이어 "하물며 고왕이 옛날 大羅城을 도성으로 삼았으니 天地區域의 中心이며, 龍이 서리고 虎가 웅크린 形勢로서, 南北東西의 자리를 바로하며, 江山 向背의 마땅함을 편히 할 수 있는 즉 그 땅이 넓고도 평탄하되 또한 높고도 시원하여 백성들은 거하면서 昏墊之困을 풀 수 있고, 萬物은 蕃阜之豊을 다할 수 있는 지라, 越邦의 땅 중 勝地라 할 것이니 진실로 '四方輻輳'의 要會이며 萬世 京師의 上都라 단정했다. 이런 地利로 말미암아 대궐의 터로 삼으려하니 경등은 어떠한가"라고 하며 천도를 재촉했다. 하지만 이러한 지세 외에도 이공온에게는 黎氏의 세력이 뿌리깊이 잔존한 지역을 떠나 자신의 세력 기반을 확보하려는 심산도 작용했음이 틀림없다. 華閭城은 丁, 黎 왕조에 걸쳐 약 42년간 수도였던 지역이었기에 구세력의 발호가 뒤따랐을 것이라 짐작된다.

이에 따라 華閭城을 떠나 大羅城에 이르렀고 잠시 머무는 사이, 黃龍이 御舟에 출현하매. 그로 인하여 그 성의 이름을 고쳐 昇龍城이라 했다고 한다.

> A-6) 秋七月, 帝自華閭城徙都于京府大羅城, 暫泊城下, 黃龍見于御舟, 因改其城曰昇龍城。古法州曰天德府, 華閭城曰長安府, 北江曰天

> 德江。詔發府錢二萬緡, 賃工建寺于天德府凡八所, 皆立碑刻功。遂於昇龍京城之內起造宮殿。前起乾元殿, 以為視朝之所。左置集賢殿, 右立講武殿。又啓飛龍門通迎春宮, 丹鳳門通威遠門, 正陽起高明殿, 皆曰龍墀。墀之內引翼迴廊, 周圍四面。乾元殿後置龍安、龍瑞二殿, 以為燕寢之處。左建日光殿, 右建月明殿, 後起翠華、龍瑞二宮, 以為宮女之居。修府庫, 治城隍。城之四面啓四門, 東曰祥符, 西曰廣福, 南曰大興, 北曰耀德。又於城內起興天御寺、五鳳星樓, 城外離創造勝嚴寺。(《大越史記 全書》 본기 권2 태조 원년조)

이어 자신의 세력 기반인 古法州를 天德府로, 華閭城을 長安府로 정하고, 昇龍城 안에 각각의 궁전을 세웠다. 성의 안팎에 天御寺, 勝嚴寺를 건립하는 등 불교 세력을 다독였다.

이공온에게선 여러 차례에 걸쳐 천자, 혹은 천명과 같은 天이 포함된 단어가 나타난다. 이공온의 연호는 順天이었고, 群臣이 올린 尊號 '曰奉天至理應運自在聖明龍見睿文英武崇仁廣孝天下太平欽明光宅章明萬邦顯應符感威震藩蠻睿謀神助聖治則天道政皇帝'라는 무려 51자에 이르는 긴 호칭에서도 '天'이라는 글자가 3번이나 나타난다.[12] 또한 존호 속의 萬邦, 皇帝, 天下라는 말과 존호를 올리면서 군신이 외친 萬歲, 天子에서 대월 중심의 독자적 천하관도 이 시기에 이미 분명히 드러난다고 할 수 있다.[13]

---

12) 이 대목은 중국과 비교하여 볼 때도 매우 이례적인 경우로서, 대월 역사학자로부터 비판을 받기도 했다(史臣吳士連曰 : 書稱堯曰放勳, 舜曰重華, 後世人臣, 以實行尊稱君上, 至十餘字, 已多矣。當時人臣上尊號, 至五十字, 是不稽古學, 而務諛其君, 太祖受而不却, 是欲誇大而使後世無以加, 胥失之矣。後尊太宗, 近至五十字, 蓋效尤乎此。(《大越史記 全書》 본기 권1 黎紀 己酉年)).

13) 於是共扶公蘊升正殿, 立為天子卽位, 百官于庭下羅拜, 內外呼萬歲, 聲振朝中, 大赦天下, 以明年為順天元年, 焚網羅, 罷獄訟, 詔自今有爭訟者, 許詣朝廷奏論, 帝親臨決, 群臣上尊號, 曰奉天至理應運自在聖明龍見睿文英武崇仁廣孝天下太平欽明光宅章明萬

이공온에 대한 이러한 존호는 와조의 살육과 포악한 정치에 대한 염증은 물론 새 정치[14]에 대한 갈급이 그만큼 컸음을 보이는 대목이기도 하다.

태조의 치세는 내치에 주력했다고 해도 과언이 아니다. 그는 皇后를 전부 6명으로 삼고 嫡夫人 려씨를 立教皇后로 봉하는 한편 車服之制를 다른 궁과 달리 특별하도록 차별을 두었다. 자신의 황녀 13인을 모두 공주로 책봉하고, 특히 장녀 안국공주를 자신의 즉위에 견인차 역할을 한 陶甘沐에 출가시키고, 陶甘沐을 義信侯로 책봉했다. 37살의 그에게 13명의 황녀가 있었던 사실에서 이공온에겐 황제가 되기 이전부터 이미 6명에 가까운 부인이 있었다고 볼 여지를 남긴다. 이공온은 또 일가에 대한 대대적 책봉에 나서 친위세력을 적극 강화했으며, 기타 나머지는 예전 세력들을 그대로 重用하여 커다란 동요가 발생하지 않도록 배려했다.[15]

또 이공온은 자신의 부친을 추봉하여 현경왕으로 했는데, 어머니의 경우 명덕태후로 했다. 이 대목은 黎文休에 의해서 신랄한 비판을 받게 된다. 곧, 黎文休는 宋이 帝를 칭하면서, 그 직계 존속을 추봉하여 僖祖,

---

邦顯應符感威震藩蠻睿謀神助聖治則天道政皇帝。(《大越史記 全書》 본기 권1 黎紀 己酉年)

14) 帝性好殺, 凡人臨刑, 或用芽纏身燃之, 其人為火所焦逼, 近死, 或使宋優人廖守心持短刀鈍刀解之, 舍不得速死, 其人哀號痛切, 守心戲日：「不慣受死,」帝乃大笑。征伐虜獲俘囚, 押赴江岸, 潮退, 令人作水牢, 驅入其中, 潮漲, 呀呷而死。或使高登木杪, 而伐其樹, 樹倒人墮死, 親觀以為樂。嘗之寧江, 其江多蛇, 繫人舟倒, 來往中流, 欲令蛇害之。凡牢牲欲供庖者, 先手刃刺之, 後方入庖。嘗削甘蔗於僧郭昂頭上, 假為失手, 傷僧頭流血, 仍大笑。或因宴殺猫賜諸王, 食畢, 以猫頭示之, 諸王皆惧, 乃悅。每視朝, 必使詼諧者侍左右, 帝或有言, 則喋喋應聲取笑, 以亂執政之奏事者。又以守宮為膾, 使詼諧者相爭食。(《大越史記 全書》 본기 권1 黎紀 己酉年)

15) 立皇后六, 惟嫡夫人為立教皇后, 車服之制, 特異於諸宮。册長子佛瑪為皇太子, 其餘悉封侯。皇女十三人皆封公主, 以長女安國公主嫁陶甘沐, 封為義信侯, 以皇兄為武威王, 皇叔為武道王, 武威王子徵顯為太尉, 翊聖王子副為總管, 陳鎬為相公, 吳丁為樞密使, 陶碩輔為太保, 鄧文孝為太傅, 費車磊為左金吾, 衞竹為右金吾, 譚坦為左武衞, 杜簡為右武衞, 餘悉如故。(《大越史記 全書》 본기 권1 黎紀 己酉年)

翼祖라 했으니, 대개 자식이 아버지를 높이려는 뜻이었다라고 지적하면서 이공온은 스스로 황제라고 칭했으면서도 아버지를 추봉하되 顯慶王이라고만 하여 스스로를 비하했다고 지적하고 있다.16) 어머니를 태후로 하면서, 아버지를 祖가 아닌 王으로만 책봉한 것은 아마 그 아버지가 의제적 아버지, 곧 이경문이었기 때문이 아닌가 여겨진다.

[그림 6] 태조 이공온 동상
(還劍 Hoàn Kiếm 호수)

1010년 37살의 나이로 황제가 되어 이후 18년간 재위했던 이공온은 서기 1028년 3월 3일(戊戌), 55세의 나이로 乾元殿의 뒤쪽에 위치한 용안전에서 서거했다.

燕寢의 곳이었던 그곳이 그에겐 永眠의 곳이 된 셈이었다. 3月朔에 日蝕이 있고 이틀 뒤의 일이었다. 기실 戌生의 그는 戊戌에 이승을 떠난 셈이다.

卽景 李公蘊　　눈앞의 경치
天爲衾枕地爲氈　하늘이 금침이 되고 땅은 이부자리가 되어
日月同雙對我眠　해와 달이 함께 짝하여 내 잠자리를 돌보네.

---

16) 追封父曰顯慶王, 母曰明德太后。黎文休曰：有周典王, 其追封則曰大王王季。大宋稱帝, 其追封則曰僖祖翼祖, 蓋父為子貴之義。我李太租既稱帝, 而追封其父曰顯慶王, 當時禮官不能正之, 所謂自卑矣。(《大越史記 全書》 본기 권1 黎紀 己酉年)

[그림 7] 태조 이공온 능묘

[그림 8] 왼쪽 아래(하노이), 중간 지대(Tu Son), 오른쪽 위(박닌성)

夜深不敢長伸足 밤 깊어도 감히 다리를 길게 뻗치지 못함은

止恐山河社稷顛 산하 사직이 어지러울까 염려하기 때문이네

[그림 9] 이태조 능비

李朝의 태조는 '고법古法'에서 기신起身하여 남진, 탕룽(昇龍, 지금의 河內)을 건설하고 마침내 유구한 황업을 이루었다. 태조의 출신지 '古法'은 '옛 것을 본받는다'의 의미를 띤다. 현재 이 지역은 北寧省 Từ Sơn 停榜(딘방)지역에 해당한다. Từ Sơn 예하의 딘방은 진조陳朝의 정치적 박해로 생긴 이름이며, 과거 합격자가 일대에서 나오지 말라는 뜻, 정방停榜의 의미를 지닌다. 태조는 원래 즉위 직후 '고법'을 '천덕부天德府'로 삼았다. 이후 일대는 북쪽을 평안하게 한다는 의미에서 북녕北寧이라 개칭되었다. 현재 이 북녕(박닌성)에는 삼성 휴대폰 공장, 엔퐁 산단이 위치해 있다. 또한 현재 봉화군과 자매결연 체결의 途上에 있는, 北寧 예하의 'Từ Sơn'(停榜의 상위 행정 구역)은 한자음이 '자산慈山'이다.

제2절 太宗 李佛瑪(德政)

태종의 諱는 佛瑪이며 一名 德政이라고도 불렸다. 太祖의 장자로서 모친은 皇后 黎氏였다. 應天 7年 庚子 6월 26일에 長安府에서 출생했고 東宮太子로 있다가 태조가 붕어하자 황제로 즉위했다. 그러나 당시 황태자였던 그의 즉위 과정에는 상당한 어려움이 있었는데, 이른바 태조 붕어 직후 발생한 동복형제, 곧 왕들의 난이었다.[17] 태조가 붕어하자 군신이 모두 龍德宮에 이르러 서른 살의 황태자에게 즉위를 주청하자 황위에 미련을 둔 佛瑪의 아우들인 東征王, 翊聖王, 武德王 3王은 각기 군사를 거느려 도성에 잠입했다. 東征王은 龍城에, 翊聖王과 武德王은 廣福門으로 들어와 태자를 모해코자 했다.

皇太子는 祥符門을 거쳐 乾元殿에 들어갔다. 이어 殿閣의 모든 문을 폐쇄하고 衛士들로 하여금 수비토록 했다. 당시 사태와 관련한 태종(당시 황태자)의 복잡한 심경은 內侍 李仁義와의 대담에서 여실히 드러난다.

황태자는 "일찍이 형제에게 터럭만큼의 빚조차 없었거늘 3왕이 불의를 행하며, 선황의 유명을 망각하고 大位를 도모하려 하니 어찌할 것인가" 탄식했다.[18] 그러자 李仁義 등이 "형과 동생이라면 안으로는 꾀를 모우고 밖으로는 업신여김을 막아야 할진대, 금일 3왕이 도리어 형제로서 仇讎가 되었으니 신 등은 一戰을 벌여 勝負를 결정코자 합니다"라 아뢰었다.[19]

황태자는 "내가 先帝의 殯所에도 이르지 못함을 치욕으로 여기는데, 骨肉相殘마저 일어난다면 萬世의 웃음거리가 되지 않겠는가?"라며 소회를 드러냈다.[20] 李仁義가 다시 대답하기를, "遠略을 도모하기에 힘쓰는

---

17) 대월에서 적자는 모두 왕이라 칭했기에(黎文休曰：李家封嫡子皆為王, 庶子皆為皇子, 而皇太子之位不設。及至宮軍大漸, 方擇諸子一人, 入繼大統。傳之成俗, 不知何意也。或曰李家不先正儲位, 蓋欲使諸子亹亹為善, 謂儲位既定, 則君臣分定, 雖有微子之賢, 將何以處之哉《大越史記 全書》본기 권2 태조 戊辰十九年 二月), 東征王, 翊聖王, 武德王 3王은 모두 적자이며, 佛瑪와 같은 동복형제라 판단된다.

18) 我於兄弟, 無所毫負。今三王行不義, 忘先帝之遺命, 欲圖大位, 卿等以為何如。(《大越史記 全書》본기 권2 태조 戊辰十九年 二月)

19) 兄之與弟, 內可以協謀, 外可以禦侮。今三王反以為兄弟乎, 以為仇讎乎。願許臣等一戰, 以決勝負。(《大越史記 全書》본기 권2 태조 戊辰十九年 二月)

20) 吾恥先帝未殯, 骨肉相殘, 寧不為萬世笑耶。(《大越史記 全書》본기 권2 태조 戊辰十九年 二月)

자는 近功을 잊고, 公道를 지키려는 자는 私愛를 버리나니, 이것은 唐太宗、周公旦도 실행한 부득이한 가르침입니다. 지금 殿下는 唐太宗, 周公旦처럼 원략을 도모하고 公道를 보존함에 힘써야 함에도 도리어 近功을 돌아보고 私愛에 빠져 있나이다.

전하가 능히 唐太, 周公의 遺跡을 함께 한다면, 後世의 사람들이 功德을 찬양함에 겨를조차 없을 터이니 어찌 비난할 겨를이 있을 것입니까. 先帝는 殿下로 족히 후계의 뜻을 잇고, 재주가 만사를 구제할 것이라 여겼으니 천하를 殿下에게 위탁한 것입니다'라 상주했다.[21] 황태자는 침묵한 채 오래도록 가만히 있었다. 이어 李仁義, 宮臣 楊平, 郭盛, 李玄師, 黎奉曉를 불러 말하였다.[22] "내 어찌 당태종과 주공이 한 일이 이와 같음을 알지 못하겠는가? 나는 그런 죄악을 덮어 가리려하니 그들 스스로 물러나 굴복하여 나와 혈육을 나눈 그들이 온전하길 바랄 뿐이다. 허나 사세가 이와 같으니 내 무슨 면목으로 저들 3왕을 보겠는가. 나는 다만 상복을 입고 선제의 곁을 받들지니 이외의 모든 일은 경들에게 위임하노라." 이에 李仁義를 비롯한 신하들이 다시 배알, 부복하여 말했다. "임금을 죽이려는 난을 막는 것은 신들의 직분입니다. 지금 이미 죽음을 얻게 된다 한들 장차 다시 무슨 말씀을 할 바이겠습니까?"[23]

---

21) 臣聞務遠圖者忘近功, 存公道者割私愛, 此唐太宗、周公旦出不得已之奉。今殿下以唐太、周公為務遠圖, 存公道耶。抑為貪近功, 溺私愛耶。殿下能偕唐太、周公之遺跡, 則後世之人, 將頌歌功德之不暇, 何暇笑哉 先帝以殿下善足以繼志, 才足以濟事, 故以天下付託殿下。今賊逼宮門, 而隱忍如此, 其如先帝付託何。(《大越史記 全書》 본기 권2 태조 戊辰十九年 三月)

22) 太子默然良久, 謂仁義及宮臣楊平、郭盛、李玄師、黎奉曉等曰 : 「吾豈不知唐太、周公之所為若是乎。吾欲掩晦其罪惡, 使自退伏, 以全吾骨肉為上耳。」時三府兵愈急, 太子度不能制, 曰 : 「勢既如此, 我何面目與三王見乎。吾但成服, 奉侍先帝, 此外皆委卿也。」(《大越史記 全書》 본기 권2 태조 戊辰十九年 三月)

23) 仁義等皆再拜曰 : 「死君之難, 臣等之職分。今既得死, 所將復何辭。」(《大越史記 全書》

궁중위사들이 전각의 문을 열고 일당백으로 싸웠으나 승부가 나질 않았다. 이에 黎奉曉가 검을 들고 廣福門으로 진격하여 武德王을 베자 3부병이 패주하여 흩어졌다. 東征王과 翊聖王 두 왕은 겨우 죽음을 면해 도망쳤다. 黎奉曉가 선황제의 柩前에 승첩을 고하고, 乾元殿에 있던 태자에게 보고했다. 태자는 그의 노고를 치하하며 "내가 비로소 선황제의 큰 뜻을 받들 수 있게 되고, 부모의 장례를 치를 수 있게 되었다. 이는 경의 덕택이다"라 했다.[24]

1028년 3월 4일, 太子 佛瑪는 柩前에서 즉위했다. 母 黎氏를 높여 靈顯太后라 했고 大赦했다. 改元하여 天成 元年으로 삼았다. 도망쳤던 東征, 翊聖의 2王이 대궐에 이르러 伏罪하니 그 죄를 면하게 하고 관작을 회복시켰다.

3월 25일에는 詔를 發하여 大府의 錢帛을 天下에 하사했다. 그 즈음 開國王이 반란을 일으켰다. 처음 개국왕은 長安府에 거했는데, 山川이 險固함에 힘입어, 亡命한 무리들을 끌어 모아, 小民들을 겁략하였음에도 太祖는 끝내 그러한 사실을 알지 못했다. 드디어 그 악이 모이고 커져 太祖의 죽음과 武德王의 被誅 소식을 듣고 마침내 府兵을 이끌고 반란을 일으킨 셈이었다.

4월 8일 태종은 친정 끝에 반란을 진압했고 開國王 및 그 막료들을

본기 권2 태조 戊辰十九年 三月)

24) 乃令宮中衛士開門出戰, 人樂赴難, 無不一當百。兵既接戰, 未決勝負, 奉曉怒, 拔劍直至廣福門, 大呼謂 :「武德王等覬覦神器, 蔑視嗣君, 上忘先帝之恩, 下背臣子之義, 所以臣奉曉捧斯劍為獻。」乃直犯武德王馬。王引馬避之, 馬蹶, 為奉曉所獲殺之。三府兵敗走。官軍追斬之, 殆無遺者, 惟東征、翊聖二王僅以身免。奉曉等還, 以服戎奏捷于太祖柩前, 又詣乾元殿告太子。太子勞之曰 :「吾所以克荷先帝之丕基, 全父母之遺体, 卿等之力也。吾嘗觀唐史, 見尉遲敬德匡君之難, 自謂後世人臣無可比者。今日遭變, 乃知奉曉之忠勇過敬德遠矣。」奉曉再拜曰 :「殿下德感天地, 敢有萌異圖者, 天下神祇皆效其職, 而誅滅之, 臣等何力之有。」(《大越史記 全書》 본기 권2 태조 戊辰十九年 三月)

昇龍 京師로 이거하게 했다. 長安에서 돌아온 이후 태종은 開國王의 죄를 용서하고 그 작위 역시 복구했다. 5월 6일에는 皇子 日尊을 東宮 太子로 삼았다. 또한 일곱 황후를 들이고, 枚皇后의 父 祐를 安國上將으로, 王皇后의 父 杜를 輔國上將으로, 丁皇后의 父 吳尚을 匡國上將으로 삼아 친위 기반을 다졌다. 이어 梁任文을 太師, 吳尚丁을 太傅, 陶處中을 太保, 李道紀를 左樞密, 李徹을 少師, 沖新을 右樞密, 李密을 左參知政事, 矯蓬을 右參知政事, 廖嘉貞을 中書侍郎, 何遠을 左諫議大夫, 杜讖을 右諫議大夫, 阮光利를 太尉, 譚碎狀을 都統, 武波斯를 威衛上將, 阮慶을 定勝大將, 陶文雷를 左腹心, 李仁義를 右腹心, 潘唐烈을 內侍로 삼는 대규모 인적 개편을 행했다.

처음 태종이 태어났을 때 長安府 民家의 牛가 뜻밖에 혼자 뿔을 바꾸었다. 마을 사람들이 이를 매우 不祥하게 여겼다. 占을 잘 치는 이가 그 집을 지나다가, 이것은 改新의 조짐이라며 길조로 예견했다고 한다. 태종은 목 아래에 일곱의 검은 점이 있었는데, 하늘의 七星과 흡사했다. 어려서부터 무리들과 어울려 놀 때 능히 스스로 區處를 정하여 무리들을 前後左右로 끌어당기고 펼침이 흡사 여러 관리들이 앞서고 따르는 거동과 같았다. 태조가 그것을 보고 매우 기특하게 여겼다고 한다.[25] 실제 태종은 4번의 外征을 승리로 이끌어 당 태종에 비견되는 대월 황제였다.

태종은 도성을 대거 확장, 개축한 것으로도 유명한데, 神龍이 출현한 것을 명분으로 乾元殿을 重修하여 天安殿으로 하고 좌우에 각기 宣德殿, 延福殿을 세웠다. 또 앞 계단을 용이 오르는 계단이라 명명하고 계단 동

25) 初, 帝之生也, 時長安府有民家, 牛居然自換其角, 其民以為不祥, 憂之。有善占者過其家, 笑曰 :「此乃改新之象, 子何預焉。」民憂遂解。帝扵項下有七黑子, 比天七星。為兒時, 與群觀遊, 能自區處, 使之引翼前後左右, 如衆官導從之儀。太祖見而悅之, 因戲曰 :「將家子當效軍旅事, 安用導從乎。」帝應之曰 :「導從奚間扵將家子哉。如間之, 何獨不在丁而在黎乎。由天之命耳。」太祖驚異, 由是益奇之。受禪之, 日立為東宮太子。(《大越史記 全書》 본기 권2 태종 즉위년조)

쪽에는 文明殿, 서쪽에는 廣武殿을 두었다. 계단의 좌우 마주보게 鍾樓를 세워, 小民의 여러 獄寃을 듣고 처리했다. 四圍는 모두 廊廡로 둘러 百官 六軍 宿衛가 모여 논의하게 했다. 그 외에도 正陽樓, 龍圖閣을 두었고 성 밖에는 龍城을 따로 만들었다.

하지만 태종의 치세 내내 반란이 잇달았다. 1029년에는 愛州 但乃의 甲이 반란을 일으켰고, 1031년에는 驩州에서 다시 반란이 일어났다. 1033년에는 定源州, 彝源州에서 겹쳐 반란이 터졌으며, 1035년에는 愛州에서 다시 반란이 재현되어 태종이 몸소 친정에 오르기도 했다. 게다가 僧 胡氏、定勝將 阮慶의 義弟 都統 譚碎狀、皇弟인 勝乾、太福 等이 내부 반란을 도모하다 발각되어 처형되기도 했다. 1043년에는 愛州에서 세 번째 반란이 일어났다. 그리고 같은 해 文州에서도 반란이 일어났다. 또 1050년에는 勿惡洞에서 반란이 있었다.

그 보다 더욱 심각한 것은 태종에 맞서 스스로 황제라 자칭한 이들이 두 번이나 나타났다는 점이다. 1039년에는 儻猶州의 首領 存福이 친아우이자 萬涯州의 首領인 存祿, 처남이자 武勒州의 首領인 當道를 죽이고 그 영지를 독차지했다. 스스로 昭聖皇帝라 僭稱하는 한편 자신의 처 阿儂을 明德皇后로 봉했다. 또 아들 智聰를 南衙王으로 봉하고 자신의 州를 長生國이라 칭하고, 甲兵을 닦고, 城의 방비를 굳게 하여 반란의 기치를 들었다. 그 반란은 황제 태종이 친정하여 存福, 智聰 等 5人을 참시하는 선에서 무마됐다.

그 뒤에도 1052년 4월에는 儂智高가 반란을 일으켜 仁惠皇帝라 참칭하고 國號를 大南이라 칭했다. 세력을 넓혀 송의 境土까지 공격하여 橫山寨를 돌파하고 邕、橫、貴、藤、梧、康、端、龔、潯 等의 州를 함락시켰다. 드디어 廣州城에 이르러 50일에 걸쳐 맹공을 퍼부었으나 함락시키지 못하고 귀환했다. 전열을 가다듬어 다시 邕에 쳐들어가 송나라 장수와, 그를 보좌하는 이들 三千 餘 人을 죽였다. 또 포로로 잡은 자 1만여 명을 헤아렸다. 지나는 곳마다 焚蕩을 일삼아 남아있는 것이 없었다. 宋의 황제와 君臣이 모두 두려움에 떨며 근심할 정도였으니 그 규모와 흉포함이 충분히 짐작된다 할 것이다. 이로 인해, 宋의 추밀원부사 狄青과 抗章이 儂智高를 정벌하기 위해 군사를 동원할 정도였다.

또한 태종의 치세는 불교에 대한 행사, 건축이 잦았다. 1029년 萬歲寺에서 天雨와 白米를 기원하는 제를 올린 것을 시작으로, 1031년에는 驩州 반란을 진압한 것을 축하하는 법회를 올렸고, 1034년에는 遷遊山에 있는 重光寺에 행차하여 重興藏을 세우도록 했다.

다음 달 황제가 古法州에 행차해 法雲寺의 사리를 친견하기도 했다. 1035년에는 구리 8,000근을 내어 종을 만들어 重光寺에 설치하도록 했다. 1036년에는 궁궐의 龍墀에서 慶成大願의 佛會를 열었다. 또 5년 전 완성한 重興藏에 大藏經을 인쇄해 봉안케 했다. 1038년 9월에는 大勝寺에 행차하여 神人을 見跡하였고, 10월에는 重光寺에 비석을 세웠다. 1041년 10월, 遷遊山을 유람하다 天福院을 세우고 구리 7,560근을 내려 彌勒佛, 海清 두 보살을 위한 鐘을 만들기도 했다. 1049년 10월에는, 觀音佛을 현몽한 것을 기화로 延佑寺를 건축했다.

> A-7) 己丑六年三月以後崇興大寶元年, 宋皇祐元年春二月, 改元崇興大寶元年。冬十月, 造延祐寺。初, 帝夢觀音佚坐蓮花臺, 引帝登臺。及覺, 詔群臣, 或以為不祥。有僧禪慧者勸帝造寺, 立石柱于地中, 構觀音蓮花臺于其上, 如夢中所見。僧徒旋繞誦經求延壽, 故名延祐。(《大越史記 全書》 본기 권2 태종 22년)

위 사료에 의하면 1049년 10월, 태종의 꿈에 觀音菩薩이 蓮花臺에 구부려 앉아 있다가 황제를 蓮花臺 위로 당겨 오르게 했다. 황제는 꿈에서 깨자마자 군신을 불러 의논하니 혹 황제의 身上에 상서롭지 못하다는

[그림 10]

1049년 태종 황제에 의해 조성되었고 프랑스와의 전쟁 중이던 1954년 프랑스에 의해 파괴되었다. 그리고 최근 복원되었다. 하지만 그 형상에 주목하여 현재 一株寺(못꽃, Chùa Một Cột, 일주탑)로 이름이 와전되어 있다. 그 창건 목적 또한 황제가 연꽃 위에서 아이를 안고 있는 관음보살을 꿈에서 보고 자식 생산을 기원하기 위해 만든 것이라 호도되고 있다. 까닭에 無子인 사람들이 치성을 드리기도 하며, 심지어는 왼쪽으로 돌면 아들을, 오른쪽으로 돌면 딸을 얻는다거나, 연못 두 바퀴를 돌면 애인이 생긴다는 허무맹랑한 낭설까지 파다하게 퍼져있다. 원래의 명칭은 황제의 장수를 비는 延祐寺였다. 현재 콘크리트로 된 기둥 역시 원래는 石柱, 돌기둥이었다. 조속한 시일 안에 제대로 된 史蹟과 이름, 원형이 복원되길 바라는 마음 간절하다.

[그림 11] 화폐에 새겨진 일주사

지적이 있었다. 승려 禪慧라는 자가 있어 황제에게 절을 만들 것을 주청하니, 돌기둥을 땅에 세우고 그 위에 觀音蓮花臺를 만들었다. 과연 형상이 꿈에서 본 바와 같이 되었다. 승려 무리가 그 절 주위를 에워싸고 돌면서 황제의 수명을 연장하길 빌며 축수했다. 까닭에 황제 수명의 연장을 음우하는 절, 延祐(연명을 도움)라 이름 붙였다.

위 기록을 토대로 할 때, 延祐寺의 기둥은 돌이었다. 현재 콘크리트로 된 기둥은 불완전한 복원인 셈이다. 조속한 복원과 제대로 된 고증이 더욱 절실한 형편에 있다.

이 延祐寺가 세워졌던 1049년 당시 태종의 나이는 쉰이었고, 이로부터 5년 뒤 삶을 마감했다. 결국 기록에 적힌 꿈과 사연대로라면 이 절은 태종의 수명을 5년 연장시켜 준 셈이 된다. 호사가들이 얘기한 것과 달리 태종은 그 즈음 후사가 없는 것도 아니었으니, 제위에 오르기 전 황태자 시절이던 1023년(태조 14) 이미 장자 日尊을 둔 상태였다. 이후 1033년 8월, 황자들의 집을 만들게 한 기사나,[26] 1035년 7월 日中을 奉乾王에 봉한 기사에서 여러 황자를 두었음이 재차 확인된다.[27] 따라서 1049년 당시 후사를 위해 특별히 사찰을 건조할 까닭이 없었다. 그 목적은 분명 흉몽에 대한 수명 연장, 곧 延壽를 保佑하기 위함이었던 것이다. 하여간 이런저런 이유로 해서 태종의 치세 내내 불사와 법회는 꼬리를 물고 이어진 셈이었다.

1054년 태종은 재위 27년 7월, 맏이이자 황태자인 日尊에게 모든 정사를 관장토록 했다. 그리고 두 달 뒤엔 황제가 거동하지 못했다. 다시 한 달 뒤인 10월 1일, 황제는 55세의 나이로 長春殿에서 崩御했다. 태자 日尊이 황제의 구전에서 즉위하고, 龍瑞太平 원년으로 개원했다. 선황을 大行皇帝로 추존하고, 廟號를 太宗으로 하였다. 황제의 어머니 牧씨를 金天皇后로 높이고, 國號를 大越이라 하였다.

---

26)《大越史記 全書》본기 권2 태종 6년.

27)《大越史記 全書》본기 권2 태종 8년.

제3절 聖宗 李日尊

태종의 장자인 日尊은 그의 모친 금천황태후 枚씨가 달을 품는 태몽을 꾸고 회임하여 태어났다. 1023년 2월 25일 용덕궁에서 출생했고, 1028년 다섯 살의 나이로 동궁태자에 책봉되고 태종이 붕어 하자 31세의 나이로 제위에 올랐다. 19년간 재위하며 많은 치적을 남겼으며 1072년 50세의 나이로 회선전에서 붕어했다.

성종 역시 불교에 우호적이었다. 그가 일으킨 불사로는 1056년 崇慶報天寺를 세우고, 銅 일만 이천 근을 내려 洪鍾을 만들게 한 다음 親筆 銘文을 하사했다. 이듬해 1월에는 大勝資天報塔을 세웠는데, 높이가 수십 丈이고, 12층이나 되었다. 같은 해 12월에는, 天福·天壽 2개의 사찰을 조성하고 梵王과 帝釋 금불상을 봉안했다. 1063년에는 후사를 빌기 위해 각종 사찰을 유람했으며, 聖主寺에서 제를 올리기도 했다. 1071년에는 친히 '佛'字를 쓴 碑를 僊遊寺에 세웠는데, 비의 길이가 6척에 달했다.

하지만 성종의 치세에는 유학, 관제, 병제에 대한 관심도 엿보인다. 1059년 水晶殿에서 백관에게 幞頭를 쓰고 韈를 착용케 했다.

> A-8) 戊戌五年宋嘉祐三年春, 修祥符門。己亥彰聖嘉慶元年宋嘉祐四年春三月, 伐宋欽州, 耀兵而還, 惡宋之反覆也。秋八月, 帝御水晶殿, 朝百官令戴幞頭著韈, 方許入朝。戴幞頭著韈自此始。定軍號曰御龍、武勝、龍翼、神電、捧聖、寶勝、雄畧、萬捷等號, 皆分左右, 額並黥天子軍三字。(《大越史記 全書》 본기 권3 성종 5년)

御龍、武勝、龍翼、神電、捧聖、寶勝、雄畧、萬捷 等 號를 짓고, 左右로 나눠 이마에는 天子軍 석자를 새겼다. 특히 '天子'라는 말에서 독자적 세계질서를 표방했으며 이를 물리적으로 행동화했음이 주목된다. 1071년에는 讀罪에 대한 금액을 차등에 따라 정하였고, 황제의 허락 없이 함부로 입궁하는 관리에게 杖 80대의 벌을 내릴 것을 공포했다.

1070년 7월, 文廟를 수축하여 孔子、周公은 물론 顔子, 子思, 曾子, 孟子의 四配의 像을 만들고, 72賢의 모습은 그림으로 그려 4時로 享祀했다. 이에는 皇太子를 문묘에서 학문을 닦게 한 조치도 포함되었다.

儒風을 진작시킨 이러한 조치는 시기적으로는 고려와 비교해도 거의 비슷하다고 할 수 있다. 고려는 대월보다 10년 정도 빠른 1061년 6월 2일 문묘 관련 기록이 보인다.

> A-9) 六月 癸丑 王如奉恩寺, 遂詣國子監, 謂侍臣曰, "仲尼百王之師, 敢不致敬?" 遂再拜. (《고려사》 卷8 世家 卷8 문종 15년)

위 기록을 보면 문종이 국자감에 행행하여 안치된 공자상에 재배한 것이 확인된다. 그러나 이것은 국자감, 향교에 부속된 공자상 또는 문묘라 생각된다. 독립된 문묘의 건축은 이후 220년이 지나 확인되고 있다.

> A-10) 忠烈王 27年 2월 丁丑 耶律希逸謁文廟, 令諸生賦詩. (《고려사》 卷32 世家 卷32 충렬왕)

> A-11) 忠烈王 27年 五月 甲辰 耶律希逸還, 希逸喩國王理民之術, 責宰輔憂國之事. 嘗以國學殿宇隘陋, 甚失泮宮制度, 言於王, 遂新文廟, 以振儒風. (《고려사》 卷32 世家 卷32 충렬왕)

> A-12) 忠烈王 29年 윤5월 戊寅 國學學正 金文鼎, 以宣聖十哲像及文廟祭器, 還自元. (《고려사》 卷32 世家32 충렬왕)

[그림 12] 문묘(위)와 규문각(아래)

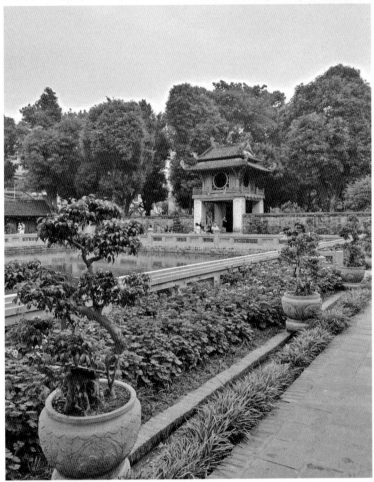

베트남의 규문각(1070년)은 북송 진종대(천희 2년, 1018)에 처음 세워진 송을 계승한 것으로 보인다. 규문각의 이름은 "奎主文章"이라는 말에서 따온 것이다. 조선의 '규장각'도 이에서 유래되었다.

[그림 13] 베트남 10만 동 화폐 속 규문각

[그림 14] 문묘 전경

1301년 2월 7일, 고려의 사신 耶律希逸이 원의 大都를 예방하여 문묘를 배알했고 같은 해 5월 6일 고려로 돌아와 당시 충렬왕에게 보고하자 문묘를 새로 창건하고 유풍을 진작했다고 되어 있다. 또 1303년 5월에야 國學의 學正 金文鼎이 宣聖十哲像 및 文廟 祭器를 가져왔다고 한 것에서 이전 문묘는 뭔가 불비한 요소가 많았다고 상정할 수밖에 없다. 요컨대 이로써 대월의 유학 진흥책은 선진적인 요소가 담겨 있었다고 평할 수 있다.

그런 성종의 노력에 힘입어 吉兆가 자주 보였는데, 1061년에는 羅順州에서 흰 코끼리를 헌상하였고, 이듬해엔 嘉林郡에서 다리가 셋 다린 거북을 헌상했다. 1068년에는 眞登州에서 흰 코끼리 2마리, 점성에서 1마리를 헌상했다. 또한 송나라가 책봉한 開府儀同三司 南平王에 걸맞게 성종은 1069년 2월 점성 친정에 나서 國格을 높였다. 이 인종의 南征은 이후 인종의 점성 완전 정복의 단초이기도 했다.

제4절 仁宗 李乾德

1066년 정월 25일, 건덕은 성종의 맏이로 태어났다. 건덕이 태어나기 3년 전인 1063년, 성종은 나이 41세가 되도록 후사가 없자, 급기야 祇候內人 阮芃에게 聖主寺에서 후사를 비는 제를 올리게 했다. 그 뒤 倚蘭夫人이 임신하여 皇子 乾德을 낳았고 그가 仁宗이 되었다고 한다.

> A-13) 癸卯五年宋嘉祐八年。時帝春秋鼎盛, 行年四十, 未有嗣命, 祇候內人阮芃求嗣于聖主寺, 其後倚蘭夫人有娠, 生皇子乾德, 是爲仁宗世傳帝禱祀祈嗣未驗, 因遍遊寺觀, 車駕所至, 男女奔走, 瞻望不暇, 惟一女採桑, 倚立蘭草中。帝望見, 召入宮, 得幸, 命爲倚蘭夫人, 欲得男女, 命芃賫香供禱于聖主寺, 僧教芃以投台托化之術, 芃從之。事覺, 斬芃于寺門前, 後人目其處曰芃原寺, 在慈廉縣驛望社, 芃原在寺門西, 今存。(《大越史記 全書》 본기 권3 성종 5년조)

倚蘭夫人은 1063년 條에서 최초로 발견된다. 이전 그녀가 어떤 경로를 거쳐 황궁에 들어왔으며, 어떤 세력 배경을 지녔는지 전혀 알 수 없다. 한데 이에 대해 보다 자세한 부연이 細註로 달려 있다. 이에 의하면 황제가 후사를 기원했으나 효험이 없어 여러 절을 두루 편력하였다. 황제의 車駕가 이르는 곳마다 남녀가 다투어 달아났으나 오직 한 여인만이 뽕나무 잎을 따며 난초 한 가운데 의지해 있었다. 황제는 그녀를 불러 황궁으로 데려갔고, 그녀를 倚蘭夫人, 곧 '난초에 의지한 여자'로 명명했다.[28)]

28) 위의 서사는 대략 신라 효공왕의 모친이 헌강왕을 만나 요(뒷날의 효공왕)를 출산

그녀에게 황제가 새삼 새로운 이름을 붙여준 것이나, 뽕잎을 따고 있었다는 점 등에서 그녀의 출생과 신분은 그다지 높지 않았다고 짐작된다. 특히 倚蘭夫人이 자식을 얻고자 阮芃에게 향을 가지고 가 聖主寺에서 빌게 했는데, 절의 승려가 阮芃에게 '자신을 던져 새롭게 태어나는' 비술을 가르쳐주었다. 이 점은 聖主寺로 대표되는 불교 세력과 그녀와의 일정한 유착 내지 연대를 가늠하게 한다.

이윽고 일이 발각되어 阮芃은 절의 문 앞에서 斬首당했다. 後人들이 그 곳을 보고 이르길 봉원사라 했다고 한다. 자신의 육신을 던져 황가의 아들로 환생하는 이러한 類는 인종 치세에 徐道行이 尸解의 방법을 빌려 陽煥으로 출생한 것과도 일맥상통한다. 태어난 다음 날 건덕은 황태자에 봉해졌고, 1072년 성종이 붕어하자 7세의 나이로 황위에 올랐다. 56년간 재위했으며, 63세에 영광전에서 붕어했다.

> A-14) 諱乾德, 聖宗長子也。其母灵仁太后, 以龍章天嗣元年丙午正月二十五日誕生, 後日立爲皇太子。聖宗崩, 遂即皇帝位, 在位五十六年, 壽六十三歲, 崩于永光殿。帝日角龍顔, 手垂過膝, 明哲神武, 睿智孝仁, 大畏小懷, 神助人應, 通音律, 製樂歌, 俗臻富庶, 身致太平, 爲李朝之盛主。惜其慕浮屠, 好祥瑞, 爲盛德之累耳。(《大越史記 全書》 본기 권3 인종 즉위년조)

한 과정에 대비된다. "처음에 헌강왕이 사냥 구경을 하다가, 길옆에서 한 여인을 보았는데, 그녀의 자태가 아름다웠다. 왕이 마음속으로 그녀를 사랑하여 뒷 수레에 태우고, 행재소에 와서 야합하였는데, 바로 임신이 되어 아들을 낳았다. 그가 장성하자 체격이 크고 용모가 걸출하므로 이름을 요라고 하였다. 진성여왕이 이 말을 듣고 그를 궁에 불러들여, 손으로 그의 등을 어루만지면서 "나의 형제자매의 골격은 다른 사람들과 다른데, 이 아이는 등에 두 뼈가 솟아 있으니, 정말 헌강왕의 아들이다"라고 말하고, 곧 관리에게 명하여 예를 갖추어 높이 봉하였다." (《삼국사기》 권12 진성(여)왕 9년조)

위에 의하면 황제는 이마 한가운데가 뿔처럼 두드러졌고 얼굴은 용의 형상이었다. 손이 길어 무릎까지 내려왔다.[29] 이러한 서술은 황제의 貴相을 묘사하는 것이라 판단된다. 明哲하고 영명했으며, 睿智가 넘쳤고 孝仁했다. 펼치는 국정마다 신들이 돕고 사람들이 응하였다. 음률에 능통하여 예악을 손수 만들었고, 풍속을 아름답게 다독였다. 이것은 황제에 대한 은유적인 찬미임이 분명하다.

지금까지 살핀 대로, 태조 이래 대월 황위는 장자인 佛瑪(太宗), 日尊(成宗), 建德(仁宗) 등 正胤을 중심으로 계승되었다. 그러면서 國基가 차츰 갖추어져 나라의 안정과 번영을 가져왔다. 인종이 즉위하여 가장 획기적인 사건은 嫡后를 살해한 것이 아닌가 싶다.

A-15) 癸丑太寧二年宋熙寧六年。時淫雨, 迎法雲佛赴京祈晴, 祀傘圓山神。幽皇太后楊氏, 尊皇太妃爲靈仁皇太后。靈仁性嫉妬, 以生母不得預政, 因訴于帝曰 : 「老母劬勞, 以有今日。而今富貴, 他人是居, 將置老母於何地」帝乃幽楊太后及侍女七十六人于上陽宮, 逼令殉于聖宗陵。(《大越史記 全書》 본기 권3 인종 2년조)

인종은 즉위와 더불어 生母 倚蘭 元妃를 皇太妃로 높이고, 嫡母인 上陽宮의 太后 楊氏를 皇太后로 높여 垂簾하여 함께 聽政하게 했다. 이 수렴청정에는 太師 李道成이 夾輔하는 체제로 구성되기에 이르렀다. 즉 인종, 楊太后를 중심으로 太師 李道成이 보좌하는 삼각 체제의 출현이었다.

---

29) 위의 서사는 대략 신라 진덕여왕의 형용과 비슷하며 신성화의 일단이라 보인다. "진덕왕이 왕위에 올랐다. 그녀의 이름은 승만이며, 진평왕의 동복 아우인 갈문왕 국반[국분이라고도 한다.]의 딸이다. 어머니는 박씨 월명부인이다. 승만은 자태가 곱고 아름다웠으며, 키가 7척이었고, 팔을 늘이고 있으면 그 길이가 무릎을 넘었다." (《삼국사기》 권5 진덕(여)왕 즉위년조)

한데 기록에 의하면 인종은 재위 2년, 돌연 황태후 楊氏를 幽閉하고 자신의 생모인 皇太妃를 靈仁 皇太后로 높였다. 허나 인종의 생모는 이에 만족하지 않고 여러 차례 '자신의 수고로 말미암아 금일에 이르렀고 지금의 부귀 역시 누리게 되었는데 타인들이 이를 함께 하니 장차 노모를 어느 곳에 두려 하느냐' 읍소하며 구세력의 척결을 강경히 요구했다. 예전 성종의 행차에서 감연히 황제를 보고도 위축되지 않은 그녀의 결연하고 대범한 면모가 재확인되는 순간이었다.

이에 인종은 생모의 간청을 들어 이미 유폐된 楊太后 및 上陽宮의 시녀 76인을 한꺼번에 聖宗의 陵에 순장시켜 버렸다. 이 참극은 일견 여인의 우매한 질투에서 비롯된 우발적 사건처럼 보이지만, 내면에는 인종의 면밀하고 세심한 정치적 계산이 고려되고 전제된 조치였다. 이는 楊太后로 대표되는 구세력의 전면 거세와 교체라는 의미를 일정 부분 지니고 있었다. 이러한 사실은 수렴청정의 핵심 인물인 李道成의 거세와 맥을 같이하고 있다는 점에서 더욱 두드러진다.

A-16) 太師李道成以左諫議大夫出知乂安州。道成於本州王聖廟內立地藏院, 中安佛像及聖宗位號, 晨昏奉事焉。(《大越史記 全書》 본기 권3 인종 2년조)

수렴청정의 핵심 인물 李道成은 楊太后의 거세와 더불어 乂安州로 黜送되었는데, 이후 그는 地藏院을 만들어 그 한가운데 佛像과 聖宗의 位號를 안치하고 새벽부터 밤늦도록 섬겼다. 이듬해 재연된 占城의 소요에다 그의 이러한 충성심에 힘입어 1074년, 인종은 할 수 없이 다시 李道成을 太傅平章軍國重事의 직함으로 복귀시켰다. 그러나 李道成은 이후 太師의 직함을 회복한 것 외에 별다른 활약을 보이지 못하다가 1081년 10월 세상을 떴다.

인종은 1075년, 조서를 내려 경전에 밝고 博學한 자들을 가려 儒學三場을 시험 치게 했다.

A-17) 乙卯四年宋熙寧八年春二月, 詔選明經博學及試儒學三場。黎文盛中選, 進侍帝學。(《大越史記 全書》 본기 권3 인종 4년조)

이러한 조치의 이면에도 역시 신·구세력의 교체라는 의미가 강하게 담겨 있다. 실력 위주의 풍토는 기득권을 가진 구세력에겐 심대한 위협으로 비췄다고 여겨진다. 이는 고려의 과거제 시행 취지를 보면 더욱 확연해진다.

A-18) (戊午) 九年 夏五月 始置科擧, 命翰林學士 雙冀, 取進士. (《고려사》 卷2 世家 卷2 광종)

958년 고려 광종은 호족을 억누르기 위해 귀화인 雙冀의 건의를 받아들여 과거를 최초로 시행했다. 이로써 대월은 고려보다 약 117년 늦게 과거제를 시행한 셈이 된다. 앞서 당나라를 구심으로 해서 대월·신라·발해·일본이 동아시아 문화권을 형성했음을 고려할 때, 대월과 고려의 相似한 대목은 더욱 많다고 할 것이다.

A-19) 丙辰五年四月以後英武昭勝元年, 宋熙寧九年夏四月, 赦改元英武昭勝元年。詔求直言。擢賢良有文武才者, 命管軍民。選文職官員識字者入國子監。(《大越史記 全書》 본기 권3 인종 5년조)

또한 文職官員으로 학문에 소양을 갖춘 자들을 國子監에 입학시킨 조치 역시 유학적 소양을 갖춘 관료를 중심으로 정국을 운영하겠다는 강한 포부가 담긴 조치의 연장이었다고 판단된다. 1086년에는 학식 있는 자를 선발하여, 翰林院에 충원시키기도 했고, 이듬해인 1087년에는 도서관에 해당하는 祕書閣을 세웠다.[30]

인종은 자주성의 구현에서도 남다른 치적을 남겼다. 그것은 송과의 결전에서 두드러진다. 먼저 1075년 2월 송나라는 沈起、劉彝로 하여금 水戰을 연습하는 등 대월을 공략할 채비를 서둘렀다.

> A-20) 乙卯四年宋熙寧八年春二月, 詔選明經博學及試儒學三場。黎文盛中選, 進侍帝學。宋王安石秉政, 上言以爲我國爲占城所破, 餘衆不满萬人, 可計取之。宋命沈起、劉彝知桂州, 潮起蠻峒兵, 繕舟船, 習水戦, 禁州縣不與我國貿易。帝知之, 命李常傑、宗亶領兵十餘萬擊之。水步並進。常傑陷欽、廉等州, 亶圍邕州, 宋廣西都監張守節將兵來救。常傑迎擊於崑崙關今明廣西大南寧府是, 破之, 斬守節于陣。知邕州蘇緘固守不下。我軍攻之四十餘日, 囊土傅城而登城, 遂陷。緘令其家属三十六人先死, 藏屍於坎中, 縱火自焚死。城中感緘恩義, 無一人降者。盡屠五萬八千餘人, 并欽、廉州死亡者幾十餘萬人。常傑等俘虜三州人而還。宋帝贈緘奉國軍節度使, 諡忠勇, 賜京城甲第一區上田十頃, 官其親族七人, 以其子元爲閤門祇候。(《大越史記 全書》 본기 권3 인종 4년조)

대월에서는 李常傑을 중심으로 수륙 양면의 선제공격에 나서, 송나라의 欽, 廉, 邕 등 3州를 파했다. 그 결과 邕州에서는 송나라 전군이 몰살하여 사망자가 5만 8천에 이르렀고, 欽·廉州 전투에서는 사망자가 무

---

30) 고려 국자감은 성종 11년(992)에 설치된 것이 확인된다. 고려와 대월 간 국자감 설치 연대에 있어 약간의 차이가 확인된다.

[그림 15] [그림 16]

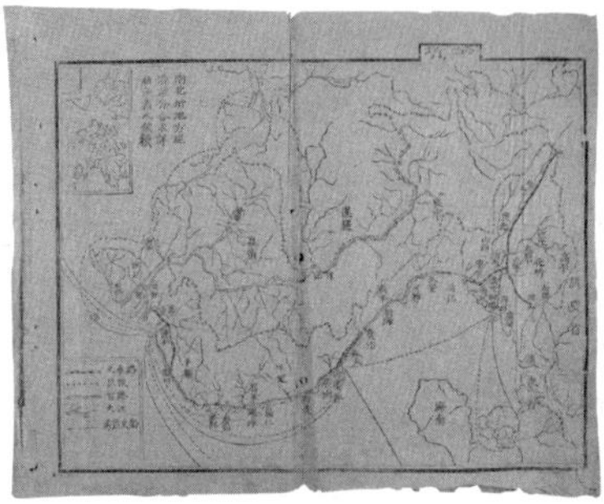

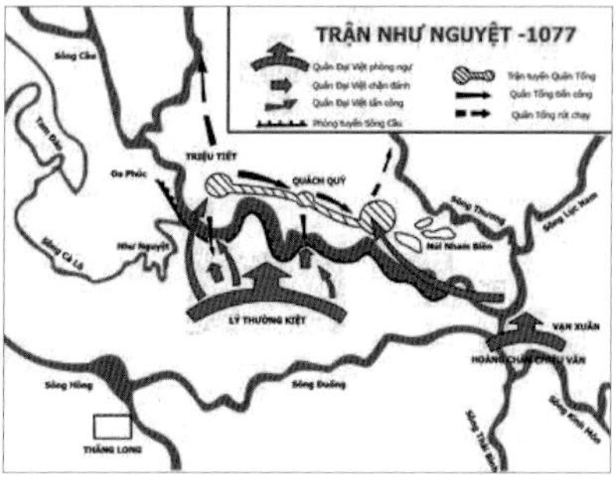

릇 십여 만에 이르렀다.

이듬해인 1076년, 송나라는 廣南宣撫使 郭逵을 招討使로, 趙卨을 副將으로 삼아 반격에 나섰다. 그러자 대월은 송나라 군사를 격퇴했음은 물론 예전의 失地 廣源州마저 되찾기에 이르렀다. 다음의 일화는 이러한 군사적 승세에 힘입은 자부심을 극적으로 보여준다.

A-21) 丙辰五年四月以後英武昭勝元年, 宋熙寧九年春三月, 宋令廣南宣撫郭逵爲招討使, 趙卨副之, 總九將軍合占城、真臘來侵。帝命李常傑領兵逆擊, 至如月江大破之。宋兵死者千餘人。郭逵退, 復取我廣源州。世傳常傑沿江築柵固守。一夜, 軍士忽於張將軍祠中聞高聲曰 : 「南國山河南帝居, 截然分定在天書。如何逆虜來侵犯, 汝等行看取敗虛。」既而果然。張將軍兄弟二人, 兄名吅, 弟名喝, 皆趙越王之名將。越王爲李南帝所敗而失國, 南帝召而官之。二人曰 : 「忠臣不事害主之君。」乃逃匿于扶龍山。南帝屢召不應, 令曰 : 「購得首級, 重賞千金。」二人皆飲毒卒。吳南晋討西龍州, 李暉賊軍次扶蘭口, 見二人從助王師, 云天帝憐其忠臣不二, 補灘河龍君, 副巡武、諒二江, 支曼原巡江都副使。賊平, 吳南晋封兄爲

大當江都護國神王, 祠于如月江 ; 弟爲小當江都護國神王, 祠于南軍江口, 即其祠也。(《大越史記 全書》 본기 권3 인종 5년조)

李常傑이 廣源州에서 城柵을 쌓고 군비를 갖출 즈음, 어느 날 밤 군사들은 張將軍의 祠中에서 高聲을 들었다. 그 내용인즉, '南國山河는 南帝가 居하는 곳으로 截然한 分定이 天書에 있다'고 되어 있다. 또 위에서는 張將軍에게 兄弟가 있었는데, 兄의 이름은 㕦요, 弟의 이름은 喝이며 趙越王의 名將이었는데, 越王이 李南帝, 곧 이공온에게 패한 바 되어 나라를 잃었다. 南帝, 곧 이공온은 그들을 불러 관직을 주려 했으나, 兄弟가 가로되 '忠臣은 주군을 해친 임금을 不事한다'며 扶龍山에 逬匿했다. 이공온이 그들 형제의 首級을 千金으로 사겠다는 령을 내리니 형제는 모두 飲毒했다. 그런데 吳南晋이 西龍州를 토벌할 때, 죽은 형제가 현신하여 王師를 음우한 까닭에 호국신에 현양되었다.

위 기록에서 이공온을 南帝라 한 구절은 자주성의 구현이자 표방이다. 곧 남국은 북국인 송나라와 대비되는 개념이다. 또 남국에는 남국만의 황제와 천하질서가 엄존함을 드러낸 셈이어서 세칭 大越 版 '독립선언서'라 평가받기도 한다. 《大越史記 全書》 전편에서 '天下', '四海'라는 단어가 반복되어 사용되는 점 역시 독자적 천하관이 폭넓게 형성되어 있었다고 생각된다. 이를 입증이라도 하듯, 1118년 인종은 친필로 天下大平 聖躬萬歲 8자를 써서 碑에 새겨 넣게 했다.[31]

결국 56년간 재위한 인종 치세에 대월은 國勢의 정점에 처했다고 할 수 있다. 여러 차례 송나라의 군사 십여 만을 당당히 물리쳤고, 남으로는 진랍과 占城을 복속하며 국가의 자존을 확고히 세웠다. 그의 손을 거쳐 이씨 皇朝는 굳건한 반석에 올려졌다.

---

31) 《大越史記 全書》 본기 권3 인종 47년조.

다만 인종의 치세에서 아쉬움이 있다면 후사를 이을 황자가 없었고, 슬하에는 渭龍州의 牧 何彛慶에게 시집간 欽聖公主와 富良府 수령 楊嗣明에게 시집간 延平公主만이 있다는 점이다. 인종은 1112년 宗室의 아들을 택하여 후사로 삼겠다고 공포했으나, 그 뒤로도 자식을 두겠다는 미련을 버리지 못하였다. 1115년 후사를 위해 蘭英·欽天·震寶 3 황후를 세우고, 36명의 宮人을 두며 후사를 도모했다. 興佛寺의 건립이나 合歡宮의 건립도 이와 무관하지 않았다. 무엇보다 인종의 후사가 여의치 않은 데에는 오랜 질병 탓이 아닌가 여겨진다. 인종이 치병을 위해 應豊, 곧 義興의 行宮, 啓瑞 行宮 등으로 행차한 기록이 이를 뒷받침한다.

인종의 후계는 종실 아들에 의해 계승되는데 이와 관련하여 崇賢侯가 주목된다. 1116년 6월, 그간 후사가 없던 崇賢侯의 부인 杜氏가 난산이었다. 이보다 3년 전 숭현후는 仸跡山, 곧 石室山의 승려 徐道行의 주문에 따라 산신에게 부인의 회임을 비는 제를 올린 적이 있었다. 서도행은 이후 崇賢侯의 부인 杜氏가 회임하여 출산이 임박하거든 그 사실을 통지해 달란 부탁을 덧붙였다. 서도행의 말을 기억해 낸 崇賢侯는 즉시 하인을 시켜, 부인의 해산을 서도행에게 알렸다. 그러자 서도행은 石室로 들어가 사람들의 출입을 금지하고 尸解했다. 직후 杜氏 부인이 아들 陽煥을 낳았다. 사람들은 徐道行의 시해를 귀하게 여겨, 그의 시신을 佛跡山 龕室에 옮겨 지금껏 받들고 있다고 한다.[32]

---

32) 또한 매해 봄 3월 7일에 여인들이 이 절에 모여 한 방향으로 절을 모두 돌며 서도행을 추모해 오고 있다고 한다. 崇賢侯의 부인 杜氏가 출산한 것이나 서도행이 시해한 것은 6월이었는데, 서도행에 대한 추모는 6월이 아닌 3월 7일이다. 이것은 기록에서 밝힌 바와 같이 서도행의 기일이 아니라 부인의 회임을 비는 제를 올린 시점이 3월이 아닌가 여겨진다. 그 시체는 명 영락 연간에 명나라 사람들에게 불살라졌으나 지역 사람들이 다시 상을 복원하여 처음과 같은 상태로 전해져오고 있다고 한다.

崇賢侯의 아들 양환이 태어난 이듬해인 1117년 10월 25일, 인종은 친아들 낳는 것을 포기했다. 대신 형제들의 아이 중 하나를 골라 후사를 선택하기에 이르렀다. 인종 재위 46년만이었고 당시 인종의 나이 53세였다.

A-22) 丁酉八年宋政和七年冬十月, 帝幸啓瑞行宮省歛。是夜月重輪。求宗室子育于宮中。下詔曰:「朕臨兆民, 久無後嗣, 天下重器, 伊誰可傳, 宜育崇賢、成慶、成廣、成昭、成興侯之子, 擇其善者立之。」時崇賢侯子陽煥年方二歲, 而聰敏。上深愛之, 遂立爲皇太子。(《大越史記 全書》 본기 권3 인종 46년조)

위에 의하면 崇賢、成慶、成廣、成昭、成興 侯의 아들들을 궁중에서 교육하도록 조를 내렸음을 알 수 있다. 侯들이 각각 1명의 아들만 입궁시켰다 해도 5명에 이를 것이며, 복수의 아들들을 입궁시켰다면 숫자는 이보다 커지리라 생각된다.

이런 사실들을 고려할 때 여기에는 몇 가지 의문이 제기된다. 우선, '伊誰可傳, 宜育崇賢、成慶、成廣、成昭、成興侯之子, 擇其善者立之'라 詔를 내린 직후, 그것도 2세에 불과한 양환에게 황태자의 지위가 돌아갔다는 점이다. 2세의 어린아이에게서 총민함을 발견하기란 쉽지 않다. 상식적인 선에서 2세에 불과한 양환의 총민함이란 정치적 명분이자 수사가 아닌가 여겨진다. 황태자 책봉을 놓고 보면 의문은 더욱 커지는데, 위의 侯들 가운데 양환의 부친 崇賢만 빼놓고선 모두 爵名에 成慶、成廣、成昭、成興 등 '成' 자로 시작하고 있다. 이는 일정한 정치적 대비, 또는 이질적 요소의 암시가 아닌가 여겨진다.

그로부터 1127년 인종이 죽기까지 약 10년 동안 양환을 위한 집권 정지 작업은 가속화되었다고 판단된다.

[그림 17] 인종의 능묘

A-23) 帝弗豫, 召太尉劉慶覃受遺詔曰 :「朕聞生物之動, 無有不死。死者天地之大數, 物理當然。而舉世之人, 莫不榮生而恶死。厚葬以棄業, 重服以損性, 朕甚不取焉。予既寡德, 無以安百性, 及至殂落, 又使元元衰麻在身, 晨昏臨哭, 減其飲食, 絶其祭祀, 以重予過天下, 其謂予何。朕悼早歲而嗣膺大寶, 居王侯上, 嚴恭寅畏。五十有六年, 賴祖宗之靈, 皇天孚佑, 四海無虞, 邊陲微警, 死得列于先君之後, 幸矣。何可興哀。朕自省歛以來, 忽嬰弗豫, 病既彌留, 恐不及警誓言嗣。而太子陽煥年已周紀, 多有大度, 明允篤誠, 忠庸恭懿, 可依朕之舊典, 即皇帝位。肆爾童孺, 誕受厥命, 繼體傳業, 多大前功。仍仰爾臣庶一心弼亮。咨爾伯玉, 實丈人器, 飭爾戈矛, 預備不虞, 毋替厥命, 朕之瞑目, 無遺恨矣。丧則三日釋服, 宜止哀傷, 葬則依漢文儉約爲務, 無別起墳陵, 宜侍先帝之

側。嗚呼, 桑榆欲逝, 寸晷難停, 盖世氣辭, 千年永訣。爾宜誠意, 祗聽朕言, 明告王公, 敷陳中外。」丁卯, 帝崩于永光殿。(《大越史記 全書》 본기 권3 인종 56년조)

위 인종의 유조는 태자 양환을 치켜세움이 핵심을 이루고 있다. 양환의 나이 갓 열둘이 되었으나, 큰 헤아림이 있고 마땅함에 밝고 진실함에 돈독하며 忠庸하고 恭懿하다며 즉위의 명분을 열거하고 있다. 특히 '太子陽煥'이라 하여 양환을 이미 태자로 규정하고 있는 점에서, 양환은 이미 후계 구도의 정점에 있었다고 판단된다.

제5절 神宗 李陽煥

1128년 1월 1일 양환은 열둘의 나이로 天安殿에서 정무를 시작했다. 이후 1138년까지 11년간 재임하고 서른셋의 나이로 요절했다. 성품의 자질이 총명했고 매사 깊은 헤아림이 있었다. 정사의 시작과 끝이 가지런했다. 허나 다음과 같은 약점 또한 그대로 드러내기도 했다.

A-24) 帝之初年, 猶有童心。及長, 性資聰睿, 大度有爲, 修政立事, 任賢使能, 正始正終, 詳密欵曲, 無失於正。雖身嬰恶疾, 尋有藥之, 天意有在也。然酷好祥瑞, 崇尚浮屠, 奚足貴哉。(《大越史記 全書》 본기 권3 신종 즉위년조)

양환은 어려서부터 惡疾에 시달렸으되, 하늘의 뜻이라 여기며 즐겼다. 심신의 고단함 때문일까. 상서로운 조짐을 지나치게 믿었고 불교에 빠진 약점도 지닌 인간적인 면모의 황제였다.

1128년 1월 16일, 사상 처음으로 經筵을 열어 儒風을 진작시켰다. 그 이튿날인 1월 17일, 1월 25일 두 차례 관제 개편이 있었다. 1128년 1월 30일, 2만에 달하는 진랍의 침입이 있었는데 석 달 만인 2월 11일, 이를 격퇴하고 신종은 順天廣運 欽明仁孝 皇帝라는 존호를 받았다. 1132년 5월에도 신종은 順天睿武 祥靈感應 寬仁光孝 皇帝라는 존호를 받았다. 이처럼 두 번에 걸쳐 존호를 받은 황제는 전례가 없다. 군신간의 공고한 화합과 결속은 다음 사료를 통해 더욱 자세히 드러난다.

A-25) 乙丑, 群臣上尊號曰 順天廣運欽明仁孝皇帝。帝謂群臣曰「朕以幼冲之年, 嗣先聖洪業, 而天下平定, 海宇之內, 咸畏其威, 皆賴卿等力也。卿等宜慎職守, 無萌怠忽, 以輔朕之不建也」(《大越史記 全書》 본기 권3 신종 5년조)

1128년 2월 16일 군신의 충성 서약을 받은 신종은 天符閣에 8만 4천의 寶塔을 세웠다. 이는 지금껏 건탑의 규모 중 최다인데, 치병을 위한 황제의 간절한 염원일 것이다. 또 親父를 太上皇으로, 친모를 皇太后로 높였다.

신종의 가장 큰 위기는 정작 자신에게 있었다고 해도 과언이 아니다. 1136년 스물을 갓 넘긴 황제는 사경을 헤매었다. 어의들의 갖은 노력에도 효험이 없자 승려 明空이 그 병의 치료를 전담했다. 그에 대한 답례로 명공은 國師가 되었다.

A-26) 三月, 太尉劉慶覃卒。帝病篤, 醫治不效。僧明空治之愈, 拜爲國師, 蠲户數百世傳僧徐道行将尸解時, 病中以藥呪付弟子阮至誠, 即明空。日後二十年, 見國王遭奇疾, 即治之, 盖此事由也。(《大越史記 全書》 본기 권3 신종 8년조)

위 기록을 보면 세전에 관한 내용을 알 수 있다. 승려 서도행이 尸解할 때 병중이었는데, 서도행의 제자 阮, 곧 명공이 그의 약 수발을 들었다고 한다. 그 병에 대해 사전 지식을 가진 명공이, 20년이 지나 신종으로 환생한 서도행의 병을 치료했다는 것이다.[33] 이에는 일정 부분 서도행과 신종의 대응 관계를 강조하고, 명공의 기이함을 드러내려는 의도라 짐작된다. 치병이 아니라도 서도행이 신종의 아비 숭현후에게 회임과 관련한 언질을 주었고 제례를 올렸기에, 서도행의 제자인 명공 역시 숭현후 일가와 깊은 친분이 있었을 것이고, 자연 국사로의 취임에도 이러한 인적 유대가 작용했다고 믿어진다.

신종의 후계자는 원래 天祿이었다. 천록이 출생한 것은 1132년 5월이었고, 1138년 신종이 죽으면서 출생과 동시에 明道王으로 봉해졌다. 천록의 모후가 누구인지 밝혀지진 않으나, 일단 신종의 첩실임은 확실하다. 한편 신종의 2子인 天祚는 1136년 4월 출생했다. 천조는 천록과 달리 황장자로 나타나며 모후는 黎氏 황후이다. 또한 신종의 3子가 태어난 것은 1137년 4월이었다. 특히 신종의 죽음이 임박한 순간, 1子인 천록과 2子인 천조 사이의 후계 다툼이 엿보인다. 그에 관해서는 다음의 기록이 있다.

A-27) 九月, 帝弗豫。立皇長子天祚爲皇太子。初帝既立天祿爲嗣。至是寢疾, 感聖、日奉、奉聖三夫人欲改立, 乃遣人賂參知政事徐文通曰 :「如受帝命草遺詔, 幸無棄三夫人。」文通許諾。及帝疾篤, 命撰詔文, 通雖受帝命, 而志在三夫人, 但秉筆不書。俄而三夫人至, 哽音粳, 悲塞也咽流涕曰 :「妾等聞之, 古之嗣位, 立嫡不立

33) 治病에 성공한 신종은 이후 2년간 더 생존하게 된다. 이에서 신종의 치병은 완치했다고 보긴 어렵다.

庶。天祿嬖人之子, 苟使嗣位, 其母必僭, 則妬害之情生, 如此則妾之母子能免於難乎。」帝因下詔曰 : 「皇子天祚, 年雖幼冲, 乃是嫡子, 天下皆知。宜嗣朕業, 太子天祿可封明道王。」(《大越史記全書》 본기 권3 신종 9년조)

1138년 9월 신종의 죽음이 임박했을 당시 황제 신종의 나이는 스물둘이었다. 1자인 천록의 나이는 6세, 2자인 천조의 나이는 2세, 3자의 나이는 1세였다. 신종은 미리 천록을 후사로 정했는데, 황제가 寢疾하게 되자 感聖、日奉、奉聖 등 3夫人이 改立을 노려 參知政事 徐文通에게 뇌물을 준 것으로 확인된다. 이는 적서의 차별을 둘러싼 갈등이자 뇌물을 전제로 한 궁중 암투의 재연이라 할 수 있다.

서문통은 뇌물을 받고 황제의 유조를 즉시 작성하지 않고 시간을 끌어 3부인이 주청할 시간을 벌어 주었다. 그 결과 2세의 천조가 황제의 자리에 올랐으니, 그가 영종이며 용상의 부친이기도 하다.

제6절 英宗 李天祚

영종은 1136년 4월 태어나 1138년 9월, 2세의 나이로 황제의 자리에 올랐다. 이후 37년간 재위하다 1175년, 40세의 나이로 서거했다. 영종의 나이가 어리다보니 친모에 의한 수렴청정이 있었다. 이는 1140년, 黎太后가 직접 杜英武를 궁전령에 임명한 것에서 확인된다.

A-28) 以杜英武爲宮殿令知内外事。英武杜太后弟, 黎太后親用之, 故授是職。(《大越史記 全書》 본기 권4 영종 3년조)

특히 두영무가 杜太后의 弟라는 사실은 앞으로의 정국 운영을 놓고 杜太后와 黎太后의 정치적 연대, 결속의 일환이 아니었던 가 여겨진다. 두영무가 宮殿令으로서 內外의 일을 겸했다는 것은 그에게 막강한 권력이 합법적으로 부여되었음을 뜻한다. 두영무의 권력 장악에는 杜太后의 동생이라는 이유가 작용한 만큼, 杜太后와 黎太后 사이에는 긴밀한 공조체제가 형성되었다고 봐도 무리가 없다.

1147년 杜太后, 곧 昭孝皇后가 죽기까지, 杜太后와 黎太后의 정치적 연대는 계속되었다고 짐작된다. 이러한 불안한 수렴청정은 출발 직후인 1140년 1월, 申利의 반란에서 커다란 위기를 맞게 되었다.

A-29) 卜者申利自謂仁宗子, 率其黨與由水路抵太原州, 出西農州, 道過陸令州, 入據上原州、下農州, 招納亡命召募土兵, 有眾八百餘人, 同謀作亂。

辛酉大定二年宋紹興十一年春正月, 申利僭號平王, 立其妻妾爲皇后、夫人, 子爲王侯, 賜其黨與官爵, 各有差。是時申利黨僅千餘人, 所至揚言利善兵術, 以脅邊鄙, 沿邊溪峒人皆震慴, 無敢敵者。二月, 吏上書告急, 詔諫議大夫劉禹偁領兵出陸路, 太傅許炎領兵泝水道討之。時禹偁使先鋒將侍衛都蘇漸、宣明寨主都陳蟾進次博沱江, 遇利水軍, 合戰漸敗, 爲利所殺。利還據上原州, 築隘于博茹縣, 以拒官軍。禹偁攻拔博茹隘, 進至蒲汀, 遇利水軍大戰, 禹偁敗績, 将士死者過半, 遂還。(《大越史記 全書》 본기 권4 영종 4년조)

기록을 보면 申利는 卜者로 나타난다. '卜者'에서 길흉화복을 점치고 장래를 내다보는 능력을 지닌 존재임이 유추된다. 스스로 인종의 아들이라 자칭했는데, 자신의 姓名 역시 李申利라 했을 것이다.

주지하듯 인종은 아들이 없었고, 딸들만 있었다. 숭현후의 아들 양환이 양자로 입양되어 인종의 뒤를 이어 신종이 되었고, 그 신종의 아들이 영종인 만큼, 인종의 아들임을 내세운 신리의 거병은 진위 여부를 떠나 상당한 파문을 가져왔음이 분명하다. 신리는 그 黨與를 이끌고 水路를 거슬러 太原, 西農, 陸令, 上原, 下農 등을 파죽지세로 휩쓸었다. 이듬해인 1141년, 신리는 자신을 평왕이라 참칭하고 처첩을 황후, 부인으로 세웠으며 아들들을 왕후로 봉했다. 또 자신의 당여들에게 관작을 주었다.[34)]

신리의 무리 갓 1천을 넘겼으나 말로써 이로움을 설파하고 병술을 능숙하게 구사하여 주변 지역을 위협하니 연안과 산골의 사람들이 모두 떨며 감히 저항하는 자 없었다. 관군 역시 博沱江, 博茹縣에서 벌어진 수전에서 죽은 자 과반수를 넘었다. 거병한 지 석 달 만인 4월 3일, 신리가 西農에 둔을 치고, 上原、宣化、感化、永通의 사람들로 富良府를 공격, 함락시켰다. 신리는 부량부의 치소에서 그 당여와 더불어 京師를 도모할 채비를 서둘렀다.

> A-30) 己卯, 命太尉杜英武将兵討利。五月, 辛卯, 利兵引寇京師, 次廣驛, 遇英武軍大戦, 利兵敗死者不可勝數, 英武斬首梟道左, 自平虜関至南漢江, 拎萬崖州首領楊目、金鷄洞首領周愛檻送京師, 利僅以身免, 奔陸令州。壬午, 送目愛等繫于本縣府, 詔英武招集利敗卒于平虜関。發御府塩賜目愛等。(《大越史記 全書》 본기 권4 영종 4년조)

4월 11일, 영종의 입을 빌려 黎太后는 두영무에게 신리를 토벌할 것

---

34) 자신의 부인을 황후로 한 신리가 정작 자신을 평황이 아닌 평왕이라 칭한 것에는 일정한 의문이 뒤따른다.

을 명했다. 5월 신리는 경사로 침입, 廣驛으로 향했다.[35] 두영무는 반격에 나서 臬道左를 참수하고 平虜関을 거쳐 南漢江에 이르렀다. 萬崖의 首領 楊目、金鷄洞의 首領 周愛를 잡아 京師로 檻送했다. 신리는 겨우 陸令으로 달아났다. 이어 楊目、周愛를 本縣府에 인계하니 영종은 두영무에게 조를 내려 신리의 패잔병들을 平虜関에 모이게 하여 御府의 塩을 내려 회유했다.[36] 신리의 반란은 蘇憲誠에 의해 마무리된다.

> A-31) 冬十月, 朔, 又使英武討陸令州, 俘利黨二千餘人。利遁于諒州, 太傅蘇憲誠擒利送英武, 檻帰京師。使李義、林安集其餘黨。詔廷尉按利罪。獄成, 帝御天慶殿治判, 利與其謀主二十人並斬, 餘皆以次論, 原其脅從者。群臣上表賀。(《大越史記 全書》 본기 권4 영종 3년조)

그 결과 당시의 군권은 두영무, 소헌성이 분할하는 형태를 띠게 되었다. 특히 두영무의 발호가 주목되는데, 신리 반란을 진압한 군공, 두태후의 후광, 궁전령의 직책에 힘입어 영향력을 더욱 강화해나갔다고 판단된다. 두영무는 황제의 모후인 黎太后와 사통하기에 이르렀다.

> A-32) 初, 帝幼冲, 政無大小, 皆委杜英武。英武使妻蘇氏出入宮禁事杜太后, 以故英武私通黎太后, 因此益驕, 居朝廷則攘臂厲聲, 役官吏則頤指氣, 使眾皆側目而莫敢言。(《大越史記 全書》 본기 권4 영종 13년조)

---

35) 신리의 경사 침공일이 위에서는 辛卯로 나타나지만, 1141년 5월에는 신축(4일), 신해(14일), 신유(24일)만이 있을 뿐이다.

36) 이때의 壬午 역시 5월에는 없다. 1141년 5월에는 임인(5일) 임자(15일) 임술(25일)만 있으며, 6월에 임오(16일)가 보인다.

대략 그 시점은 杜太后의 생존 시점이라 여겨지는데, 두영무가 자신의 처 蘇氏의 두태후 거소 출입을 막았다는 구절에서 확인된다. 이후 두영무는 노골적으로 위세를 부렸는데, 더러 소매를 걷어 올린 채 거친 소리를 지르거나, 더러는 턱으로 가리키고 얼굴빛 하나로 관리들을 멋대로 부렸다. 사람들이 모두 무서워 똑바로 보지 못했으며, 감히 두려워 말조차 제대로 내뱉지 못했다.

1150년 9월 영종의 나이 15세에 이르렀다. 이즈음 영종은 친정 체제를 구축할 시점이었다고 판단된다. 그러한 기류에 편승하여 두영무에 대한 거세 작업이 시도된다. 두태후가 이미 3년 전인 1147년 11월 죽었기에 두영무의 권력 축은 흔들리고 있었다. 두영무의 거세에는 주로 영종의 측근이 주류를 이루고 있었으며, 동원한 군대 역시 禁軍이었다.

> A-33) 殿都指揮使武帶、廣武都火頭梁上箇、玉階都火頭同利、內侍杜乙與智明王保寧侯、駙馬郎楊嗣明等謀收捕英武。計定, 帶等率軍士詣越城門外, 大呼曰 : 「英武出入禁庭, 恣行凶穢, 惡聲聞外, 罪莫大焉。臣等請早除之, 毋貽後患。」有詔禁軍收捕英武, 繫于左興聖廊, 命廷尉者按其事 (《大越史記 全書》 본기 권4 영종 13년조)

그 면면을 보면 殿都指揮使 武帶、廣武都의 火頭 梁上箇、玉階都의 火頭 同利、內侍 杜乙, 智明王 保寧侯、駙馬인 楊嗣明 등이었다. 특히 양사명은 1144년 2월 韶容公主와 혼인한 것으로 되어 있다. 당시 영종의 나이 9세이므로 韶容公主는 영종의 딸이 아니라 영종의 누이, 곧 신종의 딸이었다고 짐작된다.[37] 그러므로 양사명은 영종과는 처남·매형 간이었다.

---

37) 1155년에 죽은 紹容公主와 동일 인물인지는 확인할 수 없다. 당시 영종의 나이 스물이므로 영종의 딸로 볼 여지는 있다.

한 가지 이상한 점은 두영무의 비행을 잘 알고 있었고, 군권을 두고 구조적으로 대립관계였던 소헌성이 당시 두영무를 제거하는 거사에 모습을 보이지 않는 점이다. 당대 최고의 무장인 소헌성이 왜 이들과 일정한 거리를 두었는지, 또 이들이 왜 소헌성을 포섭하지 않았는지에 관해선 의문이 든다.

두영무가 체포되자 영종의 모후인 黎太后는 즉시 두영무의 구명에 나섰다. 영종의 친정 체제에 가장 위협이 될 두영무가 제거될 찰나, 영종의 모후는 대월의 장래를 생각하기에 앞서 정인의 구명에 나선 셈이었다.

> A-34) 太后令人餽以酒食, 密置金于食器, 以賂帶及其監守者。左興聖火頭阮楊曰 :「汝等貪賂, 我與汝必不免於英武之手, 不如先殺之, 以免後禍。」乃執戈欲刺之。左興都譚以蒙抱楊奪其戈止之曰 :「殿謂英武罪當死, 須俟帝命, 不可擅行。」楊怒詬音候, 罵也之曰「殿前武吉, 非是帶耶吉帶方言, 糞屎也?何貪人之賂而不惜命乎。」言訖, 知不免, 遂赴井死。(《大越史記 全書》 본기 권4 영종 13년조)

태후는 시녀들로 하여금 술과 음식을 장만하게 한 다음 그릇 속에는 황금을 몰래 넣어 武帶와 지키는 자에게 빠짐없이 뇌물로 주었다. 左興聖 火頭 阮楊이 크게 성을 내어 "너희가 뇌물을 탐하여 두영무를 살려준다면, 나와 너희는 필히 두영무의 손에서 죽음을 면하지 못하리라. 차라리 먼저 두영무를 죽여 후환을 없애는 것만 같지 못하다"라 말하며 창을 잡고 두영무를 죽이려 했다. 左興都 譚以蒙이 원양의 몸을 끌어안아 창을 빼앗고는 "전전지휘사殿前指揮使 武帶가 이르길 두영무의 죄, 죽는 것이 마땅하다 하였다. 허나 황제의 명을 기다려야 할 것이다. 황제의 명 없이 함부로 단행할 수는 없다" 당부하듯 말했다.

그러자 원양은 크게 성을 내어 담이몽을 꾸짖으며 “전전지휘사 무대는 더러운 똥, 오줌과 같은 놈이 아닌가? 어찌 남의 뇌물을 탐하면서 자신의 목숨 잃을 것은 아까워하지 않는가?”라 탄식했다. “어찌, 뇌물에 눈이 어두워 명을 기다리자 하는가? 시간을 끌면 모든 것은 일거에 수포로 돌아갈 것이고, 사세는 돌이킬 수 없을 것이다.” 원양은 말을 마치자마자 비분강개하여 스스로 우물에 투신하여 죽었다. 려태후의 후광으로 두영무는 다시 太尉로 복귀했고, 정사를 보필함이 예전과 같았다. 이후 두영무는 자신의 정적들에 대한 대대적 반격에 나섰다.

A-35) 時帝聽英武獄, 配英武杲田兒。太后憂悶, 思所以復英武職任, 乃屢設大會, 赦諸罪人, 冀英武得預焉。英武累蒙赦宥, 復爲太尉, 輔政如故, 寵任愈隆, 由是擅禍福, 專生殺, 而怨報之心常交如也, 猶恐軍吏追捕, 多不如意, 乃以指使百餘人献之以爲奉國衛都, 有犯罪者, 悉委奉國衛都捕之。英武密言於帝曰 :「徃者武帶等自率禁軍, 突入闕庭, 其罪莫大, 不早懲之, 恐異日變生, 不可圖也。」帝莫之覺。遂可其奏。英武命奉國衛都逮捕帶等下獄治之。詔降智明王爲侯, 保寧侯爲明字, 保勝侯爲奉職, 内侍杜乙等五人上木馬, 玉階火頭同利等八人斬于西階市, 殿都指揮武帶等二十人梟諸江頭, 駙馬郎楊嗣明等三十人流遠惡處, 諸預謀者並圖田宏犒甲, 果如楊言。(《大越史記 全書》 본기 권4 영종 13년조)

두영무는 영종에게 몰래 “지난날, 무대 등이 멋대로 금군을 통솔하여 궁궐의 뜰을 범했으니 그 죄가 실로 큽니다. 서둘러 이를 징벌하지 않는다면 뒷날 변란이 생기더라도 가히 도모하지 못할까 염려되는 바입니다”라 진언했다. 황제 영종은 두영무의 의도를 깨닫지 못하고 그 상주를 가납했다.

두영무는 무대 등을 추포하여 옥에 가두고, 智明王은 강등하여 후로 삼았으며, 保寧侯는 작위를 삭탈하고, 궁궐에서 내응한 내시, 두을 등 5인의 관직을 삭탈하였다. 옥계의 火頭 同利 외 8명은 西市에서 참수하고, 무대 등 20명은 江頭에 목을 메달아 죽였다. 또한, 駙馬 楊嗣明 외 30명은 惡地로 유배 보냈다. 조정의 관리는 왕후의 집에 왕래할 수 없게 했으며 궁중에선 불과 세 사람, 다섯 사람만 모여 설담을 나누어도 의논하지 못하게 했다. 모든 일이 낱낱이 원양의 말과 같이 되었다.

그로부터 8년 뒤인 1158년, 두영무에게 두 번째 정치적 위기가 찾아왔다. 송나라에 사신으로 간 阮國의 上奏에서 발단했다.

A-36) 戊寅十九年宋紹興二十八年春二月, 阮國使宋, 回上言 : 「臣到宋國, 見庭中有銅匭, 以受四方章奏。臣請倣而行之, 以達下情。」帝從之, 置匭于庭, 令有言事裁書投其中。時有暗投匿名書, 言英武作亂, 搜之不得其人。英武誣國所爲, 流國于清化之寨頭。未幾, 帝召國還。英武又送酖酒, 國度不免, 遂飮毒卒。(《大越史記 全書》 본기 권4 영종 20년조)

阮國은 영종에게 "신이 송나라에 가보니 조정 앞마당에 네모난 구리 상자가 있었습니다. 이는 사방四方에서 신하들이 임금께 자유롭게 장주章奏를 집어넣는 궤였습니다. 신이 청컨대 이를 모방해 설치하여 아랫사람들의 뜻이 위에 전달되게 함이 어떤가 하옵니다"라고 간언했다. 당시 영종의 나이는 스물 셋, 두영무에 대한 견제, 황제의 권위 강화의 뜻을 파악했다고 짐작된다. 또 슬하에는 1151년 11월 태어난 황장자 용창이 자라고 있었다. 이미 이태 전 공자묘를 만드는 등 유학의 기풍을 진작하려 했던 영종으로선, 송나라의 간언 제도를 빌어 황제권을 강화할 호기였다.

때마침 익명서 한 장이 궤에 들어 있었는데, 두영무가 난을 일으키려 한다는 고변이었다. 익명서에 대해 대대적인 조사가 있었으나 누가 쓴 것인지 밝혀지지 않았다. 두영무는 阮國이 행한 짓이라 확신하고 그를 淸化의 성채 어귀로 유배 보냈다. 하지만, 황제는 곧 원국을 돌아오게 했다. 그러자 두영무는 어둠을 틈타 독약을 계속해서 원국에게 보냈다. 원국은 결국 독약을 마시고 죽었다.

이는 황제 영종과 두영무의 적나라한 갈등과 간극을 보여주는 것이며, 그 궁극적 싸움에서 영종이 패배했음을 보이는 것이었다. 이러한 추이 속에서 두영무 역시 갑자기 죽었는데, 필경 이에는 영종에 의한 모종의 조치가 뒤따랐을 여지도 남겨져 있다.

두영무가 죽은 이후 군사적 활동과 관련한 일은 소헌성을 중심으로 이뤄지고 있음이 확인된다. 영종의 친정 체제는 확고하지 못했다고 판단되는데, 그것은 후계구도에서 더욱 극명하게 드러나고 있다. 1174년 9월 영종의 후계 구도와 관련하여 다음 기록들이 주목된다.

> A-37) 辛未十二年宋紹興二十一年 十一月，皇長子龍昶生于應豊行宮，尋冊爲顯忠王。(《大越史記 全書》 본기 권4 영종 14년조)

> A-38) 癸巳十一年宋乾道九年 夏五月二十五日，皇太子龍翰音札生。(《大越史記 全書》 본기 권4 영종 36년조)

> A-39) 甲午十二年二月以後天感至寶元年，宋淳熙元年秋九月，太子龍昶有罪，廢爲庶人囚之。先是龍昶烝于宮妃，帝不忍抵死，故有是命。一日，帝召宰相謂曰：「太子國之大本。龍昶既爲不道，朕欲龍翰繼承大統。然彼猶少年，恐未克堪。如俟其壯，奈朕年衰何。」時有內人抱龍翰出，見帝戴巾，哭請戴之。帝未及勒，哭愈甚。帝乃脫而

加之, 龍翰大笑。帝益奇之, 建儲之意遂決。(《大越史記 全書》 본기 권4 영종 37년조)

A-40) 乙未天感至寶二年宋淳熙二年春正月, 冊龍翰爲皇太子, 居東宮。拜蘇憲誠入內檢校太傅平章軍國重事王爵, 輔翼東宮。夏四月, 帝弗豫, 力疾, 命蘇憲誠抱太子攝政事。(《大越史記 全書》 본기 권4 영종 38년조)

A-41) 乙未天感至寶二年宋淳熙二年 秋七月, 乙巳, 帝崩于瑞光殿。先是, 帝疾大漸, 皇后復請立龍昶。帝曰 : 「爲人子不孝, 安治民乎。」遺詔蘇憲誠輔導太子, 國家事務一遵成憲。時太后欲行廢立, 恐憲誠不從, 乃以金銀賂其妻呂氏。憲誠曰 : 「吾以大臣受顧命輔幼主, 今受賂而廢立, 何面目見先帝於地下乎。」太后又召憲誠, 諭之百端。對曰「不義而富且貴, 豈忠臣義士之所樂爲。況先帝言猶在耳, 殿下豈不聞伊尹霍光之事乎?臣不敢奉詔。」事遂寢。(《大越史記 全書》 본기 권4 영종 38년조)

영종의 장자 용창은 1151년 11월 應豊의 行宮에서 태어났다. 또 다른 아들인 龍翰은 1173년 5월 25일 출생했다. 한데 황장자 용창은 1174년 9월, 서인으로 강등되며 황태자의 지위에서 쫓겨났다. 당시 스물 셋의 용창이 영종의 궁비와 烝, 곧 姦淫했다는 것이다.[38] 그런데 하필 용창은 용한이 태어난 이듬해 궁비와 간음했으며, 그 직후 이를 빌미로 황태자의 지위에서까지 쫓겨난 것일까 하는 의문이 제기된다.

---

38) 諸橋轍次, 大漢和辭典 7권, p.7322에는 烝의 한 용례로 '長上の 女に 私通する こと. 上烝'으로 풀이하고 있다.

[그림 18] 영종의 능비

이와 관련, 용한의 모친이 두씨라는 점, 려태후가 적극 용창을 비호한 점은 매우 주목된다. 두영무의 권력이 18년간 존속한 점을 고려할 때, 두씨 세력의 존재는 궁궐 내 존재해 있었다고 판단된다. 결국 이에는 용한을 낳은 두씨 황후와, 용창을 지원한 려태후 간의 갈등과 대립이 잠재해 있었으며, 이 싸움에서 려씨 세력이 패배했음을 드러낸다고 보인다. 특히 소헌성이 용한과 밀착, 섭정의 형태로 지원하고 있는 점은 소헌성과 용한, 두씨 황후와의 밀착을 여실히 보여준다.

1175년 7월, 려태후는 영종의 죽음을 앞두고 다시 용창의 복위를 강력 거론했다. 황제의 죽음을 앞두고 후계 교체가 이뤄진 예는 1138년, 3부인과 서문통이 협잡하여 신종의 유조를 유리하게 돌려, 영종 즉위를 성사시킨 전례가 있었다.

A-42) 九月, 帝弗豫。立皇長子天祚爲皇太子。初帝既立天祿爲嗣。至是寢疾, 感聖、日奉、奉聖三夫人欲改立, 乃遣人賂參知政事徐文通曰 : 「如受帝命草遺詔, 幸無棄三夫人。」文通許諾。及帝疾篤, 命撰詔文, 通雖受帝命, 而志在三夫人, 但秉筆不書。俄而三夫人至, 哽音粳, 悲塞也咽流涕曰 : 「妾等聞之, 古之嗣位, 立嫡不立庶。天祿嬖人之子, 苟使嗣位, 其母必僭, 則妬害之情生, 如此則妾之母子能免於難乎。」帝因下詔曰 : 「皇子天祚, 年雖幼冲, 乃是嫡子, 天下皆知。宜嗣朕業, 太子天祿可封明道王。」(《大越史記 全書》 본기 권4 영종 38년조)

당시 영종이 즉위할 수 있었던 명분이 '적장자'의 조건이었고, 그로 말미암아 서자였던 천록은 황위 계승에서 밀려났다. 하지만 영종은 '적장자'의 원칙을 버리고 2세에 불과한 용한을 후계로 정했으며, 자신의 모후이자 즉위에 지대한 역할을 한 主因인 려태후의 간청을 외면했다.

제7절 高宗 李龍翰

龍翰은 1173년 5월 25일 태어나 1175년 1월에 황태자로 책봉됐다. 그리고 1175년 7월 황제의 자리에 올라 고종이 되었다.

> A-43) 諱龍翰, 英宗第六子也。其母杜氏皇后, -以政隆寶應十一年癸巳五月二十五日誕生, 天感至寶二年冊立爲皇太子。英宗崩, 遂登大寶, 在位三十五年, 壽三十八歲, 崩于聖壽宮。帝觀遊無度, 刑政不明, 盜賊蜂起, 饑饉荐臻, 李家之業於是乎衰矣。(《大越史記 全書》 본기 권4 고종 즉위년조)

기록에 의하면 재위 32년, 38세로 죽기까지 고종의 치세는 형정이 밝지 못했고 각지에서는 도적이 봉기하고 기근이 거듭 이르러 皇業이 쇠퇴한 발단이 되었다. 생모인 杜氏를 높여 昭天至理 皇太后라 하고, 외삼촌 杜安頤를 太師同平章事로, 蘇憲誠을 太尉로 삼았다. 1179년 6월 소헌성마저 죽고 두안이가 太傅에 올라 권력을 잡으면서 두씨 일가로의 세력 집중은 가속화되었다. 이에 반발한 려태후의 움직임은 다음에서 확인된다.

> A-44) 戊戌三年宋淳熙五年, 國喪除。昭靈皇太后宴羣臣於別殿, 謂之曰 : 「當今先帝賓天, 嗣皇幼冲, 占城失禮, 北人寇邉。卿等受國厚恩,

當以國家爲慮。今日之計, 不如復立太子, 以延國祚, 以安民心。」羣臣咸拜手稽首曰 :「太傅受天子明命, 陛下既屢慰之矣, 臣不敢違。」皆拜謝而退。憲誠領禁兵, 嚴號令、明賞罰, 天下歸心。(《大越史記 全書》 본기 권4 고종 3년조)

고종이 황제가 된 지 3년만인 1178년, 려태후는 군신들을 불러놓고 용창의 복위를 도모했다. 이미 황제가 있음에도 불구하고 새로운 황제의 옹립을 의논하고 도모한다는 것은 대역이며, 려태후 자신으로서도 위험천만한 결단이었다.

려태후의 이러한 결단은 소헌성의 무력 진압에 의해 무산되고 말았다. 한데 1181년 옛 황태자 용창의 가노들이 盜竊의 죄목으로 잡히는 일이 발생했다. 그것은 나아가 '作亂' 죄목으로 확대했다.

A-45) 辛丑六年宋淳熙八年春正月, 故太子龍昶率家屬奴隸恣行盜竊, 欲謀作亂 (《大越史記 全書》 본기 권4 고종 6년조)

용창에 대한 정치적 견제와 위협이 어떻게 정리되었는지는 알 수 없다. 다만 이듬해인 1182년 기록에서 그간 려태후가 심중에 품어 왔던 용창의 복위와 관련한 사실이 담겨 있다는 것은 매우 의미심장하다.

A-46) 壬寅七年宋淳熙九年春正月, 詔求賢良。以李敬脩爲帝師, 內則奉侍經幄, 外則教民忠, 孝自是昭靈太后不敢萌異圖。(《大越史記 全書》 본기 권4 고종 7년조)

그로부터 8년 뒤인 1200년, 려태후는 한 많은 삶을 마감했다. 려태후의 불안한 예견은 적중했다. 고종의 치세는 시종일관 혼란의 도가니였다.

고종의 치세에서 중요한 인물 중 하나로서 담이몽을 들 수 있다. 담이몽은 영종의 치세인 1150년, 左興聖 火頭 阮楊이 두영무를 죽이려 할 때, 창을 빼앗아 두영무를 거세하지 못하게 한 장본인이었다. 당시 가담했던 당여가 모두 혹독한 형을 받고 죽었으나 용케도 그는 생사의 위기에서 살아남았다.

A-47) 初, 帝幼冲, 政無大小, 皆委杜英武。英武使妻蘇氏出入宮禁事杜太后, 以故英武私通黎太后, 因此益驕, 居朝廷則攘臂厲聲, 役官吏則頤指氣, 使衆皆側目而莫敢言。殿都指揮使武帶、廣武都火頭梁上箇、玉階都火頭同利、内侍杜乙與智明王保寧侯、駙馬郎楊嗣明等謀收捕英武。計定, 帶等率軍士詣越城門外, 大呼曰:「英武出入禁庭, 恣行凶穢, 惡聲聞外, 罪莫大焉。臣等請早除之, 毋貽後患。」有詔禁軍收捕英武, 繫于左興聖廊, 命廷尉者按其事。太后令人餽以酒食, 密置金于食器, 以賂帶及其監守者。左興聖火頭阮楊曰:「汝等貪賂, 我與汝必不免於英武之手, 不如先殺之, 以免後禍。」乃執戈欲刺之。左興都譚以蒙抱楊奪其戈止之曰:「殿謂英武罪當死, 須俟帝命, 不可擅行。」楊怒詬音候, 罵也之曰「殿前武吉, 非是帶耶吉帶方言, 糞尿也?何貪人之賂而不惜命乎。」言訖, 知不免, 遂赴井死。(《大越史記 全書》 본기 권3 영종 13년조)

그러나 40년만인 1190년 吳履信이 죽자 뒤를 이어 담이몽은 太傅가 되었다. 정치적 재기에 화려하게 성공한 셈이었다.

A-48) 己酉四年宋淳熙十六年 秋七月, 太傅吳履信卒, 以譚以蒙爲太傅。

(《大越史記 全書》 본기 권4 고종 15년조)

담이몽의 실정은 13년 뒤에 다시 나타났다. 다름 아닌 1203년, 담이몽은 乂安州가 초토화되는 까닭을 제공했다.

A-49) 癸亥天嘉寶祐二年宋嘉泰三年 秋七月, 殿指揮使知乂安州杜清、州牧范延奏曰：「占城國主布池爲其叔父布田所逐, 今載妻子寓機羅海口。意欲求救。」八月, 帝命譚以蒙、杜安往計其事。將至機羅, 杜安曰：「彼以兵來, 虜情難信。諺云：蟻孔潰堤, 寸煙燎屋。今布池豈特蟻孔寸煙而已。」以蒙以語清、延, 使爲之備。清等曰：「彼以難來求救, 何必疑。」以蒙怒, 引軍還。清共延謀襲布池, 爲自全計。謀泄, 反爲所殺。乂安大潰, 死者無筭。池大掠而歸。(《大越史記 全書》 본기 권4 고종 28년조)

예안주의 杜清, 范延 등이 '占城國의 왕 布池가 그의 叔父 布田에게 축출당한 바 되어 지금 妻子를 거느리고 機羅의 海口에서 우거하고 있으면서 구원을 청하고 있다'라고 상주하자 고종은 담이몽, 杜安에게 그 일을 처결하게 했다. 杜安이 '저들이 병사를 데리고 왔으니 포로라고 해도 속마음을 믿기 어렵다. 속말에 이르길 개미구멍이 제방을 무너뜨리며 한 치의 연기가 초가를 불태운다 했으니 지금 포지가 어찌 개미구멍이나 한 치의 연기에 그치겠는가'라고 하자 담이몽은 杜安의 말을 믿고 군비를 갖추도록 杜清, 范延 등에게 독촉했다. 杜清, 范延 등이 '저들은 어려움을 겪고 와서 도움을 청하거늘 어찌 반드시 의심할 필요가 있으리까'라 항변하자 담이몽은 忿心을 이기지 못하고 전군을 퇴각시켜 杜清, 范延 등이 몰살되고 예안 지방이 유린되는 近因을 제공한 장본인이었다.

같은 해(1203년) 9월, 大黃江 출신의 費郎、保良이 황제 고종에게 '譚

以蒙이 나라를 좀먹고 백성에게 해악을 끼쳤다는 등'의 죄상을 아뢰었다. 담이몽은 자성은커녕 노하여 사사로이 그들에게 태형을 가했다. 그 결과 費郞、保良은 반란을 일으켰고, 徐英珥, 杜敬修 등이 모두 진압에 나섰으나 실패했다.

A-50) 九月, 大黄江人又叛。初, 大黄江人費郎、保良奏譚以蒙蠹國害民等罪, 以蒙怒笞之。郎等由是積怨, 因天下愁苦向亂, 遂叛。命祗侯陳令馨爲元帥, 將兵討之。仍遣尙書徐英珥率淸化府同時進討費郎, 戰于路布江口, 敗績皆死之。(《大越史記 全書》 본기 권4 고종 28년조)

직후 1205~1207년까지만 세 차례에 걸쳐 반란이 잇달아 일어났다. 나라의 운명은 걷잡을 수 없이 쇠락했다. 당시 황제는 유흥으로 財貨를 탕진했고 여러 신하들은 관직을 팔고 옥사의 시비를 뇌물로 처결했다. 秕政이 계속되는 속에서도 1206년 담이몽은 태보가 되었다.[39] 황제는 각종 役事를 그치지 않았고, 배를 타고 유람함에 절제가 없었고 나라마다 궁녀들과 어울려 유람하는 것을 즐겼다. 도성 밖에서 도적이 창궐함을 듣고서도 짐짓 모르는 체 했다. 천성이 소심하여 천명을 두려워했고 우레 소리를 들으면 문득 모든 일을 파하고 놀라 두려워했다.

A-51) 時帝營造不息, 盤遊無度, 日與宮女觀遊爲樂, 聞城外有盜竊, 佯爲不知, 又性畏雷, 聞之輒驚。(《大越史記 全書》 본기 권4 고종 32년조)

39) 丙寅治平龍應二年宋開禧二年春二月, 拜譚以蒙爲太保, 戴拱辰冠。

1207년 10월에는 國威州 傘圓山의 오랑캐들이 도둑질을 일삼고 清威鄉까지 겁략했으나 무리가 많고 기세가 성하여 가히 제어할 수조차 없었다. 1208년 정월 고종은 皇子 昰을 皇太子로 삼아 실권을 거의 넘겨주다시피 했다.

1208년 1월 대기근이 겹쳐 아사자가 속출하며 민심이 극도로 흉흉했다. 이를 틈타 乂安 軍事 范猷가 백성의 불만을 교묘히 이용하여 모반했다. 乂安은 앞서 1203년, 담이몽의 실책으로 占城의 國主 布池에 의해 초토화된 지역이었다. 적의 손길에 유린당해 살길을 잃은 유민의 처지에선 국가에 대한 절절한 충성심이 남아 있을 리 없었다. 그는 떠돌아다니며 유망하는 자, 도적의 세력들을 불러 모아 휘하에 두었다. 범유를 따르는 심복이라 칭하게 하고는 길을 나누어 사방을 劫掠했다. 國威州의 도적까지 서로 합세하여 무리를 이끌어 西結의 땅에 둔을 쳤다. 范猷와 호응하니 전국의 도로가 불통이 될 지경이었다.

A-52) 己巳五年宋嘉定二年春正月, 范秉彝率藤州、快州人攻猷。敗之, 猷奔洪州。秉彝籍其家焚之。猷怨愈深。帝命奉御徵猷回京。秋七月, 秉彝回京師, 将入奏, 有止之曰：「猷言先入, 怨猶未解。」秉彝曰：「吾事上盡忠, 而爲姦賊所譖耶。況有君命, 吾其焉避。」遂入。帝命執之及其子輔囚于水院。将刑, 其將郭卜等聞之, 將兵皷譟而入, 至大城門外, 爲門者所拒。斬關而入, 帝聞事急, 使召秉彝及輔入金晶階凉石處, 刺殺之。卜等突入凉石, 以帝所御車昇秉彝屍, 御席裹輔屍, 由越城門出, 下東步頭, 既而復入萬延宮, 立皇子忱爲帝。譚以蒙、阮正賴皆受忱僞職。帝如帰化江。猪洞人阮破鄰率其部曲夜盜隊山官庫財物。皇太子行至海邑劉家村, 聞陳李女有姿色, 遂娶之。李家漁業致富, 傍人帰之, 因有衆, 亦起爲盜。太子既娶李女, 授李明字, 拜女舅蘇忠詞爲殿前指揮使。(《大越史記

全書》 본기 권4 고종 34년조)

1209년 정월, 范秉彝는 고종의 명을 받고 范猷에 대한 토벌에 나섰다. 范猷는 패하여 洪州로 도망쳤다. 范秉彝는 范猷의 집을 적몰하고 불살랐다. 그러자 范猷는 원한을 품고 이간책을 썼다.

고종은 유언을 믿고 范秉彝를 歸京시킨 다음 范秉彝의 아들 范輔 부자를 함께 水院에 구금시켜 버렸다. 이에 분노한 부장 郭卜 등이 경사를 공격하니 고종은 파천의 길에 올라 越城門을 나와 東步頭로 내려갔다. 郭卜이 황태자 침을 황제로 세우니, 譚以蒙、阮正賴 등이 반란군에 굴복하여 그들이 내려주는 관직을 받았다. 고종의 행차가 歸化江을 따라 내려가는 사이, 황태자 참은 따로 도망하여 海邑 劉家村에 이르렀는데, 陳李의 딸이 姿色이 있다는 말을 듣고 그녀와 혼인했다. 진리는 어업으로 부를 모아 일대의 세력을 거머쥐고 있었다. 太子는 진리의 딸과 혼인한 이후 진리에겐 明이란 字를 주고 , 그녀의 외삼촌 蘇忠詞를 배하여 殿前指揮使로 삼았다. 陳承, 陳嗣慶 형제가 鄉兵을 모집하여 반란을 평정했다.

> A-53) 史臣吳士連曰 : 太子是行, 因國亂而避難也。何以縱淫于外, 擅爵與人哉。蓋由高宗遊觀無度, 紀剛廢壞故也。然而李因以亡, 陳因以興, 天也。(《大越史記 全書》 본기 권4 고종 34년조)

곽복의 반란은 대월의 정국에 커다란 변화를 가져왔다. 위에서 확인되듯, 이로부터 대부분의 군권은 진씨 일가의 수중에 떨어졌다.

1209년, 郭卜의 반란이 평정될 당시 고종의 나이 38세였고, 황태자 참의 나이 15세였다. 그리고 이듬해 10월부터 고종은 거동하지 못했다. 결국 진씨 일가를 외척으로 한 황태자 참의 즉위는 더욱 다가오고 있었다.

한데 〈화산군 본전〉에는 고종이 용상에게 양위를 부탁했다는 말이 나오고 있다.

> A-54) 丙申 五月 王薨 在位 三十九年 子龍 君之兄 丁酉 淳熙四年 王以嗣子幼沖而王之弟賢而有德常欲封王世弟而禪其位 及於孺子王矣 及寢疾顧命其弟曰 君以延陵之賢 久處周公之位 寡兄百歲後欲傳位於君 君涕泣稽首固辭曰 寧爲斷髮文身逃避荊蠻 不敢奉教 王不得已止 時紹聖公主適陳日照者閩人也 仍時得政方見柄用 (〈화산군 본전〉《花山李氏 가전실록》)

위에 의하면 丁酉 淳熙四年, 1177년, 고종이 용상에게 왕세제로 책봉하겠다고 강권하는 내용이 담겨있다. 고종의 嗣子가 幼沖하고 아우 용상은 현명하니 왕세제로 책봉하여 황제의 자리를 선위하겠다는 내용이다.

1177년 당시 고종의 나이는 5세였다. 용상은 고종의 아우이다. 용상의 나이는 5세를 넘을 수 없다. 또 고종에겐 嗣子가 있을 수 없다. 고종의 장자 참이 태어난 것은 1194년이었고, 고종의 나이 스물둘의 일이었다.

1177년 당시는 두씨 일가의 전횡이 극심한 시기였다. 용상의 힘이 미칠 수 있는 여지는 전혀 없었다. 용창의 복위를 적극 모색한 려태후의 노력이 무위에 그치는 것이나, 용상의 나이 등을 고려할 때 위의 내용은 전혀 사실과 맞지 않다. 이는 화산이씨의 기록이 대월의 기록을 보지 않았음을 보여주는 확증이다.

제8절 惠宗 李旵

1210년 10월 28일 고종이 서른여덟의 나이로 죽자 황태자 참이 열여섯의 나이로 고종의 柩前에서 황제의 자리에 올라 혜종이 되었다.

A-55) 諱旵, 高宗長子, 其母譚氏皇后。於甲寅年七月誕生, 治平龍應四年戊辰正月冊立爲皇太子, 高宗崩, 遂登太寶, 在位十四年, 傳位昭皇, 後爲陳守度所殺, 壽三十三歲。遭時喪亂, 盜賊肆行, 身嬰重疾, 不能早求繼嗣, 李氏遂亡。辛未建嘉元年宋嘉定四年春正月, 改元。二月, 帝復使奉御范布迎陳氏。嗣慶乃令馮佐周等送之。會蘇忠詞與杜廣戰于朝東, 佐周遂泊于大通步。及杜廣敗, 帝令布及忠詞迎陳氏入宮, 立爲元妃, 以忠詞爲太尉輔政, 封順流伯 : 陳嗣慶爲彰誠侯。(《大越史記 全書》 본기 권4 혜종 즉위년조)

생모인 譚氏를 皇太后로 높여 함께 聽政하게 했다. 또 陳嗣慶을 불러 정사를 보필하게 했다. 14년의 치세 동안 盜賊이 멋대로 날뛰었으며, 옥체는 重疾로 苦痛받은 나머지 능히 후사, 아들을 얻지 못했다. 기록에는 혜종의 치세에 李氏가 드디어 쇠락의 길에 빠졌다고 적혀 있다.

A-56) 辛未建嘉元年宋嘉定四年 時承平日久, 紀綱漸廢, 民不之兵, 盜賊之興, 不可禁遏。帝初即位, 以國事委太尉譚以蒙。以蒙不學無術, 柔懦不斷, 政事日隳。(《大越史記 全書》 본기 권4 혜종 원년조)

혜종은 范布를 보내 동침했던 진리의 딸, 陳氏容을 입궁시켜 元妃로 삼고, 그의 아우 陳嗣慶을 太尉로 삼아 국정을 돕게 했다. 장인 진리가 혼란의 와중 또 다른 도적에게 피살되었으므로 둘째 처남 陳嗣慶을 順流伯에 봉하였고, 벼슬을 올려 彰誠侯로 삼았다.

A-57) 辛未建嘉元年宋嘉定四年春正月, 改元。二月, 帝復使奉御范布迎陳氏。嗣慶乃令馮佐周等送之。會蘇忠詞與杜廣戰于朝東, 佐周遂泊于大通步。及杜廣敗, 帝令布及忠詞迎陳氏入宮, 立爲元妃,

以忠詞爲太尉輔政 ,封順流伯 ; 陳嗣慶爲彰誠侯。(《大越史記 全書》 본기 권4 혜종 원년조)

혜종 치세 초반의 정국 운영은 생모 담씨의 일족인 譚以蒙과 황비 陳氏容의 일족인 진사용을 중심으로 운영되었다. 먼저 譚以蒙이 학식이 짧고 치국의 방책이 없었으며 우유부단하여 정사는 날로 어지러워졌다.

1190년 뇌물을 받고 두영무의 거세를 막기도 했었고, 1209년에는 곽복이 반란을 일으켜 경사를 점령하고 침을 황제로 옹립했을 때, 역당에 동조하였고 그 대가로 관작을 받은 인물이기도 했다. 전력을 고려할 때 그는 고령에다 심지가 굳지 않은 類의 전형적인 기회주의자였음은 확실하다. 나라의 외척이 杜氏에서, 譚氏로, 다시 陳氏로 바뀌었지만 나라의 힘은 쇠잔해져 조정은 善政을 못했고, 기근이 거듭되어 굶어 죽는 사람이 늘어 갔다.

A-58) 壬申二年宋嘉定五年春二月, 命同乳段尙募洪州民捕盜。時國勢衰弱, 朝無善政, 饑饉荐臻, 人民困窮, 尙乘之擅作威福, 人莫敢言。後罪狀寖彰, 爲羣臣所劾, 下獄按問。尙乃拔劍, 躶奔洪州, 嘯聚羣黨, 築城稱王, 虜掠良民, 朝廷不能制。(《大越史記 全書》 본기 권4 혜종 2년조)

1212년 조정에서 段尙에게 명하여 洪州의 백성들을 모병하여 도적들을 추포하게 했다. 段尙이 이를 틈타 위세와 福祿을 멋대로 부렸으나 백성들은 후환이 두려워 어려움을 함부로 발설치 못하였다. 뒤에 죄상이 점차 드러나매 신료들에게 탄핵 받은 바가 되어 압송되었다. 하옥하여 법에 따라 조사하려 하매 칼을 뽑아 맨몸으로 도망쳐 홍주로 갔다. 기치를 높이 세우고 휘파람을 불며 무리를 긁어모아 城을 쌓고는 왕이라 칭하고, 노략질하고 양민을 착취했다.

외척 진사경 역시 돌변하여 그 옛날의 두영무처럼 방자함을 더했다. 1213년, 혜종이 황제가 된 지 3년 진사경은 직접 군사를 이끌고 대궐을 침범하였다.

> A-59) 癸酉三年宋嘉定六年春二月, 陳嗣慶以兵犯闕, 請奉迎車駕。帝疑之, 詔發諸道兵捕嗣慶, 降元妃爲御女。(《大越史記 全書》 본기 권4 혜종 3년조)

그리고 황제가 직접 車駕로 陳嗣慶을 奉迎해줄 것을 요구했다. 황제는 모든 도의 병사들에게 진사경을 사로잡도록 명하고는, 오라버니의 방자 무례함을 들어 원비 진씨를 御女로 강등시켰다. 하지만 진사경이 체포되었다는 기록은 없다. 이는 진사경의 무리 또한 그 세력이 만만찮았음을 보인다. 일찍이 곽복의 창칼에 스러져 죽었을지 모를 황태자를 구한 것, 지금의 황제로 올린 것은 죄다 진씨 일족의 재부였고, 무력이었다.

그렇다면 진사경의 의중에는 지금의 혜종은 진씨가 만들어낸 황제나 다름없다고 여긴 속내가 담겼다고 여겨진다. 국내의 모든 군사력으로도 진사경을 체포하지 못한 것은 명실상부한 그의 영향력을 보여주는 일례일 것이다. 진사경과 관련한 기록은 1년 뒤에 다시 나타난다.

> A-60) 甲戌四年宋嘉定七年春正月, 陳嗣慶軍至朝東, 詣軍門謝罪, 復請迎車駕。帝愈疑之, 乃與太后及御女如諒州峙山。嗣慶聞秉輿播遷, 御女久爲太后所苦, 復發兵請迎如初。帝爲之信, 復與太后及御女如兵合縣。(《大越史記 全書》 본기 권4 혜종 4년조)

1214년 정월, 陳嗣慶은 朝東에 이르렀다. 이어 군사를 거느리고 대궐의 앞에 이르러 지난해의 무례를 사죄했다. 그러면서 다시 황제의 車駕를 요청했다. 진사경의 언행은 극단을 달렸다. 그러자 혜종은 마침내 태후, 어녀와 함께 諒州의 峙山으로 가려 하였다. 여기서 혜종이 陳氏容을 어녀로 격하했으나, 버리지 않고 동행하려 했던 점이다. 황제 자신을 끝없는 수렁 속에 넣은 정적의 동생, 적이나 다름없는 여인과의 불안한 동거를 황제는 변함없이 고집했다. 진사경은 다시 병사를 움직여 처음처럼 車駕로 맞을 것을 요청하였다. 황제는 진사경의 말을 믿지 않고 태후와 어녀를 거느리고 병사들과 함께 兵合의 행궁으로 갔다. 진사경은 大黃의 들녘에서 丁可, 裵都를 공격하여 몰살시켰다.

> A-61) 丙子六年宋嘉定九年春, 冊御女爲順貞夫人。太后以陳嗣慶反側, 屢指夫人爲賊黨, 令帝斥去, 又使人語夫人, 令自引分。帝知而止之。太后加毒于夫人之飮食。帝每食, 分其半賜夫人, 而不使離左右。太后乃使人分持毒盃賜夫人死, 帝又止之。夜與夫人微行, 如嗣慶軍, 値天明, 次于安沿縣將軍黎覔家, 會嗣慶將王黎領舟師來迎。帝乃次究連洲, 宣嗣慶來朝。(《大越史記 全書》 본기 권4 혜종 6년조)

혜종은 御女 陳氏容을 順貞夫人으로 다시 책봉하였다. 황제의 모친 담씨 태후는 모든 문제의 화근이 진씨 집안의 발호 跋扈에 있다고 여겼다. 陳嗣慶을 반대하였으며, 자주 그의 누이동생 順貞夫人을 가리켜 賊黨이라 하며, 사람들을 시켜 부인의 험담을 입에 올려 스스로 사람들에게서 갈라서게 했다. 황제에게도 順貞夫人을 배척하게 했다. 또한 사인들에게 일러 순정부인과 말을 섞지 못하게 하고, 내밀히 순정부인에게 스스로 황제의 곁을 떠날 것을 명하기도 했다. 단순히만 보면 고부간의 갈등이었으나, 크게 보면 담씨와 진씨가 권력을 놓고 벌이는 대리전이었으며 궁궐의 첨예한 암투이자 핍박이기도 했다.

이 모든 것을 안 황제가 막고 나서자 태후는 순정부인의 음식에 독을 타려했다. 그러나 황제는 매번 음식의 반을 나누어 부인과 함께 먹었다. 그리고 내관에게 명하여 부인의 곁을 한시도 떨어져 있지 못하게 했다. 담씨 태후가 여러 차례 진씨 부인을 독살하려 한 시도는, 혈육 간의 정을 조각내고 마침내는 혜종 마음속 깊은 상처를 내었던 듯하다. 왜냐하면 혜종은 그토록 자신을 사지에 몰고 간 진사경을 몰래 불러들여, 그의 호위 하에 진씨 부인을 데리고 兵合의 행궁을 나왔음이 확인되기 때문이다. 혜종이 보인 이러한 심경의 변화는 陳氏容이 회임 중이었기 때문이라 봄이 가장 설득력이 있어 보인다.

1214년 6월, 陳氏容은 장녀를 출산한 것이 확인된다. 그렇다면 陳嗣慶을 둘러싼 파문이 일어났을 때 그녀는 만삭의 몸이었음은 자연스레 유추된다.

> A-62) 夏六月, 皇長女生于究連, 後封順天公主。(《大越史記 全書》 본기 권4 혜종 4년조)

황제와 부인은 安沿에 있는 장군 黎覓의 집을 거쳐 究連의 땅으로 가려 했다. 마침 진사경의 휘하 장수 王黎가 수군을 거느리고 와서 맞이하매 배를 타고 究連에 이르렀다. 당시의 상황은 다음 기록에서 확인된다.

> A-63) 冬十二月, 冊夫人爲皇后, 拜嗣慶爲太尉輔政, 授嗣慶兄承陳上皇爲內侍判首。嗣慶與上將軍潘鄰調補軍伍, 造戰器, 習武藝, 軍勢稍振。帝中風疾, 醫治不驗, 未有太子, 中宮所生公主而已。(《大越史記 全書》 본기 권4 혜종 6년조)

[그림 19] 혜종 능비

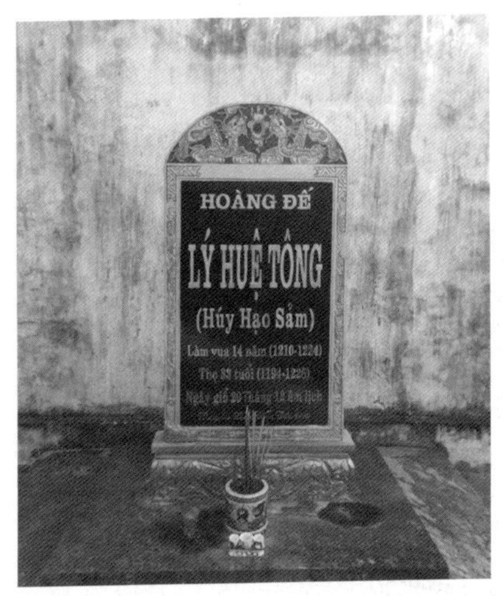

1214년 10월, 그 곳에서 황제는 順貞夫人 陳氏容을 다시 皇后로 책봉하고, 陳嗣慶을 太尉로 삼아 정사를 보필하게 했다. 또한 진사경의 형 陳承에게도 벼슬을 주어 內侍判首로 삼았다. 특히 진승이 주목되는데, 이때로부터 불과 11년 뒤 그의 아들 진경이 李氏 황조를 타도하고 陳氏 황조를 개창했기 때문이다. 陳嗣慶이 上將軍 潘鄰과 더불어 軍伍를 보강하고 戰器를 만들고 군사들의 武藝를 조련하여 軍勢가 떨쳤다. 그러나 지휘 계통이 陳嗣慶을 정점으로 하는 것, 궁궐의 승선을 담당하는 내시 업무의 정점에 陳承이 포진해 있다는 것은 진씨 일가의 권력 독점을 드러낸다고 할 것이다.

실제 그 직후 혜종에게는 갑자기 風疾이 생겨났다. 이것은 혜종의 무력화된 현상을 보이는 단서가 아닌가 보인다.

> A-64) 丁丑七年宋嘉定十年春三月, 帝漸發狂, 或稱天將降, 即持干楯揷小旗於髻上戲舞, 自早至晡, 不即或罷, 復發汗燥渴, 飮酒長睡, 后日乃醒。政事不決, 委任陳慶嗣天下, 大權漸移焉。(《大越史記全書》 본기 권4 혜종 7년조)

1217년 3월, 혜종은 갑작스런 이상 증세를 보였다. 혜종은 발광이 심해져 스스로 하늘의 장군이 내려왔다고 칭했다. 즉시 궁궐 난간에 올라 방패를 쥐고 상투 위에 작은 깃발을 꽂고 창칼을 머리 위로 흔들며 희

[그림 20] 혜종의 능역

롱하고 춤을 췄다. 새벽부터 해질 무렵까지 쉬지 않다가, 혹 갑자기 파하곤 했다. 발광이 끝나면 다시 거품을 물고 땀을 비 오듯 흘렸으며 燥渴을 호소하기도 했다. 이튿날이 되어서야 깨어났으나 정사를 처결하지 못했다. 하여 모든 권력과 정사는 陳嗣慶에게 위임되었다. 혜종의 身病은 심각한 상태였다. 그럼에도 불구하고 1218년 9월, 2녀가 태어났다.

> A-65) 戊寅八年宋嘉定十一年 九月, 皇次女生, 後封昭聖公主。(《大越史記 全書》 본기 권4 혜종 8년조)

이에서 혜종이 진씨 일가가 권력을 잡은 3년 뒤 갑자기 이상 증세를 보인 점, 기왕에 陳嗣慶과 혜종 사이에 적잖은 갈등이 있었던 점, 順貞夫人 陳氏容과 황제의 모친 담씨 태후 사이에 팽팽한 갈등과 알력이 있은

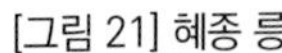

[그림 21] 혜종 릉

점 등을 고려할 때, 혜종이 수은 중독과 같은 모종의 위해를 당한 것이 아닌가 짐작된다.

풍질, 정신착란 등 혜종의 이상 증세는 수은 중독의 현상과 흡사한데, 이는 불로장생을 꿈꾼 진시황 역시 수은 중독으로 폭압적인 정치를 편 것과 흡사한 형태를 보이기 때문이다. 진시황릉에는 수은으로 된 강이 형성되어 있었음은 주지의 사실이다. 이와 관련하여 주목되는 기록이 있다.

A-66) 丙子六年宋嘉定九年春, 冊御女爲順貞夫人。太后以陳嗣慶反側, 屢指夫人爲賊黨, 令帝斥去, 又使人語夫人, 令自引分。帝知而止之。太后加毒于夫人之飲食。帝每食, 分其半賜夫人, 而不使離左右。太后乃使人分持毒盃賜夫人死, 帝又止之。夜與夫人微行, 如嗣慶軍, 值天明, 次于安沿縣將軍黎覓家, 會嗣慶將王黎領舟師來迎。帝乃次究連洲, 宣嗣慶來朝。(《大越史記 全書》 본기 권4 혜종 6년조)

일찍이 담씨 태후는 순정부인의 음식에 독을 타 독살을 시도한 예가 있었다. 그렇다면 혜종의 갑작스런 이상 증세에는 이러한 사실에 비추어 유추할 여지가 남아 있다.

1218년 10월, 陳嗣慶은 최정예 군사를 거느려 廣威의 오랑캐를 토벌했으나 실패했다. 陳嗣慶은 阮嫩을 석방시켜, 그로 하여금 廣威의 오랑캐를 토벌케 하는 '이이제이'를 주청했다. 1220년 2월, 阮嫩은 반란을 진압하자 扶董鄕에서 머물며 세력을 유지한 채 懷道王이라 칭했다. 그리고 죄를 사해줄 것을 조정에 요청했다.

A-67) 庚辰十年宋嘉定十三年春三月, 阮嫩據扶董鄕, 稱懷道王, 奉表稱臣, 乞平禍亂贖罪。帝遣人賫勅宣諭, 然以風疾不能制。辛巳十一年宋嘉定十四年春正月, 徧求天下醫士, 調治帝疾, 不效, 帝深居宮中, 盜賊恣行城外, 生民流離甚矣。(《大越史記 全書》 본기 권4 혜종 10년조)

위에서 風疾을 앓던 혜종은 阮嫩을 능히 제압할 수 없었다고 되어 있다. 이후에도 혜종의 병증은 심해졌고 성 밖의 도적 떼들은 날로 창궐했다. 무고한 백성은 유민이 되어 살게 되었고, 국고는 텅텅 비었다. 1223년 10월 가뭄과 누리가 전국을 덮쳤다. 12월 阮嫩의 군세가 더욱 성했을 즈음, 陳嗣慶이 죽었다.

A-68) 癸未十三年宋嘉定十六年冬十月, 旱蝗。十二月, 阮嫩軍聲益振。陳嗣慶卒, 追封建國大王。以陳承爲輔國太尉, 賛拜不名。(《大越史記 全書》 본기 권4 혜종 13년조)

혜종은 그를 建國大王으로 追封했다. 그의 형인 첫째 처남 陳承이 報國太尉가 되어 권력을 이었다. 또 전국을 24路로 구분 짓고, 다시 湯, 沐, 邑으로 나눠, 관리 임무를 指揮使 陳守度에게 위임했다. 진수도는 혜종의 장인 진리의 형의 아들이니, 죽은 진사경과는 사촌 간이었다. 그리고 그를 殿前指揮使로 임명하여 궁궐 안팎을 시중들고 옹위하게 했다. 일가의 비호 아래 진수도는 사실상의 군권을 장악하게 된 것이었다.

직후인 1224년 10월, 혜종은 昭聖公主를 皇太子로 삼고 傳位했다. 황제는 出家하여 大內의 真教禪寺에 머물렀다. 대월에서 보이는 양위의 최초 사례였다. 昭聖은 即位하여 天彰有道元年으로 개원하고 昭皇이라 이름했다.

결국 혜종 치세 14년은 모두 진씨 일가의 세력에 억눌려 있었으며, 궁정 내외 대소의 사안이 진씨 일가의 손아귀에 있었다고 해도 과언이 아니었다.

제9절 昭皇 李佛金(昭聖)

《大越史記 全書》에서 昭皇의 이름은 佛金, 天馨, 昭聖의 3가지로 확인된다.[40] 昭皇은 진경과 혼인했다. 혼인 기록에서 진경의 배우자로 '昭聖'이 확인된다. 한데 진일조와 결혼한 공주의 이름 역시 '昭聖'임이 확인된다. 계보대로라면 진경과 혼인한 '昭聖'과, 진일조가 혼인한 '昭聖'은 고모와 질녀의 상관관계에 있다. 일반적으로 좁은 왕실의 범주에서 姑母의 實名을 姪女가 재차 칭했을 개연성은 상대적으로 희박하다.

正史의 기록을 상대적으로 우선할 때 '昭聖'은 혜종의 次女일 개연성이 높다. 이 경우 전후 맥락을 고려할 때 진일조는 고종의 여식 소성공주가 아닌, 혜종의 차녀 소성공주와 혼인한 것이며, 陳日照=陳煚으로 정리되게 되는 셈이다. 과연 그러한 입론이 타당할 수 있는 것일까.

중국의 정사인 《宋史》에는 진일조의 행적이 수록되어 있다. 즉 다음과 같이 안남국왕으로서의 진일조가 확인된다.

---

40) 《대월사기 전서》 본기 권4 惠宗·昭皇條. 따라서 花山李氏의 소성과 《大越史記 全書》의 소성은 동일 인물로 여겨진다.

[그림 22] 소황(불금) 능비

A-69) 歐陽守道, 字公權, 一字迂父, 吉州人。初名巽, 自以更名應舉非是, 當祭必稱巽。少孤貧, 無師, 自力於學。裡人聘為子弟師, 主人瞷其每食捨肉, 密歸遺母, 為設二器馳送, 乃肯肉食, 鄰媼兒無不歎息感動。年未三十, 翕然以德行為鄉郡儒宗。江萬里守吉州, 守道適貢於鄉, 萬里獨異視之。淳祐元年舉進士 …中略… 萬里入為國子祭酒, 薦為史館檢閱, 召試館職, 授祕書省正字。安南國王陳日照傳位其子, 求封太上國王, 下省官議。守道謂 : 「太上者, 漢高帝以尊其父, 累朝未之有改, 若賜詔書稱太上國王, 非便。(《宋史》 권411 열전 170 歐陽守道)

위에서 歐陽守道는 字가 公權, 迂父로서 吉州人이었다. 初名은 巽으로서 어려서 孤貧했으나 홀로 자력으로 학문에 입신한 인물이었다. 빼어난 학행과 효성으로 일대의 儒宗으로 명망 높은 자였다. 또 널리 江萬里, 徐儼夫, 吳子良, 禮新 등과 교유했다.

그런 그가 淳祐 원년(1241)에 入仕했다. 이후 그는 여러 관직을 거쳐 祕書省의 관리로 승차했다. 마침 그때 安南의 國王 진일조가 아들에게 선위하고 太上國王으로 봉해 줄 것을 요청하는 문서를 송에 전했다.

이에서 진일조가 아들에게 황위를 선양하려 한 점, 태상국왕으로 책봉 받으려 한 점, 그 시기가 일단 구양수도의 입사 시점인 1241년 이후라는 점이 주목된다.

이러한 기록이 타당하다면 진일조는 첫째, 진씨 황조의 황제라야 한다. 둘째, 자식에게 손위한 기록이 있는 인물이라야 한다. 이러한 추정 범위에 드는, 진씨 황조의 황제라 여겨질 인물로는 대략 다음이 있다. 첫째, 上皇 진승, 둘째, 태종 진경, 셋째, 상보이자 太師統國였던 진수도로 좁혀진다.

진승은 진경의 아비이며 황제에 재위한 전력이 없다. 1225년 진승의 아들 진경이 초대 황제의 자리에 올랐기에 새삼 1241년 이후 손위의 얘기가 나올 수조차 없다.

다음 진경은 과연 어떠할까. 《大越史記 全書》에서 陳煚은 1225년 태종으로 즉위했다. 이어 그가 실제 손위한 기록 역시 확인된다.

> A-70) 太宗皇帝 陳煚 姓陳, 諱煚, 先諱蒲。為李朝祇候正, 受昭皇禅, 在位三十三年, 遜位十九年, 壽六十歲, 崩于萬壽宮葬昭陵。(《大越史記 全書》 권5 陳紀 태종조)

위에 의하면 진경은 태종 황제가 되어, 재위 33년에는 손위하였다고 되어 있다. 진경이 황제가 된 것은 1225년 섣달 12일 즈음이다.

A-71) 時大八歲, 為李朝祗應局祗候正, 有從叔陳守度為殿前指揮使, 帝因得入侍宮中, 昭皇見而悅之。乙酉冬十二月十二日戊寅受昭皇禅, 即皇帝位, 改元建中。(《大越史記 全書》 권5 陳紀 태종조)

기록에 의하면 진경은 소황으로부터 선양을 받아 즉시 황제에 올랐고, 建中으로 개원한 것으로 되어 있다. 따라서 진경이 송에 선위하고 태상국왕으로 봉할 것을 청한 시점은 위 A-71)에 따라 즉위한 시점에서 33년을 더한 1258년이 된다. 그렇다면 구양수도가 비서성 관료가 된 시점 이후와 정확히 맞물려 떨어진다. 이처럼 연대, 황실 계보 등을 전제로 할 때, 진일조는 진씨 황조의 초대 황제 陳煚(재위 1226~1277)일 가능성이 크다. 달리 A-71)의 《대월사기 전서》에선 1224년 당시 實勢로 跋扈하여 국정을 농단한 인물은 진수도로 확인된다.

A-72) 冬十月, 詔昭聖公主爲皇太子以傳位, 帝出家, 居大内真教禪寺。昭聖即位, 改元天彰有道元年, 尊號曰昭皇。《대월사기 전서》 본기 권4 惠宗條

A-73) 乙酉天彰有道二年十二月陳太宗建中元年, 宋理宗煦寶慶元年冬十月, 詔選内外官員子弟充内色役, 六火侍宮外, 祗侯、内人侍内, 日夜番上侍從。殿前指揮使陳守度知城市内外諸軍事。守度姪陳不及爲近侍、署六局, 祗候陳僉爲祗應局, 陳煚爲政首煚陳太宗, 時方八歲, 侍候於外…中略…十二月十一日戊寅, 昭皇設大會于天安殿御寶床, 百官朝服, 進朝拜于庭下。昭皇乃降服, 勸進陳煚即皇帝位。改元建中元年, 大赦 (《대월사기 전서》 본기 권4 昭皇條)

> A-74) 然規畫國事, 皆陳守度所為, 閨門多慙德矣。(《대월사기 전서》 본기 권5 태종條)

위 기록 A-72)에 따르면 진수도는 혜종의 치세에 대내외 군권을 장악했고, A-73)에서 확인되듯 '昭皇'의 치세에는 명실상부한 막후 실력자로 군림했다. 이후 A-74)에서 나타나듯, 진씨 황조에 들어서도 진수도의 영향력은 전혀 줄지 않았다. 따라서 혜종 치세에 권력을 농단했다는 점만 주시한다면, 진일조로 등장한 인물이 진수도일 여지도 전혀 배제할 수 없다.

먼저 위《송서》의 기록에서 진일조는 안남왕으로 나타난 바 있다. 이와 관련, 진수도의 관직을 살펴보면 다음과 같다.

> A-75) 甲子七年宋景定五年, 元至元元年春正月, 太師陳守度卒。年七十一, 贈尚父太師忠武大王。守度雖無學問, 然才畧過人, 仕李朝, 為衆所推。太宗之得天下者, 皆其謀力也。故為國倚重, 權移人主。(《大越史記 全書》 본기 권5 陳紀 성종황제)

진수도가 사망하기까지 그의 관직은 대체로 위와 같았다. 그리고 사망하고서야 忠武大王으로 추봉됐다. 그렇다면 진수도는 生前 遜位를 언급할만한 왕의 신분이 아니었다고 짐작된다.

이상의 논의를 통해, 진일조=진경은 혜종의 차녀 소성과 혼인하여 진씨 황조를 개창한 인물이 되는 셈이다. 곧 진일조는 진경이며, 1244년 아들에게 선위하고 그 사실을 송에 알려 고신을 받으려 했고, 그 일단이 구양수도와 관련한 기록에서 입증된 셈이다.[41] 또한 A-76)에서 확인

---

41) 실제 煚과 日照는 같은 뜻을 지닌 한자어이기도 하다. 동일한 뜻을 가진 이름이 다

된 것처럼 진일조는 진일경이며, 이를 줄여 진경으로도 표기했음이 확인된다.

혜종 치세 당시 진일조 곧 진경의 나이는 어떠했을까. 진경의 나이는 〈대월사기 전서〉에서 확인이 가능하다.

> A-76) 初, 帝之先世閩人或曰桂林人有名京者, 來居天長即墨鄉。生翕, 翕生李, 李生承, 世以漁為業。帝乃承之次子也, 母黎氏。以李建嘉八年戊寅六月十六日誕生隆準。龍顏似漢高祖。時大八歲, 為李朝祗應局祗候正, 有從叔陳守度為殿前指揮使, 帝因得入侍宮中, 昭皇見而悅之。(《大越史記 全書》 권5 陳紀 太宗)

1225년 당시 진일조, 진경은 여덟 살이었다. 따라서 진경의 생년은 1217년이 된다. 곧 진경은 혜종의 치세 후반 태어난 셈이 된다. 황위에 오를 당시 진경의 나이가 여덟 살이었다면, 앞서 혜종의 치세에 그가 어린 나이로 전횡을 저질렀다거나, 국정을 운영했다고 取信하긴 어렵다.

혜종의 치세는 陳氏 일가의 발호와 전횡이 극심한 시기였다. 그 같은 상황에서 龍祥이 그 틈을 비집고 권력의 일부 몫을 쥘 수 있었을지 의문이다. 또한 혜종 치세 전반은 난맥상을 드러낸 혼란기였다. 용상을 비롯한 賢臣에 의한 정상적 정국 운영은 존재하지 않았다. 연령상으로도 君苾, 진일조는 국정을 논의할 수 없는 나이였다. 결국 3공의 국정 보좌와 관련된 사실은 생각하기 힘들다.

용상의 모친은 黎美娥로 나타나는데, 고종 곧 용한의 모친은 杜氏 皇后로 나타난다.

른 한자로 이기된 사례는 실로 적지 않다.

A-77) 諱龍翰, 英宗第六子也。其母杜氏皇后, 以政隆寶應十一年癸巳五月二十五日誕生, 天感至寶二年冊立爲皇太子。英宗崩, 遂登大寶, 在位三十五年, 壽三十八歲, 崩于聖壽宮。(《대월사기 전서》 본기 권4 고종 즉위년조)

결국 두 사람은 성씨가 다른 모계 세력을 지녔음이 확인된다. 그렇다면 고종이 이복아우인 용상을 골라 傳位하려 했다고 보기도 어렵다. 또 하나 중국 기록에는 진일조, 진일경, 진경 등 표기가 다양한데, 왜 花山李氏 세보에는 진일조만이 보이는 것일까 하는 의문도 해결해야 할 하나의 숙제이다. 이를 후일의 과제로 남긴다.

[표 1] Các đời vua trị vì của Nhà Lý (1009~1225)

Khu vực	Nhàvua(帝號)	Thời gian trịvì	Chúgiải
Thứnhất	LýThái Tổ	1009~1028	Sáng lập nên triều đại NhàLý
Thứ2	LýThái Tông	1028~1054	Xây dựng chùa Diên Hựu- chùa một cột
Thứ3	LýThánh Tông	1054~1072	Xây dựng Văn Miếu, Nam tiến
Thứ4	LýNhân Tông	1072~1127	Xây dựng Quốc TửGiám
Thứ5	LýThần Tông	1128~1138	
Thứ6	LýAnh Tông	1138~1175	Xắc phong làvua An Nam
Thứ7	LýCao Tông	1176~1210	
Thứ8	LýHuệTông	1211~1224	
Thứ9	LýChiêu Hoàng	1224~1225	Nữvương đàu tiên của Việt Nam

제 4 장

혜종 말년의 쿠데타와 용상의 탈출

禪位 詔

自古南越帝王治天下者有矣. 惟我李受天眷命奄有四海列聖相承二百餘年奈以上皇嬰疾承統無人國勢傾危命朕受明詔勉強即位自古已來未之有也. 嗟朕惟爲女主才德俱傾輔弼無人盜賊蜂起安可秉持神器之太重朕夙興夜寐惟恐難堪每念求. 賢良君子同輔政治夙夜拳拳於斯極矣詩曰君子好求求之不得寤寐思服悠哉悠哉. 今朕反覆獨筭惟得陳煚文質彬彬誠賢人君子之體威儀抑抑有聖神文武之資雖漢高唐太未之能過. 想熟晨昏驗之有素可遜大位以慰天心以副朕懷□可同心戮力共扶國祚以享太平之福. 布誥天下咸使聞知.

"Tự cổ Nam Việt đế vương trị thiên hạ giả hữu hĩ. Duy ngã Lý thụ thiên quyến mệnh, yểm hữu tứ hải, liệt thánh tương thừa, nhị bách dư niên. Nại dĩ thượng hoàng anh tật, thừa thống vô nhân, quốc thế khuynh nguy, mệnh trẫm thụ minh chiếu, miễn cưỡng tức vị. Tự cổ dĩ lai, vị chi hữu dã. Ta, trẫm li vi nữ chủ, tài đức câu khuynh, phụ bật vô nhân, đạo tặc phong khởi, an khả bỉnh trì thần khí chi thái trọng? Trẫm túc hưng dạ mỵ, duy khủng nan kham. Mỗi niệm cầu hiền lương quân tử, đồng phụ chính trị, túc dạ quyền quyền ư tư cực hỹ, Thi viết: Quân tử hảo cầu, Cầu chi bất đắc, ngộ mỵ tư bặc, Du tai du tai". Kim trẫm phản phúc độc toán, duy đắc Trần Cảnh, văn chất bân bân, thành hiền nhân quân tử chi thể, uy nghi ức ức, hữu thánh thần văn vũ chi tư, tuy Hán Cao, Đường Thái vị chi năng quá. Tưởng thục thần hôn, nghiệm chi hữu tố khả tốn đại vị, dĩ uỷ thiên tâm, dĩ phó trẫm hoài, thứ khả đồng tâm túc lực, cộng phù quốc tộ, dĩ hưởng thái bình chi phúc. Bố cáo thiên hạ, hàm sử văn tri".

자고自古로 남월 제왕으로 천하를 다스리는 자 있어왔으나, 오직 우리 리씨李氏만이 천명을 받들어 이 나라 사해를 다스려 열성조가 사직을 이어온 지 어언 이백여년이 흘렀다. 그러나, 과인의 상황上皇께서, 앵질 미친병에 걸리고 대통을 이을 자가 없어 국운이 날고 기울어지고 위급함에 이르렀다. 짐이 여자의 몸으로 명을 받들어 어쩔 수 없이 즉위하였나니 자고로 지금껏 있지 아니한 일이었다. 뜻을 다하여 나라를 강하게 만들려 하였지만, 애석하게도 짐이 여자라 덕이 부족하다. 또한 보필하는 사람조차 하나 없으며, 곳곳에서 도적이 활개 치니 황제의 무거운 책임을 어찌 가히 감당하고 손 안에 쥘 수 있으리오. 그들을 잡을 무기 하나 없으매 고충과 걱정이 쌓여 일찍 일어나 밤이 이슥토록 짐은 잠을 이룰 수 없었다. 나날이 치자治者의 어려움을 감당하지 못할까 두렵기 짝이 없다. 매번 현량賢良한 군자君子를 구해 함께 정치를 하고자 하였다. 간절한 정성을 들여 밤마다 빌고 또 빌었다. 구하여도 얻지 못하나니 자나 깨나 생각하네. 아 그리워라. 이리 뒤척, 저리 뒤척…, 이제 짐이 여러 번 생각하여, 진경을 얻었다. 그의 학문과 자질이 빛나고 또 빛나며, 성현과 군자의 기품과 체모마저 능히 갖추었도다. 점잖고 점잖은 위엄 있는 거동. 높고 높은 신성함과 문무文武의 자질을 다 함께 갖추었다. 이는 한나라의 고조高祖와 당나라의 태조太祖를 넘어선다. 새벽부터 이슥토록 생각을 거듭하며 진경을 살펴보니 가히 황제의 위를 물릴 만하다. 이로써 짐은 그에게 선위하여 하늘의 마음을 달래려 하니, 짐의 마음에 부합되게 하길 바라노라. 다소나마 모두 마음을 함께 하고 힘을 합쳐 천자의 보위를 떠받치며 태평의 복을 누리기를 바라노라. 천하에 널리 포고하여 다 함께 이 사실을 알고 듣게 하라.

昭皇 Chiêu Hoàng (1225년 섣달 11일)

제1절 혜종 말년의 정치 상황

혜종 말년의 상황을 알기 위해서는 다음 기록이 주목된다. 이에는 대월 李氏 皇朝 초유의 '傳位' 사실이 고스란히 담겨 있다.

> A-1) 甲申十四年十月以後昭皇天彰有道元年, 宋嘉定十七年 冬十月, 詔昭聖公主爲皇太子以傳位, 帝出家, 居大內真教禪寺。昭聖即位, 改元天彰有道元年, 尊號曰昭皇。

이에 의하면 1224년 10월, 혜종은 황위를 차녀 昭聖公主에게 물려주고 傳位했다. 이어 황제는 出家하여 大內의 真教禪寺에 머물렀다. 昭聖이 即位하여 天彰有道元年으로 改元했고 昭皇이라 칭했다.

그런데 전위한 대상이 1216년 6월에 출생한 장녀 順天公主가 아닌, 1218년 9월 출생한 차녀 소성공주라는 점은 의문이다. 전위 당시 혜종은 스물아홉, 순천은 여덟 살, 소성은 여섯에 불과했다. 病中이라고는 하나 아직 젊은 혜종이 전위한 것을 포함하여, 장녀를 제쳐두고 어린 차녀 소성에게 황위를 전위한 것에는 의문을 지울 수 없다.

이처럼 혜종의 전위가 과연 자신의 진의였는지 궁금하다. 왜냐하면 당시의 실권은 진씨 일가에게 넘어간 상태였기에 정치 역학 관계상 타의에 의한 양위일 수 있기 때문이다.

> A-2) 丁丑七年宋嘉定十年春三月, 帝漸發狂, 或稱天將降, 即持干楯揷小旗於髻上戲舞, 自早至晡, 不即或罷, 復發汗燥渴, 飲酒長睡, 后日乃醒。政事不決, 委任陳嗣慶天下, 大權漸移焉。

A-3) 癸未十三年宋嘉定十六年冬 陳嗣慶卒, 追封建國大王。以陳承爲輔國太尉, 賛拜不名

A-4) 甲申十四年十月以後昭皇天彰有道元年, 宋嘉定十七年帝疾日滋, 無嗣繼承大統, 公主皆分各路爲湯沐邑, 獨委任指揮使陳守度領殿前諸軍扈衛禁庭。

1217년 政令과 군권이 陳嗣慶에게 위임됐다. 1223년 12월 陳嗣慶이 죽자 즉각 대왕으로 추봉되기에 이르렀다. 직후 혜종은 陳承을 輔國太尉로 삼은 데 이어, 1224년에는 궁궐 안팎의 제 권력을 陳守度에게 위임했다. 황제로 하여금 두 번이나 파천하게 한 죄인을 논박은커녕 대왕으로 추봉한 것이나, 그 뒤를 이어 진씨 일가에게 속속 군권이 넘어간 사실은 당시 석연찮은 사정을 짐작하게 한다. 이를 개인의 차원으로 돌려 혜종의 문약이라 간단히 단정할 수는 없다.

혜종의 전위를 둘러싼 과정에서 짚어낼 의혹은 없는 것일까. 위 기록에서는 혜종이 1224년 12월, 황위를 소성으로 물려주고 자의로 진교선사에 출가한 것으로 나타난다. 그러나 그것이 결코 아님을 보여주는 다른 기록이 있다.

A-5) 丙戌建中二年宋寶慶二年春正月, 冊昭皇為皇后, 改昭聖, 封陳守度為太師統國, 行軍務征討事。廢李上皇居真教禪寺, 號惠光大師。

이에 의하면 혜종은 진경이 황제가 된 이후 上皇에서 밀려나 真教禪寺에 유폐되었고 惠光大師로 불렸다고 한다. 이런 맥락에서 보면, 혜종의 전위는 힘의 논리에 의한 강제 퇴위일 개연성이 크다. 진수도가 민심의 동향에 촉각을 세웠다면, 불완전한 자신의 권력을 보완하기 위해 더욱 허수아비 황제를 옹립하려 부심했을 것이다. 이 경우 황위를 전위받을 대상 역시 진씨 일가가 조종하기 쉬운 차녀를 옹립했다고 짐작된다.[1)]

> A-6) 乙酉天彰有道二年十二月陳太宗建中元年, 宋理宗煦寶慶元年冬十月, 詔選内外官員子弟充内色役, 六火侍宮外, 祗侯、内人侍内, 日夜番上侍從。殿前指揮使陳守度知城市内外諸軍事。守度姪陳不及爲近侍、署六局, 祗候陳𢡱爲祗應局, 陳煚爲政首煚陳太宗,

위에서 확인되듯 소황이 즉위한 직후 전권은 殿前指揮使 陳守度가 행사했다. 궁궐 내의 조직까지 직접 개편하는가하면 陳𢡱, 陳煚 등 일족을 궁궐 안에 포진시켰다. 昭皇을 수발하게 내외의 자제들을 뽑고 예쁘게 꾸민 다음 교대로 번을 서게 했다. 이들은 六火侍 또는 祈候 內侍라 불렸다. 진수도는 더하여 陳𢡱에게 祈應局을 만들게 했다. 그리고, 陳守度의 조카 陳煚을 正首로 삼았다. 진경의 나이 바야흐로 여덟이었다. 예전 두영무가 집안의 여자를 황비로 들여 권세를 도모한 적이 있었으되, 진수도는 거꾸로 집안의 어린 남자를 황궁에 들여 권력을 강화하려 한 조치였다.

> A-7) 一日當司盥洗, 因入侍内, 昭皇見而悅之, 每夜遊, 召與同遊, 見煚在暗處, 即親臨挑謔之, 或曳其髮, 或立其影。他日煚捧水匜音移侍立昭皇盥頮音誨, 以手掬水濺煚面而謔笑, 及煚捧檳榔巾, 則以巾拋與之。煚不敢言, 陰以告守度。守度曰：「誠有如此, 皇族乎?赤族

1) 장녀인 순천 공주가 이미 陳柳에게 출가한 상태여서 차녀인 소성 공주에게 전위가 이루어진 것으로 보는 견해도 있다[이철희, 〈花山李氏의 시조〉(http://blog.naver.com/vntour/60138731549)]. 진류는 진경의 동복형인데 그 슬하에는 진흥도가 있었음이 확인된다.

> 乎?」又一日, 昭皇又以檳榔巾抛與煚, 煚拜曰 : 「陛下赦臣罪否?臣願奉命。」昭皇笑曰 : 「赦汝, 今汝已智辨。」

며칠 뒤 진경은 司盥洗 당번이 되었다. 일곱 살 어린 소황은 적대해야 할 진경을 아주 좋아했고, 매일 밤 불러, 더불어 놀았다. 진경이 어둔 곳에 숨으면 가까이 다가와 돋우어 희롱했다. 혹 그 머리카락을 잡기도 하고, 혹 미소를 머금으며 진경의 그림자를 사뿐히 밟고 올라서기도 했다. 어느 날, 진경이 물 주전자를 들고 세수를 하는 소황을 시중하였다. 소황이 손으로 물을 움켜쥐고 진경의 얼굴을 향해 물을 튀겼다. 그리고는 살포시 웃음을 띠며 밝게 웃었다. 빈랑 열매 문양이 수놓아진 수건을 감싸 들고 시립했던 진경은 화가 나 수건을 내던지듯 소황에게 주었다.

진경은 이 일을 은밀하게 陳守度에게 고했다. 그러자 진수도는 진경을 향해 "진실로 이와 같은 일이 있었다면 네는 황족이 되거나, 아니면 멸족의 화를 당할 것이다." 다음 날, 소황이 짐짓 어제의 그 수건을 던지듯 진경에게 주었다. 진경이 황망히 엎드려 무릎을 꿇고 말하였다. "폐하께선 이미 어제 신의 죄를 사해주지 않으셨습니까. 그렇지 않았다면 지금 신은 이 자리에서 폐하의 명을 달게 받들겠나이다." 소황이 웃으며 희롱과 사랑을 섞어 말했다. "내 너를 사할 것이다. 지금 네가 이미 죄를 분별하고 있으니까 말이다."

> A-8) 煚又以告守度, 守度恐事泄倂誅, 於是自率家属、親戚入禁中。守度開城門及諸宮門, 令人守之, 百官進朝, 不得入。守度徧告曰 : 「陛下已有尙矣。」群臣皆曰諾, 請擇日朝見。本月二十一日, 群臣進朝拜賀。下詔曰 : 「自古南越帝王, 治天下者有矣。惟我李受天眷命, 奄有四海, 列聖相承, 二百餘年, 奈以上皇嬰疾, 承統無人, 國勢傾危, 命朕受明詔, 勉強即位, 自古已來未之有也。嗟朕惟爲女主,

> 才德俱傾, 輔弼無人, 盜賊蜂起, 安可秉持神器之太重, 朕夙興夜寐, 惟恐難堪, 每念求賢良君子, 同輔政治, 夙夜拳拳, 於斯極矣, 詩曰 : 『君子好求, 求之不得, 寤寐思服, 悠哉悠哉。』

다시 진경이 이 말을 고하자, 진수도는 말이 새나가 함께 誅戮될까 두려웠다. 이에 家屬과 친척의 궁정 출입마저 금지시키고, 성과 궐의 문을 닫아버렸다. 까닭에 백관들이 조회에 나왔지만 입궁하지 못했다. 진수도가 혼자 나와 폐하의 혼인이 결정되었다고 선포했다. 군신들은 擇日을 청하며, 조회에서 알현하고 始末을 알길 청했다.

1225년 선달 11일, 昭皇은 天安殿에 나아갔다. 백관들이 朝服을 입고 朝庭에서 절을 하였다. 황제에게 엎드려 경하를 進言했다. 소황은 조문을 천천히 읽어갔다. "自古로 남월 제왕으로 천하를 다스리는 자 있어 왔으나, 오직 우리 李氏만이 천명을 받들어 이 나라 사해를 다스려 열성조가 사직을 이어온 지 어언 200여 년이 흘렀다. 그러나, 과인의 上皇께서, 앵질에 걸리고 대통을 이을 자가 없어 국운이 날로 기울어지고 위급함에 이르렀다. 짐이 여자의 몸으로 명을 받들어 어쩔 수 없이 즉위하였나니 자고로 지금껏 있지 아니한 일이었다. 뜻을 다하여 나라를 강하게 만들려 하였지만, 애석하게도 짐이 여자라 덕이 부족하다. 또한 보필하는 사람조차 하나 없으며, 곳곳에서 도적이 활개 치니 황제의 무거운 책임을 어찌 능히 감당하고 손 안에 쥘 수 있으리오. 그들을 잡을 무기 하나 없으매 고충과 걱정이 쌓여 일찍 일어나 밤이 이슥토록 짐은 잠을 이룰 수 없었다. 나날이 治者의 어려움을 감당하지 못할까 두렵기 짝이 없다."

소황은 천천히 나머지 황지를 전했다. "매번 賢良한 君子를 구해 함께 정치를 하고자 하였다. 간절한 정성을 들여 밤마다 빌고 또 빌었다." 여기서 소황은 詩經에 나오는 첫 시의 구절을 인용했다. "구하여도 얻지 못하나니 자나 깨나 생각하네. 아 그리워라. 이리 뒤척, 저리 뒤척."

이는 시경 첫머리에 등장하는 曲, 관저의 전체 5연 중 1연의 마지막 구절과, 3연의 1~3구절 부분이다. 이것은 군자(수컷)가 밤을 새며 숙녀(암컷)를 찾아 구애하는 愛歌, 사랑노래의 한 대목이다.

A-9)

1연 關關雎鳩 관관히 우는 물수리새는
在河之洲 냇물 모래톱에 노니네.
窈窕淑女 그윽이 아름다운 숙녀는
君子好逑 군자의 좋은 짝이라네.

3연 求之不得 구해도 얻지 못하여
寤寐思服 자나깨나 생각하나니
悠哉悠哉 이 밤이 길고 길어라,
輾轉反側 이리 뒤척 저리 뒤척.

《시경詩經》은 공자(BC 551~479)가 편집한 중국 최초의 시가 총집이었으며, 공자는 이를 문학적 표현의 정형이라 일컬었다. 그 제재가 줄곧 "즐겁되 음탕하지 않고 슬프되 상심하지 않기"(樂而不淫, 哀而不傷) 때문이었다. 수록된 곡은 모두 주周나라 초기(BC 11세기)부터 춘추시대 중기(BC 6세기)까지의 시가 305편이며, 크게 풍風·아雅·송頌으로 분류되어 노래로 부를 수 있었다.

"風"은 민간에서 채집한 노래로 모두 160편이다. 여러 나라의 노래가 수집되어 있다고 하여 이른바 國風이라고도 한다. 대략 周南·소남召南·위衛·왕王·정鄭·제齊·위魏·당唐·진秦·진陳·회檜·조曹 등의 15개국 노래로 분류된다. 그 대부분은 서정시로서 남녀 간의 사랑이 내용의 주류를 이룬다. “아”는 小雅 74편과 大雅 31편으로 구성되며 궁중에서 쓰이던 작품이 대부분이다. “송”은 周頌 31편, 魯頌 4편, 商頌 5편으로 구성되는데, 신과 조상에게 제사 지내는 악곡을 모은 것이다. 주송은 대체로 주나라 초기, 즉 武王·成王·康王·昭王 때의 작품으로 보인다. 노송은 노나라 僖公 때의 시이다. 상송은《시경》중에서 가장 오래된 시로 여겨져 왔다.[2)]

위에서 昭皇이 말한 관저는 風으로서 周南 일대에서 불린 시가였다. 周南은 주나라 남쪽, 곧 周公이 다스린 지역이었다.

일곱 살 소황이 과연 이 시경의 관저를 읽었는지, 그리고 실제 이처럼 말했는지는 알 수 없다. 다만 昭皇이 여자인 만큼 어울리지 않는 것이었고, 정치를 함께 할 군자를 구한다며 배필을 찾는 노래가 들어간 것도 이상한 일이 아닐 수 없다. 가능한 추측은 이 구절이 혼례를 위한 修辭였다고 짐작된다.

그런데 昭皇은 자신의 배필을 군신에게 밝히는 것과 동시에, 갑자기 양위의 뜻을 전했다. “이제 짐이 여러 번 생각하여, 진경을 얻었다. 그의 학문과 자질이 빛나고 또 빛나며, 성현과 군자의 기품과 체모마저 능히 갖추었도다. 점잖고 점잖은 위엄과 거동. 높고 높은 신성함과 文武의 자질을 다 함께 갖추었다. 이는 한나라의 高祖와 당나라의 太祖를 넘어선다”의 구절이 바로 그것이다.

A-10) 今朕反覆獨筭, 惟得陳煚文質彬彬, 誠賢人君子之體, 威儀抑抑, 有聖神文武之資, 雖漢高唐太, 未之能過。想熟晨昏驗之有素, 可遜大位, 以慰天心, 以副朕懷, 庶可同心戮力, 共扶國祚, 以享太平之福。布誥天下, 咸使聞知。

---

2) http://www.seelotus.com/gojeon/oe-kuk/poetry/kwan-jeo.htm

"새벽부터 이슥토록 생각을 거듭하며 진경을 살펴보니 가히 황제의 위를 물릴 만하다. 이로써 짐은 그에게 선위하여 하늘의 마음을 달래려 하니, 짐의 마음에 부합되게 하길 바라노라. 다소나마 모두 음을 함께 하고 힘을 합쳐 천자의 보위를 떠받치며 태평의 복을 누리기를 바라노라. 천하에 널리 포고하여 다 함께 이 사실을 알고 듣게 하라"고 인용되어 있다. 이것은 매우 이상한데, 결국 昭皇의 행위 이면에는 昭皇으로 하여금 혼인과 동시에 양위토록 한 일련의 책략이 작용했다고 보인다.

> A-11) 十二月十一日戊寅, 昭皇設大會于天安殿御寶床, 百官朝服, 進朝拜于庭下。昭皇乃降服, 勸進陳煚即皇帝位。改元建中元年, 大赦, 稱禪皇, 尋改文皇, 群臣上尊號曰啓天立極至仁彰孝皇帝。拜陳守度爲國尙父掌理天下事。守度曰 :「今盜賊並起, 禍亂日滋。段尙據東, 阮嫩據北, 廣威大遠, 亦未削平。李家衰弱, 國勢傾危, 昭皇女主, 不克負荷, 託以二郎, 未諳國勢, 政事多缺, 國祚初開, 民心未服, 其禍不小。其雖叔父, 不識文字, 東馳西騖, 以扞盜賊, 不如且勸聖父權攝國政爲上皇, 後一二年天下一統, 復政二郎。」群臣稱善, 勸聖父陳承居攝。

이튿날 昭皇이 隆服을 진경에게 건네주었다. 진경이 황제로 즉위하였다. 建中 元年으로 개원했다. 1225년 12월 12일. 진경은 즉시 대사면을 단행했다. 소황을 禪皇이라 칭했지만, 바로 文王으로 폄했다. 군신들은 진경의 존호를 啓天立極 地仁彰皇帝라 하였고, 陳守度를 나라의 尙父로 올려, 천하의 일을 관장토록 했다. 결국 昭皇은 1225년 섣달 11일 황제로 등극하여 단 하루만에 진경에게 황위를 내어주고 왕으로 격하된 것이었다. 애당초 황위는 자신이나 부친이 원한 것이 아니었으며, 멀쩡한 언니를 제치고 진수도의 입김에 의해 원치 않는 등극을 한 터였다. 대월에서 두 살, 세 살의 나이로 황제가 되어 무리 없이 이끈 전례가 있음을 고려할 때, 소황의 예외적인 양위는 무엇보다 혜종이 딸을 위해 정치적 기반을 철저히 다지고, 陳氏 세력을 비롯한 반대세력을 숙청하지 못한 것에 일차적 원인이 존재한다고 할 수 있다.

진경이 황제가 된 것은 宋 寶慶 2年, 곧 1226년, 곧 혜종이 황위를 선양한 지 이태가 되는 해였다. 그러나 실제 시간으로는 몇 달이 채 되지 않은 시기에 전격적으로 이뤄진 권력 양위였다. 당시 진경은 昭皇을 皇后로 격하하여 이름을 昭聖으로 돌리고 陳守度를 太師統國로 삼았다. 그 다음 조치로 혜종은 1226년 정월 상황에서 폐위되었고 진교선사에 유폐되게 되었다.

국권을 틀어쥔 진수도는 군신에게 다음과 같이 말하였다. "지금 도적이 여러 곳에서 활개치고, 난의 화가 나날이 더해가고 있다. 동쪽으로 가 段尙을 치고, 북쪽으로 가 阮嫩을 칠 것이다. 멀리 廣源의 땅까지 평정할 것이다."

진수도의 이 발언의 이면에는 민심의 향배에 대한 걱정이 담겨 있다. 정변의 명분을 강조하는 것은 이조의 폐행에 대한 지적으로 연결되었다.

"李家는 쇠잔해져, 나라의 힘이 없어져 버렸고, 女主 昭皇이 이를 극복하지 못하였다. 또한 나라 일을 두 사람의 郎에게 의탁하여 처리하니 國體가 큰소리 한번 치지 못하였다. 政事가 자주 이지러지니, 國祚가 나가버려, 백성이 고생하고 화가 적지 않았다. 나는 황제의 숙부이지만, 문자를 모른다. 오로지 東西로 말을 달려 도적을 처단하려 한다. 그러므로 황제의 아버지가 섭정하도록 하고 그분을 上皇으로 섬기도록 하라."

진수도가 문자를 모른다고 한 점이나 동서로 外征에 나서겠다는 포부를 밝힌 점은 모두 국내 독점적 권력을 장악할 것을 염려하는 민심을 호도하기 위한 정치적 修辭가 틀림없다. 일단 천하는 완전히 진씨의 손아귀에 들어왔고, 진경의 아비 상황 陳承이 섭정하였다. 李氏 황조가 들어선지 이백 육십년. 도합 아홉 황제의 치세. 260년만의 일이었다. 이에 대해서 吳士連은 다음과 평하고 있다.

A-12) 史臣吳士連曰 : 惠宗之世, 天下之蠱已深。而人君非陽剛之主, 當國以柔懦之臣, 欲幹深弊之蠱, 其何能濟。況帝要(嬰)惡疾, 治之弗効, 又無嗣子, 以承大統, 危亡之兆, 已先見矣。世傳李祖初得天下, 車駕回古法幸扶董鄉寺, 有神人題詩寺柱曰 :「一鉢功德水, 隨緣化世間。光光重照燭, 沒影日登山。」自僧萬行以其詩進, 李祖覽之曰 :「神人之事, 不可曉也。」世人傳誦, 莫識所謂。及李氏終, 以詩爲驗。蓋自惠宗上至太祖八代, 而惠宗名旵, 爲日登山沒影也。然則李氏之興天也, 其亡亦天也。右李朝九帝, 始太祖庚戌, 終昭皇乙酉, 共二百六十年。

그가 말하길, “혜종의 치세는 천하의 독이 이미 깊어졌고, 하물며 황제가 惡疾에 걸렸으니 다스림이 효과를 이룰 수 없었다. 또 아들이 없어 여식이 대통을 이었으니 危亡의 조짐이 이미 앞서 나타났다 할 것이다. 처음 이공온이 천하를 얻고 古法으로 말머리를 돌려 扶董鄉寺에 이르렀을 때 神人이 절 기둥에 쓴 시 ‘一鉢功德水, 隨緣化世間。光光重照燭, 沒影日登山’과, ‘沒影日登山’을 거론하며 이씨가 천하를 얻은 것도 하늘의 뜻이요, 망한 것도 하늘의 뜻이라 평하고 있다. 건국과 동시에 멸망을 노래한 讖謠의 존재, ‘旵’에 대한 破字를 토대로 천명과 결부지어 해석하고 있는 것이다.

강제로 퇴위당한 혜종이 진수도에게 시해된 것은 혜종의 양위로부터 이태가 지난 1226년 8월 10일로 확인된다.

A-13) 丙戌建中二年宋寶慶二年 秋八月十日, 陳守度弑李惠宗於真教

> 禪寺。先是, 李上皇嘗出遊東市, 百姓爭趍見之, 有慟哭者。守度恐人心懷舊生变, 遷居真教寺, 佯為奉事, 内實謹守。守度嘗過寺前, 見惠宗踞坐拔草, 守度曰 : 「拔則拔深根。」惠宗撥起拂手曰 : 「爾之所言, 我知之矣。」至是, 令人排辨香花, 告曰 : 「尚父使臣來請。」李上皇曰 : 「我誦經罷, 當自盡。」已而入寢房祝曰 : 「我家天下已帰于汝, 汝猶弑我。今日我死, 異時汝之子孫亦猶是也。」乃自縊于寺後園。守度令百官臨哭, 鑿城南壁為門時人謂之剖門, 出柩就安華坊火化, 藏其骨於寶光寺窣塔, 尊廟號曰 : 惠宗。降惠后為天極公主, 嫁陳守度, 以諒州為湯沐邑。(《대월사기 전서》 본기 권5 태종條)

그에 앞서 혜종은 東市에 出遊했는데, 百姓들이 다투어 혜종을 보기 위해 몰려들었으며 통곡하는 자도 있었다고 한다. 이에 진수도는 백성들이 옛 황제를 마음에 품고 변란을 일으킬까 두려워 마침내 혜종을 真教寺에 옮겨 유폐했다고 한다.

앞의 기록을 토대로 한다면, 혜종이 진교선사로 거처를 옮긴 것은 시해되기 여덟 달 전, 곧 정월의 일일 것이다. 이후 혜종과 진수도의 갈등은 증폭되었는데, 진수도가 진교사 앞을 지나다가 혜종이 무릎을 구부리고 풀을 뽑는 것을 보고 '뽑으려 한다면 깊은 뿌리를 뽑아야 한다'라고 했다. 그러자 혜종이 허리를 펴고 일어나 두 손을 떨면서 '네가 말하는 말은 나 역시 알고 있다'라 대꾸하는 것에서 짐작된다. 아마 진수도의 이 말은 혜종에 대한 정신적 가해이자 핍박으로 볼 수 있으며, 아니면 혜종을 향해 친위세력을 철저히 발본색원할 것임을 시사한 것이라 볼 수도 있다. 또한 혜종은 진수도의 핍박에 못 이겨 자진을 택하면서 '우리 집안과 천하가 다 너에게 돌아갔거늘 네가 나를 시해하려 하니 오늘은 내가 죽지만 다른 날 너의 자손들이 이와 같은 꼴을 당하리라'는 저주를 퍼부었다. 혜종은 진수도와의 갈등 속에 극단적인 '自縊'의 방식으로 삶을 마감했다.

혜종의 출생 연도는 1194년 7월이었다.[3] 그리고 1226년 8월 10일, 진수도의 핍박과 강요 아래 스스로 목을 매어 죽었다.[4] 만 30세의 젊은 나이에, 그는 한 많고 설움 많은 삶을 마감한 셈이었다.

그 직후 진수도는 百官을 거느리고 臨哭했다고 되어 있다. 이는 혜종 죽음의 원인이 자신에게 향하는 것을 막고 민심의 동향을 추스르기 위한 모종의 민심 회유책이었을 것이다. 이후 혜종의 妃 陳氏容은 혜종 사망 직후 天極公主로 격하되어, 사촌 오빠인 진수도에게 개가한 것이 확인된다.

> 己未紹隆二年宋開慶元年春正月, 陳守度夫人靈慈國母陳氏薨。陳氏稱國母者, 本前吳夫人號, 即后也。太宗以靈慈嘗為李惠宗后, 不忍以公主稱, 故封為國母, 亦后之別。各其輿服僕御視后。(《대월사기 전서》 본기 권5 태종條)

진씨용은 혜종의 后였으나 진수도에게 개가하며 天極公主가 되었지만, 황제 진경은 前 皇帝의 부인이자 자신의 장모인 그녀를 차마 공주라 칭하지 못하고 국모라 칭했다고 되어 있다.

> 史臣吳士連曰：三代之得天下也以仁。故大德之君, 無積惡之甚者, 天未嘗遽絶之也。李氏得國, 無愧三代, 傳世至惠宗, 無子且嬰疾, 蓋先王之澤於是乎竭

3) 甲寅九年宋紹熙五年秋七月, 皇太子旵丑咸切生, 封譚元妃爲安全皇后。大赦天下。賜耆老七十以上帛各一疋, 大酺二日于廟。

4) 諱旵, 高宗長子, 其母譚氏皇后。於甲寅年七月誕生, 治平龍應四年戊辰正月冊立爲皇太子, 高宗崩, 遂登太寶, 在位十四年, 傳位昭皇, 後爲陳守度所殺, 壽三十三歲。遭時喪亂, 盜賊肆行, 身嬰重疾, 不能早求繼嗣, 李氏遂亡。

> 矣, 故陳氏得以取之。既取人國, 又弑其君, 不仁之甚也。厥後廢帝縊死, 元后見弑, 出乎爾反乎爾, 天道然也。雖無惠宗盟咀之言猶信焉。守度以此為謀國盡忠, 殊不知天下後世, 皆指為弑君之賊, 况又為狗彘之行哉。(《대월사기 전서》 본기 권5 태종條)

吳士連은 혜종이 無子에다 嬰疾을 앓고 있은 까닭에 조상의 은택이 다한 까닭에, 나라가 진씨에게 넘어갔다고 평하고 있다. 그 뒤 혜종을 핍박하여 自縊하게 하고 혜종의 비로 하여금 그 시해의 현장을 보게 했으며, 다시 前朝의 황비이자 사촌 동생인 그녀를 취했으니 진수도는 후세의 두려움을 모르며, 개·돼지의 행동을 한 禽獸라 평하고 있다.

혜종의 죽음은, 1209년 당시 황태자 참(혜종)이 郭卜의 난을 피해 도망치던 중 그녀를 만나 결혼한 지 15년 만이었다. 두 사람 슬하에는 順天, 昭聖 두 딸을 둔 상태이기도 했다. 이후 그녀의 삶은 어떻게 변화한 것일까. 그녀에 관한 기록은 1237년에 다시 등장한다. 당시 그녀는 진수도에게 시집 간 지 11년이 되는 해였다.

> 丁酉六年宋嘉熙元年春正月, 納兄懷王柳妻順天公主李氏為順天皇后, 降昭聖為公主。時昭聖無子, 而順天懷娠國康. 三月, 陳守度與天極公主密謀於帝曰:「宜冒取之, 以賴其後。」故有是命。柳於是聚眾, 下大江作亂。(《대월사기 전서》본기 권5 태종條)

1237년이라면, 소성이 진경과 결혼한 지 12년이 되는 시점이었다. 한데 당시까지 소성과 진경의 슬하에는 자식이 없었음이 확인된다. 한데 소성의 언니 순천공주는 진경의 형 진류에게 출가했고 당시 회임 중이었다.

그러자 친모 진씨용(天極公主)은 진수도와 공모하여 금상인 진경에게 순천을 황후로 맞아들이고 소성을 공주로 격하할 것을 강권했다. 결과적으로 진경이 진씨용과 진수도의 말을 수용한 것에서 진씨용과 진수도의 세력이 온존했음이 드러난다. 아마도 이는 진씨용이 자신의 권력을 친손자를 통해 이어가려 한 고육지책이었을 것이라 짐작된다.

황제에서 황후가 된 것으로도 모자라, 졸지에 황후에서 공주로 격하된 소성은 물론이거니와 황제가 될 뻔한 장녀로 태어나 황위를 빼앗기고, 황제의 형에게 시집갔다가 단지 임신한 까닭으로 해서 황제의 부인이 된 순천의 심경도 복잡했을 것은 당연하다. 또한 한창 애정이 돋아날 임신한 부인을 강탈당한 진류의 심정은 말할 수조차 없었다고 여겨진다. 직후 陳柳는 실제 대규모 반란을 획책하고 있다.

> 潘孚先曰：三綱五常，人之大倫、太宗開基之主，固當立法以垂後世，乃聽守度之邪謀，奪兄妻以為后，毋乃斁彝倫，以啓淫乱之端乎。柳自是生嫌隙，敢於作乱，太宗養成其惡也。或謂太宗不殺兄仁矣，愚謂奪兄妻其惡已彰，不殺兄，理未滅耳，烏得謂之仁哉。嘗觀陳裕宗淫乱聚麀，未始不由太宗啓之也。史臣吳士連曰：太宗冒取兄子為己子，厥後裕宗、憲慈皆以日禮為恭肅子，致陳業幾墜，其原豈無所自哉。(《대월사기 전서》 본기 권5 태종條)

潘孚先과 吳士連은 이구동성으로 삼강오상이 무너진 것이며 국기를 문란케 한 진경의 행위에 대해 비난의 화살을 퍼붓고 있다.

> 己未紹隆二年宋開慶元年春正月，陳守度夫人靈慈國母陳氏薨。陳氏稱國母者，本前吳夫人號，即后也。太宗以靈慈嘗為李惠宗后，不忍以公主稱，故封為國母，亦后之別。各其輿服僕御視后。史臣吳士連曰：靈慈初婦李惠宗，非正也；後婦陳守度，失節也。然而其女昭皇禪陳，順天又為太宗后，生聖宗。安生與太宗生釁，靈慈調之使和，再為兄弟如初。(《대월사기 전서》 본기 권5

陳紀 聖宗條)

1259년 그녀는 마침내 靈慈國母의 칭호를 지닌 채 이 세상을 떠났다. 혜종의 后로서 15년, 진수도의 부인으론 그보다 곱절이 더 긴 33년의 삶이었다. 그녀가 과연 몇 살에 죽었는지 알 수 없다. 다만 혜종이 30의 나이로 죽었고, 그로부터 33년을 더 살았으니 대략 그녀는 60 즈음의 나이라고 짐작할 수는 있다. 혜종과 진수도를 잇따라 남편으로 섬기고 두 딸을 교대로 진경에게 출가시킨 모든 행위가 그녀의 적극적인 의지인지, 아니면 시대 상황에 말미암은 불가피한 것이었는지 확인하긴 어렵다. 다만 시대의 격류 속에서 그녀는 권력의 핵심에 자리했던 것만은 분명하다. 철저히 陳氏 一族을 챙겼으며 남편과 딸을 구렁텅이로 몰아넣고 나라를 송두리째 조카 진경과 사촌오빠 진수도에게 몰아준 그녀의 삶은 陳朝의 등장에 결정적 기여를 한 것은 분명하다.

이후 소성의 삶은 더욱 파란만장하게 전개되고 있다. 황제 진경은 1258년, 자신의 부인이자 한 때 李朝의 황제였던 昭聖을 자신의 신하에게 하사했다. 당시 소성의 나이 40세였고, 진경과 혼인한 지 33년만이었다.

> 戊午八年三月以後聖宗紹隆元年, 宋寶祐六年春正月, 朔, 帝御正殿朝百官。百姓安堵如故。定功行封, 授黎輔陳御史大夫, 仍以昭聖公主歸之。曰：「朕非卿, 豈復有今日。卿其勉之, 共成厥終。」史臣吳士連曰：陳朝君臣, 瀆夫婦之倫, 又於斯見之矣。(《대월사기 전서》 본기 권5 태종條)

자신의 조강지처이자 자신에게 황제의 지위와 사랑과 육체를 내던진 소성을 버리면서 황제 진경은 黎輔陳에게 다음과 같이 말하고 있다. '짐'은 경이 아니었다면 어찌 다시 오늘이 있었겠는가. 경은 소성과의 혼인을 피하려 하지만 함께 偕老토록 하시오'라며 강권하고 있다. 黎輔陳은 대몽 항쟁에서 커다란 역할을 한 것이 확인된다. 곧 平厲源의 전투에서 단기로 적진을 종횡했으며, 次瀘江에서는 亂射되는 矢石을 선박의 판자로 막아 황제의 목숨을 구한 것으로 나타난다.

> 丁巳七年宋寶祐五年 十二月十二日, 元將兀良合觧多改切犯平厲源。帝自將督戰, 前冒矢石。官軍少却, 帝顧左右, 惟黎輔陳即黎秦單騎出入賊陣, 顏色自若。時有勸帝駐驛覘戰者。輔陳力諫曰 :「今陛下特一孤注耳, 宜避之, 豈可輕信人言哉。」帝於是退次瀘江, 輔陳為殿, 賊兵亂射。輔陳以舟板翼之, 得免。虜勢甚盛, 又退保天幕江, 從帝議及機密, 人鮮有知之者。帝御小舟, 就太尉日皎船問計。日皎方靠船, 坐不能起, 惟以手指點水, 寫入宋二字於船舷。帝問星罡軍何在星罡日皎所領軍, 對曰 :「徵不至矣。」帝即移舟問太師陳守度。對曰 :「臣首未至地, 陛下無煩他慮。」(《대월사기 전서》 본기 권5 태종條)

결국 황제는 자신의 求命之臣인 黎輔陳에게 어사대부의 직함과 더불어 자신의 처 소성을 하사한 것이었다. 당시 소성의 친모이자 소성을 황후에서 끌어내려 공주로 하게 한 장본인 靈慈國母는 이 사안에 대해 어떤 반응을 보였는지는 전혀 나타나지 않는다. 당시 靈慈國母, 곧 진씨용은 죽음을 1년 앞둔 시점이었다.

소성은 황제의 딸로 태어나 6세의 나이에 권신의 강요로 원치 않는 허수아비 황제가 되었다. 그러다가 진경에게 황위를 물리고 황후가 되었으며, 혼인한 지 12년 만에 아들을 임신하지 못했다는 까닭으로 언니 순천에게 황후의 위치를 빼앗기고 공주가 되었다. 그로부터 21년 만에 다시 庶人으로 격하되어 진경의 신하인 黎輔陳에게 정략관계의 선물로 주어지게 된 것이다. 위 기록에서 吳士連은 이 대목을 매우 주목하여 陳朝의 君臣이 夫婦의 人倫을 더럽혔다고 힐난하고 있다.

언니 순천이 진류를 거쳐 진경에게 시집왔다면, 동생인 소성은 진경을 거쳐 黎輔陳에게 출가하며 각각 두 남자를 섬기게 된 것이었다. 자매의 질긴 파란과 격동의 삶은 여기에서 고스란히 파악된다고 할 수 있다. 부친 혜종이 겪은 비운의 삶은 그대로 두 딸에게 유전되어 그녀들 역시 권력의 격랑 속에서 온전히 불행한 삶을 이어갔다고 할 수 있다.

이후 소성은 1278년 사망하게 된다. 진경의 황후로 12년, 공주로 21년 도합 33년의 결혼 생활과, 다시 黎輔陳에게 改嫁하여 정확히 20년 부인으로 살다 삶을 마감한 것이었다. 그녀는 마흔이란 적잖은 나이에 改嫁했고 老産을 거쳐 陳氏가 아닌 黎氏 혈통의 남매를 두었다. 그녀의 사망은 파국의 구렁텅이로 몰아넣은 主犯, 진수도가 죽은 지 13년 뒤의 일이었고,[5] 진경이 죽은 지 정확히 1년 1개월 뒤의 일이었다.

> 戊寅六年宋景炎三年, 五月以後帝昺祥興元年, 元至元十五年春二月, 民多疹痘死。時京城民家常夜失火。帝出城觀救火, 内書家段穹從之。三月, 黎輔陳夫人昭聖公主李氏薨。昭聖下嫁輔陳二十餘年, 生男上位侯宗、女應瑞公主珪。至是

---

5) 甲子七年宋景定五年, 元至元元年春正月, 太師陳守度卒。年七十一, 贈尚父太師忠武大王。守度雖無學問, 然才畧過人, 仕李朝, 為衆所推。太宗之得天下者, 皆其謀力也。故為國倚重, 權移人主。時有劾之者, 見太宗垂涕曰 : 「陛下幼冲, 而守度權移人主, 將如社稷何?」太宗即命駕幸守度第, 仍執劾者從, 具以所言諭之。守度對曰 : 「誠如所言。」即以錢帛與之。靈慈國母嘗坐肩輿過禁階, 為軍校所遏。回第泣謂守度曰 : 「媪為公婦, 而軍校輕慢如此。」守度怒令捉之。軍校以為必死。及至, 守度面詰之, 軍校具以實對。守度曰 : 「汝居卑職, 而能守法, 我有何言。」賞以金帛而遣之。嘗定戶口, 國母私求一丁為勾當, 守度頷之户感切, 以頭點應也, 識其姓名貫址。及閱定其社, 問某何在, 其人欣然趍進。守度曰 : 「汝以公主故, 得為勾當, 非他勾當可比, 當刖一足趾, 使與他別。」其人哀呼請辞, 久之乃釋。自是無敢私謁者。太宗嘗欲以守度兄安國為相。守度曰 : 「安國臣兄也。如以為賢, 則臣請致仕, 如以臣賢於安國, 則安國不可舉。若兄弟並相, 則朝廷之事, 將如之何。」乃止。守度雖為宰相, 而九事罔不加意。以此能輔成王業, 而令終也。太宗嘗製生祠碑文, 以寵異之。然而弑君烝后之罪, 難逃於後世矣。(《대월사기 전서》 본기 권5 陳紀 聖宗條)

[그림 1] 소황을 모신 유리전

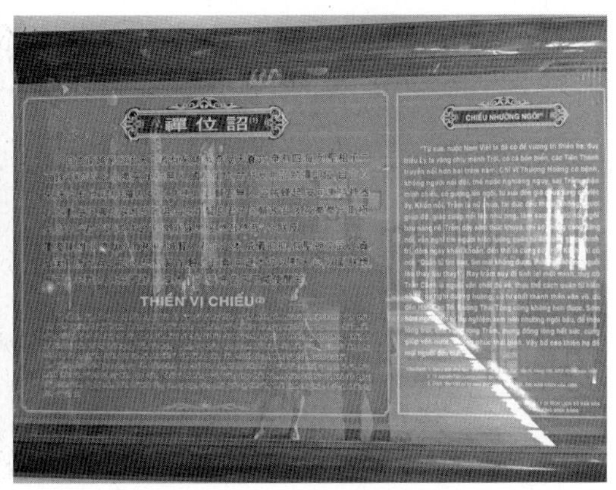

[그림 2] 소황의 선위조

年六十一薨。(《대월사기 전서》 본기 권5 陳紀 聖宗條)

그녀는 黎輔陳과의 슬하에 1남 1녀를 둔 것이 확인된다. 그녀의 나이 61세였다. 어린 시절 진수도의 입김 아래 사촌인 진경을 만나 호감을 지녔고 그로 말미암아 그녀의 삶은 온통 뒤틀렸다고 해도 과언이 아니다. 죽음 이후에조차 그녀의 운명은 불행을 비껴가지 못했다. 그녀는 망국의 군주라는 멍에 아래 李氏의 종묘, 곧 덴도에서 줄곧 배제되는 등 불멸의 악명을 덮어썼다고 해도 과언이 아니다.

제2절 용상의 탈출 시점

대월의 변란과 관련하여, 용상의 탈출 시점은 언제일까. 대략의 기록은 寶慶 丙子, 혹은 丙戌年에 내란이 일어나 용상이 대월을 탈출한 것으로 되어 있다.

A-14) 寶慶 丙子 國에 내란이 일어나 종사가 전복되다.《옹진군 군세 요람》[6]

A-15) 寶慶 丙子 國有內亂 宗社顚覆 公以王之叔父 哭南平廟 抱祭器 東出《수항문기적비》[7]

김영건이 채록한 기록은 병자년에 대월 안에 변란이 일어난 것으로 파악하고 있다. 그러나 보경 年間은 1225~1227년에 걸쳐 있으며 간지로는 乙酉, 丙戌, 丁亥年이 전부이다. 따라서 김영건이 채록한 병자년은 오류이다. 정확히 보경 병자는 丙戌年으로 보아야 한다.

A-16) 寶慶 丙戌 國有內亂 宗社顚覆 公以王之叔父 哭南平廟 抱祭器 東出《수항문기적비》[8]

그렇다면 용상은 보경 병술, 곧 1226년 대월 안에 정변이 일어나 종사가 전복되자 남평묘에 곡하고 바다로 나아와 고려 땅에 이른 것일까. 그러한 사실에 의문을 품게 하는 기록이 있다.

A-17) 公卽交趾郡王諱公蘊 六世孫安南王龍翰之弟也 素有微子之仁居國以忠君敬兄爲己任 兄王愛其德欲禪位 公三讓不受 遭陳日照襲取之變 宋理宗寶慶二年 與其族君莶抱祭器 浮海東出高麗甕津止于花山之陽 (高)麗高宗十三年丙戌之秋《花山李氏 世譜》(中始祖)[9]

---

6) 金永鍵,《黎明期의 朝鮮》, 정음사, 1948, p.33 所收.

7) 金永鍵,《黎明期의 朝鮮》, 정음사, 1948, p.35 所收.

8) 李相協, 〈花山李氏 世系〉 17世,《花山李氏 족보》, 회상사, 2004, p.26.

위에 의하면 진일조가 황위를 찬탈하자, 용상은 1226년 군필과 더불어 제기를 안고 바다를 통해 동쪽으로 간 것으로 되어 있다. 진일조, 곧 진경이 황위를 물려받은 것은 1224년 10월이었다. 직후 진수도는 내외의 군권을 장악했으며, 진씨 일족을 궁궐 안팎에 포진하던 때였다.

그렇다면 용상이 생명의 위협을 느낀 것은 1224년 10월 전후의 일이라 보아야 하지 않을까. 곧 진수도의 정변은 1226년 돌발적으로 발생한 것이 아니라, 1224년 10월에 일어나 1226년 8월 10에 이르도록 장기간에 걸친 용의주도하고 면밀한 쿠데타였다.

결국 용상의 입장에서 1224년 10월 진수도의 정변은 커다란 위협으로 체감되었을 것이고, 용상의 존재는 진수도에게도 역시 가장 거북하고 거세해야 할 존재로 비쳤을 것이다. 이 점에서 용상이 1226년에야 대월을 떠났다는 것은 믿기 어렵다.

또 하나 위에서는 1226년 용상이 군필과 더불어 항행의 길에 올라 1226년 가을 옹진 화산에 닿은 것으로 되어 있다. 용상이 고려 화산의 남쪽에 고려 고종 13년 가을에 도착하려면, 최소한 상당한 기간을 두고 그 이전 대월을 출발해야만 가능하다. 대월에서 고려까지의 항행 기간과 거리를 고려할 때, 1226년 가을에 도착하기 위해서는 적어도 용상이 신변의 위험을 느낀 1224, 아니면 1225년으로 소급해야 하지 않을까 싶다.

---

9) 《花山李氏 世譜》 5修版(中始祖).

제 5 장

화산이씨 800년 전체 사료의 조감 및 고증

관련 자료 전반의 一瞥, 사료적 가치 검토와 비정을 중심으로

제1절 Lý Long Tường'과 花山李氏 家乘

제2절 Lý Long Tường'과 대월 Lý조의 계보

제3절 Lý Long Tường'의 항몽을 담은 諸 기록들

遺命詩

百年存社計　　오랫동안 사직을 지킬 계책으로
六月着戎衣　　유월에 융복[갑옷]을 입었었네.
憂國身空死　　나라 걱정에 몸은 자취 없이 죽으나
思親魂獨歸　　혈육 생각 머금어 혼만 홀로 돌아가누나.

이장발(李長發, 1574~1592)

Thơ Tuẫn tiết(1592)

百年存社計　　Trăm tính tính kế giữ non song
六月着戎衣　　Tháng sáu xuất binh giáp nhuộm hồng
憂國身空死　　Lo nước thân này xin nguyện chết
思親魂獨歸　　Thương nhà hồn đó có về không"

Lee Jang Bal (Lý Trường Phát). Tạm dịch

한국과 베트남의 역사적 관계, 史的 연원을 고찰하는 한 고리로서 李龍祥은 緊한 화두로 대두되었다. 하지만 '李龍祥'에 관한 심도 있는 본격 연구는 거의 이뤄지지 않았다고 해도 과언이 아니다. 영성함의 범위를 벗지 못한 연구의 한계들은 앞서 두 차례에 걸쳐 되짚어진 바 있었다.[1)] 실제 기왕의 연구가 이용상을 논하였으면서도 관련 자료 전체의 의미나 이치를 일별하여 깨닫지 못하였고, 파편적 자료에 집착하였기에 엉뚱한 천착으로 귀결되거나 소기의 성과를 거두지 못한 바가 컸다.[2)]

이에 본문은 향후 李龍祥의 연구를 위해 불가결한 선결 과제라 할 관련 국내 자료(총 24종) 전체를 일별하고, 각 자료의 특징, 한계, 사적 의미, 내용 등을 간추려 정리하고자 한다. 이러한 작업은 심도 있는 연구의 선결 전제인 자료의 조감, 기초 자료의 집성 및 해제의 성격을 아울러 함의하고 있다. 본문은 이용상의 출자, 대월 Lý조의 역사적 상황, 화산이씨 가승의 축차적 완성, 1子 계열과 2子 계열의 分枝化와 家乘의 분리 전승 등 그간 주요 쟁점을 망라하여 논구함은 물론, '李龍祥'의 역사적 실존을 포함하여, 고려에의 이거 당시 대월의 상황, 화산군에의 책봉, 항몽과 수항문 등 그간 막연하게 거론되어 왔던 주요 사실들에 대한 자료 비

1) 박순교, 〈한국·베트남·일본 三國의 李龍祥 연구 현황과 과제〉, 《우리시대 석학들, 인문학에 길을 묻다》, 동아인문학회 국제심포지엄 자료집, 2018.11.17. 박순교, 〈이용상 일가의 행적과 기록〉, 《2019 李龍祥 국제학술 심포지엄》, 경상북도 봉화군·하노이 외국어대학 주최 국제심포지엄 자료집, 2019.4.20.

2) 지금까지 나온 관련 논문의 거개가 사료의 차등적 가치, 사료의 축차적 완성 과정을 각성하지 못하였다. 더욱이 후대의 자료와 초기 자료의 문면 사이에 엄밀히 존재하는 字句의 미세한 결을 추적하지 아니했기에, 群盲撫象의 지경에까지 이르렀다(여러 문제점에 대해서는 박순교, 〈Vietnam(大越) 황자 '李龍祥 Lý Long Tường'의 異論 批正〉, 《동아인문학》 48 (11), 2019). 관련 연구의 질적 저하는 이러한 사실을 망각한 근본 원인에서 배태되었다고 봄이 지당하다. 전체 윤곽을 조감하여 찾고 파편적·분파적 연구의 한계를 극복하기 위함에서 거시적 일람이 절실하고, 이에 본문은 작성되었다.

정을 포함하려 한다. 특히 기왕에 소개되지 않은 이용상 관련 자료 전체를 사상 최초로 일별, 조감함으로써 향후 이용상 연구의 가장 기초적이고 원론적인 작업의 완성과 진일보를 기할 것이다. Lý Long Tường'과 관계되었다고 알려진, 황해 옹진의 '수항문', '화산'을 담은 사진 역시 찾아 이하에서 최초로 소개할 것이다. 이에서 살펴볼 내용들은 空前의 것들로서, 향후 화산이씨 연구의 前端을 여는 초석이자 필독의 내용이 될 것임을 믿어, 추호도 의심하지 아니한다.

제1절 Lý Long Tường'과 花山李氏 家乘

이용상의 고려 移居, 화산군 책봉, 移居 당시 대월의 상황을 추찰할 자료를 집약하면 아래의 표와 같다. 이하에서는 화산이씨 가승을 포함, 이용상 혹은 화산군이 언급된 전체 사료를 일별하여 각각의 자료가 지닌 특징들을 서술하여 나가도록 하겠다.

[표 1] '화산군'이 언급된 국내 자료 일람

번호	연도	저자	제목	수록 자료	항몽 사실	대월/안남	李龍祥/花山君	移居時 大越 狀況	花山 언급	[illegible]
①	壬亂 이전	?	화산이씨 족보 (전란으로 민멸)	李枰, 〈草譜舊序〉	?					
②	1706	李 枰	草譜舊序 (1子 계열 족보의 序)	화산이씨 5修譜	無	無	無	無	無	[illegible]
③	1707	李 垕	族譜 序 (2子 계열 족보의 序)	화산이씨 초보 (2子 계열)	無	안남	화산군	無	有	[illegible]
④	1777	李永祚	舊譜跋	화산이씨 중수보	無	안남	李龍祥	有(國亡)	有	
⑤	1777	李景行	舊譜跋	화산이씨 중수보	無	안남	無	無	有	
⑥	1777	李鼎新	舊譜跋	화산이씨 중수보	無	안남	無	無	無	
⑦	1777	李羲之	重修舊序	화산이씨 중수보	無	안남/交趾	李龍祥	國之將亂. 亡國	有	[illegible]
⑧	1784	李羲之	〈追配表節祠疏〉	《花山李氏族譜》	無	無	李龍祥	無	有	

연도	저자	제목	수록 자료	항몽 사실	대월/ 안남	李龍祥/ 花山君	移居時 大越 狀況	花山 언급	비고
1783~ 1832	權思浹	《通政大夫 工曹參議 忠孝堂 李公墓誌銘》	화산이씨 6修譜	無	無	화산군	無	有	2子 계열
1763~ 1830	李度中	〈川隱先生 事實序〉	화산이씨 5修譜	無	交趾	有	國旣淪喪	有	
1819~ 1830	金㷥周	《通政大夫 工曹參議 忠孝堂 李公行狀》	화산이씨 6修譜	無	無	李龍祥	無	有	2子 계열
1827	李野淳	《贈通政大夫 工曹參議 忠孝堂 李公 墓喝銘》	화산이씨 6修譜	無	無	李龍祥	無	有	2子 계열
1790~ 1833	李仁行	《贈通政大夫 工曹參議 忠孝堂 李公 遺墟碑銘》	화산이씨 6修譜	無	無	李龍祥	無	有	2子 계열
1833	柳台佐	〈忠孝堂 遺集序〉	화산이씨 6修譜	無	無	無	無	無	
1837	洪直弼	3修譜 序	화산이씨 5修譜	無	안남	李龍祥	國之將亡	有	天祚
1873	趙康夏	4修譜 序	화산이씨 5修譜	無	안남	李龍祥	國之將亡	有	天祚
1873	李奎天	4修譜 跋	화산이씨 5修譜	無	안남	無	無	無	
1873	李奎點	4修譜 跋	화산이씨 5修譜	無	안남	無	無	無	
1879	甕津府	《甕津府 邑誌》	규장각 想白古915. 17-On3	有	안남	李龍祥	宗國將亡	有	항몽 최초
1903	尹胄榮	《受降門紀蹟碑》	화산이씨 5修譜, 《韓國과 越南과의 關係(최상수)》 OR 〈甕津府邑誌〉 규장각 한국학 연구원, 청구기호, 想白古915.17-On3	有	안남	李龍祥	寶慶丙戌 (1226년) 國有內亂 宗社顚覆	有	항몽
1904	尹吉求	〈中樞府同知事諱奎精墓碣銘〉	화산이씨 5修譜	無	交趾	李龍祥	宗國孤危	有	典範
1917	李秉華	5修譜 序	화산이씨 5修譜	無	안남	有	無	有	
1918	釋尾春芿	《朝鮮及滿蒙 叢書 第3輯·最新 朝鮮地誌 下編》	朝鮮及滿洲社出版部,	有	無	李祥龍으로 표기	無		항몽
1920	李承哉	《花山君 本傳》	화산이씨 5修譜	有	안남	李龍祥	宗社之將亾	有	항몽

화산이씨 가승을 추려보면, 20세기 이전의 기록(①~⑱)을 우선 주목할 수 있다. 전근대에 해당하는 ①~⑱의 제반 기록은 Lý Long Tường'과 관련된 여러 사실을 밝힐 기초 자료에 해당한다. 특히 ①~⑱의 자료에는 Lý Long Tường'의 여러 사실들이 축차적으로 부가 서술되고 있다. 또 특이하게도 항간에는 널리 알려진 Lý Long Tường'의 항몽과 관련한 사실이 이들 기록에는 전무하다. 이는 ⑲의 기록부터 Lý Long

Tường'의 항몽 사실이 등장하는 점과 비교할 때에 매우 주목된다. 곧 ①~⑱, ⑲~㉔(㉑은 제외)의 구분은 Lý Long Tường'의 항몽을 담고 있는가 여부와, 19세기 이전과 20세기에 속하는지 여부 등에 의해 가려진다고 할 것이다. ⑲~㉔ 중에서도 유독 ㉑은 항몽에 대한 사실을 기록하지 않고 있음도 눈여겨 볼 대목이다.

이들 기록 중 Lý Long Tường'과 관련한 最古의 家乘은 ②초보구서라 할 것이다. 초보구서는 李枰(1676~1734)이 자신의 나이 30세가 되던 1706년 8월 초3일 작성한 글이다. 위 ②의 〈草譜舊序〉에서, 이씨의 세계는 龍蛇(1592~1593)의 兵燹에 산실되어 百世之親을 다른 사람같이 여기게 되었으며,[3] 이평 자신이 이를 저어하여 비문과 사적을 상고하여 세계의 내력과 관직의 고하를 징험하게 되었음을 술회하고 있다. 해괴한 것은 日人 학자 片倉 穰의 지적처럼, 이평이 화산이씨에겐 불가결의 중핵적 요소이자 시발점이라 할 대월, 이용상과 관련한 일체의 내용을 전혀 서술하지 않고 있는 점이다.[4] 대월(안남),[5] 이용상이 본격적으로 서술된 것은 1777년의 ④ 李永祚의 舊譜跋(1子 계열), ⑦ 李羲之의 重修舊序(1子 계열)에서이다. 이에 화산이씨의 '大越 出自說'은 이평이 초보를 작성한

---

3) 박순교,〈花山君 '李龍祥 Lý Long Tường'에 관한 연구(1)〉,《택민국학연구논총》 15, 2015, p.309. 李枰(1676~1734)의 나이, 행적, 연보 등에 대해서는 여기에서 자세히 정리된 바 있다.

4) 박순교,〈花山君 '李龍祥 Lý Long Tường'에 관한 연구(1)〉,《택민국학연구논총》 15, 2015, pp.305~306. 박순교, Vietnam(大越) 皇子 '李龍祥Lý Long Tường' 에 관한 연구(2) -'고려 移居 창작설' 검토를 중심으로-,《동아인문학》 40, 2017, pp.272~310.

5) 이용상이 살았던 베트남의 동시대 왕조, 곧 Lý朝의 정식 국호는 大越이었다. 태종 27년(1054) 10월 1일, 佛瑪(德政)이 55세로 승하하자 성종은 자신의 부친 묘호를 태종이라 정하고, 국호 역시 이태 전 명명된 大南 대신 대월이라 개명하였다. 이에 이하에서는 화산이씨 가승 등에서 일컬어진 안남이란 명칭 대신 대월을 사용하기로 한다.

1706년(②)의 시점에서, 이후 대월과 이용상의 서술이 확인된 1777년(④~⑦) 사이 단계별로 창작, 가관되었다는 것이 片倉 穰 논지의 핵심이었다.[6)]

하지만 1707년 4월 16일 李垕(1656~1716)가 작성한 ③의 族譜序(2子 계열)가 새로 검토되면서,[7)] 1706~1777년 사이에 조선에 수입된 전적을 바탕으로[8)] 화산이씨 일가의 '대월 출자설'이 창작되었다는 片倉 穰의 논지는 일거에 설득력을 잃게 되었다. 화산이씨 가승은 1子 계열과 2子 계열로 분리 전승되었고, 이후 1987년 6수보에 이르러 대동보의 형태로 합본되었음이 밝혀진 셈이다. 片倉 穰은 이러한 사실을 파악하지 못한 채 1子 계열의 가승만을 중심으로 논지를 전개하여 우를 범하였다. 현 시점에서 안남(당시의 정식 국호는 대월)에 대한 최초의 기록, 곧 화산이씨의 대월 출자에 대한 내용을 담은 最古의 가승은 ③의 족보서(2子 계열)인 셈이다.[9)] 李垕의 정해년 화산이씨 족보서(③)는 총 405글자, 내용상 전체 8단락으로 구분되며, 최초로 안남(대월)에 대한 함축적인 내용이 담겨 있다.[10)] ③의 족보서에서 대월과 관련한 내용을 추출하면 다음과 같다.

---

6) 片倉 穰, 《朝鮮とベトナム 日本とアジア》, 福村出版, 2008, p.105. 이에 대해서는 박순교, 〈花山君 '李龍祥 Lý Long Tường'에 관한 연구(1)〉, 《택민국학연구논총》 15, 2015, pp.315~320에서 적절한 비판이 가해진 바 있다. 곧 이평의 초보 구서는 필사본의 형태였고, 이후 3대에 걸친 보수 과정을 거쳐 1777년 5명의 핵심 인원에 의해 추렴, 印刊되었기에 결국 하나의 맥락에서 파악해야 함을 밝혔다.

7) 박순교,〈Vietnam(大越) 皇子 '李龍祥Lý Long Tường'에 관한 연구(3) -화산이씨의 혈맥과 동향에 대한 추적을 중심으로-〉, 《인문연구》 82, 2018, p.151. 여기에서는 이후의 삶과 족보서의 찬술 시점까지 명확하게 구명되었다.

8) 박순교, Vietnam(大越) 皇子 '李龍祥Lý Long Tường'에 관한 연구(2) -'고려 移居 창작설' 검토를 중심으로-, 《동아인문학》 40, 2017, pp.291~292. 여기에서 片倉 穰이 대월 창작설에 참고했다고 주장한 전적들에 대한 자세한 소개가 이뤄졌다.

9) 박순교,〈Vietnam(大越) 皇子 '李龍祥Lý Long Tường'에 관한 연구(3) -화산이씨의 혈맥과 동향에 대한 추적을 중심으로-〉, 《인문연구》 82, 2018, pp.149 ~150.

A-1) 李氏㉠始於安南 而㉡至七世㉢封㉣花山君 後世遂爲花山人 我李氏興於㉤安南 對於㉥花山 而流接㉦安東旣得詳知 而然且㉧文獻無徵㉨譜牒無傳 ㉩未知幾百歲矣[11]

위 ③의 기록은 2子 계열의 기록으로서, 화산이씨와 안남, 화산군의 유래를 밝히는 最古 기록이다. ③의 기록 중 일부인 A-1)의 ㉠, ㉤에서 안남이 중복 서술된 점, ㉦에서 안동이 서술된 점은 2子 계열의 입장에서 자신들의 출자를 추적, 서술했음에서 주목을 끈다. 동시에 ㉧, ㉨에서는 '문헌이 징험되지 않고, 보첩이 不傳하여 몇 백 년의 역사인지 파악할 수 없음'도 밝히고 있다. 이로써 화산이씨 집안의 가승이나 그간 상황을 대략 추찰하게 한다. 하지만 ③에서도 화산군이 대월을 탈출하게 된 과정이나, 당시 대월의 상황에 대해서 침묵하고 있다. 또 화산군으로만 표기되어 있을 뿐 이용상의 실제 구체적 성명을 언급하지 않고 있다. 여기에서의 화산군이 이용상으로 비정됨에는 의심의 여지가 없겠다. 하지만 그와 동시에 이용상이라는 구체적 성명을 명징하게 밝히지 않았다는 점, 화산군으로만 적시한 점 역시 세심한 주의를 요한다.

이에 반해 1777년의 ④, ⑦에서는 사상 최초로 이용상이라는 구체적 성명, 고려 이거 당시 대월의 상황이 서술되어 있음은 주목해야 마땅하다.

A-2) 昔我鼻祖㉠出於安南而久矣 ㉡及其國亡 ㉢王之弟㉣龍祥公㉤乘舟浮海止泊於我國㉥瓮遷地居焉 ㉦封爲花山君 此李氏所以花山爲籍也[12]

---

10) 박순교, Vietnam(大越) 皇子 '李龍祥Lý Long Tường'에 관한 연구(5) -화산이씨의 族祖觀念을 중심으로-, 《동아인문학》 44, 2018, pp.245~246에서 李垕의 화산이씨 족보서에 대한 전반적인 내용이 검토된 바 있다.

11) 李垕, 〈화산이씨 2자 계열 족보 원보의 序〉, p.1.

12) 李永祚, 〈舊譜跋〉, 《花山李氏 世譜》.

A-3) 吾先之㉠出於安南王㉡語具載事實中 ㉢有諱龍祥公 ㉣其王之弟 ㉤國之將亂也 ㉥來投于瓮津封爲花山君 ㉦以其兩國之通好也 在㉧安南八閱王 而餘派流于東㉨乃以亡國之末裔 遂爲起家之始祖……중략…自㉩交趾王以後 ㉪迄今七百餘載 ㉫相續二十有四世[13]

앞서 2子 계열의 族譜序, A-1)(③, 1707년)에서는 안남 출신의 화산군만 서술되어 있었고, 이용상이란 구체적이고 실제적 성명의 언급이 없었다. 이용상이란 성명은 A-1)로부터 70년 뒤의 기록인, 위 1子 계열의 A-2)(④, 1777년)의 ㉣, A-3)(⑦, 1777년) ㉢에서 최초로 등장한 셈이다. A-2), A-3)의 글이 작성된 1777년은, 이평이 남긴 초고 필사본(②, 1706년)에 3대 71년간의 노력을 더하여 화산이씨 1子 계열의 족보가 목판으로 鋟梓된 해였다.[14] 이 작업의 일환에서 A-2), A-3)이 작성되기에 이르렀다.

A-2)의 ㉠, A-3)의 ㉠은 공히 자신들의 최초 출자를 안남으로 특정하고 있다. 또 A-2)의 ㉣, A-3)의 ㉢에서 안남(대월)을 떠나 고려에 이거한 인물의 성명을 용상으로 서술하고 있다. A-3)의 ㉡에서는 그러한 내용이 사실로 갖추어져 있다고 밝혔는데, 이러한 서술이 가능했던 것은 A-3)의 작성자인 李羲之가 1777년 목판본으로 간행된 중수보의 실제 작성자였기 때문이었다.[15] 더욱이 A-2)의 ㉡, A-3)의 ㉤에서 확인되는

13) 李羲之, 〈重修譜序〉, 《花山李氏 世譜》.

14) 1777년 화산이씨 중수보의 印刊 과정, 참여 성원, 구성원의 역할과 所任 등에 대해서는 박순교, 〈花山君 '李龍祥 Lý Long Tường'에 관한 연구(1)〉, 《택민국학연구논총》 15, 2015, pp.316~320에서 자세히 분석된 바 있다.

15) 박순교,〈花山君 '李龍祥 Lý Long Tường'에 관한 연구(1)〉, 《택민국학연구논총》 15, 2015, pp.313~315. 박순교,〈Vietnam(大越) 황자 '李龍祥 Lý Long Tường'의 異論 批正〉, 《동아인문학》 48(11), 2019, pp.311~314. 여기에서 이희지에 대해 상세히 고찰된 바 있다.

바와 같이, 이용상의 고려 이거 당시의 대월 상황까지 최초로 언급되어 있다. A-2)의 ㉡(及其國亡), A-3)의 ㉥(國之將亂也)이야말로 이용상이 대월을 떠나 고려로 이거하게 된 결정적 이유를 밝힌, 4글자와 5글자로 된 최초의 간략한 기록인 셈이다. 또 하나 세심하게 음미할 대목이 있는데, A-2)의 ㉦에서는 이용상이 화산군으로 책봉되었고, 이후의 혈맥이 화산을 본관으로 칭하게 되었다고만 밝혀 화산군 책봉의 이유가 적시되지 않았다. 반면, A-3)의 ㉦에서는 이용상의 화산군 책봉이 대월과 고려가 통호했던 결과로 적시되어 있다. 이는 이용상의 화산군 책봉 배경에 대한 최초의 구체적 진술이다. 물론 당시의 고려와 대월이 통호, 통교했다는 증거는 징험되지 않는다. 그럼에도 A-3)의 ㉦과 같은 서술이 등장한 점은 향후 고려와 대월, 양국 간의 관계에 대해 추적할 의문점과 실마리를 던진다. 동시에 당해 기록은 이용상의 화산군 책봉 배경을 최초로 밝힌 의의가 있을 뿐만 아니라, 흔히 화산군 책봉이 항몽 과정에서의 전공에 입각한 논공행상 차원이라 해석해 온 기존 논자들의 주장을 일거에 불식하고 있다.[16] 이러한 점에서 위의 서술은 매우 유의미한 대목이다.

---

16) 金永鍵, 〈安南 花山君 李龍祥の事蹟〉, 《史學》 Vol. 20, No2, 1941, 11. 三田史學會 ; 金永鍵, 〈安南 花山君 李龍祥の事蹟〉, 《印度支那と日本との關係》, 冨山房, 1943 ; 金永鍵, 杉本直治郎, 《印度支那に於ける邦人発展の研究》, 冨山房昭和17(1942) ; 金永鍵, 《黎明期의 朝鮮》, 정음사, 1948, pp.62~65 ; 崔常壽, 〈13世紀傾 安南王子의 高麗歸化〉, 《韓國과 越南과의 關係》, 韓越協會, 開明文化社, 1966, pp.38~41 ; 강무학·김용국·김영문, 《皇叔 李龍祥》(1966, 金문화사) ; 李相伯, 〈花山李氏의 선조 李龍祥에 대하여-安南王弟의 高麗歸化-〉, 《李相伯著作集 3》, 1978, p.656 ; 유인선, 〈베트남 李 왕조의 후손 李龍祥의 行跡〉, 《한국 베트남 관계사 국제심포지엄》, 한국역사학회·베트남 역사과학회, 2007, p.78. ; Phan Huy Lê, 〈Hoàng tử Lý Long Tường' và dòng họ Lý Hoa Son gốc Việt Ở Hàn Quốc〉, 《황숙 이용상과 베·한 협력 관계의 과거와 현재》, 2012년 베·한 국제 학술대회 발표집, 2012, pp.7~14 ; 박순교, 《花山君 李龍祥》, 圖書出版 생각나눔(기획실크), 2012.5 ; 허인욱, 〈高宗代'花山李氏'李龍祥의 高麗 정착 관련 기록 검토〉, 《백산학보》 100, 2014,

위의 표에서 이용상과 항몽이 연결되어 나타나는 것은 ⑲의 옹진부 읍지(1879년)에서부터이다. 그 이전 가승의 어디에도(위 표의 ①~⑱), 항몽과 관련한 내용이 전무하다. 이른바 '李龍祥'과 관련한 핵심 사항은 '安南', '花山', '封君', '항몽', '혈맥' 등이 될 것인즉, '李龍祥'에 관한 사적 중 핵심 눈알에 해당할 몽골과의 전승 행적이 누락될 까닭이 전무하다.[17] 그럼에도 1879년 이전 기록에서 항몽 사실이 드러나지 않은 점은 섣불리 간과할 수 없는 대목이다.

A-2), A-3)의 서술은 이용상이라는 성명, 고려 이거 당시 대월의 상황, 화산군 책봉의 배경 등에 대한 추찰의 단서를 제공한다. 이에 더하여 A-3)의 ⓞ에서는, 이른바 당시 대월의 왕력에 대한 사상 최초의 서술, 8왕에 대한 최초의 언급이 엿보인다. 이전에는 대월에서 出自했다는 서술(위 표의 ③, ⑦이 해당)은 있었으나 대월의 왕력에 대한 언급은 찾아지지 않았다. 물론 여기에서 대월 8왕에 대한 祖宗之名의 구체적 서술은 엿보이지 않아, 대월의 왕계를 통찰하고 있었는지 확언할 수는 없다. 대월의 여덟 왕이라면, 태조(1대)~혜종(8대)까지에 해당한다.[18] A-3)의 ⓞ '八閥'은 대월 Lý朝의 발상지인 Bắc Ninh(北寧省) Từ Sơn의 古法[Cổ Pháp] Đen Đo[李八帝 사당]에 제향된 Lý朝 8王과 일맥상통한다. Lý朝 발상지 古法은, Lý를 타도하고 들어선 陳朝의 압제 하에 과거 합격자가 더 이상 배출되

---

pp.423~451. 위의 논자 중 가장 심각한 문제를 드러낸 이가 허인욱이다. 그는 ⑲《甕津府 邑誌》, ⑳《受降門紀蹟碑》, ㉔《花山君 本傳》을 역사적 기정사실로 간주하고, 항몽의 근거지로 옹진 남 5리의 행성(토성)까지 비정하고 있다. 허인욱은 p.436의 주55에서는 1903년 立碑한 ⑳《受降門紀蹟碑》의 내용이 24년이나 앞서 출간된 1879년 ⑲《甕津府 邑誌》에 수록되어 있다고 하는 등 자료의 선후 관계에 서조차 착간을 일으키고 있다.

17) 박순교, 〈Vietnam(大越) 황자 '李龍祥 Lý Long Tường'의 異論 批正〉, 《동아인문학》 48(11), 2019, pp.304~320.

18) 《大越史記 全書》 本紀 李紀 권2~4.

지 말라는 뜻의 Đình Bảng[停榜]으로 개명되었고, 현재까지 사용되어 오고 있다.[19] 이는 신라의 王都 서라벌이 고려가 들어선 이후, 신라 멸망의 기쁜 소식을 들은 곳이라 하여 慶州라 불리게 된 것과 흡사하다. 따라서 Lý의 황제 모두는 Bắc Ninh(北寧省) Từ Sơn의 古法[Cổ Pháp] 출신이며, 사후 모두 古法[Cổ Pháp]에 나란히 안장되었다. '한 잔의 물을 마셔도 그 근원을 생각한다[飮水思源]'는 베트남의 유구한 思潮를 징험하는 대목이다. 古法은 베트남 역사 특별 지구로 일괄 지정되어, 개발이 현재까지 엄격히 규제되고 있다. 古法[Cổ Pháp]의 Đen Đo[李八帝 사당] 사당 정면에는 古法肇基[고법에서 (Lý朝)터전을 열었다]라는 내용의 현판이 걸려 있다. 대월의 Lý에는 마지막 소황(9대)이 있어 실제 九閱로 칭해져야 옳다. 그럼에도 A-3)의 ◎八閱, 곧 8帝라 한 것은 단순한 착간이 아니며, 이용상의 고려 이거 당시 대월 황제가 태조에서 기산하여 여덟째에 해당하는 혜종이었음을 각인시키는 대목이라 여겨진다. 그렇다면 이용상의 고려 이거 연도는 혜종의 치세(1210~1224) 말년, 곧 1224년을 넘어설 수 없음을 깊게 암시한다.[20] 일각에선 고려 고종 13년(서기 1222년) 황해 연안인 옹

19) 이철희, 〈대월국(大越國) 이용상(李龍祥) 왕자의 고려 망명-한국 화산이씨(花山李氏)의 시조〉, 베트남투데이, 연도 및 號數 미상. 2017년 9월 28일 필자가 외교부 라인을 통해 당시 주 동티모르 대사관에 근무 중이던 이철희 선생과 연락한 결과 오래되어 號數는 기억하지 못하였고, 잡지명이 《베트남 투데이》, 연도는 2006년인 것만을 알려주었다. 베트남 투데이 잡지사에 여러 차례 이 메일을 보내고, 지인을 통해 문의하였으나 정확한 호수를 알지 못하였다. 2021년 2월 2일에도 필자는 본국에 잠시 귀국해 있던 이철희 전총영사와 게재 권수와 관련하여 통화를 하였다. 현재 인터넷에는 동일 내용의 글이 굿모닝 베트남으로 출처가 표기되어 있으나 이는 온라인 게재사의 출처이므로 잘못이다.

20) 이용상의 고려 이거 연도에 대해서는 박순교, Vietnam(大越) 皇子 '李龍祥Lý Long Tường'에 관한 연구(2) -'고려 移居 창작설' 검토를 중심으로-, 《동아인문학》 40, 2017, p.309에서 자세히 논해진 바 있다.

진군 창린도 기슭의 '넉말골',[21] 혹은 옹진 부량강 앞 창진도(창린도?)[22]에 최초 표착했다는 주장도 제시되었다. 1222년이라면 진수도의 쿠데타가 일어나기 이전이며, 혜종의 병질이 심해져 진씨 외척에게 권력이 집중되던 시기였다.

한편 A-2) ㉡國亡과, A-3)의 ㉤國之將亂也, ㉧乃以亡國之末裔 등은 서로 상응하는 구절이다. 이는 대월 Lý조의 급전직하하는 국가 운명을 함의하고 있다. 단 A-2) ㉢王之弟라는 서술은 半面의 진실이라 할 것이다. 이용상은 대월 7대왕 고종의 아우이기에 '王之弟'라고도 할 수 있겠으나, 고려 이거 당시 대월의 왕은 엄연히 고종의 아들 혜종이었다. 고종의 생몰년은 1173년 5월 25일~1210년 10월 28일이었다.[23] 이런 점에서 고려 이거 당시 이용상은 왕의 숙부였기에, '王之叔父'라고 했었어야 한다.[24] 이 밖에도 이희지가 작성한 ⑦의 중수구서는 A-3)의 ㉠안남, ㉧교지를 혼용했다. 그 중 '교지'를 가승에서 최초로 사용했으며, A-3)의 ㉢에서 迄今 700년의 시간을 얘기하고 있다. 이공온이 Lý朝를 창업한 1010년에서 중수구서를 작성한 1777년까지 767년의 시차가 있다. 반면 1777년, 이정신이 작성한 ⑥구보발에서는 800년으로 서술되어 있다. 같은 책 안에서의 기년과 관련해선 미묘한 내용의 상충이 간취되는 대목이다.

---

21) 중앙일보, 〈번지는 화제 안남국 후손〉, 1967.2.22, 3면.

22) 중앙일보, 〈한국에 안남국왕의 후손〉, 1967.2.21, 7면.

23) 박순교, 2019, 〈이용상 일가의 행적과 기록〉, 《2019 李龍祥 국제학술 심포지엄》, 경상북도 봉화군·하노이 외국어대학 주최 국제심포지엄 자료집, p.23에서는 《대월사기전서》를 근거로 대월 Lý의 역대 왕의 생몰년과 치세가 정리된 바 있다. 이러한 내용은 박순교, 《홍하에서 온 푸른 별들》, 지성인, 2020, p.160에서 다시 부연되었다.

24) 이 모순에 대해서는 박순교, 〈花山君 '李龍祥 Lý Long Tường'에 관한 연구(1)〉, 《택민국학연구논총》 15, 2015, p.317에서 지적된 바 있다.

이용상과 관련한 화산이씨 가승에서는 1784년에 작성된 ⑧〈追配表節祠疏〉가 그 다음으로 주목된다. 이는 중수보를 직접 작성한 이희지가 자신의 족조 이용상을 거명한 점, 용상의 5세손 맹운의 족적 위치, 맹운의 공식 추배를 요구한 점에서 주목되는 글이라 할 수 있다. 이는 화산이씨가 조선 조정에 올린 공식적인 疏였고, 이희지가 중수보를 목판본으로 印刊한 지 7년 뒤의 일이었다. 이희지가 올린 ⑧〈追配表節祠疏〉 중 핵심 내용을 추출하면 A-4)와 같다.

> A-4) 李羲之十二代祖 前戶曹典書孟芸卽 花山君號小微子 龍祥 五世孫也 (〈追配表節祠疏〉, 《花山李氏 族譜》)

> A-5) 曹啓目, 粘進士蔡一揆·李羲之上言內辭緣云云。令本府守臣詳查, 論理啓聞後, 稟處, 何如 判付啓, 令該留守廣採物議, 兼附己見, 論理狀聞. (《승정원일기》 정조 8년 2월 25일)

조선 조정은 이에 따라 일련의 조치를 취하였다(A-5)). 조선 조정의 구체적 대응이 함의하고 있는 바야말로 이용상의 역사적 생존을 기정사실화하는 것이 된다.[25] 이용상 관련 화산이씨 가승에서 또 주목할 내용은 ⑩〈川隱先生 事實序〉이다. 저자가 李度中으로 나타난 ⑩〈川隱先生 事實序〉의 구체적 작성 연대는 不詳이다. 다만 李度中(1763~1830)의 생몰년에 비추어 당해 기록의 작성 연대를 대강 짐작할 수 있다. 1800년을 전후한 서술로 비정할 수 있는 ⑩〈川隱先生 事實序〉에서는 이용상의 고려 이거 당시 대월 상황을 國旣淪喪으로 표현하고 있다. 나라가 이미 멸망

25) 박순교, 〈Vietnam(大越) 황자 '李龍祥 Lý Long Tường'의 異論 批正〉, 《동아인문학》 48(11), 2019, pp.311~313.

의 수령에 빠져들었다는 자조적 서술이 이뤄지고 있는 셈이다. 또 대월의 국호도 안남, 대월이 아닌 교지로 서술하고 있다. 교지라는 칭호는 앞의 ⑦에서도 나타난 것인데, 재등장한 셈이다. 교지는 전한의 7대 황제 무제가 남월을 멸한 다음 BC 111년 한의 직할령으로 설치한 南海 9郡의 하나로서, 그 영역은 중국 南海部의 남쪽, 베트남 북부, 통킹만[Golfe du Tonkin]에 面한 紅河 유역에 해당한다. 현재의 하노이[河內]를 중심한 원근 일대 지역이라 할 수 있다. 후한 말에는 交趾의 州라 하여 교주로 불렸다가, 唐이 이 지역에 安南都護府를 설치하며, 안남으로 바뀌었다. 베트남 북부 지역이 이후 독립하여 대구월, 대월로 국호를 변경한 이후에 조차도, 중국에서는 줄곧 교지라 통칭되었다.[26] 이에 ⑩〈川隱先生 事實序〉에서 교지를 언급하고 있음은 대월이 아닌 중국 중심의 인식을 습용한 것이거나, 아니면 중국 중심의 사서를 채택한 결과라 할 수 있다.

다음으로 ⑪~⑬까지의 2子 계열 가승이 주목된다. 이에서는 화산군이란 封號만이 아닌 이용상이라는 성명이 2子 계열에서 최초로 적시되었다. 아울러 화산군이라는 봉호도 서술되고 있다. 한데 이상하게도 ⑪~⑬까지의 자료 모두 안남, 교지, 대월 등을 일절 언급하고 있지 않다. 2子 계열 내 최초의 가승이라 비정해야 마땅할, 李垕(1656~1716)의 ③族譜序에서 적시한 '안남 출자설'이 완전히 증발되어 ⑪~⑬에서 통째로 사라졌음은 매우 주목된다. 이는 2子 계열이 李垕 이래 자신들의 출자를 구체적으로 명시하지 않았을 하나의 개연성을 높인다. 이와 관련하여 다음의 자료가 눈길을 끈다.

A-6) (黃昭)字仲明訓導配漢陽趙氏父評 墓豊基東村池谷卯向 ㉠男有悅
二男有終 ㉡女李長發㉢華山人㉣贈參議㉤子李起用㉥女裵興吉興

26) 小倉貞男, 〈2章3節 ケ. 秦·漢帝国と世界〉, 《物語ヴェトナムの歴史》, 中公新書.

海人父三畏子裵漢老裵漢光㉦女趙欽周(《창원황씨세보》 상권 황소 항목)[27]

위의 자료에서 확인되는 이장발(1574~1592.6.10)은 이용상의 14세손(2子 계열)으로서, 임란에 참전하여 순국했다고 전해지는 인물이다.[28] 이장발은 창원 황씨 황소의 딸과 혼인하였다. 위 창원 황씨 기록에서 이러한 사실이 재확인된다. 더욱이 이장발과 혼인한 황소의 딸이 황소의 2남(유열, 유종) 3녀(㉡, ㉥, ㉦) 중 맏딸이었음은 종전의 화산이씨 가승에선 확인할 수 없던 일이었다. 하지만 혼인과 관련한 화산이씨 가승이 진실과 어긋나지 않음을 보이는 동시에 몇 가지 차이점도 드러난다. 이장발의 아들이자 황소의 외손자 성명이 화산이씨 가승의 '李振南'[29]과 달리 '李起用'(㉤)인 점, 이장발의 본관이 '花山'이 아닌 '華山'(㉢)으로 표기된 점이 그러하다. 특히 혼인을 위해 사주단자를 주고받던 당시 풍속을 참작할 때 이장발의 본관에 異記(華山)가 있는 점은 단순한 착간을 떠나 깊이 음미할 대목이 아닐 수 없다.[30] 동음, 혹은 유사한 한자가 달리 표기되는 경우는 드물지 않다. 하지만 출자를 표시하는 본관이라면 그 의미는 달

27) 《창원황씨세보》 上卷 黃昭 항목, p.20.

28) 이장발에 대해서는 다음의 논문들에서 상세하게 검토된 바 있다. 박순교, Vietnam(大越) 皇子 '李龍祥Lý Long Tường'에 관한 연구(2) -'고려 移居 창작설' 검토를 중심으로-, 《동아인문학》 40, 2017, pp.294~298 ; 박순교, Vietnam(大越) 皇子 '李龍祥Lý Long Tường'에 관한 연구(5) -화산이씨의 族祖觀念을 중심으로-, 《동아인문학》 44, 2018, pp.240~242 ; 박순교, 〈이장발의 임란 참전과 충효당 유집 발행의 시말〉, 《대구경북연구》 18, 2019, pp.103~128.

29) 화산이씨 종친회(家傳), 《花山李氏 世譜》 原譜, p.4 ; 박순교, 〈화산이씨 계보도〉(次子 계열), 지성인, 2019.

30) 안동부 관할 하의 지역인 의흥에 華山, 華山城이 있는 점(신증동국여지승람 제27권 / 경상도 안동에 白華山이 있는 점 등을 고려할 때 이러한 추정을 억단이라 하기만 어렵다.

라진다. 이러한 맥락에서 화산이씨 가승에서 유일하게 華山이 사용된 점은 되새길 필요가 있다. 이와 관련하여 다음의 자료가 주목된다.

> A-7) ㉠根茂 ㉡配安東李氏 ㉢父希文 ㉣享年七十七歲 ㉤墓林丘庚坐
> (《判官公秉鈞派 潘南朴氏世譜》)[31]

위의 자료에서 확인되는 ㉠의 박근무는 全羅 潘溪에서 출자한 반남 박씨 渶(1542~1621)의 2子3女 중 맏이로서,[32] 이장발의 누이가 출가한 배필이었다.[33] 두 사람이 언제 혼인했는지의 연대는 정확히 알 수 없다. 일단 외아들 熾의 생년이 1587년인 점에서, 얼추 둘의 혼인 연대도 이 지점에서 크게 相距하진 않을 것이라 짐작된다. 두 사람은 슬하에 외아들 熾(1587~1658)를 두었다. 그리고 근무는 향년 77세(㉣), 외아들 치는 향년 72세로 죽었다.[34] 주목되는 것은 A-7)의 ㉡安東李氏라는 서술이다. ㉢의 父希文이라는 구절에서, 근무의 배필이자 안동이씨로 나타난 위의 여인은 이장발의 누이임에 틀림없다.[35] 희문은 이장발과 그 누이의 부친 성명이기 때문이다. 한데 이장발의 가계가 花山을 본관으로 내세우고

31) 判官公秉鈞派 潘南朴氏世譜 7권, p.58의 根茂 항목. 영남대학교 중앙도서관 소장(999.11q 164반 V7).

32) 반남 박씨의 영천 이거와 盛勢에 대해서는 박순교, 《홍하에서 온 푸른 별들》, 지성인, 2020, pp.152~154, p.164에서 상세히 부연되었다. 당시 영남에 횡행했을 화이론적 배타성을 고려하면, 화산이씨의 본관이 실제대로 일컬어지지 못한 것과 일정한 연관이 있을 것으로 짐작된다.

33) 화산이씨 종친회(家傳), 《花山李氏 世譜》 原譜, p.5 ; 박순교, 〈화산이씨 계보도〉(次子 계열), 지성인, 2019.

34) 判官公秉鈞派 潘南朴氏世譜 7권, p.58의 根茂 항목. 영남대학교 중앙도서관 소장(999.11q 164반 V7).

35) 화산이씨 종친회(家傳), 《花山李氏 世譜》 原譜, pp.4~5.

있음에 비해, 사돈 일가라 할 반남 박씨 가승에 이장발의 누이가 '花山李氏'가 아닌 '安東 李氏'로 기재되어 있다. 이러한 점은 A-6)의 ㉢과 연결하여 깊이 되새겨 볼 대목이다. 앞서 말한 대로, 일가의 본관인 花山이 엉뚱한 華山으로 일컬어졌다는 사실, 혹은 安東으로 혼동되어 일컬어지고 있던 상황에는 1707년 李垕 이래의 안남 출자설이 증발했을 개연성, 일가가 자신들의 출자를 숨겨 不飛不鳴 은닉의 세월을 보냈을 개연성, 횡행했던 華夷的 명분론에 침잠된 결과 일대 士林에서 안남과의 관계가 명시적으로 인식되지 않았을 개연성 등이 이면에 함의되어 있다.

다음 살펴보아야 할 것으로는, 1837년 洪直弼(1776~1852)이 작성한 ⑮의 3修譜 序이다. 이에는 이용상의 부친 '天祚'의 이름이 화산이씨 家乘 사상 최초로 돌출 등장한다.

> A-8) 其先㉠出自㉡安南郡王㉢天祚 天祚之胤㉣龍祥㉤痛國之將亡 抱祭器而逃隱於㉥瓮津之花山 時稱小微子 ㉦因名其居麗朝封花山君 ㉧此花山李氏之所爲貫也 (홍직필, 《화산이씨세보 3수보서》)

이는 화산이씨 1子 계열 기록 중, 화산이씨가 아닌 출신이 최초로 작성한 관련 기록이기도 하다. 타성 출신이 자신의 족조와 관련된 내용도 아닌 터에, 그 용상 선대의 이름(천조)까지 적시해 적었다는 것은 예삿일이 아니다. 이는 그 사이 족조와 관련된 새로운 내용의 전수, 아니면 필경 치열한 노력과 관심을 공들여 넣지 않는 한 불가능한 일이다. 홍직필은 7세 때 한자로 문장을 지었다고 할 만큼의 문재였고, 梅山을 自號로 삼았던 理學에 밝은 당세 최고의 성리학자였다.[36] 서문에는, 그런 그에게 황해 碧城에 거주하던 이생, 이언형, 이규응, 이규렴 등이 家乘을 지

---

36) 《한국민족문화대백과사전》 권25 〈홍직필〉 항목, p.166.

녀와 절절히 부탁하였고, 이에 그가 마지못하여 응했다고 밝힌 점에서, 조선 사대부 특유의 겸양이 개진되어 있다.

> A-9) 其先㉠出自㉡安南王㉢天祚天祚之胤㉣龍祥㉤痛國之將亡抱祭器而逃隱於㉥瓮津之花山時稱小微子㉦因名其居麗朝封花山君㉧此花山李氏之所爲貫也(조강하, 《화산이씨세보 4수보서》)

趙康夏가 쓴 4수보서는 3수보서의 재인용이며, 다만 ㉡安南王이란 문구만이 상이하다. 또한 ㉤의 '祭器'도 A-8)에서 初出하여 이후의 가승(⑯, ⑳, ㉑, ㉔)에선 단골 표현 문구로 사용됨이 확인된다.

제2절 Lý Long Tường'과 대월 Lý조의 계보

화산이씨 家系史의 정립과 관련하여 매우 유의미한 자료가 있다. 이는 1904년 尹吉求가 작성한 ㉑〈中樞府同知事諱奎精墓碣銘〉이라 하겠다.[37]

> A-10) 其遠祖有㉠諱公蘊㉡中朝人也有㉢宋眞宗時㉣以功㉤封交趾王㉥天禧元年復封南平王㉦交之人以㉧西伯稱之 至㉨六世有㉩諱天祚仍封㉪安南國王 ㉫八世㉬諱昊昍㉭嘉定六年ⓐ襲封王 早世無嗣 王之叔父有ⓑ諱龍祥ⓒ見宗國孤危抱祭器而東出高麗家于瓮遷縣ⓓ花山陽 ⓔ乃麗朝高宗十三年丙戌秋也 高宗ⓕ聞其賢因封君花山 號曰小微子 ⓖ剋平土賊設爲學校 教民禮義俗 仍大化

37) 박순교, Vietnam(大越) 皇子 '李龍祥Lý Long Tường'에 관한 연구(2) -'고려 移居 창작설' 검토를 중심으로-, 《동아인문학》 40, 2017, pp.298~299.

方ⓗ土賊時築ⓘ受降城 故ⓙ瓮之界ⓚ至今有ⓛ受降門 (〈中樞府同知事諱奎精墓碣銘〉)38)

위의 자료는 20세기 초두에 작성된 것이다. 당해 묘갈명은 中樞府同知事 李奎精을 追想, 追念하기 위해 작성된 것이다. 이에는 이규정(1814~1891)의 선계를 비정하는 차원에서 방대한 내용이 망라되고 있는데, 대월 Lý조의 始祖인 공온(㉠)과, 대월 8대 왕인 호참(㉬)이 화산이씨 가승 사상 최초로 등장, 서술되고 있다. 특히 공온에 대해서는 그의 출자(㉡), 책봉 과정(㉣~㉥), '서백'의 世稱(㉦) 등이 보이는가 하면, 용상의 부친 천조(㉩)가 앞서 안남군왕(A-8)의 ㉡)으로만 표기되던 것에 비해 안남국왕(㉪)이라 달리 표현되었고, 대월의 8대 왕 혜종의 성명(호참), 송으로부터의 책봉 연대(㉭)까지 구체적으로 적시되고 있다. 아울러 위 기록은 이용상의 고려 도착 시점을 고종 13년 병술 가을(ⓔ)이라 비로소 못 박고 있으며, 화산군에의 책봉 이유(ⓕ)까지 소상하게 서술했다. 이런 모든 점에서 가장 출중하고 완벽한 화산이씨 가승의 출현이자, 관련 사실의 비정을 완료한 결정판의 등장이라 정의할 수 있겠다.

윤길구(1853~1906)는 자신이 A-10)묘비명을 작성하게 된 까닭에 대해 비교적 상세히 자술하고 있다. 당해 묘비명에 의하면, 자신이 갑신년(1884) 봄 춘추관 별직으로 있으면서 휴가를 맡아 海西의 안찰부에 있던 자신의 부친을 찾았으며, 그 과정에서 海西의 선비 李奎精의 盛稱에 매료되어 마음속으로 앙모하였으나 여의치 못하였다는 것과, 이후 경자년(1900)에 해주 고을의 관장이 되어 뵙고자 하였으나, 이미 십여 년 전에 고인이 되었다는 소식을 듣고 상심하였다는 내용을 개진하고 있다. 문제의 핵심 인물, 이규정은 承旨公派의 支孫인 李洙源의 후손으로, 이공온

38) 李相協, 〈中樞府同知事諱奎精墓碣銘〉, 《花山李氏 족보》, 회상사, 2004, p.214.

의 27세손이었다. 그는 순조 갑술년(1814) 정월 12일에 태어나 어려서 필묵[翰墨]을 잡아 거닐었고 나이 듦에 산업을 補했으니, 삼가 근칙하여 분수를 지켜 외람되이 헛되고 삿됨을 추구하지 아니했다. 세상에 聞達되어 執政에 여러 차례 천거된 바 되었고, 고종 계미년(1883) 69세로 繕工監의 임시 監役(종9품)에 제수되고, 이태 뒤인 고종 을유년(1885) 71세로 通政大夫 敦寧府 都正(정3품), 다시 이태 뒤인 고종 정해년(1887) 73세로 嘉善大夫 同知中樞府使(종2품)에 초고속 승차되었다.[39] 중추부는 西樞 또는 鴻樞, 樞府, 樞省 등으로도 불렸다. 소속 관원으로 정2품 判事 1명과 종2품의 使 1명, 知事 2명, 同知事 4명 등이 있었다.[40] 이에 그는 致仕하기 직전, 중추부 내 2인자였음이 확인된다. 고종 신묘년(1891) 3월 9일, 향년 78세로 졸하였다. 윤길구가 해주 고을의 관장이 되어 예방하려 했던 1900년, 그는 이미 사망한 지 11년이 지난 시점이었다. 그의 美名이 억세고 뚜렷함을 머금어 흔적이 쉬 사라지지 아니했던 바, 이는 윤길구의 소회에서도 넉넉히 짐작되는 바이다.

이후, 어느 날인가 李相舜이 먼 길을 마다하지 않고 윤길구의 집에 찾아왔으며, 책과 행장을 내어놓고 재배하며 이규정의 묘비에 새길 글을 절절히 청하므로, 이에 윤길구가 이규정의 어짊을 사모하는 축적된 마음과 그 자손의 지성에 탄복하여 묘비명을 새삼 서술하게 되었다는 내용이다. 묘비명의 말미에는 광무 8년 갑진 9월이라 되어 있어 1904년 9월임이 정확히 확인된다. 당시 윤길구는 51세의 나이였고, 당해 묘비명을 작성한 이태 뒤 사망했다. 윤길구는 자신의 성명 앞에 전 예조참판 홍문관 부학사 겸 原任 규장각 학사로 적고 있음도 눈에 띈다. 윤길구는 字가 海平으로서, 1876년 23세의 나이로 식년문과에 병과로 급제하

39) 李相協, 〈花山李氏 世譜〉 27世, 《花山李氏 족보》, 회상사, 2004, p.215.

40) 위키 실록사전(http://dh.aks.ac.kr/sillokwiki/index.php/중추부 항목).

여 1889년 36세의 나이로 성균관 대사성(정3품), 1891~1893년 사이 두 번이나 사간원의 대사간(정3품), 1896년 43세의 나이로 해주부 관찰사, 개성부 관찰사, 1900년에는 황해도 관찰사(종2품), 충북 관찰사(종2품), 1901년에는 농상공부와 내부의 협판(칙임관 3등)을 거친 학자이자, 관료였다.[41] 그처럼 화려한 이력의 소유자였던 그가 정작 묘비명 말미에는 전 예조참판(종2품) 홍문관 부학사(정3품) 겸 原任 규장각 학사(정2품)로만 표기하고 있다. 위의 홍문관 부학사는 1894~1897년을 즈음하여 홍문관의 부제학이 개칭된 이름이었다.

당해 묘비명에서 윤길구는 이공온의 출자를 '중조인'(ⓛ)이라 밝히고 있다. 화산이씨 가승은 물론이거니와 타성 작자의 기록을 통틀어, 공온이란 시조의 이름, 공온의 출자에 관한 최초의 서술로서 당해 기록은 주목된다. 공온의 출자는 交州人, 古法[Cổ Pháp]人, 閩人, 唐 李淵의 후손 등 다기한 갈래로 정의됨은 앞서 논하여진 바 있으되,[42] 공온의 출자를 중국 계통에서 찾은 서술로서는 당해 기록이 가히 최초이다. 공온을 중국 계통으로 보았을 때, 과연 어디 계통일지 역시 관심을 끄는데, 그에 관한 해답 역시 ⓞ의 '西伯'이란 단어에서 짐작할 수 있다. 이는 이후의 화산이씨 가승이 공온의 출자를 隴西의 成紀로 비정할 전단을 열었다는 점에서 주목된다. 특히 위 묘비명의 '서백'이란 용어는 주 문왕을 연상시키는 대목으로서, 주 문왕의 정치적 발원지가 섬서성 岐山(關中)임은 시사하는 바 크다.

위의 기록에서는 이공온의 책봉 과정에 대해서 두 차례에 걸쳐 상술하고 있는데, 우선 ⓒ宋眞宗時ⓔ以功ⓜ封交趾王이란 대목이 주목된다. 이

41) 《한국민족문화대백과사전》 권17 〈윤길구〉 항목, pp.261~262.

42) 박순교, Vietnam(大越) 皇子 '李龍祥Lý Long Tường'에 관한 연구(2) -'고려 移居 창작설' 검토를 중심으로-, 《동아인문학》 40, 2017, pp.287~290.

와 관련한 구절을 찾아 적시하면 다음과 같다.

> A-11) (大中祥符) ㉠三年 三月壬辰, 以權靜海軍留後㉡李公蘊為㉢靜海軍節度, 封㉣交阯郡王, 賜衣帶、器幣。(《宋史》 권7 본기7 眞宗2)

A-10)에서 말한 交趾王의 정확한 책봉 연대는 진종 14년, 1010년 3월 3일임이 위의 A-11) 기록에서 확인된다. 또한 이공온에게는 ㉢靜海軍節度(使)라는 직책이 내려졌다는 점, ㉣交阯郡王에의 책봉이 있었음이 확인된다. 한데 눈여겨 볼 것은 A-10)의 ㉤交趾王, A-11)의 ㉣交阯郡王은 한자가 서로 상이(趾, 阯)하다. 만일 A-10)이 A-11)을 참고했다면 이러한 한자의 착간, 책봉 연대의 두루뭉술한 설정[A-10)의 ㉢宋眞宗時], 정해절도라는 직책의 누락 등 핵심 요소들을 빠뜨렸을까 의문이다. 이에 A-10)의 서술은 중국 사서를 참고하지 않은 결과였을 개연성이 높다고 여겨진다. A-10) ㉥에서는 天禧 元年에 이공온이 다시 南平王에 봉해졌음을 밝히고 있다. 공온이 남평왕에 봉해진 사실은 아래에서 실제 확인된다.

> A-12) 公蘊或間歲或仍歲以方物入貢. 天禧元年, 進封公蘊南平王, 加食邑一千户, 實封四百户. (《宋史》 권488 列傳 247 外國 4. 交阯)[43]

위의 중국 기록에서 이공온의 남평왕 책봉이 실제 확인되고 있다. 이에 A-10)의 서술이 지니는 정확성을 다시 짐작할 수 있다. 한편 A-10)은 ㉦~㉪에 걸쳐, ㉦諱天祚仍封㉪安南國王이라 서술함으로써, 용상의 부친 천조가 '안남국왕'으로 進封되었음을 밝히고 있다. 이는 천조를 최초로 서술한 3수보서(A-8)), 4수보서(A-9))에 이어 '천조'에 관한 세 번째 서

43) 《宋史》 권488 列傳 247 外國 4. 交阯 天禧 원년(1017)조.

술이자, 3수보서의 A-8)ⓛ安南郡王, A-9)의 ⓛ安南王이라 한 것과도 일정한 대비를 이룬다. 특히 郡은 중국에의 종속 개념이 강한 반면, 國은 중국과의 독립적 느낌이 강하다. 또한 A-10)은 대월 8대왕 혜종에 관한 서술도 빠트리지 않고 있다. 이용상의 고려 이거 상황과 혜종의 치세가 불가분의 관계를 맺고 있다는 점에서, 혜종에 관한 서술 역시 눈여겨 볼 필요가 있다. A-10)'ⓔ八世ⓕ諱昊昰ⓖ嘉定六年ⓐ襲封王'의 기사는 여러 함축적 의미를 담고 있다. 이른바, 당해 A-10)서술은 대월 8대왕의 성명이 '이호참'임을 최초로 밝히고 있는 점, '이호참'이 안남국왕의 직책을 습봉한 점, 그 연대가 嘉定 6年(1213년)임을 구명한 점에서 재검토의 여지가 높다. 이호참이 가정 6년 안남국왕을 책봉 받은 것은 실제로 사실일까.

> A-13) (嘉定五年)夏五月癸酉, 安南國王李龍翰卒, 以其子昊昰為安南國王。詔州縣見役人毋納免役錢, 役滿復輸。(《宋史》 권39 본기39 寧宗3)

> A-14) 嘉定五年 夏五月癸酉龍翰薨 宋遣使吊 居位三十年 諡高宗 王子昊昰嗣立(《安南志略》 권12 李氏世家 惠宗)

우선 대월 8대왕의 성명이 '이호참' 임은 위 A-13), A-14)에서 확인 가능하다. A-13)은 중국의 기록, A-14)는 대월의 기록이다. 그리고 이호참이 부친의 뒤를 이어 안남국왕이 된 것은 위 A-13)에 의거할 때, 가정 5년(1212)이다. 이를 제외하고는 별도의 책봉 기사가 없다는 점에서, 송의 책봉은 당해 연도라 보인다. 이는 A-14)에서도 동일하게 확인되고 있다.[44] 이에 A-10)의 이호참에 대한 서술(ⓖ, ⓐ)은 중국, 대월의 자료와는 1년의 시간적 간극, 시간적으로 상치되는 매우 독특한 서술이라 할 수 있다. 이야말로 A-10)이 조선의 내 전승 자료의 서술이며, 외국 자료를 섭렵하여 저술된 것이 아님을 시사하는 편린이 아닐까 추단된다.

한편 A-10)은 이용상의 고려 이거 당시 대월의 상황을 전한다. 이에서는 A-2) ㉡國亡과, A-3)의 ㉤國之將亂也, ㉢乃以亡國之末裔 등과 相似한 맥락이지만, 서술에서는 다른 표현(ⓒ)을 제시하고 있다. ⓒ의 '宗國孤危'란 표현은 이전에는 등장하지 않던 문면이다. A-10)은 또한 이용상의 고려 이거 연도를 구체적으로 비정하였는데, ⓔ의 '麗朝高宗十三年丙戌秋'라는 구절이 그것이다. 이는 이용상의 고려 이거 연도를 밝힌 최초이기도 하다. 고려 고종 13년은 서기 1226년에 해당한다. 요컨대 A-10)은 전거를 따로 제시하진 않았으나, 최초로 이용상의 고려 이거를 특정하여 1226년 가을임을 밝히고 있는 셈이다. A-10)은 이용상의 화산군 책봉에 대해서도 주목할 견해를 제시하고 있는데, ⓕ의 '聞其賢因封君花山'이란 구절이 그것이다. 이에 의하면 고려 고종은 이용상의 어짊을 듣고 그를 화산군에 봉했던 셈이 된다. 이는 시기적으로 앞서는 자료 ⑳《受降門紀蹟碑》의 내용, 곧 항몽의 戰績으로 이용상이 화산군에 책봉되었다는 서술과는 전혀 다른 내용이다. 화산군 책봉과 관련한 내용을 일별하면 다음과 같다.

[표 2] '화산군' 책봉 관련 기록 일람

번호	연도	저자	전거	화산군 책봉 이유	비고
1	1777	李羲之	〈重修舊序〉	'以其兩國之通好'	최초 印刊本
2	1837	洪直弼	〈3修譜 序〉	因名其居麗朝封花山君	이용상 부친 '천조' 최초 등장
3	1879	甕津府	《甕津府 邑誌》	'憐外國王孫仍封花山君'	抗蒙 최초 등장

44) 《대월사기전서》, 《(대)월사략》에서는 혜종(이호참)의 책봉 등에 관한 내용은 확인되지 않는다.

번호	연도	저자	전거	화산군 책봉 이유	비고
4	1903	尹冑榮	《受降門紀蹟碑》	蒙古兵大來 …中略… 公乃奮義…中略… 交戰五朔 賊兵大敗 …中略… 事聞王命鎭山爲花山 封花山君 以安南 有花山故也	抗蒙과 화산군 책봉을 연계. 대월 8왕의 전체 人名 최초 수록
5	1904	尹吉求	〈中樞府同知事諱奎精墓碣銘〉	'聞其賢因封君花山'	이용상의 고려 移居 연도 최초 비정
6	1920	李承哉	〈花山君 本傳〉	仍其故國花山(安南亦有花山故云)食采之 名特封於本縣之花山爲君	대월과 화산군 책봉을 연계

위 일람표를 보면, 1777년 1子 계열 최초의 印刊本이자, 이용상이란 구체적 성명이 최초로 거명된 중수보의 서문이 주목된다. 당해 서문을 작성한 이희지는 화산군 책봉 까닭이 고려와 안남 간 두터운 통호라 말하고 있다. 1837년 홍직필은 〈3修譜 序〉에서 이용상이 기거한 곳([그림 1, 2])의 이름에 기인하여 화산군에 책봉된 것이라 서술한다. 1879년 이용상의 항몽을 최초로 적시한 《甕津府 邑誌》에서는 이용상이 외국의 왕손이라 화산군에 책봉되었다고 한다. 이를테면 위의 [표 1~3]까지의 자료에서는 화산군 책봉과 항몽이 연결되고 있지 않다. 이용상의 화산군 책봉이 항몽과 처음으로 연결되어 서술된 것은 윤주영이 찬한 《受降門紀蹟碑》에서 발단되었다. 한데, 그 이듬해인 1904년 윤길구는 자신의 〈中樞府同知事諱奎精墓碣銘〉(A-10))에서 고려 고종이 이용상의 어짊을 듣고 화산군으로 책봉하였다고 밝혀, 몽골과의 전공에 따른 책봉과는 결을 달리하고 있다.

A-10)㉑은 이전에 찾아볼 수 없던 공전의 내용들을 죄다 적시하고 있다. 중핵적인 내용 자체도 그러려니와, 이후 화산이씨 가승의 전범을 이루었다는 점에서, 이용상과 관련한 검토에서 불가결의 내용이라 여겨진다. 한데 전에 없던 내용까지 집성한 A-10)에서 괴이하게도 몽골에

대한 내용은 전혀 전하지 않고 있다. 앞서 ⑲, ⑳에서는 항몽에 대한 내용이 상세히 서술된 바 있다. 그럼에도 앞선 자료의 항몽 사실을 전혀 언급하지 않았다. 이것은 ⑲, ⑳의 항몽과 관련한 내용 자체에 대한 담대한 반박, 창조적 파괴라 단언할 수 있다. 황해 해주, 개성 등과 깊은 인연을 지녔고, 일대에 대한 지식, 허다한 일대 文士들과의 교유, 해박한 지식 등을 품은 윤길구의 정갈한 당해 기록은, 다소의 투박성을 띤 ⑲, ⑳의 가치를 오히려 충분히 뛰어 넘었다고 간주된다. 반면 윤길구는 이용상과 관련하여선, ⓖ土賊, ⓗ土賊와 같이, 두 차례에 걸쳐 '토적'을 언급하고 있다. 土賊은 外敵과 대비되는 용어로서 토착세력으로 준동하는 賊黨, 외래의 침입 세력이 아닌 在地 賊黨의 土匪를 지칭하는 용어이다.[45] 몽골을 외적으로 상정할 수 있다면, 토적은 분명히 이에 대비되는 개념이다. 그의 서술에 의하면 이용상은 외적 몽골과 싸운 항몽 사실과는 무관하며, 토적의 퇴치에 일정한 유공자였고, 그 자취 역시 《受降門紀蹟碑》에서 밝힌 수항문이 아니라 ⓘ受降城임을 말하고 있다. 위치 또한 옹진의 경계에 있다고 함으로써 《受降門紀蹟碑》에서 전한 내용 자체를 사실상 반박하였다고 할 수 있겠다. 항몽 사실이 있었다면 윤길구 같은 대학자가 몽골을 빠트렸을 리 없을 것이고, 1년 전 비문으로까지 야심차게 새겨진 《受降門紀蹟碑》를 전혀 언급하지 않는다거나,[46] 受降門이라는 단어를 삼가고 생뚱맞게 受降城을 언급하고 있는 점, 혹은 토적이라는 전혀 생소

45) 諸橋轍次, 《大漢和辭典》 권3, 〈土賊〉 항목, p.115

46) 윤길구는 실제로 수항문의 존재에 대해 무심했던 것이 아니라 익히 알고 있었다. 당시 윤길구는 관찰사의 신분으로서 옹진 수항문의 보전을 직접 엄명한 당사자이기도 하였다. 윤주영이 찬한 《受降門紀蹟碑》에서는 이러한 저간의 사정이 실제로 확인되고 있다. "往在庚子移邑蘇江公廨一幷毁破 受降門 渾入其中 時觀察使 尹公吉求特發嚴訓 使之重建"(《受降門紀蹟碑》). 곧 수항문의 재건 자체가 윤길구의 깊은 관심에 의해 이루졌기에, 윤길구가 수항문에 대해 모를 리 없었으며, 이에 수항문에 대한 윤길구의 서술 하나하나는 매우 웅숭깊은 것이라 여겨진다.

[그림 1] 黃海 甕津 花山

小田省吾 촬영, 1929, 국립중앙박물관 소장
조선총독부 박물관 유리건판 건판008929

[그림 2] 黃海 甕津 花山

小田省吾 촬영, 1929, 국립중앙박물관 소장
조선총독부 박물관 유리건판 건판008928

한 용어를 두 차례 연이어 서술했다는 점은 모두 함의하는 바가 깊다고 여겨진다. 이에 이용상의 항몽 사실과 전공에 대해서는 신중한 재검토가 요망된다고 할 것이다.

한편 항몽을 최초로 서술한 《甕津府 邑誌》에서도 이용상의 화산군 책봉은 戰功에 대한 반대급부가 아니라, 고려 고종이 隣國 왕자의 처지에 연민과 동정, 측은지심을 느껴 책봉한 것이라 밝히고 있다. 결국 화산군 책봉을 담은 기록을 일별한 위의 표에서 몽골과의 전공, 또 그로 인한 화산군 책봉을 지적한 자료는 《受降門紀蹟碑》, 《花山君 本傳》에 그친다. 이처럼 20세기 돌출하듯 항몽의 사실이 나타난다는 점, 그와 동시에 〈中樞府同知事諱奎精墓碣銘〉(A-10))에서는 그마저 민멸시켰다는 점 등은 깊이 되새길 지점이 아닐 수 없다.

제3절 Lý Long Tường'의 항몽을 담은 諸 기록들

이용상의 항몽과 관련하여 주목되는 자료들로서, ⑲《甕津府 邑誌》,

⑳《受降門紀蹟碑》, ㉔《花山君 本傳》 등이 있다. 이전의 화산이씨 가승들(①~⑱)에서는 항몽의 사실이 전혀 文證되지 않는다. 이는 이용상에 관련된 가장 긴요한 항목 중 하나일, 항몽을 역대 화산이씨 가승에서 줄기차게 빠뜨렸음을 뜻한다. 이는 눈여겨 볼 대목이 아닐 수 없다. 이것은 매우 의미심장한 것으로서, 실상 존재하지 않은 사실의 투영, 혹은 가탁의 결과가 아닌가 여겨진다. 항몽과 관련한 최초의 기록, ⑲《甕津府 邑誌》의 편찬 연대는 1879년이다. 無에서 有로의 창조. 곧 19세기 말엽까지 일언반구조차 없던 내용이 창출되듯 문면에 서술되었다면, 이것은 서사의 재구성 차원에서 접근할 필요성이 제기되는 대목이 아닐 수 없다. 아래에 ⑲《甕津府 邑誌》, ⑳《受降門紀蹟碑》, ㉔《花山君 本傳》의 주요 내용을 적기하면 다음과 같다.

A-15) 花山君龍祥 安南國王之弟也 宗國將亡 與族㉠君苾 抱祭器 浮海至于海洋道瓮津縣 卽高麗高宗時也 憐外國王孫仍封花山君 ㉡適値蒙古來侵 ㉢君襲平之 受降於客舍前 號其門曰㉣受降門 親題板額云 常登㉤花山 ㉥築壇南望 而亦登廣大山巖上 南望痛哭 故仍號其巖 曰㉦越聲巖 花山下尙有遺址 ㉧墓在府西十里 杜門洞禽乙峯下 (《옹진부 읍지》 忠節)

A-16) 寶慶丙戌 國有內亂 宗社顚覆 公以王之叔父 哭南平廟 抱祭器東出曰 不去無以成三仁之志 浮海抵高麗甕津縣富良江 隱居府南鎭山 號微子洞 ㉠高麗安孝王癸丑 ㉡蒙古兵大來 先犯國都 王避鋒江華 敵又西屠甕津 勢急朝暮 ㉢公乃奮義出城與府卒 分授諸軍方略 ㉣交戰五朔 賊兵大敗 宣言欲降 ㉤幣以五金函 公知其奸謀 卽穴其函灌湯 所置五刺客抱劍俱死 以金屑塗其穴 還送蒙衆大驚 卽日乞和 收衆退走 事聞王大加長嘆 ㉥命鎭山爲花山 ㉦花山君

ⓞ以安南有花山故也 以地方三十里 人口二十戶 爲采邑 俾奉先祀 ㉈入門曰受降 板紀蹟 以彰巍勳 卽本營館所外三門也 (《受降門紀績碑》)

A-17) ㉠麗王之四十年癸丑卽寶祐元年也(1253)㉡秋七月蒙王㉢也窟㉣松柱諸王率兵一萬 由東丹國渡混同江 八月遂攔入西海先破安陵山城 城中死者七百餘人 …中略… 又率戰艦由沿海邑 直向甕津先陷大·小青及昌麟島 斬其守將軍民 在鎭者盡坑之 以爲直指沁都之計 而如蹈無人之境 其鋒銳無人可摧者 時知縣挫於賊勢 未遑扞禦 而危急 方在朝夕 卽與知縣直入……中軍 以㉤韋孝寬 分授堅守之方略 而以其蒙兵 縣軍深入 欲以持久制之 乃使壯士築土城於三面 前立木柵 令極高峻多積戰具 堅壁不出 賊兵連營數十里 環而攻之 城將崩潰……凡若戰㉥五朔 賊兵傷及死病者什四五 蒙人曰 此城以小敵大 天所佑非人力……蒙陣壯士曰 此天生神明將軍也 蒙陳有一老將 至城下 按視柵壘機械 歎曰 吾結髮從戎 歷觀天下攻戰之狀 未嘗見被攻如此 而終不敗者 於是松柱等 卷甲班馬束手喪氣 而爭走………㉦中略…時則癸丑冬十二月日也 知縣卽馳馹獻俘于朝 王大說曰 古者有功德於民者 加地進律 貴公子今日克賊安民之功 藩蔽沿海則 豈非東鄰君民所共永賴者乎 ⓞ遂策勳褒美特爲進秩益封 以本邑地方三十里人口二千戶爲之食邑 以供其先王祭祀粢盛 花山館楣額大書㉈受降門三字 至今尙存 (〈화산군 본전〉, 《花山李氏 가전실록》)

위의 A-15)(⑲, 《甕津府 邑誌》)는 항몽 사실을 전하는 최초 기록으로서, 총 148글자로 되어 있다. 또한 이에는 이용상의 혈족(정확히는 6촌) '군필(신평이씨의 시조?)'이 최초로 등장한다. 이용상이 대월을 떠나 고려로 이거할 당시, 동행했던 것으로 회자되는 주요 인물이 군필이다.[47] A-15) ㉡에서는 몽골의 침습 사실, ㉢에서는 이용상의 반격 사실을 전하고 있다. 하지만 구체적인 연대가 비정되지는 않았다. ㉣에서는 受降門의 존재 사실과, ㉤의 '화산', ㉦의 '월성암', ㉧의 '묘' 등 形迹이 구체적 위치와 더불어 서술되어 있다. 이는 화산이씨 가승에 있어 초유의 내용이다. ㉥에서는 지울 길 없는 향수를 머금은 채 번뇌하고 부심하며 불면과 애통의 나날을 보낸 불운한 시간이 핍진하게 묘사되고 있다. 항몽 전후, 고려 땅에서 펼쳐진 이용상의 처절한 삶의 비애, 인고의 인생 역정이 피력되고 있는 셈이다. ㉥의 내용은 A-17)에서 더욱 확대, 부연되어, 이용상이 文杏을 심었다거나, 백마를 타고 다녔다는 등에까지 이어진다. 고독과 짝하여 역사의 짙은 그림자를 밟고 서성거렸던 한 인간의 암울한 행적을 묘사한 구절에서, 그에게 주어진 고려에서의 시간이 슬픔이었으며, 역사의 행간마다 눈물 속에 흐르는 이용상을 목도하게 된다. 그는 공간적으로 탈주(ἔξοδος)했으나, 심리적으로는 대월에 결박(λουρi)되어 있다. 공간적으로 대월을 떠났으나 심리적으로 결국 떠나지 못했다는 점에서, 그의 탈출은 절반의 성공, 절반의 실패에 가깝다. 그의 이런 지난한 행적(㉥)은 무신 집권기 고려의 극심한 亂政 속에서 이방인으로서 고려에서의 삶조차 如意하지 못했을 개연성을 높인다. 대월 陳氏의 전횡과, 고려 최씨의 천단은 하극상의 지점에서 오묘하게 중첩되어 수렴한다.[47]

A-16)(⑳, 《受降門紀蹟碑》)은 황해 해주 군수 윤주영이 찬한 것으로서, 본문 총 587자의 비문이다. 당해 비문에서는 A-15)의 항몽 사실이 좀 더 구체화되는 양상이다. 가령 ㉠高麗 安孝王 癸丑(1352년)과 같은 구체

47) '君苾'에 대해서는 박순교, 《花山君 李龍祥, 圖書出版 생각나눔(기획실크), 2012.5, p.12 및 박순교, 〈Vietnam(大越) 황자 '李龍祥 Lý Long Tường'의 異論 批正〉, 《동아인문학》 48(11), 2019, pp.322~323.

적 연대의 비정이라든가, ㉡蒙古兵의 이동 경로(國都→江華→甕津), ㉢府卒과 같은 병력 동원, 군략의 제시와 같은 활약, ㉣五朔에 걸친 교전 시간 등이 나열되어 있다. 文面은 북쪽 성난 도적들이 창칼을 휘두르고 포효하매, 옹진의 외로운 성은 불타는 돌덩이와 같았음을 전한다. 특히 ㉤에서는 이용상의 기지와 譎計로 '金函 속 5刺客이 熱湯에 죽음을 맞이하는 얘기'가 부연되고 있는데, 이의 서사 구조는 '트로이 목마' 속의 첩자,[48] 혹은《千一夜話(Alf laylah wa laylah)》속 '알리바바(Alibaba)와 40인의 도둑'에서 Morgiana가 도둑들에게 뜨거운 기름을 부어 蒸殺하는 것과 매우 흡사하다.[49] 위의 문면에서 용상은 그만의 특별한 능력과 奇謀, 임기응변으로 전술로 숙련된 몽골의 간계를 퇴치했음을 징험하고 있다. 치열한 전쟁을 치른 뒤 항복의 폐물로 금합을 헌납했다면 상대가 금합을 즉시 열어볼 것은 자명하다. 四駿四狗의 출중함으로 명성이 자자한 몽골, 현대전에서도 역설되는 섬멸전, 유인과 우회, 속도전, 기동 타격, 후방 전투, 종심 전투, 양동 작전, 포위 공격 등 세상의 군략을 통째로 아우른 '전쟁의 신', '병법의 스승'들이 기껏 작은 상자 속에 자객을 심을 만큼 저열하고 아둔했을까 하는 기초적 의구심을 지울 수는 없다. 이처럼 조야한 서술은 이후 A-17)에서는 더욱 장황하게 부연되고 있다. ㉥에서는 고려 조정이 전공에 대한 책훈으로 옹진의 鎭山을 花山으로 이름짓고, 巍勳에 따라 이용상을 花山君에 책봉했다고 한다. 이는 이용상의 항몽과 화산군 책봉을 연계한 최초의 기록이자, 이전과는 다른 내용이 등장한 지점이기도 하다. 한편 ㉦에서는 대월에 화산이라는 지명이 있어, 화산군으로 책봉되었고, 진산의 이름도 화산이라 명명되었음을 밝히고

48) Ὅμηρος, 〈Δούρειος Ἵππος〉, 《Ἰλιάς》.

49)《千一夜話》هزار و یک شب Hazār-o Yak Šab, كتاب ألف ليلة وليلة Kitāb 'Alf Layla wa-Layla.

있다.

A-17)㉔에서는 앞서의 내용들이 더욱 더 풍부하게 개진되어 서술되고 있다. 가령 항몽 과정을 서술함에 있어, A-16)의 ㉡에서는 단지 蒙古兵이라는 추상적 표현을 구사했다면, A-17)에서 등장하는 주요 인물은, ㉢也窟, ㉣松柱, ㉤韋孝寬 등으로 다양하고 구체적으로 표현되고 있다. 특히 ㉢也窟, ㉣松柱 등이 몽골의 主將들이라면, 고려 옹진 방어군을 이끈 중추적 인물로는 ㉤의 韋孝寬이 표현되고 있다. 위효관(509~580년 12월 19일)은 실제 중국의 智勇을 겸비한 北周(557~581)의 전설적 무장이다. 위효관의 이름은 중국의 《四庫全書》에서 도합 361차례나 등장한다.[50] 이름은 寬, 혹은 叔裕이며, 字가 孝寬이었다.[51] 일세를 풍미한 무장으로서 감당하기 힘든 부와 명성을 한 몸에 품고 누린 인물이었다. 이에 당해 자료의 위효관은 모칭의 개연성, 아니면 허구의 인물일 여지가 높다. 고래의 상세한 내용이 시대를 흐르며 누락, 압축, 멸실됨은 이해될 수 있다. 하지만 거꾸로 시간의 진행에 따라 저변이 넓어지는 Δ형태, 곧 영성함→풍부함으로의 변전, 혹은 기왕에 없던 사실의 생성일 경우는 空前의 내용이 상세하게 피력되기 시작함을 뜻한다. 이는 사실성과 흥미를 높이는 것이지만, 동시에 문면의 정확성에 의구심이 증폭될 대목이다. A-16) ㉣, A-17) ㉥의 五朔도 주목할 대목이다. 15세기 중엽까지도 옹진현의 戶數는 327호, 인구가 985명에 불과했다.[52] 인근 강령현의 호수 389호, 1,068명[53]을 다 합쳐도 총 716호 2,053인이었다. 외부 지원군

50) 《문연각 사고전서 영인본》, Digital Heritage Publishing. 3 0 V(2007년).

51) 위효관에 대해서는 다음 논문에서 간략하나마 검토된 바 있다. 박순교, Vietnam(大越) 皇子 '李龍祥Lý Long Tường'에 관한 연구(2) -'고려 移居 창작설' 검토를 중심으로-, 《동아인문학》 40, 2017, p.311.

52) 《세종실록》 권152, 지리지 황해도 해주목 옹진현.

53) 《세종실록》 권152, 지리지 황해도 해주목 강령현.

도 없던 당시 상황에서 화산에 우거하던 이용상이 소수의 훈련되지 않은 옹진 인민을 규합, 토성에 농성하여 몽골에 5삭의 기간 동안 버티며 대회전을 펼쳤다는 것 역시 곧이곧대로 믿기 어렵다.

가장 큰 문제는 기록의 민멸에 말미암았는데, 이는 일가의 零落과 연계되어 있다고 보인다. 현존 문과방목에 의거할 경우, 화산이씨 조선의 문과 급제자는 단 3명(李周孫, 李壽福, 李鼎鎰)이다. 일가에서 조선 시대 최초의 문과 합격자 李周孫의 생몰년은 미상이다. 이주손은 단종 원년(1453) 생원시에 입격하고, 세조의 兩西(황해, 평안 지방) 순행을 기념, 세조 6년(1460) 평양 浮碧樓에서 치러진 별시에서 3등 6위(11/22)로 등과했고,[54] 관직이 사헌부 감찰에 올랐다. 李壽福은 字가 申之로서, 경남 김해에 거하였다.[55] 중종 14년(1519) 기묘 별시 병과 1위(6/19)로 급제했다.[56] 1519년 10월 17일 시행된 당해 시험에서는 갑과 2명(金珌, 尹豊亨), 을과 3명(宋純, 許伯琦, 權磏), 병과 14명(이수복~高雲) 등 총 19명이 급제했고, 이수복은 병과 1위로 급제했다. 이수복은 뒷날 함경도 영흥부사를 역임했다. 특히 이수복의 경우, 문과 방목에서 본관을 화산이 아닌 옹진이라고 하고 있어 특이하다. 이는 뒷날 화산이씨 2子 계열에서 본관을 화산이

54) 『국조문과방목(國朝文科榜目)』(규장각한국학연구원[奎106]), 『국조방목(國朝榜目)』(국립중앙도서관[한古朝26-47]), (국조방목(國朝榜目)』(한국학중앙연구원 장서각[K2-3538])

55) 이수복은 진사 합격 당시 한성 거주자였다가, 문과 별시 응시 당시에는 거주지를 옮겨 경남 김해에 거한 것이 《국조방목(國朝榜目)》(규장각한국학연구원[奎貴11655])에서 확인된다.

56) 《국조문과방목(國朝文科榜目)》(규장각한국학연구원[奎 106]). 화산이씨 가승에 의하면 이수복이 1519년(중종 14) 문과 을과에 급제한 것으로 기록(李承哉, 《花山李氏 世譜》(청구기호 한 古朝58 가33-44) 권1, p.32)되어 있으나, 실제로는 병과 1위로 급제하였다.

아닌 안동이라 한 것과도 유사한 대목이다.[57] 이는 거주지 이동에 따른 화산이씨 족조 관념의 변화와 관련하여 주목된다. 李鼎鎰은 황해 信川에 거했는데, 23살이 되던 1799년, 정조의 성균관 방문을 기념해 치른 謁聖試[甲1·乙2·丙3]에서 丙科 2위로 합격(5/6)했다.[58]

화산이씨 조선의 무과 합격자는 2명이다. 한성에 거주했던 李暻은 28살의 나이로 仁祖 7년(1629) 別試 丙科 81위(103/153)로 합격했고,[59] 황해 해주 출신 이설은 47살의 나이로 영조 4년(1728) 別試 丙科 563위(579/633)로 합격했다. 이상의 사람들은 모두 1子 계열에 속하는 인물들이다.

2子 계열로서 문, 무과 합격자는 확인되지 않는다. 단 32살의 나이로 哲宗 1년(1850) 增廣試 [생원] 3등 19위(49/100)로 입격한 李輝鳳만이 확인된다. 화산이씨 조선의 사마시 입격자는 1子 계열 총 6명이 확인된다.[60] 중종中宗 11년(1516) 병자丙子 식년시式年試 [진사] 2등二等 18위(23/100)로 급제한 李壽福,[61] 영조 16년(1740) 43살의 나이에 增廣試 진사과 3등 13위(43/100)로 입격한 李憲國, 정조 1년(1777) 43살의 나이에 式年試 진사과 2등 6위(11/100)로 입격한 李羲之, 순조 9년(1809) 20살의 나이에 增廣試 진사과 3등 51위(81/100)로 입격한 李景行, 고종 22년(1885) 20살의 나이에 增廣試 진사과 2등 7위(12/168)로 입격한 李言禹, 고종 31년(1894) 21살의 나이에 式年試 진사과 3등 249위(278/1055)로 입격한 李萬泳 등이 있다.[62] 위의 李羲之는 진사가 된 바로 그 해(1777년)에 중수보를 집필하였다. 중수보의 집필, 鋟梓가 이루어진 해는 1777년이다. 당해 년은,

57) 《判官公秉鈞派 潘南朴氏世譜》 根茂 항목.
58) 《국조방목(國朝榜目)》(규장각한국학연구원[奎貴 11655]).
59) 《崇禎二年己巳皇太子誕生別試[文武科榜目]》(성균관대학교 존경각[B13KB-0050]).
60) 《崇禎紀元後四庚戌增廣司馬榜目》(국립중앙도서관[일산古6024-49]).
61) 《정덕11년병자식생원진사방(正德十一年丙子式生員進士榜)》.
62) 한국역대인물종합정보시스템 사마방목.

1740년 43살의 나이에 진사로 입격한 李憲國(1698~1772)이 죽은 지 5년이 지난 시점이었다. 이에 李枰(1676~1734)의 손자이자, 李憲國의 아들 李鼎新(당시 52살)이 이희지를 집필자로 섭외하는 등, 조부와 부친의 유업을 이어 당해 중수보 鋟梓를 행했다.[63] 위의 李景行과 同名異人인 이경행(1730~1809) 역시 당시 47살의 나이로 중수보 鋟梓 작업에 동참했었다.[64] 1子 계열의 경우 이희지, 이헌국 등 사마방목 입격자가 집중적으로 나타난 시기를 전후하여 화산이씨 가승이 정비되었다. 이런 점에서, 2子 계열 역시 이휘봉(1819~1890)을 전후하여 가승의 일대 정비가 있었을 개연성이 있다. 이휘봉이 2子 계열 중 유일무이한 사마시 입격자인 점, 그의 묘가 충효당과 연계되어 나타난 점, 유고까지 남길 만큼 혁혁한 文才를 갖춘 점 등이 더욱 그러하다. 이휘봉의 字는 德朝, 號는 蘭圃로서, 유고까지 남긴 것이 확인된다.[65]

---

63) 중수보 鋟梓에 동참한 인물 중 이헌묵(1722~1787)을 이헌국(1698~1772)과 동일 인물로 착각한 견해도 있다(허인욱, 〈高宗代'花山李氏'李龍祥의 高麗 정착 관련 기록 검토〉, 《백산학보》 100, 2014, p.427의 주9). 하지만 이는 화산이씨 세보에 대한 전체적 이해를 결여한 나머지, 저질러진 명백한 오판, 착각이다. 양자는 아예 생몰년이 다르다. 이헌국은 초보구서(1706)를 작성한 이평의 아들로서, 1777년 중수보가 鋟梓되기 5년 전 사망했다(李承哉 編, 『花山李氏 世譜』 5수보(청구기호 한 古朝58 가33-44) 권2, p.1. 까닭에 중수보의 鋟梓에는 이헌국의 子 이정신이 조부와 부친의 유지를 이어 참여하였다. 이에 중수보는 허인욱의 말처럼 2대에 걸친 위업이 아니라, 3대에 걸친 대장정의 산물이었다. 이헌국과 다른 이헌묵의 생몰년, 삶에 대해서는 앞서 논증된 바 있다(박순교, 〈花山君 '李龍祥 Lý Long Tường'에 관한 연구(1)〉, 《택민국학연구논총》 15, 2015, pp.319~320).

64) 중수보 鋟梓에 동참한 이경행(1730~1809)은 현존 사마방목에서 입격이 확인되지 않는다. 그럼에도 중수보 鋟梓에 참여한 이경행은 進士로 기록되어 있다. 이는 동명이인의 인물을 가승이 혼동하여 기재했을 개연성, 아니면 사마방목의 缺失이 빚은 개연성 등을 떠올리게 한다.

65) 李相協, 《花山李氏 족보》, 회상사, 2004, p.377. 하지만 이의 원초적 토대 자료라 할, 2子 계열이 소장해 온 《花山李氏世譜》 原譜에는 이휘봉에 대한 서술이 전무하

한데 A-15), A-16), A-17)에서 관통하는 한 가지 공통된 사실이 있다. 그것은 수항문의 존재 사실이다. 그리고 이러한 수항문은 항몽과 연결된 결과물로서 정의되고 있다. 그렇다면 과연 수항문은 어떠한 성격을 지닌 것일까. 수항문에 관련된 역대 기록을 뽑아 보면 다음과 같다.

[표 3] '수항문' 관련 기록 일람

번호	연도	저자	전거	수항문 수록 자료	항몽 사실	이용상 언급
①	1707	許葤	《荷谷集》荷谷先生詩鈔〈夷山八絶〉	受降門外亂飛鴉。隴樹靑靑落日斜。欲上危樓望鄕國。不知何處是吾家	無	無
②	1712	李世白	《雩沙集》 권1 〈送金士肯構出按海西〉	長潭西去白沙汀。海上峯成玉雪形。可是仙區添一勝。萬松安得滿山靑。甕津城揭受降門。往事難憑故老言。誰遣所江當一面。邑殘民瘠最堪冤	無	無
③	1766	李宜顯	《陶谷集》 권1 〈次瓮津縣 乙未〉	小縣依山僻。重溟繚似垣。關防所江鎭。事蹟受降門。白日魚龍戲。長時霧雨昏。省方有先躅。敢忘察民冤。	無	無
④	1801	李明煥	《海嶽集》 권2 〈李統制 景喆輓〉	受降門靜帥旗颺。介胄書生軍禮長。暎塞霜顔瞻座榻。右文風味倚賓牀。歸來都統三南道。出入分麾五衛廂。一哭柩前嗟未得。可堪明月錦江涼。	無	無
⑤	1758~1832	李仁行	《新野集》 新野先生文集 권13	○二十三日。越三小峴。渡化翁亭橋。由兩川遷路午入寧邊府。登北固樓。泉石池臺之勝。足令長途倦遊者舒息而酣暢。四面巖麓斗絶。體勢雄蟠。正緩急可守也。出受降門渡鐵亭津。踰水峴宿水隅市。是日行九十五里。○二十四日。渡晴川江入安州城。	無	無
⑥	1774~1851	洪敬謨	《冠巖全書》 冊十八〈遵海勝遊記〉	臨發登㉠君子樓少坐而起。向㉡受降門。門卽㉢客舘之前門。而㉣曾丁海寇。㉤斬倭累級。竪門以受降之處云。㉥舟渡于船倉浦。水深三丈廣二里。㉦有巖如甕屹立於浦邊。故謂之甕津也。	無	無
⑦	1879	옹진부	《甕津府邑誌》	花山君龍祥 安南國王之弟也 宗國將亡 與族君苾 抱祭器 浮海至于海洋道瓮津縣 卽高麗高宗時也 憐外國王孫仍封花山君 適値蒙古來侵 君禦平之 受降於客舍前 號其門曰受降門	有	有

다. 2자 계열 중 가장 돋보이는 문재를 지닌 그의 행적이 백지로 남겨져 전승된 것은 매우 이채롭다. 아마도 이휘봉을 중심으로 한 혈맥과 《花山李氏世譜》 原譜를 집필한 혈맥 사이의 소원함이 작용했을 개연성이 있다. 이에 이휘봉의 경우에 국한하여 말한다면, 《花山李氏世譜》 原譜 이후의 특정 시기에 상당한 加筆이 더해졌음이 짐작된다.

번호	연도	저자	전거	수항문 수록 자료	항몽 사실	이용상 언급
⑧	1920	李承哉	〈花山君 本傳〉	麗王之四十年癸丑卽ⓐ寶祐元年也(1253) 秋七月蒙王ⓑ也窟ⓒ松柱諸王率兵一萬 由東丹國渡混同江 八月遂攔入西海先破安陵山城 중략 遂策勳褒美特爲進秋益封 以本邑地方三十里人口二千戶爲之食邑 以供其先王祭祀粢盛 ⓓ花山館楣額大書受降門三字	有	有

위의 일람표에서 李世白(1635~1703)의 시(②), 李宜顯(169~1745)의 시(③)에서의 '受降門'을 근거로 이용상의 항몽 사적, 이를 담은 화산군 본전의 기록이 진실이 아닐까 하는 추정이 있기도 했다.[65] 이에 의하면 '수항문=몽골=이용상'이라는 설정을 바탕에 깔고서, 수항문이라는 글귀의 확인이야말로 몽골, 이용상과 연결되며, 3자의 구성 요소가 모두 참이라 섣불리 귀결 짓는 셈이다. 하지만 이는 수항문에 관련된 전체 사료를 추려보지 못하고, 편린만을 끄집어내어 해석한 명백한 오류이다. ②, ③에서 말한 수항문이 몽골과 연결된다는 서술은 어디에도 없다. 위의 일람표를 일별할 때, ②, ③, ⑥, ⑦, ⑧이 황해 옹진 수항문과 관련되고 있는 기록이다. ①의 저자 허봉은 草堂 許曄의 맏이로서, 이복동생으로 허성, 허균, 허난설헌을 두었다. 시의 제목에 '夷山'이 붙어 있는 점에서[67] 외국에 체류하던 시절 작성된 것이다. 그가 명 황제의 생일을 축하하기 위한 聖節使의 書狀官으로 간 것이 1574년의 일이니, 위 ①의 내용은 책의 출간 연대와 무관하게 16세기 중엽이라 할 수 있고, 지역은 중국이라 말할 수 있다. ④는 일종의 輓詞인데, 이의 주인공 李景喆(1702년~미상)은 숙종~영조까지의 무신이었다. 자는 子明, 본관은 全州였다. 1723년(경종 3)

66) 허인욱, 〈高宗代'花山李氏'李龍祥의 高麗 정착 관련 기록 검토〉, 《백산학보》 100, 2014, pp.437~438.

67) 夷山. 又東五百里。曰夷山(今浙江或福建境內)。無草木。多沙石。湨水出焉。而南流注于列塗 (《山海經》 第二篇 南次二經).

[그림 3] 甕津 本營 受降門

小田省吾 촬영, 1929, 국립중앙박물관 소장 조선총독부 박물관 유리건판 건판008927

[그림 4] 甕津 本營 受降門

小田省吾 촬영, 1929, 국립중앙박물관 소장 조선총독부 박물관 유리건판 건판008926

식년시 무과에 병과 79위(전체 합격자 138명)로 급제하여,[68] 이후 慶尙右水使, 全羅道兵使, 京畿水使, 咸鏡北道兵馬節度使, 統制使 등 주요 무관직을 두루 역임한 인물이었다.[69] 따라서 [표 3] ④의 수항문은 남해안 지역과 관련된 것이라 할 수 있다. 앞서 [표 3] ②, ③을 근거로 하여 ⑦, ⑧이 '참[眞]'이라는 穿鑿이 있었지만,[70] 여기에서 놓친 ⑥에 대한 검토가 매우 긴요하다. [표 3] ⑥의 저자 洪敬謨는 영조 50년(1774)에 태어나, 철종 2년(1851)에 사망한 인물이다. 字는 敬修, 호는 冠巖으로서, 이조판서를 지낸 耳溪 洪良浩의 손자이다. 1816년 별시문과에 병과로 급제, 대사헌을 거쳐 이조·예조·호조·병조의 판서를 역임하였고, 판돈녕부사로 치사했다.[71]

---

68) 《계묘식년문무과방목(癸卯式年文武科榜目)》(연세대학교학술정보원[고서(I) 353.003 문무과 식-1723]).

69) 한국역대인물종합정보시스템, 〈허봉〉 항목.

70) 허인욱, 〈高宗代'花山李氏'李龍祥의 高麗 정착 관련 기록 검토〉, 《백산학보》 100, 2014, pp.437~438.

71) 《한국민족문화대백과사전》 권25, 〈洪敬謨〉 항목 p.64에서는 제수했으나 사양한 것으로도 나타나고 있다.

홍경모의 저작 [표 3] ⑥은 수항문에 관한 결정적 내용을 담고 있다. 그 내용의 사실성 역시 매우 높다고 여겨진다. 이에 수항문에 대한 결정적 내용이 다름 아닌 ⑥에 있다고도 여겨진다. ⑥에 의하면 군자루(㉠)라는 누각이 있고, 누각에서 멀지 않은 지점에 수항문(㉡)이 있는 것으로 묘사된다. 특히 ㉣의 海寇, ㉤의 斬倭에서 보듯 수항문은 바다, 그것도 왜적과 관련된 곳이었다. '왜적을 斬하고 생존자들을 계급별로 묶어 둔 곳(㉤)'이 수항문이라고 밝히고 있음은 돋보이는 대목이다.[72] 특히 ⑥은 옹진의 유래에까지 상세 설명을 담고 있다. 오가는 배가 선창에 정박함에 깊이가 3丈이요, 넓이가 2里이며, 옹기 같은 큰 바위가 포변에 우뚝 솟아 옹기 항구(독 나루터, 옹진)이라 일컬어졌다고 한다. 이처럼 상세한 탐지와 조사를 바탕으로 한 ⑥에서 수항문을 몽골이 아닌 왜적과 연결 짓고 있음은 함의하는 바 깊다. 요컨대 옹진의 수항문은 항몽이 아닌 討倭의 흔적이며, 이에 항몽, 이용상과 연결지운 ⑦, ⑧의 내용은 입론의 타당성이 결여되었다고 단언할 수 있겠다. 한편 A-16)의 ㉠, A-17)의 ㉠은 모두 몽골 침입 연대를 안효왕(고려 고종, 휘는 瞋, 暾) 계축(1253년)으로 적시하였다. 이용상의 부친 영종의 몰년(1175), 이용상의 형 용한의 생년(1173) 등을 고려할 때,[73] 고려 이거 당시 이용상의 나이는 최소 51살(오차 범위 51~53살), 1253년 당시 이용상의 나이는 최소 78살의 고령에 속한다.[74] 이 역

72) 서울대 규장각 한국학연구원 지리지종합정보(http://kjg.snu.ac.kr/geo/). 〈해동지도(고대4709-41)_옹진부 지도〉 난외주에서는 "객사의 전면에는 受降門이 그려져 있는데, 이는 丁海冠이 왜적을 베고 세운 문이라 전해진다"라 하여 '丁海寇'를 '丁海冠'이라는 인명으로 해석하고 있다. 이는 인명이 아니며 寇를 冠'으로 읽은 것 역시 오독이다.

73) 박순교, 《花山君 李龍祥》, 圖書出版 생각나눔(기획실크), 2012.5, pp.10~18.

74) 앞서 '李枰'을 '李祥'으로 혼동한 바 있던 유인선은 李枰의 초보서 작성 시점(1706년)을 1826년으로 하향하였다(유인선, 〈베트남 李 왕조의 후손 李龍祥의 行跡〉, 《한국 베트남 관계사 국제심포지엄》, 한국역사학회·베트남 역사과학회, p.70의

시 적(몽골)과의 조우, 督戰을 설명할 때 검토 사항이 아닌가 여겨진다.[75]

A-18) 名勝古蹟 ㉠花山神社。北面㉡花山里花山に在り, ㉢高麗朝蒙古の亂に際し 花山君㉣李祥龍之を討平して功あり, ㉤郡民其功を慕ひ㉥此祠を建つ, 春秋祭祀を切たず。(《最新朝鮮地誌》)[75]

A-18)은 일제 식민 지배 차원에서 행한 조사의 일단이라는 점에서 주목된다. 위의 자료는 몽골의 침입을 격퇴한 이상용을 기려 춘추로 제향하는 神社가 옹진 화산에 건립되어 있음을(㉠) 전한다. ㉣의 李祥龍은 이용상의 오기인 바, 이러한 인명 오류는 조선일보의 뒷날 기사에서도 재확인된다.[77] 이용상과 관련된 화산 신사는 이전의 史乘에서 확인되지 않았다. 단 이와 相似한 白馬神君祠로 불린 건축물은 확인된다.[78] ㉤의 '郡民'이란 구절도 주목된다. 옹진은 고려 현종 9년(1018)이래 현이었고,[79] 몇 번의 개변을 거쳐 조선 말 1895년 칙령 98호로 옹진군이라 개

각주 8번 및 p.78, 하노이 대우호텔 2007.8.20). 또한 같은 논문에서는 합리적 근거 없이 이용상의 항몽(1253년의 5차 침입) 연대를 몽골의 2차 침입(1232년)으로 거꾸로 상향하였다(같은 논문, 2007, p.78). 사료를 재단하는 유인선의 관점은 '프로크루스테스(*Προκρούστης*)의 침대'마냥 자의적이다. 然則 족히 사료 고증에 있어서의 정정이 요망된다.

75) 박순교, Vietnam(大越) 皇子 '李龍祥Lý Long Tường'에 관한 연구(2) -'고려 移居 창작설' 검토를 중심으로-, 《동아인문학》 40, 2017, pp.278~279.

76) 釋尾春芿, 《最新朝鮮地誌》, 朝鮮及滿洲社出版部, (大正7年)1918. 慶應義塾圖書館所藏番號(1102948268. 13H653).

77) 李奉來, 〈萬古偉勳의 주인공인 안남 왕족 花山君. 옹진 李祥龍의 전설(내고장의 인물과 전설) 15〉, 《조선일보》, 1927.2.22.

78) 국립문화재연구소, 《군사보호구역 문화유적 지표조사(경기도)》, 2000. pp.573~574.

79) 瓮津縣本高句麗瓮遷, 高麗初, 改今名. 顯宗九年, 置縣令. 有麒麟島·昌麟島·魚化島·孤島·謀島. 屬縣二(《고려사》 권58 지12 지리3 옹진).

칭되었다.[80] ㉤의 '郡民' 구절에 주목하면, 당해 신사는 1895~1918년 사이 시기에 건축된 것이라 판단된다.

위의 수항문 전경([그림 3, 4])은 외삼문이기보다는 맞배지붕의, 흡사 묘비각과 같은 형태를 띠고 있다. 이는 고려 당시의 것이기보다는, 전술한 바대로 황해도 관찰사 윤길구의 명에 의해 경자년(1900년)에 중창된 것이라 보아야 옳을 듯하다.[81] 한편 A-17)(㉔《花山君 本傳》)에서는 이용상의 고려 이거 당시 대월의 정황을 서술하고 있다. 그런데 고려 이거 당시 대월 정황에 대하여 역대 자료의 서술이 대략 A-2) ㉡國亡, A-3)의 ㉤國之將亂也, ㉧乃以亡國之末裔, A-10)의 ⓒ '宗國孤危', A-15)의 '宗國將亡' A-16)의 '國有內亂 宗社顚覆' 등의 비교적 간략하고 추상적인 표현에 머물렀던 것과 달리, A-17)에서는 매우 소상한 정황이 묘사되고 있다.

> A-19) 癸酉嘉定六年 孺子王初立 以叔父及平海公君苾與陳日照 幷爲三公 委以國政卽先王之遺教也 尊叔父號皇叔 時主少國疑 王之妹昭聖公主居中用事日照亦以先朝贅婿專作威福操弄國命 (〈화산군 본전〉)

위 A-19)(㉔《花山君 本傳》)의 내용은 공전의 것으로서, 당시 대월 내 정치적 분규와 혼란, 국정 운영의 난맥상을 꼼꼼히 서술해 나가고 있다. 이른바 이용상이 君苾, 陳日照와 더불어 3공이 되어 治政에 나섰으나, 정권이 진씨 일족에게 넘어가면서 그들의 압제와 전횡이 더해졌고, 불가피한 국가 절명의 위기 속에서 이용상 그 자신 고려로 移居해야 했음을 서

---

80) 《고종실록》 33권, 고종 32년[개국 504년(1895년)] 5월 26일 칙령 98호.

81) "往在庚子移邑蘇江公廨一幷毁破 受降門 渾入其中 時觀察使 尹公吉求特發嚴訓 使之重建"(《受降門紀蹟碑》).

술하고 있다. 전에 없던 내용이 이처럼 서술되었다면, 그 전거와 출처에 대한 의문은 불가피하게 파생된다.[82] 일례로 A-17)(㉔《花山君 本傳》)의 몽골과 고려 저항군 사이에 포차(투석기) 공방을 주고받는 장면, 몽골 진영한 노장의 회고(A-17) ㉥) 등은 고려사 열전 박서의 귀주성 전투 기록과 거의 흡사하다.[83] 이에, 향후 이러한 제반 의문에 대하여선 대월의 상황 전반을 포함하여, 좀 더 정밀하게 조사할 여지가 과제로 남겨진다.

본문은 이용상과 관련된 24종의 국내 사료 전체를 일별하되 각각의 특징, 함의하고 있는 가치, 시간의 진행과정에서 드러나는 자료 간 미세한 차이점, 문면의 독해과정에서 주의해야 할 점, 주요 쟁점에서의 오류와 비정 등의 작업을 행하였다. 우선 화산이씨 가승을 포함하여 여타 관련된 24종의 사료를 표로 일괄 정리하였다. 여기에 1子 계열(①, ②, ④~⑧, ⑩, ⑮~⑱, ㉑, ㉒, ㉔)과 2子 계열(③, ⑨, ⑪~⑭)의 가승으로 大分하고, 시기별로 일련번호를 매겨 축차적 정리를 행하였다. 아울러, 그간의 논자들이 즐겨 인용했으되 전체적 위치를 파악하지 못한 채 자의적 시각에서 주로 인용되어 왔었던, 《甕津府 邑誌》, 《受降門紀蹟碑》, 《花山君 本傳》 등의 시기별 위치, 내용의 가감, 사료의 한계 등을 전체 기록 속에서 조감하였다. 특히 화산이씨 가승 중에서 〈追配表節祠疏〉, 〈3修譜 序〉, 〈中樞府同知事諱奎精墓碣銘〉 등은 그간 간과된 것들이었다. 관련 내용들을 이

82) 박순교, 〈Vietnam(大越) 황자 '李龍祥 Lý Long Tường'의 異論 批正〉, 《동아인문학》 48(11), 2019, pp.322~325.

83) 蒙古復以大砲車攻之, 犀又發砲車飛石, 擊殺無算, 其將有年幾七十者, 至城下, 環視城壘·器械, 歎曰, "吾結髮從軍, 歷觀天下城池攻戰之狀, 未嘗見被攻如此而終不降者." 《고려사》 권103, 열전16 [諸臣] 박서. 《花山君 本傳》을 둘러싼 여러 의문에 대해서는 박순교, 《花山君 李龍祥》, 圖書出版 생각나눔(기획실크), 2012.5, pp.10~19. 및 박순교, Vietnam(大越) 皇子 '李龍祥Lý Long Tường'에 관한 연구(2) -'고려移居 창작설' 검토를 중심으로-, 《동아인문학》 40, 2017, pp.300~311에서 어느 정도 다루어진 바 있다.

하에 축약하여 정리하면 다음과 같다.

'대월(안남)'과 '화산군'이란 문구를 최초로 기술, 실상 화산이씨 最古의 가승이라 칭해야 마땅할 李垕의 族譜 序(③, 2子 계열 족보의 序)가 으뜸으로 주목된다. 이어 1777년 사상 최초로 이용상이란 구체적 성명, 고려로의 이거 당시 대월 상황을 서술한 점에서 李永祚가 작성한 ④의 舊譜跋, 〈중수보〉를 직접 纂한 李羲之의 ⑦重修舊序 역시 돋보인다. 특히 ⑦重修舊序에서는 이용상의 화산군 책봉 배경을 '고려와 대월과의 통호'로 해석하거나, 대월 '八閱(8왕)'이란 문구가 최초로 등장하였다는 점에서 주목을 끈다. 화산이씨가 이용상의 이름을 거론하며 조선 조정에 올린 최초의 공식적인 疏라 할, ⑧〈追配表節祠疏〉도 눈여겨 볼 자료이다. 이는 이용상의 실존을 대외에 공식 표방한 최초이다. 한편 2子 계열의 가승에 속하는 ⑨, ⑪~⑬까지의 자료에서는 특징적으로 李垕(1656~1716)의 ③族譜序에서 적시한 '대월(안남) 출자설'이 사라졌다. 그 결과 반남 박씨, 창원 황씨의 가승에서는 일가의 본관이 '華山', 혹은 '安東'으로 달리 기록되기도 했다. 혼맥으로 연결된 타성 집안에서 본관이 헷갈리게 기록된 점이나, 李垕의 ③族譜序(1707) 이후 2子 계열 기록에서 대월(안남)에 대한 언급이 태무한 점은 주시할 대목이다. 이러한 점들이 어떤 함수 관계를 이루는지는 향후의 고찰 과제이다. 洪直弼(1776~1852)의 ⑮3修譜 序(1837)에서 이용상의 부친 '天祚'의 이름이 화산이씨 家乘 사상 최초로 등장하였고, 1904년 尹吉求가 작성한 ㉑〈中樞府同知事諱奎精墓碣銘〉에 이르러 Lý조의 始祖인 공온, 8대 왕 혜종의 구체적 성명(호참), 공온의 출자와 유래, 송으로부터의 책봉 연대(ㅎ), 이용상의 고려 이거 연대(1226년) 등이 구체적으로 서술되었다. 화산군에의 책봉 역시 '이용상의 어짊'이라고 밝혀 '항몽의 전과로 인한 책훈'이라 진단한 앞서의 《受降門紀蹟碑》와는 해석을 달리했다. 이에 따라 수항문 역시 항몽이 아닌 '土賊'의 섬멸과 연결된 것으로 비정하였다. 요컨대 당해 기록은 이용상에 관해 가장 풍부하고 완벽한 내용을 담은 것이어서 주목을 끈다. 한데 이에서 항몽과 이용상이 분리되어 이해된 것이 드러나는 셈이다.

이용상의 항몽을 담은 《甕津府 邑誌》, 《受降門紀蹟碑》, 《花山君 本傳》을 상호 비교 검토한 결과, 《甕津府 邑誌》→《受降門紀蹟碑》→《花山君 本傳의 시간적 순서에 따라 인명, 장소, 연대, 규모 등 공전의 내용이 여러 면에서 가필됨이 확인되었다. 또한 위 3종의 자료에서 항몽의 상징적 공간으로 비정된 수항문 역시, 관련 기록 전체를 일별할 때, 항몽이 아닌 '討倭'([표 3] ⑥), 혹은 '土賊 진멸'([표 1] ㉑)의 기념 장소일 개연성을 배제할 수 없었다. 향후 당해 작업을 바탕으로, 보다 정밀한 검증이 필요하다고 여겨진다.

제 6 장

'李龍祥 Lý Long Tường'과 봉화 화산이씨 사적

제1절 Lý Long Tường'과 大越 관련 서술

제2절 Lý Long Tường'과 李長發

제3절 遺墟碑, 忠孝堂, 花山李氏 墓域

하노이 遷都 詔

옛날 상나라는 반경盤庚에 이르기까지 5번 천도했고, 주는 성왕成王에 이르기까지 3번 천도했으니 어찌 하·은·주 3대의 여러 임금들이 자신의 이익에 따라 망령되이 멋대로 천도했겠는가. 모름지기 그 대택大宅에 도읍하여 만세자손의 계책을 기억하려 하되, 위로는 천명을 받들고 아래로는 백성의 뜻[民志]에 말미암는지라. 문득 서둘러 고침[輒改]이 있더라도 나라의 화복[國祚]을 연장하고, 풍속을 풍부하고 크게[富阜]하게 한 까닭이라. 그럼에도 이 땅의 정丁, 려黎 두 왕조는 자신의 이익에 따라 천명天命을 소홀히 하고, 상商, 주周의 자취를 밟지 않았으니 항상 도읍을 평안히 하려 함이 이에 이르렀으나, 산가지의 헤아림이 짧아지고 세대가 연장되지 않음에 이르렀으며, 백성百姓이 줄어들고[耗損], 만물萬物이 마땅함을 잃었다. 짐은 이를 심히 애통해 하나니 부득이 도읍을 옮기지 않을 수 없다. 하물며 고왕이 옛날 대라성大羅城을 도성으로 삼았던 바 천지天地 구역區域의 중심이며, 용龍이 서리고 범[虎]이 웅크린 형세라. 남북동서南北東西의 자리를 바로 하며, 강산江山 향배向背의 마땅함을 편히 할 수 있는 즉, 그 땅이 넓고도 평탄하되 또한 높고도 시원하여 백성들은 거하며 수해의 곤함[昏墊之困]을 풀 수 있고, 만물萬物은 증식의 풍요로움[蕃阜之豊]을 다할 수 있는 지라. 대월의 강역[越邦]의 땅 중 승지勝地라 할 것이다. 진실로 '사방四方 복주[輻輳. 바퀴살이 바퀴 축에 모임]'의 요회要會이며 만세萬世 경사京師의 으뜸 도읍[上都]이라 할 수 있도다. 이런 지리地利로 말미암아 대궐의 터로 삼으려하는데 경들의 생각은 어떠한가.

Lý Thái Tổ

Tích Thương gia chí Bàn Canh ngũ thiên, Chu thất đãi Thành Vương tam tỉ. Khởi tam đại chi số quân tuẫn vu kỷ tư, vọng tự thiên tỉ. Dĩ kì đồ đại trạch trung, vi ức vạn thế tử tôn chi kế, thượng cẩn thiên mệnh, hạ nhân dân chí, câu hữu tiện triếp cải. Cố quốc tộ diên trường, phong tục phú phụ. Nhi Đinh Lê nhị gia, nãi tuẫn kỷ tư, hốt thiên mệnh, võng đạo Thương Chu chi tích, thường an quyết ấp vu tư, trí thế đại phất trường, toán số đoản xúc, bách tính hao tổn, vạn vật thất nghi. Trẫm thậm thống chi, bất đắc bất tỉ. Huống Cao Vương cố đô Đại La thành, trạch thiên địa khu vực chi trung, đắc long bàn hổ cứ chi thế. Chính Nam Bắc Đông Tây chi vị, tiện giang sơn hướng bối chi nghi. Kỳ địa quảng nhi thản bình, quyết thổ cao nhi sảng khải. Dân cư miệt hôn điếm chi khốn, vạn vật cực phồn phụ chi phong. Biến lãm Việt bang, tư vi thắng địa. Thành tứ phương bức thấu chi yếu hội, vi vạn thế đế vương chi thượng đô. Trẫm dục nhân thử địa lợi dĩ định quyết cư, khanh đẳng như hà.

화산이씨 始祖 李龍祥(Lý Long Tường')은 한국과 베트남 사이 역사적 연원을 밝힐 중요한 인물이다. 향후 양국의 경제적 공조와 밀착은 더욱 강화될 것이 자명하다. 그 유대를 공고히 하는 차원에서도 역사적 관계를 구명하고 심화하는 學的 노력은 시의성, 국익 수호, 역사 자산의 부활과 재조명에 부합하는 일환이라 여겨진다.

李龍祥(Lý Long Tường')에 관한 지금까지의 연구는 영성하다. Lý Long Tường'이 고려 조정에서 성씨 '李'를 賜姓받았다거나, 1253년 옹진 지역 對몽골 항쟁의 주역이며 그로 인해 '花山郡'을 책봉 받았고, 그가 大越 英宗의 7子였다는 것에 이르기까지 대표적 오류가 세간에 횡행하고 있다. Lý Long Tường'에 관한 연구 자체도 그렇지만, 특히 그의 혈맥이 어떤 형태로 지금껏 이어졌는지에 관한 관심은 더욱 殆無했다. 본문은 Lý Long Tường' 후손들의 분파, 궤적, 권역, 묘역, 연대, 족조 관념 등을 축차적으로 추적, 고찰하고자 한다.

日人 학자들은 Lý Long Tường'을 창작의 산물로 천명하였다. 필자는 이를 반증하기 위해 초보, 중수보의 편찬 과정, 인근 지역 문사들의 Lý Long Tường' 관련 서술, 㮒(Lý Long Tường'의 2子 계열)의 族譜序의 내용, 진위 비정을 포함, 고찰하고자 한다. Lý Long Tường'의 혈맥, 長發(Lý Long Tường'의 13세손)의 위국헌신을 기념한 충효당, 유허비 등의 건립 연대 역시 究明된 적이 없었다. 이에 이들 충효당, 유허비의 연대, 건조 과정, 장발의 삶과 죽음, 장발의 현존 무덤 등을 처음으로 窮究하려 한다. 봉화 昌坪에는 元淑~현재까지, 이른바 화산이씨 묘역이 하나의 고리를 이루어 조성되어 있다. 본문은, 이 경북 봉화 昌坪 묘역에 永眠하여 있는 화산이씨 성원들의 구체적 면면 역시 찾아 서술할 것이다. 화산이씨의 族葬을 증거하는 재실의 존재 역시 함의하는 바 깊다. 이는 파편화되고 形骸化된 화산이씨 혈맥의 흐름을 보완해 줄 역사적 유물에 속한다. 이러한 맥락에서 화산이씨 齋室 관련 내용을 최초로 서술할 것이다.

2018년 1월 4일 Nguyễn Vũ Tú 주한 베트남 대사는 이러한 역사적 자산, 영혼을 머금은 오래된 뿌리를 알아보았고, 한겨울 경북 봉화, 영주 일대를 尋訪하였다.[1] 경북 봉화 역시 성장 동력이 꺼져가고 있는 한국의 미래 돌파구로서, 봉화·베트남 사업을 추진 중에 있다.[2] 역사와 현실, 과거와 미래, 유구한 역사 속 같은 공간·다른 시간을 살다 간 선조와의 접목을 지향한다는 점에서, 필자는 지금부터 서술할 본문의 내용이 나름의 충분한 가치를 담고 있다고 여긴다.

제1절 Lý Long Tường'과 大越 관련 서술

1. 초보·중수보

화산이씨 족보의 간행에 관해서는 살핀 바 있다. 현존하는 화산이씨 족보에 서술된 제반 내용으로 추단컨대, 1706년 李枰의 필사본 화산이씨 초보가 있었다. 이를 저본으로 1777년 화산이씨 중수보가 정식 간행되었다. 이 중수보의 간행에는 이영조, 이정신, 이희지, 이경행, 이헌묵 등이 관여했음이 확인되고 있다. 이제부터 화산이씨 족보의 간행과정에서 보이는 핵심 주도 세력이 각 분파의 어느 세대에 위치하고 있는지 살펴보려 한다.

아래 도표는 1子 幹의 卑屬 중 李公蘊(Lý Công Uẩn)의 15세손 이하 分枝된 흐름을 요약한 내용이다.

1) 박순교, 〈선조 흔적 찾아 봉화에 온 베트남 대사〉, 《봉화일보》 특집기사, 2018.1.8.
2) 박순교, 〈한국-베트남, 봉화군 통해 하나로〉, 《봉화일보》 특집기사, 2018.4.9.

⑭澤 ⑮石竣- ⑯宗伯-龜嶂, 龜齡

⑮周孫- ⑯元亨(校理公派)

⑮夏孫- ⑯貞亨(主簿公派)

⑭宮 ⑮季安- ⑯芬

-⑯萱(承旨公派)--㉒枰- ㉓憲國(별첨 憲默)- ㉔鼎新,

(별첨 ㉔羲之, ㉔景行)

-⑯萇

-⑯蕃(直長公派)----㉓永祚

Lý Long Tường'의 1子이자 李公蘊(Lý Công Uẩn)의 8세손인 幹을 시작으로, 玄亮, 龍進, 裕, 孟雲으로 가계가 이어졌고, 다시 맹운을 기점으로 德從(1子), 大從(2子)으로 나누어진 다음, 대종에게서 澤(1子)과 宮(2子)으로 재차 갈려졌다. 그 아래 석준, 주손, 하손은 모두 澤의 卑屬, 계안은 宮의 卑屬에 해당한다.

1777년, 화산이씨 중수보의 간행에는 Lý Long Tường'의 1子 幹 계열, 그 중에서도 대종(맹운의 2子)의 卑屬, 그리고 대종의 卑屬 중에서도 宮(대종의 2子)의 卑屬에 해당하는 승지공파, 직장공파가 주도했다고 여겨진다.

그 까닭은 화산이씨 족보의 중수보 간행에 즈음하여 4명의 跋과 1명의 序가 보이는데, 적어도 중수보 간행과 더불어 跋과 序를 작성한 인물은 핵심 주역이 틀림없다. 跋과 序의 작성에서 확인되듯, 화산이씨 족보 간행의 주역으로 짐작되는 5명 중, 승지공파로는 이헌묵, 이정신, 이희지, 이경행 등의 4명이 있다. 더하여 직장공파로는 이영조가 확인된다. 이영조는 李公蘊(Lý Công Uẩn)의 23세손으로, 1子 幹 계열에 속한 직장공파의 인물이다. 이영조의 생몰 연대로 추산하면 중수보 간행 당시 이영조는 당시 82세의 나이였다.[3] 이영조보다 한 세대 아래 이정신이 있다. 이정신은 李公蘊(Lý Công Uẩn)의 24세손이면서 1子 幹 계열에 속한 승지공파의 인물이다. 동시에 필사본 화산이씨 초보를 작성한 李枰의 손자이기도 하다.[4] 당시 이정신의 나이는 52세였다. 중수보 서를 작성한 또 다른 인물로 이헌묵이 있는데, 이헌묵은 李公蘊(Lý Công Uẩn)의 23세손이자, 이정신과 마찬가지로 1子 幹 계열에 속한 승지공파의 인물이었다. 당시 이헌묵은 55세, 이경행은 47세의 나이였다.[5] 당시 족보 집필의 주역 이희지는 41세로 성균사마였다.[6] 이상의 내용을 표로 정리하면 다음과 같다.[7]

[표 1]

揭載 順序	作成者	生沒 年代	官職	重修譜 撰述時 年齡	備考	出自
①舊譜跋	後孫 李永祚	1695~1779	嘉義大夫 同知 中樞府使	82		直長公
②舊譜跋	後孫 李鼎新	1725~1784		52	李枰 孫子	承旨公
③舊譜跋	後孫 李景行	1730~1809	進士 副護軍兼五衛將	47		承旨公
④舊譜跋	後孫 李憲默	1722~1787		55		承旨公
⑤舊譜跋	後孫 李陽復	1775~1836		2		承旨公

3) 李承哉, 《화산이씨 세보》, 蓉南石版所, 1921, 卷3의 世譜 闔.

4) 李承哉, 《화산이씨 세보》, 蓉南石版所, 1921, 卷2의 世譜 天.

5) 李承哉, 《화산이씨 세보》, 蓉南石版所, 1921, 卷2의 世譜 收.

6) 李承哉, 《화산이씨 세보》, 蓉南石版所, 1921, 卷3의 世譜 辰.

7) 박순교, 〈花山君 '李龍祥 Lý Long Tường'에 관한 연구(Ⅰ)〉, 《택민국학연구논총》 15, 2015.

화산이씨 족보 구보발의 순서는 이영조(82), 이정신(52), 이경행(47), 이헌묵(55), 이양복(2)의 순서로 되어 있다.8) 화산이씨 족보에는 舊譜跋이 연령 순서와는 달리 게재되어 있다. 이것은 그 순서 자체가 重修譜 편찬의 일정한 역할, 기여의 정도를 가늠할 잣대가 아닌가 짐작된다.9)

한편, 화산이씨 중수보의 간행(1777년)에 있어 1子 계열이라도 澤의 卑屬은 전부 참여하지 않았다. 그리고 2子 一淸의 계열 역시 전무했다. 만약 澤의 卑屬 혹은 2子 일청의 卑屬 계열이 참여했다면, 족보의 서 혹은 발에 澤의 비속이나 2子 계열이 단 한 명도 나타나지 않았을 리 없다.

이처럼 2子 계열이 화산이씨 중수보의 간행과 관련하여, 序 혹은 跋의 작성에서 실체를 보이지 않는다는 것은, 序나 跋에도 실체를 보이지 않을 만큼 족보 편찬에 관여하지 않았고, 그에 따른 자연스런 결과로서 2子 계열 전체가 1777년 간행된 당시의 족보에서 누락되었을 개연성을 강하게 시사한다. 2子 계열이 빠짐없이 조사되었고 삽재되었다면, 당연한 수순으로 2子 계열의 참여 및 그에 뒤따르는 조치로서 序 혹은 跋의 작성이 2子 계열의 인물에 의하여 마땅히 이루어졌어야만 한다. 결국 당시의 화산이씨 족보 간행은 1子 계열, 그것도 宮의 비속을 중심으로 작성되었으며, 그 내용도 필히 제한적이었다고 생각된다.

실제로 이러한 사실을 뒷받침하듯, 현재 화산이씨 족보에서 Lý Long Tường'의 2子 일청~희문까지의 12세대에 걸친 인물 전체의 생몰 연대는 전부 不明으로 처리되어 있다.10) 이것은 당시 2子 계열에 대한 상세한 상황이 족보 채록과 같은 과정을 거치지 않았고, 그에 기인한 필연의 결

8) 李承哉,《화산이씨 세보》, 蓉南石版所, 1921, 卷5.

9) 박순교,〈花山君 '李龍祥 Lý Long Tường'에 관한 연구(Ⅰ)〉,《택민국학연구논총》 15, 2015.

10) 화산이씨 편찬위원회,《花山李氏 族譜》全, 회상사, 1987, pp.325~326. 李相協,《花山李氏 족보》, 회상사, 2004.

과로 보인다. 또 생몰 연대 대신 기일 위주로만 표기되어 나타난다. 이 점은 가승의 체계적 기록이 아니라 구전, 혹은 제례로 전승되던 내용 전반이, 어느 순간 1子 계열이 작성한 족보에 일괄적으로 기재되었고, 그에 따라 자연스레 나타난 하나의 결과였다고 보인다. 또 현존 최고의 기록인 화산이씨 5수보에서도 2子 계열은 전무하다. 이는 5수보 이전 족보에서도 2子 계열이 채록되지 않았을 개연성을 보인다.

이상한 점은, 1子 계열의 李杯[李公蘊(Lý Công Uẩn)의 22세손]이 1706년 작성한 초보 서에서는 Lý Long Tường'에 대한 언급이 확인되지 않는다. 이를 근거로 Lý Long Tường'은 1706년 이후 조선에 전해진 대월의 정보를 바탕으로 허구로 작성되었다는 주장이 제기된 바 있다.[11] 2

---

11) 片倉 穰, 《朝鮮とベトナム 日本とアジア》, 福村出版, 2008, p.105에서는 杯의 舊譜序(1706)에 화산이씨의 鼻祖 Lý Long Tường'이 보이지 않는 점에 의문을 표시하고, 18세기 후반의 어느 시기에 조선의 여타 數多한 족보처럼 창출, 편찬된 것이라 논하고 있다. 이러한 논지 하에서 화산이씨 족보의 편찬 과정에서 참고했다고 여겨지는 Vietnam의 여러 사서들과 족보와의 유의미한 상관성을 추찰하고자 시도하였다.또 이와는 별개로 Y 염색체나 미토콘드리아 유전자 분석을 통해 화산이씨의 혈통을 분석, 제시한 분자유전학 연구 결과도 눈길을 끈다. 이 입론은 모계 확인을 위해 미토콘드리아 DNA 분석, 부계 확인을 위해 Y 유전자 분석을 통해 출신 지역, 혈통의 진위 여부를 정확히 가려낼 수 있다는 것인데, 역시 영성한 기록의 빈틈을 채워줄 과학적 접근 방법의 하나로 생각될 여지는 있다. 한국인의 경우 父系 Haplo Group이 O2b이며, 이는 한국인과 여진족에서만 높게 발현하며, 중국이나 동남아에서는 거의 보이지 않는다고 한다. 한국인의 母系 mt DNA 하플로는 D4이다. 이 일련의 연구에 의하면 성씨에 따른 한국인 집단의 Y 염색체 DNA 다형에서, 화산이씨 20명을 조사하였고, 그들 중 O2b1이 65%, 기타가 35%가 나와 충격을 준 바 있다고 적시하고 있다. 의문의 여지없이 O2b는 한국인의 부계 표지 유전자인 만큼, 이들이 정말 베트남에서 왔다면 O2b1이 이만큼 많이 나올 리 없다는 단언인 셈이다. 20명의 표본 범주를 고려할 때, 13명(20×0.65=13)이 베트남이 아닌 한국인의 부계 표지 유전자를 지닌 것이라는 결론에 도달한다. 그에 따라 황해도 화산을 본거지로 한 토종의 한 집안이 창성한 뒤, 베트남에서 온 왕족의 후손으로 스스로를 내세우지 않았을까 하고 추단하고 있다(http://blog.daum.net/halment/46). 이는 사실상 片倉 穰과 거의 같은 맥락의

子 계열의 垕[李公蘊(Lý Công Uẩn)의 24세손]가 1707년 一族의 동선을 고증하여 작성한 〈開丹先塋記〉에서도 Lý Long Tường'에 대한 언급이 없다. 이로써 1706년, 1707년 황해도 지방과 경상도 지방에서 작성된 기록에선 최소한 Lý Long Tường'에 대한 언급이나, 대월에 대한 언급이 없음이 확인된다. 李杯은 1子 幹의 후손으로 승지공파에 속하며, 李公蘊(Lý Công Uẩn)의 22세손이다. 李杯은 1676년에 태어나 1734년 사망했다.[12] 1706년 초보서를 작성했을 당시 李杯의 나이는 30세였고, 이로부터 28년 뒤 58세의 나이로 사망했다.

1706년 李杯의 필사본 족보에 이어, 1777년 화산이씨 족보가 책자로 수재되었다. 그리고 당시 화산이씨 족보의 간행과 더불어 간행에 참여한 대표적 인물 4인의 跋과 序가 확인된다. 여기서 안남(대월)을 언급한 것으로는 이희지, 이영조, 이정신, 이경행 4인 모두가 해당된다. 그리고 Lý Long Tường'을 언급한 것은 이영조, 이희지 2인이 해당된다.

[표 2]

구분	作成者	生沒年代	大越(安南) 언급	LýLongTường' 언급	出自	작성 연대
①舊譜跋	後孫 李永祚	1695~1779	有	有	直長公	1777
②舊譜跋	後孫 李鼎新	1725~1784	有	無	承旨公	1777
③舊譜跋	後孫 李景行	1730~1809	有	無	承旨公	1777
④舊譜跋	後孫 李憲默	1722~1787	無	無	承旨公	1777

추단을 과학적 견지에서 내린 것이 된다. 무엇보다 이에는 ① 표본 추출의 문제, ② 해석의 正誤, ③ 전수 조사가 아닌 20명을 대상으로 한 표본 조사 등의 문제가 있어, 향후 이에 대한 보다 면밀한 추가 조사와 검토가 필요하다. 이러한 일련의 연구가 보학과 유전학의 결합을 통해 과연 진실과 허구 사이의 간극을 좁힐 수 있을지 여부는 남겨진 과제로 보인다.

12) 李承哉, 《화산이씨 세보》, 蓉南石版所, 1921, 卷2의 世譜 天.

구분	作成者	生沒年代	大越(安南) 언급	LýLongTường' 언급	出自	작성 연대
⑤舊譜跋	後孫 李陽復	1775~1836	有	無	承旨公	重修譜~3修譜
⑥重修舊序	後孫 李羲之	1735~1798	有	有	承旨公	1777

필사본 족보를 작성한 李枰의 손자인 이정신의 跋에서 안남에 대한 언급은 있으나, Lý Long Tường'에 대한 언급이 없다. 이정신은 李公蘊(Lý Công Uẩn)의 12세손 李孟雲, 李公蘊(Lý Công Uẩn)의 17세손 李壽福에 방점을 찍어 서술하고 있을 뿐이다.

Lý Long Tường'에 대하여 가장 자세히 연원을 서술한 이는 중수보의 집필자로 생각되는, 이희지이다. 이희지는 중수보를 집필하고 7년이 지난 1784년, 이맹운과 관련하여 조선의 18대 국왕 정조에게 올린 訴에서 Lý Long Tường'에 관한 언급을 일관되게 이어가고 있다.[13]

2. 李度中과 柳台佐

Lý Long Tường'에 관한 언급에서 주목되는 것은 이도중의 글이라고 할 수 있다. 洗馬 李度中(新齋, 연안 이씨, 1763~1830)의 川隱先生 事實序[14]는 川隱 孟雲의 행적에 대한 비중 못지않게 Lý Long Tường'에 관한 자세한 언급으로 주목을 끈다.

13) 李相協, 〈花山君本傳〉 pp.1~5, 〈海隱先生事實〉 p.31의 1행, 〈川隱先生本傳〉 p.35의 1행, p.36의 9행이며, 이들은 《花山李氏 族譜》, 회상사, 2004에 각기 수록되어 있다.

14) 《花山李氏 가전실록》(권1)의 경우, 청구기호 한古朝58 가33-44-1=複(2000년), 청구기호 한 古朝58 가33-44-1=複2(2002년) 족보(pp.114~115).

위 序의 정확한 서술 연대는 간지가 보이지 않아 확인할 수 없다. 하지만 이도중을 통해 추정치는 가능하다. 이도중의 본관은 延安, 字는 時仲, 관직은 世子翊衛司에 속한 정9품의 洗馬였다.[15] 이도중의 생몰 연대는 1763~1830년이다. 이도중에게 서문을 요청한 과정은 명확히 알 수 없으나, 화산이씨 일원의 촉탁에 의한 것임은 자명하다. 이에는 1) 이희지가 정조에게 소를 올린 사실(1784)이 적혀 있는 점, 2) 孟雲에게 遺集이 있는 점을 최초로 거론한 점, 3) Lý Long Tường'의 사실이 완벽히 거론되고 있는 점 등은 눈여겨 볼 대목이 아닐 수 없다. 요컨대 18세기 후반~19세기 초반 1子 계열의 인물 맹운과 관련하여 Lý Long Tường'이 언급되는 것은 주목된다.

Lý Long Tường'과 관련하여 또 하나 주목되는 자료는 柳台佐의 〈忠孝堂 遺集序〉이다.[16] 忠孝堂은 長發을 지칭한다. 遺集은 長發과 관련한 인근 方士, 스승 등의 遺事를 집록한 것이다. 柳台佐는 그 유집의 서를 작성한 것이었다. 이 글의 연대는 柳台佐 관력으로 제시된 禮曺參判, 同知經筵義禁府事, 五衛都摠府 副摠管으로 가늠될 수 있다. 柳台佐(1763~1837)의 字는 士鉉, 호는 鶴棲, 본관은 豊山이다. 柳成龍의 6대손으로 서울 출생이다. 1794년(정조 18) 정시 병과로 문과에 급제하여 승정원가주서가 되었으며, 1796년 經筵에서 《朱子書》와 《國朝寶鑑》을 진강하였다. 정조의 각별한 총애를 받았으며, 정조의 명으로 '너는 나를 도우라'는 뜻으로 이름을 '태좌'가 아닌 '이좌'로 부르게 했다고 한다. 1800년 사간원 정언이 되었다가, 부여 현령으로 나가 선정을 베풀었다. 홍문관 부교리를 거쳐 북평사가 되어서는 학교를 세워 교육에 힘썼다. 이듬해 성균관 사성을

---

15) 이도중이 自撰한 32권 13책의 《新齋集》(1922년 경. 서울대 규장각 도서관 古0270-15)에 의하면 두 차례에 벼슬을 받았으나 不仕한 것으로 되어 있기도 하다.

16) 화산이씨 편찬위원회, 《花山李氏 族譜》 全, 회상사, 1987, pp.251~252.

지내고, 1807년(순조 7) 안변부사가 되었을 때 화재로 소실한 무기고와 병기를 복구하였다. 1810년 군자감정과 홍문관 교리를 지내고, 1820년 예조참의, 1822년 동부승지, 1829년 부총관·우승지·호조참판 등을 역임하였다. 그 뒤 향리에 돌아와 후진을 가르치면서 많은 저서를 남겼다.[17] 그렇다면 柳台佐의 이 글(忠孝堂 遺集序)은 부총관을 지낸 1829년 뒤에 작성된 것이며, 聖上 33년 癸巳 역시 순조 33년 1833년임이 확인된다. 유이좌는 당해 序를 작성한 4년 뒤 사망했다.

이처럼 〈忠孝堂 遺集〉의 작성 연대가 1833년 어간이라면, 이는 당시 鍾杰의 생존 연대와 겹친다.[18] 종걸이 생존해 있는 상태에서, 아들 源孝의 조력도 있었다.[19] 종걸의 아들 源孝의 생몰 연대는 1807~1889년이므로,[20] 당시 원효의 연령은 26~30세였다. 요컨대 종걸은 화산 문중을 대표하여 長發과 관련한 체계적이고 학구적 정리에 부심했으며, 그 성과물이 〈忠孝堂 遺集〉의 형태로 나타났다. 그 뒤를 이어 아들 源孝가 장발에 대한 물리적 복원과 부흥을 꾀하였고, 대략 20여 년 뒤에 부친의 유지를 받들어 69세의 나이로 遺墟碑, 忠孝堂의 건립, 비각의 건립 등 形骸化된 유산의 재건을 추진한 셈이 된다. 특히 종걸과 원효가 자신의 문집을 남겼다는 점은[21] 수월한 학문적 자질과 더불어 이를 달성할 만큼의 경제적 토대와 여유를 지녔다고도 볼 근거가 된다. 또 〈忠孝堂 遺集〉의

17) 한국국학진흥원·유교문화진흥원, 《경북유학인물지》 하, 2008, p.95.

18) 화산이씨 편찬위원회, 《花山李氏 族譜》 全, 회상사, 1987, pp.337~338.

19) 종걸은 1844년 9월 사망하기에, 충효당 장발에 대한 대대적 추원 작업을 마친 뒤, 최소 7~11년 뒤에 사망한 셈이 된다.

20) 박순교, Vietnam(大越) 皇子 '李龍祥Lý Long Tường'에 관한 연구(4) - '花山李氏古宅(경북 영주시 장수면 星谷里 所在)'에 대한 고찰을 중심으로-, 《동아인문학》 42, 2018, p.151.

21) 화산이씨 편찬위원회, 《花山李氏 族譜》 全, 회상사, 1987, pp.337~338.

완성이 晩運의 사망 시점을 전후하여 이뤄졌다는 것 역시 십분 고려할 대목이다.[22] 곧 〈忠孝堂 遺集〉은 晩運, 鍾杰, 源孝 3대에 걸친 의지, 노력이 빚어낸 총화의 산물로 비친다.

제2절 Lý Long Tường'과 李長發

1. 李長發의 삶과 죽음

2子 계열에서도 Lý Long Tường'의 이름을 언급하는 사례가 확인된다. 그것은 李公蘊(Lý Công Uẩn)의 20세손 李長發과 관련하여 나타나고 있다.

1592년 19세의 李長發이 나라의 干城으로 나섰고 문경 전투에서 6월 10일 사망하였다. 李長發은 안동파로서 李公蘊(Lý Công Uẩn)의 20세손이자, Lý Long Tường'의 13세손이었다. 당시 李長發은 홀로 된 노모(덕성 윤씨, 이름 失傳), 백일이 지나지 않은 외아들,[23] 젊은 부인(창원 黃氏)[24]을 두고 金垓가 일으킨 의병의 서기로 초치받아 문경 전투에 참전하였다. 이상한 것은 Lý Long Tường'~李長發의 부친에 이르는 13대의 생몰 연대가 죄다 불명인데, 李長發과 아들 진남의 생몰 연대만이 최초로 정확히 명시되고 있는 점이다. 이처럼 李長發의 부친(希文), 조부(鳳壽), 증

22) 화산이씨 편찬위원회, 《花山李氏 族譜》 全, 회상사, 1987, pp.332~333.

23) 화산이씨 편찬위원회, 《花山李氏 族譜》 全, 회상사, 1987, pp.325~326. 李相協, 《花山李氏 족보》, 회상사, 2004, p.369. 진남의 출생일은 1592년 3월 25일로 확인된다. 長發의 사망일은 1592년 6월 10일이다.

24) 화산이씨 편찬위원회, 《花山李氏 族譜》 全, 회상사, 1987, pp.325~326.

조(元淑) 등의 생몰 연대는 죄다 실전되어 있다.[25] 李長發이 얼마의 기간 동안 가계를 책임지며 가장으로서의 역할을 다하였는지, 그의 가계가 지닌 재부의 정도가 어떠하였는지 등은 행간에 드러나지 않아 미처 다 헤아릴 수 없다. 다만 당시 李長發의 노모는 자신의 봉양과 색공을 걱정하며 참전을 주저하는 아들에게 결사항전을 말한 것으로 되어 있어, 넉넉한 경제적 형편은 아니었다고 짐작된다. 설사 넉넉하였다 한들 오랜 기간에 걸친 왜침이 있었고, 전란의 영향으로 삶의 터전이 붕괴될 위험이 컸다고 보아 무방할 것이다. 또한 李長發에게는 채 백일이 지나지 않은 외아들(생후 74일), 자신이 죽고 나면 홀로 세파 속에 남겨질 젊은 부인이 있었다. 19세의, 젊고 미래가 창창한 李長發이 죽음으로 치닫는 길을 목전에 두고, 그들의 앞날에 대한 걱정을 간단히 씻긴 어려웠다고 여겨진다.

長發은 목숨을 바쳐 衛戍 지역을 지켜야 할 벼슬아치의 지위에 있지 않았다. 자신이 아니면 생활에 궁핍함을 피치 못할 노모가 있었고, 살뜰한 보살핌이 절실한, 채 백일이 지나지 않은 아들과 젊디젊은 부인이 남아 있었다. 長發의 당시 나이가 19세의 젊은 나이였던 점은 그의 결혼 역시 사망에서 머잖은 시기였다고 보인다. 부친이 일찍 죽었다는 사실 역시, 그의 가정은 그가 없이 삶을 지탱하기 어려운 고단한 결손 가정이었음을 드러낸다. 그가 참전을 선택한 전쟁은, 결기로만 싸워 이길 수 없는, 패색과 죽음이 확실한 '전쟁 아닌 전쟁'에의 참여였다. 참전해야 할 이유보다 참전하지 말아야 할 이유가 더욱 많았다. 하지만 李長發은 20자의 곡진한 遺命詩를 소맷자락에 남기고, 전장에서 사망했다. 많은 이들이 李長發의 유명시에서의 '思親'을 늙은 노모에의 염려를 가리킨다고만 보고 있다. 허나 노모와 처자를 함께 포함하는 사친일 것이 분명하다.

25) 화산이씨 편찬위원회, 《花山李氏 族譜》 全, 회상사, 1987, p.116.

세상의 모든 염려와 고난을 지고 묵묵히 걸어간 최후의 길에서 長發이 아들의 도리만 생각하고 남편과 아비의 도리를 생각하지 않았다는 것은 있을 수 없다. 장인인 黃昭가 달구지로 長發의 주검을 싣고 왔으며, 집 뒤의 금혈산에 묻었다. 그리고 사위의 爲國獻身의 뜻을 기려 공민왕의 글자를 집자하여 당호를 忠孝堂이라 하였다. 당시 아들과 남편의 주검을 앞에 두고 長發의 노모와 靑裳의 처가 어떤 말을 하였고, 어떤 행동을 취했는지는 靑史의 행간에 묻혀 있다. 長發의 아들 振南은 자신의 의지와 무관하게 아비를 일찍 여의었고, 한 번도 아비를 아비로 불러보지 못하였고, 아비의 얼굴조차 기억하지 못한 가혹한 운명의 한 가운데에서 태어나고 자라났다. 아들 진남의 훗날 심경은 어떠했을까. 일가를 휩싸고 있는 이 이야기의 전말은 기록의 행간이 침묵하고 있어 자세히 알 수 없다. 하지만 전란의 깊고도 짙은 그림자가 일가에게 드리웠을 것은 분명해 보인다. 그리고 長發의 妻 황씨가 노모를 봉양하고 외아들을 잘 훈육했다는 미담이 있는 걸로 보아,[26] 두 여인 모두 남몰래 눈물을 흘리며 비극적 운명과 질곡으로 점철된, 여인의 삶을 고독하게 거쳐 갔을 것이 짐작된다.

2. 惟顏의 〈遺事〉, 垕의 〈開丹先塋記〉

一淸의 12세손인 長發이 죽은 이후 長發의 손자인 惟顏과, 長發의 5세손인 垕가 자신의 가계에 대한 내용을 정리하였다. 일청의 직계 卑屬인, 惟顏의 〈遺事〉[27] 및 垕의 〈開丹先塋記〉[28]가 새삼 주목을 끄는 까닭은 일청의 비속과 관련하여 나타나는 기록은 대개 李度中과 柳台佐와 같은, 인

26) 李仁行, 〈贈通政大夫 工曹參議 忠孝堂 李公 遺墟碑銘〉(李相協, 《花山李氏 족보》, 회상사, 2004, p.278)

근 坊里의 文士가 작성해 준 글이 대부분인 상황에서, ① 직계 비속이 직접 서술했다는 점, ② 인근 방리의 문사가 작성한 기문들의 연대보다 이들 글이 가장 앞선 자료란 점 등이다.

惟顏은 안동파 長發의 長孫으로서, 李公蘊(Lý Công Uẩn)의 22세손이다.[29] 長發이 외아들 振南을 두었고, 그 진남은 惟顏, 惟曾, 惟閔 등의 세 아들과 세 딸들을 낳았다. 진남의 1자인 惟顏은 字가 子愚이며, 생몰 연대는 광해 경술(1610) 11월 13일~숙종 기미(1679) 2월 23일이다.[30] 〈遺事〉의 작성 시점은 분명 惟顏의 생몰 연대에 속한다. 앞서 초보서를 작성한 坪의 생몰 연대가 숙종 2년(1676)~영조 10년(1734)인 점, 李枰의 초보서 작성 시점이 1706년인 점을 고려하면, 惟顏이 작성한 〈遺事〉가 화산이씨의 현존 최고 기록임이 뚜렷이 확인된다. 惟顏과 坪은 다 같이 李公蘊(Lý Công Uẩn)의 22세손이며, 1子 계열과 2子 계열에서 자신의 族祖에 대하여 기억을 集成한 대표 주자인 점에서 공통점을 찾을 수 있겠으나, 달리 생몰 연대, 기록의 작성 시점에서 惟顏이 枰을 훨씬 앞선다고 할 수 있다.

〈遺事〉는 長發의 손자이자, 진남의 아들인 惟顏이 작성한 것이다.[31] 이는 1子 계열인 坪의 초보서(1706년)보다도 분명 앞서며, 현존 화산이씨의 기록 중 가장 이른 연대의 기록임이 틀림없다. 〈遺事〉는 孫男 惟顏 이하 글자를 빼면, 본문은 총 692자에 달한다. 결코 짧지 않은 본문 안에서 Lý Long Tường', 혹은 대월(안남)에 대한 구절은 보이지 않는다. 〈遺事

27) 화산이씨 편찬위원회, 《花山李氏 族譜》 全, 회상사, 1987, pp.256~257.

28) 화산이씨 편찬위원회, 《花山李氏 族譜》 全, 회상사, 1987, pp.328~329.

29) 화산이씨 편찬위원회, 《花山李氏 族譜》 全, 회상사, 1987, pp.326~327.

30) 李相協, 《花山李氏 족보》, 회상사, 2004, p.371. 李相協, 《花山李氏 족보》, 회상사, 2004, p.272. 李相協, 《花山李氏 족보》, 회상사, 2004, pp.296~297.

31) 화산이씨 편찬위원회, 《花山李氏 族譜》 全, 회상사, 1987, pp.256~257.

〉의 내용과 구성은 1) 長發의 출생, 품성, 孝悌의 면모, 2) 스승 權士溫과의 만남 및 贈詩, 3) 長發의 의병 참전과 戰死, 절명시, 長發의 葬地, 4) 長發을 향한 장인 황소와 스승 權士溫의 추념, 5) 1622년 영남의 道臣 金止男의 啓聞, 광해군에 의한 長發에의 공조참의 추증, 6) 저간의 집안 상황, 遺地의 민멸, 손자 惟顔의 長發에 대한 추념과 심회, 등 전체 6단락으로 구성되어 있다.

이상한 것은 坪의 초보서와 마찬가지로, 惟顔의 〈遺事〉에서도 Lý Long Tường'에 대한 언급이 전무한 점이다. 본문에서는 일청에 대한 언급 또한 없다. 이로 보아 惟顔의 〈遺事〉는 長發의 〈遺事〉를 밝히기 위함에 초점을 두었고, 자연 Lý Long Tường'과 일청에 대한 관심에서는 벗어난 결과로 해석될 여지가 있다.

이런 맥락에서 垕의 〈開丹先塋記〉가 특히 주목된다. 〈開丹先塋記〉는 Lý Long Tường'에 대한 언급이 없다는 것은 위의 자료들과 동일하다. 하지만, 一淸~楨에 이르는 세대의 묘역을 유일하게 서술하고 있다. 垕는 Lý Long Tường'의 2子 일청의 후손으로 안동파에 속하며, 李公蘊(Lý Công Uẩn)의 24세손이다. 그리고 앞서 살펴본 〈遺事〉를 쓴 惟顔의 손자이다. 垕의 생몰 연대는 효종 병신(1656)에 태어나 숙종 병신(1716)에 사망한 것이 확인된다.[32] 〈開丹先塋記〉의 작성일자는 丁亥 4월 20일로 나타나므로, 垕의 생몰 연대를 고려할 때 〈開丹先塋記〉는 1707년 작성된 것이 틀림없다. 따라서 枰이 작성한 초보서보다 1년 늦은 기록이다. 李垕가 〈開丹先塋記〉를 작성할 당시 李垕는 51세였고, 그로부터 9년을 더 살다 사망하였다.

坪과 垕, 두 사람은 2세대의 年差, 21살의 나이차가 있었다. 그러나 거의 같은 시기, 자신의 가계에 대한 기록을 남겼다. 그럼에도 서로 다른

32) 화산이씨 편찬위원회, 《花山李氏 族譜》 全, 회상사, 1987, pp.326~327.

권역에 머물렀기에, 상호간 교감은 없었다고 여겨진다. 이야말로 분명히 독립된 기억의 서술로서, 枰과 垕의 별개의 서술이 존재하는 셈이 된다. 이런 맥락에서 Lý Long Tường'의 시원을 추적하는데 있어 두 사람이 남긴 기록은 별개의 결정적인 증좌로 이해해도 온당하다고 보인다. 당시 화산이씨 일족들이 Lý Long Tường'을 族祖로 하였다면, 필히 기록했어야 마땅한 Lý Long Tường'에 대한 언급이나 追想이 2개의 자료, 곧 1706년(枰의 〈初譜序〉)과 1707년(垕의 〈開丹先塋記〉)의 자료에서 공히 보이지 않는다. 이 점은 우연으로 넘기기엔 뭔가 이상한 느낌을 남긴다. 따라서 향후 풀어야 할 숙제이기도 하다.[33]

3. 垕의 丁亥 族譜序(1707)

1子 계열 李枰의 〈舊譜序〉(1706), 2子 계열 垕의 〈開丹先塋記〉(1707), 유안의 〈遺事〉(1679년 이전)에서는 공히 Lý Long Tường'에 관한 언급이 없다. 하지만 2子 계열인 垕가 화산이씨 족보서(정해 1707)에서 Lý Long Tường'에 관한 상세한 서술을 하고 있다.

현존 기록 중 화산이씨 혈손이 기록한 것이면서 연대가 가장 빠른 것은 惟顔의 〈遺事〉이다. 李枰의 〈初譜 序〉, 李垕의 〈開丹先塋記〉보다 세대로 보아 2세대 이상 앞선다. 〈유사〉의 총 글자는 692자이다. 허다한 이들 글자로 이루어진 화산이씨의 기록에서 가장 중요한 핵심 인물, Lý Long Tường'에 대한 언급이 없다. 이것은 깊이 생각할 여지를 남긴다.

垕(1656~1716)가 작성한 〈開丹先塋記〉 역시 開丹에 조성된 화산이씨 안동파의 선영에 관한 서술인데, 開丹은 당시 안동부 皆丹縣으로 밝

33) 박순교, 〈Vietnam(大越) 皇子 '李龍祥Lý Long Tường'에 관한 연구(3) - 화산이씨의 혈맥과 동향에 대한 추적을 중심으로-〉, 《인문연구》 82, 2018, p.149.

혀져 있다.[34] 이에는 (一淸이) 明 聖祖 永樂 16년, 奈城郡(현 봉화군 奈城面)에 卜居하였던 사실을 필두로 집안의 내력을 담고 있다. 그런데, 이에서 개경-복주-奈城里(군)-개단-봉화 昌坪의 동선은 언급되어 있으되, 전술한 바와 같이 Lý Long Tường'의 서술은 없다. 또 일청이 복거하였다는 영락 16년은 조선 태종 18년(1418)이기에 Lý Long Tường'의 생년(1173~1175)[35]과 비교할 때 그 어그러짐이 작지 않다. 일청이 더욱 고려에서 출생한 것이라면[36] 시간의 간극이 너무 크다.

그런데 垕가 작성한 〈화산이씨 족보서〉는 이와 달리, Lý Long Tường'에 관한 서술이 담겨 있다. 이것은 정해년(1707) 4월 16일 작성된 것으로서, 坪의 〈초보서〉보다 불과 1년 뒤의 것이다. 무엇보다 평의 사후 추증된 관직이 坪의 〈초보서〉에 붙어 있다는 점에서, 〈초보서〉의 작성 연대에 의구심을 지울 수 없는 상황이고, 그 결과 垕의 〈족보서〉야말로 坪의 〈초보서〉보다 오히려 앞선, 가장 오래된 화산이씨 기록이라고 비정할 수 있겠다.[37]

垕가 작성한 〈화산이씨 족보서〉에는 ① 화산이씨와 안남과의 연원, ② 안남왕 7세손 화산군과 화산이씨의 유래, ③ 長史(일청)의 고려조에서의 출생, 안동부 관사에서의 사망, ④ 일청 후손의 안동부 留居, ⑤ 가계를 담은 족보의 민멸, ⑥ 수십 년에 걸친 각고의 노력과 일념 끝에 족보의 修撰, ⑦ 譜牒의 망실과 遺憾, ⑧ 족보 修撰에 대한 필생의 집념, 당위

34) 박순교, 〈Vietnam(大越) 皇子 '李龍祥Lý Long Tường'에 관한 연구(3) - 화산이씨의 혈맥과 동향에 대한 추적을 중심으로-〉, 《인문연구》 82, 2018, p.149.

35) 박순교, Vietnam(大越) 皇子 '李龍祥Lý Long Tường'에 관한 연구(2) - '고려 移居 창작설' 검토를 중심으로 - , 《동아인문학》 40, 2017, p.278.

36) 垕, 〈화산이씨 족보서〉(李相協, 《花山李氏 족보》, 회상사, 2004, p.238).

37) 박순교, 〈Vietnam(大越) 皇子 '李龍祥Lý Long Tường'에 관한 연구(3) - 화산이씨의 혈맥과 동향에 대한 추적을 중심으로-〉, 《인문연구》 82, 2018, pp.149~ 150.

성과 목적, 후세 혈손에의 당부 등으로 빼곡히 서술되어 있다. 특히 垕의 생몰 연대가 1656~1716년임을 고려하면, 60년의 생존 기간 동안 그 자신의 말대로 '魚'와 '魯'字를 구별할 때 이후부터 族祖에 대한 깊은 관심을 경주했음을 알 수 있다. 그러한 관심의 연장선에서 垕는 1693년 3월 개단의 道山谷을 찾아 族葬의 塋域을 두루 尋訪하였고, 그 일련의 내용을 14년 뒤에 〈개단선영기〉로 정리하였다.[38]

제3절 遺墟碑, 忠孝堂, 花山李氏 墓域

1. 遺墟碑

李長發의 성장 과정에 대해서는 거의 알 수 없다. 다만 그의 인격과 관련하여 단면을 엿볼 수 있는 자료로는, 장발의 손자 惟顔이 작성한 〈遺事〉 속에서 李長發의 스승 權士溫의 輓詞(詩)가 있는 정도이다. 李長發이 수학을 위해 15세의 나이로 처음 스승 權士溫을 찾아갔을 때, 權士溫이 贈詩를 준 것에서 각별한 총애를 입었음은 짐작된다.[39]

이후 4년 뒤 長發은 왜와의 전투에 나섰다. 權士溫이 말한 대로 장발은 아래로는 妻子, 위로는 老母가 있었다. 충만큼 孝悌 역시 중요하다는 점에서, 長發의 선택은 불가해한 출전이었다. 長發이 참전한 전투는 必敗가 자명한 전투였다. 당시의 군세를 비교할 때 병법, 전략, 전술의 견지에서 무모한 싸움이었다. 이로써 戰功 역시 난망한 것이었으며, 죽음만이 정해져 있는 싸움 한복판으로 長發이 달려갔음을 함의한다. 長發이

38) 화산이씨 편찬위원회, 《花山李氏 族譜》 全, 회상사, 1987, pp.328~329.

39) 惟顔, 〈遺事〉(李相協, 《花山李氏 족보》, 회상사, 2004, pp.272~273).

죽은 지 30년 뒤, 道伯 金止男이 長發의 의로운 죽음을 조정에 건백하였다. 그 결과 長發은 공조 참의에 추증되었으되, 시호는 내려지지 않았다. 논공행상의 측면에서 이 점은 충분히 되새길 필요가 있으며, 長發의 싸움 자체가 전공을 애초 거둘 수 없는 전투였고, 그 결과 시호 역시 내려질 수 없었다는 해석이 일단 가능하다.

長發의 實行과 志節에 대한 인근 방리의 칭송에도 불구하고, 李長發의 구택은 이후의 일정 시기에 사라졌음이 분명하다. 그것은 李長發로부터 9세대 아래의 晩運과 10세대 아래의 相奎가 忠孝堂과 遺墟碑의 건립 과정에서 등장하고 있으며, 晩運 스스로 집안이 영락하여 忠孝堂이란 당호마저 상자 속에 보관해 왔다고 실토하고 있기 때문이다.[40] 이를 뒷받침할 더욱 확실한 근거는 惟顔의 〈遺事〉인데, 여기에서는 집안이 영락했고 유지마저 민멸되었다고 명시하고 있다.[41]

晩運은 李公蘊(Lý Công Uẩn)의 29세손이자 안동파의 長孫이었고, 李長發의 9세손이었다.[42] 晩運의 생몰 연대는 1755~1834년이었음이 확인된다. 晩運은 遺墟碑의 건립과 관련하여 李仁行에게,[43] 그리고 忠孝堂의 건립과 관련하여서는 李野淳에게,[44] 자신의 3子 相奎를 보내어 기문의 작성을 촉탁하였다. 이야순이 작성한 〈忠孝堂記〉의 간지를 보면, 만력 임진 후 235년 병술로 나타나고 있어 1826년 봄임이 확인된다.[45]

長發을 追念, 不忘하는 遺墟碑(구택의 유허를 표시)의 건립 연대는 어떠할까? 역시 1826년을 전후한 시점이라 여겨도 무방할 것이다. 그 까닭은

40) 화산이씨 편찬위원회, 《花山李氏 族譜》 全, 회상사, 1987, pp.263~264.
41) 박순교, 〈선조 흔적 찾아 봉화에 온 베트남 대사〉, 《봉화일보》 특집기사, 2018.1.8.
42) 화산이씨 편찬위원회, 《花山李氏 族譜》 全, 회상사, 1987, pp.332~333.
43) 李相協, 《花山李氏 족보》, 회상사, 2004, pp.312~313.
44) 李相協, 《花山李氏 족보》, 회상사, 2004, pp.316~317.
45) 화산이씨 편찬위원회, 《花山李氏 族譜》 全, 회상사, 1987, pp.263~264.

1) 忠孝堂, 遺墟碑의 건립과 관련하여 晩運과 相奎가 공히 나타나고 있는 점, 2) 忠孝堂을 재건하면서 忠孝堂의 재건보다 공역이 덜 드는 遺墟碑를 보다 늦게 만들었다고 볼 여지가 없는 점 등이 그러하다. 遺墟碑를 쓴 이인행[46]의 본관은 眞寶. 자는 公宅, 호는 晩聞齋, 日省, 新野로 경상도 榮川(지금의 영주) 출신이다. 이인행의 생몰 연대는 1758~1833년이다. 그리고 이인행의 이름 앞에 翊衛司翊衛의 관명이 붙어 있는데, 이인행이 그 벼슬을 맡은 것은 1790년이었다. 따라서 遺墟碑는 1790년 이후에서 이인행이 사망하는 1833년 사이로 압축된다. 이인행의 생몰 연대가 보여주는 범주, 忠孝堂의 건립 연대를 조합하면, 遺墟碑의 건립은 1826년이거나 아니면 이와 극히 가까운 시점에 세워졌다고 하겠다.

1826년이라면 遺墟碑 기문을 위촉받은 이인행은 당시 68세의 나이였고, 忠孝堂과 遺墟碑를 재건할 당시 晩運의 나이는 71세였다. 遺墟碑의 건립으로부터, 이인행은 7년 뒤 75세의 나이로 사망하였고, 晩運은 8년 뒤 79세의 나이로 사망하였다. 한편 相奎는 1788년(정조 戊申)에 출생하였음이 확인된다.[47] 따라서 忠孝堂, 遺墟碑의 건립과 관련하여 부친 晩運의 심부름을 할 당시, 相奎의 나이는 38세였다. 相奎의 사망 연대는 당청 갑자 9월 25일로 나타나고 있는데, 정조 치세 직후의 갑자년은 1804년뿐이다. 忠孝堂, 遺墟碑의 건립은 1826년의 일이므로, 족보에 적힌 당청 갑자년은 고종 3년(1864)이라 보인다, 따라서 相奎의 사망 연대는 1864년, 향년 76세의 나이로 사망한 셈이 된다. 이렇듯, 1826년 안동파의 晩運과 相奎가 주축이 되어 열렬한 충정을 표방하고 大本을 정립하고자 李長發의 遺墟碑, 忠孝堂을 건립했다.

그런데 현재 遺墟碑의 말미에는 李公蘊(Lý Công Uẩn)의 34세손이자,

---

46) 화산이씨 편찬위원회, 《花山李氏 族譜》 全, 회상사, 1987, p.262.

47) 화산이씨 편찬위원회, 《花山李氏 族譜》 全, 회상사, 1987, p.334.

晩運의 6세손인 源孝의 이름이 확인된다. 말미에 源孝는 스스로를 14대 손이라 표기하고 있다.[48] 그리고 源孝가 직접 쓴 유허수비 고유문도 발견된다.[49] 이러한 점에서 源孝의 생몰 연대와 겹치는 시기, 또 한 차례의 遺墟碑 건립이 있었다고 보인다. 화산이씨 족보에서 源孝의 생몰 연대는 干支만 나타나 있고 왕호나 연호가 없다. 말하자면 源孝의 생몰 연대가 미궁에 가깝게 처리되어 있는 셈이다. 源孝는 丁卯 11월 10일 출생하여 己丑 12월 29일 사망하였다고 되어 있다.[50] 源孝의 생몰 연대를 추정할 丁卯, 己丑은 결국 源孝의 부친 鍾杰을 통해 확인할 수밖에 없다. 源孝의 부친 종걸은 初諱가 應種이었고, 호는 畸庵이었다. 출생 연도는 不明이며, 사망 연도는 헌종 갑진(1844년) 9월 5일로 나타난다.[51] 종걸의 사망 연도인 1844년에서 역산하면, 源孝가 출생한 정묘년은 1807년이 된다. 그리고 源孝가 사망한 기축년은 1829년, 1889년의 2가지로 압축된다. 그러나 현재 보이는 遺墟碑의 말미에 源孝라는 이름, 丙戌年이라는 기명이 있어 1876년이 확실하게 입증된다. 결국 源孝는 1807년에 태어나 1889년에 82세로 사망하였으며, 69세의 나이로 遺墟碑의 건립을 추진한 셈이 된다. 이로써 현재의 遺墟碑는 1876년, 源孝에 의해 또 한 차례 재건의 과정을 거쳤음이 확인된다.[52] 요컨대, 遺墟碑는 1826년 晩運과 相奎가 주축이 되어 1차 건립되었고, 현재의 遺墟碑는 1826년에서

48) 박순교, Vietnam(大越) 皇子 '李龍祥Lý Long Tường'에 관한 연구(4) - '花山李氏古宅(경북 영주시 장수면 星谷里 所在)'에 대한 고찰을 중심으로-, 《동아인문학》 42, 2018, p.152.

49) 화산이씨 편찬위원회, 《花山李氏 族譜》 全, 회상사, 1987, p.273.

50) 화산이씨 편찬위원회, 《花山李氏 族譜》 全, 회상사, 1987, pp.337~338.

51) 화산이씨 편찬위원회, 《花山李氏 族譜》 全, 회상사, 1987, pp.337~338.

52) 박순교, Vietnam(大越) 皇子 '李龍祥Lý Long Tường'에 관한 연구(4) - '花山李氏古宅(경북 영주시 장수면 星谷里 所在)'에 대한 고찰을 중심으로-, 《동아인문학》 42, 2018, p.151.

약 50년이 지난 1876년 병진에 다시 건립되었다고 하겠다.

그런데 이 외에 묘갈도 아울러 세워졌음이 확인된다. 1826년경 遺墟碑와 함께 세워진 것으로 짐작되는 이야순의 또 다른 忠孝堂 李公 墓喝銘 기문에서는 명확히 Lý Long Tường'의 이름이 거명되어 있다.[53] 그리고 安東伯 一淸에 관해서도 長發의 12대조라고 명시하고 있다.

墓表 역시 세워진 것이 확인된다. 墓表는 2인의 작성 기문이 있다. 하나는 朴時源의 墓表,[54] 다른 하나는 李殷淳의 墓表[55]이다. 朴時源(1764~1842)의 본관은 潘南. 자는 穉實, 호는 逸圃. 할아버지는 鼎九이고, 아버지는 師豹이며, 어머니는 權就揆의 딸이다. 榮川(지금의 영주)에서 살았다. 1798년(정조 22) 식년 문과에 갑과로 급제, 벼슬이 사간에 이르렀다. 同鄉인 李仁行과 함께 깊이 교유하였다. 이은순은 본관이 珍城으로, 예안의 인물 이귀유의 아들이었다. 이은순의 字는 士質로서, 정조 14년 경술(1790)에 출생하여 32세가 되던 순조 22년 임오(1822) 식년시 생원에 5/100로 합격하였다.[56] 박시원의 墓表는 경인년, 이은순의 墓表는 임진년이다. 박시원의 생몰 연대와 관련, 墓表의 경인년은 영조 46년(1770)과 순조 30년(1830)이다. 1770년 박시원은 6세, 1830년 박시원은 66세였다. 결국 박시원의 墓表는 66세인 1830년 작성된 것이 확인된다. 이은순의 출생 연대와 관련할 때, 이은순이 지은 墓表의 임진년은 순조 32년(1832), 고종 29년(1892)으로 압축된다. 이은순의 몰년이 未詳이나, 그

53) 화산이씨 편찬위원회, 《花山李氏 族譜》 全, 회상사, 1987, p.261. 李相協, 《花山李氏 족보》, 회상사, 2004, p.310.

54) 화산이씨 편찬위원회, 《花山李氏 族譜》 全, 회상사, 1987, pp.265~267. 李相協, 《花山李氏 족보》, 회상사, 2004, pp.320~323.

55) 화산이씨 편찬위원회, 《花山李氏 族譜》 全, 회상사, 1987, pp.268~269. 李相協, 《花山李氏 족보》, 회상사, 2004, pp.326~331.

56) 한국역대과거합격자, 《崇禎四壬午式司馬榜目》(국립중앙도서관[古朝26-29-84]).

의 나이 대략 42세가 되던 1832년이 합당하다고 보인다. 이에서 長發의 墓表는 1830년 1차 세워졌고, 이태가 지난 1832년 2차로 다시 세워졌다고 하겠다. 특히 相奎가 墓表 정비에 다른 일문의 문사에게 도움을 요청한 사실, 또 그들이 거주한 공간이 봉화 昌坪과 가깝다는 점에서, 이들은 건립을 축하하는 일련의 모임에도 충분히 참집하였을 개연성이 높다고 보인다.

2. 忠孝堂

현재 長發의 遺墟碑는 경북 봉화군 봉성면 昌坪 222번지에 소재하고 있다. 또 遺墟碑의 오른쪽에 忠孝堂이 위치하여 있다. 따라서 둘은 거의

[그림 1] 忠孝堂 전면 사진

대청마루 안쪽에 1826년 2월 건조되었다는 이야순의 忠孝堂記가 걸려있다. 이에서 당해 건물이 1750년경 건조되었다는 것은 타당성이 阻却된다.

같은 권역에 포함시켜도 무방할 듯하다.

忠孝堂은 정면 4칸, 측면 2칸 반, 팔작지붕을 이루고 있다. 정면에는 5개의 列柱가 있고, 2칸 대청마루 좌우에 온돌방을 둔 중당협실의 공간 구조를 이루고 있다. 전면에는 반칸 규모의 퇴칸을 두었다. 현재 忠孝堂은 경상북도 문화재 자료 제466호로 지정되어 있으며, 1750년 경 건축된 것으로 적시되어 있다.[57] 忠孝堂과 관련한 공식 안내문에는 '내부에 忠孝堂 현판과 長發의 순절시 현판, 忠孝堂記 현판이 걸려 있고, 대청과 온돌방 형식의 창호 형식, 높은 문턱 등 18세기 중반의 건축 양식을 가지고 있다'고 묘사하고 있다.

문제는 내부에 걸려 있는 忠孝堂記 현판의 작성자가 바로 李野淳인 점이다. 이야순이 작성한 堂記의 말미에는 萬曆 壬辰 후 235년 병술년(1826)이라 정확히 그 연대를 못 박고 있다. 이야순(1755~1831)의 字는 健之, 호는 廣瀨, 초명은 有晦, 初字는 景容, 본관은 眞寶이다. 또 이야순의 생몰 연대는 1755년(영조 31)~1831년(순조 31)이다.[58] 경상북도에서 는 당해 건물의 조성 연대를 1750년 즈음이라 추정하고 있다.[59] 이 당시 忠孝堂이 건립되었다면, 이야순은 5~9세의 나이에 忠孝堂記를 작성한 셈이 된다. 결국 忠孝堂의 최초 건축은 18세기 중엽일 수 없다. 忠孝堂記의 기록대로라면, 忠孝堂의 최초 건축은 19세기 초반, 보다 정확히는 1826년 봄(2월)[60]에 건립된 건물이라 보인다.

---

57) 봉화군, 〈堂〉, 《문화유적총람》, 매일원색정판사, 2000, p.177.

58) 박순교, Vietnam(大越) 皇子 '李龍祥Lý Long Tường'에 관한 연구(2) - '고려 移居 창작설' 검토를 중심으로 - , 《동아인문학》 40, 2017, p.297.

59) 현재 확인 결과 경상북도청, 봉화군청에는 '문화재 대장'이 보관되어 있지 않음이 확인되었다. 이는 여러 면에서 진한 아쉬움을 남기는 대목이다.

60) 雷乃發聲節은 음력 2월을 가리킨다(二月 驚蟄, 二月節, 春分, 二月中。桃始花, 鶬鶊鳴, 鷹化爲鳩, 玄鳥至。雷乃發聲始電). 《朝鮮王朝實錄》[태백산사고본] 60책 156권 4장 A면, 세종실록 156권, 內篇 上卷 第一 曆日 氣候. 內篇 / 上卷 / 第一 曆日 / 氣候.

현재의 忠孝堂은 1826년 이후 다시 건조된 건물이 확실하다. 그 연대와 관련하여 주목되는 자료가, 權璉夏가 쓴 忠孝堂 상량문이다.[61] 이 글의 말미에는 永嘉 권연하가 표기되어 있는데 永嘉는 映湖와 더불어 애용된 안동의 별칭이다.[62] 곧 안동 권씨 일문인 권연하가 상량문을 작성한 셈이 된다. 권연하의 생몰 연대는 1813~1896년이다. 권연하의 字는 可器, 號는 頤齋로서 1895년 을미사변이 일어나자 울분으로 이듬해 憤死한 인물이다.[63] 1826년이라면 권연하의 나이는 13세에 불과하다. 그런 그가 들보를 높이는 공역을 찬양하는 상량문을 썼을 리 만무하다. 그렇다면 忠孝堂은 1826년 처음 지어졌고, 그 이후의 시기에 다시 정비, 혹은 재건된 것이라 보인다.

[표 1]

<table>
<tr><td>연대</td><td>1226</td><td rowspan="4">나성,
물야,
춘양,
봉성</td><td>1592</td><td rowspan="4">유적
泯滅</td><td>1826</td><td rowspan="4">4代
隔差</td><td>1876</td></tr>
<tr><td>인물</td><td>LýLong
Tường</td><td>李長發</td><td>晩運, 相奎</td><td>源孝</td></tr>
<tr><td>유적</td><td>漂着</td><td>生家</td><td>遺墟碑,
忠孝堂</td><td>遺墟碑,
忠孝堂</td></tr>
<tr><td>지역</td><td>황해, 옹진</td><td>봉성, 昌坪</td><td>봉성, 昌坪</td><td>봉성, 昌坪</td></tr>
</table>

그렇다면 충효당 중수 시기는 언제일까? 충효당 인근에 유허비가 위치한 만큼, 유허비의 중수와 관련해 시기를 가늠할 수 있다고 보인다. ① 유허비를 중수하고, 중수비문을 작성한 원효의 생몰 연간, ② 충효당 상량문을 작성한 권연하의 생몰 연대, ③ 의심의 여지없이 명징하게 확인

61) 화산이씨 편찬위원회, 《花山李氏 族譜》 全, 회상사, 1987, pp.271~272.

62) 《신증동국여지승람》 권24 경상도 안동대도호부.

63) 한국국학진흥원·유교문화진흥원, 《경북유학인물지》 상, 경상북도 2008, p.138.

된 유허비의 중수 연대(1876)를 종합할 때, 1876년 충효당은 재건되었으리라 보인다. 이렇게 보면 忠孝堂은 1826년 초창되었고 1876년 다시 상량의 과정을 거쳤다. 1826년 초창 과정에는 만운과 상규가 보이고 있으며, 1876년 즈음 충효당, 유허비의 중창에는 원효가 확인된다. 원효는 문집을 남길 만큼 文質彬彬하였고, 愼終追遠할 만큼 넉넉한 재부를 갖추었다. 현재의 忠孝堂, 遺墟碑 모두 源孝 대에 이루어진 공역의 결과인 셈이다. 곧 1826년 忠孝堂, 遺墟碑, 묘갈명 등의 대규모 건조가 있었고, 다시 1876년에 이르러 忠孝堂과 遺墟碑 등에 대한 2차 공역이 있었다. 이로 보면 1826년 공역이 이루어지고 불과 30년 만에 다시 대규모 공역이 있었다는 것이 된다. 다만 그러한 까닭이 무엇인지 현재로선 궁구할 수 없다.

이후에도 건축 과정은 이어졌다. 그와 관련하여 遺墟碑閣 상량문이 주목된다. 遺墟碑閣 상량문은 永嘉 權相圭가 작성한 것이다.[64] 權相奎는 앞서의 권연하와 같은 안동 권씨 일문이다. 權相奎의 생몰 연대는 1874~1961년이다. 權相奎의 字는 致三, 호는 蔡山, 忍菴이다. 그는 을미사변 직후 의병장으로 활약하였고, 경술국치 이후로는 아예 絶俗한 인물이다.[65] 그렇다면 1826년 경 遺墟碑가 건립 당시, 그리고 1876년 재건 당시에조차 유허비 비각은 애초 없었음이 짐작된다. 유허비 비각은 권상규의 생몰 연대를 기준했을 때, 1900년을 전후한 시기, 추가로 건립되었다고 보인다.

이처럼 여러 세대에 걸쳐 비석, 비각, 충효당이 완비되었다. 이에 삼가 그 懷古의 情이 가볍지 않았으며, 權相奎·권연하·이인행·박시원·이은

64) 塋, 개단선영기(화산이씨 편찬위원회, 《花山李氏 族譜》 全, 회상사, 1987, pp.272~273)에서는 일청이 안동부 관사에서 사망한 것으로 서술되어 있고, 그 혈맥의 한 갈래가 안동부(현 봉화)에 은거한 것으로 되어 있다.

65) 한국국학진흥원·유교문화진흥원, 《경북유학인물지》 상, 경상북도 2008, p.117.

순·이야순 등 일대의 문사들이 숭조 작업에 필봉을 휘두르며 대거 가담하였다. 이들은 화산이씨 안동파가 위촉한 상량의 기문을 기꺼이 작성하였고, 忠孝堂과 遺墟碑 비각의 上樑에 일익을 보태었다. 기개를 목숨보다 중히 여긴 一群의 文士에게 李長發의 충, 효는 그들이 떠받들던 이념의 지향이자 표상이었다.

한편 李野淳이 작성한《贈通政大夫 工曹參議 忠孝堂 李公 墓碣銘》의 존재 역시 주목된다. 당해 묘갈명의 위치는 그간 불명이었다. 그러나 필자의 답사 결과 화산이씨 재실의 북서쪽 지점(북위 36°55′32″, 동경 128°49′0″), 장발 무덤의 남쪽 斜面, 계곡에 위치해 있음이 확인됐다. 묘갈명의 작성·건립 시기는, 李野淳의 생몰 연대, 충효당기의 작성 연대로 가늠할 수 있는데, 실상 이용상이 언급된 현존 최고의 비석이다.

3. 花山李氏 墓域

Lý Long Tường은 두 아들을 두었다. 1子는 幹, 2子는 一淸이었다. 그 중 2子인 일청의 행적이 주목된다. 그는 안동부사의 직임을 마치고 개경으로 환도하는 대신 안동 일대에 卜居했다.66) 그 결과 그를 필두로 한 혈맥의 세거지 또한 안동부 언저리(현 봉화)에 형성되었다.

그 궤적은 크게 두 갈래로 나뉜다. 一淸~楨에 이르는 세대는 奈城里, 物野, 春陽 등 현 봉화의 서쪽 지역을 생활 권역과 묘역으로 삼았다. 반면 元淑을 필두로 현재까지 화산이씨 안동파의 선영은 이전과 달리 今穴山~昌坪 忠孝堂 뒤쪽 자락에 조성되어 있다. 곧 화산이씨 2子 계열의 묘역은 크게 두 갈래 권역으로 대분되는 셈이다. 특히 족보 속 원숙을 필두로 현재까지 今穴山~昌坪 忠孝堂 뒤쪽 자락 일대에 묻힌 인물들은 총 77

66) 화산이씨 편찬위원회,《花山李氏 族譜》全, 회상사, 1987, pp.328~329.

基로 정리된다. 화산이씨 성원의 영성한 규모를 생각할 때, 이러한 대규모 族葬이 발견된다는 것은 경이롭다. 金穴山~昌坪 忠孝堂 塋域의 이들 피장자들을 정리하면 다음과 같다.

1. 元淑(李公蘊 17세손), 2. 鳳壽(李公蘊 18세손), 3. 봉화 정씨(鳳壽의 처), 4. 希文(李公蘊 19세손), 5. 長發(李公蘊 20세손), 6. 창원 황씨(長發의 처)의 쌍분, 7. 振南(李公蘊 21세손), 8. 惟顔(李公蘊 22세손), 9. 垕(李公蘊 24세손), 10. 羽溪 李氏(垕의 처)의 合墳, 11. 옥천 김씨(擇龍〈李公蘊 24세손〉의 처), 12. 惟曾(李公蘊 22세손), 13. 應蘭(李公蘊의 23세손), 14. 應莢(李公蘊의 23세손)·鳳城 琴氏의 雙墳, 15. 珪(李公蘊의 24세손), 16. 우계 이씨(珪의 처)의 별분, 17. 경(李公蘊의 24세손), 18. 안동 권씨의 合墳, 19. 堡(李公蘊의 24세손), 20. 光宅(李公蘊의 25세손), 21. 昌東(李公蘊의 27세손), 22. 宗德(李公蘊의 28세손), 23. 연안 김씨(宗德의 처)의 별분, 24. 밀양 박씨(晩運〈李公蘊의 29세손〉의 처), 25. 輝鳳(李公蘊의 31세손), 26. 진주 강씨(宗業〈李公蘊의 28세손〉의 처), 27. 진주 강씨(晩祐〈李公蘊의 29세손〉의 처), 28. 예안 이씨(晩祐〈李公蘊의 29세손〉의 처), 29. 昌後(李公蘊의 27세손), 30. 宗述(李公蘊의 28세손), 31. 顯基(李公蘊의 32세손), 32. 진성이씨(鐘杰〈李公蘊의 33세손〉의 처), 33. 源孝(李公蘊의 34세손), 34. 의성 김씨(源孝의 처)의 合墳, 35. 根容(李公蘊의 35세손), 36. 珍城 李氏(陽來〈(李公蘊의 29세손〉의 처), 37. 根宅(李公蘊의 35세손), 38. 鐘烈(李公蘊의 33세손), 39. 한양 조씨(鐘烈의 처)의 合墳, 40. 根宇(李公蘊의 35세손), 41. 珍城 李氏(根宇의 처)의 별분, 42. 陽世(李公蘊의 36세손), 43. 憲基(李公蘊의 32세손), 44. 鐘休(李公蘊의 33세손), 45. 源明(李公蘊의 34세손), 46. 源道(李公蘊의 34세손), 47. 鐘大(李公蘊의 33세손), 48. 源祖(李公蘊의 34세손), 49. 根萬(李公蘊의 35세손), 50. 반남 박씨(根萬의 처)의 별분, 51. 學基(李公蘊의 32세손), 52. 敦基(李公蘊의 32세손), 53. 珍城 李氏(敦基의 처)의 合墳, 54. 원태(李公蘊의 34세손), 55. 觀基(李公蘊의 32세손), 56. 진주 강씨(觀基의 처)의 合墳, 57. 경주 김씨(鍾浩〈李公蘊의 33세손〉의 처), 58. 鎭基(李公蘊의 32세손), 59. 鍾洛(李公蘊의 33세손), 60. 惟

[그림 2]

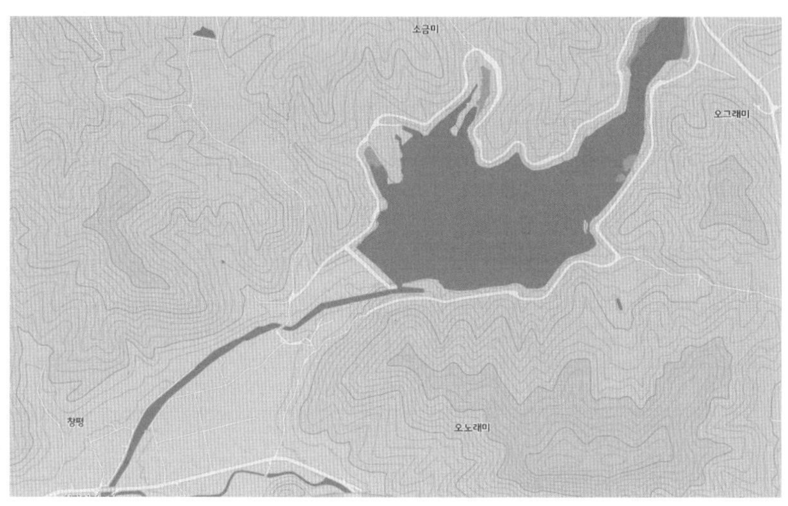

一(李公蘊의 26세손), 61. 인동 장씨(惟一의 처)의 合墳, 62. 寅文(李公蘊의 27세손), 63. 평산 신씨(寅文의 처)의 合墳, 64. 寅郁(李公蘊의 27세손), 65. 김해 김씨(寅郁의 처)의 쌍분, 66. 光國(李公蘊의 28세손), 67. 달성 서씨(光國의 처)의 合墳, 68. 光春(李公蘊의 28세손), 69. 輝大(李公蘊의 31세손), 70. 晩祿(李公蘊의 29세손), 71. 驪州 李氏(晩祿의 처)의 쌍분, 72. 輝星(李公蘊의 31세손), 73. 惟閔(李公蘊 22세손), 74. 陽煥(李公蘊 36세손), 75. 源武(李公蘊 34세손), 76. 鳳城 琴氏(晩實〈李公蘊의 29세손, 영천파〉의 처), 77. 全州 柳氏(相華〈李公蘊의 30세손, 영천파〉의 처) 등 도합 77기에 달하는 묘역이 조성되어 있다.

이 외에도 78. 鍾遠(李公蘊의 33세손, 봉화 명호면 고감리), 79. 鍾淵, 80. 청주 정씨(李公蘊의 33세손, 봉화 내성면 유곡리)의 合墳, 81. 鍾振(李公蘊의 33세손), 82. 光山 김씨(봉화 봉성면 우곡리)의 合墳, 83. 晩實(李公蘊의 29세손, 영천파, 봉화 淵谷) 등 봉화 昌坪, 명호 일대에 걸쳐 화산이씨의 궤적이 확인된다.

이렇듯 一清~楨에 이르는 세대는 奈城里, 물야, 춘양 등 현 봉화의 서쪽 지역을 생활 권역과 묘역으로 삼았고, 元淑을 필두로 현재까지 화산이씨의 묘역과 생활 권역은 위의 압도적인 숫자에서 확인되듯, 봉화의 봉성면 일대를 중핵으로 삼았다고 보인다. 또 특정 시기에 있어 영천(현 영주) 성곡 일대에 分居하기도 했다.[67]

금혈의 小今味 계곡에서 昌坪 忠孝堂에 이어지는 자락에는 화산이씨 안동파, 혹은 일부 밀양파 등이 혼재하여 묻혀 있다. 또한 이 묘역은 一環을 이루며 하나로 연결되어 있다. 봉화군은 현재 이 화산이씨 묘역, 이른바 '오래된 뿌리'를 좇아 '베트남 Road 조성'을 입안 중에 있다.[68] 이는 베트남 황실 성원의 침잠된 역사, Ly Dynasty 선조들이 영면하고 있는 청정·장엄한 영역의 탐방, 뿌리 찾기의 일환이라는 점에서 심대한 의미가 있다고 사료된다.

화산이씨 始祖 李龍祥(Lý Long Tường')은 한국과 베트남 間, 역사의 오랜 因緣을 밝힐 인물로서, 人口에 널리 회자되어 왔다. 하지만 그에 관한 기록은 영성하다. 초보 序(1706년)에는 그의 이름이 없고, 重修譜(1777년)에서부터 그의 이름이 보인다.

이와 관련, 필자는 우선 1子 계열이 중심이 된 초보, 중수보의 편찬 과정을 일별하였다. 그 중 李永祚, 李羲之의 Lý Long Tường' 서술, 또 인근 方里의 文士라 할 일군의 무리들이 작성한 기록들, 가령 1833년 작성된 柳台佐의 忠孝堂 遺集序, 19세기 초반 李度中의 川隱先生 事實序 등에서는 한결같이 Lý Long Tường'이 상세히 논해지고 있음을 밝혔다.

2子 계열 역시 Lý Long Tường'에 관심을 지녔다. 이에, 필자는 2子 계열이 작성한 기록들, 遺事, 開丹先塋記, 丁亥 族譜序(1707) 등을 검토하였다. 그 중 丁亥 族譜序(1707)는 화산이씨 最古의 기록으로서, Lý Long

67) 박순교, Vietnam(大越) 皇子 '李龍祥Lý Long Tường'에 관한 연구(4) - '花山李氏 古宅(경북 영주시 장수면 星谷里 所在)'에 대한 고찰을 중심으로-, 《동아인문학》 42, 2018.

68) 박순교, 〈한국-베트남, 봉화군 통해 하나로〉, 《봉화일보》 특집기사, 2018.4.9.

Tường'의 관련 서술을 담고 있다. 1子 계열의 족보가 시간으로는 3대에 걸쳤고, 인원으로는 여러 명이 總習를 모아 이룬 것이라면, 2子 계열의 족보는 필생에 걸쳐 垕 홀로 각고의 노력과 집념을 모운 끝에 이룬 불멸의 작품이었다.

Lý Long Tường'의 13세손이자 Lý Long Tường'을 표징한 인물은 長發이라 할 것이다. 그는 왜군의 침입을 막다 1592년 6월 10일 문경에서 전사하였고, 경북 봉화 昌坪에는 그를 기리는 유허비, 충효당이 있다. 그리고 장발을 기리는 유허비에는 그의 선조 Lý Long Tường'이 명징하게 陰記되어 있어, 세간의 이목을 끌었다.

본문은 ① 유허비의 건립 연대가 둘로 나뉘며, ② 이인행을 중심으로 1826년, 원효를 중심으로 1876년으로 구별된다는 사실, ③ 충효당 역시 지금까지 알려진 것과 달리 건립 연대가 둘로 나뉘며, ④ 이야순을 중심으로 1826년 2월, 권연하를 중심으로 1876년으로 비정됨을 차례로 구명했다. 요컨대 현재의 유허비, 충효당은 모두 19세기 중엽 이후 재건되었다는 것에 의심의 여지가 없다. 특히 源孝는 遺集을 남길 만큼 才士였던 것으로 여겨진다. 그런 源孝였기에 忠孝堂과 遺墟碑에 관심과 식견을 지녔고, 이를 행동화했다고 여겨진다.

一清~楨에 이르는 세대가 奈城里, 物野, 春陽 등 현 봉화의 서쪽 지역을 생활 권역과 묘역으로 삼았음을 밝힌 前作을 토대로, 본문에서는 그 이후 元淑~현재까지의 화산이씨 안동파 선영, 이른바 今穴山~昌坪 忠孝堂 뒤쪽 자락에 조성된 제2권역, 총 77基의 묘역을 구체적으로 밝혔다. 기타 부근 지역에서도 화산이씨 매장이 확인되었으나, 대략 輻輳의 형상이라 할 수 있다. 이로써 2子 계열의 중핵인 화산이씨 안동파가 이곳을 중심으로 한 一環의 營域을 형성했음은 이로써 더욱 분명해졌다고 하겠다.

제 7 장

'李龍祥 Lý Long Tường'과 異論 批正

以孤軍何能爲乎 嗟 男兒惟有死耳

아군은 약하고 적은 강하였다. 孤軍이라 어찌하랴,

슬프다.

男兒는 오직 죽음만 있을 뿐이다.

충효당 상량문

'李龍祥'에 관한 세밀한 비정, 검토는 아직 영성하고 적잖은 오류가 발견된다. '李龍祥'(Lý Long Tường') 연구는 그간 '李龍祥' 그 자체에만 국한되었다. 혈맥에 대한 자취나 궤적을 좇는 차원에까지 관심의 부면이 확장하지 못했다.[1] 무엇보다 그간의 연구는 '李龍祥'을 비정할 주요 자료인 家乘에 대한 전반적 검토조차 행하지 않았다.[2] 그 결과 1子 계열 최초의 족보서를 작성한 '枰'의 생몰 연대조차 헷갈리거나 그 서문의 작성 연대조차 엉뚱하게 비정되고,[3] 이평이나 이맹운의 이름조차 혼동하여 다

1) 역사적 인물의 혈맥을 추적하는 가장 주요한 2대 요소는 시간과 공간일 것이지만, 그를 핵으로 이어지는 혈맥의 공간적 궤적과 동선, 시간의 흐름을 추적하려는 시도는 오직 필자에 의해서만 진행되어 왔다. 필자가 지금까지 진행한 연구의 결과, 李龍祥을 시조로 한 혈맥은 1子 계열의 경우 황해도를 중심으로 한 지역, 2子 계열의 경우 경북 봉화, 경북 榮川(현 영주), 경남 밀양, 충청의 괴산, '서해안의 某處' 등으로 파악되었다. 봉화와 영주, 경남 밀양의 유적에 대해서는 이미 논고의 형태로 발표한 바 있다.

2) 기왕의 연구에서는 화산이씨 족보가 1子 계열, 2子 계열로 나뉘어 전승된 점, 家乘에 전하는 인물의 이름(枰 혹은 孟芸 등), 주요 인물의 생몰 연대(이평, 이희지, 이정신 등의 생몰 연대), 화산이씨 족보의 계기적 편찬 과정 등에 대한 천착 등이 전혀 이루어지지 않았다. 말하자면 기왕의 연구는 맹목적, 파편적 연구였다고 단언할 수 있다.

3) 李枰이 작성한 초보서의 간지는 丙戌로 나타난다(李承哉 編, 《花山李氏 世譜(5修譜)》(권1)(국립중앙도서관 소장 청구기호 한 古朝58 가33-44). 이평은 李太祖(이공온)의 22세손으로서 1676년(숙종 2)에 태어나 1734년(영조 10), 향년 58세로 사망했다(李承哉 編, 《花山李氏 世譜(5修譜)》(권2)(국립중앙도서관 소장 청구기호 한 古朝58 가33-44. p.1 [天]). 따라서 草譜를 작성한 1706년(숙종 32년 丙戌年)은 그의 나이 30세였고, 이후 28년 뒤인 1734년(영조 10), 향년 58세로 사망했다(박순교, 〈花山君 '李龍祥 Lý Long Tường'에 관한 연구(1)〉, 《택민국학연구논총》 15, 2015). 그러나 유인선은 이평의 초보서 작성시점을 두 갑자 내린 1826년으로 비정함으로써, 화산이씨 연구에의 맹점과 허점을 여실히 드러내었다(유인선, 〈베트남 李 왕조의 후손 李龍祥의 行跡〉, 《한국 베트남 관계사 국제심포지엄》, 한국역사학회·베트남 역사과학회, p.70의 각주 8번, 하노이 대우호텔 2007.8.20). 또한 유인선은 '李枰'의 생몰연대를 상기와 같이 엉뚱하게 처리함은 물론, 이평의 이름을 '李祥'으로 파악하는 등 世譜의 주요 인물에 대한 개념조차 정립되어 있지 않음

른 이름으로 비정하는 등의 우[4]가 범해졌다. 또한 기왕의 '李龍祥' 연구자들은 고려 고종 당시 '李龍祥'이 항몽의 대오에 나서 괄목할 전과를 거뒀음에 아무런 의심조차 품지 않았다.[5] 화산이씨 초보서에서부터 1873

을 드러내었다.

4) 李相伯, 〈花山李氏의 선조 李龍祥에 대하여 -安南王弟의 高麗歸化-〉, 《李相伯 著作集 3》, 1978, p.656에서도 '李枰'의 이름을 '李祥'으로 엉뚱하게 파악하고 있으며, 그의 생몰 연대를 짚어내지도 못한 채 不明으로 처리하고 있다. 이는 세보에 대한 섬세하고 기본적인 사항들, 가령 초보서 작성자인 이평의 생몰 연대(1676~1734), 중수보 작성자로 나타나는 이정신(1725~1784), 이희지(1735~1798) 등의 생몰 연대 등에 대한 면밀한 검토를 생략, 배제, 간과했음을 드러낸 실증인 셈이다. 이정신, 이희지, 이평 등의 생몰 연대에 대해서는 아래 논문에서 명확히 구명된 바 있다(박순교, 〈花山君 '李龍祥 Lý Long Tường'에 관한 연구(1)〉, 《택민국학연구논총》 15, 2015). 한편 이상백(李相伯, 〈花山李氏의 선조 李龍祥에 대하여 -安南王弟의 高麗歸化-〉, 《李相伯 著作集 3》, 1978, p.657), 유인선(유인선, 〈베트남 李 왕조의 후손 李龍祥의 行跡〉, 《한국 베트남 관계사 국제심포지엄》, 한국역사학회·베트남 역사과학회, 2007, p.79), 조흥국(조흥국, 〈12~14세기 베트남 사람들의 한국 이주에 대한 재고찰〉, 《石堂論叢》 55, 2013, p.51) 등은 천은공 이맹운을 李孟藝로 잘못 명명하고 있는데, 천은공의 實名은 孟芸(향초이름 운)이다(李承哉 編, 《花山李氏 世譜(5修譜)》(권1)(국립중앙도서관 소장 청구기호 한 古朝58 가33-44. p.黃). 곧 이들 연구자는 芸(향초이름 운)을 藝로 오독한 셈이다.

5) 李相伯, 〈花山李氏의 선조 李龍祥에 대하여 -安南王弟의 高麗歸化-〉, 《李相伯 著作集 3》, 1978, pp.654~655, p.659. 유인선, 〈베트남 李 왕조의 후손 李龍祥의 行跡〉, 《한국 베트남 관계사 국제심포지엄》, 한국역사학회·베트남 역사과학회, pp.76~78, 하노이 대우호텔 2007.8.20에서 1879년 《옹진부 읍지》와 1903년 《受降門紀蹟碑》, 1920년 《화산군 본전》을 인용하면서도, 1879년 이전 李龍祥의 이름이 실린 숱한 화산이씨 가승(12종)에서는 왜 항몽 사실이 없는지에 관해서는 주의를 기울이지 않았다(박순교, 〈이용상 일가의 행적과 기록〉, 《2019 李龍祥 국제학술 심포지엄》, 경상북도 봉화군·하노이 외국어대학 주최 국제심포지엄 자료집, 2019.4.20). 유인선은 이용상의 추정 생몰 연대(영종의 사망 연대 1175년 이전~?)와 이용상의 항몽 사실(1253년의 5차 침입)이 시간상으로 부합되지 않자, 이용상의 항몽 연대를 2차 침입(1232년)으로 올려 상정하였다(앞서 유인선은 이평의 초보서의 서술 연대를 작위적으로 120년(2甲子) 내린 바도 있다). 한편

년 4수보 序에 이르기까지 12종의 화산이씨 家乘('李龍祥'의 이름이 확인되는 12종[6])에서 항몽 사실이 일점일획도 없었다가, 1879년 《옹진부 읍지》에서 단 28글자의 짧은 항몽 사실이 돌출하듯 확인된다.[7] 이후 1903년 受降門紀蹟碑, 1920년 《화산군 본전》에서 대폭 분량을 늘려 부연, 가필되고 있다.[8] 이에 대한 몰각은 그간 연구의 한계라 평가될 수 있다.

허인욱, 〈高宗代'花山李氏'李龍祥의 高麗 정착 관련 기록 검토〉, 《백산학보》 100, 2014, pp.439~449에서는 '李龍祥'이 1253년 항몽의 대열에 나선 사실을 명징한 역사적 사실로 간주, 항몽 전적지까지 비정하고 있다. 이러한 노력은 '가승'에 대한 전체적인 조감, 입체적인 인식 결여에 말미암은 오류로 여겨진다. 베트남 역사학자 Phan Huy Lê, 〈Hoàng tử Lý Long Tường' và dòng họ Lý Hoa Son gốc Việt Ở Hàn Quốc〉, 《황숙 이용상과 베-한 협력 관계의 과거와 현재》 2012년 베-한 국제 학술대회 발표집, 2012.5.19, pp.7~14에서도 항몽 사실에 대해서는 사료 고증, 한 점의 의심마저 하지 않고 있다.

6) 12종으로는 ① 李㞕의 족보서(1706), ② 李永祚의 舊譜跋(1777), ③ 李羲之의 重修舊序(1777), ④ 李羲之의 〈追配表節祠疏〉(1784), ⑤ 權思浹의 《通政大夫 工曹參議 忠孝堂 李公墓誌銘》(1783~1832), ⑥ 李度中의 〈川隱先生 事實序〉(1763~1830), ⑦ 金凞周의 《通政大夫 工曹參議 忠孝堂 李公行狀(1819~1830), ⑧ 李野淳의 《贈通政大夫 工曹參議 忠孝堂 李公 墓喝銘》(1827), ⑨ 李仁行의 《贈通政大夫 工曹參議 忠孝堂 李公 遺墟碑銘》(1790~1833), ⑩ 柳台佐의 〈忠孝堂 遺集序〉(1833), ⑪ 洪直弼의 3修譜 序(1837), ⑫ 趙康夏의 4修譜 序(1873) 등에서는 李龍祥의 항몽 사실이 전혀 언급되지 않는다. 요컨대, 李龍祥의 주요 행적 중 눈알에 해당하는 항몽 사실이 18세기, 19세기 중반 이전 家乘에서 전혀 보이지 않는 셈이다. 이것은 그의 행적에서 항몽 사실이 없었다고 해석하는 것이 온당함을 드러낸다. 이에 대해서는 적절한 지적, 비판이 제시된 바 있다(박순교, Vietnam(大越) 皇子 '李龍祥Lý Long Tường'에 관한 연구(2) -'고려 移居 창작설' 검토를 중심으로-, 《동아인문학》 40, 2017, pp.310~311 및 박순교, 〈이용상 일가의 행적과 기록〉, 《2019 李龍祥 국제학술 심포지엄》, 경상북도 봉화군·하노이 외국어대학 주최 국제심포지엄 자료집, 2019.4.20, pp.26~27).

7) 《옹진부 읍지》(청구기호-서울대 전자도서관 규장각 想白古915.17-On3).

8) 허인욱, 〈高宗代'花山李氏'李龍祥의 高麗 정착 관련 기록 검토〉, 《백산학보》 100, 2014, p.436의 주55에서는 《수항문기적비》가 《옹진부읍지》에 첨부되어 있다고 서술했다. 그러나 1903년 찬술된 《수항문기적비》가 1879년 찬술된 《옹진부읍

'李龍祥'의 역사적 실존과 관련, 눈여겨 볼 대목은 '李龍祥'을 비롯하여 1子 '幹' 계열의 경우 6세대가, 2子 '一淸' 계열의 경우 11세대의 생몰연대 전체가 不明임에 비하여, '李龍祥' 이전 세대의 서차 및 생몰 연대는 비교적 정확하게 서술되어 있는 점이다. 화산이씨 가승에서 가장 중핵인 '李龍祥'의 생몰 연대는 불명이되, 그보다 더욱 오랜 세대의 생몰연대에 대하여 겨우 ±5년의 오차만을 지니면서 기록되었음은 화산이씨 家乘의 기록 과정에서 (적어도 大越 세계에 관한 한) 후대의 부회, 가필이 필히 개재했음을 일면 드러낸다.[9] 1903년《受降門紀蹟碑》, 1920년《화산군 본전》 등은 그러한 類에 해당하는 일말의 기록들이다. 이에 기초한 기왕의 연구는 심각한 문제를 내포하고 있다.

기왕의 연구는 '李龍祥', 陳日照(陳煚), 君苾이 3公으로 대월의 국정을 운영했다는 사안에 대해서도 검증을 거치지 않았다.[10]《大越史記 全書》만 검토하더라도, 진경의 나이는 1225년 당시 여덟 살에 불과했다.[11] 군필은《화산군 본전》에서 神宗의 아홉째 아들 天佐의 증손으로 기록된

지》의 말미에 첨부될 수 없다. 이는 근대에 채록되어 출간된 사실을 간과한 것으로, 자료의 실제 연대를 대조하지 않은 명백한 오류이다.

9) 박순교, 〈Vietnam(大越) 皇子 '李龍祥Lý Long Tường'에 관한 연구(3) -화산이씨의 혈맥과 동향에 대한 추적을 중심으로-〉,《인문연구》82, 2018, pp.122~155. 박순교, Vietnam(大越) 皇子 '李龍祥Lý Long Tường'에 관한 연구(2) -'고려 移居 창작설' 검토를 중심으로-,《동아인문학》40, 2017, pp.279~280.

10) 조흥국, 〈12~14세기 베트남 사람들의 한국 이주에 대한 재고찰〉,《石堂論叢》55, 2013, p.49. 허인욱, 〈高宗代'花山李氏'李龍祥의 高麗 정착 관련 기록 검토〉,《백산학보》100, 2014, p.435. 유인선, 〈베트남 李 왕조의 후손 李龍祥의 行跡〉,《한국 베트남 관계사 국제심포지엄》, 한국역사학회·베트남 역사과학회, pp.76~78, 하노이 대우호텔 2007.8.20 p.69와 p.76. 여기서 유인선은 평해군 공 군필이 대여섯 살이라는 것을 알지 못하고, 군필과 더불어 이용상이 "자신들의 무력함을 깨닫고 울분 끝에 탈출한 것"으로 묘사하고 있으나, 이는 오류이다.

11)《大越史記 全書》본기 권4 소황 2년(1225) 10월조.

바, 용상과는 두 세대 아래, 사실상 용상의 손자뻘이다. 당시 나이를 계산하면 혜종의 딸 順天, 佛金과 같은 또래의 예닐곱 살 정도에 불과했음이 직관적으로 드러난다.[12] 그럼에도 이들이 3公이 되어 국정을 운영했다는 등에 대해 적절한 사료 검토, 取捨가 이루어지지 않았다. 경북 봉화 창평리 소재 유허비의 최종 건립 연대 역시 1856년이 아닌 1876년으로 수정되어야 한다.[13] 그에 따라 경북 영천(영주) 장수리 화산이씨 종택 건립 연대 역시 1876년 어간으로 고칠 필요가 있다.

'李龍祥'을 다룬 지금까지의 연구 성과, 현황 및 쟁점은 두 차례에 걸쳐 이미 정리된 바 있다.[14] 이에 본문은 '李龍祥'의 역사적 실존을 포함하여, 그의 혈맥에 대한 자취, 족조 관념 등을 망라하여 논구함은 물론, 기왕에 소개되지 않은 경북 봉화에 유존하고 있는 사적(기왕에 소개되지 않은 유적)들에 대한 비정을 사상 최초로 보태려 한다.

---

12) 박순교, 〈이용상 가계도〉, 《花山郡 李龍祥》, 圖書出版 생각나눔(기획실크), 2012.5, pp.11~12와 pp.22~23 및 박순교, Vietnam(大越) 皇子 '李龍祥Lý Long Tường'에 관한 연구(2) -'고려 移居 창작설' 검토를 중심으로-, 《동아인문학》 40, 2017, p.303.

13) 박순교, Vietnam(大越) 皇子 '李龍祥Lý Long Tường'에 관한 연구(4) -'花山李氏古宅(경북 영주시 장수면 星谷里 所在)'에 대한 고찰을 중심으로-, 《동아인문학》 42, 2018, pp.151~153; 박순교, Vietnam(大越) 皇子 '李龍祥Lý Long Tường'에 관한 연구(5) -화산이씨의 族祖 觀念을 중심으로-', 《동아인문학》 44, 2018, pp.249~254)에서는 현존 유허비 말미에 源孝의 이름과 더불어 나타나는 干支 '丙子'를 '丙辰'으로 보아, 1856년으로 비정했다. 源孝가 유허비를 세운 '丙子'는 화산이씨 전적에서는 찾을 수 없다. 이인행(1790~1833)의 생몰 연대에 비추어, 유허비의 추가 건립이 확실하다. 본문에서 이를 1876년으로 수정한다. 1876년 당시 원효의 나이는 69세였고, 이후 13년 더 생존하여 1889년 사망했다. 이로써 충효당, 유허비, 화산이씨 종택 등의 건립 연대 하한 역시 1876년으로 하향될 필요성이 있다.

14) 박순교, 〈한국·베트남·일본 三國의 李龍祥 연구 현황과 과제〉, 《우리시대 석학들, 인문학에 길을 묻다》, 동아인문학회 국제심포지엄 자료집, 2018.11.17. 박순교, 〈이용상 일가의 행적과 기록〉, 《2019 李龍祥 국제학술 심포지엄》, 경상북도 봉화군·하노이 외국어대학 주최 국제심포지엄 자료집, 2019.4.20.

제1절 봉화 화산이씨 典據

1. 㞕의 족보서(1707)

'李龍祥'의 역사적 실존에 최초로 의문을 제기한 이는 片倉 穰이었다.[15] 필자는 최초로 그의 주장을 국내에 소개하였다. 그에 의하면 화산이씨 초보서(이평 작성, 1706)에서 '눈알'에 해당할 '李龍祥'의 이름이 보이지 않는 점, 화산이씨 중수보(이희지 등 작성, 1777)에서야 비로소 '李龍祥'이 등장하는 점, 18세기 교류의 점증, 인구의 빈번한 출입 등에 힘입어 베트남에 대한 다양한 정보와 지식이 조선에 유입했을 개연성 등을 근거로, '李龍祥' 설화는 1706~1777년 경 창출되었다고 간주했다.[16] 또

15) 片倉穰, 〈花山李氏の族譜試論—朝鮮のなかのベトナム〉, 《朝鮮とベトナム 日本とアジア》 4章, 福村出版, 2008, pp.97~120. 필자는 한국의 누구도 관심을 두고 있지 않던, 연구자 片倉穰 선생의 주장을 최초로 소개하였고, 그에 대한 반론 역시 제기한 바 있다(박순교, 〈花山君 '李龍祥 Lý Long Tường'에 관한 연구(Ⅰ)〉, 《택민국학연구논총》 15, 2015, pp.303~321).

16) 序の記載によると、1706年に最初の序が執筆され、1777年、1837年、1873年、1917年に修補を経たものである。さらに最新版の花山李氏の《族譜》は1987年、2004年にも修譜が施された。これらの序文で注目されることは、1番最初の序に、ベトナム王子·李龍祥のことが一言も触れられず、始祖がベトナム王朝の王族出身ということを記載していないが、1777年の第2修譜から第5修譜までの序では、始祖たる李龍祥の事蹟が強調されていることである。最初の序にベトナム李朝や李龍祥の名が見当らない理由は詳かでなく、1777年の重修で、初めて李龍祥を始祖とする世系が成立したと推測できる。もし花山李氏の始祖を李龍祥とする伝承を史実と解するならば、この《世譜》の序に、最重要な始祖についてなぜ記載されていないのか説明をする必要があるという。この《世譜》の重修の序に李龍祥が登場する18世紀後半は、偽譜を含む多くの族譜が編纂されたことであったが、この時期に花山李氏のような《世譜》を創出·編纂し得る環境が存在したことを考えてみる必要があるという。(片倉 穰, 《朝鮮とベトナム 日本とアジア》, 福村出版, 2008, pp.104~105)

이러한 족보의 창출과 날조, 부회는 18세기 조선의 일반적 시대 기류였음을 역설한다.[17] 이러한 片倉 穰의 주장은 화산이씨 2자 계열 垕의 족보서(1707년)에 '李龍祥'이 등장하면서 사실상 힘을 잃게 되었다. (〈이하 (표 1). 화산이씨 족보편찬 일람〉)

[표 1] 화산이씨 족보편찬 일람

연번	花山李氏 世譜	作成者	年代	이용상 언급	經過	비고	찬술 연령	생몰 연대
①	草譜舊序	後孫 工曹佐郎 李枰	1706년(숙종 32) 8월 3일	無	祖系가 散失되어 作成	1子 계열	30	1676 ~1734
②	族譜 序	後孫 垕	1707년(숙종 33) 4월 16일	有	2자 계열 족보의 서	2子 계열	51	1656 ~1716
③	重修舊序	後孫 李羲之	1777년(정조 원년) 7월	有	草譜로부터 71년	1子 계열	41	1735 ~1798
④	3修譜 序	唐城人 洗馬 洪直弼	1837년(헌종 3) 4월	有	重修로부터 60년	1子 계열	61	1776 ~1852
⑤	4修譜 序	豊壤 趙康夏	1873년(고종 10) 9월上澣	有	3修로부터 36년	1子 계열	32	1841 ~?
⑥	5修譜 序	後孫 李秉華	1917년(大正 丁巳) 5월上澣	有	4修로부터 44년	1子 계열	60	1857 ~1970
⑦	6修譜 序	後孫 李福永 외 4인	1987년 6월	有	5修로부터 70년	대동보	75	1912~
⑧	7修譜 序	後孫 李福永 외 6인	2004년 9월 1일	有	6修로부터 17년	대동보	92	1912~

이용상의 역사적 실존을 증거할 주된 자료가 봉화 화산이씨 가승에서 찾아진다. 화산이씨 족보는 1子, 2子로 분리되어 있었다. 그리고 ⑦

17) 박순교, 〈花山君 '李龍祥 Lý Long Tường'에 관한 연구(Ⅰ)〉, 《택민국학연구논총》 15, 2015, pp.303~321. 박순교, 〈Vietnam(大越) 皇子 '李龍祥Lý Long Tường'에 관한 연구(3) -화산이씨의 혈맥과 동향에 대한 추적을 중심으로-〉, 《인문연구》 82, 2018, pp.151~152.

의 단계에서야 대동보로 합편되었다. 필자는 줄곧 대동보 합편 이전(⑦이전), 2子 계열이 보관해 왔던 原譜의 존재와 그 내용에 궁금증을 지녀왔다. 2019년 2월 18일 오후 1시경 필자는 충효당 인근 종택 사랑채에서 종손 이양래를 통해 직접 원보를 확인, 휴대폰 카메라를 통해 그 내용을 촬영했다.[18] 이른바 原譜는 《화산이씨 세보》, 《충효당 실기》 題下의 별책본 2권으로 되어 있었다.

7수보 《화산이씨 세보》의 경우 1920년에 찬술된 《화산군 본전》이 2子 계열 분량에 중복으로 실려 있으나,[19] 원보에서는 〈족보서〉, 〈개단선영기〉만 실려 있다. 《화산이씨 세보》 원보는 〈족보서〉(p.1), 〈개단선영기〉(p.3)를 필두로, 〈세계도〉(pp.1~47) 등 3부분으로 구성되었다. 특히 〈족보서〉(p.1), 〈개단선영기〉(p.3)는 세로 행 20자, 가로 행 10줄의 楷書 필기체로 되어 있다. 〈세계도〉(pp.1~47) 중 안동파의 제일 마지막에는 양래(1930~2019),[20] 밀양파의 마지막에는 炳源(1902~1940), 영천파의 마지막에는 輝泰의 딸(실명, 夫 강제원)이 실려 있다. 이들 후대 인명만으로 본다면, 《화산이씨 세보》 원보는 특정 시점에 작성되었다기보다, 후대

---

18) 原譜는 부록 《충효당 실기》 1권, 《화산이씨 세보》 1권 등 총 2권으로 구성되어 있었다. 표지는 雷文 혹은 卍字文의 기름먹인 누른 바탕의 황토색 한지였고, 內紙는 옅은 미색 불투명의 한지로 되어 있었다. 가로 10행, 세로 17행의 인쇄본이 아닌 필사본이었다. 당시 현장에는 이양재(봉화군청), 장순재(필자와 동행) 등이 대략 1시간여의 시간을 함께 했다. 종손은 필자에게 충효당, 유허비 등 유적의 건립 과정, 족보의 편찬 과정, 충효당 유집의 편찬, 충효당 이장발의 유명시 등에 관하여 의미심장한 내용들을 증언하였고, 향후의 비정 과정 등에 필자가 관심을 지녀줄 것을 간절히 부탁하였다. 종손 李陽來는 그로부터 몇 달 뒤인 2019년 5월 9일 사망했다.

19) 李相協, 〈화산군 본전〉, 《花山李氏 族譜》, 회상사, 2004, p.251. 7수보의 경우, p.238부터 2자 계열의 내용이라 할 수 있으며, 원래 없던 〈화산군 본전〉이 이에 첨가되었다고 보인다.

20) 《화산이씨 세보》 원보(안동 국학진흥원 소장본).

여러 차례 첨삭과 추기의 과정을 거쳤을 것이 짐작된다. 당해 원보의 초기 자료는 여러 정황상 1920년 이후의 일정 시점에서, 또 다른 원보로부터 필사된 것이 확실하다. 요컨대, 6修譜(1987) 수찬의 토대가 된 原譜는 ⑥의 5修譜(1917)~⑦의 6修譜(1987) 사이에 정리된 것으로 보인다. 당해 원보는 필사본인 만큼, 또 다른 저본(Q)이 있었을 것으로 추정되지만, 그 원보의 저본은 확인되지 않았다.

상기 표에서 확인되듯, ②垕의 족보서에서 '李龍祥'이 분명히 확인된다. 垕는 1子 계열이 아닌 2子 계열로서, 그의 존재는 주목받지 않고 간과되어 왔다.[21] 1707년 4월 16일 당시 垕의 나이는 51세였고, 9년 뒤 죽음을 맞이했다.[22]

垕의 족보서는 원보의 경우 본문 406자, 記名 부분('後孫 垕 序')까지를 포함하면 전체 410자, 7수보의 경우 본문 405자, 記名 부분('後孫 垕 序')까지를 포함하면 전체 409자의 비교적 짧은 글이다. 원보와 6수보, 7수보의 내용에는 약간의 차이만 발견된다. 垕는 자신의 〈족보서〉 중에서 '李龍祥'에 대해 작성한 내용을(총 23글자) 적기하고 있다. 대략 전체 분량의 5%(23/406)에 달한다. 이를 적시하면 아래와 같다.

A-1) 李氏始於安南 而至七世封花山君 後世遂爲花山人[23]

21) 박순교, 〈Vietnam(大越) 皇子 '李龍祥Lý Long Tường'에 관한 연구(3) -화산이씨의 혈맥과 동향에 대한 추적을 중심으로-〉, 《인문연구》 82, 2018, pp.148~150. 박순교, Vietnam(大越) 皇子 '李龍祥Lý Long Tường'에 관한 연구(5) -화산이씨의 族祖觀念을 중심으로-', 《동아인문학》 44, 2018, pp.245~246.

22) 박순교, 〈Vietnam(大越) 皇子 '李龍祥Lý Long Tường'에 관한 연구(3) -화산이씨의 혈맥과 동향에 대한 추적을 중심으로-'〉, 《인문연구》 82, 2018, p.149.

23) 李垕, 〈화산이씨 2자 계열 족보 원보의 序〉, p.1.

A-2) 惟我李氏始於安南 而至七世對花山君 後世遂爲花山人[24]

垕의 〈족보서〉는 수찬 연대에 따라 내용의 가감이 있다. 대략 垕는 화산이씨의 출자, 이용상의 세대수, 화산이씨의 유래 등에 대해 기록을 남겼다. A-2)의 '七世對'는 A-1)의 七世封의 오류로 확인된다. 위의 자료는 화산이씨 기록 중 드물게 年月日이 부기된 것(《개단선영기》, 《족보서》) 중의 하나라는 점에서 더욱 유의할 필요가 있다. 이 기록은 1707년 음력 4월 16일 작성되었다.[25] 요컨대 위 기록은 '李龍祥'과 관련한 사실을 전하는 화산이씨 最古의 기록이며, 1子가 아닌 2子 계열의 기록이란 점에서 함의하는 바가 깊다.[26]

2. 李羲之의 〈重修譜序〉, 〈追配表節祠疏〉

'李龍祥'의 역사적 실존을 확인, 방증할 공식 기록 역시 간과되어 왔다. 李羲之의 〈중수보서〉, 〈追配表節祠疏〉 등 일련의 저작에서 역사적 실존을 검증할 단서들이 포착된다. 이에 대한 공식 국가 문서(《승정원일기》, 1784년 기록) 역시 확인된다.[27]

---

24) 李相協, 〈화산이씨 족보서〉, 《花山李氏 族譜》, 회상사, 2004, p.238, 1~12행.

25) 박순교, 〈Vietnam(大越) 皇子 '李龍祥Lý Long Tường'에 관한 연구(3) -화산이씨의 혈맥과 동향에 대한 추적을 중심으로-'〉, 《인문연구》 82, 2018, pp.149~151. 박순교, Vietnam(大越) 皇子 '李龍祥Lý Long Tường'에 관한 연구(5) -화산이씨의 族祖 觀念을 중심으로-', 《동아인문학》 44, 2018, pp.245~246.

26) 박순교, Vietnam(大越) 皇子 '李龍祥Lý Long Tường'에 관한 연구(5) -화산이씨의 族祖 觀念을 중심으로-', 《동아인문학》 44, 2018, p.246.

27) 박순교, 〈花山君 '李龍祥 Lý Long Tường'에 관한 연구(Ⅰ)〉, 《택민국학연구논총》 15, 2015, p.315. 이에서는 그 출처가 《정조실록》 8년 2월 25일로 부기되어 있다. 그러나 실제는 《승정원일기》 정조 8년(건륭 49년, 1784년) 2월 25일조이다.

A-2-①) 李羲之十二代祖 前戶曹典書孟芸即 花山君號小微子 龍祥 五世孫也 (〈追配表節祠疏〉, 《花山李氏 族譜》)[28)]

②) 禮曹啓目, 粘進士蔡一揆·李羲之上言內辭緣云云。令本府守臣詳査, 論理啓聞後, 稟處, 何如 判付啓, 令該留守廣採物議, 兼附己見, 論理狀聞. (《승정원일기》 정조 8년 2월 25일)

A-2-①)은 李羲之가 조선 조정에 올린 疏이다. A-2-②)는 그에 대해 조선 조정이 李羲之를 언급하며 취한 대응이다. 위의 자료에 일관되게 등장하는 이희지는 1777년 당시 41세의 나이로 화산이씨 중수보를 작성한 필자이다. 화산이씨 중수보 작성은 5명의 핵심 그룹에 의해 추진되었다. 主著의 역할은 당시 進士, 성균 사마였던 이희지의 몫이었다.[29)] 이희지의 붓을 통해 1子 계열 족보에서 최초로 '李龍祥'의 이름과 사적이 등장한 셈이다.

이희지는 중수보 작성을 끝낸 7년 뒤인 1784년, 맹운에 대한 追享을 건의하며 그 선조 '李龍祥'을 언급하였다.[30)] 그에 대한 절차와 과정이 위의 기록 A-2-②)로 남겨지게 된 셈이다. 이는 '李龍祥'의 이름을 조정에 공식 건의한 최초이며, 그에 대한 조정의 대응이 이뤄진 사례이자 '李龍祥'의 실존에 대한 가장 객관적인 방증 문서라고 일컬을 수 있다. 李羲之의 이런 행동은 李龍祥을 포함한 자기 族祖에 대한 뚜렷한 확신이며, 조

다시금 정정이 필요하다.

28) 《花山李氏 家傳實錄》 p.18. 大正 10년(1921) 12월 4일 발행(국립중앙도서관 청구기호 한 古朝58 가33-44-1=複 44). 李相協, 〈追配表節祠疏〉, 《花山李氏 族譜》, 회상사, 2004, p.102.

29) 박순교, 〈花山君 '李龍祥 Lý Long Tường'에 관한 연구(Ⅰ)〉, 《택민국학연구논총》 15, 2015, pp.312~321.

30) 李羲之十二代祖 前戶曹典書孟芸即 花山君號小微子 龍祥 五世孫也(〈追配表節祠疏〉, 《花山李氏 族譜》)

선 조정 역시 禮曹 回啓, 禮曹 判付에서 보듯 李龍祥의 진위에 이론을 보이지 않았다.[31] 이에서 李龍祥에 관한 사적은 당시 식자층에 의해 확인, 수용되고 있었음이 입증된다.[32]

이희지 등이 대월의 사서를 섭렵했을 것이라는 片倉 穰의 추단과 달리, 이희지는 1777년 중수보를 작성할 당시 관료로 入仕하지 못한 일개 진사였고, 성균 사마로 확인된다. 이희지와 관련하여 나타나는 성균 司馬는 대체 무엇일까? 성균관의 직제를 보면, 지사知事(正二品)가 1원으로 대제학大提學이 정례대로 겸직하며, 동지사同知事(從二品) 2원, 대사성大司成(正三品), 좨주祭酒(正三品) 각 1원이 있고, 아래로 사예司藝(正四品) 2원, 사업司業(正四品) 1원, 직강直講(正五品) 4원, 전적典籍(正六品) 13원, 박사博士(正七品), 학정學正(正八品), 학록學錄(正九品), 학유學諭(從九品) 각 3원이 있다. 대사성 이하 성균관에 소속된 관원을 총칭하여 관직館職이라고 하였으되, 사마라는 직책은 확인되지 않는다.[33]

李羲之와 관련하여 나타나는 사마는 사마시(소과)와 관련지어 해석해야 옳다고 보인다. 성균 사마란 사마시 합격 이후 성균관에 수학했음을 뜻한다고 보아 좋을 것이다. 李羲之는 정조 원년 丁酉(1777년)에 성균 사마가 되었다고 되어 있는데,[34] 1777년의 사마시는 정조의 즉위를 축하하는 增廣試, 식년시 두 차례가 있었다. 1777년의 증광 진사시 사마방목(진사 100명의 명단)에서 이희지의 이름은 확인되지 않는다.[35] 그 대신,

---

31) 李相協, 〈追配表節祠疏〉, 《花山李氏 族譜》, 회상사, 2004, p.104, 3~11행.

32) 박순교, 〈花山君 '李龍祥 Lý Long Tường'에 관한 연구(Ⅰ)〉, 《택민국학연구논총》 15, 2015, p.92.

33) 〈歷代 職官表〉, 《한국학대백과사전》 3, 을유문화사, 1994 초판 4쇄본, pp.60~61.

34) 박순교, 〈花山君 '李龍祥Lý Long Tường'에 관한 연구(Ⅰ)〉, 《택민국학연구논총》 15, 2015, pp.303~321.

35) 正祖01 (1777) 增廣 進士 《사마방목》(동방미디어)〈http://www.koreaa2z.com/

1777년 식년 진사 사마시에는 이희지의 이름이 확인된다.36) 《화산이씨세보》의 정확성, 이희지 행적의 부합이 1차 확인되는 셈이다. 《승정원일기》에는 前年인 1776년 9월 25일에서부터 그의 이름이 확인되는데,37) 사마시에 합격하지 않은 상태, 幼學으로 확인된다. 1777년 소과에 합격한 이희지는 이후 大科에는 入格하지 못했다고 보인다. 李羲之는 이후 1782년 7월 1일, 1782년 7월 11일, 1784년 2월 25일, 1785년 11월 24일, 1796년 6월 22일, 1796년 7월 12일 등 《승정원일기》에 총 7회에 걸쳐, 진사로만 등장한다.38) 1776년 9월 25일 기록(유학), 진사로 등장하는 기록(7회)를 포함하면, 이희지는 《승정원일기》에만 총 8회 등장한다. 《승정원일기》, 《사마방목》을 토대로 할 때, 1776년에서 유학으로 등장했던 이희지는 1777년 사마시(소과)에 입격하였고, 이후 진사로 활약했음이 확인된다. 이희지가 20년간 공히 뚜렷한 관력 없이 진사로만 확인된다는 점은 이희지가 대과에 입격하지 못했을 것이라는 상정에 설득력을 실어준다.

李羲之(이공온의 24세손)는 1735년(영조 11)에 태어나 1798년(정조 22) 향년 64歲로 죽은 인물이다.39) 이희지는 죽기 이태 전(1796년), 곧 62세

---

viewer.php?seq=52#25265〉,

36) 正祖 01 (1777) 式年 進士 《사마방목》(동방미디어)〈http://www.koreaa2z.com/viewer.php?seq=52#25467〉에서 이희지는 앞에서 11번째 합격자로 이름을 내걸고 있다.

37) 《승정원일기》 1389책(탈초본 77책) 정조 즉위년 9월 26일 갑오 20/26 기사 1776년 乾隆(淸/高宗) 41년. 여기서 이희지는 소과 합격자가 아닌 幼學의 신분으로 나타나고 있다.

38) 국사편찬위원회 전자사료관, 《승정원일기》(http://sjw.history.go.kr/search/searchResultList.do).

39) 李承哉 編, 《花山李氏 世譜(5修譜)》(권1)(국립중앙도서관 소장 청구기호 한 古朝58 가33-44. 권3, p.昃. 李相協, 〈花山李氏 世系〉 承旨公派再疊 24世 《花山李氏 족보》, 회상사, 2004, p.92.

까지 진사에 머물렀다. 그리고 불과 2년 뒤 사망한 점에서, 그는 필생토록 대과에 입격하지 못했음이 거의 확실하다. 그의 행동반경 역시 황해 해주 지역을 벗어나지 않고 있다. 그런 그가 성균관 학생의 신분으로 혈혈단신 대월의 정보, 고급 지식을 접하였고, 이를 바탕으로 族祖를 창출했다고 보기에는 근본 한계가 있다. 또 이희지가 중수보를 편찬한 1777년은 그가 진사에 합격한 해이기도 하다. 진사(소과)로 갓 입격한 그가 대월에 관한 역사 정보에 접근, 족보를 찬술했다는 것은 수긍하기 어렵다.

3. 《충효당 실기》와 영남의 文士들

'李龍祥'의 역사적 실존에 무게가 실릴 대목은 2子(次子) 계열 家傳에서 찾아진다. 1592년 李長發은 외아들 진남을 남긴 채 사망했다. 진남의 혈육 3남 3녀의 혈통은 대략 150년 뒤 전부 끊어졌다.[40] 이장발의 혈맥이 끊어진 초미의 상황에서 화산이씨 밀양파 晩運이 안동파 宗德의 양자로 입계되면서 후일 晩運을 중심으로, 혈통이 끊어진 안동파, 특히 이장발에 대한 대대적 追崇 사업이 행해졌다.[41] 그 일련의 내용이 현전 《충효당 실기》라 일컬을 수 있다.

현존 《충효당 실기》는 동일한 내용이되, 表題를 달리하는 2종이 잔존한다. 1종은 표지의 좌측에 종행으로 《충효당집》이 필사되어 있고, 여타 다른 글자는 없다. 다른 1종은 표지의 좌측에 종행으로 《충효당 실기》가 필사되어 있고, 표지의 우측에는 詩, 附錄이 씌어 있다. 그러나 2종의 내용이 시종 동일하다는 점에서, 2種 중 하나는 분실을 대비한 여분의 필

40) 박순교, 〈화산이씨 계보도〉(次子 계열), 지성인, 2019.

41) 박순교, 〈이용상 일가의 행적과 기록〉, 《2019 李龍祥 국제학술 심포지엄》, 경상북도 봉화군·하노이 외국어대학 주최 국제심포지엄 자료집, 2019.4.20, pp.34~37.

[그림 1]《충효당 실기》 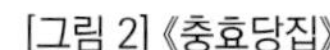

[그림 2]《충효당집》

사본이라 여겨진다. 그리고 위 2종 모두, 화산이씨 종손 이시복의 요청으로 2019년 7월 현재, 안동의 국학진흥원에 위탁 보관되어 있다.

화산이씨 문중이 그간 보관해 온《충효당 실기》의 경우, 權相圭의《충효당 상량문》,《읍지》 등이 실려 있었다. 權相奎의 생몰 연대는 1874~1961년인 바,[42] 빨라도 상량문의 작성은 1900년 이후로 보인다. 위《충효당 실기》에는 연대를 비정할 주요 잣대의 하나인, 〈읍지〉가 실려 있다.

> A-3) 李長發 判決事一淸之後壬辰倭亂年十九 左道義兵將金垓以書記招之 臨行以母在爲憂 母諭之曰 男兒生世死國毋憾 勿以母持難 長發受敎卽赴聞慶陣 六月十日戰死 將絶有詩曰 百年存社計 六月着戎衣 憂國身空死 思親魂獨歸 事 聞贈通政大夫 工曹參議 (〈읍지〉,《충효당 실기》)[43]

42) 한국국학진흥원·유교문화진흥원,《경북유학인물지》 상, 경상북도 2008, p.117.

43)《충효당 실기》 筆寫本 原譜(화산이씨 문중 家傳), p.30, 1~8행. 이와 동일한 내용인

〈읍지〉의 경우 1832년에 찬술된 《경상도 읍지》에서는 이장발의 사적이 보이지 않는다. 이장발의 사적은 1871년 발간된 《영남읍지》와, 1899년에 발간된 《봉화군 읍지》에서 확인된다. 이 점에서 《충효당 실기》 역시 日帝 시대에 필사되었음이 거의 확실하다.

그리고 이 《충효당 실기》 속에서(아래 표의 卷次 1, 7~17), 族祖 '李龍祥'에 대한 언급이 빠짐없이 부연되고 있다. 金㵪周, 權思浹, 李仁行, 李野淳 등으로 대표되는 영남의 유력 文士들이 李長發을 花山君 龍祥의 후손이라 비정하고 있다. (〈이하 [표 2] 충효당 실기의 체제와 목차〉)

[표 2] 충효당 실기의 체제와 목차

卷次	種類	收錄 詩文	著者	年代	本貫	居處	관직
1	序	忠孝堂 遺集序	柳台佐	1833	豊山	安東	문과 병과급제, 禮曺參判, 同知經筵義禁府事, 五衛都摠府 副摠管
2	詩	詩	李張發	1592	화산	봉화	
3	贈詩	贈詩	權士溫	1588	안동	안동	
4	輓詞	輓詞	權士溫	1592	〃	〃	
5	遺事	遺事	惟顔	1610~1679	화산	봉화	
6	邑誌	邑誌					
7	行狀	贈通政大夫 工曹參議 忠孝堂 李公行狀	金㵪周	1819~1830	의성	봉화 才山	문과 을과 급제, 대사간, 함길도 관찰사, 영조실록편수관
8	墓誌銘	贈通政大夫 工曹參議 忠孝堂 李公墓誌銘	權思浹	1783~1832	안동	안동	생원 3등 (66/100)
9	墓碣銘	贈通政大夫 工曹參議 忠孝堂 李公墓碣銘	李野淳	1827	진성	청송 진보	이황 9세손

즉, 화산이씨 편찬위원회, 《花山李氏 族譜》 全, 회상사, 1987, pp.1~25 및 李相協, 〈追配表節祠疏〉, 《花山李氏 族譜》, 회상사, 2004, p.273, 4~8행에서도 확인된다.

卷次	種類	收錄 詩文	著者	年代	本貫	居處	관직
10	遺墟碑銘	贈通政大夫 工曹參議 忠孝堂 李公 遺墟碑銘	李仁行	1826	진성	영주 榮川	世子翊衛司翊衛
11	忠孝堂記	忠孝堂記	李野淳	1826	진성	청송	
12	忠孝堂銘	忠孝堂銘	李野淳	1755~1831	진성	청송	
13	遺集跋	書忠孝堂 李公 遺集後	權載大	1828	안동	안동	齊陵參奉
14	墓表	贈通政大夫 工曹參議 忠孝堂 李公 墓表	朴時源	1830	潘南	영주 榮川	문과 甲科 입격 사간원 사간
15	書殉節史略後	書水部右侍郎 花山李公 忠孝堂 殉節史略後	金熙紹	1758~1804	의성	안동	생원 3등 26/100
16	墓表	贈通政大夫 工曹參議 忠孝堂 李公 墓表	李殷淳	1832	진성	예안	생원 1등 5/100
17	遺集後序	忠孝堂 李公 遺集後序	李彙載	1832 (11.28)	진성	예안	증광 생원시 1등 3위, 宣陵參奉, 사헌부 감찰

이로써, 화산군 이용상의 실존, 화산이씨의 족조 관념에 대해 영남 일대 文士들의 수용을 거쳤음이 확인된다.[44]

제2절 李龍祥 관련 사실의 批正

1. '李龍祥'의 生沒年

'李龍祥'의 실존을 비정함에 있어 항몽 사실과 생몰년의 부합 문제는 주요 관건이다. 이용상의 출생 연도는 먼저 生年이 밝혀진 용한, 용창 등

44) 박순교, Vietnam(大越) 皇子 '李龍祥Lý Long Tường'에 관한 연구(2) -'고려 移居 창작설' 검토를 중심으로-', 《동아인문학》 40, 2017, pp.275~279.

에 입각해 고찰할 수 있다. 6종의 화산이씨 家乘을 종합할 때, 이용상은 龍翰의 아우, 安南王 天祚의 2子로 정리된다.[45] 당시 天祚의 1子는 용창이며, 龍翰은 6子였다. 따라서 화산이씨 家乘은 天祚의 1子인 용창~天祚의 5子까지의 내용에 대해 몰지각하였고, 그에 따라 관련 내용을 대거 누락하였으며, 용한을 天祚의 1子로 간주하는 우(실제 天祚의 6子)를 범하게 되었다.[46] 그에 따라 용한의 아우 이용상 역시 天祚의 2子로 기록되었다.[47]

A-4) 花山君 李龍祥 安南王 天祚之二子《花山君 家譜》[48]

A-5) 龍祥 六世 安南王之次子《花山李氏 世譜》(安南國王 世系 7世)[49]

---

45) 박순교, Vietnam(大越) 皇子 '李龍祥Lý Long Tường'에 관한 연구(2) -'고려 移居 창작설' 검토를 중심으로-', 《동아인문학》 40, 2017, p.276.

46) 이런 오류를 진실된 기록으로 착각하여 용상을 天祚의 실제 2子로 파악한 견해(유인선, 〈베트남 李 왕조의 후손 李龍祥의 行跡〉, 《한국 베트남 관계사 국제심포지엄》, 한국역사학회·베트남 역사과학회, pp.76~78, 하노이 대우호텔 2007.8.20, p.72와 p.79. 조흥국, 〈12~14세기 베트남 사람들의 한국 이주에 대한 재고찰〉, 《石堂論叢》 55, 2013, p.48)도 있다. 특히 유인선은 용상의 생년을 1170년 이전으로 잡고 있다. 이 경우 용창(1子)-용상(2子)~용한(6子)이 되어, 용상이 용한의 형이 되는 결론으로 귀결된다. 이는 어느 기록에도 없는 것으로서, 그야말로 작위적인 역사 해석이라 할 만하다. 이로 말미암아 유인선은 용상의 몽골 격퇴 연도 역시 2차 침입으로 올려 보았지만, 그 역사적 근거, 기록의 흔적은 전혀 없다.

47) 유인선, 〈베트남 李 왕조의 후손 李龍祥의 行跡〉, 《한국 베트남 관계사 국제심포지엄》, 한국역사학회·베트남 역사과학회, pp.76~78, 하노이 대우호텔 2007.8.20. p.72에서는 화산이씨 세보 용한조와 용상조에 이용상이 '天祚의 2子'로 기록된 점을 들어, 영종(天祚)의 2子로 간주하였는데, 이는 엄정한 사료 비판을 결여한 오독이 확실하다.

48) 金永鍵, 《黎明期의 朝鮮》, 정음사, 1948, p.37 所收.

49) 金永鍵, 《黎明期의 朝鮮》, 정음사, 1948, p.40 所收.

A-6) 安南王 諱天祚之二子《花山李氏 世譜》(安南國王 世系 8世 昊昍)[50]

A-7) 公卽交趾郡王諱公蘊 ①六世孫安南王龍翰②三弟也《花山李氏 世譜》(安南國王 世系 7世 龍祥)[51]

A-8) 公卽交趾郡王諱公蘊 ①六世孫安南王龍翰②之弟也《花山李氏世譜》(中始祖)[52]

天祚의 1子 용창의 生年은 1151년, 용한의 생년은 1173년 출생했다. 天祚의 몰년은 1175년이다. 용상은 용한의 아우로 거듭 확인되므로, 그의 생년은 1173년(형 용한의 생년) 이후부터 시작하여, 부친 天祚의 몰년을 감안할 때 늦어도 1176년(죽기 직전 회임시켰을 개연성을 감안, 유복자로 출생했을 경우 포함)사이로 압축된다.[53] 용상의 부친, 조부 역시 향년 39살,

50) 《花山李氏 世譜》 5修版(8世 昊昍) (국립중앙도서관 소장 청구기호 한 古朝58 가33-44).

51) 金永鍵, 《黎明期의 朝鮮》, 정음사, 1948, p.40 所收.

52) 《花山李氏 世譜》 5修版 (中始祖) (국립중앙도서관 소장 청구기호 한 古朝58 가33-44).

53) 유인선은 다음과 같이 말하면서 이용상을 천조(영종)의 2子로 보아 1170년 이전에 태어난 것으로 보고 있다. "《대월사기전서》를 보면 롱깐(용한), 즉 까오 똥(고종)은 1173년에 태어났다고 한다. 까오 똥이 아인 똥(영종)의 여섯째 아들임은 이미 말했거니와, 그렇다면 둘째 아들인 롱 뜨엉(용상)은 늦어도 1170년 이전에 태어났음에 틀림없다"(유인선, 〈베트남 李 왕조의 후손 李龍祥의 行跡〉, 《한국 베트남 관계사 국제심포지엄》, 한국역사학회·베트남 역사과학회, pp.76~78). 곧 용상(2子), 용한(6子)라 상정하고, 그 사이 3~5子까지 3명의 출생을 각각 3년으로 설정한 듯한데, 3子, 4子, 5子가 반드시 1년의 터울로 출생했을 리 없다. 무엇보다 씨의 논리는 용상이 하나같이 용한의 아우로 나타나는 家乘 기록을 배제함으로써, 자의적 자료 해석을 행하였다는 데에 모순을 드러낸다. 이용상을 천조(영종)의 2子로 보는 오류는 조흥국, 〈12~14세기 베트남 사람들의 한국 이주에 대한 재고찰〉,

22살로 일찍 죽었다.[54] 그런 만큼, 그가 특별히 '家傳의 장수 유전자를 지녔다고도 볼 수 없다. 이에 늦어도 1173~1176년에 출생했을 용상이 항몽(1253)에 나섰다는 것은 생물학적으로 무리에 가깝다.[55]

2. 항몽 사실의 是非

이용상이 1253년 몽골의 5차 침입 당시, 옹진을 지키며 몽골을 격퇴하였다는 서술은 역사적 사실일까. 일련의 내용은 그의 생몰년을 따질 때 부합되기 어려운 점이 있다.[56] 용상과 관련한 자료, A-1)에서 항몽 사실이 없다. 이것이 주목되는 까닭은, [표 3]의 ①~⑤까지의 족보 서문에서 '李龍祥'의 항몽 사실이 전하지 않기 때문이다. '李龍祥'과 관련한 핵심 사항은 '安南', '花山', '封君', '항몽', '혈맥' 등이 될 것인 바, '李龍祥'에 관한 사적 중 중핵에 해당할 몽골과의 전승 기록이 빠트려질 까닭은 전무하다.

①~⑤까지의 족보 서문이 '李龍祥'의 항몽 사실을 누락시킨 대목에 유의한다면, 이는 '용상이 주도한 몽골과의 싸움'은 기록상의 누락이 아니라 실제 존재하지 않은 사안일 개연성을 드러낸다.

《石堂論叢》 55, 2013, p.48에서도 재확인된다.

54) 박순교, 〈이용상 일가의 행적과 기록〉, 《2019 李龍祥 국제학술 심포지엄》, 경상북도 봉화군·하노이 외국어대학 주최 국제심포지엄 자료집, p.27의 표, 2019.4.20.

55) 박순교, Vietnam(大越) 皇子 '李龍祥Lý Long Tường'에 관한 연구(2) -'고려 移居 창작설' 검토를 중심으로-', 《동아인문학》 40, 2017, pp.310~311. 박순교, 〈용상 가계도〉, 《花山郡 李龍祥》, 圖書出版 생각나눔(기획실크), 2012.5, pp.18~19.

56) 박순교, Vietnam(大越) 皇子 '李龍祥Lý Long Tường'에 관한 연구(2) -'고려 移居 창작설' 검토를 중심으로-', 《동아인문학》 40, 2017, pp.278~279.

[표 3] 이용상 관련 기록과 항몽 사실 유무 일람

번호	연도	저자	제목	수록 자료	항몽 사실
①	壬亂 이전	?	화산이씨 족보(전란으로 민멸)	李枰, 〈草譜舊序〉	?
②	1707	李 垕	族譜 序(2子 계열 족보의 서)	화산이씨 초보	無
③	1777	李永祚	舊譜跋	화산이씨 중수보	無
④	1777	李羲之	重修舊序	화산이씨 중수보	無
⑤	1784	李羲之	〈追配表節祠疏〉	《花山李氏族譜》	無
⑥	1783 ~1832	權思浹	《通政大夫 工曹參議 忠孝堂 李公墓誌銘》	화산이씨 6修譜	無
⑦	1763 ~1830	李度中	〈川隱先生 事實序〉	화산이씨 5修譜	無
⑧	1819 ~1830	金熙周	《通政大夫 工曹參議 忠孝堂 李公行狀》	화산이씨 6修譜	無
⑨	1827	李野淳	《贈通政大夫 工曹參議 忠孝堂 李公 墓喝銘》	화산이씨 6修譜	無
⑩	1790 ~1833	李仁行	《贈通政大夫 工曹參議 忠孝堂 李公 遺墟碑銘》	화산이씨 6修譜	無
⑪	1833	柳台佐	〈忠孝堂 遺集序〉	화산이씨 6修譜	無
⑫	1837	洪直弼	3修譜 序	화산이씨 3修譜	無
⑬	1873	趙康夏	4修譜 序	화산이씨 4修譜	無
⑭	1879	甕津府	《甕津府 邑誌》	규장각 想白古915.17-On3	有
⑮	1903	尹胄榮	《受降門紀蹟碑》	화산이씨 5修譜, 《韓國과 越南과의 關係(최상수)》 OR 〈甕津府邑誌〉 규장각 한국학 연구원, 청구기호, 想白古915.17-On3	有
⑯	1904	尹吉求	〈中樞府同知事諱奎精墓碣銘〉	화산이씨 5修譜	有
⑰	1917	李秉華	5修譜 序	화산이씨 5修譜	有
⑱	1918	총독부	《朝鮮及滿蒙 叢書 第3輯·最新朝鮮地誌 下編》	朝鮮及滿洲社 出版部	
⑲	1920	李承哉	《花山君 本傳》	화산이씨 5修譜	有
⑳	1925.6	車相瓚, 朴達成	〈황해도 답사기〉	《개벽》 60호	有

번호	연도	저자	제목	수록 자료	항몽 사실
㉑	1927.2.22	李奉來	萬古偉勳의 주인공인 안남왕족 花山君. 옹진 李祥龍의 전설(내고장의 인물과 전설) 15	《조선일보》	有
㉒	1928.4.7	長連一	〈순회탐방〉 516회. 황해안의 옹진	《동아일보》	有
㉓	1934 or 1930.6		〈옹진군 郡勢 一般〉	《黎明期의朝鮮》 所引 or 종로도서관 소장	有
㉔	1936		〈옹진군北面 面勢 一般〉		
㉕	1937	황해도 교육회	〈황해도 향토지〉		有
㉖	1965. 2.8~10	崔常壽	〈고려에 귀화한 안남 왕자〉	《경향신문》	有

'李龍祥'이 언급된 자료를 연대순으로 일별하면(위의 표), 1879년 이전 화산이씨 家乘 12종 모두(②~⑬)에서 이용상의 항몽 사실이 전하지 않는다. 향후 이것이 기록의 단순 누락인지, 항몽 부재의 투영인지 신중한 검토가 필요해 보인다.

3. '3公 輔政' 眞僞와 '李龍祥'의 탈출 시점

'李龍祥'의 실존과 관련, 또 하나 부정적인 사안은 '3公 輔政' 시비이다. '3公 輔政'이란, '李龍祥'이 군필, 진(일)경(혹은 진일조)과 3공이 되어 혜종 치세를 보필했다는 것이다.[57]

57) 조흥국, 〈12~14세기 베트남 사람들의 한국 이주에 대한 재고찰〉, 《石堂論叢》 55, 2013, p.49. 허인욱, 〈高宗代'花山李氏'李龍祥의 高麗 정착 관련 기록 검토〉, 《백산학보》 100, 2014, p.435. 유인선, 〈베트남 李 왕조의 후손 李龍祥의 行跡〉, 《한국 베트남 관계사 국제심포지엄》, 한국역사학회·베트남 역사과학회, pp.76~78,

A-9) 寧宗嘉定六年癸丑立 年幼不能聽政 以叔父諱龍祥 及平海公君苾與陳日照 幷爲三公委以國政卽先王之遺敎也 而王之妹昭聖公主居中用事 日照以先朝之婿 操弄權專因襲取之 (5수판《花山李氏 세보》8세 昊昷)[58]

A-10) 癸酉嘉定六年 孺子王初立 以叔父及平海公君苾與陳日照 幷爲三公 委以國政卽先王之遺敎也 尊叔父號皇叔 時主少國疑 王之妹昭聖公主居中用事日照亦以先朝贅婿專作威福操弄國命 (〈화산군 본전〉, 《花山李氏 가전실록》)[59]

당시 군필과 진일조의 나이는 예닐곱 살에 불과했던 바, 위의 기록은 극명한 허구이다.[60] 이처럼 항몽, 輔政과 같이, 불필요한 부분·고전소설의 영웅담과 같은 부회와 분식의 일단을 걷어내었을 때, 용상의 역사적 실존은 보다 분명하게 비쳐질 수 있다고 본다.

하노이 대우호텔 2007.8.20. p.69와 p.76.

58) 金永鍵, 《黎明期의 朝鮮》, 정음사, 1948, p.40 所收.

59) 金永鍵, 《黎明期의 朝鮮》, 정음사, 1948, p.37 所收. 화산이씨 편찬위원회, 《花山李氏 族譜》 全, 회상사, 1987, pp.1~25.

60) "〈화산군 본전〉에는 혜종이 즉위한 이후 용상의 활약이 보이고 있다. 곧 平海公 李君苾, 陳日照와 더불어 三公이 되어 대월의 국정을 보좌했다고 한다. 혜종의 치세는 陳氏 일가의 전횡이 극심해진 시기이니, 과연 용상이 그 틈을 비집고 권력의 일부 몫을 쥘 수 있었을지 의문이 있다. 또 하나 〈화산군 본전〉에 의하면 李君苾은 神宗의 아홉째 아들 天佐의 증손이다. 용상과는 두 세대 아래의 인물로서, 사실상 용상의 손자뻘이다. 당시 나이를 계산하면 혜종의 딸 順天, 佛金과 같은 또래의 예닐곱 살 정도에 불과했으리라 여겨진다. 결국 용상이 李君苾, 陳日照와 국정을 꾸려간 대목은 액면 그대로 믿기 어렵다"(박순교, 《花山君 李龍祥》, 圖書出版 생각나눔(기획실크), 2012.5, pp.11~12 및 박순교, Vietnam(大越) 皇子 '李龍祥Lý Long Tường'에 관한 연구(2) -'고려 移居 창작설' 검토를 중심으로-', 《동아인문학》 40, 2017, p.303.

대월의 변란과 관련하여, 용상의 탈출 시점은 언제일까. 대략의 기록은 寶慶 丙子, 혹은 丙戌年에 내란이 일어나 용상이 대월을 탈출한 것으로 되어 있다.

> A-11) 寶慶 丙子 國에 내란이 일어나 종사가 전복되다. (《옹진군 군세 요람》)[61]

> A-12) 寶慶 丙子 國有內亂 宗社顚覆 公以王之叔父 哭南平廟 抱祭器東出(《受降門紀蹟碑》)[62]

위 기록(A-10), A-11))은 병자년에 대월 안에 변란이 일어난 것으로 파악하고 있다. 보경 年間은 1225~1227년에 걸쳐 있다. 간지로는 乙酉, 丙戌, 丁亥年이 전부이다. 정확히 보경 병자는 丙戌年으로 보인다. 따라서 김영건이 채록한 병자년은 오류이다. 최상수가 인용한 《화산이씨 세보》에는 보경 2년(1226)으로 되어 있다.[63] 이를 의식한 결과, 화산이씨 족보 역시 丙戌로 기년을 정정하고 있다.

> A-13) 寶慶 丙戌 國有內亂 宗社顚覆 公以王之叔父 哭南平廟 抱祭器東出(《受降門紀蹟碑》)[64]

용상은 寶慶 丙戌, 곧 1226년 대월 안에 정변이 일어나 종사가 전복

61) 金永鍵, 《黎明期의 朝鮮》, 정음사, 1948, p.33 所收.

62) 金永鍵, 《黎明期의 朝鮮》, 정음사, 1948, p.35 所收.

63) 崔常壽, 〈13世紀頃 安南王子의 高麗歸化〉, 《韓國과 越南과의 關係》, 韓越協會, 開明文化社, 1966, p.65의 始祖 '李龍祥' 조항.

64) 李相協, 〈花山李氏 世系〉 17世 《花山李氏 족보》, 회상사, 2004, p.26.

되자 남평묘에 곡하고 바다로 나아와 고려 땅에 이른 것일까. 그러한 사실에 의문을 품게 하는 기록이 있다.

A-14) 公卽交趾郡王諱公蘊 六世孫安南王龍翰之弟也 素有微子之仁居國以忠君敬兄爲己任 兄王愛其德欲禪位 公三讓不受 遭陳日照襲取之變 宋理宗寶慶二年 與其族君苾抱祭器 浮海東出高麗甕津止于花山之陽 (高)麗高宗十三年丙戌之秋《花山李氏 世譜》(中始祖)[65]

위에 의하면 진일조가 황위를 찬탈하자, 용상은 1226년 군필과 더불어 제기를 안고 바다를 통해 동쪽으로 간 것으로 되어 있다. 진일조, 곧 陳煚이 황위를 물려받은 것은 1224년 10월이었다. 직후 陳守度는 내외의 군권을 장악했으며, 진씨 일족을 궁궐 안팎에 포진하던 때였다. 그렇다면 용상이 생명의 위협을 느낀 것은 1224년 10월 전후의 일이라 보인다. 진수도의 정변은 1226년 돌발적으로 발생한 것이 아니다. 이는 1224년 10월에 일어나 1226년 8월 10에 이르도록 장기간에 걸친 용의주도하고 면밀한 쿠데타였다. 결국 용상의 입장에서 1224년 10월에 있은 진수도의 정변은 커다란 위협으로 체감되었을 것이고, 황제의 喉舌과도 같은 이용상은 진수도에게도 역시 가장 거북하고 거세해야 할 존재로 비쳤으리라 여겨진다. 이 점에서 용상이 1226년에야 대월을 떠났다는 것은 믿기 어렵다.[66]

---

65) 《花山李氏 世譜》 5修版, 1卷 p.玄(中始祖)(국립중앙도서관 소장 청구기호 한 古朝 58 가33-44).

66) 용상의 대월 탈출 시점을 1224년, 혜종의 소황 선위 시점으로 보아야 한다는 점은 일찍부터 제기되어 왔다. 박순교, 〈용상 가계도〉, 《花山郡 李龍祥》, 圖書出版 생각나눔(기획실크), 2012.5, pp.12~18. 박순교, Vietnam(大越) 皇子 '李龍祥Lý Long Tường'에 관한 연구(2) -'고려 移居 창작설' 검토를 중심으로-', 《동아인문

용상의 대월 탈출과 관련, 혜종 말년의 상황을 좀 더 파악할 필요가 있다. 이를 알기 위해서는 다음 기록이 주목된다. 이에는 대월 李氏 皇朝 초유의 '傳位' 사실이 고스란히 담겨 있다.

> A-15) 甲申十四年十月以後昭皇天彰有道元年, 宋嘉定十七年 冬十月, 詔昭聖公主爲皇太子以傳位, 帝出家, 居大内真教禪寺。昭聖即位, 改元天彰有道元年, 尊號曰昭皇。(《대월사기 전서》 본기 권4 혜종 14년 10월조)

1224년 10월, 혜종은 황위를 차녀 昭聖公主에게 물려주고 傳位했다. 이어 황제는 出家하여 大内의 真教禪寺에 머물렀다. 昭聖이 即位하여 天彰有道元年으로 改元했고 昭皇이라 칭했다. 그런데 전위한 대상이 1216년 6월에 출생한 장녀 順天公主가 아닌, 1218년 9월 출생한 차녀 昭聖公主라는 점은 의문이다. 전위 당시 혜종은 스물아홉, 순천은 여덟 살, 소성은 여섯에 불과했다. 病中이라고는 하나 젊은 혜종이 전위한 것을 포함하여, 장녀를 제쳐두고 어린 차녀 소성에게 황위를 전위한 것에 의문을 지울 수 없다. 혜종의 전위조차 과연 자신의 진의였는지 궁금하다. 당시 실권은 진씨 일가에게 넘어간 상태였고, 정치 역학 관계상 타의에 의한 양위일 수 있기 때문이다.

> A-16) 丁丑七年宋嘉定十年春三月, 帝漸發狂, 或稱天將降, 即持干楯揷小旗於髻上戲舞, 自早至晡, 不即或罷, 復發汗燥渴, 飲酒長睡,

학》 40, 2017, p.309. 박순교, 〈이용상 일가의 행적과 기록〉, 《2019 李龍祥 국제학술 심포지엄》, 경상북도 봉화군·하노이 외국어대학 주최 국제심포지엄 자료집, 2019.4.20, pp.24~25.

后日乃醒。政事不决，委任陳嗣慶天下，大權漸移焉。(《대월사기 전서》 본기 권4 혜종 7년 3월조)

A-17) 癸未十三年宋嘉定十六年冬 陳嗣慶卒，追封建國大王。以陳承爲輔國太尉，賛拜不名 (《대월사기 전서》 본기 권4 혜종 13년 12월조)

A-18) 甲申十四年十月以後昭皇天彰有道元年，宋嘉定十七年帝疾日滋，無嗣繼承大統，公主皆分各路爲湯沐邑，獨委任指揮使陳守度領殿前諸軍扈衛禁庭。(《대월사기 전서》 본기 권4 혜종 14년 10월조)

1217년 政令과 군권이 陳嗣慶에게 위임됐다. 1223년 12월 陳嗣慶이 죽자 즉각 대왕으로 추봉되기에 이르렀다. 직후 혜종은 陳承을 輔國太尉로 삼은 데 이어, 1224년에는 궁궐 안팎의 諸 권력을 陳守度에게 위임했다. 황제로 하여금 두 번이나 파천하게 한 죄인을 논박은커녕 대왕으로 추봉한 것이나,[67] 그 뒤를 이어 진씨 일가에게 속속 군권이 넘어간 사실은 당시 석연찮은 사정을 짐작하게 한다.

혜종의 전위를 둘러싼 과정에서 짚어낼 의혹은 없는 것일까. 위 기록에서는 혜종이 1224년 12월, 황위를 소성으로 물려주고 自意로 진교선사에 출가한 것으로 나타난다.[68] 그것이 아님을 보여주는 다른 기록이 있다.

---

67) 《월사략》 卷 下, 惠宗.

68) 《안남지략》 권12, 李朝世家, 昊旵.

A-19) 丙戌建中二年宋寶慶二年春正月, 冊昭皇為皇后, 改昭聖, 封陳守度為太師統國, 行軍務征討事。廢李上皇居真教禪寺, 號惠光大師。(《대월사기 전서》 본기 권5 陳紀 태종 2년 정월조)

혜종은 진경이 황제가 된 이후 上皇에서 밀려나 真教禪寺에 유폐되었고 惠光大師로 불렸다. 이런 맥락에서, 혜종의 전위는 힘의 논리에 의한 강제 퇴위일 개연성이 크다. 진수도가 민심의 동향에 촉각을 세웠다면, 불완전한 자신의 권력을 보완하기 위해 허수아비 황제를 옹립하려 부심했을 것이다. 황위를 전위 받을 대상 역시 진씨 일가가 조종하기 쉬운 차녀를 옹립했다고 짐작된다.[69]

A-20) 乙酉天彰有道二年十二月陳太宗建中元年, 宋理宗昀寶慶元年冬十月, 詔選内外官員子弟充内色役, 六火侍宮外, 祗侯、内人侍内, 日夜番上侍從。殿前指揮使陳守度知城市内外諸軍事。守度姪陳不及爲近侍、署六局, 祗候陳僉爲祗應局, 陳睍爲政首睍陳太宗, (《대월사기 전서》 본기 권4 소황 원년 10월조)

소황의 즉위 직후, 殿前指揮使 陳守度가 국정의 전권을 행사했다. 그는 궁궐 내의 조직까지 직접 개편하는가하면 陳僉, 陳睍 등 일족을 궁궐 안에 포진시켰다. 그는 권력을 자의로 천단하였고, 昭皇 수발을 돕는다는 미명 하에 내외의 자제들을 뽑고 예쁘게 꾸민 다음 교대로 번을 서게 했다. 이들은 六火侍 또는 祈候 内侍라 불렸다. 진수도는 더하여 陳僉에

69) 長女인 순천 공주가 이미 陳柳에게 출가한 상태여서 次女인 소성 공주에게 전위가 이루어진 것으로 보는 견해도 있다(이철희, 〈花山李氏의 시조〉) (http://blog.naver.com/vntour/60138731549). 진류는 진경의 동복형인데 그 슬하에는 진흥도가 있었음이 확인된다.

게 祈應局을 만들게 했다. 이러한 여러 정황을 고려할 때, 이용상의 대월 탈출 시점은 1224년으로 보인다.

그간 '李龍祥 Lý Long Tường'에 대해 몇몇 연구가 진행되었다. 하지만 ① 초점이 '李龍祥 Lý Long Tường' 자체에만 국한되었다. 이에 혈맥의 추이에 대한 탐색은 이뤄지지 못하였다. 한 인물의 越境(베트남→고려)이 이루어졌다면, 현재까지 오랜 시간에 걸쳐 어떤 궤적이 담겨 있는지, 혈맥에의 추적이 필요하다. ② 李龍祥을 비정한 家乘에 대한 전체적인 이해의 결여 역시 지적하지 않을 수 없다. 그간 화산이씨 일가가 수찬한 족보는 8차례로 파악된다. 또 家乘은 1子 계열, 2子 계열로 나뉘어 별개로 이루어졌다. 하지만 그에 대한 鳥瞰은 이루어지 못했다. ③ 世系에서 '李龍祥 Lý Long Tường' 생몰 연대는 불명이다. '李龍祥 Lý Long Tường'의 1子 계열은 6세대가, '李龍祥 Lý Long Tường'의 2자 계열은 11세대가 불명이다. 그럼에도 대월의 선대 계보는 ±5년의 근소한 오차만을 띠며 비교적 정확하게 세계가 기록되어 있다. 이에 대한 문제의식의 결여는 심각한 맹점을 내포한다. ④ 몇몇 연구자(유인선, 이상백)들 사이에서는 人名(枰→祥, 孟芸→孟藝)의 혼돈, 초보서(垕의 修撰 〈족보서〉)의 修撰 연대 비정의 오류(1706→1826), 이용상의 序次 비정의 오류(유인선, 조흥국) 등, 초보적 오류마저 일어났다. ⑤ '3公 輔政', 이용상에 대한 고종의 왕세제 책봉 문제 역시 《대월사기전서》 등 베트남 사서, 가계 및 혈연관계에 비추어, 전후 맥락이 닿지 않는다.[70] 그럼에도 기존 연구자(조흥국)의 검증이 뒤따르지 못했다. ⑥ 종래 연구(Phan Huy Lê, 허인욱)는, '李龍祥 Lý Long Tường'의 항몽 사실 역시 초보서(1706)~4수보서(1873)를 포함, 대략 12종의 가승에서 일점일획도 보이지 않는 점, 《옹진부 읍지》(1879)에서야 단 28글자로 初出되는 점, 그러다가 《화산군 본전》, 《受降門紀蹟碑》에서

70) 박순교, 《花山君 李龍祥》, 圖書出版 생각나눔(기획실크), 2012.5, pp.10~12.

수배로 확장 부연됨을 지각하지 못했다. '李龍祥 Lý Long Tường'의 항몽 활동은 주요 활동의 하나로 부각됨이 자명할 터, 그의 항몽 사실이 여러 가승에서 일관되게 전무하다. 그간의 연구(유인선, Phan Huy Lê, 허인욱)는 이러한 문제점을 자각하지 못했다. 이 점 역시 기왕의 연구가 내포한 주된 난맥상이다.

본문은 '李龍祥 Lý Long Tường'과 관련한 家乘 전반을 조감한 바탕 위에서 몇 가지 새로운 사실들을 보태었다. 특히 '李龍祥의 역사적 실존을 證據할 자료의 발굴에 진력한 바, 그 결과를 정리하면 다음과 같다.

필자는 垕(2子 계열)의 〈족보서〉(1707년)에서 '李龍祥과 관련한 내용을 찾아 적시하였다. 이는, 片倉穰이 지적한 바 1706~1777년 사이에 조선에 전해진 베트남의 정보를 활용, 李龍祥이 창작, 부회되었다는 그의 논리를 반박할 주요 전거로 사료된다. 필자는 李羲之의 활동을 추적하였다. 그 결과 李羲之가 〈중수보서〉(1777)에서 李龍祥을 거론했을 뿐만 아니라, 1784년 〈追配表節祠疏〉를 조선 조정에 상소, 이맹운과 李龍祥을 함께 언급하였으며, 조선 조정 역시 이에 대응하였음이 《승정원일기》(정조 8년 2월 25일 자료)를 통해 확인된다. 필자의 확인 결과, 李羲之는 〈중수보서〉를 작성한 1777년 소과에 입격(당시 41세)하였고, 20년 이후인 1796년(60세)에조차 여전히 進士였으며, 이태 뒤 사망하였다. 진사였던 李羲之가 대월의 전적을 일람했고, 이를 바탕으로 李龍祥을 창출했다는 견해는 설득력을 결여한다. 2子 계열에서 集成한 《충효당 실기》의 내용 역시 주목된다. 《충효당 실기》 수찬에 참여한 영남의 여러 文士들은 일관되게 李龍祥과 李長發을 연계하여 서술했다. 이것은 李龍祥의 실존에 대해 영남의 문사들 사이에 폭넓은 공감대, 객관적 인식의 토대가 마련되었음을 보이는 증거로 생각된다. 이상 본문에서 밝힌 여러 전거는 '李龍祥 Lý Long Tường'의 역사적 실존을 둘러싼 의문을 풀 실마리라 여겨진다.

제 8 장

李長發의 임란 참전과 「충효당 유집」 발행의 시말

吾之愛吾子 猶吾父母斯民之心。

나의 어여쁜 백성들아.

내 마음은 자식을 생각하는 부모의 마음과도 같다.

Ngô chi ái ngô tử, do ngô phụ mẫu tư dân chi tâm.

大越 성종의 諭示[재위 11년 4월中]

대월大越(Vietnam)의 왕자 이용상(Lý Long Tường)은 고려로 이거, 황해도 옹진군 화산(花山, 북한)에 표착하였다. 그는 정착한 곳의 이름을 따 화산이씨의 비조鼻祖로 자리매김했다.[1] 화산이씨 성원은 남북의 분단 상황, 혈손의 절손, 가세의 부침 등이 겹쳐 현재 파악된 남한 지역에서의 인원은 극소수에 가깝다.[2] 화산이씨는 부침이 크고, 무사無嗣한 경우가 많아 혈맥의 움직임이 잘 포착되지 않았다. 화산이씨 주요 세거지로는 주로 북한의 옹진, 경북 봉화, 경남 밀양, 경북 영주 등이 특정된다.[3] 봉화와 밀양에는 화산이씨 집단 묘역이,[4] 영주에서는 화산이씨 고택이[5]

1) 이용상에 대한 연구사적 검토는 박순교, 2018, "한국·베트남·일본 三國의 李龍祥 연구 현황과 과제", 「우리시대 석학들, 인문학에 길을 묻다」, 동아인문학회 국제심포지엄 자료집 및 박순교, 2019, "이용상 일가의 행적과 기록", 「2019 李龍祥 국제학술 심포지엄」, 경상북도 봉화군·하노이 외국어대학 주최 국제심포지엄 자료집, 지성인 참고.

2) 화산이씨 전체 성원 및 지역 분포에 대해서는 박순교, 2018, "Vietnam(大越) 皇子 '李龍祥Lý Long Tường'에 관한 연구(3) - 화산이씨의 혈맥과 동향에 대한 추적을 중심으로-'", 「인문연구」 82, pp.127~128 참고. 대구 지역은 43명, 경북은 58명으로 확인된다. 또 경북 봉화는 14명, 경남 밀양은 6명으로 확인된다.

3) 북한 지역 화산이씨의 부침과 혈맥의 이동, 경남 밀양과 경북 봉화의 화산이씨 세거지에 대해서는 박순교, 2018, "Vietnam(大越) 皇子 '李龍祥Lý Long Tường'에 관한 연구(3) - 화산이씨의 혈맥과 동향에 대한 추적을 중심으로-'", 「인문연구」 82, pp.128~138에서 검토가 행해진 바 있다.

4) 경남 밀양의 화산이씨 묘역에 대해서는 다음 논문이 있다. 박순교, 2018, "Vietnam(大越) 皇子 '李龍祥Lý Long Tường'에 관한 연구(3) - 화산이씨의 혈맥과 동향에 대한 추적을 중심으로-'", 「인문연구」 82, pp.127~128. 경북 봉화의 화산이씨 묘역에 대해서는 다음의 연구가 진행된 바 있다. 박순교, 2018, "Vietnam(大越) 皇子 '李龍祥Lý Long Tường'에 관한 연구(5) - 화산이씨의 族祖觀念을 중심으로 -'", 「동아인문학」 44, pp.255~258.

5) 박순교, 2018, "Vietnam(大越) 皇子 '李龍祥Lý Long Tường'에 관한 연구(4) - '花山李氏 古宅(경북 영주시 장수면 星谷里 所在)'에 대한 고찰을 중심으로-", 「동아인문학」 42.

확인되었고, 이에 대해 각기 논구된 바 있다. 북한의 화산이씨 자취가 거의 민멸된 것으로 추정되는 점, 분단 상황에서 교류가 단절된 점 등에서, 현존 화산이씨 유적이 함의하는 역사적 가치는 크다.

화산이씨의 비조 이용상의 이름이 새겨진 금석문에 국한해 볼 때, 현재 북한의 수항문기적비는[6] 후대의 저작(1903년 윤주영 찬)임에도 준국보급(보존급, 국가지정문화재보존급 제922호)으로 지정되어 특별관리 되고 있다.[7] 이용상의 이름이 새겨진 금석문은 남한에도 존재하는데, 본문에서 거론하고자 하는 이장발과 관련한 금석문이 그것이다. 이들 금석문은 경북 봉화에만 현존하며, 봉화에 유존하는 묘갈명과 유허비 등의 경우,[8] 그 연대가 북한보다 앞선다는 점, 800년에 걸친 화산이씨 세거지 및 묘역과 겹친다는 점,[9] 화산이씨 성원인 이장발(이용상의 14세손)의 위국헌신을 추념하는 비문에서 이용상이 확인되는 점, 화산이씨의 족조 관념을 기저에 두고 이장발과 이용상이 동반하여 등장한다는 점 등에서 유의미

6) 고려에 이거한 이용상이 몽골을 격퇴하는 과정에서 몽골 장수로부터 항복을 받은 것을 기념하여 세운 비석을 지칭하며, 1903년 황해도 해주 군수 윤주영이 찬하였다. 이에 대해서는 다음의 비정이 행해진 바 있다. 박순교, 2017, "Vietnam(大越) 皇子 '李龍祥Lý Long Tường'에 관한 연구(2) - '고려 移居 창작설' 검토를 중심으로-", 「동아인문학」 40, pp.310~311. 박순교, 2018, "Vietnam(大越) 皇子 '李龍祥Lý Long Tường'에 관한 연구(5) - 화산이씨의 族祖 觀念을 중심으로 -'", 「동아인문학」 44, pp.303~304, pp.320~323.

7) 국가지식포털 북한지역정보넷(http://www.cybernk.net/), "수항문기적비".

8) 묘갈명, 유허비 등의 찬자, 연대 비정, 건립 과정 등에 대해서는 연구가 진행된 바 있다. 박순교, 2018, "Vietnam(大越) 皇子 '李龍祥Lý Long Tường'에 관한 연구(5) - 화산이씨의 族祖 觀念을 중심으로 -'", 「동아인문학」 44.

9) 봉화의 화산이씨 세거지를 중심으로 한 화산이씨 가계의 구성, 혈맥의 흐름 등에 대해서는 다음의 선행 연구가 있다. 이를 통해 이장발의 직계 존비속, 이후 밀양에서 이거한 밀양파를 포함한 화산이씨의 흐름 등을 직관적으로 이해할 수 있게 도록으로 정리되었다. 박순교, 2019, 「화산이씨 계보도」(次子 계열), 경상북도·봉화군, 인쇄(지성인).

하다.[10] 또한, 후인들이 이장발을 추념하기 위해 이장발의 생가 터(경북 봉화 창평 222)에 사당을 건립, 충효당으로 명명하였고,[11] 여러 차례 개수를 통하면서 현재까지 영속되었다는 점 역시 주목된다.

이에서 화산이씨 성원인 이장발의 삶과 죽음이 이용상을 상기시킨 중핵임을 미루어 짐작할 수 있다. 이장발의 임란 참전이 역사의 행간에 침잠되어 있던 이용상을 거명하게 함은 물론, 화산이씨 혈족 집단 내 족조 관념을 흥기한 기제였음이 짐작된다. 이장발의 증조로부터 현존 봉화 화산이씨 묘역이 조성되고 있는 점,[12] 이장발을 전후로 화산이씨 생몰년이 정확히 기록되고 있는 점, 이장발을 기리는 각종 금석문에 족조 이용상이 꾸준히 언급되는 점, 이장발을 기리기 위한 후인들의 찬술이 뒤따랐던 점 등에 비추어, 이장발이야말로 현존 화산이씨 유적과 이용상을 향한 족조 관념을 조감할 중핵 인물이라 단언할 수 있다. 이용상이 화산이씨를 탄생시킨 머리에 해당한다면, 역사의 행간에 사장되고 망각되어 빈사한 이용상에게 혈류를 공급하여 생명력을 부여하고 기억을 재생시킨 심장의 역할을 한 존재야말로 이장발이다. 이장발이 없었다면 이용상이 거론되어 금석문에 남겨졌을 리 만무하고, 현존 경북 봉화의 각종 금석문, 충효당 등은 전무했을 것이며, 「충효당 유집」 역시 존재하

10) 박순교, 2018.1.8, "선조 흔적 찾아 봉화에 온 베트남 대사", 「봉화일보」 특집기사.

11) 박순교, 2018, "Vietnam(大越) 皇子 '李龍祥Lý Long Tường'에 관한 연구(5) - 화산이씨의 族祖觀念을 중심으로 -", 「동아인문학」 44, pp.253~254. 앞의 논문(pp.253~254)에선 그 연대가 1856년으로 비정되었으나, 1876(丙戌年)의 오기이다. 본문은 이를 증정(訂正)한다. 현존 충효당은 1826년 복원되었고, 50년이 지난 1876년 다시 건조되었다.

12) 화산이씨 안동파가 본격적으로 경북 봉화 창평에 세거한 시점은 이장발의 증조 원숙(元淑)부터라고 여겨진다. 실제로 원숙의 묘는 창평 금혈(今穴) 북쪽 계곡으로 나타난다(家傳, 「화산이씨 世譜」 原譜, pp.3~4(안동 국학진흥원 소장). 화산이씨 족보 7수보(李相協, 2004, 「화산이씨 族譜」, 회상사, p.369)).

지 않았을 것인즉, 이들 저작 속에서 이용상이 논급될 리도 없다. 그런즉 이장발의 삶과 이장발을 추념하는 일련의 찬술 활동, 곧 「충효당 유집」에 대한 분석이야말로 화산이씨 연구의 전단을 여는 불가결한 핵심이다.

필자는 화산이씨 묘역(봉화·밀양), 화산이씨 혈맥의 분포, 족조 관념, 족보의 편찬 과정, 이용상의 생몰 연대 비정, 이용상의 탈출을 즈음한 대월의 상황, 이용상의 활동, 화산이씨 고택, 이장발과 관련된 유허비, 묘갈명, 충효당, 2종의 「충효당 유집」의 견문 과정과 발견 경위 등에 걸쳐 축차적 분석을 진행해 왔다. 이에 본문은 이용상을 상기시킨 핵심 인물 이장발에 초점을 두되, 연구의 범위를 확장하지 않고,[13] ① 이장발의 임란 참전을 전후한 상황, ② 이장발을 추상한 유집 발행의 서말緖末, 구성과 내용, 참여진의 면면 등의 기본적 해제, ③ 유집 발행을 둘러싼 화산이씨 성원의 변동, 유집 발행의 배경 등에 대해서만 일차 검토를 가하고자 한다.[14] 이러한 제반 연구는 공전의 것으로서, 향후 화산이씨 연구의 초석이 되리라 생각한다.

제1절 이장발과 「충효당 유집」의 역사적 함의

이장발(1574~1592)은 대월 출신 이용상의 14세손으로서, 경북 봉

---

13) 본문은 화산이씨 전체를 조망하여 가는 연장선상에 있는 한 지론(枝論)이자 해제의 성격을 띠며, 따라서 「충효당 유집」 찬술의 심층적 부면, 이른바 '찬자', '작품', '전후 상황', '참여 동기', '인적 관계' 등을 유기적으로 연결하는 사적 의미의 추론 등은 다음을 기약한다.

14) 이장발을 추념하는 「충효당 유집」에 대한 발굴 경위, 현장 견문, 화산이씨 성원과의 담론 등에 대해서는 앞선 연구에서 상술된 바 있다. 박순교, 2019, "Vietnam(大越) 황자 '李龍祥 Lý Long Tường'의 異論 批正", 「동아인문학」 48, pp.308~317.

화 창평에 세거했던 인물이었다. 임란이 일어나자, 19세로 참전, 1592년 6월 10일 전사했다고 일컬어진다. 그의 충절을 기려 19세기 두 차례에 걸쳐 생가가 복원되었고, 충효당(경북 봉화 창평 222번지 소재)이라 당호가 명명되어 왔다. 이장발의 당호堂號이기도 한, 당해 당堂은 현재 경북도 문화재자료 466호로 지정돼 있다.[15] 이장발과 관련한 유허비, 묘갈명, 묘표, 충효당 및 이장발의 증조로부터 시작하는 봉화 창평의 화산이씨 묘역(종산 구역) 등은 [그림 1]과 같다.

[그림 1] 봉화 창평 화산이씨 관련 유적

15) 경북 봉화 창평리 222번지 충효당 所在 문화재 해설 입간판 기문(記文)(경상북도청) 및 봉화군, 2000, "堂", 「문화유적총람」, 매일원색정판사, p.177.

경북 봉화 창평의 세거지 및 혈맥,[16] 화산이씨 묘역,[17] 유허비, 묘갈명,[18] 충효당,[19] 화산이씨 재실[20] 등에 대해서는 분석이 행해졌다. 유허비(이인행 찬), 묘갈명(이야순 찬) 등은 이장발을 추념하기 위해 건립된 것이었으나, 비문에는 이장발만이 아닌 족조 이용상이 함께 명기되어 있다. 이를테면 상기의 제반 금석문은 이용상이 언급된 현존 최고最古의 금석문이자, 남한 지역 유일의 금석문이다. 이 기저에는 이장발이란 인물이 자리하고 있다. 또한, 이들 금석문, 충효당 등 이장발을 추상하는 관련 행위, 조형 건축과 조각의 전말을 담은 글의 추렴과 모음이 다름 아닌 「충효당 유집」인 셈인즉, 이장발로 말미암아 시간을 역행, 이용상에 대한 기억의 회귀가 가능해진 것이다.

현재 한·월의 정상은 역사적 친연성을 상징하는 표상으로 대월의 왕자 이용상을 꾸준히 운위하고 있다.[21] 그만큼 이용상이 '울림 있는 서사'임을 웅변한다. 대월의 리조, 이용상의 출신 왕조는 9대 216년간(1009~1225) 존속, 자주·통일·독립의 요소를 갖췄다. 이는, 베트남 최초의 학교인 문묘와 국자감,[22] 과거제의 사상 첫 시행,[23] 현 베트남 국보 1호 연우

16) 박순교, 2019, 「화산이씨 계보도」(次子 계열), 경상북도·봉화군, 인쇄(지성인).

17) 박순교, 2018, "Vietnam(大越) 皇子 '李龍祥Lý Long Tường'에 관한 연구(5) - 화산이씨의 族祖 觀念을 중심으로 -'", 「동아인문학」 44, pp.255~258.

18) 박순교, 2018, "Vietnam(大越) 皇子 '李龍祥Lý Long Tường'에 관한 연구(5) - 화산이씨의 族祖 觀念을 중심으로 -'", 「동아인문학」 44.

19) 박순교, 2017, "Vietnam(大越) 皇子 '李龍祥Lý Long Tường'에 관한 연구(2) - '고려 移居 창작설' 검토를 중심으로-", 「동아인문학」 40.

20) 박순교, 2018, "2장. 개발 여건 분석", 「봉화 베트남 타운 조성 기본구상 및 타당성 검토 사업 계획 보고서」, 경상북도·봉화군.

21) 박순교, 2019, "Vietnam(大越) 황자 '李龍祥 Lý Long Tường'의 異論 批正", 「동아인문학」 48, pp.300~301.

22) 「대월사기전서」 권3 성종 17년(1070)조.

23) 「대월사기전서」 권3 인종 4년(1075)조.

[그림 2] 호찌민 주석이 리조의 발상지 Từ Sơn의 고법(古法) 지역을 방문

파괴된 Đen Đo사원 재건 독려를 기념하여 촬영한 사진(덴도 사당 기념관, 2013년 필자 현지 촬영)

[그림 3] 호찌민 주석의 Đen Đo사당 방문 횟수

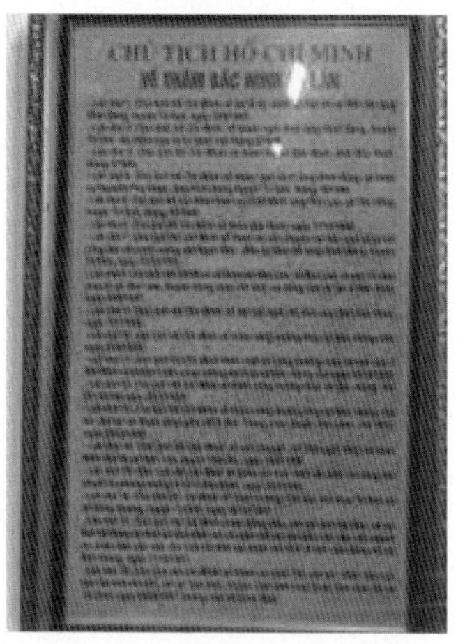

18회를 연·월·일 별로 정리한 기록물(덴도 사당 기념관, 2019년 필자 현지 촬영)

사延佑寺(Dien Huu),[24] 밀레니엄 수도인 하노이[河內]의 건설,[25] 남진[26]과 북진[27]의 동시 성취, 칭제건원 등 획기적이고 괄목할 치적들을 축적하는 등, 베트남 역사의 한 획을 그으며 대망을 이룬 굴기의 왕조였다. 베트남 모든 화폐의 유일한 표지모델이자, 베트남의 정신적 지주인 Hồ Chí Minh 주석이 생전, 이李 DYNASTY에 각별한 애정과 부단한 관심을 경주한 것 역시,[28] '고전문화'를 완성한 왕조를 부각해 국기國基를 진작하

---

24) 「대월사기전서」 권2 태종 22년(1049)조.

25) 「대월사기전서」 권2 태조 즉위년(1010)조.

26) 「대월사기전서」 권2 태조 11년(1020)조, 「대월사기전서」 권2 태종 17년(1044), 「대월사기전서」 권3 성종 16년(1069)조, 「대월사기전서」 권3 인종 33년(1104)조.

27) 「대월사기전서」 권3 인종 4년(1075), 5년(1076)조.

28) 호찌민 주석이 리조의 군주들이 배향된 Đen Đo사당을 18번씩이나 방문한 것, 프랑스에 의해 파괴된 Đen Đo사당의 재건을 주문한 것 등은 대표적 예일 것이다.

려 한 지도자의 의지였다. 요컨대, 이조에서 파생된 망명 왕손 화산이씨의 담론은 잊힌 베트남 왕조의 상기이다.29)

수도 하노이를 건설하고서도, 이조의 군주 9명은 모두 홍하 건너 자신들의 왕조가 태동한 Bắc Ninh(北寧省) Từ Sơn 지역에 영면했다. 이곳은 이조의 태동지, 발상지였다. 일견 신라 서라벌(경주)이 이에 비견될 수 있겠으나 신라는 수도를 천도하지 않았던 만큼, 수도를 천도하고서도 굳이 자신들의 태동지를 찾아 영면한, 이조에 깃든 명징한 귀소歸巢 본능은 신라와는 결을 확연히 달리하며, 더한 역사성을 함의한다. Từ Sơn 유적 일람은 [그림 4]와 같다.

역성혁명으로 명멸한 이조 216년간의 역사를 품은 Từ Sơn과, 800년 이조 망명 왕손의 역사를 지닌 세거지 경북 봉화. 두 지역의 결연은 분단된 물길을 합치는 것이며, 갈라진 역사를 합쳐 천년왕조의 역사로 부활시키는 작업이다.30) 이 결연의 단초를 제공하는 인물이 이장발이다.31)

한·월 양국은 현재 투자액, 관광객, 혼인율, 스포츠 등 여러 지표가 실증하듯, 총부리를 겨눈 불행했던 과거를 넘어 밀월을 유지하고 있

29) 박순교, 2018.4.9, "한국-베트남, 봉화군 통해 하나로", 「봉화일보」 특집기사. 2018년 3월 2일 봉화군 일행과의 회견에서 주한 베트남 대사가 임란 당시 죽은 이장발을 지칭하며 '대월의 왕자'라고 적시했다. 이 점은 베트남인들의 역사관을 단적으로 드러낸 증좌일 것이다. 이장발은 한국인에겐 이름 없는 필부에 불과하지 모르겠으나, 베트남인에게는 왕자로서 뚜렷이 각인되어 있는 것이다.

30) 박순교, 2018.4.9, "한국-베트남, 봉화군 통해 하나로", 「봉화일보」 특집기사. 주한 베트남 대사의 봉화 방문(2018.1), Bắc Ninh성장의 봉화 방문(2019.5) 봉화와 Bắc Ninh성 Từ Sơn의 자매결연(2019), 봉화군수와 베트남 국회의장의 회동(2018.12) 등은 관계 확장의 사례이다.

31) 현재 경북 봉화에는 14명의 화산이씨 성원만이 확인된다. 그럼에도 이장발을 통해 생성된 여러 유물, 유산 혹은 그것들에서 거명되는 이용상의 존재 등을 통해, 비로소 역사 결연이 가능하게 된다.

[그림 4] Từ Sơn 역사 특별지구 일람

1. 태조 모후 사당, 2. 태조 모후 릉, 3. 태조릉, 4. 태종릉, 5. 성종릉, 6. 인종릉, 7. 신종릉, 8. 영종릉, 9. 고종릉, 10. 혜종릉, 11. 소황릉, 12. 인종 모후릉, 13. Đen Đo사당, 14. 고법사(태조 부모가 처음 조우한 절)

다.[32] 삼성 산단이 위치한 지역(엔풍)이 이조의 역사를 품은 Bắc Ninh(北寧省)인 점, Bắc Ninh(北寧省)이 대구와 우호교류를 체결한 점(2018.9), 또 다른 삼성 산단(엔빈)이 위치한 Thái Nguyên성(太原省)이 경북과 자매결연을 체결한 점(2005.2) 등은 역사의 우연을 더한다.

한국과 베트남, 대구·경북과 베트남의 역사적 연기緣起와 내력, 현재의 관계성은 심상하지 않다.[33] 이에 이장발과 관련한 분석, 담론은 과거

32) 박순교, 2018, "2장. 개발 여건 분석", 「봉화 베트남 타운 조성 기본구상 및 타당성 검토 사업 계획 보고서」, 경상북도·봉화군.

33) 박순교, "봉화는 왜 베트남을 노래하는가?", 「좋은 베트남」, 베트남 하노이, 2018, 11월호, pp.52~61.

사실만을 좇는 회고, 상고尙古의 관점을 벗어나 역사와 역사, 국가와 국가, 과거와 현재를 잇는 일환인 셈이다.[34]

제2절 이장발의 임란 참전과 죽음

이장발은 화산이씨 안동파 일문의 외아들이었다. 누이 1명이 있었고, 그녀는 박근무朴根茂에게 출가했다.[35] 1592년 전란 당시 이장발은 슬하에 생후 74일 된 외아들 진남振南만을 두었다. 이장발의 외아들 진남의 출생일은 1592년 3월 25일, 이장발의 사망일은 1592년 6월 10일이다. 진남이 부친을 잃었을 때는 생후 74일인 셈이다. 이장발의 나이가 19세였다는 점, 외아들만 두었다는 점 등은 그의 혼인이 머잖은 시기에 이루어졌음을 암시한다.[36] 이장발의 배필 창원 황씨 역시 갓 혼인한 청상의 신부였음을 드러낸다. 창원 황씨는 시모媤母를 색공하고 독자 진남을 훌륭히 양육한 고단한 세월을 뒤로 하고, 뒷날 이장발의 무덤 곁에 안장되었다. 이장발 부처의 무덤은 봉화 창평 금혈산 자락 중턱에 있다. 전면에서 바라보았을 때, 좌측에는 부인인 창원 황씨, 우측에는 이장발의 묘가 위치한 쌍분, 좌부우부左婦右夫의 형태이다.

이장발 관련 기록은 화산이씨 족보 6수보(1987), 7수보(2004)에서 확인된다. 이용상의 첫째 아들 계열만을 수록한 5수보(1921)에서는 이장발 관련 기록을 찾을 수 없다. 6수보에서 보이는 이장발 관련 기록의 원전

34) 박순교, "봉화는 왜 베트남을 얘기하는가?", 「좋은 베트남」, 베트남 하노이, 2018, 10월호, pp.66~73.

35) 박순교, "화산이씨 계보도"(次子 계열), 경상북도·봉화군, 인쇄(지성인), 2019.

36) 박순교, "Vietnam(大越) 皇子 '李龍祥Lý Long Tường'에 관한 연구(5) - 화산이씨의 族祖觀念을 중심으로 -'", 「동아인문학」 44, p.241.

[그림 5] 이장발 부처 무덤 사이의 상석. 李建 (화산이씨 안동파, 리공온의 36세손, 1936년생) (2018. 1. 7)

[그림 6] 이장발의 무덤(오른쪽, 묘표있는 무덤)· 창원 황씨(사진에서 왼쪽)의 쌍분

이 있을 것으로 판단했고, 6수보의 원전에 해당하는 2종의 존재를 확인, 소개하였다.[37] 본문은 추후 나타난 1종을 포함, 3종을 아울러 논의를 진행하려 한다.

이장발을 추상한 충효당 유집은 현재 3종이다. 3종의 유집 내용 전체는 동일하며, 표제만이 「충효당집」, 「충효당 실기」, 「충효당기」로 각기 다르다.[38] 충효당 유집(충효당집, 충효당 실기, 충효당기)에 들어있는 자료를 토대로, 이장발의 행적을 종합 정리하면 대략 다음과 같다.

① 父 希文의 早死 → ② 黃昭의 딸과 결혼 → ③ 東江 權士溫에게 수학

37) 박순교, 2019, "Vietnam(大越) 황자 '李龍祥 Lý Long Tường'의 異論 批正", 「동아인문학」 48, pp.300~301.

38) 「충효당집」, 「충효당 실기」의 2종은 현재 안동국학진흥원에 위탁 보관되어 있다. 그리고 동일한 내용에다 표제만 다른 「충효당기」는 현재 李建(화산이씨 안동파, 李公蘊의 36세손, 1936년생)이 소장하고 있다. 본문에서는 「충효당집」, 「충효당 실기」, 「충효당기」 3종을 충효당 유집으로 통칭하기로 한다. 충효당 유집의 편목은 「충효당 실기」 제하에 충효당 유집으로 되어 있다. 6수보와 7수보 모두 내용과 편목이 동일하다. 6수보의 경우, pp.251~326(국역 부분 포함)이며, 7수보의 경우 pp.267~342까지이다.

→ ④ 아들 振南 출생(1592.3.25)[39] → ⑤ 1592년 4월 14일 왜침 → ⑥ 의병장 근시재 金垓(1555-1593), 이장발을 書記[40](從事[41])로 초치 → ⑦ 이장발, 노모의 溫凊과 색공을 염려하여 참전을 망설임 → ⑧ 모 덕성 윤씨, 이장발의 참전을 권유 → ⑨ 每戰에서 선두에 서 분전 → ⑩ 유명시를 작성 → ⑪ 1592년 6월 10일, 문경 전투에서 전사 → ⑫ 장인 황소, 소달구지로 이장발의 주검을 운반 → ⑬ 이장발의 소맷부리에서 유명시를 발견 → ⑭ 이장발의 집에 충효당의 현판을 담(공민왕의 글자를 집자) → ⑮ 30년 뒤(1622), 도신 김지남이 이장발의 행적을 광해에게 상주 → ⑯ 통정대부 공조참의(水部侍郎)로 추증. 정3품 당상관

위 내용을 토대로 하면, 이장발은 부친 희문希文을 일찍 여의고 편모를 봉양했던 결손가정의 가장이었다.[42] 1592년 당시 이장발의 나이가 19세였다. 이에 비추어 희문은 비교적 이른 나이에 사망했다고 보인다. 이른 나이의 사망이라면 주된 원인은 기근과 가난, 질병과 사고 등으로 압축된다. 희문은 관로에 들어선 것이 확인되지 않는다. 이에 정치적 사단과 보복으로 사망했을 개연성은 없다.

부친을 여읜 이장발에게는 40대 정도의 편모(덕성 윤씨, 主簿 尹寬의 딸)가 있었다. 그의 가세를 짐작할 분급기 등은 없다. 이장발의 조부 봉수는 사복시 주부, 증조는 기자전 참봉을 한 것으로 나타난다. 외조, 처가를

39) 화산이씨 족보 7수보(李相協, 「화산이씨 族譜」, 회상사, 2004, p.369).

40) 위의 표에서 이장발을 '서기(書記)'로 초치했다고 한 것은 충효당 유집의 "시", "유사", "읍지", "묘지명", "묘갈명", "충효당기"로 정리된다.

41) 위의 표에서 이장발을 '종사(從事)'로 초치했다고 한 것은 충효당 유집의 "묘표"(박시원), "書水部右侍郎 花山李公 忠孝堂 殉節史略後"로 정리된다.

42) 家傳, 「화산이씨 世譜」 原譜, 「충효당 실기」 原譜. 화산이씨 종친회(家傳), 「충효당집」 原譜(안동 국학진흥원 소장).

통해서도 가세를 짐작할 수 있는데, 이장발의 배필은 직장直長 황소黃昭의 딸로 나타나고 있다.[43] 이장발의 장인 황소의 벼슬 직장은 정7품(관부에 따라 종7품)에 해당한다. 이장발의 외조 윤관尹寬은 종6품의 주부 벼슬을 지녔던 것으로 나타난다. 이장발의 소과 등의 기록은 전무하다.

이장발의 참전과 관련, 원래 봉화 일대는 왜군의 주요 진격로, 혹은 점령을 꾀한 지역이 아니었다. 봉화는 왜군의 북상 3로에서 벗어나 있었다. 산이 높고 골이 깊어, 일부러 겨냥하지 않는다면 왜침의 위험은 낮았다.[44]

> 가-1) 왜적은 평소에 죽령 길이 험하여 넘기가 어렵다고 들었기 때문에 그 길을 경유하지 않았다. 안동에 주둔했던 적은 우도(右道)에서 올 때에 군사를 풀어 노략질하지 않았고 얼마 있다가 철수하여 되돌아갔기 때문에 죽령 아래의 풍기(豊基)·영천(榮川)·예안(禮安)·봉화(奉化)와 그 남쪽의 청송(靑松)·진보(眞寶) 등 여러 고을이 다행히 병화를 당하지 않았으므로 세상에서는 복된 땅이라 일컬었다.[45]

왜침의 우려가 덜한 지역(봉화)의 이장발이 운명의 기로를 맞이한 것은 의병장 김해의 초치였던 것으로 확인된다. 이장발은 이른바 신릉군이 거명한 '전장에서 돌려보내야 할 대상'이었다. 곧 ①아비 없는 아들, ②아우 없는 兄의 범주에 해당한다.[46] 뿐만 아니라 어린 외아들을 둔 아

43) 家傳, 「화산이씨 世譜」 原譜(안동 국학진흥원 소장), p.4.

44) 김경태, "임진왜란기 봉화 지역의 의병활동과 일본군의 동향", 「군사연구」 144, p.97.

45) 「선조수정실록」 26권, 선조 25년 8월 1일 무자 17번째 기사.

46) "부자(父子)가 함께 군중(軍中)에 있는 자는 아비가 고향으로 돌아가고, 형제가 함께 군중에 있는 자는 형이 돌아가서 부모를 봉양하며, 형제 없는 외아들은 전장에

비, 청상의 부인을 둔 남편, 무관無官·포의布衣의 신분, 외침의 위험이 덜한 지역의 거민居民, 부유하지 않은 가세, 약관을 채 넘기지 않은 나이 등등, 의병의 대열에서 필히 빠져야 할 요소들을 두루 갖춘 인물이었다.

이장발의 모친 덕성 윤씨는 집안의 1대 독자이자 갓 성혼한 19세의 이장발에게 사지로 나아갈 것을 권유하였다.[47] 중국 동진의 청하 최씨가 아들 온교溫嶠(288~329)의 참전을 막고자 아들의 소매를 잡고 늘어졌던 것과,[48] 덕성 윤씨의 행위는 크게 대비된다.

> 나-1) 남쪽으로 내려와 여러 군대와 밀양에서 모였다. 5월에 단인 이씨의 부음을 듣고서 계모는 늙고 자식은 어린데 형제가 없는 것을 염려하여 잠시 돌아가 가사를 상의하고 즉시 진으로 돌아왔다. 행군하여 경주에 이르러 병이 나서 졸하니, 춘추가 39세였다.[49]

> 나-2) 제군과 더불어 밀양에서 회합했다. 5월, 단인 이씨가 죽었다. 계모는 늙었고, 아이들은 어리고 형제는 없어 잠시 돌아가 상가의 일을 치렀다. 즉시 달려 진으로 돌아오던 중 경주에서 발병하여 죽었다. 춘추 39세였다.[50]

가지 말라[父子俱在軍中者父歸 兄弟俱在者兄歸奉養 獨子無兄弟者不赴]"라고 하였다. 「史記」 卷77 魏公子列傳.

47) 家傳, 「충효당 실기」 原譜. 화산이씨 종친회(家傳), 「충효당집」 原譜(안동 국학진흥원 소장).

48) 除散騎侍郎。初，嶠欲將命，其母崔氏固止之，嶠絕裾而去。其後母亡，嶠阻亂不獲歸葬，由是固讓不拜，苦請北歸。(「晉書」 권67 열전37 溫嶠)

49) 聞端人李氏歿。喪不成。暫馳還一宿。便趣駕歸。未至軍疾作。復于慶州逆旅。六月十九日也。(「번암 선생 문집」 권52 묘갈명)

50) 與諸軍會密陽。五月。聞端人李氏喪。念繼母老。子幼無兄弟。暫歸喪家事。卽馳還陣。

나-3) 공의 휘는 전(佺)이고, 자는 수보(壽甫)이며, 일찍이 자호를 송오(松塢)라 하였고, 본관은 청주(淸州)이다. -만력 임진년에 일본이 병란을 일으키자 근시재(近始齋) 김해가 그때 의병장이 되어 공을 불러서 서기(書記)를 맡게 하였다. 이때 공의 집이 난을 피하여 깊은 산골로 들어갔는데, 역병에 걸렸기 때문에 공이 부득이 달려가서 구호하였다. 집안의 대소인원이 역병에 걸리지 않은 사람이 없었다. 공만 홀로 무사하니 사람들이 모두 기이하게 여겼다.[51]

위의 나-1), 나-2)에서, 이장발을 서기로 초치했다고 하는 의병장 김해金垓는 1593년 5월, 부인 진성 이씨가 사망하자 경주의 진영을 벗어나 예안으로 이동, 상사喪事를 치렀다. 의병대장의 군영 이탈이 확인되는 셈이다. 그 까닭이 1) 당시 아이들이 어렸다는 점, 2) 계모(가평 이씨)가 노쇠했다는 점, 3) 김해 자신이 외아들이라 형제가 없었다는 점(묘지명) 등을 들고 있다.

김해는 4남 3녀를 두었는데, 맏이 광계는 당시 12세였다. 김해에겐 형제가 없었으나, 당숙 김부륜金富倫, 김부생金富生 등이 예안과 봉화에 버티고 있었다.[52] 김해 자신을 양육했던 백모, 계모(가평이씨) 등도 집안에 건재했다. 결국 상사에는 문제가 없었다고 봄이 바람직하다. 백제 계

行至慶州。發疾卒。春秋三十九。("근시재 선생 묘지명", 「갈암집」 권25)

51) 日難作。近始齋金公垓時爲義兵將。辟公掌書記。公家方避亂深峽中。罹癘疫之患。公不得已奔往救護。家中大小無不染逮。獨公卒無事。人皆異之。(「갈암집」 별집 제6권 行狀 松塢 鄭公의 행장)

52) "金富儀 妻 李氏 別給文記"를 보면 1597년 김해의 계모 가평 이씨가 김해의 자 광계(16세)와 혼인한 이씨에게 재산을 분급하고 있으며, 증인으로 김부륜, 집필자로 김부생이 보인다. 1593년 김해 사망 당시 김부륜은 예안에서 가까운 봉화 현감으로 있었다.

백이 혈육을 살해하며 전장에 나간 것과 달리, 의병의 대장 김해의 인정을 앞세운 단면이 드러난다. 이는 노모와 처자를 버리고 참전한 이장발의 행위와도 대비되는 면이 있다.

이장발은 김해에 의해 서기(종사)로 초치되었다고 한다.[53] 자료 나-3)을 보면, 김해가 정전鄭佺을 서기로 초치하려 했던 사실이 확인된다. 당시 정전의 나이는 23세였다.[54] 그러나 김해에 의해 서기로 초치된 정전은 가족의 역병을 이유로 참전하지 않았다. 정전에 관한 내용이 「향병일기」에 보이지 않는 것에서, 정전의 참전은 이후에도 없었다고 보인다. 정전의 행위 역시 이장발과는 크게 대비된다.

이장발의 죽음은 ① 1592년 6월 10일(시간), ② 문경 전투(장소)로 나타난다. 이장발을 서기(종사)로 발탁한 이는 의병장 김해였던 것으로 나타난다. 의병장 김해가 예안에서 최초로 거의한 것은 1592년 6월 11일이었다.[55] 6월 11일, 대장으로 추대된 김해는 예안에서 300명을 규합, 거의擧義했다.[56] 6월 11일 이전의 시기, 김해의 군사적 행동은 확인되지 않는다. 김해의 최초 거의는 1592년 6월 11일이었고, 왜군과의 최초 접전은 1592년 10월 26일 예천 용궁현의 교동 전투였다.[57] 당해 교동 전투도 전면전이 아닌 복병장 이선충李選忠의 단독 전투였다. 이보다 하루 전인 10월 25일, 김해의 본영은 안동에서 예천 노포蘆浦로 이동했다.[58]

---

53) 본문의 주 40), 41).

54) 「갈암집」 별집 제6권 行狀 松塢 鄭公의 행장.

55) 노영구, "임란초기 金垓의 의병활동과 향병일기", 「군자리, 그 문화사적 성격」, 토우, 2000, p.35.

56) 신해진 역주, 「향병일기」, 역락, 2014, p.20.

57) 신해진 역주, 「향병일기」, 역락, 2014, p.47.

58) 노영구, "임란초기 金垓의 의병활동과 향병일기", 「군자리, 그 문화사적 성격」, 토우, 2000, p.47.

김해의 본영은 교동 전투와는 무관했다. 김해 휘하 본영의 직접 참전은 그보다 훨씬 뒤인 1592년 11월 18일 예천 감천甘泉 전투였다.[59]

이장발의 전사 일자(1592년 6월 10일)는 김해의 거의(1592년 6월 11일)가 있기 이전이다. 또 김해가 왜적과 접전한 전장 목록에서 문경은 없다. 「향병일기」에서 문경이 거론되는 횟수는 총 2차례뿐이다. ① 1593년 2월 27일, 왜적이 문경과 경주를 남북으로 점거하여 기각지세를 이루었다는 대목,[60] ② 1593년 3월 21일, 현존 향병의 군세로는 문경의 왜적과 대적할 수 없다며 돈좌頓挫, 자탄하는 대목[61] 등이다. 문경 지역에서 김해 휘하 향병의 전투가 실제 있었다고 볼 하등의 여지가 없다. 이에 김해 휘하의 향병이 문경에서 전투를 치른 적이 없었던 점, 이장발이 문경에서 죽었다고 하는 점은 극명하게 상충된다.

이장발의 전사 일자, 전사(혹은 병사) 장소(문경)는 이렇듯 깊은 의문이다. 이는 1592년 5월 경상도 안집사 김륵이 김해를 이미 안동 의병장으로 임명한 점,[62] 국가 통제력이 붕괴된 점을 이용한 왜적과 내통한 난민, 반역자, 소수의 왜군 등이 혹은 100여 명, 혹은 50-60명씩 부대를 편성, 경상도 주요 교통로에 가옥假屋과 거점을 쌓고 둔취했던 점,[63] 약탈과 방화, 재물을 긁어모으는데 혈안이 되었던 반민叛民들의 발호 등에 비

---

59) 「용사실기」에서도 문경 일대 의병의 최초 거의는 1592년 8월 15일, 문경 인근의 최초 전투는 1592년 9월 12일로 나타난다(문경시, 「성재집」, 경일, 2015, pp.114~118 및 문경시, 「용사일록」, 경일, 2018, p.158). 결국 1592년 6월 10일 이장발의 사망은 전면전의 결과로는 보이지 않는다.

60) 신해진 역주, 「향병일기」, 역락, 2014, p.102.

61) 신해진 역주, 「향병일기」, 역락, 2014, p.115.

62) 노영구, "임란초기 金垓의 의병활동과 향병일기", 「군자리, 그 문화사적 성격」, 토우, 2000, p.34.

63) 노영구, "임란초기 金垓의 의병활동과 향병일기", 「군자리, 그 문화사적 성격」, 토우, 2000, pp.30~33.

추어 이해 가능하리라 보인다. 이에 김해의 거의(1592년 6월 11일)가 있기 이전, 이장발은 서기로 초치 받았고 소모召募의 명을 쫓아, 이동 중 문경에 거점을 둔 반민들, 왜군과의 국지적 충돌, 전투에 의해 명을 달리했다고 볼 수밖에 없다. 「향병일기」 본문에 그의 이름이 보이지 않는 까닭 역시 거의 이전 사망하였던 점을 추단케 한다. 일견 이장발의 죽음과 김해의 거의가 무관한 듯 비친다. 하지만 「향병일기」 부록에는 이장발 관련 내용이 명시되어 있다.

국사편찬위원회영인본 「향병일기」[64] 및 이를 국역한 신해진의 「국역 향병일기」에서 등장하는 내용은 김해의 것이 아니라, 이장발 관련 내용이다.[65] 이처럼 김해 관련 자료에 이장발 관련 내용이 편린의 형태로 삽재, 혼입되어 있다는 것은 일정한 의미가 있다. 또 김해 휘하의 향병과는 무관한 문경이란 지역이 이장발의 전사지로 시종 적시되고 있는 점은 일정한 함의를 띠며, 어떤 형태로든 이장발의 죽음과 문경은 연관되어 있다고 추단된다.

제3절 충효당 유집의 구성과 내용

전술했듯 충효당 이장발을 추념하는 충효당 유집은 표제를 달리하는 3종의 실기류(筆寫本)로 전한다. 당해 충효당 유집의 내용은 인쇄본으로

---

64) 국사편찬위원회 전자사료관 소장(마이크로필름) 향병일기 3/40.

65) 신해진, 역주 향병일기, 역락, p.149, 위 2~3행. 당해 대목은 ① 문경에서 전사(김해는 경주 부근에서 사망), ② 6월 10일(김해는 1593년 6월 19일), ③ 19세(김해는 38세), ④ 모친의 참전 권유 대목 등 김해와는 무관한 내용으로 채워져 있다. 그럼에도 역자(신해진)가 이장발의 사적을 알지 못한 결과, 이를 김해의 것으로 명백히 혼동하였고, 김해 중심으로 오역하였다.

다시 간행, 족보에 삽재되었다. 이장발 관련 내용이 화산이씨 5수보에는 보이지 않는데, 그 까닭은 5수보가 이용상의 첫째 계열만을 수록한 것에 연유한다. 1987년 찬술된 6수보에 이르러 대동보의 형태를 띠며 최초로 지차 계열의 내용이 합편되었다. 이후 2004년 7수보의 찬술이 있었으나, 충효당 유집의 편목과 내용에 관한 한, 일점일획의 차이도 없다. 3종의 실기류, 6수보, 7수보에 공히 수록된 충효당 유집은 총 20편목으로 구성되어 있다. 주지主旨는 충효당 이장발의 호연지기, 사생취의, 위국헌신을 고양하기 위한 내용으로 채워져 있다.

충효당 유집의 편목은 「충효당 실기」 제하에 충효당 유집으로 되어 있다. 6수보와 7수보 모두 내용과 편목이 동일하다. 6수보의 경우, pp.251~326(국역 부분 포함)이며, 7수보의 경우 pp.267~342까지이다.

충효당 유집 서序의 작성 연대는 류이좌柳台佐(1763~1837)가 역임한 벼슬 이름으로 추정이 가능하다. 서의 말미에는 '聖上 33년 癸巳 蓾月(臘月) 下澣'이라 적혀 있다. 관력 '禮曺參判, 同知經筵義禁府事, 五衛都摠府副摠管'에 견줘, 유집서의 작성 연대는 1833년이 확실하다.[66] 류이좌는 서애 유성룡의 8대손으로 부친 류사춘(1741-1814), 모친 연안이씨(1737-1815)의 사이에서 태어났다.[67] 그의 모친 연안이씨[이지억(李之億)의 3녀]는 '쌍벽가'의 지은이로 유명했을 만큼 수월한 문재를 지녔고, 외조 이지억은 예조판서를 역임하였을 뿐만 아니라, 이지억이 양자로 입계한 백부 이만성李萬成의 딸이 채제공의 모친이었기에 그의 혈맥이 남인과 잇닿아 있었다. 채제공과 류이좌는 계보 상으로는 5촌간, 실제로는 7촌간이었다. 정조의 치세에서 류이좌가 두드러진 활약을 보인 데에는 문과 급제

66) 박순교, "Vietnam(大越) 皇子 '李龍祥Lý Long Tường'에 관한 연구(5) - 화산이씨의 族祖觀念을 중심으로 -'", 「동아인문학」 44, 2018.

67) 김수현, "鶴棲 柳台佐의 삶과 문학", 「동양학」 64, 2016, p.3.

전력, 그의 박학하고 탁월한 학문적 식견, 임자소청목록의 상소, 8대조 류성룡의 후광 외에도 번암 채제공과의 두터운 혈맥도 십분 작용한 것이라 보인다.

서를 작성할 당시 류이좌의 나이는 71세의 나이였다. 정조의 각별한 총애 하에 가히 일세를 풍미했던 최고 지성의 표상, 류이좌는 당해 서를 작성한 4년 뒤 사망했다. 당해 서 속에는 ① 충효의 길, ② 권사온權士溫과 이장발과의 만남, ③ 근시재 김해가 이장발을 종사從事로 초치한 사실, ④ 편모가 이장발을 전장에 가도록 권유한 사실, ⑤ 이장발의 유명시, ⑥ 김희주의 행장과 이인행의 유허비명 찬술, ⑦ 그 자신의 선조 문충공(서애)이 남긴 유훈, "충과 효 외에 힘쓸 일은 없다"는 '충효'의 유훈을 거론하며, 충효의 표상으로 이장발의 기절과 사적을 서술하고 있다. "화和로써 어버이를 섬기면 효孝요, 경敬으로써 임금을 섬기면 충忠이다"는 뜻에서 화경당和敬堂이라는 당호를 내걸기도 했고, 사당 담벽에 충효를 새겼던 류이좌의 입장에서, 이장발은 자신의 철학과 이념에 걸맞은 인물이었다.

간결한 서 속에서 류이좌가 충과 효를 수차에 걸쳐 거듭 논하며 이장발을 언급하고 있음은 그를 입증하는 증좌이다. 류이좌의 외조가 연안이씨라는 점도 중요하다. 연안이씨는 당나라 소정방의 종사로 왔다가 신라에 귀화한 이무李茂를 선조로 내세우는 집안이다. 그런 외가를 둔 류이좌의 입장에서, 대월에서 고려로 이거한 화산이씨 집안의 내력에 대해 보다 우호적인 정서를 지녔을 개연성도 있다. 류이좌 자신이 언급한 김희주, 이인행의 글 초두에서 화산군 용상의 얘기가 분명히 서술되어 있다. 그랬기에, 류이좌 자신이 그 시말을 충분히 인지하고 있었다고 보인다.

류이좌가 충과 더불어 효의 문제를 거듭 거론한 것은 이장발이 이희문의 외아들이자, 1592년 사망 당시 이장발의 슬하에 남겨진 아들 진남

역시 생후 74일 된 외아들이었고, 청상의 부인과 편모로 이뤄진 결손가정이었기 때문이다. 스스로 '쌍벽가'에서 묘사되듯 빈궁한 처지를 몸소 경험했기 때문일 것이다. 이장발의 불운한 죽음, 신혼의 파경이야말로 부친 이희문의 이른 죽음에 이어, 이장발 집안에 잇달아 닥친 불운이었다. 이는 의혈蟻穴의 탓이 아니라 치국과 방위를 게을리 한 위정자와 조선 사회 체제의 총체적 근본 모순이 응축되어 빚어진 비극의 산물이기도 했다.

충효당 유집의 둘째 편목에는 이장발의 유명시遺命詩가 등장한다. 이는 총 20글자의 시로서, 전후 정황으로 보건대 작성 연대는 1592년, 그 개략적 내용은 ① 사직을 위한 거의, ② 거병과 절명한 시점(6월), ③ 육신의 죽음과 위국헌신, ④ 혈육에 대한 그리움, 특히 노모(덕성 윤씨)에 대한 걱정(효) 등으로 일관하고 있다.

[표 1] 충효당 유집의 구성과 체제

卷次	種類	收錄 詩文	著者	執筆年代	遺命詩收錄	撰述時 年齡
1	序	忠孝堂 遺集序	柳台佐	1833	有	71
2	詩	詩	李張發	1592	邑誌 有	19
3	贈詩	贈詩	權士溫	1588		71
4	輓詞	輓詞	權士溫	1592		75
5	遺事	遺事	惟顔	1610 ~1679	有	
6	邑誌	邑誌(영남 읍지, 봉화군읍지)		1871 ~1899	有	
7	行狀	贈通政大夫 工曹參議 忠孝堂 李公 行狀	金凞周	1819 ~1830	有	60-70
8	墓誌銘	贈通政大夫 工曹參議 忠孝堂 李公 墓誌銘	權思浹	1783 ~1832	有	31-80

卷次	種類	收錄 詩文	著者	執筆年代	遺命詩收錄	撰述時 年齡
9	墓碣銘	贈通政大夫 工曹參議 忠孝堂 李公墓碣銘	李野淳	1827	有	73
10	遺墟碑銘	贈通政大夫 工曹參議 忠孝堂 李公遺墟碑銘	李仁行	1826	有	69
11	忠孝堂記	忠孝堂記	李野淳	1826	有	72
12	忠孝堂銘	忠孝堂銘	李野淳	1826		72
13	遺集跋	書忠孝堂 李公 遺集後	權載大	1828	有	51
14	墓表	贈通政大夫 工曹參議 忠孝堂 李公墓表	朴時源	1830	有	67
15	書殉節史略後	書水部右侍郎 花山李公 忠孝堂 殉節史略後	金熙紹	1788 ~1804	有	31-46
16	墓表	贈通政大夫 工曹參議 忠孝堂 李公墓表	李殷淳	1832	有	43
17	遺集後序	忠孝堂 李公 遺集後序	李彙載	1832 (11.28)	有	38
18	忠孝堂 上樑文	忠孝堂 上樑文	權璉夏	1813 ~1896		
19	遺墟碑閣上樑文	遺墟碑閣 上樑文	權相圭	1874 ~1961		
20	遺墟竪碑 告諭文	遺墟竪碑 告諭文	李源孝	1876	有	69

다-1) 百年存社計 六月着戎衣 憂國身空死 思親魂獨歸

팔작지붕의 충효당에는 새김질한 스무 글자의 주련柱聯이 눈에 띈다. 5언 절구(총 20글자)의 이 시문은 검은 세로 현판에 흰 글씨로 새겨져 있다. 그 내용은 이장발이 전사 직전 지었다고 전해진다. 하지만, 서각의 주체와 연대는 불상不詳이다. 유의할 점은 이장발이 남긴 시문은 위의 유명시뿐이다.[68] 이에 이장발의 심경과 학문의 깊이를 재단할 유일한 재원인 셈이다. 기타 그의 행적을 알 수 있는 자료는 후손惟顔,[69] 혹은 3자의 추상追想 자료[70]를 통해서만 알 수 있다.

이장발이 지은 위 시(1592)와는 별개로, 족보에는 위 시를 등재한 익명의 이가 읍지와 전후 기록을 동원, ① 김해가 이장발을 서기로 임명하여 초치한 사실, ② 편모(덕성 윤씨)가 이장발을 사지死地로 재촉한 사실, ③ 6월 10일 이장발이 순국한 사실, ④ 유안惟顔(1619~1670)이 이장발의 사실을 소상히 기록한 사실, ⑤ 이장발의 장인 황소가 이장발의 시신과

---

68) 이장발의 유명시에 대해서는 연구자의 관심이 전무했다. 유명시에 대해서는 박순교, "이용상 일가의 행적과 기록", 「2019 李龍祥 국제학술 심포지엄」, 경상북도 봉화군·하노이 외국어대학 주최 국제심포지엄 자료집, 인쇄(지성인), 2019에서 한 차례 분석이 행해졌을 뿐이다.

69) 유안의 유사는 충효당 이장발의 삶과 기절(氣節)을 추상하기 위한 목적으로 서술된 저작이다. 유안(1610~1679)은 이장발의 손자로서, 그가 남긴 유사는 현존 화산이씨 최고(最古)의 기록이라 할 수 있다. 유사에 대해서는 두 차례에 걸쳐 논구된 바 있다(박순교, "Vietnam(大越) 皇子 '李龍祥Lý Long Tường'에 관한 연구(3) - 화산이씨의 혈맥과 동향에 대한 추적을 중심으로 -'", 「인문연구」 82, 2018, pp.148~152. 박순교, "Vietnam(大越) 皇子 '李龍祥Lý Long Tường'에 관한 연구(5) - 화산이씨의 族祖觀念을 중심으로 -'", 「동아인문학」 44, pp.242~244).

70) 이장발에 대한 3자의 추상은 20명의 저자로 망라되는 「충효당집」 혹은 「충효당실기」가 대표적이다. 두 책은 서명만 다를 뿐 내용은 동일하다. 이에 대해서는 박순교, "이용상 일가의 행적과 기록", 「2019 李龍祥 국제학술 심포지엄」, 경상북도 봉화군·하노이 외국어대학 주최 국제심포지엄 자료집, 인쇄(지성인), 2019. 박순교, "Vietnam(大越) 황자 '李龍祥 Lý Long Tường'의 異論 批正", 「동아인문학」 48, 2019에서 개략적으로 검토된 바 있다. 최근 동일한 내용의 「충효당기」가 새로이 발굴되어, 충효당 이장발을 추념한 실기류는 동일 내용, 다른 표제의 총 3종에 달한다.

유명시를 거둔 사실 등을 추기하고 있다.[71] 위 시를 편술한 기자記者는 1592년 당대의 인물이 아닌 후대의 인물이다. 이름 역시 구체적으로 비정하기 힘든 실명失名의 존재라 할 수 있다. 적어도 유안(이장발의 손자)의 행위가 글 속에서 언급되고 있는 점, 후대에 찬술된 읍지가 거론된 점 등으로 보아, 유안의 생몰 연대에 뒤지는 인물(19~20세기)임이 거의 확실하다.

세 번째, 네 번째 편목은 증시贈詩와 만사輓詞이다. 두 저작은 모두 동강 권사온(1514~1606)의 작품으로 보인다. 앞선 증시는 15세의 이장발(1574~1592)과 처음 조우하며 작성한 것으로 회자되고 있어 1588년,[72] 만사는 이장발이 19세의 나이로 죽은 1592년 즈음이라 여겨진다. 이장발을 처음 만나 증시를 작성했을 때 권사온의 나이는 75세, 이장발의 죽음을 애도하는 만사를 작성했을 당시 권사온의 나이는 79세였다. 고령의 권사온이 자신이 참전하는 대신 아들과 조카를 참전시킨 내력은[73] 이로써 충분히 짐작된다. 권사온의 딸은 장흥효(안동 장씨)에게 출가하였다. 그녀의 딸(권사온의 외손녀)이 석계 이시명(1590~1674, 재령 이씨)과 혼인繼嫁, 후일 "음식디미방"을 저술한 정부인 안동 장씨였다. 그런 만큼, 이장발은 스승 권사온을 통해 안동 장씨, 뒷날 진성 이씨와의 연결도 엿보인다. 권사온의 손녀사위 이시명의 초배는 이장발을 종사로 초치한 근시재 김해의 딸이었다. 이장발 사후(1592) 이시명을 통해 김해, 권사온과 일정한 연관을 그려낼 수 있고, 거꾸로 이러한 결연의 배경에는 밀접한 친분 관계 역시 상정해 볼 수 있겠다. 현재 권사온의 다수에 달하는 후손이 봉화 명호에 집거하고 있는 사실 역시 눈여겨볼 대목이다.

---

71) 「충효당 실기」 原譜(안동 국학진흥원 소장본). 시.

72) 家傳, "遺事", 「화산이씨 世譜」 原譜(안동 국학진흥원 소장본).

73) 한국국학진흥원·유교문화진흥원, 「경북유학인물지」 상, 경상북도 2008, p.116.

충효당과 관련한 자료 중 가장 주목되는 것은 유안의 유사라고 할 수 있다. 유안의 자字는 자우子愚로서, 충효당 이장발의 손자이다. 그의 생몰 연대는 광해 경술(1610) 11월 13일~숙종 기미(1679) 2월 23일이다.[74] 유안의 생몰 연대와 "유사"가 작성된 연대는 부합된다. 따라서 유안이 충효당을 추상하며 남긴 저작, "유사"야말로 위 충효당 유집 중 가장 오랜 기록에 위치한다. "유사"의 내용과 구성은 ① 이장발의 출생, 품성, 효제孝悌의 면모, ② 스승 권사온과의 만남 및 증시, ③ 이장발의 의병 참전과 전사, 절명시, 이장발의 장지, ④ 이장발을 향한 장인 황소와 스승 권사온의 추념, ⑤ 1622년 영남의 도신道臣 김지남의 계문, 광해군에 의한 이장발에의 공조참의 추증, ⑥ 저간의 집안 상황, 유지遺地의 민멸, 손자 유안의 이장발에 대한 추념과 심회, 등 전체 6단락으로 구성되어 있다.[75] 유안의 생몰 연대를 고려할 때, 적어도 1610~1679년 어간에 이장발의 유명시가 정확히 비정되어 가전家傳되었음은 의심의 여지가 없다.

일곱 번째 편목은 김희주金熈周(1760~1830)가 작성한 행장이다. 김희주의 관력에 전행병조참판이 보이는데, 그가 병조참판이 된 것은 1819년(순조 19)의 일이다.[76] 따라서 행장은 1819~1830년 어간에 작성된 것으로 파악된다.

여덟 번째 편목은 권사협權思浹(1753~1832)의 묘지명이다. 그는 1783년(정조 7) 식년시 소과 생원에 합격했다. 묘지명의 작성 연대는 빨라도 1783년을 앞서지 않는다.[77]

---

74) 「화산이씨 세보」 原譜(안동 국학진흥원 소장본), pp.5~6.

75) 박순교, "Vietnam(大越) 皇子 '李龍祥Lý Long Tường'에 관한 연구(3) - 화산이씨의 혈맥과 동향에 대한 추적을 중심으로 -'", 「인문연구」 82, 2018.

76) 박순교, "Vietnam(大越) 皇子 '李龍祥Lý Long Tường'에 관한 연구(2) - '고려 移居 창작설' 검토를 중심으로 -'", 「동아인문학」 40, 2017.

77) 박순교, "Vietnam(大越) 皇子 '李龍祥Lý Long Tường'에 관한 연구(2) - '고려 移

아홉 번째 편목은 이야순李野淳(1755~1831)의 묘갈명이다. 이야순은 묘갈명의 말미 간지에 '만력 임진 후 235년 이후 병술丙戌 봄'이라 밝힌 바, 그 연대가 정확히 1826년으로 확인된다.

열 번째 편목은 이인행李仁行(1758~1833)의 유허비명이다. 이인행은 유허비 말미에 익위사익위翊衛司翊衛라는 관력을 부가하고 있는 바, 그가 1790년(정조 14)에 응제대책應製對策으로 인해 온릉참봉溫陵參奉에 발탁되었고, 벼슬이 세자익위사익위世子翊衛司翊衛에 이르렀다는 점에 비추어, 유허비명 역시 1790년 이후 작성된 것이 틀림없다.

열한 번째는 이야순의 충효당기이다. 그가 작성한 "충효당기忠孝堂記"는, 그 간지가 만력 임진 후 235년 병술로 되어 있다. 결국, 충효당기의 작성 연대는 1826년 봄임이 확인된다.[78] 충효당의 재건이 1826년 당시 이루어졌다면, 공역 기간을 고려할 때 그 이전의 상당 기간 충효당 이장발에 대한 추념, 물리적 복원이 개시되어 왔음이 짐작된다. 뿐만 아니라, 충효당의 재건이 이루어진 것과 거의 같은 시기, 유허비의 건립과 명문의 작성 역시 이루어졌다고 봄이 옳을 것이다. 이와 관련, 이야순의 충효당명 역시 열두 번째 편목을 차지하고 있는데, 거의 동 시기의 저작이라 보아 무방하다.

열세 번째는 권재대權載大(1778~1859)의 유집 발문이다. 발문의 말미에 '정해년 납월臘月'이라는 간지가 있어, 그의 생몰 연대에 비춰 발문의 작성 시점은 1828년 12월에 해당한다.

열네 번째는 박시원朴時源(1764~1842)의 묘표가 있다. 시원의 자字는 치실穉實, 호號는 일포逸圃였다. 1789년 진사가 되었고, 1798년 문과에 급제했다. 박시원의 생몰 연대와 관련, 묘표의 경인년은 영조 46년

居 창작설' 검토를 중심으로 -'", 「동아인문학」 40, 2017.

78) 화산이씨 편찬위원회, 「화산이씨 族譜」 全, 회상사, 1987, pp.263~264.

(1770)과 순조 30년(1830)이지만, 1770년 박시원은 6세, 1830년 박시원은 66세가 된다. 결국, 박시원의 묘표는 66세인 1830년 작성되었음이 확실하다.[79] 박시원은 영주榮川 반곡蟠谷에 세거지를 구축한 반남 박씨의 혈통으로, 1822~1824년까지 봉화 현감으로 재임했던 인물이다. 그가 묘표를 작성한 1830년을 즈음한 시기, 1825~1830년 어간에는 사간원 정언(정6품), 1830~1833년에는 사헌부 지평(정5품)으로 있었다.[80]

열다섯 번째 김희소金熙紹(1758~1804)의 순절사략후가 있다. 김희소의 자는 백옹伯雍이고, 호는 문천文泉, 본관은 의성, 거주지는 안동이었다. 증조는 삼사三司 김여건金汝鍵, 조부는 진사 김경온金景溫, 부친은 증 이조참의贈吏曹參議 김두동金斗東이며 모친은 류세원柳世源의 딸, 완산完山 류씨였다. 대산大山 이상정李象靖의 문하에서 수학하였고, 1803년(순조 3) 증광시 생원 3등 26위로 합격하였다. 일찍이 벼슬에 뜻을 두지 않고 주자와 퇴계의 유집을 탐독하였다. 자개봉紫盖峰 아래 초가집을 짓고 스스로 문천거사文泉居士라 일컬었다. 소수서원의 동주洞主가 되어 「대학」·「서명西銘」·「태극도太極圖」 등을 강의하였다. 평소에 「중용」·「맹자」·「경재잠敬齋箴」·「숙흥야매잠夙興夜寐箴」 등을 읽고 실천한 인물이었다. 교천서숙交川書塾에 첨학소瞻學所를 세워 후진 양성에 힘썼다. 저서로 「문천집文泉集」 4권 2책이 전한다.[81] 그의 몰년을 기준할 때, 순절사략후의 저술 연대의 하한은 1804년이다. 이로써 유집 찬술에 관여한 여타 사람의 저술 연대에 비추어, 유집 찬술은 꽤 오랜 기간에 걸쳐 축차적으로 완성된 것이라

79) 박순교, "Vietnam(大越) 皇子 '李龍祥Lý Long Tường'에 관한 연구(3) - 화산이씨의 혈맥과 동향에 대한 추적을 중심으로-'", 「인문연구」 82, 2018.

80) 權泰春, 「逸圃 時源 墓碣銘」 그리고 丙申년(1836)에 다시 司諫이 되었다. 충효당 유집에는 박시원의 관력이 사간으로 보이고 있다. 이에 의하면, 1830년 묘표를 작성할 당시 박시원은 사간원 정언이었다.

81) 「한국역대인물종합정보시스템」.

보인다.

열여섯 번째는 이은순李殷淳(1790~1822)의 묘표가 있다. 이은순의 자는 사질士質로서, 정조 14년 경술(1790)에 출생하여 32세가 되던 순조 22년 임오(1822) 식년시 생원에 5/100로 합격하였다.[82] 이은순의 출생 연대와 관련할 때, 이은순이 지은 묘표의 임진년은 순조 32년(1832), 고종 29년(1892)으로 압축된다. 이은순의 몰년이 미상이나, 1892년은 확실히 무리이며, 대략 42세가 되던 1832년이 합당하다고 보인다. 생원시 입격 이후 10년 뒤, 그의 나이 42세 때, 이장발의 묘표가 작성되었음이 확인된다.

열일곱 번째 이휘재李彙載(1795~1875)의 유집후서는 그 말미에 임진년 11월 28일이 적혀 있다. 이휘재의 생몰연대는 1795~1875년, 본관은 진성, 안동에 실거實居한 인물이었다. 1827년 생원 증광시 장원으로 입격, 1842년 경산慶山 현령을 역임한 인물이다.[83] 유집후서에는 그의 이름과 함께 임진년 11월 28일이 명기되어 있어, 유집후서의 찬술 연대는 1832년임이 확실하다. 당시 이휘재의 나이는 38세였으며, 생원 증광시 장원에 합격한 지 5년 뒤의 시점이었다.

이로 보면 충효당 유집이란, 서(1833)를 작성한, 고관대작을 두루 거친 노숙하고 명망 높은 고령의 류이좌(71세)를 필두로, 생원시 1등 3위로 급제한 서른여덟 신진기예의 이휘재 찬술 후서後序로 이어지고 있음이 확인된다.[84] 더불어 이인행, 김희주 등 10명에 달하는, 당대 최고의 지

82) 한국역대과거합격자, 「崇禎四壬午式司馬榜目」(국립중앙도서관[古朝26-29-84]).

83) 한국국학진흥원·유교문화진흥원, 「경북유학인물지」 하, 경상북도 2008, p.462.

84) 순조(純祖) 27년(1827) 정해(丁亥) 증광시(增廣試) [생원] 1등(一等) 3위(3/100) 『숭정기원후4정해경과증광사마방목(崇禎紀元後四丁亥慶科增廣司馬榜目)』(규장각 한국학연구원[奎1413]). 이후 음직으로 안성군수, 경산현령, 청풍부사, 호조참의, 한성부 우윤을 역임했다. 1842년(헌종 8) 경산현령으로 있으면서 문회재(文會齋)를

역 문사들이 총망라된 대장정이었음이 짐작된다.

이러한 사실은 유집에 참여한 사람들의 면면의 생몰 연대를 살펴보면 더욱 드러난다. 김희주는 1760~1830년,[85] 권사협은 1753~1832년,[86] 이인행은 1758~1833년,[87] 이야순은 1755~1831년[88]이다. 류이좌는 1763~1837년, 권재대는 1778~1859년, 박시원은 1764~1842년, 김희소는 1758~1804년, 이은순은 1790~1822년,[89] 이휘재는 1795~1875년, 권연하는 1813~1896년, 권상규는 1874~1961년이다. 이를 토대로 각기 충효당 유집에 관련된 글을 작성했던 문사들의 당시 나이를 정리하면, 70대(5명), 60대(3~4명)가 주축을 이루었고, 영민한 준재가 다투어 이장발의 행적을 추상하고 있음이 주목된다.

[표 2] 충효당 유집 참여 필진

卷次	種類	收錄 詩文	著者	年代	本貫	居處	관직/이력/비고
1	序	忠孝堂 遺集序	柳台佐	1833	豊山	安東	문과 병과급제, 禮曺參判, 同知經筵義禁府事, 五衛都摠府 副摠管
2	詩	詩	李張發	1592	화산	봉화	
3	贈詩	贈詩	權士溫	1588	안동	안동	
4	輓詞	輓詞	權士溫	1592	〃	〃	
5	遺事	遺事	惟顔	1610~1679	화산	봉화	

창건하여 문풍(文風)을 진작시켰고, 저서로는 『운산문집(雲山文集)』 6책이 있다.

85) 한국국학진흥원·유교문화진흥원, 「경북유학인물지」 상, 경상북도 2008, p.489.

86) 한국국학진흥원·유교문화진흥원, 「경북유학인물지」 상, 경상북도 2008, p.116.

87) 한국국학진흥원·유교문화진흥원, 「경북유학인물지」 하, 경상북도 2008, p.353.

88) 한국국학진흥원·유교문화진흥원, 「경북유학인물지」 하, 경상북도 2008, p.296.

89) 한국역대과거합격자, 「숭정사임오식사마방목」(국립중앙도서관[고조26-29-84]).

卷次	種類	收錄 詩文	著者	年代	本貫	居處	관직/이력/비고
6	邑誌	邑誌(영남 읍지, 봉화군 읍지)		1871 1899			
7	行狀	贈通政大夫 工曹參議 忠孝堂 李公行狀	金熈周	1819~1830	의성	봉화 才山	문과 을과 급제, 대사간, 함길도 관찰사, 영조실록편수관
8	墓誌銘	贈通政大夫 工曹參議 忠孝堂 李公墓誌銘	權思浹	1783~1832	안동	안동	생원 3등 (66/100)
9	墓碣銘	贈通政大夫 工曹參議 忠孝堂 李公墓碣銘	李野淳	1827	진성	청송 진보	이황 9세손
10	遺墟碑銘	贈通政大夫 工曹參議 忠孝堂 李公 遺墟碑銘	李仁行	1826	진성	영주 榮川	世子翊衛司翊衛
11	忠孝堂記	忠孝堂記	李野淳	1826	진성	청송	
12	忠孝堂銘	忠孝堂銘	李野淳	1755~1831	진성	청송	
13	遺集跋	書忠孝堂 李公 遺集後	權載大	1828	안동	안동	齊陵參奉
14	墓表	贈通政大夫 工曹參議 忠孝堂 李公 墓表	朴時源	1830	潘南	영주 榮川	문과 갑과 급제 사간원 사간
15	書殉節史略後	書水部右侍郎 花山李公 忠孝堂 殉節史略後	金熙紹	1758~1804	의성	안동	생원 3등 26/100
16	墓表	贈通政大夫 工曹參議 忠孝堂 李公 墓表	李殷淳	1832	진성	예안	생원 1등 5/100
17	遺集後序	忠孝堂 李公 遺集後序	李彙載	1832 (11.28)	진성	예안	증광 생원시 1등 3위, 宣陵參奉, 사헌부 감찰

충효당 유집에 관여한 사람 10명 중 문과 합격자는 3명이다. 퇴계의 혈손인 진성 이씨가 4명(4할에 해당)을 차지하고 있다. 거주 지역 또한 이장발의 거주처였던 봉화는 물론이고, 안동·영주·청송·예안 등에 걸쳐 있다. 이들 문사들이 충효당 유집에 관여할 때의 연령은 71세의 류이좌로부터, 38세의 젊고 참신한 이휘재에까지 다양한 범주를 망라하고 있다.

말하자면 충효당 유집은 일대의 집단 지성을 총결집한, 집단 지성의 산물이었다.

또 하나 충효당의 추념과 관련하여 두드러진 인물이 있다. 그는 1622년(광해 14), 영남의 도신道臣으로 있었던 김지남金止男이라 할 수 있다. 이장발의 장인 황소를 제외하고 보면, 충효당 추념의 단초를 최초로 제공한 인물이다. 그는 경상의 도백道伯으로서 이장발과 관련한 사적을 계문啓聞하였고,[90] 이에 광해군은 이장발을 통정대부 공조참의에 증직하였다.[91] 이장발 사후 30년만의 일이었다.

김지남은 1559년(명종 14) 영동嶺東 현감 김표金彪의 아들로 태어났고, 재종숙 김양金讓의 아들로 입양되었고, 그의 나이 33세이던 1591년(선조 24) 소과(65/100)를 거쳐 같은 해 별시 병과丙科로 합격했다.[92] 본관은 광산, 자는 자정子定이었다. 그는 이장발을 종사,[93] 혹은 서기[94]로 초치했다고 하는 의병장 김해(김흥광의 24세손)와 같은, 광산 김씨 계열(김흥광의 25세손)의 인물이었다. 1592년 당시 그는 34세였고, 문과 합격 이듬해였다. 1592년 전란 당시 이장발보다 곱절의 나이에 가까웠으며, 검열로 있었음에도 그는 전사하지 않았다. 심지어 관리로서 자신의 업무를 해태하여 간관으로부터 적잖은 비난과 탄핵을 받은 것도 확인된다.[95] 그

---

90) 李相協, "증통정대부공조참의 충효당 이공묘갈명", 「화산이씨 족보」, 회상사, 2004, p.277.

91) 李相協, "忠孝堂遺集- 遺事", 「화산이씨 족보」, 회상사, 2004, p.272.

92) 한국국학진흥원, 「증보 경상도 선생안」 상, 2005, p.605.

93) 묘표(박시원), 충효당 순절 사략후(김희소)(家傳, 「충효당 실기」 原譜. 화산이씨 종친회(家傳), 「충효당집」 原譜(안동 국학진흥원 소장)).

94) 시, 유사, 읍지, 묘지명, 묘갈명, 충효당기(家傳, 「충효당 실기」 原譜. 화산이씨 종친회(家傳), 「충효당집」 原譜(안동 국학진흥원 소장)).

95) 「선조실록」 90권, 선조 30년 7월 23일 임자 4번째 기사. 1597년 명 만력(萬曆) 25년.

런 그가 후일 도백의 자격으로서, 같은 일문의 김해가 아닌, 이장발의 행적을 국왕 광해에게 상주하였으며, 그 결과 이장발로 하여금 김해의 추증 관직(종6품의 수찬)보다 상위의 참의(정3품)를 추증받게 했다는 것은 주목할 사실이다. 그가 이 상주를 할 때의 나이는 64세였다. 그는 환갑을 넘긴 나이에, 30년 전 19세의 나이로 순국한 이장발의 행적을 추념하며 국왕에게 추증의 주청소를 올린 셈이 된다. 전란에 살아남은 자가 숙명적으로 품게 될 무거운 회한과 마음의 짐을 풀고 정확히 9년 뒤인 1631년, 73세의 나이로 사망하였다.

열여덟 번째-스무 번째에 해당하는 충효당 상량문, 유허비각 상량문, 유허수비 고유문은 이장발과 관련되면서도, 동시에 충효당 유집과는 무관하다고 보인다. 충효당 상량문을 작성한 권연하의 생몰 연대는 1813~1896년이다. 권연하의 자는 가기可器, 호는 이재頤齋로서 1895년 을미사변이 일어나자 울분으로 이듬해 분사憤死한 인물이다.[96] 1826~1833년이라면 권연하의 나이는 13~20세에 불과하다. 그런 그가 들보를 높이는 공역을 찬양하는 상량문을 썼을 리 만무하다. 유허비각 상량문은 영가永嘉 권상규가 작성한 것이다.[97] 권상규는 앞의 권연하와 같은 안동 권씨 일문이다. 권상규의 생몰 연대는 1874~1961년이다. 권상규의 자는 치삼致三, 호는 채산蔡山, 인암忍菴이다. 그는 을미사변 직후 의병장으로 활약하였고, 경술국치 이후로는 아예 절속絶俗한 인물이다.[98] 그렇다면 1826년경 유허비가 건립 당시, 그리고 1876년 재건 당시에조차 유허비 비각은 애초 없었음이 짐작된다. 유허비 비각은 권상규의 생몰 연

96) 한국국학진흥원·유교문화진흥원, 「경북유학인물지」 상, 경상북도 2008, p.138.

97) 垕, 개단선영기(화산이씨 편찬위원회, 「화산이씨 族譜」 全, 회상사, 1987, pp.272~273)에서는 일청이 안동부 관사에서 사망한 것으로 서술되어 있고, 그 혈맥의 한 갈래가 안동부(현 봉화)에 은거한 것으로 되어 있다.

98) 한국국학진흥원·유교문화진흥원, 「경북유학인물지」 상, 경상북도 2008, p.117.

대를 기준했을 때, 1900년을 전후한 시기, 추가로 건립되었다고 보인다.

유허수비 고유문의 작성 연대 역시 드러나 있지 않다. 하지만 현존 유허비 말미에 원효源孝라는 이름, 병술년丙戌年이라는 기명이 있어 1876년임이 입증된다. 결국, 원효는 1807년에 태어나 1889년에 82세로 사망하였으며, 69세의 나이로 유허비의 재건립을 추진한 셈이 된다. 만운과 상규의 뒤를 이어, 원효가 이장발에 대한 물리적 복원과 부흥을 재차 꾀하였고, 대략 20여 년 뒤에 부친 종걸의 유지를 받들었다.

주목할 것은 이장발의 사적을 담은 읍지(위 [표 2]에서 여섯 번째)이다. 읍지는 조선 후기 여러 차례에 걸쳐 집중적으로 편찬되었다. 경상도 읍지(1832), 영남 읍지(1871), 각 군의 읍지(1899)가 있겠다.

라-1) 李長發 判決事一淸之後 壬辰倭亂年十九 左道義兵將金垓以書記招之 臨行以母在爲憂 母諭之曰男兒生世死國毋憾 勿以母持難 長發受敎卽赴聞慶陣 六月十日①戰死 ②將絶有詩曰 ③百年存社稷 六月着戎衣 憂國身空死 思親魂獨歸 事 聞贈④通政大夫 工曹參議[99]

라-2) 判決事一淸之後壬辰倭亂年十九 左道義兵將金垓以書記招之 臨行以母在爲憂 母諭之曰 男兒生世 死國毋憾 勿以母持難 長發受敎卽赴聞慶陣 六月十日①病死 事 聞贈工曹參議[100]

---

99) 《충효당 실기》 筆寫本 原譜(화산이씨 문중 家傳), p.30, 1~8행. 이와 동일한 내용인즉, 화산이씨 편찬위원회, 《화산이씨 族譜》 全, 회상사, 1987, pp.1~25 및 李相協, "追配表節祠疏", 「화산이씨 族譜」, 회상사, 2004, p.273, 4~8행에서도 확인된다.

100) 「영남 읍지」(서울대 규장각 奎 12173, 1871) 권7, 봉화현 인물조, 이장발, pp.183~208.

라-3) 判決事一清之後壬辰倭亂年十九 左道義兵將金垓以書記招之 臨行以母在爲憂 母諭之曰 男兒生世 死國毋憾 勿以母持難 長發受教卽赴聞慶陣 六月十日①病死 ②將絶音一律曰 百年存社稷 六月着戎衣 憂國身空死 思親魂獨歸 事聞贈工曹參議[101)]

라-1)은 충효당 유집에 인용된 읍지이다. 이장발의 행적을 서술한 인물 다수가 언급하고 있다. 위의 읍지는 최소한 읍지 기록을 발언한 인물의 생존 연대와 겹치거나, 그 이전 발간된 것이라야 한다. 1832년에 찬술된 「경상도 읍지」에서는 이장발의 사적이 보이지 않는다.[102)] 이장발의 사적은 라-2)의 1871년 발간된 「영남읍지」, 라-3)의 1899년에 발간된 「봉화군 읍지」에서 확인된다. 라-2)의 「영남 읍지」에서는 이장발의 유명시가 실려 있지 않고, 「봉화군 읍지」에서만 이장발의 유명시가 보인다. 이장발의 사인을 놓고서도, 라-1)의 ①이 전사戰死로 서술했다면, 2종의 읍지(라-2의 ①, 라-3의 ①)는 모두 병사病死로 서술했다. 충효당 실기류와 읍지의 서술 차이에 대해서는 향후 상세한 검토가 요망된다.

제4절 충효당 유집 발행과 화산이씨 성원

충효당 유집은 17세기 유안의 노력에서 시작하여, 19세기 초반 만운晩運에 걸쳐 집약되었다고 할 수 있다. 특히 1826~1833년을 초점으로 화산이씨가 아닌 타성他姓의, 학문적 고아함으로 널리 존숭받던 인사들이 대거 충효당을 추상하며 유집에 참여한 것은 주목되는 사실이다.

---

101) 「봉화군 읍지」, 인물, 이장발, p.30.

102) 「慶尙道邑誌」(서울대 규장각 奎 666, 1832) 권20, 봉화현, pp.99~122.

이처럼 유집의 작성에 관여한 면면을 고려할 때, 적어도 그들 문사에게 가승을 소개하고 청탁하려면 그에 어울릴 만큼 문장에 능하고 재부를 갖춘 화산이씨 성원의 존재를 상정하지 않을 수 없다. 위와 중첩되는 시기의 화산이씨 성원을 살펴보는 것은 충효당 유집의 편찬 과정을 이해할 중요한 단서가 될 것이라 여겨진다. 가장 주목되는 인물은 만운, 상규相奎이다. 만운은 이공온(Lý Công Uẩn)의 29세손이자 안동파의 장손(입계된 양자)이었고, 이장발의 9세손이었다.[103] 만운의 생몰 연대는 1755-1834년이었음이 확인된다. 만운은 유허비의 건립과 관련하여 이인행에게,[104] 그리고 충효당의 건립과 관련하여서는 이야순에게,[105] 자신의 셋째 상규를 보내어 기문의 작성을 촉탁하였다.

이야순이 작성한 "충효당기"의 간지를 보면, 만력 임진 후 235년 병술로 나타나고 있어 1826년 봄임이 확인된다.[106] 1826년이라면 유허비 기문을 위촉받은 이인행은 당시 68세의 나이였고, 충효당과 유허비를 재건할 당시 만운의 나이는 71세였다. 유허비의 건립으로부터, 이인행은 7년 뒤 75세의 나이로 사망하였고, 만운은 8년 뒤 79세의 나이로 사망하였다.

한편 상규는 1788년(정조 무신)에 출생하였음이 확인된다.[107] 따라서 충효당, 유허비의 건립과 관련하여 부친 만운의 심부름을 할 당시, 상규의 나이는 38세였다. 상규의 사망 연대는 당청 갑자 9월 25일로 나타나고 있는데, 정조 치세 직후의 갑자년은 1804년뿐이다. 충효당, 유허비의 건립은 1826년의 일이므로, 족보에 적힌 당청 갑자년은 고종 3년

103) 화산이씨 편찬위원회, 「화산이씨 族譜」 全, 회상사, 1987, pp.332~333.
104) 이상협, 「화산이씨 족보」, 회상사, 2004, pp.312~313.
105) 이상협, 「화산이씨 족보」, 회상사, 2004, pp.316~317.
106) 화산이씨 편찬위원회, 「화산이씨 族譜」 全, 회상사, 1987, pp.263~264.
107) 화산이씨 편찬위원회, 「화산이씨 族譜」 全, 회상사, 1987, p.334.

(1864)이라 보인다. 따라서 상규의 사망 연대는 1864년, 향년 76세의 나이로 사망한 셈이 된다.

이렇듯, 1826년 안동파의 만운과 상규가 주축이 되어 열렬한 충정을 표방하고 대본을 정립하고자 이장발의 유허비, 충효당을 건립했다. 충효당 유집의 완성이 만운의 사망 시점을 전후하여 이뤄졌다는 것 역시 십분 고려할 대목이다.[108] 곧 "충효당 유집"은 만운이 추진한 필생의 역작이었음이 거의 확실하다.

만운이 첫째, 둘째가 아닌 막내(3子)를 보내, 수차에 걸쳐 일대의 문사에게 부탁했다는 것도 주목할 대목이다. 일단 첫째, 둘째가 사망했을 개연성도 추측할 수 있겠으나, 그보다는 만운 자신의 간절한 마음을 전하고자 일부러 막내(3子)를 보냈을 개연성이 높다고 보인다. 이는 그의 둘째 상복相馥의 생존이 1860년까지 확인되기 때문이다.[109] 충효당 유집의 작성 연대, 마무리가 1833년 어간이라면, 이는 당시 종걸鍾杰의 생존 연대와도 겹친다.[110] 종걸의 사망 연대는 1844년이므로, 1833년에 마무리된 유집 발간 과정에서 소소한 잔심부름의 역할을 행했을 개연성도 배제할 수 없다. 요컨대 고령의 만운은 화산 문중을 대표하여 이장발과 관련한 체계적이고 학구적 정리에 부심했으며, 그 성과물이 충효당 유집의 형태로 나타났다. 또한, 단순한 유집의 집성과 발간 차원에서 머무는 것이 아니라, 유허비의 건립과 충효당의 재건 등 크고 작은 공역을 포괄했을 개연성이 높다.

만운晩運은 대체 어떤 인물이었을까? 이장발의 가계는 외아들 진남을 거쳐 3남 3녀로 이어졌고, 이후 이장발의 9세손 종덕宗德에 이르러 이장

108) 화산이씨 편찬위원회, 「화산이씨 族譜」 全, 회상사, 1987, pp.332~333.

109) 李相協, 「화산이씨 족보」, 회상사, 2004, p.377.

110) 화산이씨 편찬위원회, 「화산이씨 族譜」 全, 회상사, 1987, pp.337~338.

발의 종통은 끊어졌다. 종덕에게는 아우 종업宗業이 있었고, 종업에게는 다시 아들 만우晩祐가 있었다. 종덕은 아우의 아들, 만우(조카)를 양자로 입계하지 않고, 밀양파 광춘光春의 아들 만운을 출계시켜 자신의 양자로 삼아 종통을 잇게 했다.

만우가 종덕의 양자로 입계되지 못한 까닭이 일찍 사망한 것 때문인지, 밀양파 만운의 영특함을 고려한 원려遠慮 때문인지는 분명하지 않다. 하여튼 만우의 생몰 연대가 이후 미상으로 처리되어 있으며, 자식들의 혈맥도 전혀 파악되고 있지 않다. 요컨대 현재 안동파의 혈맥은 밀양파에서 입계한 만운의 혈통이 안동파의 자리를 차지하고 있음이 확인된다. 만운이 3남 2녀를 두었고, 그 혈통이 현재까지 이어져 오고 있는 셈인즉, 이장발의 생물학적 혈맥은 전부 끊어졌다. 밀양파가 이동하여 봉화를 거점으로, 이름을 안동파라 칭한 셈이다. 전란을 거치면서도 어렵게 이어졌던 이장발의 혈맥은 불과 200년이 지나지 않아 절멸했다.

밀양파에서 졸지에 안동파의 종실로 입계한 만운은 남다른 각오와 의지를 지녔음이 분명하다. 그 일환으로 더욱 안동파의 역사를 정리하고 이장발을 추념하는 데에 각고의 노력을 다하였다고 보인다. 만운의 처는 밀양 박씨 박상검朴尙儉의 딸인데,[111] 그 통혼 역시 만운의 원래 세력 거점이 밀양이었음을 보인다. 안동파로의 종실 입계, 밀양 재지 세력과의 결혼을 놓고 볼 때, 양자의 선후는 분명치 않으나 밀양과 안동의 공간을 초월한 깊은 관계가 유추된다. 만운 자신의 사후는 물론이고, 밀양파인 자신의 생부 광춘의 묘 또한 밀양이 아닌, 안동파의 거점 봉화 창평에 선택되고 있다.[112] 이는 밀양과 안동(봉화)이 분리될 수 없으며, 만운의 심오한 각성과 자기 인식의 결과일 가능성이 높다. 밀양에 세거지

111) 家傳, 「화산이씨 世譜」 原譜(안동 국학진흥원 소장), p.17.

112) 家傳, 「화산이씨 世譜」 原譜(안동 국학진흥원 소장), p.17.

를 형성, 재지 세력화했던 밀양파의 재부가 안동 봉화로 집중되었을 개연성도 상정된다. 요컨대 밀양파에 의한 안동파의 대체이자 재정립이라고 할 수 있는 셈이다. 이러한 그의 노력, 의지에 부응하여 일대의 문사들 역시 적극 동참하였다고 보인다. 이를 추동한 화산이씨 세력은 밀양파에서 입계한 만운과 그의 막내 상규였다. 시기가 앞서는 유안을 제외한다면 화산이씨 안동파의 핵심 인물이자 표상, 눈동자라 할 이장발의 추념은 화산이씨 안동파가 아닌, 화산이씨 밀양파가 주축이었다. 이에 부응한 세력 역시 화산이씨의 범주를 벗어난 타성 집단이었다는 특징이 있다. 이는 주로 혈맥·학맥·지연 등을 매개로 한, 기왕의 여타 유고집 발행의 일반적 관행에서 크게 벗어나 있다고 해도 과언이 아니다.

이장발(1574~1592)은 이용상(Lý Long Tường')의 14세손이었다. 경북 봉화 창평에 세거했다. 이장발은 의병장 김해에 의해 서기(종사)로 발탁되었고, 19세로 참전하여 1592년 6월 10일 죽었다. 김해의 의병 활동을 담은 「향병일기」 속엔 실제 이장발 관련 내용이 담겨 있다. 부지附紙의 형태로 이장발 관련 내용이 「향병일기」 속에 고스란히 전해지고 있었음은, 김해와 이장발과의 관련성을 역설해 온 화산이씨 기록의 신뢰성에 일층 힘을 실어주는 대목이다. 김해의 거의는 6월 11일, 이장발의 죽음은 6월 10일이었다. 이장발이 죽었다고 하는 문경 전투 역시 김해의 의병 전쟁에서 찾을 수 없다. 결국 이장발은 김해의 거의 과정에서 서기로 초치되었고, 소모에 따라 이동 중 문경과 관련한 세력과의 국지전에서 사망했다고 추단된다.

본문은 충효당 이장발을 추념하는 실기류 전체를 종합 검토했다. 현존 총 3종(충효당집, 충효당 실기, 충효당기)을 종합 확인한 결과, ①의 류이좌 서를 필두로 ⑰의 이휘재의 유집후서에 이르기까지 17편목의 체제로 구성되었음이 파악된다. 연대상으로는, 김희소의 서순절사략후(1804년)에서 류이좌의 서(1833년)에까지 최소 30년 이상 시간의 축적을 거쳤음이 확인됐다. 충효당 유집에 관여한 사람 10명 중 문과 합격자는 3명이었다. 또 퇴계의 혈손인 진성 이씨가 4명(4할에 해당)을 차지했다. 거주 지역 또한 이장발의 거주처였던 봉화는 물론이고, 안동·영주·청송·예안 등에 걸쳐 있었다. 이들 문사들이 충효당 유집에 관여할 때의 연령은 71세의 류이좌로부터, 젊고 참신한 이휘재까지 다양한 범주를 망라했다. 말하자면 충효당 유집은 일대의 집단 지성을 총결집한, 집단 지성의 산물이었다.

유집에 인용된 「읍지」의 출처는 불상不詳이었다. 현존 「읍지」를 추적한 결과, 본문은 이장발 관련 기록이 1871년 「영남읍지」에서 초출初出하는 점, 현존 「읍지」에서 이장발의 사인 또한 죄다 병사로 특정하고 있는 점 등을 밝혔으며, 제반 사안은 구명해야 할 향후 과제로 보인다.

충효당 이장발을 기리는 실기류의 찬술은 뚜렷한 동인과 기제 하에 이뤄졌다. 이장발 사후 200년도 지나지 않아 그의 직계 혈통이 모두 멸절되었고, 밀양의 화산이씨 세력이 종손으로 입계되며 끊어진 이장발의 혈맥, 족적에 대한 추념과 추상의 작업이 이루어졌다. 특히 화산이씨 밀양파에서 화산이씨 안동파의 종손으로 입계된 만운은 화산 문중을 대표하여 이장발과 관련한 체계적이고 학구적 정리에 부심했다. 그 성과물이 충효당 유집의 형태로 나타났다. 그 성과의 축적에는 만운 필생의 집념과 각고의 노력, 이를 추종한 비속의 협조 등이 뒤따랐다. 이에는 단순한 유집의 집성과 발간 차원에서 머무는 것이 아니라, 유허비의 건립, 충효당의 재건 등 크고 작은 공역까지 망라되었다. 이른바 충효당 이장발과 관련한 학적 기록의 산물, 가시적 물적 유물의 토대는 공시적共時的으로 이뤄진 것으로서, 봉화를 거점삼아 화산이씨 안동파와 밀양파의 조우와 결합, 연대 하에 이뤄진 값진 개가였다.

제 9 장

李長發의 殉國과 遺命詩에 대한 檢討

제1절 이장발과 김해 일가

제2절 이장발의 행적과《향병일기》

제3절 이장발의 遺命詩와 김해의 絶命詩

倉卒辦命易 從容就死難

갑자기 죽는 것은 쉬우나, 조용히 죽음에 나아가는 것은 어렵다

충효당 遺集 後序

이장발(1574~1592)은 1592년 임란이 발발하자 예안 의병장 金垓(1555~1593)의 종사, 혹은 서기로[1] 김해의 의병에 가담했고, 1592년 6월 10일 문경에서 전사했다고 일컬어지는 비운의 인물이다.[2] 적이 조선에 상륙한 지 56일 만의 일이었다. 당시 이장발의 나이는 만 19세의 나이였다. 이장발 사후, 경북 북부 지방 일대 사족이 그를 추숭하고자 일단의 노력을 기울였음은 주목된다.[3] 이용상에 대한 족조 관념, 일가와 대월과의 관련성이 그 과정에서 부각되었고, 일가의 역사를 조망하게 되었다는 점에서, 화산이씨의 전 역사를 통틀어서도 이장발을 향한 추적은 유의미하다.

이장발은 죽기 직전 스무 글자에 달하는 유명시를 남겼다. 당해 시는 이장발이 남긴 유일한 시문이다. 이는 현재 경북 봉화 충효당(경북 봉화군 봉성면 창평리 220)에 柱聯의 형태로 적혀 있기도 하다. 또 이장발의 충의 정신을 세상에 드러내는 유일무이한 표상이다. 그런데 이장발을 초치한 의병장 김해의 문집[근시재집],[4] 김해 휘하 의병의 진중일기 성격을 띤 《향병일기》 삽지에서,[5] 이장발의 유명시와 단 두 글자만 다른 시[표절

---

1) 예안 의병장 김해가 이장발을 '書記'로 招致한 것으로 기록한 내용은 《충효당 유집》 內 〈시〉, 〈유사〉, 〈읍지〉, 〈묘지명〉, 〈묘갈명〉, 〈충효당기〉 등이며, 이장발을 '從事'로 招致한 것으로 밝힌 것은 《충효당 유집》 內 〈묘표〉(朴時源), 〈書水部右侍郎 花山李公忠孝堂 殉節史略後〉 등이다(박순교, 〈이장발의 임란 참전과 충효당 유집의 발행 시말〉, 《대구경북연구》, 2019). 한편 김해의 의병 활동을 기록한 것으로 전해지는 《鄕兵日記》에서는 掌書(1592년 8월 13일, 1592년 9월 5일, 1592년 9월 6일조 등), 書記(1593년 5월 7일조 夾註) 등의 직책이 확인되지만, 이장발의 이름은 확인되지 않는다. 또 종사라는 직책 이름은 김해 휘하 의병에서 확인되지 않는다.

2) 박순교, 〈Vietnam(大越) 황자 '李龍祥L Long Tường'에 관한 연구(6)〉, 《동아인문학》 54, 2021.

3) 박순교, 〈이장발의 임란 참전과 충효당 유집의 발행 시말〉, 《대구경북연구》, 2019.

4) 국학진흥원, 〈근시재집〉, 《국역 오천세고》 下, 절명시, pp.144~186.

5) 국사편찬위원회 영인본 《향병일기》(국사편찬위원회 전자사료관소장(마이크로필름) 3/40.

률 18/20]가 절명시 제하에 실려 있다. 이장발의 유명시와 두 글자만 다른 김해의 절명시는 그간의 논자들에 의하여 김해의 저작인 양 수용, 인식되어 왔다.[6] 심지어 이장발의 유명시는, 최근 안동 예안 오천마을 군자리 입구 '김해 擧義 기념비'에 원문을 곁들여 음각으로 김해 저작인양 둔갑하여 새겨지기도 하였다.[7] 《향병일기》에 附箋紙의 형태로 삽입된 이장발의 행적마저,[8] 김해의 행적으로 오판되기까지 했다.[9]

본문에서는 이장발 일가와 김해 일가의 관계, 이장발의 유명시와 김해의 절명시 저작 여부, 유명시와 절명시를 둘러싼 동시대인들의 시선과 입장, 서술의 맥락과 기록의 추이 등을 고찰하려고 한다. 이장발의 행적은 김해 의병 부대 활동과 연계된 《향병일기》 본문에선 확인되지 않는다. 이장발의 행적이 김해 의병 부대의 행적에서 나타나지 않아 혼란을 부추긴 까닭은 김해 의병 부대가 지닌 본질적 속성과도 연계되었다고 보인다. 김해 의병 부대 활동과 연계된 《향병일기》에는 판본에 따라 내용의 누락, 주체의 불명, 서술 연대의 제한 등이 확인되며, 전체적으로도 미완의 성격을 띤다. 최근 공개된 심재덕 소장본 《향병일기》의 경우, 마지막 단락은 1593년 5월 7일이다. 김해의 사망 일자가 1593년 6월 19일이었던 점에서 심재덕 소장본 《향병일기》 조차 미완의 기록임

---

6) 심수철, 〈근시재 김해의 생애와 문학 세계〉, 안동대석사학위논문, 2013.12, pp.66~67. 신해진, 《역주 향병일기》, 역락, 2014, pp.136~151. 이학주, 〈안동의 의병장 김해〉, 《국난극복 민중의힘, 의병》, 지역N문화(임진왜란의병-임진왜란의병장), pp.1~3(https://ncms.nculture.org/righteous-army/story/3909). 權五信, 〈近始齋 金垓의 生涯와 義兵活動〉, 《安東文化》 11집, 2003, pp.229~230.

7) 조동걸, 〈김해 절명시〉 근시재선생 순국기념비(안동 와룡 오천리 소재), 2006년 10월 立.

8) 국사편찬위원회 영인본 향병일기 [사료철 DDG052_04_00R0002, 수집정리번호 0201a174654].

9) 신해진, 《역주 향병일기》, 역락, 2014, pp.136~151.

을 드러낸다.[10] 이에 심재덕 소장본의 경우 6월 8~19일까지, 혹은 김해 사망 이후 군영의 움직임에 대한 기록은 결락되어 전무한 셈이다.[11] 심재덕 소장본을 제외한 여타 《향병일기》의 경우, 김해의 증손 果軒 김순의(1645~1714)가 추가한 내용이 말미에 함께 실려 있다. 얼추 백 년이 지난 시점에서 증손 果軒의 가필이 추가된 셈이 된다. 이러한 점에서 현전 《향병일기》가 당대의 기록으로만 채워져 있다고 보기 어렵다. 본문에서는 김해에 대한 그간의 연구[12]를 일별하되, 전거가 된 《향병일기》를 포함하여 김해와 이장발을 둘러싸고 혼선과 착종, 과오로 범벅된 종래의 연구 전반을 축차적으로 다듬어 정리하고자 한다.

제1절 이장발과 김해 일가

이장발의 궤적을 추찰하는 과정에서 보면, 이장발과 예안 의병장 김해와는 불가분의 관계에 있다. 이장발의 住處는 경북 봉화, 김해의 주처

10) 신해진, 《역주향병일기》, 역락, 2014, p.134. 국사편찬위원회 영인본 향병일기 [사료철 DDG052_04_00R0002, 수집정리번호 0201a174654] 1593년 5월 7일조에서는 김해 부대가 군을 일으켜 적을 추격한 것으로 되어 있다. 하지만 심재덕 소장본 《향병일기》 1593년 5월 7일조에서는 짤막하게 김해가 오천으로 돌아온 것(雲陰 大將歸烏川)으로 되어 있다.

11) 심재덕 소장본 「향병일기」의 관견에는 심수철 선생의 자료제공에 힘입은 바 컸다. 사의를 표한다.

12) 노영구, 임란 초기 근시재 김해의 의병활동, 《군자리, 그 문화사적 성격》, 2000, 토우, pp.19~54. 薛錫圭, 〈光山金氏禮安派의 학문과 金垓의 義兵活動〉, 近始齋 先生 殉國記念碑 除幕, 도서출판 한빛, 2006. 權五信, 〈近始齋 金垓의 生涯와 義兵活動〉, 《安東文化》 11집, 2003. 金時璞, 〈近始齋金垓 先生의 事蹟〉, 《君子마을과 崇遠閣》, 2007. 심수철, 〈근시재 김해의 생애와 문학 세계〉, 안동대석사학위논문, 2013.12. 이욱, 〈광산 김씨의 임란 의병활동과 의의〉, 《국학연구》 30, 2016.

는 안동 예안이었다. 두 지역의 상거는 대략 43km에 달한다. 격절된 공간의 한계를 고려할 때, 이장발과 김해를 묶을 연결고리는 대체 무엇이었을까. 현재 이장발과 김해의 친연 관계를 입증할 직접적 증거는 찾아지지 않는다. 다만 이장발의 스승 권사온, 이장발의 출가한 누이와의 관련 속에서 김해 일가와의 관계를 방증할 자료는 보인다.

[표 1] 이장발과 김해의 略系

姓名	李長發	金垓
死因	戰死(病死)	病死
享年	19	39
사망일자	1592년 6월 10일	1593년 6월 19일[12)]
사망장소	문경	경주
居處	奉化	禮安
父	李希文	生員 金富儀
祖	사복시주부 李鳳壽	강원관찰사·경주부윤 金緣
曾祖	箕子殿 參奉 李元淑	성균관 生員 金孝盧
高祖	奉化 訓導 李楨	음성현감 金淮
外祖	主簿 尹寬	政郞 權習
聘丈	直長 黃昭	進士 李宰 〈퇴계 兄 李漪의 子〉
入格	幼學	소과·대과
官職	無官〈布衣〉	前예문관 검열
婦人	창원 황씨	진성이씨〈퇴계 종손녀〉
文集	無	근시재집
부인 生沒	遺失〈1592년 생존〉	1552~1593년 5월
一家	零落 〈三寸 希範, 希程, 希白, 希舜의 血脈 不明〉	烏川 7君子
子女	2대독자(振南)	4남 3녀
자신	1대독자	1대독자
사망 당시 생존 母親	親母〈덕성윤씨〉	繼母〈가평이씨〉
父母 卒年	父 卒年 不明 (1592년 이전 사망)	父-1582년 母-1555년

姓名	李長發	金垓
사망 당시자녀 나이	獨子 振南 生後 74일	맏이〈光繼〉12세
生沒	1574~1592년 6월 10일	1555~1593년 6월 19일
兄弟	누이 1명(朴根茂에게 출가)	無

金垓의 字는 達遠, 號는 近始齋, 본관은 光山이다. 1555년(명종 10) 禮安縣 烏川里(현 안동시 와룡 오천)에서 挹淸亭 金富儀의 외아들로 태어났다. 오천에의 입향조 金孝盧 이후, '조선의 5富'라 일컬음을 받는 후조당 金富弼(23世), 읍청정 金富儀(23世, 사마시 합격), 산남 金富仁(23世, 무과 합격), 양정당 金富信(23世, 소과합격), 설월당 金富倫(23世) 등과 내외종 형제인 봉화 琴氏의 일휴당 금응협, 면진재 금응훈까지 망라하는, 김부생을 제외하고 모두 일곱 명이 退陶의 문하로 명망을 얻었다.[14] 김효로의 딸이 봉화 금씨 琴梓에게 출가하였고, 금응협의 누이는 퇴계의 맏며느리였다. 학맥뿐만 아니라 중첩된 혼인과 혈맥으로 봉화 금씨, 광산 김씨, 진성 이씨(퇴계)가 얽히고설킨 셈이었다. 또 金綏(김부인, 김부신, 김부륜의 父)와 金坽(김부륜의 子)은 《需雲雜方》을 세세에 걸쳐 增訂한 인물들이다. 후일 퇴계의 제자 한강 정구가 '오천에는 군자 아닌 사람이 없다'라 하여 세칭 군자리로 일컬어질 만큼, 오천은 光金과 금씨가 형성한 요지부동의 굳건한 世居地였다. 일가가 퇴계 이황의 문하에서 학문을 익혀 文風이 크게 진작되었으며, 퇴도가 역동서원의 山長을 맡기고(김부의), 음직을 주선하려고 나서거나(김부필),[15] 직접 雪月堂의 호를 내려줄 만큼(김부륜) 공고한 학

13) 신해진, 《역주 향병일기》, 역락, 2014, pp.136~137.

14) 김부생의 존재는 1597년 《金富儀 妻 李氏 別給文記》의 작성자, 수결자로 등장하고 있음에서 생존이 확인된다. 그런 그가 군자의 범주에서 빠진 까닭은 그가 적자가 아닌 서자였던 까닭에 기인하는 것으로 보인다. 1597년 《金富儀 妻 李氏 別給文記》에는 그가 김부의의 4촌 庶弟로 확인된다.

15) 《오천세고》 상, 김부필 諡狀.

맥 아래 가세가 심히 성하였다. 金富仁은 무과(?/29)를 통해[16] 경상좌도 병마절도사에 이르렀다. 金垓의 생부 挹清亭 金富儀(1525~1582)는 1555년 사마시에 합격하였으나[16] 벼슬에 뜻을 두지 않고 형인 後彫堂 金富弼과 함께 퇴계 문하에서 학업을 닦았다. 김부의의 아들로 태어난 金垓는 생후 7일 만에 어머니(안동 권씨, 政郎 權習의 女)를 여의었고, 조모(창녕조씨, 趙致唐의 女)마저 세상을 떠나자(1556) 백부(김부필, 1566~1577)의 처(진주 河氏, 상서원 직장 河就深의 女) 슬하에서 성장했다. 이에는 乳母(이모)인 終伊의 조력이 있었다.[18] 父 김부의는 안동 권씨와 사별한 이후 가평 이씨(忠義衛 李恥의 女)와 다시 혼인하였으나 자식이 없었다.[19] 이에 金垓 사망(1593년) 당시, 거론될 모친은[20] 생모가 아닌 계모였다. 이 점은 나중 살필 金垓의 유명시와 관련하여 깊이 유의할 필요가 있다. 金垓는 후사가 없던 백부 후조당에게 입계되어 종손으로 양육되었다. 이후 백부 후조당이 1577년 죽자, 金垓는 백부의 묘지, 遺事 및 琴㰐에게 출가한 종조모의 묘지명을 쓰기도 했다.[21] 이른바 金垓는 오천 예안파의 종손인 셈이었다. 게다가 金垓는 조부 김연에 이은, 광산 김씨 예안파의 두 번째 문과 급제자였다. 金垓는 35세 때인 선조 22년(1589) 4월, 증광문과에 급제하여 承文院 正字에 취임하였다. 그리고 곧 藝文舘 檢閱로 옮겨졌다.

1592년 전란 당시, 예안 현감 신지제는 金垓와 同榜及第한 사이였고,

---

16) 『기유식년문무과방목(己酉式年文武科榜目)』.

17) [생원] 명종(明宗) 10년(1555) 을묘(乙卯) 식년시(式年試) [생원] 3등(三等) 58위(88/100) 『가정34년을묘3월초7일사마방목(嘉靖三十四年乙卯三月初七日司馬榜目)』(국립중앙도서관[古6024-166]).

18) 1559년 김부의(金富儀) 별급문기(別給文記).

19) 1597년 《金富儀 妻 李氏 別給文記》.

20) 이상정, 〈예문관검열증홍문관수찬근시재김선생행장〉, 《근시재집》 下.

21) 김해, 〈伯考成均生員府君遺事〉, 〈伯考成均生員府君墓誌〉, 《근시재집》 下.

[그림 1] 권사온과 김해, 이장발의 인척 관계

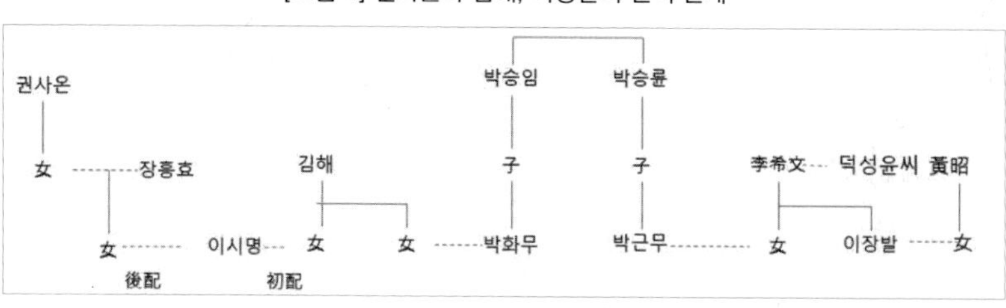

金垓의 조부 김연은 榮川(현 영주) 현감을 지냈다. 金垓의 처는 퇴계의 형 李椅의 딸이었으며, 金垓의 부친과 백부, 계숙 등은 퇴계의 문하였다. 金垓의 증조 김효로의 墓碣銘을 퇴계가 썼을 만큼[22] 퇴계와의 교분이 두터웠다. 기타 金垓의 당숙모(金綏의 女) 둘은 농암 이현보의 맏이(李慶梁), 퇴계의 5촌 堂姪(李憑, 퇴계의 4촌 李壽苓의 子)에게 각각 출가하여 인척을 형성했다. 또 김해의 숙부 金富仁은 이현보의 딸과 결혼, 중첩된 혼맥을 형성했다.[23]

金垓 일가의 재부 역시 괄목할 정도였다. 광산 김씨 예안파의 재정 기반에 대해서는 상당한 분석이 진행되었다. 이에 의하면 金垓 일가는 문과 부를 동시에 거머쥔 명문거족이었다. 요컨대 안동, 예안 일대에 있어 金垓 일가의 영향력은 족히 짐작된다.[24] 김해의 딸이 이시명의 초배였고, 동강 권사온의 외손녀(장계향)가 이시명의 재배였다. 권사온의 사위(곧 장계향의 부친)는 장흥효였고, 이시명은 장흥효의 애제자였다. 이장발을 서기로 징치한 의병장 김해와, 이장발에게 학문을 가르친 스승 권

22) 이황, 〈成均生員金公墓碣銘〉, 《퇴계선생문집》 권46 墓碣誌銘.

23) 김정운, 〈조선 후기 사족의 혼인과 이주-광산김씨를 중심으로-〉, 《한국사학보》 60, 2015, pp.277~317.

24) 권오신, 〈영남의병대장 근시재 김해의 생애와 활동〉, 《安東文化》 11, 安東文化院, 2003. 박현순, 16~17세기 예안 사족연구, 서울대 박사학위논문, 2006, pp.29~34, pp.225~227.

사온이 이시명을 축으로 연결됨이 확인된다. 김해의 또 다른 딸은 박회무(1575~1666)에게 출가하였고,[25] 이장발의 유일한 누이는 박근무(생몰년 미상)에게 출가하였다.

박회무와 박근무는 나주 반남을 본관으로 하여, 1500년경 이래 영주에 세거하고 있던 반남 박씨 일가였다. 선계를 따지면, 진사 朴珩(1479~1549)이 16세기 경북 안동 와룡에서 경북 영주 두서리로 입향하여 承倫, 承任, 承仁, 承侃, 承俊, 承健, 承文 등의 7子를 두었다. 朴承任, 朴承倫이 형제지간이었으니, 그 아래 손자들인 박근무와 박회무는 再從의 관계에 있었다. 박회무의 조부는 1540년(중종 35) 식년 문과에 병과 11위(21/33)로 급제하고[26] 진주 목사, 황해도 관찰사, 대사간 등을 지낸 嘯皐 朴承任(1517~1586)이었고, 부친은 한강 鄭逑와 鄭經世 등에게 수학한 유학자이자, 의금부도사를 지낸 朴漉(1542~1632)이었다. 김해가 예안에서 擧義하고 석 달에 즈음한 시점인 1592년 9월 2일, 안동의 의병과 일직에서 회합하여 운산으로 나아가자, 朴漉은 휘하의 영주 향병과 더불어 김해 진영에 지역 간 동맹을 청했음이 확인된다.[27] 박회무 역시도 1606년(선조 39) 진사시에 입격하였고,[28] 1627년(인조 5) 정묘호란 당시 강화도로 몽진한 인조를 의금부도사로서 시종하였다. 박회무의 조부 박승임의 문인으로는 임란 당시 안집사의 직책을 수행한 영주 출신 柏巖 김륵(1540~1616), 梅圃 宋福基(1541~1605) 등이 있었다. 박근무의 부친은 朴澳

25) 김정운, 〈조선 후기 사족의 혼인과 이주-광산김씨를 중심으로-〉, 《한국사학보》 60, 2015, pp.277~317.

26) 《국조문과방목(國朝文科榜目)》(규장각한국학연구원[奎 106]).

27) 《향병일기》 1592년 9월 2일조.

28) [진사] 선조(宣祖) 39년(1606) 병오(丙午) 식년시(式年試) [진사] 3등(三等) 68위(98/100) 『만력34년병오10월 29일 사마방목(萬曆三十四年丙午十月二十九日司馬榜目)』(국사편찬위원회[MF A지수402]).

(1542~1621)이었고, 조부는 朴承倫이었다. 박회무와 달리 박근무 집안의 출사 기록은 문증되지 않는다. 이장발의 집안과 반남 박씨 간 통혼과 돈독한 관계는 미루어 짐작이 가능하다. 이장발의 모친은 덕성 윤씨, 이장발의 처가는 창원 황씨였다. 이런 맥락에서 예안 의병장 김해, 봉화의 이장발, 영주의 반남 박씨, 창원 황씨 등의 관계 내지는 친연성을 추정할 수 있다.

제2절 이장발의 행적과 《향병일기》

이장발의 행적이 김해의 행적으로 혼효, 착종된 것처럼, 이장발의 유명시 역시 김해의 절명시로 둔갑되었다. 먼저 김해의 절명시, 나-4)가 수록된 것은 김해 자신의 문집(근시재집), 의병 활동을 담은 《향병일기》에서 확인된다. 《향병일기》의 異本은 전체 4종(이화여대 소장본, 안동대 안동문화연구소 발행본, 국사편찬위원회 전자사료관 소장본, 안동 심재덕 소장본)에 달한다. 심재덕 소장본을 제외한다면, 전사사료관 소장본[29]이 가장 풍부한 전문을 담고 있다고 평해진다.[30]

국사편찬위원회 소장(마이크로필름) 향병일기는 전체 40쪽(표지 포함)으로 구성되어 있다.[31] 1쪽과 40쪽은 전면과 후면의 표지이며, 2쪽은 附箋紙로서, 근시재 선생 行略 題下에 일련의 내용들이 국한문 혼용의 행서 필기체로 서술되어 있다.

---

29) 국사편찬위원회 영인본 향병일기 [사료철 DDG052_04_00R0002, 수집정리번호 0201a174654].

30) 신해진, 《역주 향병일기》, 역락, 2014, pp.149~213.

31) 국사편찬위원회 전자사료관 향병일기 항목 [사료철 DDG052_04_00R0002, 수집정리번호 0201a174654].

[그림 2] 국사편찬위원회 영인본 《향병일기》(국사편찬위원회 전자사료관소장(마이크로필름) 3/40

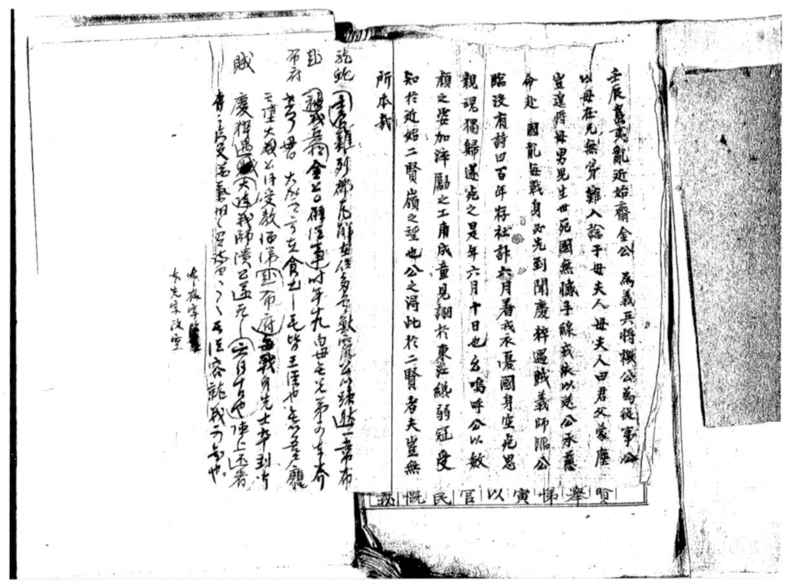
壬辰島夷亂近始齋金公 爲義兵將檄公爲從事公
以母在充無旁難入諗于母夫人母夫人曰君父蒙塵
豈違將母男兒生世死國無憾乎綠戎衣以送公承慈
命赴 國亂每戰身必先到聞慶梓遇賊義師陷公
臨沒有詩曰百年存社許六月着戎衣憂國身空死思
親魂獨歸遂死之是年六月十日也幺嗚呼公以敏
穎之姿加淬勵之工角成童見翔於東社纔弱冠受
知於近始二賢嵬嶺之望也公之得此於二賢者夫豈無
所本哉

김해의 절명시 나-4)을 비롯하여 행적이 수록된 문제의 대목은 당해 3/40이라 할 수 있다. 3쪽의 右는 해서체의 반듯한 자체로 되어 있으며, 左는 행서 글자체로 되어 있어 구분된다.[32] 4쪽부터는 향병일기 제하의 목판본 글자체 내용이 보인다. 여하튼 2쪽의 附箋紙와, 3쪽의 좌우 글자체 모두 상이한 만큼, 2~3쪽에 걸친 내용은 서로 다른 3명의 後人이 관련 내용을 추기한 것으로 판단된다. 우선 국사편찬위원회 소장(마이크로필름) 향병일기 3쪽 右에서 인용한 시(이장발의 유명시)의 교역본[33]은 다음과 같다.

32) 신해진, 《역주 향병일기》, 역락, 2014, pp.150~151에서는 구분하지 않고 연결해서 처리해 놓고 있다.

33) 신해진, 《역주 향병일기》, 역락, 2014, pp.149~213.

가-1) [임진년(1592년) 섬 오랑캐의 난리 때 근시재(近始齋) 김공(金公, 金垓)은 의병장이 되었고, ① 공에게 격문이 보내어져 의병 일으키는 일을 하게 되었다. 공은 ② 어머니 곁에 모실만한 형제가 없음을 근심하면서 어머니께 들어가 고하자 ③ 어머니께서 말씀하시기를, "임금께서 피난하시는데 어찌 어미 봉양할 겨를이 있으랴. 남아가 세상에 태어나서 나라 위해 죽음은 여한이 없으리로다."하고는 손수 군복을 지어서 보내니 공은 어머니의 명을 받들어 국난에 달려갔다. 매양 싸울 때마다 그 자신은 반드시 맨 먼저 이르렀는데, ④ 문경에서 갑자기 왜적을 만났지만 의병이 공격하였다. 공은 죽음에 임하여 시를 남겼으니, 이러하다. 머나먼 앞날까지 사직 보존코자 무더운 유월에도 갑옷 입었거늘, 나라 위해 몸은 속절없이 죽고 ⑤ 어버이 찾아 넋은 홀로 가누나. 마침내 세상을 떠나니, 이때가 ⑥ 6월 10일이었다. 아 공은 총명하고 민첩한 성품에도 공부에도 더욱 정진하여, 겨우 15세가 되었을 때에는 낙동강 지역에서 칭찬을 받았고, 겨우 약관이었는데도 ⑦ 근시하는 두 현인(류성룡과 김성일)에게 인정을 받았으니, 영남의 희망이었다. 공이 두 현인으로부터 이러한 인정을 얻은 것은 어찌 바탕을 둔 바가 없었겠는가?]

위 譯文에서 ① 문경에서 전사(金垓는 경주 부근에서 사망), ② 6월 10일(金垓는 1593년 6월 19일), ③ 19세(金垓는 38세), ④ 모친의 참전 권유 대목 등 金垓와는 무관한 내용으로 채워져 있다. 역자(신해진)는 이장발을 주제로 다룬 원문을 두고, 金垓 중심으로 취급하여 교역하면서 착종을 자주 언급하고 있다. 착종이라 밝힌 역자의 착종이 더욱 두드러진 셈이다.[34] 역자가 이장발의 사적을 알지 못한 결과, 이를 金垓의 것으로 명백히 혼동하였고, 金垓 중심으로 오역하였다. ⑦ '동강'과 '근시'의 경우, 고유명사[號]로서 동강 권사온과 근시재 김해를 지칭한다. 그럼에도 불구하고, 동강을 낙동강으로 보아 '낙동강 지역 일대에서 칭찬받았다'고 하거나, 근시를 근시하는 것으로 보아 '근시한 두 현인에게 인정을 얻었다'는 식으로 오독하고 있다. 위 기록, 所引의 시 역시 金垓의 저작이 아니었다. 이러한 오역, 오판의 저변에는 이장발의 행적을 담은 기록이 《향병일기》에 포함되어 있은 점, 그럼에도 이장발의 이름은 《향병일기》의 어디에도 보이지 않은 점, 그리고 오직 김해만을 염두에 두고 자료를 해석한 역자의 좁은 시야에 기인한다.

국사편찬위원회 소장(마이크로필름) 향병일기 3쪽 左에서 인용한 시(이장발의 유명시)의 교역본(가-2))[35]은 이하와 같다.

> 가-2) [용사의 국난 때, 여러 고을이 무너지자 지위에 있는 자들은 대부분 금수처럼 달아났다. 공은 ⑧ 소원(疎遠)한 일개 포의(布衣)로서 ⑨ 의병장이 되었고, 김공 아무개가 의병을 일으키도록 부르니 이때 나이가 ⑩ 19세(38세의 잘못)였는데, 어머니를 모실 형제가 없었기 때문에 봉양을 어찌하면 좋겠는가. 어머니께서 말씀하시기를, "임금이 바야흐로 계신 땅에서 나는 곡식을 먹고 사람은 모두 왕의 신하이다. 우리 집은 걱정하지 말고 대의를 따르라." 하니, 공은 재배하고 어머니의 가르침을 받들어 눈물을 흘리며 막부로 달려갔다. 매양 싸울 때마다 그 자신은 반드시 사졸들보다 앞서 이르렀는데, ⑪ 문경

34) 신해진, 《역주 향병일기》, 역락, 2014, p.151, 주 45)에서 역주된 2賢 역시, 학봉 김성일과 서애 류성룡을 지칭한다고 하고 있으나 이는 분명한 오류, 억단이다. 2현이란 동강 권사온, 근시재 金垓를 지칭하는 것이 확실하다.

35) 신해진, 《역주 향병일기》, 역락, 2014, pp.149~213.

에서 갑자기 왜적의 대진을 만나 의병이 무너졌고, 공도 마침내 세상을 떠나니 ⑫ 6월 10일이었다. 대열에서 돌아온 자가 신주를 전해주었고, 임종할 때에도 도리어 기운이 빛나 시를 남겼다고 하니, 의연히 의리를 따랐음을 알 수가 있다.]

위 역문에서 발견되는 내용들 역시 전부 김해의 행적이 아닌, 이장발의 행적임은 두말할 나위가 없다. ⑧ 布衣의 신분, ⑨ 의병장 김공의 부름을 받은 점, ⑩ 당시 19세였던 점, ⑪ 문경에서 사망한 점, ⑫ 사망일자가 6월 10일로 나타나는 점 등은 모두 이장발과 연관된다. 1) 김해는 前 翰林의 신분이었고, 2) 의병장 金公은 김성일이 아니라 김해인 점(김성일은 의병장이 아님), 3) 당시 19세의 나이는 이장발의 나이였던 점(1592년 당시 김해는 38세), 4) 사망 장소 역시 김해의 경우 경주였으며 이장발만이 문경으로 나타났던 점, 5) 사망 일자(위의 6월 10일) 역시 김해의 경우 6월 19일이었다. 이러한 점에서 이장발의 행적은 김해의 행적으로 혼돈, 둔갑되어 《향병일기》에 여과 없이 포함되었다고 판단된다.

가-1), 가-2)가 《향병일기》에 수록된 점은 이장발이 김해와 어떤 형태로든 관계되었다는 것을 함의한다. 그럼에도 《향병일기》에 이장발의 이름이 직접 적시되지 않은 것은 김해의 擧義 이전 그가 사망하였고, 그에 따라 구체적 행적이 채록되지 못한 결과가 아닐까 추단된다.

가-1), 가-2)가 이장발과 관련된다면, 이의 원본은 어디에 있으며 누가 작성한 것일까. 이에 대해 이장발 관련 전적을 열람할 때 구체적 내용이 확연해지리라 여겨진다. 위의 가-1), 가-2)의 文面은 《충효당 유집》 내 朴時源(1764~1842)이 찬한 이장발의 묘표 내용[36]과 거의 동일하다. 동

36) 박순교, 〈이장발의 임란 참전과 충효당 유집의 발행 시말〉, 《대구경북연구》 18권

시에 축차적으로 검토했을 때, 이인행이 찬한 〈유허비〉의 내용과 겹치는 부분도 일부 확인된다. 이로써 《향병일기》 속에서 전후·인과가 부합되지 않았던 하나의 편린(이장발 관련 내용)이 구체적 역사적 사실 속에서 정합되어 제자리를 찾게 되었다고 자평할 수 있겠다.

의병장 김해는 사후 3년이 지난 1595년 홍문관 수찬에 증직되었다.[37] 1595년이라면 의병장 김해가 사망한 이태 뒤의 일이며, 적이 남해안 일대에 두터운 왜성을 쌓고 교두보를 형성하여, 전쟁이 소강상태에 있던 즈음의 일이었다. 김해의 생전 역임한 관직이 검열(정9품)이었고, 사후 추증 받은 관직은 홍문관 수찬(정6품)이었다. 전쟁 중에도 벼슬이 추증될 만큼 조정으로부터 각별한 관심을 받았던 김해가, 추후 이루어진 공신 책봉에서는 정작 누락되어 있다. 선조 37년(1604)의 선무공신[총 18명]은 물론이고, 선조 38년(1605) 선무원종공신의 책봉 명단[총 9,060명][38]에서도 의병장 김해의 이름이 찾아지지 않는다. 경상좌도를 종횡한 《향병일기》 기록, 행적에 견주어 김해의 이름이 공신 책봉 명단에서 없는 셈이다. 그 까닭은 심히 의문이다. 김해는 1만에 달하는 대규모 의병을 지휘한 것으로 적시되어 있다.[39] 그럼에도 김해 휘하 안동 향병 전체가 논공행상에서 누락되어 있다. 김해가 의병장

3호, 2019.

37) 金圻, 〈傳〉, 《근시재집》.

38) 《선조실록》 186권, 선조 38년 4월 16일 경신 5번째 기사. 그러나 현전 9,022명이 확인된다. 기록과 현전 자료 간에는 38명의 누락분이 존재한다. 이들 무리에 김해가 포함되었을 개연성을 상정할 수 있다. 그러나 김해를 추상하는 적잖은 後人의 글에서는 선무원종공신이 일언반구도 언급되지 않는다. 이런 맥락에서 김해의 공신 추증은 역시 없었다고 보인다.

39) 魚鱗而起。兵至萬餘。皆聽金垓節制。垓以忠義慷慨之資。信義素孚於人心。遠近想望有爲之期。所在人皆以討賊爲務。出慶尙巡營錄又見 (조경남, 《난중잡록》, 한국학중앙연구원 소장본).

에서 체직당한 것[40] 때문인지, 휘하 의병의 군공이 중앙에 문달되지 않아 논공행상에서 누락된 것인지, 아니면 괄목할 군공을 거두지 못하여 공신의 직첩을 받지 못하고 출척당한 것인지는 향후 궁구할 과제에 속한다.

> 가-3) 경상좌도 의병장 柳宗介가 적을 만나 패하여 전사하였다. …중략… 이로부터 鄕人들이 군사를 꺼려하게 되었는데, 安集使 金玏이 金誠一과 서로 호응하여 함께 檄文으로 타이르니, 시골에 살고 있는 사대부들이 비로소 곳곳에서 군사를 모으기는 하였으나 모두 군대를 형성하지 못하고 그쳤다.[41] (《선조수정실록》 26권, 선조 25년 8월 1일 무자 17번째 기사)

위 가-3)은 경상 좌도 의병의 공과에 대한 조선 중앙 정부의 시선이자, 차갑고도 정직한 세평이라 할 만하다. 이에 의하면 류종개의 죽음 이후 조선 좌도에서 향병이 일어났으나 모두 軍을 이루지 못함에 그쳤다는 점, 安集使 金玏, 金誠一이 함께 檄文으로 타이르니, 시골에 살고 있는 사대부들이 곳곳에서 군사를 모았으나 모두 군대를 형성하지 못하고 그쳤다는 점을 적시하고 있다. 이는 處處에서 물고기 비늘처럼 의병이 일어나 그 숫자가 1만을 헤아렸다는 지역 의병 기록의 자평[42]과는 큰 차이점을 드러낸다. 조선 정부가 견지한 이러한 시각과, 김해가 선무원종공신에 책봉되지 못한 것은 일정한 연관이 있지 않을까 여겨진다. 예안 의병

40) 고상증, 《용사실기》, 1592년 10월 17일조. 권용중, 《용사일록》, 1592년 10월 17일조.

41) 慶尙左道義兵將柳宗介遇賊敗死。…중략… 自此, 鄕人以兵爲諱, 安集使金玏與金誠一相應, 共爲檄諭, 士大夫鄕居者, 始處處聚募, 皆不成軍而止。(《선조수정실록》 26권, 선조 25년 8월 1일 무자 17번째 기사)

42) 조경남, 《난중잡록》, 한국학중앙연구원 소장본.

장 김해는 물론 당해 부대의 전공 자체가 《조선왕조실록》 전편에 걸쳐 단 한 차례도 적시되거나, 거명되지 않음도 간과할 수 없다. 김해를 비롯한 일군의 무리는 조선 조정에서 철저히 버림받고 잊힌 존재였다.

이장발 역시 사후 30년이 지난 1622년에서야 통정대부 공조참의에 증직되었다.[43] 김해와 마찬가지로, 이장발 역시 선무원종공신의 명단에서 누락되어 있었다. 의병장 김해에 비하면 27년 뒤의 일이었다. 경상도 관찰사 김지남이 이장발의 충의와 행적을 조선 중앙 정부에 啓聞한 결과였다. 김지남의 경상도 관찰사 재임 기간은 1621년(광해 13) 11월~1623년(인조 1) 7월까지였고, 임기 만료로 관찰사의 직을 이임했다. 이장발이 추증된 1622년이라면, 이장발의 아들 이진남이 1615년 음력 2월 22일 스물넷의 나이로 죽은 지 7년의 일이며,[44] 이장발의 손자 이유안이 겨우 열두 살이던 즈음이었다. 1622년 당시, 열두 살 나이의 이유안이야말로 죽은 이진남의 맏이인 점을 고려하면, 김지남의 계문에 이장발 일가의 세력이나 입김이 작용했을 가능성은 없어 보인다. 더욱이 김지남은 이장발을 종사, 혹은 서기로 초치했다고 하는 의병장 김해(김흥광의 24세손)와 같은, 광산 김씨 계열(김흥광의 25세손)의 인물이었다. 그런 그가 도백의 자격으로서, 자신과 같은 일문의 김해가 아닌, 이장발의 행적을 국왕 광해에게 상주하였으며, 그 결과 이장발로 하여금 김해의 추증 관직(종6품의 수찬)보다 상위의 참의(정3품)를 추증받게 했다는 것은 주목할 만한 사실이다.[45] 이는 그가 이장발의 충의 정신에 마

43) 李相協, "忠孝堂遺集- 遺事", 《화산이씨 족보》, 회상사, 2004, p.272.

44) 이장발의 아들이자 황소의 외손자 성명이 화산이씨 가승의 '李振南'과 달리 '李起用'인 점, 이장발의 본관이 '花山'이 아닌 '華山'으로 표기된 기록의 존재에 대해서는 이미 이를 소개한 선행 연구가 있다(박순교, 〈Vietnam (大越) 황자 '李龍祥Lý Long Tường'에 관한 연구(6)〉, 《동아인문학》 54, 2021, p.264).

45) 박순교, 〈이장발의 임란 참전과 충효당 유집의 발행 시말〉, 《대구경북연구》 18권

음 저 깊은 곳에서부터 심복한 결과가 아니었던가 보인다. 동시에 이는 이장발과 광산 김씨(김해, 김지남)의 또 다른 인연을 드러내는 지점이다.

제3절 이장발의 遺命詩와 김해의 絶命詩

1. 作詩와 引用

이장발은 소과 입격 전력이 없다. 이장발의 스승 동강 권사온 역시 소과 입격이 확인되지 않는다. 이에 둘은 유학의 신분이었다. 동강 권사온은 봉화 명호 만퇴리에 거했고, 이장발은 봉화 봉성 창평리에 거했다. 봉화 명호와 봉화 창평은 대략 30리 정도 떨어져 있다. 권사온은 약간의 시문을 남겼고 최근세에 문집(동강시고)의 형태로 간행되었다. 이장발은 별도의 문집을 남기지 않았다. 집안의 영락, 전란의 영향, 기록의 민멸, 혹은 일찍 사망하여 남길 시문이 영성했을 개연성을 배제할 수 없다. 전해지는 이장발의 작품은 단 1수밖에 없다.

나-1) 百年存社計 ①六月着戎衣 ②憂國身 ③空死 思 ④親魂獨歸(이장발)

당해 시는 문면으로 보아 죽음을 앞두고 비장함을 담아 낸, 일종의 유명시에 가깝다. 시는 無題로, 5언 절구의 형태이다. 죽음을 앞둔 처절한 애상, 충효의 내면적 갈등을 문면에 잘 함의하고 있다. 이장발을 추숭하는 충효당 유집[실기] 속에서, 이장발의 시가 특정한 제목 없이 거론되고 있다. 현재 이장발의 유명시는 이장발을 추숭하는 팔작지붕 충효당

3호, 2019.

의 주련 형태로 적혀있기도 하다.

이장발의 유명시는 이장발을 추상하는 충효당 유집의 거의 전 단락에서 확인된다. 나-1)은《충효당 유집》작성에 관련한 10명 모두에게서 확인되며,[46] 이 가운데 이장발의 시를 논한 最古의 기록은 이장발의 손자 李惟顔(1610~1679)이 쓴 〈遺事〉라 할 수 있다. 이유안이 이장발의 손자인 점과 이유안의 밝혀진 생몰년을 고려할 때, 위 나-1)의 유명시가 늦어도 17세기 중반 즈음 이장발을 작자로 특정하였음이 확인된다. 나머지 나-1)의 유명시와 이장발을 엮어 거론한 인물들은 金熙紹를 제외하고, 모두 19세기 인물에 속한다. 위 표의 2에서 거론된, 유명시를 담은 읍지 역시 19세기 읍지였다. 읍지는 조선 후기 여러 차례에 걸쳐 집중적으로 편찬된 바, 경상도 읍지(1832), 영남 읍지(1871), 각 군의 읍지(1899)가 있다. 이 중에서 1832년에 찬술된《경상도 읍지》에서는 이장발의 사적이 전혀 보이지 않고,[47] 1871년 발간된《영남읍지》,[48] 1899년에 발간된《봉화군 읍지》에서만 확인된다.[49] 특히 당해 나-1)의 유명시는《영남읍지》에 조차 실려 있지 않고,《봉화군 읍지》에서만 보인다. 이에 [표 3]에서의 읍지는 1899년에 간행된《봉화군 읍지》로 최종 파악된다.[50]

46) 박순교, 〈이장발의 임란 참전과 충효당 유집의 발행 시말〉,《대구경북연구》18권 3호, 2019.

47) 〈봉화현〉,《慶尙道邑誌》권20, 奎 666, 1832, pp.99~122.

48) 〈봉화현〉,《嶺南邑誌》권7, 奎 12173, 1871, p.208.

49)《경상북도 봉화군 읍지》, 〈인물〉, 1899, p.30.

50) 박순교, 〈이장발의 임란 참전과 충효당 유집의 발행 시말〉,《대구경북연구》18권 3호, 2019, p.123.

[표 3] 충효당 유집 항목별 유명시 수록 유무

卷次	種類	收錄 詩文	著者	執筆 年代	遺命詩 收錄	撰述時 年齡
1	序	忠孝堂 遺集序	柳台佐	1833	有	71
2	詩	詩	李張發	1592	邑誌 有	19
3	贈詩	贈詩	權士溫	1588		71
4	輓詞	輓詞	權士溫	1592		75
5	遺事	遺事	惟顏	1610~1679	有	
6	邑誌	邑誌 (영남 읍지, 봉화군읍지)		1871~1899	有	
7	行狀	贈通政大夫 工曹參議 忠孝堂 李公行狀	金凞周	1819~1830	有	60-70
8	墓誌銘	贈通政大夫 工曹參議 忠孝堂 李公墓誌銘	權思浹	1783~1832	有	31-80
9	墓碣銘	贈通政大夫 工曹參議 忠孝堂 李公墓碣銘	李野淳	1827	有	73
10	遺墟碑銘	贈通政大夫 工曹參議 忠孝堂 李公 遺墟碑銘	李仁行	1826	有	69
11	忠孝堂記	忠孝堂記	李野淳	1826	有	72
12	忠孝堂銘	忠孝堂銘	李野淳	1826		72
13	遺集跋	書忠孝堂 李公 遺集後	權載大	1828	有	51
14	墓表	贈通政大夫 工曹參議 忠孝堂 李公 墓表	朴時源	1830	有	67
15	書殉節史略後	書水部右侍郎 花山李公 忠孝堂 殉節史略後	金熙紹	1788~1804	有	31-46
16	墓表	贈通政大夫 工曹參議 忠孝堂 李公 墓表	李殷淳	1832	有	43
17	遺集後序	忠孝堂 李公 遺集後序	李彙載	1832 (11.28)	有	38
18	忠孝堂 上樑文	忠孝堂 上樑文	權璉夏	1813~1896		
19	遺墟碑閣 上樑文	遺墟碑閣 上樑文	權相圭	1874~1961		

卷次	種類	收錄 詩文	著者	執筆 年代	遺命詩 收錄	撰述時 年齡
20	遺墟竪碑 告論文	遺墟竪碑 告論文	李源孝	1876	有	69

예안 의병장 김해 역시, 나-2)를 남겼다.[51] 나-2)는 나-1)과 내용이나 형태가 거의 동일하다. 김해는 이장발을 서기로 초치한 장본인이었다.

나-2) 百年存社計 ⑤六月着戎衣 ⑥爲國身⑦先死 思⑧親魂獨歸(金垓)

나-2)는 이장발을 종사,[52] 혹은 서기[53]로 招致했다고 하는 예안 의병장 金垓의 문집에 전한다. 나-2)는 1758년[54](혹은 1783년[55]) 발행 〈근시재집〉 '5언 절구'편 마지막에 수록되어 있다.[56] 또 이장발의 경우와 달리 절명시라는 제목까지 붙여져 있다. 김해는 총 108편의 시를 남겼다. 나-2)는 일견 그 중의 하나인 셈이다. 이는 단 한 편만의 시를 남긴 이장발과는 대비된다. 나-2)는 1832년 발행의 경상도 읍지,[57] 1871년 발행

51) 권오신, 〈영남의병대장 근시재 김해의 생애와 활동〉, 《安東文化》 11집, 安東文化院, 2003. 신해진, 《역주 향병일기》, 역락, 2014. 심수철, 近始齋 金垓의 生涯와 文學世界, 안동대 대학원, 2013, pp.66~67.

52) 묘표(박시원), 충효당 순절 사략후(김희소)(家傳, 《충효당 실기》 原譜. 화산이씨 종친회(家傳), 《충효당집》 原譜(안동 국학진흥원 소장)).

53) 시, 유사, 읍지, 묘지명, 묘갈명, 충효당기(家傳, 《충효당 실기》 原譜. 화산이씨 종친회(家傳), 《충효당집》 原譜(안동 국학진흥원 소장)).

54) 한국학 종합 DB, 한국문집총간 DB, 〈근시재집〉 해제.

55) 국학진흥원, 〈근시재집〉, 《국역 오천세고》 下.

56) 국학진흥원, 〈근시재집〉, 《국역 오천세고》 下, 절명시, p.62.

57) 〈예안현〉, 《慶尙道邑誌》 권13, 奎 666, 1832, pp.38~39.

의 영남 읍지[58]에서도 공히 확인된다. 하지만 金垓 사후 후인들의 추모 글로 엮인 〈근시재집〉 권4의 부록[59]에서는 전혀 언급이 없다.

[표 4] 근시재집 항목별 절명시 수록 유무

種類	著者	生沒	年代	本貫	관계	관직	絶命詩	陣中詩 (나-3))
行狀	李象靖 〈이현일의 외손〉	1711 ~1781	1776 (金垓사후 183년)[59]	재령	金垓 姨姪	연일현감	無	有
墓碣銘	蔡濟恭	1720 ~1799		평강		승정원동부승지·도승지	無	有
墓誌銘	李玄逸	1627 ~1704	1686 (金垓사후 93년)[60]	재령	金垓 胥 (이시명)의 子	공조좌랑·지평	無	
家狀	金光繼	1580 ~1646		광산	金垓 맏이		無	有
傳	金圻	1547 ~1603		광산	金垓從兄 (金富仁의 子)	金垓 의병군의 整齊將 兼召募事	無	
龍蛇 記事	金坽	1577 ~1641		광산	金垓從弟 (김부륜의 子)	柳成龍의 참모	無	
祭文1	趙穆	1524 ~1606		횡성	3대에 교유	전 봉화현감, 이황의 문인	無	
祭文2	朴惺	1549 ~1606		밀양	김성일 참모		無	
祭文3	前人							
祭文4	裵龍吉	1556 ~1609		흥해	金垓 副將	김성일 門徒 성균관 생원	無	
祭文5	金圻	1547 ~1603		광산	金垓從兄 (金富仁의 子)	金垓 의병군의 整齊將 兼召募事	無	

58) 〈예안현〉, 《嶺南邑誌》 권10, 奎 12173, 1871, pp.65~66.

59) 국학진흥원, 〈근시재집〉, 《국역 오천세고》 下, 절명시, pp.144~186.

卷次	種類	著者	生沒	年代	本貫	관계	관직	絶命詩	陣(나
12	祭文6	申敬立	1558 ~1638				문과 을과2위	無	
13	祭文7	郭趪	1551 ~1597	1597 이전	현풍	박성, 김성일 교유	안음 현감	無	
14	祭文8	李庭栢				金垓 部將			
15	祭文9	校院儒生		1608				無	
16	輓詞1	趙穆	1524 ~1606	1593	횡성	3대에 교유	전 봉화현감, 이황의 문인	無	
17	輓詞2	申之悌	1562 ~1624	1593	鵝洲	同榜及第	예안 현감	無	
18	遺稿後	李簹	1629 ~1701		진성		김응조의 문인	無	
19	跋	丁範祖	1723 ~1801				前사간원 대사간	無	
20	근시재집 序	趙德鄰	1658 ~1737	1758[61] or 1783[62]			金錫胤(金垓 증손)의 동문	無	

金垓를 추상하는 과정에서 序, 行狀, 輓詞, 墓碣銘, 墓誌銘, 家狀, 祭文 등의 자료는 집약되어 《근시재집》으로 구성되었다. 이들 자료에서 金垓의 행적은 자세히 설명되어 있다. 하지만 金垓의 절창이라 해야 할 절명시, 나-2)는 아예 언급조차 없다. 절명시는 이름이 함의하는 바대로, 대의를 위하여 자신의 목숨을 끊을 즈음, 이승에 남기는 사자후의 성격이 짙다. 김해의 사망이 1593년 6월 19일인 점을 고려하면, 위 나-2)의 창

60) 이현일, 〈近始齋金先生墓誌銘〉, 《갈암집》 권25.

61) 이현일, 〈近始齋金先生墓誌銘〉, 《갈암집》 권25.

62) 한국학 종합 DB, 한국문집총간 DB, 〈근시재집 해제〉.

63) 국학진흥원, 〈근시재집〉, 《국역 오천세고》 下.

작은 그 즈음에 해당해야 마땅하다. 김해를 추숭하는 과정에서, 이처럼 의미심장한 시를 후대 사람들이 하나같이 간과하고 있다는 것은 눈여겨볼 대목이다. 주목할 것은 〈근시재집〉 권4의 부록에서 後人들이 김해를 추상하며 김해의 대표적 시로 거론한 것은 정작 나-2)가 아닌, 다음의 시 나-3)이었다.

> 나-3) 孤燈旅舍鐵衣寒 人道今宵歲已闌 一日能添雙鬢白 百年惟有寸心丹[64]

위의 시, 나-3)은 〈龍咸陣中望見敵壘悲憤有吟〉 題下 7언 절구의 시이다. 나-2)가 《근시재집》 詩 5언 절구 항목의 마지막에 수록된 것이라면, 나-3은 《근시재집》 詩 7언 절구 항목 가장 마지막에 수록되어 있다. 1592년 12월 말 김해는 龍宮 旺泰洞(현 문경군 영순면 왕태리) 서산에 올라, 피폐해진 일대를 탐정하고 돌아보며 비분강개하였다. 1592년 섣달그믐 김해는 醴泉 松丘 陣中에서 왜적과 대치하였고, 萬感이 교차하는 感懷를 이처럼 나-3)과 같이 읊었다고 한다.[65]

그러나 나-2), 나-3)의 문면을 비교할 때, 단심어린 우국충정과 도저한 우수와 비애가 깊게 배어나는 절창은 역시 나-2)라고 하는 것에 이견이 없다. 나-2)의 제목이 '절명시'라고 되어 있는 점. 나-2)가 5언 절구 항목의 마지막에 배치된 그 자체만으로도 함축적 의미를 띠고 있다.[66] 이는 현재 경북 안동 烏川 마을 입구에 나-3) 대신 나-2)를 김해의 사상

64) 등불 외로운 幕舍, 갑옷도 차가운데 이 밤 다 지나고 나면 한 해도 저문다네. 하루가 다르게 귀밑머리 희어져도 나라 위한 一片丹心 평생토록 변찮으리(〈龍咸陣中望見敵壘悲憤有吟〉).

65) 권오신, 〈영남의병대장 근시재 김해의 생애와 활동〉, 安東文化 11집, 安東文化院, 2003.

66) 국학진흥원, 〈근시재집〉, 《국역 오천세고》 下, 절명시, p.8, p.78.

[그림 3] 안동 예안 오천마을 전경
(2019년 1월 필자 촬영)

[그림 4] 김해 거의 기념비(안동 예안 소재. 2019년 1월 필자 촬영)

을 응축한 대표작으로 표기하고 있는 점에서도 확인된다. 현재 안동 와룡면 오천리에는 2006년 제막된, 金垓의 擧義 기념비(의병대장 근시재선생 순국기념비)가 세워져 있고, 그 기념비에는 金垓 절명시(나-2)의 시)의 원문과 역사학자 조동걸의 번역문이 함께 새겨져 있다.

김해의 졸년(1593년)에서 93년이 지난 시점(1686년)에서, 이현일이 쓴 묘지명[67]에서도 나-2)(金垓의 절명시)에 대해서는 일절 언급이 없다.[68] 김해 사후 183년이 지난 시점(1776년)에, 李象靖이 쓴 행장에서도 나-2)(김해의 절명시)에 대해 언급이 없다.[69] 김해의 副將이었던 裵龍吉(1556~1609)이 쓴 〈김달원전〉에도 절명시에 대한 언급은 없다.[70] 김해를 추상한 후인들의 저작에서 나-2)에 대해서는 일절 언급이 없음은 주목된다. 유의할 것은 이들의 글에서 하나같이 나-2) 대신, 나-3)이 주로 적시되고 있

67) 국학진흥원, 〈근시재집〉, 《국역 오천세고》 下, 묘지명, pp.155~160.

68) 이현일, 〈近始齋金先生墓誌銘〉, 《갈암집》 권25.

69) 《대산집》 권6 예문관 검열 증 홍문관 수찬 근시재 김 선생 행장[藝文館檢閱贈弘文館修撰近始齋金先生行狀].

70) 《금역당집》 제4권 / 잡저(雜著) 김달원전.

다는 점이다.

나-3)의 등장은 李象靖이 쓴 김해의 행장,[71] 蔡濟恭(1720~1799)이 쓴 김해의 묘갈명,[72] 金光繼(1580~1646)가 쓴 家狀[73] 3곳으로 압축된다. 이 들 3명의 후인들이 나-2)를 언급하지 않고, 하나같이 나-3)만을 언급하는 점은 유의미하다. 특히 김해의 아들 김광계가 나-2)가 아닌 나-3)을 언급하고 있음은, 김광계의 생존 연간까지 나-2)의 시가 김해의 저작에 애초 없었던 속사정을 반영하는 것이 아닌가 여겨진다. 특히 김광계가 '가장'을 작성하며 '막내가 아직 어리다'고 표현한 점[74]에서, 김광계의 '가장'이야말로 김해의 죽음과 가장 정확하고 근사한 기억의 산물이라 여겨진다. 이는 이장발의 손자 李惟顔(1610~1679)이 〈유사〉를 집필하며 나-1)을 적시했던 점, 이장발을 추념하며 쓴 《충효당 유집》에서 후인들이 어김없이 나-1)의 유명시를 빼놓지 않고 언급한 점과 크게 상반된다.[75]

김해의 혈손(김광계), 이장발의 혈손[惟顔]이 직계 존속의 절창을 수렴한 대목은 여러 서술 중에서도 단연 주목할 필요가 있다. 나-1)을 최초로 거론한 이는, 이장발의 손자로서 〈유사〉를 집필한 李惟顔(1619~1670)이다. 나-3)을 최초로 거론한 이는 김해의 아들로서 가장을 집필한 梅園 金光繼(1580~1646)이다. 나-2)가 최초로 거론된 것은 김해의 증손자 果軒 金純義(1645~1714)의 기록이다.[76] 이후 근시재집(목판본)이 간행된

---

71) 국학진흥원, 〈근시재집〉, 《국역 오천세고》 下, 가장, pp.144~150.

72) 국학진흥원, 〈근시재집〉, 《국역 오천세고》 下, 묘갈명, pp.151~154.

73) 국학진흥원, 〈근시재집〉, 《국역 오천세고》 下, 가장, pp.161~165.

74) 국학진흥원, 〈근시재집〉, 《국역 오천세고》 下, 가장, p.166.

75) 박순교, 〈이장발의 임란 참전과 충효당 유집의 발행 시말〉, 《대구경북연구》 18권 3호, 2019.

76) 신해진, 《역주 향병일기》, 역락, 2014, pp.136~137.

1758,[77] 혹은 1783년[78]에 나-1)이 변개되어 나-2)의 형태로 채록되었을 개연성이 높다. 이후 변개된 나-2)는 김해의 저작으로 비정되었으리라 짐작된다. 혈손이 직계 존속의 대표적 시를 엄선했을 것이란 점, 李惟顔(1610~1679)과 金光繼(1580~1646), 金純義(1645~1714) 등 각 인물의 생몰 연대가 던지는 함의에 비추어, 나-2)는 나-1)을 참조, 변개하여 채록되었을 개연성이 매우 크다.[79] 이에 나-1)은 이장발의 저작이며, 나-2)는 나-1)의 변개라 추단된다.

2. 내용과 맥락

이장발의 유명시와 金垓의 절명시는 어떤 차이, 어떤 相似를 지니고 있는가. 문맥으로 추단하여 각 인물의 당시 상황과 어느 정도로 부합되는지 추찰할 필요성이 있다. 둘의 시를 대조하면 내용과 문구는 거의 大同하다. 전체 스무 글자 중 두 글자만 小異를 보인다[나-1)의 ② 憂와 ③ 空, 나-2)의 ⑥ 爲와 ⑦ 先]. 곧 열여덟 글자가 같다. 이런 점에서 두 사람 중 한 사람이 다른 한 사람의 작품을 옮겼거나, 변개했을 가능성을 배제할 수 없다. 혹은 후인들이 한 사람의 작품을 다른 한 사람의 작품으로 전재하여 옮겼을 개연성도 있다. 앞서 살핀 바와 같이, 이장발의 主著 나-1)이, 김해의 主著 나-2)로 와전 혹은 변개되었을 개연성을 배제하기 어렵다.

이장발의 시 나-1)에서 ③의 空은 헛되이, 속절없이 등으로 해석된다. ④의 親은 홀로 남겨진 편모(덕성 윤씨), 생후 74일 된 외아들, 청상의

77) 한국학 종합 DB, 한국문집총간 DB, 《근시재집》 해제.

78) 국학진흥원, 〈근시재집〉, 《국역 오천세고》 下.

79) 李惟顔의 사망 당시 金純義는 15세에 불과하다. 결국 시간적 선후 관계를 고려할 때, 과헌 金純義가 거론한 김해의 절명시(나-2))는 李惟顔이 쓴 이장발의 유명시(나-1))를 혼돈한 기억의 착종이라 판단된다.

부인 등을 지칭할 것으로 짐작된다. 특히 조선 사회가 충과 효를 숭상한 점에서 홀어머니를 가리킬 개연성이 높다. 일찍이 남편 이희문을 잃은 가련한 덕성 윤씨에게 있어, 외아들 이장발은 그녀의 삶을 지배하고 그녀에게 존재의 이유였다. 그럼에도 충을 독려하며 이장발을 전선(죽음)으로 내몰았던 덕성 윤씨는 이미 아들의 죽음을 예상했었고, 인하여 이장발의 모친과, 청상의 부인, 핏덩이 외아들(이진남)은 죽음보다 더한 형극의 길을 걸었다. 일가는 억세고 시린 눈길을 걸었다. 이장발의 죽음 당시, 생후 74일이었던 외아들 이진남은 이후 부친 이장발의 얼굴조차 기억하지 못한 채 향년 스물셋의 나이로 한 많은 세상을 요절했다. 이진남의 비극적 요절에는 부친 이장발의 죽음과 선택이 뚜렷이 작용했다. 이장발 역시 빚어질 일가의 비극적 상황을 익히 알고 있었다. 이에 생사가 엇갈리는 선택의 지점에서 형언할 수 없는 회한이 작용했다고 보인다. 이장발의 '슬픔에 얼룩진 노래'(유명시)는 육신, 몸은 속절없이 죽지만, 영혼은 고향 땅에 돌아간다는, 생과 사가 묘한 접점을 이루는 지점에서의 수구초심과 같은 맥락으로 읽혀진다. 반면 金垓의 시, 나-2)에서는 ⑦의 先이 눈에 띈다. 몸이 먼저 죽는다는 것인데, 몸이 영혼보다 먼저 죽는다는 것인지, 혈육보다 먼저 죽는다는 것인지 의문이다. 이장발과 달리, 身과 魂의 대비 혹은 연결이 잘 이뤄지지 않는다. 金垓는 1555년 생후 7일에 친모를 잃었고, 1582년에는 親父를 잃었으며, 1593년 5월에는 喪妻했다. 김해는 그 이전 1577년에 양부를 잃었다. 이에 1593년 사망 당시, 金垓가 효를 표방하며 歸魂을 자처할 피붙이, 직계 존속은 아예 없었다. 그의 부인 역시 그보다 일찍 사망했다. 그에게 남겨진 혈육은 4남 3녀의 자식들뿐이었고, 계모로 가평이씨, 백모로 진주 하씨가 있었다. 김해에게는 피를 끓게 할 직계 존속이 전무했다. 김해가 忠과 死를 표방한 마당에, 계모를 그리워하며 혼이 돌아간다고 하기에는 무리가 있다. 또한 자식을 그리워하며 혼이 돌아가려 했다고 보기에도 당시 정서와 분명 거리가 있다.

김해의 근시재집을 번역한 안동 국학진흥원의 《국역 근시재집》에도 역시 원문과 번역문이 함께 실려 있다(나-5)).[80] 향병일기를 번역한 신해진의 《국역 향병일기》에서도 金垓 절명시의 원문과 번역문(실제로는 이장발의 유명시)이 실려 있다(나-4)).[81] 안동 와룡 오천리에 2006년 제막된, 金垓의 擧義 기념비(의병대장 근시재선생 순국기념비)에도 원문과 역사학자 조동걸의 번역문(나-6))이 함께 새겨져 있다. 위의 3종은 미묘한 차이를 보여주고 있다.

> 나-4) 머나먼 앞날까지 사직 보존코자 무더운 유월에도 갑옷 입었거늘, 나라 위해 몸은 속절없이 죽고 어버이 찾아 넋은 홀로 가누나.[82]

> 나-5) 목숨 바쳐 사직을 지킬 생각으로 6월에 군복으로 갈아입었네. 나라 위하다가 몸이 먼저 죽으니 어버이 그리워 혼백만 돌아가네.[83]

> 나-6) 한마음 나라를 위해 살고자 유월에 싸움터로 나섰다 나라 위해 몸 먼저 죽으니 어버이 찾아 혼만 돌아가노라.[84]

---

80) 국학진흥원, 〈근시재집〉, 《국역 오천세고》 下, 절명시, p.62.

81) 신해진, 《역주 향병일기》, 역락, 2014, p.149.

82) 百年存社計 六月着戎衣 憂國身空死 思親魂獨歸(신해진, 《역주 향병일기》, 역락, 2014, p.149).

83) 百年存社計 六月着戎衣 爲國身先死 思親魂獨歸(국학진흥원, 《국역 오천세고》 下, 근시재집 중 절명시, p.62. 신해진 《역주 향병일기》, 역락, 2014, p.137).

84) 조동걸, 근시재선생 순국기념비(안동 와룡 오천리 소재), 2006년 10월 立.

위 3종의 역문에서 먼저 살필 것은, 나-4)이다. 나-4)는 《향병일기》 附箋紙에 포함, 서술된 내용이다.[85] 나-4)는 원문 자체가 나-5), 나-6)과 다르며, 내용도 확연히 구분된다. 나-4)는 金垓가 아닌, 엄밀히 이장발의 유명시이다. 역자(신해진)는 '권두卷頭의 기록'이란 題下에서, 나-4)를 金垓의 것으로 보았기에 譯註 과정에서도 金垓를 주어이자 동시에 객체인 양 해석하는 우를 범했다.[86] 金垓가 의병장이 되었는데, 金垓가 격문을 받았다는 오역은 이런 과정에서 불가피하게 나타났다.[87]

나-5)는 김해 의병의 陣中日記 성격을 띤 《향병일기》에 추기한 내용(果軒의 기록)이다.[88] 果軒이 자신의 증조 김해의 의병활동과 행적을 추상하는 과정에서, 김해 사후 대략 100년 뒤 가필한 내용이다. 위 나-5)와 동일한 내용의 나-2)가 절명시라는 제하에 김해의 문집에 실린 것은 그보다 좀 더 뒤의 일이었다. 나-6)은 나-2)와 나-5)를 좀 더 현대적으로 풀이해 내었다고 할 수 있다. 나-5)와 나-6)는 金垓의 절명시를 해석하면서, 金垓가 나라를 위해 몸이 먼저 죽었다고 한다. 여기서 '먼저'라는 구절을 주목할 필요가 있다. 또 '어버이 찾아 혼만 돌아가노라'고 하였는데, 이는 다분히 중의적 해석이 가능할 대목이다. ① 자신의 죽음으로 남겨질 혈육에 대한 걱정과 미련, 주체 못할 그리움 등일 수 있고, ② 金垓에겐 양친이 모두 사망했기에 金垓의 魂이, 친모, 친부가 있는 冥府로 귀의한 것으로도 해석될 수 있다. 金垓에게 있어 양친이 이미 사망했기에, 현 세상의 혈친이 아닌 조상의 넋이 있는 저 세상으로 따라 갔다고 해석

85) 국사편찬위원회영인본 《향병일기》(국사편찬위원회전자사료관소장(마이크로필름. [사료철 DDG052_04_00R0002, 수집정리번호 0201a174654]) 3/40.

86) 신해진, 《역주 향병일기》, 역락, 2014, p.149, 위 2~3행.

87) 박순교, 〈이장발의 임란 참전과 충효당 유집의 발행 시말〉, 《대구경북연구》 18권 3호, 2019, p.114.

88) 국사편찬위원회 영인본 《향병일기》 1593년 6월 19일조(果軒이 작성).

했었고, 그렇게 받아들이는 것이 문맥 상 온당하다. 여기서 몸이 죽고 혼이 先祖의 명부로 귀의했다면, 홀가분한 죽음일 수 있다. 이런 내용을 굳이 절명시로 남길 필요가 있었을지 의문이 든다. 이장발처럼 노모와 청상의 부인, 생후 74일된 붉은 핏덩이를 두고 몸이 먼저 죽었고,[89] 육신은 떠났으나 陣中의 혼은 혈육이 있는 봉화로 달려간다는 함의가 더욱 절창의 의미를 북돋운다.

이장발은 대월에서 고려에 移居한 이용상 2子 계열의 末裔에 속한다. 이장발은 金垓의 김해의 의병에 가담했고, 1592년 6월 10일 문경에서 전사했다. 김해의 戰績에서 문경은 보이지 않고, 김해의 예안 거의 시점 역시 1592년 6월 11일이었다. 이장발의 행적은 김해 의병의 행적을 담은 《향병일기》 본문에서도 확인되지 않는다. 이러한 까닭에 이장발에 대한 지금까지의 고찰 역시 태무하였다. 김해 거의 과정에서의 혼선, 의병 조직 내 갈등, 군영 일기에 속하는 《향병일기》(전체 4종) 서술의 미비 등을 고려했을 때, 이장발의 문경 전사는 타당성을 배제하기 어렵다. 그의 행적이 명료하지 않는 점도, 주로 기록의 누락이 아닌가 보인다. 당시 문경 주둔 세력이 절륜의 무장 長宗我部 元親이었고, 문경 일대의 당시 혼란한 상황을 감안하면 이장발의 문경 사망 역시 전면전이 아닌 국지전의 결과, 혹은 조선 叛民과의 접전 끝에 사망한 것으로 파악된다.

이장발은 유명시(나-1))를 남겼다. 이는 20글자 5언 절구의 형태이다. 이와 두 글자만 다른 김해의 절명시(나-2))가 〈근시재집〉 '5언 절구'편 마지막에 전한다. 이장발의 유명시는, 그를 추상하는 〈충효당 유집〉의 거의 전편에서 확인된다. 이것은 김해를 추상하는 〈근시재집〉의 序, 行狀, 輓詞, 墓碣銘, 墓誌銘, 家狀, 祭文 등의 자료에서 김해의 절명시(나-2)) 언

89) 박순교, 〈이장발의 임란 참전과 충효당 유집 발행의 시말〉, 《대구경북연구》 18, 2019, pp.109~110.

급이 전무한 것과 극명한 대조를 이룬다. 이장발의 유명시를 최초로 채록한 이는, 이장발의 손자 李惟顏(1619~1670)이며, 김해의 절명시를 최초로 거론한 이는 김해의 증손 果軒 金純義(1645~1714)이다. 당해 시(나-2))는 이후 근시재집(목판본)에 여과 없이 채록되었다. 李惟顏(1610~1679)과 金光繼(1580~1646), 金純義(1645~1714) 등 각 인물의 생몰 연대, 유명시(나-1))와 김해의 절명시(나-2))에 함의된 맥락, 서술의 진위 등에 비추어 이장발의 유명시가 김해의 절명시로 변개된 것이라 비정된다. 직계 존속의 생몰, 글의 흐름, 논거, 시의 내용 등에 비추어 볼 때에도, 임란 이후 예안에서 거의한 의병장 김해가 임란 훨씬 이전에 이미 사망한 양친(혈육)을 간절히 그리면서 영혼이 귀향한다는 상정은 여러 모로 설득력이 빈약하다. 문제가 불거진 憂國身空死(이장발)/爲國身先死(김해)의 구절 역시 조선 시대 시어의 작시 습관, 작자의 어휘 준용 습관 등에서도, 전자가 재론의 여지없이 훨씬 당대 현실감 있는 울림을 던짐은 자명하다. 인간이 지닐 감정이 빼곡히 버무려진, '지상 최후의 노래'(이장발의 유명시)는 현세의 우리를 감동으로 각성하며, 애상과 전율의 읊음으로 세상에 삼투한다. 아울러 이러한 시문의 중첩 현상은 이장발과 김해의 忠毅 진작에서 발한 두터운 관계에 말미암은 것으로서, 이장발과 김해가 걸어간 길이 다르지 않았음을 드러낸다. 차제에 이장발의 유명시를 둘러싸고 그 진위를 분명히 밝히는 작업과는 별개로, 두 사람의 丹心은 여전히 유효하다. 이에 봉화의 젊은 志士 이장발과 예안 의병장 김해 사이에 품어 길러진 높고 아름다운 구국의 정신을 고양하는 작업은 앞으로도 더욱 절실하게 요망된다.

長宗我部 元親(1539~1599)

문경을 장악하여 주둔한 세력은 5군에 소속된 長宗我部 元親(1539~1599)이었다. 長宗我部 元親 휘하 3천 명[90]은 1592년 4월 19일

5번대 主將 福島 正則과 함께 부산에 상륙했다.

長宗我部 元親은 四国 남단 土佐의 작은 領主에서 起身했다. 土佐는 현 四国 高知県의 왼쪽에 인접한 곳이다. 소위 맹견 도사(とさ)犬이 당해 지역 이름(土佐)에서 유래했다. 스물둘의 도사 출신 長宗我部 元親은 첫 전투(1561년)에서 도사견이 목표물을 향해 나아가듯, 창을 쥐고 단신 돌격하여 적진을 휩쓸었다. 織田信長에게 만이의 烏帽子親(仮親)이 되어 달라 요청하자, 臣屬한 그의 모습에 감흥 받은 오다 노부나가로부터 「信」字를 하사받아 일명 信親(のぶちか)으로 불리게 되었고, 名刀와 名馬를 선물로 받기까지 했다. 발군의 군공으로 입신양명한 그는 土佐 一国을 평정한 것에 이어 四国 全土를 거의 정복했다. 그는 四国의 覇王으로서 中国地方의 毛利氏、南九州의 島津氏와 더불어, 언필칭 西日本 3대 세력의 하나로 헤아려졌다.[91] 토요토미 히데요시에게 패하여 항복했지만, 전국 시대를 통틀어 四国 出身 중에서 長宗我部 元親보다 위대한 軍神은 없었다.

90) 일본군 참모본부, 《일본전사 조선역》 附記, 村田書店, 1924.

91) 三矢昭夫, 〈四国の覇者 長宗我長元親〉, 《역사탐방》 15회, 2017.

제 10 장

화산이씨의 혈맥과 동향에 대한 추적

卽景

李公蘊

天爲衾枕地爲氈
日月同雙對我眠
夜深不敢長伸足
止恐山河社稷顚

눈앞의 경치

이공온

하늘이 금침이 되고 땅은 이부자리가 되어
해와 달이 함께 짝하여 내 잠자리를 돌보네.
밤 깊어도 감히 다리를 길게 뻗치지 못함은
산하 사직이 어지러울까 염려하기 때문이네.

한국·베트남 선린의 전거로 李龍祥(Lý Long Tường)이 인구에 회자되어 왔다. 李龍祥은 고려 고종의 시기 대월에서 머나먼 異域 고려로 이거했다. 그의 지난하고 신산했을 대장정은 아득하고 웅혼한 신화를 대하듯 경외심을 불러일으키고, 일면 몽환적이고 야릇한 신비감마저 자아낸다. 가혹한 天命일지 아니면 지독한 비련이라 불러야 할 지 모를, 그의 행적에 대한 검토는 오래된 전설을 더듬듯 일제 강점기 시대부터 이루어졌다.[1)] 또 그 흐름은 현재까지 이어지고 있다.[2)] 한데 한국과 베트남이 李龍祥의 행적을 대체로 취신하고 있는 반면, 일본에선 불신의 시선을 거두지 않고 있다. 그 의혹의 세부 전거는 국내에 이미 소개되었고, 적절한 반박 역시 제시된 바 있다.[3)] 나아가 최근에는 李龍祥의 생몰년, 출자, 가계, 행적, 序次 등을 포함, 본격적이고 전반적인 검토까지 이루어졌다.[4)]

그럼에도 李龍祥 후손(혈맥)의 동향, 생활 권역, 유적 등의 검토가 도

---

1) 이용상에 관한 연구사적 검토는 박순교, 『花山郡 李龍祥』, 圖書出版 생각나눔(기획실크), 2012.5, pp.266~267 및 박순교, 「花山君 '李龍祥 Lý Long Tường'에 관한 연구(Ⅰ)」, 『택민국학연구논총』 15, 2015, pp.299~303에서 총체적으로 정리된 바 있다.

2) 윤대영, 「金永鍵의 베트남 연구 動因과 그 성격」, 『동남아시아연구』 19권 3호, 2009, pp.57~100. 강은해, 「한국 귀화 베트남 왕자의 역사와 전설」, 『동북아문화연구』 26, 2011. 박순교, 『花山郡 李龍祥』, 圖書出版 생각나눔(기획실크), 2012.5. 박순교, 「花山君 '李龍祥 Lý Long Tường'에 관한 연구(Ⅰ)」, 『택민국학연구논총』 15, 2015. Do Phung Thuy, 『초국가적 다문화주의의 가능성 모색을 위한 월남 왕자 'Lý Long Tường' 연구』, 계명대 대학원 박사학위 논문, 2016. 박순교, Vietnam(大越) 皇子 '李龍祥Lý Long Tường'에 관한 연구(2) - '고려 移居 창작설' 검토를 중심으로 -, 『동아인문학』 40, 2017.

3) 박순교, 「花山君 '李龍祥 Lý Long Tường'에 관한 연구(Ⅰ)」, 『택민국학연구논총』 15, 2015.

4) 박순교, Vietnam(大越) 皇子 '李龍祥Lý Long Tường'에 관한 연구(2) - '고려 移居 창작설' 검토를 중심으로 -, 『동아인문학』 40, 2017.

외시되었다. 과거의 李龍祥을 언급하였을 뿐, 현재에 이르는 혈맥의 흐름이 전혀 고찰되지 않았다. 이것은 李龍祥 연구에 있어 뭔가 심각한 허점과 시각의 부재를 드러낸 것이 아닐 수 없다. 이에 지금까지 전무했던, 李龍祥의 고려 移居에서부터 현재에 이르는 혈맥의 계승 과정, 생활 권역, 주요 행적 등을 광범위한 범위에 걸쳐 추적할 필요성이 새삼 제기된다. 또한 李龍祥 혈맥에 관한 내용의 주된 전거가 족보인데, 화산이씨 족보의 편찬과정, 족보의 갈래와 기록의 진위 비정, 지파의 생성과 분화, 분묘와 묘역의 조사 및 현지답사를 통한 생활 권역의 추적 등 면밀한 검토 역시 요망된다.

이에 본고는 이상의 주요 논점에 입각, 李龍祥의 1子, 2子 계열을 망라한 과거사의 전반적 복원과 검토를 축차적으로 진행하려 한다. 이는 영성한 고찰의 수준에 머물고 있는 기왕의 李龍祥 연구를 극복할 또 하나의 주요 토대가 될 것이다.

제1절 화산이씨의 혈맥과 특징

1. 화산이씨 족보의 편찬 과정

화산이씨의 흐름을 파악할 正史는 많지 않다. 옹진군 읍지 등 지방 관찬 기록을 빼고 나면, 주요 전거는 화산이씨 족보라 할 수 있다. 序를 통해 보건대, 화산이씨 족보는 현재까지 대략 7차례에 걸쳐 개수되었고, 그 대강은 다음과 같이 정리된다.[5)]

---

5) 박순교, 「花山君 '李龍祥 Lý Long Tường'에 관한 연구(Ⅰ)」, 『택민국학연구논총』 15, 2015.

[표 1] 화산이씨 족보의 간행과 序

花山李氏 世譜	作成者	年代	經過
草譜舊序	後孫 工曹佐郎 李枰	1706(숙종 32년) 8월 3일	祖系가 散失되어 作成
重修舊序	後孫 李羲之	1777(정조 원년) 7월	草譜로부터 71년
3修譜 序	唐城人 洗馬 洪直弼	1837(헌종 3년) 4월	重修로부터 60년
4修譜 序	豊壤 趙康夏	1873(고종 10년) 9월上澣	3修로부터 36년
5修譜 序	後孫 李秉華	1917(大正 丁巳) 5월上澣	4修로부터 44년
6修譜 序	後孫 李福永 외 4인	1987년 6월	5修로부터 70년
7修譜 序	後孫 李福永 외 6인	2004년 9월 1일	6修로부터 17년

花山李氏 문중이 작성한 족보 중 초보~4수보는 현재 망실되었다. 까닭에 현존 최고의 화산이씨 족보는 5修譜인 셈이다. 현재 국립중앙도서관 6층에는 家藏 1冊, 本譜 5卷 5冊, 共 6冊으로 구성된 화산이씨 5修譜가 소장되어 있다. 四周單邊 半郭 26.4×17.6cm 형태의 5修譜는 李秉華가 1917년(大正 丁巳) 5월 작성하였기에 일명 정사본이라 불린다. 그러나 실제 발행은 1921년 海州郡 내의 蓉南石版所에서 新鉛活字本으로 이뤄졌고, 編者는 李承哉로 되어 있다.

현재 국립중앙도서관에는 가장(1권), 본보(5권), 도합 全6권이, 청구기호 한古朝58-가33-44라는 동일 번호로 일괄 부여된 채 보존, 처리되고 있다. 이에 대한 일반의 열람은 철저히 금지되어 있다. 그 대신 동일한 내용의 2000년, 2002년의 복제본이 각각 1부씩 존재한다. 이들 복제본의 경우 원본과 동일하다는 검수 직인이 내지의 군데군데 찍혀 있다. 각 권에 따른 청구기호 역시 달리 부여되어 있다. 그리고 이들 복제본에 대한 열람은 허용되어 있다.

『花山李氏 가전실록』(권1)의 경우, 청구기호 한古朝58 가33-44-1=複(2000년), 청구기호 한 古朝58 가33-44-1=複2(2002년)[6]으로 되어 있고,

6) 內紙에는 朝鮮總督府 警務局 保轉本 所藏印이 찍혀 있고 內題로는 花山李氏家藏 卷

이들 2종의 복제본이 열람 가능하다. 이 가전실록에는 花山君 本傳, 海隱先生 事實, 川隱先生 本傳, 表節追配事上言, 川隱先生 事實序, 川隱先生遺墟東鰲泉孝子碑跋, 川隱先生追配達禮祠禮成祝文 등의 가장이 순서대로 실려 있다. 다만 7수판에서 찾아볼 수 있는 受降門紀續碑文은 실려 있지 않다.

李承哉 編 『花山李氏 世譜』(권1~5)(청구기호 한古朝58 가33-44)[7]은 전체 5권으로 구성되어 있다. 이 역시 청구기호 한古朝58 가33-44-2=複을 필두로 한古朝58 가33-44-6=複에 이르는 2000년의 복제본, 청구기호 한古朝58 가33-44-2=複2을 필두로 한古朝58 가33-44-6=複2에 이르는 2002년의 복제본[8] 등 각기 2종의 복제본 5권이 별도로 있으며, 이들 복제본에 대한 열람만이 현재 가능하다. 1권에는 5修譜서, 4수보서, 3수보서, 중수구서, 세보 범례, 安南 世系(베트남 李朝의 帝位 系譜), 幹(Lý Long Tường'의 1자)의 비속 계보가 순서대로 실려 있다. 내지 윗면에 천자문의 字順대로 표기한 天地玄黃 등이 페이지수를 드러내고 있다. 2권에는 승지공파 再疊, 3권에는 승지공파 再疊, 4권에는 승지공 5세손 佐郎公派의 비속, 5권에는 승지공 5세손 參判公 諱渭源派의 세보, 말미에는 李永祚의 구보발을 필두로 李陽復에 이르는, 다섯 편의 구보발이 실려 있다. 요컨대 1921년 간행된 5修譜는 Lý Long Tường'의 1자 幹의 비속, 그 중에

一 및 花山君本傳이 기재되어 있다.

7) 內紙에는 朝鮮總督府 圖書館 所藏印이 찍혀 있고 圖書登錄番號 昭和 4년 5월 10일字가 附記되어 있다. 권두에 五修譜序가 실려 있고 그 연도가 大正 丁巳 仲夏上澣不肖孫 秉華謹序로 되어 있어 그 작성 연대는 1917년 5월 상순이라 짐작된다. 이로써 그 이전 4번의 撰修가 있었으며, 당해 世譜가 5수판임이 드러난다. 특히 서문의 말미에 부기된 간지를 통해 1706, 1777, 1837, 1873년 4차례 족보 간행이 있었음이 확인된다. 이후 6修譜는 1987년, 가장 최신판인 7修譜가 2004년 발행된 바 있다.

8) 內紙에는 朝鮮總督府 警務局 保轉本 所藏印이 찍혀 있고 內題로는 花山李氏家藏 卷一 및 花山君本傳이 기재되어 있다.

서도 승지공파가 내용의 중핵을 이룬다고 할 수 있다.[9)]

2. 화산이씨 성원과 그 숫자

Vietnam 李朝의 末裔 Lý Long Tường'을 비조로 하여, 현재 남한에 거주하고 있는 화산이씨 성원은 2015년 기준, 1,237명(남자 616명, 여자 621명)으로 확인된다.[10)]

[표 2] 화산이씨 전국 분포표(통계청 인구조사, 2015년 기준)

성씨, 본관	행정구역별	인구(내국인)	남자	여자
화산	전국	1,237	616	621
	서울특별시	304	167	137
	부산광역시	32	12	20
	대구광역시	43	22	21
	인천광역시	209	106	103
	광주광역시	13	6	7
	대전광역시	30	17	13
	울산광역시	18	10	8
	세종특별자치시	7	6	1
	경기도	338	166	172
	강원도	26	14	12
	충청북도	45	19	26
	충청남도	33	16	17
	전라북도	26	6	20
	전라남도	7	1	6

9) 5修譜에서는 Lý Long Tường'의 2자 일청의 비속에 관한 내용은 전무하다. 일청의 비속은 6수판에서부터 보이기 시작하여, 7수판에서 보다 완비된 형태로 등장한다. 그렇다면 6수판 편찬 과정에서 대동보의 형태가 갖추어졌다고 할 수 있다.

10) 박순교, Vietnam(大越) 皇子 '李龍祥Lý Long Tường'에 관한 연구(2) - '고려 移居 창작설' 검토를 중심으로 -, 『동아인문학』 40, 2017, p.274.

성씨, 본관	행정구역별	인구(내국인)	남자	여자
	경상북도	58	27	31
	경상남도	44	19	25

이는 개별 조사원의 호별 방문을 토대로 작성된 2000년의 통계치인 1,775명에 비하여 500명 이상 급감한 수치이다. 2015년 통계치는 행정 전산망의 생존자들을 집계, Data Base로 구축한 것이므로 보다 정확한 수치라 여겨진다.[11] 화산이씨의 최대 거주지는 경기도(338명), 서울특별시(304명), 인천광역시(209명) 등이며, 나머지 지역은 모두 두 자리 숫자에 머문다. 북한이 김일성 유일 체제를 구축하여 오면서, 김씨 외 여타의 姓氏 및 本貫을 압살해 온 것을 고려할 때 설령 통일이 된다 한들, 화산이씨 성원의 숫자는 현재에 비해 크게 증감이 없을 것으로 생각된다. 결국 화산이씨는 한국의 절대 소수의 稀姓임이 분명하다.[12] 화산이씨 족보의 기록대로라면, 화산이씨의 비조로 여겨지는 Lý Long Tường'은 1226년경 고려에 정착했다. 그로부터 800년에 육박하는 장구한 세월에도 이들 일문의 성원이 이토록 소수에 머물고 있는 점은 기괴한 일이 아닐 수 없다. 화산이씨의 성원은 한국 사회와 현실에 그야말로 안착하지 못하였고, 기적적으로 생존해 있다고 보인다.[13]

---

11) 박순교, Vietnam(大越) 皇子 '李龍祥Lý Long Tường'에 관한 연구(2) - '고려 移居 창작설' 검토를 중심으로 -, 『동아인문학』 40, 2017, pp.274~275.

12) 화산이씨 족보에 의하면 상계 未詳의 이유를 붙여, 부록으로 入系된 사람들이 보이고 있다. 따라서 추가된 성원의 진위 여부는 좀 더 치밀한 확인의 과정이 필요하다.

13) 화산이씨 종친회 이훈 부회장은 '화산이씨 성원 중 일부가 자신의 본관이 '화산'인 줄 자각하지 못한 경우가 있고, 그에 따라 2004년 7수보 편찬 이래 누락된 성원, 2004년 7수보 편찬 당시 누락된 성원을 입계한 전체 화산이씨 대동보가 재정리될 경우 실제 화산이씨 숫자는 크게 증가할 수 있음'을 피력하기도 하였다. 그는 현재 화산이씨 전체 성원을 대략 2,000명 내외로 추산하였다. 그러나 그 역시 구체적

Lý Long Tường'은 고려에 온 이후 幹과 一淸 두 아들을 두었다. Lý Long Tường'의 출생 연도를 고려할 때,[14] 1226년 경, 그의 나이는 53~55세였다. 나이로 보아 Lý Long Tường'이 고려로 이거하기 이전 혼인하였을 것이 틀림없고, 대월에서 낳은 자녀들도 필시 있었음이 틀림없다. 하지만 현존 기록에선 편린이 찾아지지 않는다.[15]

화산이씨의 鼻祖라 할 Lý Long Tường'은 물론 Lý Long Tường'의 두 아들, 그리고 두 아들에서 시작하는 가계의 상당수 생몰 연대가 불명이다. Lý Long Tường'의 1자 幹의 경우 幹에서~宮, 澤에 이르기까지 6대의 생몰 연대가, Lý Long Tường'의 2자 일청의 경우 一淸~希文에 이르는 11대의 생몰 연대가 죄다 미궁이다.

墓의 분포 지역과 失傳 여부 역시 주요 사항이다. Lý Long Tường'의 1자 간 계열의 경우, 幹, 玄亮을 제외하고 龍進, 裕, 孟雲의 묘가 실전이다. 이에는 려말·선초의 정치 상황이 작용했다고 믿어진다. 조선 개창 이후의 澤, 石峻, 周孫, 夏孫, 宗伯, 元亨 등의 묘도 죄다 실전이다. 또한 Lý Long Tường'의 2자 일청 계열의 경우 一淸~希文에 이르는 12대의 묘가 실전이다. 일단 본고에서는 남아있는 화산이씨와 관련된 제반 기록을 토대로, 아래에서는 이들 간과 일청의 혈통이 어떻게 分枝해 나갔으며, 그 특징은 무엇인지 살펴보고자 한다.

전거는 가지고 있지 않았다.

14) 용상은 용한의 동생으로 나타난다. 따라서 龍祥의 출생 시기는 용한이 태어난 1173년 5월에서 영종의 병세가 급격히 악화되기 직전인 1175년 4월 사이로 좁혀진다(박순교, Vietnam(大越) 皇子 '李龍祥Lý Long Tường'에 관한 연구(2) - '고려 移居 창작설' 검토를 중심으로 -, 『동아인문학』 40, 2017).

15) Lý Long Tường'의 배필이 고려 여자였는가, 아니면 대월에서 함께 탈출한 대월 출신 여자였는가 여부는 확실하지 않다. 화산이씨 족보에서도 Lý Long Tường'의 배필에 관한 언급은 전무하다.

제2절 1子 幹의 계통과 흐름

Lý Long Tường'의 1子인 幹의 생몰 연대는 불명이다. Lý Long Tường'의 출생이 1173~1175년경이었을 것임은 앞서 살폈다. 따라서 Lý Long Tường'이 고려에 왔다고 하는 1226년경,[16] Lý Long Tường'의 나이는 53~55살이었다. Lý Long Tường'의 1子인 幹이 고려에서 출생했다고 보면, 그의 출생은 1227년 이후가 된다. 의문의 여지는 없지 않으나, Lý Long Tường'의 최종 행적은 1253년 몽골 격퇴로 확인

16) 1224년 10월, 惠宗은 황위를 차녀 昭聖公主에게 물려주고 傳位했다. 昭聖이 即位하여 昭皇이라 칭했다(『대월사기 전서』 권4 본기4 혜종 甲申 14년 10월조). 한데 1216년 6월에 출생한 장녀 順天公主가 아닌, 1218년 9월 출생한 차녀 소성공주가 황위를 물려받은 점은 의문이다. 1216년 12월 장녀 순천 공주는 황태자로 책봉되었고("未有太子, 中宮所生公主而已." 『대월사기 전서』 권4 본기4 혜종 丙子 6년 12월조) 구절을 황제권의 계승자로 순천을 의식한 결과로 해석할 수 있겠다. 그럼에도 1224년 제위를 계승하지 못했다. 전위 당시 혜종은 스물아홉, 순천은 여덟 살, 소성은 여섯에 불과했다(『대월사기 전서』 권4 본기4 혜종 丙子 6년 6월조 및 戊寅 8년 9월조). 1224년 10월의 사건은 정상적인 것이 아니었다. 이러한 의혹의 배후에는 군권을 장악한 陳守度가 있었다고 여겨지며, 진수도의 정변은 1226년 돌발적으로 발생한 것이 아니라, 1224년 10월에 이미 일어났던 것이며 1226년 8월 10일에 이르도록 장기간에 걸친 용의주도하고 면밀한 쿠데타였다. 용상의 입장에서 이러한 일련의 변란은 커다란 위협으로 체감되었을 것이고, 용상의 존재는 진수도에게도 역시 가장 거북하고 거세해야 할 존재로 비쳤을 것이다. 이 점에서 용상이 1226년에야 대월을 떠났다는 것은 믿기 어렵다.
陳煚이 황제가 된 것은 宋 寶慶 2年, 곧 1226년, 곧 혜종이 황위를 선양한 지 이태가 되는 해였다. 당시 진경은 昭皇을 皇后로 격하하여 이름을 昭聖으로 돌리고 陳守度를 太師統國로 삼았다. 그 다음 조치로 혜종은 1226년 정월 상황에서 폐위되었고 진교선사에 유폐되게 되었다. 강제로 퇴위당한 혜종이 진수도에게 시해된 것은 양위(1224년 10월)로부터 이태가 지난 1226년 8월 10일이었다(『대월사기 전서』 권5 본기5 陳 太宗 丙申 建中2년 8월 10일조). 요컨대 용상의 대월 탈출은 1224년 즈음이었다고 봄이 옳을 것이다.

된다.[17] 이 경우 Lý Long Tường'의 나이는 78~80세가량이 된다. 그렇다면 간의 생몰 연대는 범위를 최대한 넓게 잡을 경우, 1227~1333년으로 劃定된다.[18] Lý Long Tường'의 1子 幹의 비속을 그림으로 정리하면 다음과 같다.

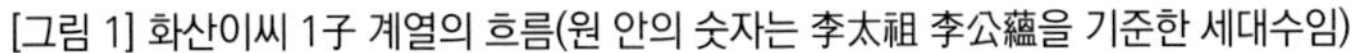
[그림 1] 화산이씨 1子 계열의 흐름(원 안의 숫자는 李太祖 李公蘊을 기준한 세대수임)

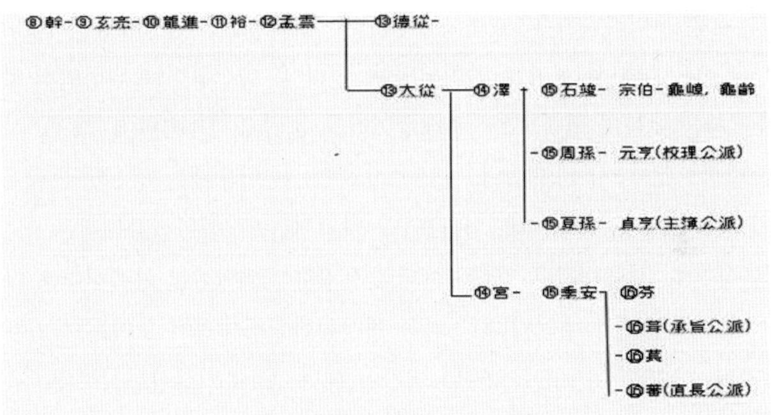

17) 박순교, Vietnam(大越) 皇子 '李龍祥Lý Long Tường'에 관한 연구(2) - '고려 移居 창작설' 검토를 중심으로 -, 『동아인문학』 40, 2017에서 ① 대월 황제들 평균 수명과의 비교, ② 18세기 자료에서 몽골 격퇴 사실이 보이지 않는 점, ③ 19세기 들어 몽골 격퇴가 집중 나타나고 있는 점 등을 들어 의문이 제기된 바 있다.

18) 일반적인 인간의 생식 연령과 기준이 아닌, 김유신과 같이 특별한 경우까지 고려한다면, 그 범위는 보다 광범위해질 수 있다. 김유신은 61살에 지소와 결혼하여 문무왕 13년, 즉 673년 7월 1일에 79살로 죽기까지 18년 동안 5남 4녀를 두었다(박순교, 『김춘추의 집권과정 연구』, 경북대박사학위논문, 1999, p.263). 이렇듯 늙은 남자라 할지라도 젊은 여자와의 혼인과 통정에서는 2세의 출생이 가능하다고 보이므로, Lý Long Tường'이 80세의 나이에 아들을 얻었고, 출생한 1子 간이 다시 80까지 장수하였다고 했을 경우 그 홍거 연대는 1333년까지 내려올 수 있다고 여겨진다.

화산이씨 족보대로라면, 幹의 官歷은 金紫光祿大夫 壁上三韓三中大匡 都僉議左政丞 예문관대제학 監右文館事 判選部事로 나타난다.[19] 金紫光祿大夫는 종2품의 관계이다.[20] 광록대부는 1076년(문종 30)에 문산계 29계 중 제3계로 정하여졌고,[21] 1275년(충렬왕 1)에 그 명칭이 匡靖大夫로 바뀌었다가 종2품 상계로 바뀌고, 1361년 정2품 대부로 바뀌었다. 충렬왕 때 일시 없어졌던 광록대부는 다시 1356년(공민왕 5)에 종1품으로 승격, 잠깐 두어졌다가 1362년(공민왕 11)에 혁파되었다. 삼중대광은 1308년(충렬왕 34)의 정1품으로 설치되었다. 얼마 후 충선왕이 복위하면서 壁上三韓을 덧붙여 벽상삼한삼중대광이라고 불렸고, 1310년(충선왕 2), 삼중대광으로 다시 바뀌었다. 1356년(공민왕 5) 이후에는 정1품의 관계가 上·下로 나누어지는데, 1362년의 개정 때 벽상삼한삼중대광은 정1품 상계로, 삼중대광은 정1품 하계로 등장했다. 1369년 삼중대광은 다시 종1품 상계로 내려갔다.[22] 결국 벽상삼한삼중대광이 보이는 시기는 1308~1310년, 1362~1369년 어간이 된다. 幹이 벽상삼한삼중대광을 역임한 시기는 충선왕대로 좁혀지고, 정1품의 관계에 있었던 셈이 된다. 幹의 도첨의 좌정승 역임은 충혜왕 때로 파악된다. 도첨의부는 百揆의 庶務와 간쟁과 封駁을 관장하는 官府로서, 고려 초의 內議省을 필두로, 中書門下省, 僉議府 등을 거쳐 都僉議使司로 이어졌다. 그 관부의 수장은 都僉議侍中, 중찬, 政丞 등이었다가, 충혜왕 때인 1339~1344년 左·右 政丞으로 개편되어 시행됐다. 1354년(공민왕 3)에 시중, 다시 우정승과 좌

19) 李承哉, 『화산이씨 세보』, 蓉南石版所, 1921, 卷1의 世譜 玄.

20) 金紫는 金印紫綬로서, 秦漢代에는 相國, 承相이 사용하였고, 晉代에는 光祿大夫도 이것을 사용함에 따라 南齋 이래 금자광록대부의 명칭이 있게 되었다.

21) 『고려사』 권77 지31 백관2.

22) 『고려사』 권77 지31 백관2.

정승, 1356년 다시 시중, 1362년 僉議 左·右政丞으로 바뀌었다.[23] 종 1품의 도첨의 좌정승의 관직이 있은 시기는 충혜왕, 공민왕 치세가 되지만,[24] 幹의 생몰 연대로 보아 충혜왕 때이다. 종2품의 예문관 대제학의 경우, 예문관의 이름이 보이는 것은 1325년(충숙왕 12)부터이며, 그 아래 수찬 주부 각 1인과 검열 2인이 있었다. 예문관은 이후 1356년(공민왕 5) 한림원이 되었다가 1362년 예문관으로 복구되었다. 1362년 당시 예문관에는 종2품의 대제학과, 그 아래 제학, 직제학, 응교 등이 있었다.[25] 예문관 대제학은 1362년 이후에 설치된 것이므로,[26] 幹의 생몰 연대를 고려할 때, 앞뒤가 부합되지 않는다. 기실 예문관 대제학은 족보의 오류이거나, 최소한 추증 관직일 것이 확실하다. 右文館은 고려시대 국왕에게 경서를 강설한 곳으로서, 충렬왕과 공민왕 때 주로 불린 명칭이다.[27] 판선부사는 충선왕·충숙왕 때의 관직이다.[28] 이로 보면 幹의 관력은 충렬, 충선왕 때로 압축된다.

고려조에서, 幹의 아들이자 李公蘊(Lý Công Uẩn)의 9세손 玄亮은 春秋館事, 李公蘊(Lý Công Uẩn)의 10세손 龍進은 尙衣院 直長,[29] 11세손 裕는 尙書省 右僕射를 거쳤다고 한다.[30] 춘추관사는 충숙왕 12년 領館事~同知

23) 정진숙, 「고려시대 職官 변천 略表」, 『한국학대백과사전』, 을유문화사, 1994 초판 4쇄본, pp.18~19.

24) 『고려사』 권76 지30 백관1 門下侍中.

25) 정진숙, 「고려시대 職官 변천 略表」, 『한국학대백과사전』, 을유문화사, 1994 초판 4쇄본, pp.26~27.

26) 『고려사』 권76 지30 백관1 예문관.

27) 『고려사』 권76 지30 백관1 諸館殿學士.

28) 『고려사』 권108 열전21 諸臣 閔宗儒, 『고려사』 권35 세가35 충숙왕 11년 2월.

29) 李承哉, 『화산이씨 세보』, 蓉南石版所, 1921, 卷1의 世譜 玄.

30) 李承哉, 『화산이씨 세보』, 蓉南石版所, 1921, 卷1의 世譜 玄, 『海隱先生 事實』, 李承哉, 『화산이씨 가전실록』, 蓉南石版所, 1921.

館事까지 事가 설치되어 있었으니, 현량의 관력은 충숙왕 12년 이후 즈음일 것이다. 상의원은 고려조에서는 없던 관부로서, 조선조에서 임금의 의복을 지어올리고 대궐 안의 재물과 보물 일체의 간수를 맡아보던 工曹 산하의 관서였다.[31] 고려조에서는 尙衣局이 있었는데,[32] 1310년(충선왕 2) 掌服署로 고쳤다가, 1356년(공민왕 5) 尙衣局으로, 1362년 또 掌服署로, 1369년 다시 尙衣局으로, 1372년 또 다시 掌服署로 고쳐진 바 있다.[33] 고려조에서는 尙衣局, 掌服署가 번갈아 사용되었고 尙衣院은 사용되지 않았다. 만일 龍進이 조선조 상의원의 직장(從7품)을 지냈는데, 용진의 아들 裕와 용진의 손자 孟雲이 조선의 관직 제수를 불응했다는 것은 전혀 맥락이 닿지 않는다. 결국 장복서와 상의원의 관부 변천, 용진, 유, 맹운의 행적과 생몰 연대 등을 종합적으로 고려할 때, 상의원과 관련한 용진의 관력은 착간으로 보이며, 문자 그대로 취신하기 어렵다. 裕는 호가 海隱으로, 그가 역임했다고 하는 尙書省 右僕射는 정2품의 관직이다.[34] 그의 생몰 연대로 짐작하건대, 상서성 우복야 역임은 공민왕 대 이후의 일이라 짐작된다.

李公蘊(Lý Công Uẩn)의 12세손 孟雲은 구체적 생몰 연대가 불명이다. 그러나 려말·선초의 전환기에 있어 그의 남겨진 行藏이 力餘하다. 맹운의 호는 川隱, 鰲川徵士, 遯山小隱이었다. 그는 공민왕 때 찬성의 벼슬에 있었으나, 조정과의 不和 끝에 황해도 海州의 산천에 은둔하였다.[35] 맹

31) 정진숙, 「역대 職官表」, 『한국학대백과사전』, 을유문화사, 1994 초판 4쇄본, pp.64~65.

32) 『고려사』 권68 지22 예10 嘉禮.

33) 『고려사』 권77 지31 백관2 掌服署. 장서각 디지털 아카이브, 『尙衣局』 항목.

34) 정진숙, 「고려시대 職官 변천 略表」, 『한국학대백과사전』, 을유문화사, 1994 초판 4쇄본, pp.20~21.

35) 李承哉, 『화산이씨 세보』, 蓉南石版所, 1921, 卷1의 世譜 黃, 「川隱先生 本傳」, 李

운 자신의 바람처럼 깊은 산골 개천에서 足浴하며 개천의 자라와 은거한 산 속의 작은 신선마냥 청초하고 적요한 삶을 이어갔다. 이후, 그는 개창된 조선조에서 한성판윤, 이조판서 등의 직책을 잇달아 제수했으나 不應하였고, 十隱의 한 사람이라 일컬어졌을 만큼 실로 浮雲 같은 삶을 살았다.[36] 맹운의 아들로는 황해도 載寧郡守를 지낸 德從과, 司僕寺 副正(종3품)을 지낸 大從이 있다. 대종의 생몰 연대는 未詳이며, 덕종의 홍년만이 확인된다. 덕종은 明 선종 선덕 10(을묘), 1435년(세종 17)에 홍거했다. 대종은 다시 황해도 牛峰縣令을 지낸 澤, 上護軍(정3품)을 지낸 宮으로 分枝된다. 이후 이들 간의 비속은 校理公派, 主簿公派, 承旨公派, 直長公派 등 주로 관직의 이름을 앞에 붙여 분파되어 갔다.

澤의 생몰 연대, 墓의 위치는 失傳이다. 이어 澤의 비속인 石峻, 周孫, 夏孫, 宗伯, 元亨 등의 생몰 연대, 분묘 역시 失傳이다.[37] 종백의 子 龜齡의 자손들 경우 평안도 肅川 成川 祥原에 거하였다고 하나 回譜에 漏泄되고, 마침내는 왕래조차 두절되었다고 한다. 결국 택의 비속이 희미한 그림자만 남기고 이후 지리멸렬한 것이 아닌가 추정된다. 다만 李澤의 次子, 李周孫이 1460년 평양 별시에서 문과에 급제했음은 확인된다. 그러나 그에 관한 더 이상의 궤적은 확인되지 않는다. 李周孫의 숙부 이궁이 세조의 왕위 찬탈을 비난하며 지절을 지켜 불사 은둔하였음을 염두에 둔다면, 이주손이 세조 즉위 6년 양서 지방인을 대상으로 한 별시에 응시하여 급제하였고, 사헌부 감찰의 직에 이르렀다는 점은 일가 내에서도 정치적 신념과 선택의 차이가 있었음이 짐작된다. 또 다른 갈래인

承哉, 『화산이씨 가전실록』, 蓉南石版所, 1921.

36) Lý Long Tường', 아들 간, 손자 현량의 묘는 같은 권역, 옹진부 서쪽 10리 离乙峰 杜茂機 廣大山 산록에 있다. 그러나 용진과 유의 무덤을 실전하게 된 것은 조선 조정에의 不仕·은둔과 관련된 것이 아닌가 한다.

37) 李承哉, 『화산이씨 세보』, 蓉南石版所, 1921, 卷1의 世譜 黃.

宮, 季安의 경우에도 생년은 불명이다. 둘의 훙년만 확인 가능하다. 궁은 1472년(성화 8년(임진) 9월, 성종 3년), 季安은 1484년(성화 20년(갑진), 성종 15년 8월 16일)이다. 특히 궁의 경우 사육신의 한 사람인 유응부兪應孚(?~1456)와 교유했으며, 세조의 왕위 찬탈에 반발하여 은둔한 것이 확인된다.[38)]

李公蘊(Lý Công Uẩn)의 16세손이자 幹의 9세손 葺에 이르러서야, 화산이씨 최초로 생몰 연대가 공히 확인된다.[39)] 즙의 생몰 연대는 7수보의 경우, 세종 11년 을유년에 출생, 중종 21년 병술년에 훙거한 것으로 되어 있다.[40)] 5修譜의 경우, 즙은 세조 11년에 출생한 것으로 되어 있다.[41)] 세종 11년은 1429년 기유년이니, 을유년으로 표기된 7수보의 간지는 오기이다. 그의 훙년 중종 21년은 1526년 병술년이다.[42)] 그렇다면 葺은 향년 97세로 6월 14일 훙거한 셈이 된다.[43)] 그러나 「부호군공 묘지문」에서 그는 향년 62세로 훙거한 것으로 되어 있다. 그렇다면 즙의 생년은

38) 李承哉, 『화산이씨 세보』, 蓉南石版所, 1921, 卷1의 世譜 黃. 한편 有周老君 정사후 2434년 경인 2월에 찬했다고 하는 이씨 성원실에 위의 사실이 적혀 있다. 찬자는 未詳이다.

39) Lý Long Tường'에서 葺에 이르는 세대는 총 9세대를 이룬다. Lý Long Tường'의 생년이 1173~1175년이므로, 즙의 밝혀진 생년 1465년을 비교, 계산하면 Lý Long Tường' 1자 幹의 한 세대당 기간은 32.4(1465-1173/9)로 포괄 정리된다. 이 기준을 적용하면, Lý Long Tường'의 4세손 용진의 생년은 1267~1269년, Lý Long Tường'의 5세손 裕는 1302~1304년, Lý Long Tường'의 6세손 맹운은 1335~1337년의 개략적 추정 연대가 산출된다.

40) 李相協, 「止庵承旨公 墓誌文」, 『花山李氏 족보』, 회상사, 2004, p.5.

41) 李承哉, 『화산이씨 세보』, 蓉南石版所, 1921, 卷1의 世譜 字.

42) 「부호군공 묘지문」, 李承哉, 『화산이씨 세보』, 蓉南石版所, 1921, 卷1.

43) 「부호군공 묘지문」, 李承哉, 『화산이씨 세보』, 蓉南石版所, 1921, 卷1. Lý Long Tường'으로부터 거의 200년 만에 생몰 연대가 확인되는 최초의 인물이 출현한 셈인데, 과연 이러한 실전의 까닭이 무엇 때문일 것인지는 향후 검토가 필요하다.

세조 11년 1465년임이 확인되어 5修譜의 기록이 정확함이 확인된다. 기타 葺과 同氣인 蕃과 萇의 생몰 연대는 不詳이다.44) 뿐만 아니라 葺의 子 壽禧, 손자 岫, 증손 仁忠, 고손 述承 등 거의 모든 비속의 생몰 연대가 사실상 不詳이다.45) 간혹 忌日이 적힌 경우만 눈에 띈다. 아마 이것은 조선의 제례와 연관이 깊지 않은가 한다.

다만 壽福과 그의 비속은 예외적이다. 李公蘊(Lý Công Uẩn)의 17세손이자 葺의 子인 壽福은 생몰년이 확인된다. 그는 성종 25년 갑인에 출생하였고, 중종 24년 호조 좌랑으로 활약하였다.46) 수복은 중종, 인종, 명종 3조에 출사, 옥당을 거쳐 谷山 군수로 나아갔다가 명종 13년 무오(1558) 12월 22일 관아에서 향년 65세의 나이로 홍거했다. 이어 1559년 11월 17일 송화 달마산 노가리 산록에 매장되었다.47) 수복의 字는 申之이며, 號는 止庵이었다. 장흥에는 수복이 펼친 '絃歌'와 '牛刀'의 善政을 기리는 수복의 去思碑가 있었다. 수복의 아들 嶙은 중종 29년 갑오에 출생한 사실이, 손자 尙孝는 忌日만이 확인된다.48) 그리고 조·일 전쟁(1592)을 거친 다음의 증손 珉, 고손 遇春의 생몰 연대가 확인된다. 珉은 만력 43년 을묘(1615년)에 출생, 효종 11년 기해(10년의 오기?, 1659)에 홍거하였다. 고손 遇春은 인조 25년 정해(1647)에 출생, 경종 2년 임인(1722)에 홍거하였다.49)

한편 幹의 비속이 묻힌 묘를 통해서, 활동 권역의 一端을 추단할 수 있다. 幹의 묘는 Lý Long Tường'의 무덤과 동일 권역이었다. 하지만 幹

44) 李承哉, 『화산이씨 세보』, 蓉南石版所, 1921, 卷1의 世譜 宇~宙.

45) 李承哉, 『화산이씨 세보』, 蓉南石版所, 1921, 卷1의 世譜 月.

46) 李承哉, 『화산이씨 세보』, 蓉南石版所, 1921, 卷1의 世譜 洪.

47) 「지암 승지공 묘지문」, 李承哉, 『화산이씨 세보』, 蓉南石版所, 1921, 卷1의 世譜 洪.

48) 李承哉, 『화산이씨 세보』, 蓉南石版所, 1921, 卷1의 世譜 洪.

49) 李承哉, 『화산이씨 세보』, 蓉南石版所, 1921, 卷1의 世譜 洪.

의 손자 龍進, 증손 裕, 고손 孟雲까지 실전되었다.[50] 구전에 의하면 맹운은 三谷 情縣에 매장되었다고도 한다. 이후 맹운의 1자 德宗은 三谷 遯山 國士峰 아래 남쪽 언덕에 묻혔다.[51] 삼곡 둔산은, 맹운이 묻힌 해주 三谷 情峴의 인근 지대가 아닌가 추측된다. 그렇다면 덕종의 묘는 황해 해주에 속한 셈이 된다.[52]

맹운의 2자 大從의 묘역은 松禾縣 동쪽 70리, 어천방 1리, 달마산 서남 蘆街里로 확인된다.[53] 이상한 것은 宮, 季安, 茸, 壽福, 枰, 憲國, 鼎新 등이 모두 노가리에 묻힌 점이다. 대종 이후의 인물들이 대거 송화현의 인근 蘆街里에 묻혔다는 것은 幹의 비속이 일대의 주변을 맴돌았고, 생활 반경을 유지했다는 일 증거이다. 대종이 송화 현감을 역임한 사실[54]로 보아 일대에 세거지가 형성된 것이 아닌가도 추정된다. 한편 직장파의 시조인 蕃의 경우 直長(종7품)을 지냈고, 蘇門倉 가좌동 南麓에 매장된 것이 확인된다.

여하튼 옹진, 해주를 비롯한 황해도 일대에서 이들 비속이 생활 거점을 형성한 것만은 확실하다. 그럼에도 계속된 전란과 분단의 탓으로 다대한 권속이 서로 연결되지 못하였다. 마침내 귀와 눈이 접촉되지 못하였고, 깨어진 항아리마냥 갈라져 길가는 남남으로까지 되었다.[55] 그 결과 비속

---

50) 맹운의 두 아들이 현령과 상호군의 벼슬까지 역임한 사실, 추원보본을 목숨처럼 여기던 당시 사조 등을 고려할 때, 생몰 연대와 분묘의 실전은 선뜻 이해가 가지 않는 대목이다. 조·일 전쟁(1592)과 같은 전란을 거치며 관련 자료의 일실 탓이라 볼 여지도 없지 않다. 그러나 선대의 묘역에 대한 기억만은 쉽게 망각되기 어렵다. 이는 시간과 달리 공간의 개념이다.

51) 李承哉, 『화산이씨 세보』, 蓉南石版所, 1921, 卷1의 世譜 黃.

52) 李承哉, 『화산이씨 세보』, 蓉南石版所, 1921, 卷1의 世譜 黃.

53) 李承哉, 『화산이씨 세보』, 蓉南石版所, 1921, 卷1의 世譜 黃.

54) 李承哉, 『화산이씨 세보』, 蓉南石版所, 1921, 卷1의 世譜 黃.

55) 垕, 『화산이씨 족보서』(李相協, 「화산군 본전」, 『花山李氏 족보』, 회상사, 2004).

이 분파된 이후의 세세한 동선이나 세거지, 뚜렷한 자취가 거의 포착되지 않게 되었으니, 가히 비운의 일족이라 일컫기에 족하다. 현재 화산이씨 종친회의 활동에서도, 校理公派, 主簿公派의 참집은 거의 없다.[56]

제3절 2子 一淸의 계통과 흐름

전술한 바와 같이, Lý Long Tường'의 2자 일청의 비속은 5修譜에 이르기까지 수록되지 않았다. 일청의 비속은 6수보에서 등장하고 있는 바,[57] 별도로 전해지던 계보가 이즈음 합계되었다. 아래에서는 Lý Long Tường'의 2자 일청을 중심으로 그 직계 비속을 정리하였다. 일청으로부터 9세대에 이르면서, 일청의 비속이 안동파, 밀양파, 영천파로 分枝化되고 있음이 확인된다. 2자 一淸의 비속을 정리하면 다음과 같다.

화산이씨 편찬위원회, 『花山李氏 族譜』 全, 회상사, 1987, p.215. 후가 말한대로 1자 계열, 2자 계열의 교통은 물론이고, 1자 계열 내에서조차 상호 교류, 교감은 단절되었다.

56) 괄목할 사실은 베트남에 귀화한 화산이씨 李培鉉(일명 창근)이 승지공파의 후손[李公蘊(Lý Công Uẩn)의 32세손]이다. 그리고 그의 2子는 대월국에서 이름을 따서 越國이라 칭하고 있다(李相協, 『花山李氏 족보』, 회상사, 2004, p.359).

57) 화산이씨 편찬위원회, 『花山李氏 族譜』 全, 회상사, 1987에서는 안동파(pp.325~357), 밀양파(pp.358~374), 영천파(pp.375~388)를 최초로 수록하고 있다. 사실상 최초의 대동보가 탄생한 셈이다. 이전의 초보~5수보는 모두 1자 幹의 비속을 다루었던 바, 그것은 현존 5수보에 2子 一淸의 비속이 모두 제외된 것에서 확인할 수 있다. 곧 초보~4수보에 2子 일청의 비속이 담겨 있었다면, 새삼 5수보에서 그 내용이 빠질 까닭이 없기 때문이다.

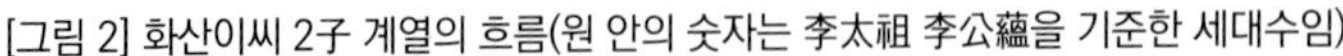
[그림 2] 화산이씨 2子 계열의 흐름(원 안의 숫자는 李太祖 李公蘊을 기준한 세대수임)

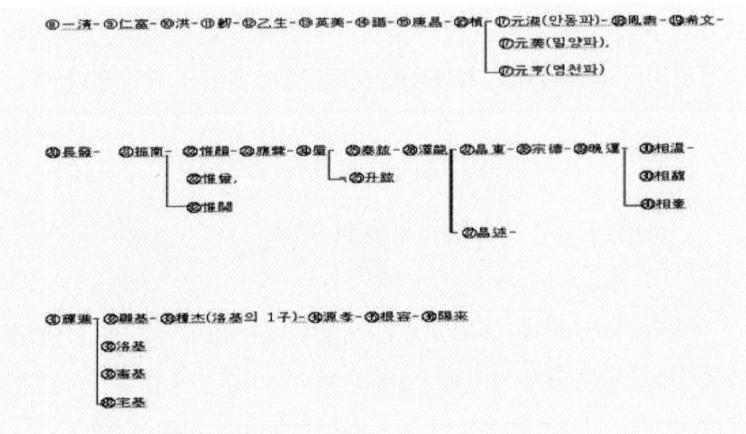

Lý Long Tường'의 2子 一淸의 생몰 연대 역시 불명이다. 일청의 관력은 고려조에서 長史(종6품), 안동 부사로 확인된다.[58] Lý Long Tường'이 고려에 이거한 것이 1226년경이므로, 2자 일청의 출생은 빨라도 1228년일 것이다. 그리고 일청이 장성하여 안동부사의 직위에 오르려면 최소 30년 이상의 시간이 소요된다. 이 시점을 전후한 안동의 변천을 살펴볼 필요성이 제기된다. 안동은 Lý Long Tường'이 고려에 이거한 1226년 무렵 안동부였고, 충렬왕 34년(1308) 복주목으로 바뀌었다. 공민왕 11년(1362) 안동대도호부로 승격되었고, 우왕 9년(1383)~우왕 14년(1388)까지 안동도였다가 이후 고려 멸망까지 안동부로 일컬어졌다.[59] 결국 안동부사는 1226~1308년, 1362~1383년, 1383~1392년까지 통용된 한시적 관직이었다. 일청이 안동부사로 있었던 시기는, 위 안동부의 개폐시기와 부합될 것이 틀림없다. 그 중 가장 개연성이 높은 시기는

58) 화산이씨 편찬위원회, 『花山李氏 族譜』 全, 회상사, 1987, p.325.
59) 『신증동국여지승람』 권24, 경상도 안동대도호부 건치연혁.

1226~1308년의 시기로 추정된다. 안동부사는 고려 문종이 정한 지방관 녹봉제에 의하면 상위 6번째, 86석 10두의 녹봉을 받는 관직이었다.[60)]

일청 계열 역시 一淸~希文에 이르기까지, 11대에 걸쳐 생몰 연대가 모두 未詳이다. 대신 관력만이 주로 나타난다. 元淑~希文 3대의 경우에는 더하여 忌日도 보인다.[61)] 일청의 子 仁富, 손자 洪은 고려 중앙군 2군 6위의 하나인 金吾衛(備邊巡衛)에 몸을 담았다. 기록대로라면, 釰은 神虎衛, 乙生은 황해 봉산의 嘉順宮 副使, 英美는 侍衛司 中領 副司正, 諧는 文科 中郎將, 庚昌은 文科 副司正 從士郎을 거쳤다. 주목되는 것은 庚昌의 子 槙이 봉화 訓導였다는 사실인데, 이러한 인연 때문인지 槙의 손자 鳳壽대에 이르러 일가는 봉화 창평리로 이거했다. 그 봉수의 손자가 조·일 전쟁(1592년) 때 전사한 長發이다.[62)]

일청의 비속은 8세대를 거치면서 안동, 봉화, 밀양, 영천 등의 지역으로 계속하여 分枝해 나갔다. 현재 경북에 거주하는 화산이씨는 전체 58명으로 확인된다. 또 인근의 대구광역시에는 43명의 화산이씨가 있다. 일청 비속의 주요 세거지 안동, 봉화, 밀양의 경우, 안동 10명, 봉화 14명, 밀양 6명 등 총 30명이 거주하고 있다. 화산이씨 족보에서 세거지로 운위된 영천에는 현재 화산이씨가 아예 없다. 기타 포항 8명, 청도

60) 『고려사』 권80 志34 食貨3 문종.

61) 화산이씨 편찬위원회, 『花山李氏 族譜』 全, 회상사, 1987, p.325.

62) Lý Long Tường'의 2자 일청의 비속들의 경우 생몰 연대가 거의 未詳이다. Lý Long Tường'의 2자 일청에서 子 仁富, 손자 洪을 거쳐 증손 釰, 고손 乙生, 그리고 英美, 諧, 庚昌, 槙, 元淑, 鳳壽, 希文에 이르는 장장 12세대의 생몰 연대가 모두 미궁에 빠져 있다. Lý Long Tường'의 14세손인 장발의 생년은 선조 갑술(1574년)이다. Lý Long Tường'의 생년인 1173~1175년과 Lý Long Tường'의 14세손 장발의 생년 1574년을 비교 계산하면, 한 세대당 평균 기간은 30.69~30.84년(1574-1173(1175)/13)이 산출된다.

6명, 경주 5명 등의 순서로 나타난다.[63] 안동파의 시조 元淑은 기자전 참봉을 지냈으나, 생몰 연대는 未詳이다.[64] 元淑의 아들 鳳壽는 司僕寺 主簿였고, 봉수의 손자가 長發이었다.[65]

일청의 비속은 안동, 밀양, 영천 등 각기 세거지를 형성하였다. 그러나 각각의 세거지를 고집하지 않은 경우도 종종 발견된다. 李公蘊(Lý Công Uẩn)의 28세손이자 일청의 21세손인 밀양파 光春의 경우, 묘는 밀양이 아니라 현재의 봉화 봉성면 창평리 북산(금혈산)임이 확인된다.[66] 광춘을 전후하여 寅郁, 寅文, 光國, 晩運 또한 봉화 창평에 매장되었다.[67] 밀양파의 절대 다수는 舞亭村, 기타 鍾承(李公蘊(Lý Công Uẩn)의 33세손)과 炳源(李公蘊(Lý Công Uẩn)의 34세손)의 경우 밀양의 武安雲町,[68] 華基(李公蘊(Lý Công Uẩn)의 32세)의 처 평산신씨, 仲基(李公蘊(Lý Công Uẩn)의 32세)·처 김해김씨의 別墳, 鍾守(李公蘊(Lý Công Uẩn)의 33세)의 경우 밀양 청운 尙山,[69]

---

63) 박순교, 「선조 흔적 찾아 봉화에 온 베트남 대사」, 『봉화일보』 특집기사, 2018.1.8.

64) 화산이씨 편찬위원회, 『花山李氏 族譜』 全, 회상사, 1987, p.325.

65) 화산이씨 편찬위원회, 『花山李氏 族譜』 全, 회상사, 1987, p.325.

66) 화산이씨 편찬위원회, 『花山李氏 族譜』 全, 회상사, 1987, p.364.

67) 휘대 역시 봉화 창평에 매장되었을 개연성이 높다. 그의 묘와 관련하여 나타나는 今穴은 金穴과 같은 것이 아닌가 짐작된다(화산이씨 편찬위원회, 『花山李氏 族譜』 全, 회상사, 1987, p.364).

68) 李相協, 『花山李氏 족보』, 회상사, 2004, p.420. 국토지리정보원 발행 1/50,000 지형도를 기도로 한 밀양시 관내도에 의하면, 무안운정은 현재 武安面 雲汀으로 불리고 있으며, 그 위치는 무정촌(무연리)의 서남방에 위치하고 있다.

69) 李相協, 『花山李氏 족보』, 회상사, 2004, pp.421~423. 국토지리정보원 발행 1/50,000지형도를 기도로 한 밀양시 관내도에 의하면, 青雲은 舞鳶里(무정촌)과 운정 사이에 넓은 벌판 지대에 위치하고 있다. 이로 보아 화산이씨 밀양파의 주거지는 무연~운정에 이르는 지역이었다고 판단된다. 기타 '大峴佛堂'에 안치된 다수가 발견되고 있으나, 손정태 밀양문화원장에게 자문한 결과 밀양에는 '대현'의 지명이 없음을 확인했다.

또 다른 일부는 (今)兔山, 成佛山에 각기 매장되었다.[70] 특히 인문, 인욱으로부터 만운에 이르는 3대의 매장지는 주목을 끈다.[71] 이들 3대의 묘역이 특이한 만큼, 이들이 봉화 창평의 실거주 가능성도 높다. 광춘의 字는 德山으로 영조 정해 9월 6일 출생하여 영조 병인 3월 7일 홍거했다. 광춘의 묘는 봉화 창평에 있다. 광춘의 아들 만운은 밀양파였으나, 李公蘊(Lý Công Uẩn)의 28세손이자 일청의 21세손인 안동파 宗德의 양자로 入系되었다.[72] 만운이 봉화로 입계된 이상, ① 만운이 자신의 부친 광춘의 묘를 봉화 선영에 매장했을 가능성, ② 밀양에 거주하였으되 장지만 봉화에 꾸렸을 개연성, ③ 광춘의 생존시에 밀양에서 봉화로 이거한 것일 개연성 등이 상정될 수 있다. 여하튼 밀양파 광춘과 안동파 종덕 간의 교감이나 유대, 상호 교통이 적잖이 이루어졌고, 이를 바탕으로 그러한 일들이 가능했다.

앞서 말한 대로, 현재 밀양에는 6명의 화산이씨 성원이 있고, 화산이씨 족보에는 밀양파에 대한 내용이 수록되어 있다. 밀양파의 시조 元美는 字가 聖壽였다. 그는 고려조 밀양부사를 하였고, 그 이후 밀양에 세거지를 형성했다고 한다.[73] 원미는 李公蘊(Lý Công Uẩn)의 17세손이며, Lý Long Tường'의 11세손이다. 일청 가문의 평균 세대수, 세대 기간을 적용하면, 원미의 생년은 조선 개창 이후 거의 백년에 육박하는 시기로 추

70) 화산이씨 편찬위원회, 『花山李氏 族譜』 全, 회상사, 1987, pp.363~364. 李公蘊(Lý Công Uẩn)의 29세손 逸植(성불산), 李公蘊(Lý Công Uẩn)의 30세손 相東(토산).

71) 李公蘊(Lý Công Uẩn)의 31세손 輝大의 묘가 금혈 숲 바깥인 점(李相協, 『花山李氏 족보』, 회상사, 2004, p.419)에서 봉화 창평 금혈산 인근이 아닌가 추정되기도 한다.

72) 李相協, 『花山李氏 족보』, 회상사, 2004, p.376.

73) 화산이씨 편찬위원회, 『花山李氏 族譜』 全, 회상사, 1987, p.358. 李相協, 『花山李氏 족보』, 회상사, 2004, p.413.

산된다. 따라서 원미는 결코 고려의 인물일 수 없다.[74] 또 다른 방법으로 원미의 생년을 추산할 수 있는데, 원미의 증손 淑文의 생몰 연대가 명종 때로 나타난다.[75] 따라서 원미는 고려조의 인물이 아니라 조선조의 인물이 확실하다. 이로써, 화산이씨 족보에서 원미와 관련하여 나타나는 생몰 연대는 사실과 꽤나 동떨어져 있음이 드러난다.

또 원미가 밀양부사를 역임했다면, 밀양에 부가 있었던 시기라야 한다. 밀양의 건치 연혁은 密城郡(신라 경덕왕)-密州刺史(고려 성종)-知密城郡事(현종)-歸化部曲(충렬왕)-密城縣-密城郡-密城縣-密陽府(공양왕)(以上 고려)-密城郡(조선 태조)-密陽府(태조 3년)[76]-密陽郡-密陽도호부(以上 조선)의 순서로 변화했다.[77] 고려의 경우 밀양부가 설치된 시기는 공양왕 이후부터이며, 조선의 경우 조선 태조 3년 이후부터였다. 공양왕의 치세는 1389~1392년에 불과하다. 원미의 생몰 연대를 고려할 때에도 원미는 공양왕 치세의 인물일 수 없다. 결국 원미는 조선 태조 이후 밀양부 부사(종3품)를 역임했다고 봐야 옳지만, 현재 『밀양부 선생안』에서 그의 이름

74) Lý Long Tường'의 생년을 기준으로 하여, Lý Long Tường'의 2자 일청의 비속 평균 세대수와 세대 기간의 평균치×Lý Long Tường'~원미에 이르는 세대수를 대입·적용하여 원미의 생년을 추산하면 다음과 같이 된다. (1173~1175)+30.69(30.84)×10=1479.9(1481.4)년이 산출된다.

75) 원미의 증손 숙문은 명종 을묘(1555) 9월 10일 출생하여 병자 10월 25일 홍거한 것이 확인된다. 비록 족보에는 왕호가 없으나 명종의 치세에 병자는 나올 수 없기에 선조 9년의 병자(1576), 아니면 인조 14년의 병자(1636)로 보인다. 이 경우 숙문은 21세, 혹은 81세로 홍거했을 개연성이 있다. Lý Long Tường'의 생년 1173~1175년을 기준으로 하고, 다시 숙문의 생년 1555에서 Lý Long Tường'의 2자 일청의 비속 평균 평균 세대수와 세대 기간의 평균치×원미~숙문에 이르는 세대수를 적용·감산하여 원미의 생년을 추산하면 다음과 같이 된다. 1555-{30.69(30.84)×3)} =1462년 전후의 수치가 산출된다. 결국 원미는 고려조의 인물일 수가 없다.

76) 『조선왕조실록』 태조 3년 갑술(1394) 2월 15일조.

77) 『신증동국여지승람』 권26, 경상도 밀양도호부 건치연혁.

[그림 3] 화산이씨 밀양파 묘역(무연리~운정)

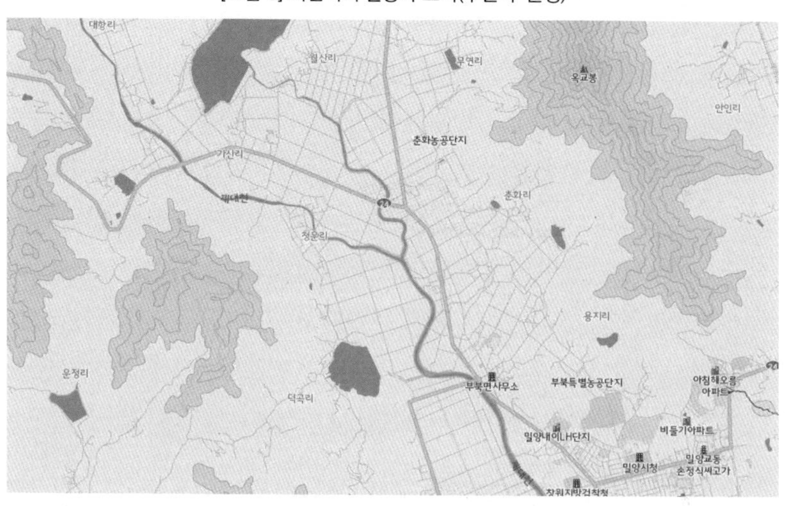

은 확인되지 않는다.[78]

元美로부터 시작된 밀양파의 선영은 화악산 주봉의 끝자락(현재의 밀양시 부북면 무연리 뒷산)에 조성되어 있다. 그리고 화산이씨 족보를 통해, 지금의 舞鳶里가 당시 舞亭村이라 불렸다는 새로운 사실도 드러난다.[79]

여기에는 원미를 필두로 현재까지의 총 38기의 선영이 조성되어 있다. 이는 족보 속 舞亭村에 묻힌 인물들과는 7基의 차이를 보인다.

족보 속 舞亭村에 묻힌 인물들은 45기로 정리된다.[80] ①元美(李公蘊 17세손), ②龜壽(李公蘊 18세손)·전주이씨 合墳, ③乙忠(李公蘊 19세손), ④淑文(李公蘊 20세손), ⑤파평 윤씨의 雙墳, ⑥希長(李公蘊 21세손), ⑦弘培(李公蘊 22세

78) 손정태 밀양문화원장에게 자문한 결과, 『밀양부 선생안』에는 '원미'의 이름이 없음이 확인됐다. 아마도 원미의 밀양 부사직은 증직일 개연성이 높다.

79) 화산이씨 편찬위원회, 『花山李氏 族譜』 全, 회상사, 1987, p.358.

80) 李相協, 『花山李氏 족보』, 회상사, 2004, pp.413~428.

[그림 4] 화산이씨 밀양파 무연리 묘역 일부(2013년 필자 촬영)

손), ⑧성주呂氏의 別墳, ⑨鳳陽(李公蘊 23세손), ⑩안동손씨의 別墳, ⑪秀英(李公蘊 24세손), ⑫수성羅氏의 雙墳, ⑬友樟(李公蘊의 25세손)·진주강씨의 合墳, ⑭敬一(李公蘊의 26세손)·金寧金氏의 合墳, ⑮德一(李公蘊의 26세손)·선산김씨의 合墳, ⑯貫一(李公蘊 26세손)·밀양박씨의 合墳, ⑰寅禼(李公蘊의 27세손)·김해김씨의 合墳, ⑱寅元(李公蘊의 27세손)·파평윤씨의 合墳, ⑲友柏(李公蘊의 25세손), ⑳진주강씨의 雙墳, ㉑揆一(李公蘊의 26세손), ㉒밀양박씨의 雙墳, ㉓寅華(李公蘊의 27세손), ㉔경주이씨의 雙墳, ㉕宅春(李公蘊의 28세손)·순천박씨의 合墳(?), ㉖英實(李公蘊의 29세손), ㉗盆城 배씨, ㉘인천이씨, ㉙相淳(李公蘊의 30세손)의 처 평산신씨, ㉚輝弼(李公蘊의 31세손), ㉛김해김씨의 雙墳, ㉜寅協(李公蘊의 27세손), ㉝창녕조씨의 連墳(舞亭 待榜谷), ㉞庭春(李公蘊의 28세손, 舞亭 待榜谷), ㉟天泰(李公蘊의 28세손), ㊱의령남씨의 雙墳, ㊲潤昌(李公蘊의 29세손), ㊳盆城허씨의 別墳, ㊴相龍(李公蘊의 25세), ㊵得昌(李公蘊의 30세

손)·김해김씨의 合墳, ㊶華基(李公蘊의 27세손), ㊷鍾承(李公蘊의 28세손)의 처 金寧김씨, ㊸根壽(李公蘊의 30세손)의 처 밀양박씨, ㊹泳源(李公蘊의 34세손)의 처 청도김씨, ㊺鍾守(李公蘊의 33세손)의 처 평산신씨(舞亭 待榜谷) 등 45기에 달한다.

비록 7기의 누설이 있다고는 하나, 조·일 전쟁(1592년) 이전 인물이자, 밀양파의 시조인 원미를 필두로 조성된 화산이씨 밀양파 묘역은 희소한 화산이씨 성원의 규모를 고려할 때, 그 자체로 경이로운 일임이 틀림없다.[81] 이 무연리 뒷산을 기점으로 華基(李公蘊(Lý Công Uẩn)의 32세)의 처 평산 신씨, 仲基(李公蘊(Lý Công Uẩn)의 32세)·처 김해 김씨, 鍾守(李公蘊(Lý Công Uẩn)의 33세) 등이 묻힌 밀양 청운 尙山과,[82] 鍾承(李公蘊(Lý Công Uẩn)의 33세손)과 炳源(李公蘊(Lý Công Uẩn)의 34세손)이 묻힌 밀양의 武安 雲町[83]은 하나로 연결되어 V자 구릉에 가까운 골짜기를 형성한다. 이는 이른바 한국판 화산이씨 'Royal Tomb's Valley'의 遺地라 칭할 수 있겠다.

81) 李公蘊(Lý Công Uẩn)의 31세손이자 밀양파의 종손인 이양원이 현재 이 묘역을 관리하고 있다. 필자는 2013년 이양원의 안내로 이들 묘역을 직접 답사, 참관하였다.

82) 李相協, 『花山李氏 족보』, 회상사, 2004, pp.421~423. 국토지리정보원 발행 1/50,000지형도를 기도로 한 밀양시 관내도에 의하면, 青雲은 舞鳶里(무정촌)과 운정 사이에 넓은 벌판 지대에 위치하고 있다. 이로 보아 화산이씨 밀양파의 주거지는 무연~운정에 이르는 지역이었다고 판단된다. 기타 '大峴佛堂'에 안치된 다수가 발견되고 있으나, 손정태 밀양문화원장에게 자문한 결과, 밀양에는 '대현'의 지명이 없음을 확인했다.

83) 李相協, 『花山李氏 족보』, 회상사, 2004, p.420. 국토지리정보원 발행 1/50,000 지형도를 기도로 한 밀양시 관내도에 의하면, 무안운정은 현재 武安面 雲汀으로 불리고 있으며, 그 위치는 무정촌(무연리)의 서남방에 위치하고 있다.

제4절 惟顔과 垕가 남긴 기록들

1. 惟顔의 「遺事」, 垕의 「족보 序」

惟顔이 작성한 「遺事」는 주목할 자료이다. Lý Long Tường' 2子 계열은 물론이고, Lý Long Tường' 1자 계열을 포함한 전체 권속을 통틀어, 惟顔의 「遺事」가 가장 앞선 기록이기 때문이다. 惟顔은 Lý Long Tường'의 16세손, 일청의 15세손, 장발의 손자이다. 惟顔의 생몰 연대는 광해 경술(1610년) 11월 13일~숙종 기미(1679년) 2월 23일이다. 그의 생몰 연대로 확인컨대, 「遺事」는 어떤 다른 기록보다 앞선다. 惟顔이 작성한 「遺事」는 문자 그대로 장발의 기록 중 빠진 내용을 추려 만들었다는 것으로서, 그 목적은 장발의 義烈을 기리고 드러내기 위함이었다. 惟顔이 작성한 「遺事」의 총 글자는 692자이다. 이 중 Lý Long Tường'에 관한 언급은 없다.

이보다 뒤로는 惟顔의 손자인 垕의 「족보序」, 「開丹先塋記」가 있다. 垕는 Lý Long Tường'의 2子 일청의 후손으로 안동파에 속한다. 垕는 대월 李公蘊(Lý Công Uẩn)의 24세손, Lý Long Tường'의 18세손이자, 惟顔의 손자이며 장발의 5세손이다. 垕의 초휘는 鶴齡이며, 생몰 연대에서 그는 효종 병신(1656)에 태어나 숙종 병신(1716)에 홍거했다.[84] 「開丹先塋記」의 작성일자는 丁亥 4월 20일로 나타난다. 따라서, 垕의 생몰 연대를 고려할 때 「開丹先塋記」는 1707년 4월 20일 작성된 것이 틀림없다. 따라서 垕가 「開丹先塋記」를 작성할 당시 垕는 51세였고, 그로부터 9년을 더 살다 홍거하였다.

枰(Lý Long Tường'의 1子 계열)과 垕(Lý Long Tường'의 2子 계열), 두 사람

84) 화산이씨 편찬위원회, 『花山李氏 族譜』 全, 회상사, 1987, pp.328~329.

은 2세대의 차이, 21살의 나이차가 있다. 그러나 거의 같은 시기, 자신의 가계에 대한 기록을 남겼다(枰의 「초보서」(1706), 후의 「개단선영기」(1707)). 그럼에도 둘은 서로 다른 권역에 머물렀고 상호간 교감은 없었다. 그 결과 독립된 기억의 서술로서, 枰과 垕의 별개의 서술이 존재하는 셈이 된다. 이런 맥락에서 Lý Long Tường'의 시원을 추적하는데 있어 두 사람이 남긴 기록은 별개의 결정적인 증좌로 이해해도 온당하다. 당시 화산이씨 일족들이 Lý Long Tường'을 族祖로 하였다면, 필히 기록했어야 마땅한 Lý Long Tường'에 대한 언급이나 追想이, 2개의 자료 곧 1706년(枰의 화산이씨 序)과 1707년(垕의 「開丹先塋記」)의 자료에서 공히 보이지 않는다. 따라서 이는 향후 풀어야 할 숙제이다.

한데 또 주목할 것은 Lý Long Tường'의 2자 일청의 18세손 垕가 화산이씨 족보 序를 남겼다는 점이다.[85] 序의 작성 연대는 赤猪(붉은 돼지띠)의 해로 표기되어 있다.[86] 垕의 생몰 연대는 효종 병신(1656)에 태어나 숙종 병신(1716)에 훙거한 것이 확인된다.[87] 그렇다면 후의 생몰 연대 중 정해년을 따지면 후의 족보서는 1707년임이 분명하다. 극히 예외적으로 후의 족보서에는 월·일까지 나타나 있다. 곧 淸和節 16일의 표기가 보인다. 따라서 垕의 족보 序는 1) 1707년 4월(淸和節) 16일 작성되었다는 사실, 2) Lý Long Tường'의 2자 계열 역시 족보(실제로는 波譜)를 별도로 작성하였고 전승했던 점 등을 실증한다. 무엇보다 위 序는 「開丹先塋記」

85) 화산이씨 편찬위원회, 『花山李氏 族譜』 全, 회상사, 1987, p.215. 李相協, 『花山李氏 족보』, 회상사, 2004, pp.238~240. 후의 화산이씨 족보서는 초보~5수보에는 없었던 내용이다. 이 초보서의 내용은 Lý Long Tường' 시조 설화가 과연 1706년 이후 창작되었는가 아닌가를 판별할 가장 중요한 전거라 할 수 있다.

86) 乙은 木, 색은 청색이며, 丁은 火이고 색은 적색이며, 己는 土이고 색은 황색이며, 申은 金이고 색은 백색이고, 癸는 水이고 색은 흑색이다.

87) 화산이씨 편찬위원회, 『花山李氏 族譜』 全, 회상사, 1987, pp.326~327.

보다 4일이나 빨리 작성된 기록이기도 하다.

1)「開丹先塋記」, 2) 이평의 「구보서」[88]에서 Lý Long Tường'에 관한 언급이 공히 없다. 한데 이와는 대조적으로, 垕의 화산이씨 족보 序에서는 Lý Long Tường'에 대해 상세히 부연되어 있다. 枰의 「초보서」(구보서)의 경우, 평의 홍거 후 증직된 관직이 붙여져 있다. 다시 말해 枰 생존 당시 작성된 것인지에 관해 의구심을 품게 한다.[89] 까닭에 1707년 4월 16일 垕가 작성한 족보 序[90]야말로 현재 Lý Long Tường'에 대하여 남아 있는 명실상부한 화산이씨 最古의 기록인 셈이다.[91] 이러한 내용을 정리하면, 다음의 [표 3]과 같다.

[표 3] 화산이씨 족보의 간행과 序

花山李氏 世譜	作成者	年代	經過	비고
草譜舊序	後孫 工曹佐郎 李枰	1706(숙종 32년) 8월 3일	祖系가 散失되어 作成	1子 계열
族譜 序	後孫 垕	1707(숙종 33년) 4월 16일	2자 계열 족보의 서	2子 계열
重修舊序	後孫 李羲之	1777(정조 원년) 7월	草譜로부터 71년	1子 계열
3修譜 序	唐城人 洗馬 洪直弼	1837(헌종 3년) 4월	重修로부터 60년	1子 계열

88) 李承哉, 『화산이씨 세보』, 蓉南石版所, 1921, 卷1.

89) 박순교, 「花山君 '李龍祥 Lý Long Tường'에 관한 연구(Ⅰ)」, 『택민국학연구논총』 15, 2015, p.310.

90) 화산이씨 편찬위원회, 『花山李氏 族譜』 全, 회상사, 1987, 목차 항목에서는 화산이씨 譜序로 되어 있고, 같은 책 p.215의 본문에서는 화산이씨 族譜序로 표기되어 있다.

91) 片倉 穰, 『朝鮮とベトナム 日本とアジア』, 福村出版, 2008, p.105에서는 枰의 구보서(1706)에 화산이씨의 鼻祖 Lý Long Tường'이 보이지 않는 점에 의문을 표시하고 18세기 후반의 어느 시기에 조선의 여타 數多한 족보처럼 창출, 편찬된 것이라 논하고 있다. 편창양이 1706~1777년 사이 조선에 전해진 대월의 정보를 바탕으로 화산이씨 족조, Lý Long Tường'이 허구로 안출되었다고 한 가설을 뒤집을 결정적 전거가 바로 1707년 垕가 작성한 화산이씨 족보 序인 셈이다.

花山李氏 世譜	作成者	年代	經過	비고
4修譜 序	豊壤 趙康夏	1873(고종 10년) 9월上澣	3修로부터 36년	1子 계열
5修譜 序	後孫 李秉華	1917(大正 丁巳) 5월上澣	4修로부터 44년	1子 계열
6修譜 序	後孫 李福永 외4인	1987년 6월	5修로부터 70년	대동보
7修譜 序	後孫 李福永 외6인	2004년 9월 1일	6修로부터 17년	대동보

위의 표에서 2자 계열의 족보(垕의 족보서)가 새로이 추가된다. 또 이 2자 계열의 족보는 1자 계열 枰의 초보보다 연대 상 일견 늦게 비칠 수 있다. 한데 枰의 「초보서」에서 枰의 사후 증직이 발견된다는 점에서, 垕의 「족보서」가 最古의 족보序라 할 수밖에 없다. 또 1707년 4월 16일 작성된 垕의 「족보序」에서 Lý Long Tường'에 대한 명징한 내용이 확인되고 있다. 이것은 1706~1777년 어간에 대월에서 조선에 전파, 전래된 정보와 서적을 바탕으로 Lý Long Tường' 시조 설화가 시차별, 단계별로 창작되었다는 片倉 穰의 입론92)을 근본에서 반박하고 허무는 결정적 증

92) 序の記載によると、1706年に最初の序が執筆され、1777年、1837年、1873年、1917年に修補を経たものである。さらに最新版の花山李氏の『族譜』は1987年、2004年にも修譜が施された。これらの序文で注目されることは、1番最初の序に、ベトナム王子·李龍祥のことが一言も触れられず、始祖がベトナム王朝の王族出身ということを記載していないが、1777年の第2修譜から第5修譜までの序では、始祖たる李龍祥の事蹟が強調されていることである。最初の序にベトナム李朝や李龍祥の名が見当らない理由は詳かでなく、1777年の重修で、初めて李龍祥を始祖とする世系が成立したと推測できる。もし花山李氏の始祖を李龍祥とする伝承を史実と解するならば、この『世譜』の序に、最重要な始祖についてなぜ記載されていないのか説明をする必要があるという。この『世譜』の重修の序に李龍祥が登場する18世紀後半は、偽譜を含む多くの族譜が編纂されたことであったが、この時期に花山李氏のような『世譜』を創出·編纂し得る環境が存在したことを考えてみる必要があるという。(片倉 穰, 『朝鮮とベトナム 日本とアジア』, 福村出版, 2008, pp.104~105). 이러한 논지에서 片倉 穰은 논문 전편(pp.97~120, 위의 책)에 걸쳐 Lý Long Tường' 창작의 전거를 다방면

좌인 셈이 된다. 말하자면 片倉 穰은 ① 화산이씨 족보가 두 갈래로 나눠 보전되었고, ② 1987년 6수보(대동보)로 간행되었으며, ③ 6수보(1987)·7수보(2004)에서 보이는 垕의 「족보序」가 지닌 중요성을 간취하지 못했고, 그에 따라 결정적 실수를 자행한 셈이었다.

위의 초보~5수보가 1자 계열 중심이었다면, 垕의 「족보서」는 2자 계열 중심임을 뚜렷하게 보인다. 둘을 합친 대동보의 간행은 1987년 6수보부터이다. 7수보는 6수보의 내용에 해석을 첨부한 대동보의 형태를 띠고 있다. 그 결과 6수보는 1子 계열, 2子 계열이 제각기 보존해왔던 자료가 최초로 합쳐진 형태를 띠고 있으며, 이를 드러내려 한 듯 족보 옆에 '仝'이라는 글자를 붙여놓았다. 6수보의 경우, p.215의 화산이씨 譜序에서부터 2자 계열의 족보 내용이 시작되는 것으로 여겨진다.[93] 그 결과 6수보의 경우 相似한 화산군 본전이 3군데(p.1, p.227, p.229)에 걸쳐 확인된다. 또 6수보에 이르러서야 「충효당 실기」, 「충효당 유집」 등 최초로 장발과 관련한 기록이 확인된다.

2. 垕의 「開丹先塋記」와 화산이씨의 권역

垕의 「開丹先塋記」는, 문자 그대로 개단에 조성된 화산이씨 안동파의 선영에 관한 서술이다. 작성시점은 1707년 4월 20일이고, 작성자는 Lý Long Tường'의 2자 일청의 16세손 垕(1656~1716)이다. 후는 또한 장발의 5세손이기도 하다.[94] 후가 작성한 선영기의 開丹은 고려 당시 안동부 皆丹縣이었고, 선영기가 작성되던 조선시대에는 皆丹 部曲으로 밝혀져

에서 추적·고찰하고 있다.

93) 화산이씨 편찬위원회, 『花山李氏 族譜』 仝, 회상사, 1987, 목차 항목.

94) 화산이씨 편찬위원회, 『花山李氏 族譜』 仝, 회상사, 1987, pp.326~327.

있다.[95]

「開丹先塋記」에는 李公蘊(Lý Công Uẩn)의 8세손 일청이 개경에서 福州로 이거한 얘기로 시작하여 史蹟과 문헌이 유실된 사실, 태종 18년 무술(1418)에 이르러 奈城郡에 卜居한 사실이 적혀 있다. 다만 복거의 주인공이 누구인지는 밝히지 않았다.[96] 당해 기록은 또 봉화 훈도를 역임한 楨의 세대에 이르러 안동현 開丹에서 봉화 昌海에 이거했음을 밝히고 있다.[97] 곧 개경-복주-내성군-개단-봉화 창해(창평)로의 동선과 궤적이 서술되어 있는 셈이다.

먼저 「開丹 先塋記」에 보이는 開丹은 조선의 기록에서는 皆丹으로 표기되어 있고[98] 행정 구역으로는 部曲으로 되어 있다. 또 개단은 奈城縣(현재의 봉화 봉성면)의 북쪽 25리에 있음이 확인된다.[99] 이로써 1) 개단과 奈城은 25리의 거리를 두고 남북으로 떨어진 별개의 지점이라는 사실, 2) 奈城이라는 행정 지명이 충혜왕 때 이후 등장했다는 사실, 그리고 3) 奈

95) 『신증동국여지승람』 권24, 경상도 안동대도호부.

96) 1418년에서 Lý Long Tường'의 생년(1173~1175)을 뺀 수치에서, 앞서 산출한 수치{Lý Long Tường'의 생년을 기준으로 하여, Lý Long Tường'의 2자 일청의 비속 평균 세대수와 세대 기간의 평균치}로 나눌 경우, 개략적인 세대수가 추정될 수 있다.
1418-1173(1175)/30.69(30.84)= 7.879~7.917이 나오게 된다. Lý Long Tường'으로부터 8세대를 따져 보면, 庚昌이 가장 유력한 인물이다.

97) 李垕, 「開丹先塋記」(『花山李氏 族譜』 全, 회상사, 1987, p.255. 李相協, 『花山李氏 족보』, 회상사, 2004, pp.343~345).

98) 『신증동국여지승람』 권24, 경상도 안동대도호부 속현 皆丹 部曲 항목. 『대동지지』 방면 皆丹 部曲 항목.

99) 『신증동국여지승람』 권24, 경상도 안동대도호부 속현 皆丹 部曲 항목. 내성현은 충혜왕 때 환관(宦者) 강금강(姜金剛)이 元에 들어가 왕을 위해 궂은일을 도맡아 했으므로, 그 고향 퇴관 부곡(退串 部曲)을 柰城縣으로 승격시켰다고 한다. 『신증동국여지승람』 권24, 경상도 안동대도호부. 『대동지지』 고읍 皆丹 部曲 항목.

城縣은 있었으나[100] 奈城군은 없었다는 사실 등이 확인된다.[101] 奈城縣은 1914년 乃城面으로 이름이 개명되는 우여곡절 끝에 현재의 봉화 봉성면으로 바뀌었다.[102] 창해(창평) 역시 봉화 봉성면에 있다.[103] 그리고 개단은 내성현에서 북쪽 25리 지점의 부곡이었으며,[104] 奈城의 옛 현으로 나타나고 있다.[105] 안동부의 북쪽 90리 지점에 奈城縣이 있었고, 안동부의 북쪽 112리 지점에 춘양현이 있었다[106]는 점에서, 奈城縣과 춘양현은 남북 22리의 차이를 보인다. 그렇다면, 위의 개단은 춘양현(현재 봉화의 춘양면)일 개연성이 크다.[107] 춘양현의 境域은 안동부 북 100리~215리 사이

100) 『신증동국여지승람』 권24, 경상도 안동대도호부 속현 奈城縣 항목에 의하면 奈城縣은 부의 북쪽 90리에 위치하였음이 확인된다.

101) 『開丹先塋記』의 柰城郡은 柰城縣의 오기임이 분명하다. 남겨진 기록을 전거로 할 때, 柰城 지역은 郡으로 불린 적이 없다.

102) 대동여지도 상으로는 奈城은 봉화에서 순흥 방면의 途中에 있는 것이 확인되며, 沙郎堂의 우측, 松官山과 堂北山의 북쪽에 처한 것이 확인된다. 내성현과 관련하여 다음의 서술이 주목된다. 봉화읍은 본래 퇴관부곡(退串部曲)이었으나 고려 제28대 忠惠王때 이 고장 사람인 宦者(내시) 姜金剛이 元에 들어가 侍衛한 공이 있어 奈城으로 이름을 고치고 縣으로 승격시켜 安東府에 속하게 했다. 光武 10년 丙午(1906)에 안동부에서 봉화군 내성면으로 분할되었고 順興府의 花川面을 편입시켰다. 1956년 내성면을 奉化面으로 개칭하고, 1979년 5월 1일 봉화읍으로 승격되었다. 위의 사실을 고려하면, 현재의 봉화군청이 소재한 봉화읍 역시 내성현의 한 갈래라 할 수 있다(『봉화군사』, 2002, pp.10~11).

103) 춘양현이 부의 북쪽 112리에 있고, 내성현이 부의 북쪽 90리에 있다는 점(『신증동국여지승람』 권24 경상도 안동대도호부)에서, 내성현과 춘양현은 남북 22리의 차이를 보인다. 결국 내성현은 춘양에서 남쪽 지점에 위치한 것이 되어, 현재의 봉화 봉성면에 해당된다.

104) 『신증동국여지승람』 권24, 경상도 안동대도호부 속현 皆丹 部曲 항목.

105) 『신증동국여지승람』 권24, 경상도 안동대도호부 방면 항목.

106) 『신증동국여지승람』 권24, 경상도 안동대도호부 속현 항목.

107) 개단부곡에는 可丘村, 鴨丘村, 道心村, 川坪村 등이 있었고, 특히 도심촌은 춘양면 도심리였다고 적시되고 있다(『봉화군사』, 2002, pp.680~681).

로 특정된다.[108] 춘양현의 南端이 개단의 핵심 권역이라 할 수 있다. 특히 垕는 계유년 3월, 皆丹의 도산 골짜기[道山谷]를 찾아 綠陰과 잡초로 뒤덮여 황폐해진 古冢들을 바라보며 망극한 슬픔과 비탄을 주체할 수 없어 탄식하고 있다.[109] 이에서 개단, 道山은 母집합과 部分집합의 연관을 이루고 있다고 여겨진다. 개단은 세종, 성종 치세에도 등장하는 안동부 관할하의 이름난 부곡의 하나였다.[110]

1914년 행정 구역 변경의 결과, 춘양에 속했던 皆丹里 일부는 현재의 물야면 개단리가 되었다. 그리고 八隱里, 개단리의 나머지 일부, 수식면의 山雲里, 倉上里, 倉下里, 물야면의 水息里 일부가 합쳐져 현재의 水息里가 되었다. 결국 현재 봉화군 물야면 개단리, 수식리 일대 역시 「開丹 先塋記」에 등장하는 개단의 한 갈래에 포함된다고 할 수 있겠다.

한데 垕가 소리 높여 무력감을 토로하고 탄식하였던 사실, 영락한 집안의 현실에 강개했던 사실이 주목된다. 이처럼 垕조차 찾을 수 없었던, 실전된 개단 선영의 인물들은 누구일까? 그 범위를 좁혀 보면, 우선 垕의 생몰 연대보다 앞서는 인물일 것이며, 福州(안동)에 이거한 一清 이후의 인물일 것이다. 곧 一清에서 子 仁富, 손자 洪을 거쳐 증손 釰, 고손 乙生, 그리고 英美, 諧, 庚昌, 楨, 元淑, 鳳壽, 希文에 이르는, 생몰 연대가 미궁에 빠진 12세대가 이 범주에 들어갈 인물들이 아닌가 한다.

이상의 검토에서 개경-안동부-奈城縣(현재 봉화읍·봉성면)-개단현(현재 봉화 춘양면·물야면)-창해(현재 봉화 봉성면 창평)[111] 등으로 화산이씨의 동선

108) 『대동지지』 권7, 경상도 15읍 안동 방면 항목.

109) 李垕, 『開丹先塋記』(『花山李氏 族譜』 全, 회상사, 1987, p.255). 李相協, 『花山李氏 족보』, 회상사, 2004, pp.343~345.

110) 『세종실록』 권150, 지리지 경상도 안동 대도호부, 『성종실록』 권259, 성종 22년 11월 30일 임인 1번째 기사 1491년 명 홍치(弘治) 4년.

111) 鳳城은 봉화의 別號였다(『신증동국여지승람』 권11, 지리2, 경상도, 안동부, 봉화

이 확인된다. 특히 개단에는 일청~희문에 이르는 일족의 선영이 조성되었음이 추정된다. 한데 古冢의 주인공이 누구인지는 垕의 생존 무렵부터 이미 실전되었다.

지금까지 필자는 '화산李氏'의 족보 내용과 편찬 과정, 족보의 갈래, 분묘를 중심으로 한 생활 권역 등을 분석하였다. 그 결과 ① 화산이씨 족보가 1子 계열(초보~5수보)·2子 계열(垕의 별도 족보)로 각기 분리되어 보존·전승되었던 점, ② 6修譜(1987년)에 이르러서야 '仝'字를 붙여 비로소 大同譜의 형태로 합쳐져 간행된 점, ③ 幹, 龍進, 元美 등과 같은 몇몇 인물의 생몰년, 관력의 심각한 문제가 있는 점 등이 확인되었다. 본문에서는 이에 대한 적절한 검토와 비정이 가해졌다.

그간 이용상 1子 계열, 2子 계열의 혈맥, 관력, 생몰연대, 분묘 및 묘역 역시 기왕의 연구에서 전혀 고찰되지 않았다. 이에 필자는 족보 기록의 대조와 현지답사를 거쳐 분묘의 분포 및 묘역을 구명한 바, 2子 계열 안동파의 경우 봉화읍, 물야면, 춘양면, 봉성면 등에 걸쳐 집단 묘역의 기록, 실존 등을 확인했고, 또 다른 2子 계열인 밀양파의 경우 族葬의 기록과 함께, 밀양시 무연리, 청운, 운정에 이르는 거대한 'V'자 묘역 역시 육안으로 파악했다.

필자는 지금까지 검토되지 않은, 2자 계열의 기록, 특히 유안의 「유사」, 후의 「개단선영기」와 「족보서」 등에 대한 본격적 검토를 바탕으로, 현재 봉화의 서쪽 지역에 해당하는 봉화읍, 물야면, 춘양면, 봉성면 등에 걸쳐 화산이씨 2자 계열(안동파) 동선의 始終을 확인했다. 이로써 봉화는 800년에 육박하는 '大越(Vietnam) 망명 왕조의 터전'이라 칭할 수 있다.

현). 봉성은 고구려의 고사마현인데, 신라 파사왕 때 신라 영토가 되고, 경덕왕 16년에 옥마(玉馬)로 고쳐서 奈靈郡의 관할 하 縣으로 만들었다. 고려초에 縣의 이름을 奉化로 고쳤다. 현종 9년에 안동부에 소속되고 공양왕 2년에 감무를 두었다(『봉화군사』, 2002, pp.12~13).

검토 결과, 화산이씨 족보는 두 갈래로서, 埅(李龍祥의 17세손. 2子 계열)가 작성한 족보서(1707년)는 1子 계열 㭑이 작성한 초보서(1706년)보다 표기상 1년 늦지만, 실제로 가장 오랜 기록임이 비정된다. 또 埅의 족보서는 李龍祥에 대한 가장 상세한 내용을 담고 있는 점에서 주목받아 마땅하다. 이로써 초보서(1706)~중수보(1777)의 사이에서 大越의 정보를 바탕으로 '李龍祥(Lý Long Tường') 移居 설화'가 단계별 창작되었다는 일본 학계의 주장은 터무니없는 것이며, 埅의 기록을 간과한 채 주로 1子 계열의 족보에만 천착한 나머지 빚어진 심각한 착간으로 밝혀졌다.

본문은 무엇보다, ① 李龍祥에만 초점이 두어진 기존 연구의 한계를 극복하여 현재까지 이어지는 혈맥의 연속성을 시간과 공간을 추적하며 파악했다는 점, ② 한·베 관계의 항구적 밀월을 진작시킬 의미 있는 역사적 상관관계를 구명하고 마련했다는 점, ③ 역사적 뿌리와 근거를 토대로 향후 해당 지자체에서 관광 사업을 활성화하고 國利民福의 사업을 펼칠 확고한 명분을 제공했다는 점 등에서 사변적 공리공론의 폐해에서 멀리 있으며, 이로써 뚜렷한 의의가 있다. 필자는, 이상에서 논구한 제반 내용이 향후 심화될 화산이씨 연구에의 초석이 될 것임을 믿어 의심치 않는다.

제 11 장

화산이씨 혈맥과 고택

以不變 應萬變

변하지 않는 것으로써, 변하는 모든 것에 응변한다.

Bằng cách không thay đổi, chúng tôi đáp ứng mọi thứ thay đổi

호찌민(Hồ Chí Minh, 胡志明)

한국·베트남의 역사적 연원을 거론할 때마다 그 전거로서 李龍祥(Lý Long Tường')이 항용 운위되어 왔다.[1] 당시, 사해를 포효했던 Vietnam 최초의 통일 황조, 李(Ly) 황조 6대 황제 英宗의 아들로 태어난 李龍祥은 국내 政亂을 피하여 大越을 떠났다.[2] 李龍祥은 쉰을 훌쩍 넘긴 나이에[3] 탕롱[昇龍(河內), 현 하노이]기점, 직선거리로만 물경 3천 km에 이르는 거리를, 해로·육로를 거쳐 고려 고종 무렵(1226년) 황해 옹진 花山에 이거했다. 거스르기 힘든 時事와 天災를 마주한 그의 대장정에는 가슴 저미는 아픔, 애절한 투혼, 미래에 대한 따뜻함이 스며있다. 그 직후 李龍祥은 '화산군'으로 책봉을 받아 고려에 정착하였고,[4] 그의 李氏 후손들은 이

---

1) 李龍祥에 관한 연구사적 검토는 박순교, 《花山郡 李龍祥》, 圖書出版 생각나눔(기획실크), 2012.5, pp.266~267 및 박순교, 〈花山君 '李龍祥 Lý Long Tường'에 관한 연구(Ⅰ)〉, 《택민국학연구논총》 15, 2015, pp.299~303에서 총체적으로 정리된 바 있다. 2017년 경주·호치민 세계문화 EXPO에서 李龍祥의 일대기를 다룬 뮤지컬 '800년의 약속'이 3일간(2017년 11월 10~12일) 호치민 오페라 하우스에서 공연되었다. 한국의 문재인 대통령 역시 EXPO 개막 축하 영상에서 한·베의 역사적 연원을 강조하며 李龍祥을 언급하여 다시 세간의 주목을 끌었다. 현재 베트남 정부 역시 화산이씨 출신 이창근(李龍祥의 25세손)을 자국 관광 홍보대사로 임명하는 등, 한·베 관계의 史的 친연성을 강조하고 있다.

2) 李龍祥이 대월을 떠난 시점은 1224년이며, 이후 상당한 기간의 여정을 거쳐 천신만고 끝에서야 고려에 이거할 수 있었다. 그 근거에 대해서는 박순교, Vietnam(大越) 皇子 '李龍祥Lý Long Tường'에 관한 연구(2) - '고려 移居 창작설' 검토를 중심으로 -, 《동아인문학》 40, 2017, p.309.

3) 박순교, 《花山郡 李龍祥》, 圖書出版 생각나눔(기획실크), 2012.5, pp.9~10. 박순교, Vietnam(大越) 皇子 '李龍祥Lý Long Tường'에 관한 연구(2) - '고려 移居 창작설' 검토를 중심으로 -, 《동아인문학》 40, 2017, p.278 및 p.310.

4) 지금껏 李龍祥을 대월 6대 황제 영종의 7子로 파악하여 왔다. 그러나 7자로 파악할 명확한 근거는 전혀 없으며, 여러 가능성 중 하나로서 거론할 수 있을 뿐이다(박순교, Vietnam(大越) 皇子 '李龍祥Lý Long Tường'에 관한 연구(2) - '고려 移居 창작설' 검토를 중심으로 -, 《동아인문학》 40, 2017, p.277). 그의 성씨 '李' 역시 고려 왕조에서 내린 賜姓의 결과물이 아니다. 대월의 李(Ly) 皇家의 일원인 용상은 원래부터 '李'姓을 지녔다. 따라서 고려 왕조에서 내린 것은 사성이 아니라

후 화산을 본관으로 삼아 현재에 이르고 있다.[5)]

李龍祥의 1子 幹의 혈족은 황해도 해주, 옹진 일대에 집중되었고, 2子 일청의 혈족은 안동(현 봉화), 영천, 밀양 등으로 퍼져나갔다.[6)] 필자는 李龍祥 혈족의 동향, 생활 권역, 유적 등을 꾸준히 추적하여 왔고, 그러한 과정에서 당해 화산이씨 고택(경북 영주시 장수면 성곡리 654-2 소재)을 접했다.[7)] 그리고 한·베 수교 25주년을 위하여 때마침 입국했던 Vietnam 국

'花山'이란 지명을 딴 '화산군' 책봉과 같은 일종의 封君이었다고 믿어진다. 따라서 李龍祥의 원래 발음 역시 '리용상'이라고 해야 옳다고 믿어진다. 까닭에 李龍祥은 대월의 명확한 土姓을 고려에서 그대로 사용하여 온 것으로서, 이를 귀화 성씨의 하나로 파악한 기존의 제반 견해 모두 정곡에서 벗어난 명확한 오류라 생각된다. 또 화산군 책봉의 시점 역시 항몽의 大功을 세운 1253년 이후가 아닌, 화산이거 직후로 보아야 한다(박순교, Vietnam(大越) 皇子 '李龍祥Lý Long Tường'에 관한 연구(2) - '고려 移居 창작설' 검토를 중심으로 -, 《동아인문학》 40, 2017, p.310).

5) 화산이씨의 전체 성원에 대해서는 2015년 통계청 기준, 남한 내 1,237명(남 616명, 여자 621명)이 생존·분포하고 있음은 보고된 바 있다(박순교, Vietnam(大越) 皇子 '李龍祥Lý Long Tường'에 관한 연구(2) - '고려 移居 창작설' 검토를 중심으로 -, 《동아인문학》 40, 2017, pp.274~275).

6) 박순교, Vietnam(大越) 皇子 '李龍祥Lý Long Tường'에 관한 연구(3) - 화산이씨의 혈맥과 동향에 대한 추적을 중심으로 -, 《인문연구》 82, 2018.

7) 필자는 당해 고택을 추적하는 과정에서 화산이씨의 문중 사람들은 물론, 동일한 성곡리가 있는 안동시, 영주시, 장수면 면사무소, 성곡 1리 이장, 2리 이장, 안동시 문화원 등 수십 통의 전화, 그리고 광범위한 인터넷 탐색을 통한 끈질긴 추적 끝에 고택 현 소유주(김덕호)와 간신히 연락이 닿았다. 그리고 해당 고택의 目測 및 세상에의 소개가 가능하였다. 해당 고택은 화산이씨가 건축하였으나, 현 소유주 김덕호의 조부 金聖煥(김삼득)이 1950년 12월 5일 매입하였고, 이후 그의 호 怡堂을 따서 '이당 고택'으로 불리고 있었기에, 더욱 추적이 어려웠다. 金聖煥(金三得, 1906~1994)은 字가 周護, 호가 이당이었다. 어려서부터 한학에 조예가 깊었고, 持己秋霜 春風待人의 성정을 지녔으며, 愛衆과 積善, 利他의 삶을 두루 실천했다고 한다(김태환, 《덕은 외롭지 않다-活人 金聖煥의 삶》, 프롤로그 출판사, 2005, pp.70~77, p.106).

영 V-TV1의 현지 촬영을 중재·알선했고(2017년 11월 5일), 관련 내용은 2017년 12월 16일(토) 저녁 8시 10분~9시(Vietnam 현지 시간), V TV1 특별(Đặc biệt) "Tám thế kỷ vọng cố hương" 題下로 베트남 전역에 방송됐다.[8)]

필자는 주한 베트남 대사관 주최 한·베 수교 25주년 기념식장(2017년 12월 14일, 롯데호텔 Crystal Ballroom, PM 16:30~20:30)에서, 고택 관련 내용, V TV방송 사실 및 유적 사진 자료를 주한 베트남 대사관의 주무관에게 건네었다. 뒤이어 2017년 12월 27일 북청로 소재 주한 베트남 대사관에서 Nguyễn Vũ Tú 베트남 대사와의 단독 면담을 통하여 화산이씨 유적의 전반적 분포 및 현황, 보존의 시급함을 소상히 소개·피력하였다. 이에 2018년 1월 4일 Nguyễn Vũ Tú 베트남 대사는 일행 8명과 함께 1박 2일 일정으로 봉화, 영주의 화산이씨 유적을 전격 방문하였다.[9)]

이로써 지금껏 관심의 사각지대에 있던 본 화산이씨 고택은 베트남과 관련한 역사성으로 말미암아, 일약 국내외 언론의 주목을 끌기 시작

8) 古宅은 옛집이라는 뜻을 담고 있으나, 고택에 살았던 선조의 소중한 정신적, 물질적 유산이 고스란히 담겨있는 유산, 특별한 장소로서, 옛집 그 이상의 의미를 지닌다고 할 수 있다(한국컨텐츠진흥원, 〈한국의 고택〉, 문화컨텐츠닷컴. www.culturecontent.com). 이런 맥락에서 한국 내 유일무이한 화산이씨 고택은 한·베를 잇는 숨결의 자취, 흔적으로서 각별한 의미를 지닌다고 해야 할 것이다.

9) 박순교, 〈선조 흔적 찾아 봉화에 온 베트남 대사〉, 《봉화일보》 특집기사, 2018.1.8. 한국의 관·학계가 고택의 가치 기준을 연대에만 놓고 보존에 도외시한 사이 베트남과 연관된 화산이씨 고택은 붕괴의 조짐을 보였다. Nguyễn Vũ Tú 베트남 대사의 전격적인 고택 방문은 보존의 골든타임을 놓치지 않기 위한 눈물어린 행보였다. 당시 Nguyễn Vũ Tú 베트남 대사와 동행한 화산이씨 임원진은 이희연 화산이씨 전회장, 이승영 화산이씨 현 회장, 이훈 화산이씨 부회장, 이시복 화산이씨 안동파 종손 등 4명이었다. 이 중 이시복은, 과거 당해 고택을 金聖煥(김삼득)에게 판 이근용의 종손이기도 하다. 그는 2018년 1월 4일일 당해 고택을 방문한 자리에서 기억을 떠올려, 자신 역시 어릴 적 이곳을 두어 차례 방문한 적이 있었음을 증언하였다.

하였다.[10] 이를 즈음하여 영주시에서는 화산이씨 고택의 복구 및 보존 방침을 급거 천명하였다.[11] 한데 당해 화산이씨 고택(일명 이당 고택)의 경우,[12] 역설적이게도 숱한 언론에서 집중 거론했건만 정작 당해 고택의 사진이나 영상을 현장에서 찍으려 한 노력·시도는 없었다. 중앙일보만이 직접 눈과 발로 취재해 곡진한 뜻을 세간에 드러내려 했을 따름이다.[13]

필자는 본 화산이씨 궤적을 추적하던 중 고택을 발견하였고, 다시 이를 세상과 언론에 최초로 알린 명실상부한 장본인으로서,[14] 고택의 추적과 발견 과정에서부터 그간의 경과, 고택 축조의 구체적 주인공과 건

10) 김정석, 〈800년 전 베트남 '리'왕조서 한국 '화산이씨' 나온 사연〉, 《중앙일보》 특집기사, 2018.1.13. 기타 포털 '다움'에서 48건의 신문 기사, 포털 '네이버'에서 36건의 신문기사를 확인·검색할 수 있다.

11) 2018.1. 4일 영주시장 장현욱·Nguyễn Vũ Tú 베트남 대사의 간담회(영주시청 제1회의실, PM 14:35~15:15) 및 2018.1.3일자 베트남 대사 영주시 방문 관련 언론 보도 브리핑 자료.

12) 당해 고택을 매매받아 소유권을 획득한 金聖煥의 호 怡堂을 따, 현재 소유주인 김덕호는 당해 고택을 이당 고택으로 부르고 있다. 당해 고택은 화산이씨, 그 중에서도 2子 계열, 다시 그 중에서도 안동파의 고택이다. 근용씨가 안동파의 종손이므로 화산이씨 안동파의 宗宅이기도 하다.

13) 김정석, 〈800년 전 베트남 '리'왕조서 한국 '화산이씨' 나온 사연〉, 《중앙일보》 특집기사, 2018.1.13. 당시 김 기자는 당해 화산이씨 고택 사진을 최초로 언론에 터트릴 호기를 손에 쥐었음에도, 고택 사진을 지면에 싣지는 않았다. 추측컨대 고택 보존 상태의 부실 등이 내외에 알려질 걸 저어하여, 그 사진을 싣지 않았던 것이 아닌가 생각된다. 여러 면에서 보건대, 그는 열정적이면서도 가슴과 내면이 따뜻한 양심 있는 언론인, Fact finder가 아닌가 여겨진다.

14) 앞서 봉화의 유적에 대해서는 前作(박순교, Vietnam(大越) 皇子 '李龍祥Lý Long Tường'에 관한 연구(2) - '고려 移居 창작설' 검토를 중심으로 -, 《동아인문학》 40, 2017)이 있었고, 영주의 화산이씨 고택에 대한 고찰은 본문에서 집대성하는 셈이 된다. 요컨대 베트남 V TV의 특집 방송, Nguyễn Vũ Tú 베트남 대사의 봉화·영주 순행은 우연의 결과물이 아니라, 이러한 엄밀한 학적 연구를 토대로 이뤄진 것이었다.

축 연대, 고택의 구조와 특징 등을 역사적으로 엄중히 정리할 필요성을 자각하고 있다. 전작의 성과[15]와 더불어 본문에서 담을 내용이야말로 Nguyễn Vũ Tú 베트남 대사의 방문을 추동케 한 始末을 담고 있다. 말하자면 본문은 화산이씨 고택의 '최초 발굴' 사례 논문으로서 지고의 독보적 가치를 지니는 동시에, 향후 한·베 관계를 밀착시키고 교감을 공고히 할 전거의 마련과 확충이란 점에서도, 실로 유의미한 작업이라 여겨진다. 그런 만큼, 이하에서는 각각의 주요 논점에 따라 당해 고택에 관해 차례대로 상세히 고찰하고자 한다.

제1절 화산이씨 고택의 구조와 특징

앞서 말한 바와 같이 화산이씨 전체 성원은 현재 1,237명에 불과하다. 물론 현재 이전의 경우에도 절대 소수의 稀姓에 속하였다. 특히 1子 계열의 거점은 이북 지역이었고, 정든 산천을 등지고 월남한 서글픈 처지인 터라 바람결에 떠돌며 세거지를 형성하지 못하였다. 현재, 대부분 서울과 수도권 지역에 거주하고 있다.[16] 까닭에 화산이씨의 정취가 배어 있는 고택의 존재를 더 이상 추적할 수 없으며, 사실상 전무하다고 단언할 수 있겠다.

2子 계열의 경우에도 부침이 많았고, 집안이 영락한 결과 제대로 된

15) 박순교, 《花山郡 李龍祥》, 圖書出版 생각나눔(기획실크), 2012.5, pp.9~10. 박순교, Vietnam(大越) 皇子 '李龍祥Lý Long Tường'에 관한 연구(2) - '고려 移居 창작설' 검토를 중심으로 -, 《동아인문학》 40, 2017.

16) 1子 계열의 흐름과 숫자, 거주 지역에 대해서는 다음의 논문이 참고가 된다(박순교, Vietnam(大越) 皇子 '李龍祥Lý Long Tường'에 관한 연구(3) - 화산이씨의 혈맥과 동향에 대한 추적을 중심으로 -, 《인문연구》 82, 2018).

고택은 오랜 기간의 추적에도 찾기 힘든 형국이었다. 그러므로 당해 화산이씨 고택은 현재 남북한을 통틀어 화산이씨의 손길이 배어있는 유일무이한 목조 가옥이라 할 수 있다. 요컨대 당해 고택은 흔히 비정의 잣대로 얘기되는 연대의 단순 문제를 뛰어넘어, 한·베 관계의 상징이자 가교로서 점하는 그 역사적 위상이 결코 녹록치 않다고 해야 할 것이다. 곧, 고답적인 담론에서 흔히 중요 잣대로 여겨지는 '단순 연대'의 함정에 빠져, 당해 고택의 가치가 단순 평가 절하되어서는 곤란하다는 점, 한·베 관계를 공고히 할 전략적 상징물이자 과거의 귀중한 유일무이의 유산인 점, 더군다나 절대 희소성을 지닌 베트남 관련(International), 건축물인 점 등의 천명에 贅言을 요치 않는다. 까닭에 따로 이러한 점들을 冒頭에서 분명히 밝혀 초점을 더욱 뚜렷이 하고자 한다.[17)]

1. 화산이씨 고택의 위치·환경

당해 화산이씨 고택은 경북 영주시 장수면 성곡리 654-2번지(경북 영주시 장수면 성곡길 41-33)에 위치한, 하늘 아래 첫째 집이다. 경북 영주시 장수면→안정면으로 가는 지방도(용주로)를 진행하다가, 왼쪽 성곡리 교

17) 당해 고택과 관련해선, 단순 연대를 금과옥조로 삼아 절대 가치를 매기려는 진부한 틀에서 벗어나야 하리라 여겨진다. 당해 고택은 한·베의 관계라고 하는 거시적 안목에서 비춰보아야 지당하다. 따라서 여타 문화재에 무비판적으로 적용되어 온 잣대, '연대'의 늪, 천착에서 벗어나야 하며, 국가 대 국가의 역사 속에서 빚어진 건축물로서, 말하자면 상대 가치, 관계사 속에서 고찰되고 검토되어야 하리라 생각된다. 그러므로 연대의 준거에 매몰되어 숲을 보지 못하는 우를 범해서는 안 된다고 생각한다. 덧칠을 통해 새로이 탄생하는 유화의 명작처럼, 당해 고택은 베트남이라고 하는 틀, 베트남의 덧칠이 입혀지면, 한·베를 이어줄 우수한 스토리텔링을 머금은 명작이며, 유일무이한 진품이라 비쳐진다. 실제 Nguyễn Vũ Tú 베트남 대사의 방문, 베트남 국영 V TV의 현지 촬영 등은 이의 구체적 실증이기도 하다.

[그림 1] 화산이씨 고택의 위치

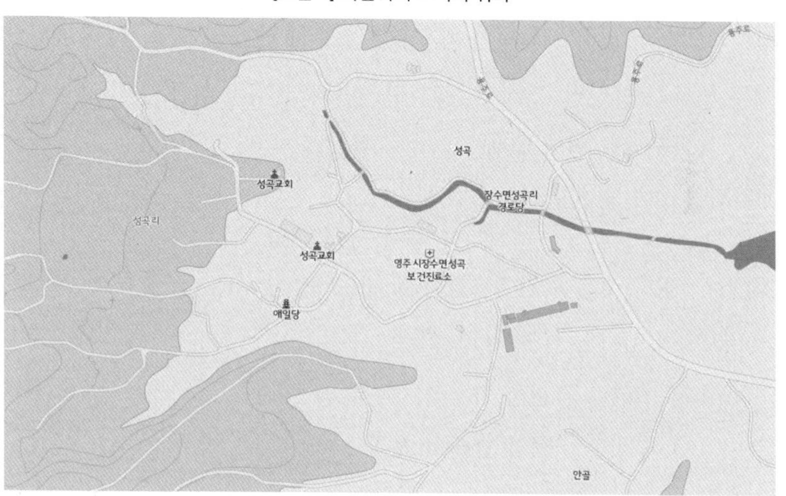

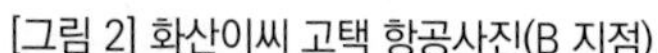
[그림 2] 화산이씨 고택 항공사진(B 지점)

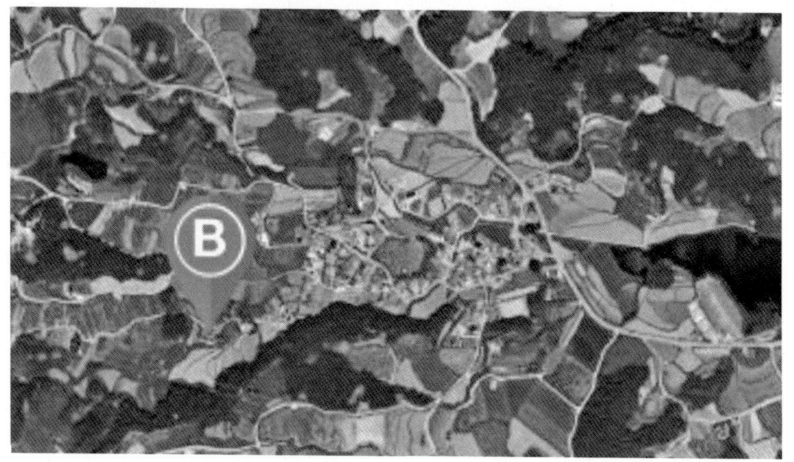

회(성곡길 10번길)쪽으로 좌회전, 200m 정도 진행하여 愛日堂을 지나치면 나무로 둘러싸인 고택을 발견할 수 있다. 당해 고택은 눈 아래 벌판을 내려다볼 수 있을 정도의 해발 고도 250m 지점의, 십분 班家의 위용을 갖춘 동향(남동향) 건축물이다.

당해 고택의 배후에는 소맥산맥의 지맥 走馬山(해발 640m, 달리는 말의 형상)의 등지리봉의 능선이 主山으로서 북풍과 邪氣를 막고 있다.[18] 속설에는 영주시 안정면, 장수면, 봉현면 3면의 경계를 머금고 興起한 주마산이 봉화군 소천면의 맷재(말망아지재)를 보고 놀라 멈추었고, 그 바람에 星谷의 主山이 되어 마을을 수호하였다고도 한다.[19] 혹은 어떤 도사가 달리는 말을 소리쳐 세웠는데, 그 말이 그대로 큰 산이 되었고 이로 인해 주마산이라 일컬어졌다고도 한다.[20] 결국 주마산의 명칭에 대해서는 여러 俗信과 異說이 뒤섞여, 뚜렷한 정설이 없음이 확실한 듯 여겨진다.

이러한 주마산 산세의 기운이 생동하듯 좌·우로 흘러내려 고택 양쪽을 지그시 에워싸, 이른바 고택의 좌·우 나래, '활개'의 형상이 간취된다. 아래로는 성곡 교회를 비롯하여 널따란 구릉 위 성곡 1리(약 250戶)의 집촌이 옹기종기 펼쳐져 있다. 일대는 안정면 여륵동의 용암산 시루봉과 주마산에서 근원한 복류천이 어우러져 넓고 비옥한 농토가 형성되어, 자고로 부요함이 가득한 곳이었다.[21]

당해 고택의 경우, 우뚝 솟은 둔덕에 위치하여 사위를 굽어보는 까닭에 폐부를 찌르는 듯 사방의 신선한 공기가 들이치고, 시야 아득히 지평

---

18) 고택의 주인(김덕호)의 설명에 의하면, 主山 주마산의 튀어나온 봉우리는 별도로 둥주리봉(닭의 둥지 형상), 혹은 筆鋒, 筆峰이라고 불린다고 한다. 필봉이라 일컬은 까닭은 다분히 문자향(文字香·문자의 향기)과 서권기(書券氣·서책의 기운)의 바람을 염두에 둔 듯 여겨지는 대목일시 분명하다. 실제 김덕호의 조부 金聖煥은 당해 고택에서 《知知錄》을 집필하였고, 一群의 이당학파, 이당 學契로 일컬어지는 후학과 제자들을 양성했고, 성곡 인근을 일거에 '鄒魯之鄕'으로 변모시켰다고 한다. 그러나 행정 지도상에는 등지리봉으로 표기되어 나타나고 있어 약간의 차이를 보인다.

19) 김태환, 《덕은 외롭지 않다-活人 金聖煥의 삶》, 프롤로그 출판사, 2005, pp.47~48.

20) 김태환, 《덕은 외롭지 않다-活人 金聖煥의 삶》, 프롤로그 출판사, 2005, p.50.

21) 김태환, 《덕은 외롭지 않다-活人 金聖煥의 삶》, 프롤로그 출판사, 2005, p.48.

이 열리는 탓에, 지세와 입지 조건 자체가 풍수지리에서 일컫는 소위 金鷄抱卵의 전형적 명승을 취하고 있다고 정의할 수 있겠다.[22]

2. 화산이씨 고택의 구조

[그림 3] 화산이씨 고택의 원경 사진(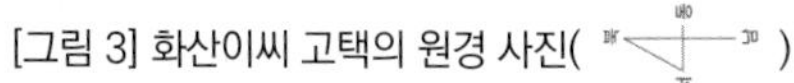)

22) 주위 환경으로 보건대, 고택이 조성되었을 당시 빼어난 풍광을 자랑했을 것임에는 분명 의심의 여지가 없다. 그러나 ① 현재 물신주의에 빠진 산업화의 영향으로 고택의 서북쪽에는 대규모 무분별한 석재 채취 작업이 진행되고 있고, 그 결과 깎여 나간 산의 흉물이 어김없이 시야에 들어온다. 또 ② 고택의 서북쪽~동쪽으로 연결되는 고압선이 시야를 어지럽히며 머리 위로 난무한다. 또 ③ 고택 正寢의 후면(서쪽)에는 사용하다가 버려진 축사가 그대로 남아 있다. ④ 행랑채가 있던 자리에는 판넬로 급조된 관리 저택이 건축되어 있다. ⑤ 마을의 좁은 길로 인하여 고택으로의 진·출입로가 여간 어려운 것이 아니다. 이런 까닭으로 고택이 지닌 우아한 정취가 속절없이 훼손되어 진한 아쉬움을 남긴다. 향후 베트남을 겨냥한 관광 명소로 대두하기 위해서는 대략 위의 5대 선결 과제가 남아 있다.

고택의 원래 구조는 '□'자로 된 正寢, '－'자로 된 행랑채 등 3채로 되었으나, 현재는 正寢만 남아 있다. 원래대로라면 '□'자 正寢의 전면에, '－'자로 된 행랑채가 있고, 다시 正寢의 좌측(북쪽)에 '－'자로 된 건물이 있어, 'Г'자로 감싸는 형태였다고 생각된다. 고택의 나머지 남쪽과 서쪽(뒷편)은 담장으로 둘러쳐져 있었던 듯하다. 이처럼 '□'자 正寢을 만들고, 다시 그를 에워싸는 '□'자 행랑채와 담을 2중으로 둘러싸는 ▣자의 2중 축조 방식을 선택한 까닭은 역시 높은 고도, 사방 개활지의 바람, 외부로부터의 집안 내부(사적 공간) 보호 등을 염두에 둔 것이 아니었던가 추정된다.

고택과 관련한 최초 구조에 대해서는 대략 3인의 고증이 제시되고 있으며, 사람에 따라서 약간의 차이를 드러내고 있음이 사실이다.

우선, 고택의 현 소유주 김덕호의 종조부 김병환(字는 四得, 호는 靈村, 1916년생)의 증언이다.[23)] 현재 만 102세의 나이가 무색하리만큼, 김병환은 촬영 카메라 앞에서 화산이씨 고택의 구조, 구입 연대, 매매 가격, 건축 과정 등에 관하여 타의 추종을 불허할 정도의 빼어난 총명을 유감없이 드러내며 명징한 증언을 하였다.[24)] 그의 증언에 의하면, ① 고택의 구

23) 김병환은, 고택의 현 소유주 김덕호의 조부 金聖煥(字 三得, 호 怡堂, 1906년생)의 열 살 아래 동복아우로서 동일한 기독교 신앙을 지니고 성곡 교회의 장로로 함께 봉사하였고, 이후 본 화산이씨 고택에서 80년간 거주하며 고택을 보전하는 등, 당해 고택과 남다른 인연을 지닌 인물로 확인되고 있다(김태환, 《덕은 외롭지 않다-活人 金聖煥의 삶》, 프롤로그 출판사, 2005, p.47).

24) 필자는 그의 증언을 가감 없이 기록의 형태로 제시하는 바이며, 그의 촬영 영상(2017년 12월 촬영분) 역시 현재 소유하고 있다. 또 그의 출생 연도를 증명하는 복지부 장관 발행, 김사득 명의의 경로우대증을 찍은 증명사진 역시 보관하고 있다. 특히 촬영의 말미에, 그는 묻지도 않은 자신의 호를 덧붙여 밝히면서, '신령 靈, 마을 村'으로 부연 설명하기도 하였다. 증언의 주체인 자신의 정보를 더욱 구체적으로 확인해 준 셈인데, 결국 그의 증언은 시종 깊은 신뢰성을 담고 있어, 고택에 관한 한 최고령자의 증언으로서, 이른바 살아있는 육성 증언이자 생생한 기

입 시기는 1950년 6·25 전쟁 즈음이었다는 것,[25] ② 당시로서는 매우 드물게도, 고택 매입 가격은 황소 10마리에 해당하는 가치를 우선 지급하고 나머지 대금은 추후 변제하는 부분적 외상 거래였다는 것, ③ 당시 고택의 재료는 고택 인근 지대(가령 영주 일대)의 所出이 아니라, 약 50km 떨어진 봉화 춘양의 춘양목(그의 말로는 赤松)을 달구지로 옮겨와 공들여 건축했다는 것, ④ 건축 과정에는 수많은 인근 방리의 사람들이 협력하였고, 단 한 사람의 사망자 없이 성공리에 건축되었다는 것, ⑤ 이후 고택 매매의 쌍방 주체가 자신의 친형(金聖煥, 1906년생, 현 고택 소유주 김덕호의 조부)·이근용(화산이씨, 李公蘊의 35세손, 李龍祥의 28세손)이었다는 것, ⑥ 고택의 거주자(이근용) 외에도, 성곡리 일대에 여타 화산이씨 일부가 거주했다는 것, ⑦ 고택의 구조에 있어서도 연자방아(디딜방아?)[26] 등 부속 시설이 있었던 웅장한 건물이었다는 것, ⑧ 고택의 건축 과정에서 목재 운반 등 상당히 지난한 공역의 과정을 거쳤다는 것 등을 육성 증언하였다. 다만 그의 증언을 통해서도 구체적 건축 연대는 알 수 없었으며, 건축 과정의 증언 또한 그가 실제 목격한 것인지, 선조로부터 구전의 형태로 傳聞한 것인지는 확인할 수 없었다.

둘째로는 장수면 성곡리에 거주하고 있는 이종옥(1931년생)의 증언이 있었다.[27] 필자는 2018년 1월 4일 Nguyễn Vũ Tú 베트남 대사의 당해

록물이라고 할 수 있겠다.

25) 화산이씨 고택 매매 당시 김병환의 나이는 34살의 나이로 확인된다. 그렇다면 김병환은 충분히 인지 능력이 있었을 나이이고, 김병환의 회상은 상당한 설득력을 갖추고 있다고 얘기할 수 있겠다.

26) 연자방아는 줏대를 가운데 세워놓고 소의 힘, 혹은 말의 힘(馬力)으로 硏子매를 돌리는 것으로서, 관청이 아닌 일반 반가의 집에 있었다고 보기는 어렵다. 아마도 확속의 곡식을 공이로 찧는 형태, 곧 사람이 발로써 디뎌 방아를 찧는 디딜방아가 아닌가 생각된다.

27) 2018년 1월 4일 오후 3시반 경, 쌀쌀한 날씨 속에서 주한 베트남 대사의 방문을

고택 방문 환영식(2018.1.4, PM 15시 30분~16시 10분)이 열리던 고택의 앞뜰에서 그를 만났다. 간단한 통성명과 연락처 교환을 거친 후 그에게 고택에 관한 내용을 탐문하였고, 그와의 대담 내용 전부를 녹취 파일의 형태로 담았다. 필자는 그와 나눈 녹취 파일(2018.1.4.) 역시 현재 보관하고 있다. 안동파 종손 李陽來(李公蘊의 36세손, 李龍祥의 29세손, 1930년생)의 한 살 아래 知己로서 같은 '장수 소학교' 출신인 그는, 당시 성곡리에 거주한 화산이씨의 구체적 성원의 面面, 고택의 구조와 위치 등을 뚜렷이 기억하고 있었으며, 이에 관해 다음과 같이 증언하였다. ① 화산이씨 일부가 성곡리에 거주하였다는 점,[28] ② 이후 모두 봉화 창평으로 이거했다는 점, ③ 솟을 대문이 북쪽을 향해 있었다는 점, ④ 솟을 대문의 옆에 행

오래 기다린 탓일까. 이종옥의 얼굴은 살갗을 은근히 저미는, 추위와 곡풍으로 빨갛게 상기되어 있었다. 악수한 그의 손은 차가웠고, 한기 탓인지 약간 몸을 떨고 있었다. 필자는 그에게 따뜻한 차를 권하면서 고택에 관한 몇 가지 질문을 물었다. 그 역시 1931년생이라는 나이가 믿기지 않게 놀라운 기억력을 지녔으며, 고택과 관련하여 매우 소상한 답변을 필자에게 들려주었다. 목소리의 또렷함, 거침없는 기억력 등으로 판단하건대, 그의 증언 역시 매우 신빙성 있는 육성 자료임이 확실했다. 필자는 그의 육성 증언을 녹음하여 현재 보관 중이다.

28) 영주 성곡리에 거주한 화산이씨 성원에 대해서는 다음과 같은 증언을 하였다. 그는 ① 근철이 장수 소학교를 다닌 사실, ② 근만에게 5형제가 있었다는 사실(족보상으로는 4형제임), ③ 근용이 두 번 결혼한 사실(배필이 2명이라는 사실), ④ 일반인에게는 극히 생경스런 '문산댁(宅)'(아마 봉화 문수산 宅?)의 존재를 말하였다. 그가 기억하고 있는 것은 족보를 비롯한 제반 기록상에도 전혀 나타나지 않는 것으로서, 생생한 체험과 견문을 통한 기억의 집합체인 만큼, 문자의 형태로 취해진 기록 그 이상의 중차대한 사실들을 내포하고 있다고 믿어진다. 실제 화산이씨 족보에서 源孝, 根容, 陽來에 이르기까지 두 번 결혼한 인물은 없다(화산이씨 편찬위원회, 《花山李氏 族譜》 全, 회상사, 1987, p.338. 李相協, 《花山李氏 족보》, 회상사, 2004, p.382). 그렇다면 이것은 족보 기록의 누락이 거의 틀림없으며, 그의 말대로 重婚한 주인공은 根容이 틀림없다고 보인다. 아니면 근만의 경우 重婚의 기록이 족보에서 확인 가능한데, 羅州 丁氏, 潘南 朴氏 2명의 配가 보인다(李相協, 《花山李氏 족보》, 회상사, 2004, p.388).

랑아범이 머문 행랑방이 있었다는 점,[29] ⑤ 담장의 높이가 높고 사방을 둘러싸고 축조되었으며 네모반듯한 형태를 취했다는 점,[30] ⑥ 연자방아가 있었다는 점, ⑦ '□'자 正寢의 前面(동쪽)에는 행랑방 외에 다른 구조물은 없었다는 점, '□'자 正寢의 左面(북쪽)에는 연자방아, 헛간 등이 있었다는 것 등이었다.

셋째로는 화산이씨 안동파 종손 李陽來(李公蘊의 36세손, 李龍祥의 29세손, 1930년 생)의 증언이 있다. 이양래는 안동파 종손으로서 충효당 옆 가옥에 거주해 왔고, 2018년 숙환으로 사망했다. 필자는 2012년 11월 21일 충효당 현지답사 때와, 2017년 11월 5일 베트남 국영 V TV 촬영 때 그를 만났다. 두 차례의 대면 중, 2012년 당시 그는 방에만 앉아 있었고 밖으로 거동하지 못하여 방문을 열고 잠시 대화를 나눴다. 2017년에는 밖으로 거동한 그와 얘기할 수 있었다. 외관상 그는 허리와 무릎에 적잖이 문제가 있어 보였다. 특히 2017년에 접어들어 귀가 잘 들리지 않아 보였다. 필자는 2017년 11월 5일에 앞서도, 그와 통화한 적이 있었는데 당시에도 그는 스스로 귀가 잘 들리지 않음을 고백하며 큰 목소리로 응대해 줄 것을 재차 필자에게 요청하였다. 그러나 그의 증언만은 나이에 걸맞지 않게 과거의 기억을 또렷이 追想하고 있었고, 과거 기억을 되살리는 반추에 관한 한 하등 이상한 점이나 어려움이 전혀 없었다. 그 역시 시종 매우 출중한 총기를 지녔다고 여겨졌다. 그의 거듭된 증언을 종

---

29) 특히 행랑방은 주택 공간 중 가장 외부에 속하는 방이자, 대문과의 일직선상에 위치한다. 행랑은 중류 이상의 주택이 아니면 볼 수 없는 방으로, 마루나 온돌로 되어 있으며 노비를 비롯한 사역인들이 거처했다(한국컨텐츠진흥원, 〈한국의 고택〉, 문화컨텐츠닷컴. www.culturecontent.com). 이런 점에서 당해 화산이씨 고택은 상당한 재력과 신분을 실증하는 전거로 보아 좋을 것이다.

30) 여기서의 '네모반듯하다'는 것은 담장의 개별 모양이 아닌 전체 형태가 아닌가 짐작되며, '□'자 正寢 건물을 에워싸고 있는 외벽 담장이 동서남북으로 정연하게 지어져 있었다는 의미로 해석된다.

[그림 4] 화산이씨 고택 평면도

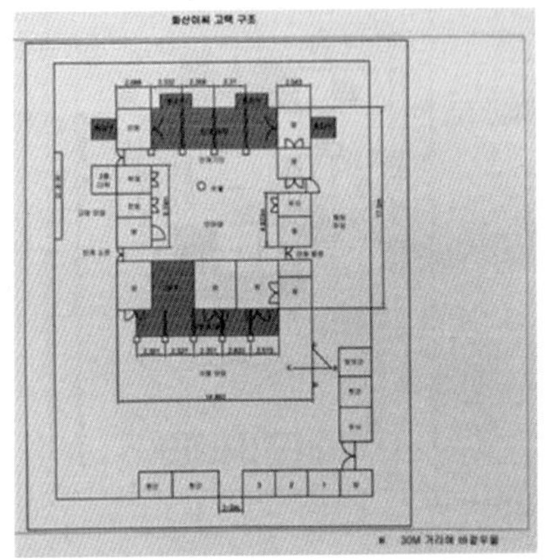

당해 CAD 도면은 건축 디자이너 지망생 李都建 학생(주민번호 000410-1******)이 작성한 것임.

합하면 대략 다음과 같다. ① 자신의 선조가 일시 영주시 장수면 성곡리 일대에 거주하였다는 것, ② 따라서 고택의 소재지가 안동시 서후면 성곡리가 아니라 영주시 장수면 성곡리라는 것, ③ 영주 성곡리 소재 당해 고택이 아흔 아홉칸 이었다는 것, ④ 이후 영주시 장수면 성곡리에서 현재의 봉화군 봉성면 창평리로 귀환했다는 것 등이었다. 그의 증언을 통해서도 고택의 최초 건축자가 누구인지, 영주시 장수면 성곡리에서의 실제 거주 기간, 성곡리에서 봉화 창평으로 이거한 까닭 등에 대해서는 시간상, 물리적 여러 제약으로 인하여 확실한 답변을 듣지 못하였다.

기억력이 출중한 이상의 3인 외, 고택의 현 소유주와 여타의 관련된 여러 사람들의 증언을 토대로 화산이씨 고택의 원래 평면도를 재현하여 보면 대략 [그림 4]와 같다고 보인다.

당해 화산이씨 고택의 가장 큰 특징은 드물게도 남향이 아닌 동향(辛坐乙向)으로 지어졌다는 점이다. 남향으로 고택을 짓지 않은 가장 큰 까닭은 남쪽의 둔덕이 있어 시야가 확보되지 않기 때문이었다고 짐작된다. 그 결과 家向의 여파로 대문 역시 드물게도 북향(고택의 측면)으로 나 있다. 화산이씨 고택은 또 풍부한 복류천이 흐르는 수맥 지대 위에 위치하고 있다. 집 안의 우물, 집 밖의 우물에서 확인되듯 풍부한 수량이 집 아래를 관통하고 있다. 농사용 관정이 현재 화산이씨 고택의 북쪽 인근에 있다는 점에서도, 당해 고택은 수맥과 떼려야 뗄 수 없고 어떤 문제로든 밀접히 연결되어 있다. 고택의 현 소유주(김덕호)의 말에 의하면, 과거 집이 때로 흔들리거나 요동치는 경우가 왕왕 있었다고 하였는데, 이 역시 수맥과 어느 정도 상관관계가 있을 것이라 여겨진다. 속설로는 '터가 세다', 혹은 '기가 세다'는 말로 통칭되어지는, 강한 지기와 수맥이 어우러진 터전 위에 자리한 거주 공간이었던 셈이다.[31] 어쩌면 고택이 현재 북쪽으로 기울게 된 까닭에도 물길의 흐름이 작용하는 것은 아닌지 저어된다.

한편 화산이씨 고택은 '□'자로 된 正寢 구조를 지니고 있다. ㄇ형을 이루는 안채의 세 건물과 사랑채의 뒷벽이 빚어낸 안마당, 사랑채를 중심으로 한 사랑마당, 안채 부엌 뒤편의 고방마당, 안채 뒤편의 뒷마당, 북쪽과 동쪽의 2개에 걸친 행랑마당이 있고 그 바깥쪽을 높은 담장으로 둘러싸는 형태를 취하였다. 여섯 개의 마당에서 짐작되듯, 수많은 여유 공간을 적절히 배치한, 이른바 여백의 미, 공간 구조를 갖춘 고택이다. 正寢의 전면은 사랑채로 배치하였는데, 사랑채는 6樑家의 팔작지붕으로, 정면 5칸 측면 3칸의 건물이다. 사랑채의 기단을 밟고 올라서면 사랑채 마루가 있고, 다시 방과 방을 연결하는 작은 마루를 끼고 방들이 연이어 있다. 장유유서에 따라 구획된 공간으로 비친다. 사랑채에서 안채로 연결되는 공간은 側面出入形 中門을 통하도록 되어 있는데, 좌측(북쪽)에 小門 하나, 中門 하나, 우측(남쪽)에 小門 둘이 각기 배치되어 있다. 안채를 둘러싸고 이렇듯 네 개의 중문, 소문이 있음은 서·남·북 공간의 유효한 활용이 있었다는 말이기도 하다. 안채는 ㄇ형의 5樑家의 팔작지붕이며, 안채 대청을 중심으로 남쪽에는 上房, 북쪽에 2개의 방이 이어져 있다. 그리고 안채의 남쪽에 '-'자형의 부엌, 찬방 등이 있고, 북쪽 역시

31) 고택은 배후의 主山 走馬山의 이름처럼 달리는 말 위의 얹혀있는 듯한, 형국에 처해 있다. 따라서 생동하는 땅의 지세 위에 처해 있고, 북쪽과 동쪽을 훤히 조망할 수 있는 둔덕에 있어 세상을 내려다보는 治者의 자리마냥 비쳐졌다.

[그림 5] 화산이씨 고택, 파노라마 사진(왼쪽 서쪽, 오른쪽 남쪽) (2017년 11월 5일 촬영)

'-'자형의 두지(고방), 방으로 나눠진 공간이 일렬로 배치되어 있다.

'□'자의 正寢 구조는 황해, 충청뿐만 아니라 사실 안동, 영주 등의 전통가옥에서 쉽게 찾아진다.[32] 까닭에 당해 고택의 '□'자 구조는 인근 지역 전통 가옥의 구조에서 영향을 받았다고 할 수 있다.

현재 남아 있는 고택 正寢의 모습을 동서남북의 방향에서 촬영하여 제시하면 [그림 5]와 같이 된다.

현재 화산이씨 고택 자체에는 사람이 거주하고 있지 않고, 동쪽 前面 벽에는 信, 望, 愛 3글자가 석회 벽에 새겨져 있다.[33] 問議 결과, 이것은

---

32) 화산이씨 일가가 장수면 성곡리 일대로 이거하기 이전의 거주지는 봉화 창평이었다. 따라서 봉화 일대의 건축 양식에 주목할 필요가 있는데, 일대 지역의 재사 및 고택의 상당수가 '□'자로 된 가옥 구조를 이루고 있음이 주목된다. 齋舍의 경우, 安東 권씨 齋舍, 羽溪 이씨 齋舍, 承旨公 齋舍, 後洞 齋舍 등이 있고, 고택의 경우 陶川古宅, 東湖堂, 金起弘家, 金在憲家, 金在元家, 金益秀家, 金聲在家, 이동선家, 誠敬齋 舊宅, 洪家善家, 洪承烈家, 姜敎熙家, 起軒古宅, 李南宰家, 姜競元家, 金榮根家, 李正廈家, 金瑛東家, 沈相穆家, 鄭宗義家 등이 모두 '□'자로 된 구조를 이루고 있다. (봉화군, 〈고가〉, 《문화유적총람》, 매일원색정판사, 2000, pp.248-288).

33) 信, 望, 愛는 믿음, 소망, 사랑을 뜻하는 것으로 使徒 바울이 해석한 기독교 사상의 요체라고 정의할 수 있음은 주지의 사실이다. *νυνι δε μενει πιστις ελπις αγαπη τα τρια ταυτα μειζων δε τουτων η αγαπη*(1Corinthians 13:13). 김태환, 《덕은 외롭지 않다-活人 金聖煥의 삶》, 프롤로그 출판사, 2005, p.78에서는, '현 고택 소유주(김덕호)의 고조부 삼보당(이당의 고조부 삼로당)이 믿음, 소망, 사랑의 3寶를 갖춘 집이라 했다'는 얘기가 나온다. 한데 같은 책, p.33에는 이당의 부친으로 三路堂 김동선이 명시되어 있다. 이로 보면 김동선은 怡堂

고택을 매입한 金聖煥 혹은 직계 비속이 상감한 것임이 확인되었다. 별첨 사진에서 보는 바와 같이, 상당 부분에 걸쳐 몇몇 서까래를 교체하는 등, 현 소유주(김덕호)가 부분 수리한 흔적이 확인된다. 동서남북 사면, 무너지는 지붕을 떠받치기 위한 철제 기둥이 골고루 보인다. 깊은 凋落의 무게, 流水 같은 세월을 떠받치는 듯 아슬아슬 힘겹게 비친다. 또 동쪽(전면)에서 바라봤을 때, 집의 균형이 북쪽(정면에서 오른쪽)으로 기울어진 형국이라, 시급한 보수가 필요한 상황이다. 화산이씨 고택은 산새마저 울음을 멈춘 별골[星谷]의 차가운 별빛 아래, 홀로 속절없이 무너지고 있는 셈이었다.

사정이 이러하다 보니, 화산이씨 고택은 과거 존폐의 기로에 서기도 했다. 관리·수선의 어려움, 잦은 수리비용의 문제로 心傷한 소유주(김덕호)의 아우들이 왕왕 고택을 헐고 새로운 건축물을 짓자는 논의를 했건만, 소유주가 현재까지 사비를 충당하며 고택을 사수해 왔노라고 하소연했다. 고택과 관련하여, 필자는 현 소유주와 수 차 접촉할 기회를 가졌다. 더러, 적막함이 감도는 고택의 뜰에서 현 소유주 김덕호는, 자신이 태어나고 자란 곳이 다름 아닌 당해 고택이라 추억을 더듬듯 토로했다. 김덕호의 조부 金聖煥(怡堂) 역시 종국에는 고택의 곁에 묻혔으니, 소위

의 조부가 아니라 부친이며, 호 역시 삼보당이 아니라 삼로당이라 보인다. 물론 당시 삼로당이 말한 집은 현재의 화산이씨 고택은 아니다. 현재의 고택은 김덕호의 조부 金聖煥(김삼득, 이당)이 매입한 것이기 때문이다(법원행정처 등기정보중앙관리소 발행, 전산운영책임관 직인의 등기사항전부증명서(말소사항 포함)- 토지(경상북도 영주시 장수면 성곡리 654-2)의 갑구(소유권에 관한 사항), 고유번호 1756-1996-176886, 발급확인번호 ARMX-BUJB-8869. (2018년 1월 22일 발행)). 이처럼 현 고택 소유주(김덕호)의 증조는 봉화 상운 雪梅里에서 성곡으로 옮겨온 반면, 未久에 화산이씨 일가는 성곡에서 봉화 창평으로 건너갔다는 점에서 일가의 엇갈린 운명 역시 읽혀진다. 그리고 약 68년 만인 2018년 1월 4일, 화산종친회 및 안동파 종손과 현 화산이씨 고택 소유주는 주한 베트남 대사의 방문을 계기로 다시 고택의 뜰에서 운명적으로 조우했다.

[그림 6] 화산이씨 고택, 파노라마 사진(북쪽 사진) (2017년 11월 5일 촬영)

이당이야말로 죽을 때까지 고택의 곁에서 삶을 배회한 셈이었다. 따라서 68년여 星霜 일가에게 擁有되어 온 고택은, 그에게 '집 이상의 집'의 가치, 신앙, 이념인 듯 보였다. 요컨대 김덕호에게 있어 고택은 삶의 태생이자, 불식하지 못할 향수와 선조의 유지가 담긴 보금자리,[34] 혹은 지울 길 없는 慎終追遠의 애수가 마구 범벅된 듯하였다. 그로 말미암아 고택에의 애착 역시 세월의 깊이마냥, 묵직하고 진한 듯 비쳤다.

---

34) 현 소유주의 말에 따르면, 조부 이당 金聖煥은 무슨 까닭에서인지 당해 고택을 타인에게 매매하지도 말고, 헐지도 말고 반드시 소중하게 보존하라는 유명을 남겼다고 한다. 추단컨대 김씨 일가의 개인적 삶, 사회적 삶, 종교적 삶이 응축, 집약된 산실이었기에 그러한 유명을 내린 것이 아닌가 한다.

제2절 화산이씨 고택의 건축 연대 및 매매 과정

1. 화산이씨 고택의 건축 과정과 소유권 이전

위 김병환, 이종옥의 증언[35]을 종합하면, 당해 화산이씨 고택의 주재료는 봉화군 춘양면에서 달구지로 옮겨 왔음이 확인된다. 봉화군 춘양면에서 옮겼음직한 목재는 일명 '춘양목'으로 불리는 金剛松, 혹은 특유의 정결한 황금빛으로 달리 일컬어지는 黃腸木이다.

이로 보면 살아서 천년, 죽어서 천년을 간다는 빼어난 기품과 절개의 상징, 김홍도가 그린 〈松下猛虎圖〉 화폭 위 '두 줄의 선명한 발톱 자국'에서도 실견되듯, 한국의 청년 범이 다른 나무는 제쳐두고 오직 영역 표시의 樹種으로 유일하게 선택한다고 일컬어지는 소위 한국의 명품 소나무, 신비와 영험이 배어있는 금강송이[36] 당해 고택 건축의 주재료로 활용된 셈이다. 4년생 날랜 범이 자신의 몸길이 높이의 소나무에 비약하여 영역을 표시했듯, 화산이씨 후예 스스로 주마산 아래 마치 자신의 영역을 표시하듯 직선거리로만 120여 리나 떨어진 곳의 나무를 직접 운반하여 거주 공간을 지었다는 것은 결코 범상한 일이라고는 보이지 않는다. 또 궁궐의 대들보로 사용되어 왔다는 목재가, Vietnam의 황가 혈통을 이어받은 후손의 고택 재료로 활용되었다는 점은 한·베의 관계사 측면에서도 심대한 의미가 있으며, 향후 양국을 잇는 스토리텔링의 소재로도 활용성이 자못 높다고 여겨진다.

---

35) 김태환, 《덕은 외롭지 않다-活人 金聖煥의 삶》, 프롤로그 출판사, 2005, p.75에서는 춘양이 아닌 봉화 창평으로 되어 있기도 하다.

36) 오주석, 《한국의 美 특강》, 솔, 2008(1판 31쇄), pp.112~125. 《옛그림 읽기의 즐거움 2》, 솔, 2008(1판 8쇄), pp.26~44. 여기서 언급된 赤松은 금강송의 일본식 표현이다.

고택의 재료로는 이 외에 싸리나무, 대추나무 등도 혼용되었으며, 황토, 돌, 석회 등의 부재료, 전통 기와(담장과 지붕) 등도 동원됐다. 사랑채, 안채, 행랑채로 大分되는 전통 한옥의 구조를 갖춘, ▣자의 2중 고택은 현재 행랑채가 亡失되어 175.2m²[일반건축물 대장(갑)][37]에 불과하다. 그러나 복원의 과정을 거쳐 원형을 찾을 경우 당해 고택의 실면적은 크게 늘어날 것이라 판단된다. 실제 고택의 대지는 278평(919m²)로 표시되어 있다.[38]

고택의 건축 기간은 꽤 오랜 시간이 소요된 것으로 판단된다. 김병환, 이종옥의 증언에 의하면 인근 사람들이 대거 자재를 옮기는 과정, 들보를 올리는 과정, 자재 운반을 위한 신작로 건설 등의 제반 건축 과정에 협조, 또는 동원되었음이 확인된다. 마을 발전 기금의 강제 헌납을 겁박하며 텃세와 강짜를 부리는 작금의 강퍅한 농촌 현실에 비쳐보면, 당시 상부상조의 전통적 미덕이 돋보이는 대목이 아닐 수 없다. 화산이씨로부터 고택을 매입한 金聖煥의 종손 김덕호(현 고택 소유주)가 직접 정리한 자료에 의하면, 고택 건축에는 총 3년이 걸렸다고 증언하고 있다.[39] 느림의 미학이 새삼 돋보이는 대목이다. 말 그대로, 세월과 마음과, 정성을 얽어 지은 집이었다. 目測으로만 볼 때에도 고택은 해발 고도가 주위보다 높은 둔덕에 위치하여, 과거의 최초 건축뿐만 아니라 장차 복원 공사에도 자재 운반에 지난한 문제가 있을 것임이 예견된다.

---

37) 영주시 건축과 발행, 일반건축물대장(갑), 민원24 접수번호 20180120-51436799. 문서확인번호 1516-4151-0360-6270, 고유번호 4721034024-1-06540002(영주시 장수면 성곡리 654-2번지)

38) 법원행정처 등기정보중앙관리소 발행, 전산운영책임관 직인의 등기사항전부증명서(말소사항 포함)- 토지(경상북도 영주시 장수면 성곡리 654-2)의 표제부(토지의 표시), 고유번호 1756-1996-176886, 발급확인번호 ARMX -BUJB-8869(2018년 1월 22일 발행).

39) 김덕호, 《怡堂古宅史》, 프린트 형태, 2017.

이처럼 화산이씨에 의해 지어진 고택은 1950년 12월 5일 金聖煥에게 매매되었다.[40] 그리고 정식 소유권 이전 접수는 1955년 1월 17일(제36호)로 확인된다. 매매 시점과 소유권 이전 시점이 다른 이유는 아마도, ① 6·25 동란의 영향으로 인한 어수선함, ② 일정액을 지급하고 나머지는 분할 상환과 같은 외상 매매였던 점 등에 기인한 것으로 보인다. 당시 화산이씨 고택[41]의 매수자 金聖煥은, 지척이라 할 영풍군 장수면 성곡리 563번지에 주소를 두고 있었다.[42] 金聖煥을 비롯한 일가가 성곡리에 온 것은 1926년 10월 7일이었고,[43] 이후 金聖煥은 성곡→유동으로 이거했으나, 1945년 8월 15일 해방과 더불어 성곡으로 다시 복귀했다. 이는 金聖煥이 1947년 성곡 교회 장로로 안수받은 사실로도 확인이 가능하다.[44] 그 직후 金聖煥은 당해 고택을 이근용(화산이씨, 李公蘊의 35세손, 李龍祥의 28세손)으로부터 매입했다고 한다.[45] 그 시점은 전술했듯, 공문서 상

40) 법원행정처 등기정보중앙관리소 발행, 전산운영책임관 직인의 등기사항전부증명서(말소사항 포함)- 토지(경상북도 영주시 장수면 성곡리 654-2)의 갑구(소유권에 관한 사항), 고유번호 1756-1996-176886, 발급확인번호 ARMX-BUJB-8869(2018년 1월 22일 발행).

41) 법원행정처 등기정보중앙관리소 발행, 전산운영책임관 직인의 등기사항전부증명서(말소사항 포함)- 토지(경상북도 영주시 장수면 성곡리 654-2)의 갑구(소유권에 관한 사항), 고유번호 1756-1996-176886, 발급확인번호 ARMX-BUJB-8869. (2018년 1월 22일 발행)에 의하면 화산이씨 고택의 당시 소재지는 영풍군 장수면 성곡리 654-2로 확인된다.

42) 법원행정처 등기정보중앙관리소 발행, 전산운영책임관 직인의 등기사항전부증명서(말소사항 포함)- 토지(경상북도 영주시 장수면 성곡리 654-2)의 갑구(소유권에 관한 사항), 고유번호 1756-1996-176886, 발급확인번호 ARMX-BUJB-8869. (2018년 1월 22일 발행)

43) 김태환, 《덕은 외롭지 않다-活人 金聖煥의 삶》, 프롤로그 출판사, 2005, p.50.

44) 김태환, 《덕은 외롭지 않다-活人 金聖煥의 삶》, 프롤로그 출판사, 2005, p.65.

45) 김태환, 《덕은 외롭지 않다-活人 金聖煥의 삶》, 프롤로그 출판사, 2005, p.75.

으로 1950년 12월 5일임이 확인된다. 당시 화산이씨 이근용은 52세,[46) 金聖煥은 44세였으니[47) 두 사람은 약 8년의 연차가 있었다.

한데 이즈음엔 한창 6·25 동란 중이었을 것인데, 정상적 매매가 과연 가능했을까, 또는 동란을 거치면서 어찌 당해 고택이 전쟁의 참화를 입지 않고, 대관절 어찌하여 멀쩡히 건재했던가 등의 의구심을 지닐 수 있겠다. 당시의 긴박한 상황은 실제 金聖煥이 동란을 피하여 안동→의성→대구로 옮겨가며 약 8개월여 피난살이를 이어갔다는 점에서 확인 가능하다.[48) 그럼에도 당해 고택이 병화를 입지 않은 까닭은, 怡堂 金聖煥이 오랜 기간 사회사업, 육영사업을 벌인 결과 주변 지역의 적잖은 민심을 얻었고(德不孤),[49) 타의로 인민군에 강제 징집당한 지역 사람들이 報恩(고택 보존)에 적극 나선 결과(必有隣)라는 설명도 들렸다. 문면 그대로는 그렇다 쳐도, 당시 전후맥락으로 보건대 부분적으로는 상당히 取信할 여지가 있어 보인다. 이에는 사실 경북 내륙의 상당수 고택이 전쟁의 참화를 피하고 잔존해 있음도 십분 참고할 대목이다.

---

46) 화산이씨 편찬위원회, 《花山李氏 族譜》 全, 회상사, 1987, p.338. 李相協, 《花山李氏 족보》, 회상사, 2004, p.382.

47) 영주시 건축과 발행, 일반건축물대장(갑), 민원24 접수번호 20180120-51436799. 문서확인번호 1516-4151-0360-6270, 고유번호 4721034024-1-06540002(영주시 장수면 성곡리 654-2번지)(2018년 1월 20일 발행).

48) 김태환, 《덕은 외롭지 않다-活人 金聖煥의 삶》, 프롤로그 출판사, 2005, p.60. 그렇다면 金聖煥의 성곡리 귀환은 이듬해인 1951년 2월이 된다. 한데 전술한 문서에는 1950년 12월 5일 매매계약이 체결된 것으로 되어 있다. 이러한 시간적 간극, 당시 상황의 모순에 대해서는 좀 더 검토가 필요하다.

49) 김태환, 《덕은 외롭지 않다-活人 金聖煥의 삶》, 프롤로그 출판사, 2005, p.64.

2. 화산이씨 고택의 건축 연대

당해 화산이씨 고택은 언제 건축된 것일까. 현재 화산이씨 고택과 관련한 상량문은 확인되지 않았다. 그러나 고택의 건축 연대를 가늠할 몇 가지 단서가 있다.

우선 이양래의 장자 이시복(李公蘊의 37세손, 李龍祥의 30세손, 1957년 생)의 증언이 있다. 그는 현 소유주 측에서 주장하는 화산이씨 고택의 매매자인 이근용의 종손이다. 시복의 출생연도가 1957년이므로, 화산이씨 고택의 매매가 이루어진 시점인 1950년 당시, 그는 출생 전이었다. 따라서 시간적 相距가 있고, 그가 말한 내용은 전부 부친 이양래 혹은 주변인들로부터의 전언에 의한 것임은 자명하다.

이시복은 2018년 1월 4일 저녁 경북 도청의 접견실과, 안동의 모 한정식 식당에서 衆人과 환담 중 고택과 관련, 다음과 같이 증언하였다. 그 내용의 핵심은 ① 당해 고택에서 이종걸이 사망하였고 직후 일가가 봉화 창평으로 이거했다는 것이다. ② 전후 맥락·시점상 봉화 창평으로의 복귀를 주도한 인물은 이원효(이종걸의 子)였다는 것 등이었다.

그러나 이에 따를 경우 여러 문제들에 봉착하게 된다. ① 우선 고택의 매매 시점은 1950년 12월 5일로 정확히 확인된다.[50] ② 이종걸은 그의 고조로서 1844년에 사망한 인물이다.[51] 당해 고택은 최소한 1844년에는 건축되어 있었다는 것이 된다. 그렇다면 화산이씨 일가가 당해 고택에 거의 1백년 간(1844 이전?~1950) 거주했다는 셈이 된다. ③ 1844년 이종걸이 당해 고택에서 사망하였고, 나머지 일가 모두는 봉화 창평으

---

50) 김태환, 《덕은 외롭지 않다-活人 金聖煥의 삶》, 프롤로그 출판사, 2005, p.75.

51) 화산이씨 편찬위원회, 《花山李氏 族譜》 全, 회상사, 1987, pp.337~338. 李相協, 《花山李氏 족보》, 회상사, 2004, p.382.

로 이주하였다는 이시복의 증언과 달리, 매매 시점(1950.12.5)을 고려할 때 종걸의 子 원효 역시 당해 고택에서 사망한 셈이 된다.[52] ④ 1844년 종걸의 사망 직후 일가가 봉화 창평으로 이주했다면, 앞의 3인이 그토록 생생하게 증언할 수 없었음이 자명하다.[53] 더군다나 현 고택의 외양으로 보아 도저히 1844년 이전에 건축되었다고는 믿기지 않는다.

이런 맥락에서 이시복의 증언은 주목되나, 두 가지 점에서 달리 해석할 필요가 있다. ① 이시복의 증언은 연대의 착간, 인물의 혼선이 있어 수정이 불가피하다는 점, ② 이시복의 증언에서 시복의 직계 존속 중 누구인지는 알 수 없으나 분명 그 중의 한 명이 고택에서 임종했다는 것 등이다. 그렇다면 고택에서 사망한 자는 이종걸이 아닌, 정확히 이원효가 아닌가 짐작된다. 이원효는 이종걸의 아들로서, 이시복에게는 증조가 된다. 더욱이 앞서 김병환이 증언하기로 자신의 친형(金聖煥)과 화산이씨 근용이 당해 고택의 매매계약을 체결하였다고 하였던 바, 이근용이 당해 고택에서 사망하였을 리도 만무하다. 까닭에 전후 서사로 보건대 당해 고택에서 사망한 이는 근용의 부친 원효이며, 그의 아들 근용 대에 이르러 당해 고택을 金聖煥에게 처분한 것이라 여겨진다.

다음에서 화산이씨 족보에 전하는 鍾杰~陽來까지의 출생과 몰년[54]을 적시하면 다음과 같다.

---

52) 종걸의 子 원효의 생몰 연대(1807~1889)를 고려할 때 원효 역시 당해 고택에서 사망한 셈이 된다. 고택의 매매시점, 종걸과 원효의 생몰년을 비교할 때, 종걸(이시복의 고조)과 원효(이시복의 증조)가 모두 당해 고택에서 사망한 것이 되어, 과의 모순, 상충이 발생한다.

53) 고택에 관한 최고령의 증언자 김병환이 1916년생이다. 1844년 이전에 고택이 지어졌다면, 고택 건축 후 무려 72년이 지난 후에 태어난 그가 그처럼 고택의 건축 과정에 대해 자세히 증언하기는 어렵다고 여겨진다.

54) 화산이씨 편찬위원회, 《花山李氏 族譜》 全, 회상사, 1987, p.338. 李相協, 《花山李氏 족보》, 회상사, 2004, p.382.

㉮ 鍾杰[李公蘊의 33세·李龍祥의 26세]字 晦叔, 初諱應鍾, 號崎庵, 有遺稿, 憲宗甲辰 6월 15일卒

㉯ 源孝[李公蘊의 34세·李龍祥의 27세]字 始立, 號 塊외, 有遺稿, 丁卯 11월 10일生, 己丑12월 29일卒

㉰ 根容[李公蘊의 35세·李龍祥의 28세]字 九汝, 戊戌 6월 27일生, 庚戌 3월 22일卒

㉱ 陽來[李公蘊의 36세·李龍祥의 29세]字 春哉, 庚午 6월 17일 生

위의 ㉮ 鍾杰의 경우 생년은 보이지 않고 졸년만 확인된다. 헌종 갑진년은 1844년이다. ㉯ 源孝의 경우 정묘 11월 10 출생하여 기축 12월 29일 사망하였다고 되어 있다. 원효의 생몰 연대를 추정할 정묘, 기축은 결국 원효의 부친 종걸을 통해 확인할 수밖에 없다. 종걸의 사망 연도인 1844년에서 역산하면, 원효가 출생한 정묘년은 1807년이 된다. 그리고 원효가 사망한 기축년은 1829년, 1889년의 2가지로 압축된다. 그러나 현재 봉화 창평에서 보이는 유허비의 말미에 원효라는 이름, 丙辰年이라는 기명이 있어 1876년이 확실하게 입증된다. 결국 원효는 1807년에 태어나 1889년에 82세로 사망하였다. 또 69세의 나이로 유허비의 건립을 추진한 셈이 된다. 이로써 현재의 봉화군 창평의 유허비는 1876년, 원효에 의해 다시 재건의 과정을 거쳤음이 확인된다.

원효(1807~1889)는 슬하에 根容, 根宇, 根宅의 3형제를 두었다.[55] 화산이씨 가세가 가장 성했던 시기가, 다름 아닌 원효의 시기였다. 당시 인근 영천(현 영주)에서조차 원효는 세칭 천석꾼으로 불렸다.[56] 원효는 또

55) 화산이씨 편찬위원회, 《花山李氏 族譜》 全, 회상사, 1987, p.338. 李相協, 《花山李氏 족보》, 회상사, 2004, p.382.

56) 김태환, 《덕은 외롭지 않다-活人 金聖煥의 삶》, 프롤로그 출판사, 2005, p.78.

한 遺稿를 남길 만큼 출중한 文才였다. 풍부하고 여유로운 재정적인 바탕, 고아한 학술적 자질을 모두 갖춘 그였기에 조상에 대한 관심을 가질 수 있었다. 오랜 기간 집안의 영락으로 말미암아 長發(1574~1592, 李公蘊의 20세·李龍祥의 13세)에 대한 추념과 추상은 끊어졌으나, 원효의 생존 기간에 화산이씨는 득의의 시절을 맞이했다. 그런 결과물로서 현재 봉화군 창평의 유허비가 새로이 건립될 수 있었다. 현재 봉화 창평의 유허비 말미에는 李公蘊(Lý Công Uẩn)의 34세손이자, 晩運[57]의 5대손(6세손)인 源孝의 이름이 확인된다. 말미에 원효는 스스로를 14대손이라 표기하고 있다.[58] 이를 입증하기라도 하듯, 원효 자신이 직접 섬세한 필치, 미려한 문체로 遺墟竪碑 告由文을 짓기도 했다.[59] 원효는 필생의 역작, 현재 봉화 창평의 충효당의 재건도 추진했다. 그 연대와 관련하여 주목되는 자료가, 權璉夏가 찬한 충효당 상량문이다.[60] 권연하의 생몰 연대는 1813~1896년이다.[61] 충효당은 오랜 기간 亡失되었고 1826년 재건된 다음, 그 이후의 시기에 다시 정비, 혹은 재건된 것이라 보이는데,[62] 그 시점이 바로 원효의 생존 시기와 겹친다. 유허비각 상량문도 주목된

57) 만운과 相奎는 원효에 앞서 충효당의 건립과 관련하여 나타나는 인물들이다. 만운은 상규를 보내어 충효당 기(이야순), 유허비 비문(이인행)을 촉탁한 것이 확인된다. 이야순의 충효당기는 1826년(병술)이었고, 유허비도 같은 시기에 건립된 것이라 여겨진다.

58) 원효는 李公蘊(Lý Công Uẩn)의 34세손이며 이장발로부터는 14대손, 혹은 15세손이 된다. 따라서 유허비의 14대손 기점은 장발을 기준으로 한 것이다.

59) 화산이씨 편찬위원회, 《花山李氏 族譜》 全, 회상사, 1987, p.273.

60) 화산이씨 편찬위원회, 《花山李氏 族譜》 全, 회상사, 1987, pp.271~272.

61) 한국국학진흥원·유교문화진흥원, 《경북유학인물지》 상, 경상북도 2008, p.138.

62) 박순교, Vietnam(大越) 皇子 '李龍祥Lý Long Tường'에 관한 연구(3) - 화산이씨의 혈맥과 동향에 대한 추적을 중심으로 -, 《인문연구》 82, 2018. 박순교, 〈선조 흔적 찾아 봉화에 온 베트남 대사〉, 《봉화일보》 특집기사, 2018.1.8.

다. 유허비각 상량문은 永嘉 권상규가 작성한 것이다.[63] 안동 권씨의 일문 권상규의 생몰 연대는 1874~1961년이다.[64] 1826년 경 유허비가 건립되었으나 비각은 애초 없었다. 그러했으되, 원효가 왕성하게 崇祖 작업을 벌이는 과정에서 추가로 복원, 건립되었다고 하겠다.

이러한 원효의 활발한 숭조 작업과 더불어 화산이씨의 광영을 드러낼 가옥이 건조되었고, 그 때 건조된 가옥이 현 화산이씨 고택이었다.[65] 결국 현 화산이씨 고택은 봉화 창평의 화산이씨 유적 복원 시점인 1876년과 거의 맥을 같이하는 시점으로 추정되며, 그 연대의 상한을 비정한다면 대략 162년 정도 남짓 되지 않을까 생각된다. 먼저 선조의 덕을 닦고 다음 자신의 가택을 지었다고 한다면, 원효의 沒年 1889년을 전제로 고택 건축의 하한은 약 129년이 상정된다.[66]

이른바 Nguyễn Vũ Tú 베트남 대사의 방문을 이끈 가시적 유물인, 봉화의 유허비와 충효당·영주의 화산이씨 고택은 이런 맥락에서 죄다 원효의 공역에 힘입은 것이며, 봉화와 영주는 이러한 측면에서 화산이씨 원효를 중심으로 하나로 결속될 수 있다. 봉화·영주의 베트남 관광 벨

63) 화산이씨 편찬위원회, 《花山李氏 族譜》 全, 회상사, 1987, pp.272~273.

64) 한국국학진흥원·유교문화진흥원, 《경북유학인물지》 상, 경상북도 2008, p.117.

65) ㉰根容은 간지로만 보면 1838~1910, 혹은 1898~1970으로 생몰년을 비정할 수 있다. 그러나 근용의 子 ㉱陽來가 1930생이며 현재 생존하여 있으므로 근용의 생몰년은 전자가 될 수 없고, 필히 후자라야 한다. 그렇다면 고택 매매 당시 근용은 52세였다. 더군다나 근용 자신이 집을 지었다면 자신이 집을 짓고, 자신이 건축 즉시 매매하였다는 것인데, 3년 간 오랜 건축 과정과 노력을 전제로 했을 때 그러한 일은 상정하기 어렵다. 무엇보다 직계 존속이 당해 화산이씨 고택에서 임종을 맞이했다는 이시복의 증언 역시 충분히 고려될 필요가 있다. 따라서 고택 축조의 주인공은 근용이 결코 될 수 없다.

66) 이러한 상정은 충효당의 상량문은 발견되지만, 당해 화산이씨 고택의 상량문은 발견되지 않는 사실에서도 유추 가능하다. 이처럼 대저택을 짓고서도 상량문을 남기지 않았다는 것은 음미할 대목이라 여겨진다.

[그림 7] 영주시 장수면 성곡리 화산이씨 고택과 Nguyễn Vũ Tú 베트남 대사

2018년 1월 4일

[그림 8] 봉화군 봉성면 창평리 충효당과 Nguyễn Vũ Tú 베트남 대사

2018년 1월 4일

트화는 역사적 측면에서도, 지리적 측면에서도, 시간적 측면에서도 공히 합목적성, 연장성과 일치성을 지녔다고 해야 할 것이다.

3. 화산이씨의 성곡리 거주 역사와 면면

화산이씨 고택이 이근용에게서 金聖煥에게 넘어간 주된 까닭은 흉사가 있었거나, 매매시점을 고려할 때 6·25 전쟁과 모종의 관계가 있지 않나 추정된다. 아니면 성곡→창평에의 화산이씨 일가의 대거 이주가 있었던 점에서, 일가가 집단적으로 이주하지 않으면 안 될 절박한 사유가 있었을 것이라 짐작된다.

그렇다면 언제부터 화산이씨 일가가 영주시(당시 영풍군) 장수면 성곡리에 거주했던 것일까. 화산이씨 혈맥을 추적한 前作[67]에서도 영풍군의 궤적은 전혀 감지되지 않았다.

67) 박순교, Vietnam(大越) 皇子 '李龍祥Lý Long Tường'에 관한 연구(3) - 화산이씨의 혈맥과 동향에 대한 추적을 중심으로 -, 《인문연구》 82, 2018.

다만 그 범위를 넓혀 배필까지 추적한다면 一端이 포착되긴 하였다. 鍾大(李公蘊의 33세·李龍祥의 26세)의 配인 함양 오씨, 源祖(李公蘊의 34세·李龍祥의 27세)의 配인 안동 권씨, 根萬(李公蘊의 35세·李龍祥의 28세)의 配인 나주 정씨 등 3대에 걸친 화산이씨 배필들이 모두 영풍 장수면 성곡리 小味山에 묻힌 것이 확인된다.[68] 이들 3명의 婦女子 생몰년은 알 수 없으나,[69] 夫君들의 생몰년을 통해 대략의 연대를 가늠할 수 있다. 특히 이들은 본관을 기준으로 할 때, 장수면 성곡리와 전혀 혈연, 지연관계가 없어 보인다. 그렇다면 이들의 성곡리 매장과 화산이씨의 성곡 거주 내력은 모종의 함수 관계를 형성하고 있음이 거의 확실하다.

장수면 성곡리와 연결되는 부인을 둔 화산이씨 성원은 총 3명이며, 이들의 생몰년은 대개 간지로만 적혀 있다. 다시 말해 연대를 가늠할 구체적 王名은 적시되어 있지 않아 추찰이 필요하다. 鍾大는 생년만 확인된다. 當廳 甲子 12월 28일생이다. 종대의 부친 宅基의 생몰년은 순조 庚寅 2월 21일~當廳 丙寅 정월 17일이다. 이를 환산하면 1830~1866년이다. 결국 간지를 따져 보면, 종대의 생년은 1864년이 확실하다. 종대의 子 源祖의 생몰년은 乙未 10월 24일~辛巳 11월 13일로 확인된다. 이를 종대의 생년에 맞춰, 환산하면 1895~1941년이다. 根萬의 생몰년은 丁巳 11월 3일~戊申 5월 14일이다. 源祖를 기준했을 때, 근만의 생몰년은 1917~1968년임이 확인된다. 이상을 정리하면 宅基(1830~1866), 鍾大(1864~?), 源祖(1895~1941), 根萬(1917~1968)이 된다. 결국 종대~근만에 이르는 시기는 앞서 원효의 충효당, 화산이씨 공역이 있었다고 추정한 시기~화산이씨 고택의 매매 시점(1950.12.5)과 겹치며, 거의 시간적 相距

68) 李相協, 《花山李氏 족보》, 회상사, 2004, p.388.

69) 함양 오씨의 경우에만 생년이 癸丑 정월 16일생, 곧 1863년으로 확인된다(李相協, 《花山李氏 족보》, 회상사, 2004, p.388).

가 없다. 앞서 본문에서 이뤄진 추정에 힘을 실어주는 대목이다.

한편 삼로당 김동선(현 소유주 김덕호의 증조)이 원효의 2子 근우에게 가옥을 매입하였음이 확인된다.[70] 이것 역시 원효·근우가 성곡리와 불가분의 관계에 있음을 보인다. 근우의 생몰년은 癸卯 4월 4일~壬子 3월 21일이다.[71] 근우의 부친 원효의 생몰년은 1807~1889년으로 밝혀졌다. 이를 기준할 때, 근우의 생몰년은 1843~1912년으로 확인된다.[72] 이 역시 화산이씨 성곡 거주 시점을 시사하는 주요 단서가 될 것이며, 동시에 화산이씨 고택의 건축 연대에도 유의미한 실마리를 던져 준다.

또 하나 앞서 이종옥이 말한 성곡에 거주한 화산이씨 관련 대목이다. 이종옥은 예의 뛰어난 기억력으로 根萬, 根澈, 根容 등에 대하여 진술하였다(본문의 주 28).

이종옥이 말한 인물들(근용, 근만, 근철 등)을 위의 표에서 확인 가능하다. 이들은 원효(李公蘊의 34세·李龍祥의 27세), 원조(李公蘊의 34세·李龍祥의 27세)의 슬하 자식들로서, 상호 사촌의 관계에 있었다. 원효, 원조 당대에 성곡과 밀접한 관련이 있었을 개연성을 높이는 대목이다. 加外로, 앞서 살핀 종대, 원조의 부인들이 장수 성곡리에 묻혔다는 점도 주목된다. 종대가 성곡과 무관했다면, 그의 부인이 아무 연고도 없는 성곡에 묻혔을 리가 없다. 결국 종대, 원효, 원조의 생존 시점과 맞물려 화산이씨들과 성곡과의 깊은 연관, 곧 거주 내력을 유추할 수 있겠다.

그리고 당해 화산이씨 고택이 매매됐던 1950년 12월 5일 당시, 근용은 52세, 근모는 30세, 陽來는 20세, 建은 14세, 陽獻은 11세, 陽煥은

70) 김태환, 《덕은 외롭지 않다-活人 金聖煥의 삶》, 프롤로그 출판사, 2005, p.78.

71) 李相協, 《花山李氏 족보》, 회상사, 2004, p.385.

72) 형 근용의 생몰년이 1898~1970년임을 고려한다면, 그의 생몰년은 1903~1972으로 비정된다. 대략 김동선에게 매매한 가옥은 당해 화산이씨 가옥과는 별개의 건물임은 분명하다. 당시 근우가 매매한 가옥은 목조 4칸 집이었다고 되어 있다.

[그림 9] 화산이씨 안동파 가계도(휘진~시복)

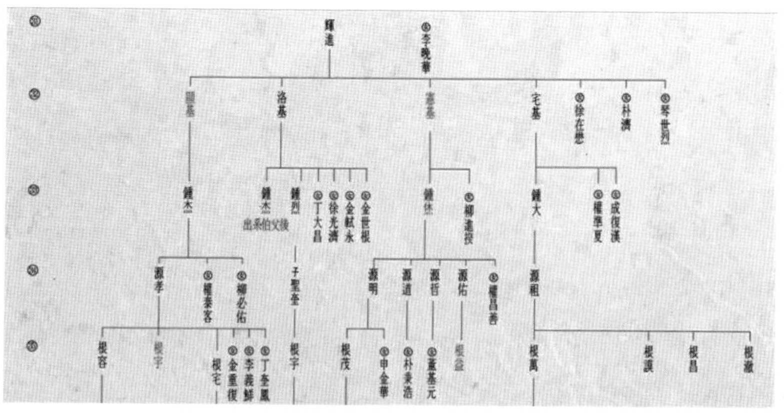

9세였다.[73] 또 根宇의 子 陽世는 11세, 根萬의 子 陽朝는 3세였음이 확인된다. 이후 이들 일가는 죄다 봉화 창평으로 이거했고, 현재 성곡 거주 화산이씨는 전무하다.

이상에서, 본문은 화산이씨 고택(경북 영주시 장수면 성곡리 654-2 소재)에 관한 내용을 사상 최초로 개진하였다. 영주시 장수면의 당해 고택은 화산이씨 유일의 목조 가옥으로서 봉화의 충효당과 더불어, Nguyễn Vũ Tú 베트남 대사의 방문을 이끈 主因이었다. 일각일각 쇠락의 기미를 보이는 당해 고택은 주위의 철저한 외면 속에서, 보존의 손길이 시급히 닿지 않으면 붕괴될 위험에 직면해 있었다. 주한 베트남 대사의 고택 방문은 연대에만 매달려 옥석을 가려내지 못한 한국 학자들에 대한 우회적인 질타이며, 선조의 발자취를 더듬는 편안한 역사 탐구이기 이전 베트남 관련 유물의 보존에 있어 골든타임을 놓치지 않으려는 필사의 몸짓이며 눈물 어린 행보였다.

화산이씨 고택은 주마산의 산마루턱에 위치하고 있으며, '□'자 正

73) 李相協, 《山李氏 족보》, 회상사, 2004, p.384.

寢, 다시 그를 에워싸는 '□'자 행랑채와 담의 2중 구조, 소위 ▣자의 2중 축조 방식을 취하고 있다. 또 당해 고택의 家向은 동향이며, 대문은 북향으로 되어 있다. 기타 굳센 수맥의 위에 고택이 존재하는 점, 춘양목이라 불리는 한국의 명품 소나무, 금강송을 주재료로 한 점, 구태여 120여리 떨어진 봉화 춘양의 목재를 이송한 점 등이 주목된다.

화산이씨 고택은 1950년 12월 5일 金聖煥에게 매매되었고, 이후 그의 호를 따 怡堂 고택이라 불려 왔다. 70년에 육박하는 세월 동안 화산이씨가 아닌 경주 김씨의 소유물로 화한 셈이었다. 金聖煥 일가의 삶과 기독교는 뗄 수 없이 연결되어 있었다. 삶터의 가고 옴을 모두 교회의 인연에 따랐다. '怡堂'의 文面 자체도 예수가 十字架上에서 강도에게 약속한 Paradise(樂園)를 함의한다.[74]

화산이씨 고택의 건축 시점은 원효의 생존 기간과 겹친다. 원효의 세대에 이르러 화산이씨는 盛勢의 시절을 맞이하였다. 원효는 봉화군 창평리의 유허비, 충효당, 유허비각을 온전히 재건한 인물이었다. 이러한 崇祖작업과 짝하여 화산이씨 가옥이 건조되었다. 여러 사람들의 증언을 종합한 결과 건축에는 3년가량의 시간이 소요되었다. 따라서 여러 기록의 전후 맥락을 비정할 때, 건축 연대의 상하한은 去今 162~129년 어간으로 추산된다. 이는 화산이씨 일가의 영주 성곡리 거주 시점과도 맞물려 맞아 떨어진다. 鍾大(1864~?), 源祖(1895~1941), 根萬(1917~1968)의 부인들이 성곡과 불가분의 관계에 있었고, 사후 모두 성곡에 묻혔다. 이들 부인이 성곡과 관련된 시점은 거꾸로 이들 부군들의 성곡 거주 시점을 시사

74) Και ειπε προς αυτον ο Ιησους· Αληθως σοι λεγω, σημερον θελεις εισθαι μετэ εμου εν τω παραδεισω.(Luke 23: 43). παραδεισω는 신약을 통틀어 3번밖에 나오지 않는 축복의 言辭이다. 예수 역시 전 생애를 통틀어 단 한 번만 언급했으며, 그것이 바로 십자가상에서 강도에게 비장하게 약속한 즐거움의 땅, παραδεισω였다.

하는 단초로서의 유의미한 대목이다. 요컨대 근·현대에 접어들어 상당 기간 화산이씨들의 또 하나의 생활 거점으로 영주시 장수면 성곡이 선택되었고, 그 결과로서 당해 화산이씨 가옥이 건축되었다고 하겠다.

원효가 혼신을 다한 명작(화산이씨 고택)은 화산이씨가 성곡을 떠나 창평으로 移居하면서, 주인을 잃고 惆愴하게 쇠락했다. 이 비운의 역작은 Nguyễn Vũ Tú 베트남 대사의 방문 이후조차도 관할 지자체로부터 철저히 외면되고 있다. 이 시각 필자의 삶에 추억처럼 고택이 있고, 필자는 깊은 좌절과 슬픔을 느낀다.

제 12 장

결론

강물은 둘로 나눌 수 없다.

Một dòng sông không thể chia làm hai

一條河不能一分為二

호찌민(Hồ Chí Minh, 胡志明)

본서는 고려 시대 대월에서 이거한 이용상의 관련 사료, 행적, 혈맥의 분포와 궤적, 말예 이장발의 행적과 역사적 함의, 화산이씨의 유적 등에 대해 광범위한 추적을 행했다.

1장에서는 이용상의 고려 이거 여부와 역사적 함의를 다루었다. 李龍祥 Lý Long Tường에 추점을 두고 그와 관련한 가승의 집필과 추재 과정, 필사본 초보에서 그의 이름이 생략된 과정 등을 집중 추적, 정리하였다. 전승에 의하면 대월 출신 李龍祥 Lý Long Tường은 고려 고종 치세에 송나라를 거쳐 고려로 이거했다. 황해도 옹진 화산에 정착한 그는 얼마 뒤 몽골의 침입을 격퇴한 공으로 고려 조정으로부터 화산군에 책봉되었고, 화산이씨의 시조가 되었다. 대월 李氏 왕조의 혈손인 그의 존재는 한국·베트남 양국 선린의 가교이자 상징적 의미를 함축하고 있다.

李龍祥에 대한 정사의 기록은 찾아볼 수 없다. 현존 화산이씨 족보의 서문과 발문을 일별할 때, 고려 이래의 화산이씨 족보마저 임진왜란 초기(1592~1593)에 산실되었다. 이후 대략 1706년을 전후한 시기로부터 1777년에 이르기까지 李杯과 아들 李憲國, 손자 李鼎新 3대에 걸쳐 화산이씨 족보가 繼述, 복간되었음이 확인된다. 곧 李杯이 수습한 未完의 筆寫에다, 72년에 걸쳐 여러 사람의 노력, 蘊蓄이 보태어져, 大越(安南)에 출자를 둔 李龍祥의 구체적 가계가 복원되었다. 한데 1706년 李杯의 초보에서 李龍祥의 이름은 보이지 않으며, 1777년 중수보에서야 드러난다. 이 점에서 1706~1777년 사이의 시기에, 중국과의 교류 관계 속에서 전해진 대월의 사정이 반영되어 李龍祥이 창출되었다는 의혹이 제기된 바 있다. 이용상을 시조로 한 세계표가 성립되어 있었다면, 최초의 서, 곧 李杯의 글에 세보의 눈알이라 불러야 마땅할 이용상의 사적이 없다는 것은 이상하다고 여겨질 수 있다. 그러나 李杯이 쓴 총 1권의 초보는 미완의 필사본 형태였고, 1777년에야 총 2권의 重修譜, 곧 임란이후 최초의 복간복이 간행되었다. 李永祚(82), 李憲默(55), 李鼎新(52), 李景行(47), 李羲

之(41) 등의 노력에 의하여 가계가 완성된 바, 중수보는 李枰의 초보와 연장선상에 있다. 李永祚는 座長, 李憲默은 재정 지원, 李鼎新은 李枰의 손자로서 집안에 보관 중인 필사본 草譜 제공, 李景行은 鋟梓를 위한 재정적 조력, 李羲之는 重修譜를 직접 작성하며 産婆의 중핵 역할을 했다.

2장에서는 베트남 사서와 화산이씨 가승의 同異를 다루었다. '화산李氏'의 여러 家傳 기록을 《대월사기전서》 등을 비롯한 정사의 기록들과 대비, 이용상의 생몰 연대, 가계, 서차, 출자, 역사적 실존 문제를 검토하였다. 《대월사기전서》 등의 정사를 근거로 할 때, 이용상은 천조(영종)의 2子일 수 없다. 빨라도 7子에 속한다. '화산李氏'의 家傳 기록에서 전하는 용상의 가계 역시 《대월사기전서》 등과 커다란 격차를 보인다. 1대조의 즉위 연대는 ±20년, 2대조의 졸년은 ±21년, 3대조의 졸년은 ±5년의 차이가 확인된다. 또 《대월사기전서》에 의하면 용상의 3대조는 숭현후임에도, 건덕(인종)으로 비정하는 등, 착간이 확인된다. 용상의 출자 역시 '화산李氏' 家傳은 ① 고법(《대월사기전서》), ② 교주(안남지략), ③ 閩人(중국의 諸자료)과 달리, 이른바 제④의 설, 곧 중국 농서 출신, 당 고조 이연의 혈통이라 비정하고 있다.

'화산李氏' 여러 家傳에선 엉성한 敍事, 연대 비정의 모순, 사실의 부정확함이 간취된다. 더하여, 화산이씨의 초보(서)에는 가장 중요한 이용상의 이름이 전혀 보이지 않는다. 정작 중요한 눈알이나 다름없는 그의 이름은 중수보(서)에서 初出한다. 화산이씨 가승의 구조적 오류는 심각하다. ① 용상의 서차 문제, ② 1·2·3대조의 생몰 연대, ③ 용상의 출자 문제, ④ 소성 공주의 출자, 혼인 연대, ⑤ 용한(고종)과 용상 사이 禪位의 문제, ⑥ 고종 치세 용상의 3公 輔政 문제 등 거의 전 내용, 모든 부문에 걸쳐 심각한 허구, 오류, 윤색이 고증된다. 심지어 ⑦ 이용상의 생몰 연대조차 극히 불명이다. 이런 전반적 오류는 《대월사기전서》 등 정사를 참고하지 않았기에 발생한 필연적 결과이다. 한데 기록으로서의 가치조차 본질적으로 의심케 하는 오류 뭉치들이, 17세기 조선에 전해진 대월 관련 자료를 참작, 동원하여 창출했다는 주장을 근본에서 허무는 결정적 증좌인 셈에서, 화산이씨 가승은 오류의 양면성을 지닌다.

3장은 대월 Lý조의 변천 과정을 검토했다. Lý Dynasty는 총 9명의 황제를 거쳐 진씨로 넘어갔다. 본장은 대월의 Lý조가 왜 현재와 미래 베트남 역사에서 재조명되고 부각될 수밖에 없는지를 종합적으로 고구하였다. 중국의 오랜 종속에서 벗어났고 자주와 독립과 진취의 기상을 내뿜었다. 불교와 유교를 아울렀으며 문과 무의 조화를 이루었다. 2대 태종, 3대 성종, 4대 인종에 이르기까지 적장자의 왕위계승 원칙이 지켜졌고 나라의 기틀은 크게 갖추어졌다. 태종은 형법의 완성, 영토의 확장 등을 이뤘고, 대월이란 국호를 처음 내세웠다. 성종은 교육 제도를 정비하고 공자의 문묘를 세우기도 하는 등 유학의 진작 振作에 힘을 썼다. 특히 인종은 대월 리씨 황조의 정점에 선 황제로 예악, 문물, 행정에 능통했다. 왕조는 자주성의 구현에서도 남다른 치적을 남겼다. 건국 과정이 외세를 떨치는 독립 운동의 과정이었듯, 성장 과정도 외세와의 항쟁이었다. 자주, 통일, 독립의 모든 요소를 골고루 갖춰 베트남의 원형질이 마련된 것이 李 DYNASTY에서였다. 베트남이 자랑하고 후세에게 물려주고 싶은 모든 요소들을 李DYNASTY는 온전히 지녔다.

4장은 대월의 혼란기 6대 황제 영종의 아들이 바닷길(남지나해, 동지나해)을 따라 고려로 移居한 과정을 살폈다. 그 때가 1226년 고려 고종의 시기였으며, 황해도 옹진의 화산을 본향으로 삼아 화산이씨의 시조가 되었다. 화산이씨는 2015년 기준, 1,237명(남자 616명, 여자 621명)의 절대 소수임이 확인된다. '화산군'이란 봉작이 고려 조정에서 내린 것이라면, Lý Long Tường(李龍祥)의 성명姓名은 대월의 것이었다. '화산군'과 'Lý Long Tường'. 그는 이렇듯 두 나라의 질긴 그림자와 숙명을 안고 살아간, 비운의 皇子였다.

5장은 〈화산이씨 가승〉을 중심으로 축차적 분석을 행하였다. 이용상 연구의 근간이라 할 자료의 체계적 일별을 위해, 화산이씨 가승을 포함하여, 여타 관련된 24종의 사료를 표로 일괄 정리하였다. 이를 1子 계열(①, ②, ④~⑧, ⑩, ⑮~⑱, ㉑, ㉒, ㉔)과 2子 계열(③, ⑨, ⑪~⑭)의 가승으로 大分하되, 시기별로 일련번호를 매겨 축차적 정리를 행하였다. 항몽의 근거, 대월의 상황 파악 자료로 자주 인용되어 온 ⑲《甕津府 邑誌》, ⑳《受降門紀蹟碑》, ㉔《花山君 本傳》 등에 대해서도 자료의 편찬 연대에 따른 시기별 위치, 내용의 가감과 차이, 사료의 한계 등을 전체 기록 속에서 조감하였다. 특히 화산이씨 가승 중에서 주목되지 않은 ⑧ 〈追配表節祠疏〉, ⑮ 〈3修譜 序〉, ㉑ 〈中樞府同知事諱奎精墓碣銘〉 등의 내용을 면밀히 검토, 評定하였다.

전체 기록을 일별할 때, 이용상의 화산군 被封의 배경과 까닭, 고려로의 이거 당시 대월의 政情, 대월의 왕계 등에 대한 서술이 1) 매우 多岐多樣한 갈래를 형성한다는 점, 2) 후대로 올수록 내용의 補正과 加筆이 더해진다는 점, 3) 항몽에 대한 서술의 부재, 혹은 항몽에 대한 서술의 회피 등이 보인다는 점 등을 거론할 수 있다. 곧 화산이씨 家乘에서 '대월과 이용상에 대한 서술'은 처음부터 완비된 것이 아니며, 시대의 흐름에 따라 점차 내용의 보정이 확인된다. ⑧ 〈追配表節祠疏〉에서 이용상의 실존을 전제로 한 조선 조정에의 공식 소청이 제기된 점 역시 눈여겨볼 대목이다. 간혹 타성 저자에 의한 기록의 경우 가승과는 일정한 차이가 드러나기도 하였다. 이와 관련, 특히 ⑮ 3修譜 序(1837)나 ㉑ 〈中樞府同知事諱奎精墓碣銘〉의 서술은 주목된다. 아울러 여러 기록들을 엄밀히 대조, 비교한 결과 수항문 역시 Lý Long Tường'이 벌인 항몽의 상징적 존재로 여겨져 온 것과 달리, 討倭 혹은 土賊의 진멸과 연결할 요소가 확인되었다.

6장은 이용상의 역사적 실존과 증거를 채록하였다. 그의 말예인 이장발의 임란 참전과 죽음을 계기로 다시 상기된 이용상과의 관계성을 고찰하였다. 화산이씨 시조 李龍祥(Lý Long Tường')에 관한 기록은 영성하다. 초보 序에는 그의 이름이 없다. 그의 이름은 重修譜에서부터 보인다. 특히 중수보 작성에 관여한 李永祚, 李羲之의 Lý Long Tường' 서술, 또 인근 方里의 文士라 할 柳台佐, 李度中 등의 Lý Long Tường' 관련 서술은 주목된다. 2子 계열 역시 Lý Long Tường'에 관심을 가졌다. 특히 丁亥 族譜序(1707)는 화산이씨 最古의 기록으로서, Lý Long Tường'의 관련 서술을 담고 있다. Lý Long Tường'의 13세손, 李長發은 눈여겨볼 인물이다. 그는 왜군의 침입을 막다 聞慶에서 전사하였다. 경북 봉화 昌坪에는 그를 기리는 유허비, 충효당이 있다. 장발을 기리는 유허비에는 특히 그의 선조 Lý Long Tường'이 명징하게 陰記되어 있다. 이에 현재의 유허비, 충효당의 관련 기록을 조사하였고, 이들 모두 19세기 중엽 이후 재건되었음을 밝혔다. 아울러 이장발을 전후하여 이용상 차자 계열 일가의 묘역과 생활 권역의 동선을 밝혔다. 一清~樍에 이르는 세대는 奈城里, 物野, 春陽 등 현 봉화의 서쪽 지역을 생활 권역과 묘역으로 삼은 반면, 그 이후 元淑~현재까지 화산이씨 안동파 선영은 今穴山~昌坪 忠孝堂 뒤쪽 자락에 族葬의 형태로 조성되었음을 구명했다. 그 총 숫자는 77基로 확인되었다. 이로써 慶北 奉化는 Lý Long Tường'을 제외하고, 一清~현재까지 베트남 李 皇朝의 대략 800년에 걸친 '망명 皇朝의 터전'임이 드러났다. 또 2子 계열의 동선과 궤적이 이를 통해 보다 분명하게 확인되었다고 단언할 수 있다.

7장 역시 기왕의 '李龍祥' 관련 연구에서 나타난 난맥상을 정리하기 위한 목적에서 작성되었다. 그간의 연구는 1) '李龍祥' 이후 혈맥의 흐름에 대한 관심 결여, 2) 화산이씨 '家乘'에 대한 전체적 이해 부족, 3) 인명의 심각한 혼돈 및 각 족보서 편찬 연대 추산에서의 착간, 4) '3公 輔政' 시비의 검토 결여, 5) '李龍祥'의 抗蒙에 대한 총체적 검토 미비 등, 연구의 立論이 부진하였다. 이에 제반 문제점을 본문에서 종합·일괄 수정하고, 화산이씨 '家乘'을 전반적으로 재검토하였다. 본문에서는 '李龍祥'의 역사적 실존을 證據할 내용들이 개진되었다. 1) 垕(2子 계열)의 〈族譜序〉(1707년)에서 발견된 '李龍祥과 관련한 내용, 2) 1784년 이희지의 〈追配表節祠疏〉, 이에 대한 조선 조정의 대응[《승정원일기》(정조 8년 2월 25일 자료)], 3) '李龍祥'의 역사적 실존과 관계된 핵심 인물[李羲之]에 대한 전체적 삶, 4) 2子 계열에서 集成한 《충효당 실기》 및 이에 실린 영남의 여러 文士들의 기록, 그에 담긴 의미 등을 총괄·정리하였다. 이러한 제반 내용은 空前의 것으로서, 향후 화산이씨 연구를 추동할 또 하나의 초석이라 생각한다.

8장은 대월大越(Vietnam)에서 고려로 이거한 이용상(Lý Long Tường')의 14세손 장발의 임란 참전과 그를 추상한 「충효당 유집」의 발행 과정을 고찰하였다. 이장발은 李龍祥(Lý Long Tường')을 추상하는 가승을 집약하게끔 추동한 결정적인 인물이자, 경북 봉화 유적의 핵심 인물에 속한다. 이에 본문은 이장발의 생애와 궤적을 추찰하였다. 이장발은 봉화에 세거한 화산이씨의 일원으로서, 19세로 임란에 참전하였고 사망했다. 그는 위국헌신의 표상으로서 자못 의미 있을 뿐 아니라, 한국 베트남의 사적 연원을 밝히는 차원에서 중요성을 띤다. 이에 본문은 장발의 사인死因, 장발 사망 장소인 문경聞慶, 장발의 사망 일시, 의병장 김해金垓의 거의擧義 시점과의 간극 등 장발과 관련한 제반 사항을 구명하고, 그간 「향병일기」 속에서 간과된 장발 관련 내용을 찾아 비정·적시하였다.

또한, 이용상의 이름이 적시된 금석문(묘표, 묘갈명, 유허비)과 충효당의 건립 과정, 장발에 대한 추념, 화산이씨 집안의 노력 등을 핍진하게 담아낸 3종의 실기류, 「충효당 유집」을 분석하였고, 이 실기류가 일대의 기라성 같은 문사文士들이 총집결된 집단 지성의 산물임을 파악하였다. 장발을 기리는 추념 작업은 1) 장발의 직계 혈통이 끊어진 상황, 2) 밀양에서 종손으로 입계한 만운의 각성, 3) 족적 계보를 밝히고 장발의 의행義行을 드러내려 한 일가의 핍진한 노력, 이들 여러 요소가 혼연일체가 되어 이뤄진 금자탑이었다.

9장은 경북 봉화 출신의 이장발의 유명시 진위를 분석했다. 이장발(1574~1592)은 대월에서 고려로 이거한 이용상의 2子 계열 末裔로서, 임란이 일어나자 의병에 참전, 생후 74일된 외아들, 노모, 젊은 부인을 남겨두고 1592년 6월 10일 문경에서 전사했다고 하는 비운의 인물이다. 그의 행적은 의병장 김해의 행적으로 오인되어 왔다. 이장발의 행적을 둘러싼 착종은 주로 김해 의병 부대 예하 인원의 잦은 출입과 편제 변동, 불완전한 속성, 김해 의병 부대 활동을 담은 《향병일기》 서술의 미비에 기인한다. 이장발이 남긴 유일한 시문(유명시) 역시 의병장 김해의 문집에 등재되어, 김해의 저작인 양 전승되어 왔다. 그 결과 이장발의 유명시는 뚜렷한 비정 절차가 생략된 채, 김해의 저작으로 둔갑되어 현존 건축물에 각인되기도 했다. 또한 연구자들에 의해 꾸준히 김해의 저작으로 인식, 인용되어 왔다. 하지만 동시대인들의 인식, 서술 맥락, 기록한 사람의 생몰 연대 등을 종합 고려할 때, 그간의 전승, 제반 연구에는 재검토와 전면 수정이 요망된다.

10장에서는 고려 고종 무렵 大越을 떠나 고려로 移居한 李龍祥(Lý Long Tường')의 혈맥을 추적하였다. 李龍祥에 관한 연구 자체도 영성한 현실이지만, 그의 혈맥의 흐름, 생활 권역, 주요 행적과 관력 등의 검토나 비정은 전무했다. 까닭에 본문은 그간 전혀 주목되지 않은 사안을 다룬 개척 연구이다. 이는 단지 화산이씨 일가의 부침, 명멸을 다룬 것이 아니라, 한국과 베트남 간 역사적 연원의 추적이며, 양국의 유대를 심화시킬 시의성에도 부합될 유의미한 작업이다. 李龍祥 혈맥을 추적할 주요 자료인, 『화산李氏 족보』 내용과 편찬 과정, 족보의 갈래를 심층 분석하였다. 그 결과 『화산이씨 족보』는, 1) 1子 계열(초보~5수보), 2子 계열(壓의 별도 족보)로 각기 분리되어 보존, 전승되었고, 2) 6修譜(1987년)에 이르러 비로소 大同譜(全)의 형태로 합쳐졌으며, 3) 몇몇 인물들의 경우 생몰년, 官歷에 심각한 문제를 내포하고 있음이 드러났다. 족보 편찬 시기에 있어서는 2자 계열, 垕(李龍祥의 17세손)가 작성한 족보서(1707년)가 1子 계열 枰이 작성한 초보서(1706년)보다 표기상으론 1년 늦지만, 실제 가장 오랜 기록이었다. 이로 본다면, 초보서(1706)~중수보(1777)의 사이에서 大越의 정보를 바탕으로 李龍祥(Lý Long Tường') 移居 설화가 단계별로 창작되었다는 일본 학계의 주장은 전체 족보의 얼개를 조감하지 못한 채, 1子 계열의 족보에만 천착한 결과 빚어진 순전한 오류와 착간인 셈이다.

李龍祥 1子 계열, 2子 계열의 혈맥, 관력, 생몰연대, 분묘 및 묘역 역시 전혀 고찰되지 않았는데, 필자는 족보 기록의 대조와 현지답사의 반복을 거쳐 분묘의 분포 및 묘역 등을 사상 최초로 구명, 본문에 게재했다. 특히 본문은 「유사」, 「개단선영기」, 「충효당기」 등에 대한 최초의 본격 검토, 각종 지리서 등의 비교·검토를 토대로, 2자 계열의 동선을 추적, 안동부(현 봉화) 내 활동 권역과 묘역(안동파의 선영), 밀양의 화산이씨 선영(무연리, 청운, 운정에 이르는 밀양파의 선영)의 위치 역시 推察·정리하였다. 단언컨대, 이상에서 파악한 내용은 空前의 것으로, 향후 화산이씨 연구의 토대가 될 것이다.

11장은 화산이씨 고택의 '최초 발굴' 사례 논문이다. Vietnam 최초로 중국에서 독립하였고, 황제라 자칭하며 자주성을 만방에 드높였던 Ly(李) Dynasty는 13세기 쇠락의 과정을 겪었는데, 그 와중 황제 英宗의 아들 李龍祥(Lý Long Tường')이 政亂을 피하여 고려로 移居하였다. 이후 李龍祥(Lý Long Tường')은 고려에서 '화산군'으로 책봉되었고, 그의 후손들은 화산李氏로 일컬어졌다. 필자는 화산이씨의 궤적을 꾸준히 추적하여 왔고, 그 과정에서, 당해 화산이씨 고택을 발굴, 정리하게 되었다. 이는 향후 한·베 관계를 밀착시킬 전거의 마련이란 점에서 유의미하다고

제1절 新坪 李氏

기록대로라면 대월에서 고려로 와, 一門을 형성한 인물로는 花山李氏의 龍祥과, 新坪 李氏의 君芯로 정리된다.

君芯은 물론이고 龍祥과 더불어 3公의 자격으로 국정을 보필, 의논했다는 진경 또한 하나같이 예닐곱, 또는 그에 미치지 못하는 어린 나이로 확인된다. 그럼에도 왜 진일조(진경), 君芯은 龍祥과 더불어 국정을 논의한 주요 인물로 표현되게 된 것일까. 이와 관련, 다음의 자료가 주목된다.

> A-1) 姓陳, 諱煚, 先諱蒲。為李朝祗候正, 受昭皇禅, 在位三十三年, 遜位十九年, 壽六十歳, 崩于萬壽宮葬昭陵。帝寛仁大度, 有帝王之量, 所以創業再統, 立紀張綱, 陳家之制度偉矣。(《大越史記 全書》 권5, 陳紀 太宗)

> A-2) 君芯 宋理宗 寶慶中避難 浮海來投洪州 其曾孫乾文始封新平府院君爲新平李氏之先 (〈화산군 본전〉《花山李氏 가전실록》양환(신종)조)

> A-3) 君芯 宋理宗 寶慶中避難 浮海來投洪州 其曾孫乾文始封新平府院君遂爲新平李氏之先 (《花山李氏 세보》 세계 總編 5세 안남왕 양환(신종)조)

위 A-1)을 보면 진일조(진경)는 이씨 황조를 타도하고 진씨 황조를 창업한 인물이다. 또 재위 31년 손위 19년을 합쳐 51년간 집권하며 황조의 초석을 쌓은 인물이다. 이러한 뒷날의 그의 前歷이 소황의 치세에 권력의 핵심으로 秕政을 일삼은 인물, 또는 혜종 치세 주요 인물로 간주되고 기록하게 한 것은 아닐까.

한편 위 A-2)와 A-3)에 의하면 君苾은 寶慶 年間에 난리를 피해 해로를 통해 고려로 來投해 홍주에 世居했고, 이어 신평 이씨의 鼻祖로 자리매김했다. 위 기록에서 君苾이 大越을 떠났다고 한 寶慶 연간은 1225년에서 1227년까지 해당한다.

주지하듯 龍祥은 옹진의 화산에 정착했다. 하지만 君苾은 홍주에 世居했다고 위에서는 밝히고 있다. 결국 양자가 머문 위치가 상이하다. 이에서 양자는 각자 다른 시점, 다른 경로로 고려에 안착했을 여지를 상정하게 한다.

진위 여부를 떠나, B-1)과 B-2)에서 龍祥과 君苾은 혜종의 치세에 3公으로 국정을 논의했다고 기록될 만큼 각별한 관계에 놓여 있었던 점, 탈출을 함께 논의할 만큼 정서적 교감의 정도가 친밀했다는 점,[1] 가까운 大越 황족의 血親이었던 점 등이 고려될 필요가 있다. 또한 寶慶 연간은 龍祥이 탈출한 시점과도 맞물려 있다.

君苾이 혜종(호참)조가 아닌 위 A-3)에 실려 있다 해도 이 역시 상이한 시점의 탈출을 암시한다고 보기 어렵다. 왜냐하면 이는 외려 君苾의 3대조인 冠城侯 天位(佐)가 양환(신종)의 혈손임을 드러내려 한 作爲였다 여겨지기 때문이다. 《花山李氏 세보》 世系 總編 5세 안남왕 양환(신종)조 및 昊昮 조, 또 〈화산군 본전〉 《花山李氏 가전실록》에는 龍祥의 조력자로서 君苾과 관련한 내용이 밀도 있게 서술되어 있다. 실제 다음 기록은 龍祥과 君苾의 同行을 示唆하는 바 크다.

---

1) 《花山李氏 족보》, 회상사, 2004, p.346 다음 별책으로 합본되어 있는 p.3의 중시조 용상 항목에선 보경 2년(1227) 용상이 군필과 더불어 대월을 떠난 것으로 되어 있다. 李相協, 《花山李氏 족보》, 회상사, 2004, p.2의 〈화산군 본전〉.

A-4) 皇叔痛國事之日非 而知宗社之將亡 謀於平海公曰殷之微子 三仁之一 而國之元子謀存宗社抱器而 去今日之國勢卽古微子之殷也 遂與君苾抱祭器東出 (〈화산군 본전〉《花山李氏 가전실록》)

위에서 國事가 그릇됨에 龍祥은 통분하여 君苾과 탈출을 모의했음이 드러난다.[2)] 이에서 '東出'이란 구절은 大越에서 동쪽으로의 탈출, 곧 바다로의 탈출을 의미한다. 2003년 베트남 정부에 의해 국가 유적지로 선정된 Van Hai, 雲海 섬의 Van Đong 港이 龍祥이 탈출한 起點이라 알려지고 있다. 그 곳에는 대월의 6대 황제이자 龍祥의 부친인 영종, Ly Anh Tong의 사당이 있기도 하다. 구름과 바다가 맞닿은 듯 연무가 자주 끼어 몽환적이라 회자되는 이곳은, 1149년 영종에 의해 최초의 무역항으로 지정됐었다. 해로로의 탈출은 다음의 자료에서도 추단된다.

C-5) 高宗夢有一大鳥自南而來翔于西海之濱 覺而異之使人旁求 卽安南王子也 (〈화산군 본전〉《花山李氏 가전실록》)

이렇듯 龍祥과 君苾이 바다를 경로로 택했다면 배를 운항할, 적잖은 유망민, 조력자의 숫자를 상정할 수 있다.[3)] 이에서, 君苾이 龍祥의 행로

2) 화산군 龍祥과 君苾과의 연령 차이를 고려할 때 大越에서의 탈출을 함께 의논한 것은 일정 부분 부회의 여지가 있다. 추측컨대 연령과 가계로 보아 龍祥이 의논한 당사자는 君苾의 아비 龍高였을 개연성이 높다.

3) 한 집단에서 다른 지역으로 탈주를 기하려는 자 곁엔 조력자가 보이는 것이 통례이다. 환웅이 降臨하여 神市를 건설하려 했을 때 3천의 무리가 보이며, 백제의 온조가 한강을 도하하여 하남 위례성에 정착할 때엔 백 명의 신하가 있어 국호마저 백제라 했다는 것, 고구려 시조 동명이 나라를 건설할 때 오이, 마려, 협보 등의 도움이 있었다는 것 등이 그 한 예이다. 더구나 大越에서 고려로의 먼 항로라면 적잖은 배꾼의 도움이 절실하다. 이러한 추종 세력의 도움에 힘입어 龍祥이 고려에 정

인 옹진의 화산과 별개로 홍주로 갔다고 보긴 어렵다.[4]

옹진과 홍주는 모두 반도 지형으로 서해를 끼고 있어 大越과 面하고 있다. 각별한 鄕愁를 胸中에 간직한 失鄕民의 삶터로서 옹진, 홍주는 최적, 최후의 선택이었으리라 推斷된다.

이처럼 君苾 역시 龍祥과 밀접한 관련 하에, 뒷날 일문을 형성했다. 따라서 혜종과 소황 치세 주요 인물로 기록된 것이라 판단된다. 2)에서 보듯, 실제 君苾의 증손 건문은 신평부원군이 되었다. 이후 一門은 신평을 貫鄕으로 삼았다고 한다.

한데 현재의 홍주 지역, 곧 당진에는 신평 이씨가 世居地를 형성하며 세력을 유존해 오고 있다.[5] 그렇다면 신평 이씨의 족보는 이를 어떻게 기술하고 있을까. 관련 내용을 정리하면 다음과 같다.

> A-6) 高句麗時 有諱珠爲典理中郎將 高麗朝有諱德明爲侍中平章事 平章之後 又有諱詹始仕 我朝官至議政 (《始創庚寅譜 序(1650)》)

> A-7) 惟我新平之李 得姓自三始韓歷王朝至本朝 遙遙千餘年 沿革兵燹之際 家乘世譜 俱失其 藏宗姓 諸族蔓延 (《丙午舊譜 序(1726)》)

> A-8) 我自百濟功臣新平公 上至戶長公 下至平章公 世代久遠不足徵戊午

착했고, 뒷날 몽골의 침입을 격퇴한 무력 기반으로 작용했을 수 있다.

4) 龍祥과 함께 옹진에 정착한 君苾은 龍祥의 사후 남행하여 홍주로 정착했을 개연성이 더욱 크다. 이에는 일정한 정치적 사단이 있었을 것으로 보인다. 또한 군필과 龍祥이 해로만을 통해 고려로 왔다고 보기에도 납득하기 어려운 점이 있다. 이는 다음 장에서 언급하기로 하겠다.

5) 현재 홍주의 지명은 당진으로 바뀌었고, 그 당진 시장 역시 신평 이씨 출신인 것은 이 점에서 전혀 놀라운 일이 아니다.

舊譜 序(1798)》

가장 먼저 1650년 찬술된 족보인 위 A-6)에 의하면 신평 이씨의 출자는 고구려 계로서, 고구려 때 전리중랑장 '李珠'로부터 가계가 시작되었다고 한다. 한편 그보다 약 150년 뒤에 찬술된 3수판 족보 A-8)에 의하면 신평 이씨는 백제의 공신이자 호장인 신평공에서 시작, 아래로 侍中平章事로 이어졌다고 밝혔다. 결국 신평 이씨의 출자는 고구려계, 백제계 등 다양하게 엇갈리고 있다. 또 1726년에 찬술된 2수판 족보인 위 A-7)에 의하면 신평 이씨가 稱姓한 지 삼한, 고려, 조선을 거치며 천여 년이 지났음을 밝히고 있다. 文面대로 이를 역산하면 7, 8세기에 신평 이씨는 稱姓한 셈이 된다.

한편 1798년에 찬술된 戊午譜에는 이전의 草譜나 2修版에서 보이지 않던 初祖의 이름이 돌연 등장한다. 문제의 인물 李仁壽는 백제 때 新平戶長을 지냈다고 한다. 그리고 그의 두 아우 중, 李珠는 백제의 공신으로 新平公에 봉해졌고, 또 다른 아우 李碩德은 신라의 阿湌벼슬을 했다고 되어 있다.

한데 '신평'이란 이름은 신라 중대의 경덕왕 때 등장한다.[6] 그런 만큼 백제의 지명이 될 수 없다. 또 백제의 관직 중 戶長이 없다. 외려 호장은 고려 성종 이후 지방 유력자에게 주어진 명칭이다. '李珠'와 관계된 중랑장 역시 고려 시대 장군 아래의 관직이다. 특히 '李珠'의 경우 위 A-6), 8)에서 보듯, 그와 연계된 나라가 고구려, 백제로 엇갈리며 적잖은 혼선이 발견된다.

이를 통해 신평 이씨 족보 중 李德明 이상의 世系 및 淵源은 취신하기 어렵다. 자연 繼代나 연대 역시 확실치 않다. 그렇다면 李德明은 삼한, 백

6) 《삼국사기》 권36 잡지5 지리3 槥城郡.

제, 고구려와 같은 前代의 일정한 세력과 연결된 인물이 아니라 돌연 출현한 것처럼 비친다. 그 결과 그 이전 가계의 인물은 世系에 加冠의 형상처럼 허구로 올려진 것이 아닐까 추단된다. 李德明 前代 인물들의 출자에서 극심한 혼선이 빚어진 것은 이러한 상황의 귀결이다.

A-7), A-8)에 의하면 君苾의 증손 건문은 신평부원군으로서, 신평 이씨의 시조라 했다. 그렇다면 花山李氏 족보에 등장하는 군필, 건문과 현재의 신평 이씨가 시조로 삼는 李德明의 상관관계를 살펴볼 필요가 있다.

위에 의하면 李德明은 고려조에서 侍中平章事를 거쳤고, 그의 가계는 다음과 같이 분화했다고 한다.

A-9) 李德明 - 李桓 - 李祕 - 李允卿 - 李承楗 - 李熙祥 -李詹

위에서 보면, 이덕명을 시조로 해서, 李詹은 李德明의 7世孫이 된다. 李氏 世譜에 의하면 이첨은 字가 中叔, 號는 雙梅堂으로 1345년 出生, 1405년 卒한 것으로 나타난다. 李龍祥이 고려에 온 것은 1226년이며, 동행한 군필은 世系로 보아 당시 십대의 나이로 추산된다. 1226년으로부터 이첨이 卒한 1405년까지 179년의 시차가 있다. 이를 6세대로 나누면 각 세대는 29.83년으로 확인된다. 李德明이 李龍祥 또는 군필과 같은 시기 활동, 또는 생존했을 개연성이 드러나는 대목이다. 이로써 이덕명과 군필과의 일정한 연관성을 추단해 볼 수 있다.

한데 위 A-7)과 A-8)에 의하면 君苾의 증손으로 건문이 보인다. 君苾의 4世孫 건문을 두고 7)와 8)에서는 모두 신평 이씨의 시조로 비정한다.

君苾 -子- 孫-曾孫(건문)

A-7), A-8)에서 말한 것처럼 군필로부터 3세대 아래 활동한 신평 부

원군 건문이 신평 이씨의 시조라면, 건문과 덕명의 동일 인물일 개연성을 검증해야 한다.

君苾은 世系로 보아 1226년 당시 십대 중반의 나이로 활동했다. 따라서 군필의 생년은 1210년 전후로 추산된다. 이를 토대로 건문이 군필의 증손인 점을 고려할 때, 건문의 활동 연대는 대략 1270~1300년 전후가 된다.7)

건문이 덕명과 동일인물이며 그의 활동 연대가 1270~1300년이라면, 1405년 卒年이 밝혀진 이첨과는 시간상 105~135년의 차이, 세대로는 6대의 차이가 있다. 이 경우 한 세대 간 약 17.5~22.5년이라는 추산이 가능하다. 이는 당시 평균 수명, 특수성을 고려할 때 전연 불가능한 것은 아니다.

[표 1] 신평 이씨 지역별 분포(KOSIS 2015 인구총조사 기준)

성씨, 본관별	행정구역별(시군구)	2015
신평	전국	39,872
	서울특별시	8,440
	부산광역시	544
	대구광역시	245
	인천광역시	3,670
	광주광역시	204
	대전광역시	2,151
	울산광역시	197
	세종특별자치시	273
	경기도	11,450
	강원도	485
	충청북도	2,482

7) 世孫의 차이를 20년으로 하면 1210년+60년(20년×3)=1270년이 되며, 世孫의 차이를 30년으로 하면 1210+90년(30×3)=1300년이 된다.

성씨, 본관별	행정구역별(시군구)	2015
	충청남도	7,666
	전라북도	885
	전라남도	232
	경상북도	455
	경상남도	380
	제주특별자치도	113

제2절 정선 이씨

한편 大越에서 고려에 정착한 세력으로 정선 이씨가 거론된다.[8] 정선 이씨의 족보에는 다음과 같은 내용이 언급되어 있다.

A-10) 徽宗時避國難 東來卜居 于慶州 因以爲籍

위에 의하면 정선 이씨의 시조 李陽焜이 송 휘종 때 국난을 피해 동쪽으로 왔고 경주에 우거한 까닭에 경주로서 籍을 삼았다는 내용이다. 이후 강원도 정선에 이거했고 그의 묘는 정선 婆羅洞에 있다고 적혀 있다. 또 정선 이씨 족보에 李陽焜은 인종의 3子로 기록되어 있다. 결국 대월 황제 인종의 3子였던 李陽焜이 송나라 휘종 때 국난을 피해 고려 경

8) 2000년 통계청 조사 결과 정선 이씨 성원 수는 3,657명이라고 한다. 세거지 분포를 보면 황해도, 함경남도, 평안북도, 강원도 철원 등이 언급되고 있다(http://jeongseonlee.com). 신평 이씨, 花山李氏 등이 본관으로 삼은 지역에 세거지가 형성되어 있는 것과 달리, 정선 이씨의 경우 강원도 정선에는 어떠한 세거지의 자취가 보이지 않는다. 이는 풀어야 할 미문의 숙제이며 정선 이씨의 家傳 자체에 의문을 품게 한다.

주로 移居했다는 내용이다.

李陽焜은 대월의 어떠한 正史에서도 그 흔적조차 찾을 수 없다. 그럼에도 위 《정선 이씨 세보》를 취신하여 李陽焜이 실존했다고 보는 견해도 있다.[9]

李陽焜과 관련한 사항은 《정선 이씨 세보》에만 나타나기에 이에 의존하여 살필 수밖에 없다. 우선 위에서 나타난 송 휘종의 치세는 1101~1125년이다. 한데 1105년, 대월의 인종은 아들을 기원하는 高禖의 제사를 지냈다가, 그의 나이 48세가 되던 1112년 종실의 아들로서 후사를 삼겠다는 조서를 반포했다.[10] 그러나 인종은 여전히 득남을 포기하지 않았다. 1115년 인종은 蘭英·欽天·震寶 3황후를 세우고, 36명의 宮人을 두어 후사를 도모했는가 하면 황태후 역시 후사를 기원하며 興佛寺를 세우기도 했다.[11] 그러므로 인종은 1115년까지는 親子를 통해 후계를 도모하려 했음이 드러난다. 또 인종이 득남을 포기하고 양자를 입양하는 과정에서도 뒷날 신종이 되는 양환이 1116년 출생했다.[12] 인종이 입양의 뜻을 굳히고 崇賢·成慶·成光·成昭·成興 侯의 아들들을 대상으로 후계 수업을 하교한 것이 다음에서 확인되듯, 1117년의 일이었다. 이는 종실의 아들로서 후사를 삼겠다고 선언한 지 5년 만의 일이었다.

A-11) 冬十月, 帝幸啓瑞行宫省歛。是夜月重輪。求宗室子育于宮中。下

9) 片泓基, 《성씨의 발생사 및 씨족별 인물사》, 1999, 양현재. 판 후이 레, 〈정선 이씨, 12세기 이래 고려에 정착한 베트남 출신의 李氏〉, 《동아시아 역사에서의 한국과 베트남》, 한-베트남 수교 15주년 기념 역사 심포지움, 2007년 8월 20일 하노이 대우호텔 그랜드 블룸. 羅千洙, 《韓國姓氏의 中國渡來硏究》, 全羅南道 經濟通商局.

10) 《大越史記 全書》 본기 권3 인종 41년조.

11) 《大越史記 全書》 본기 권3 인종 44년조.

12) 《大越史記 全書》 본기 권3 인종 45년조.

詔曰：「朕臨兆民, 久無後嗣, 天下重器, 伊誰可傳, 宜育崇賢、成慶、成廣、成昭、成興侯之子, 擇其善者立之。」時崇賢侯子陽煥年方二歲, 而聰敏。上深愛之, 遂立爲皇太子。(《大越史記 全書》 본기 권3 인종 46년 10월조)

위 기록에는 인종이 양환의 총민함에 깊은 애정을 지녔고 즉시 황태자로 책봉했다고 하나, 양환이 당시 2세의 어린 아이였던 점, 후계 교육의 연한 등을 고려할 때 즉시 황태자로 책봉했다고 보기에는 무리가 있었다. 이는 다음의 자료에서 다시 확인된다.

A-12) 朕自省歛以來, 忽嬰弗豫, 病既彌留, 恐不及警誓言嗣。而太子陽煥年已周紀, 多有大度, 明允篤誠, 忠庸恭懿, 可依朕之舊典, 即皇帝位。肆爾童孺, 誕受厥命, 繼體傳業, 多大前功。仍仰爾臣庶一心弼亮。咨爾伯玉, 實丈人器, 飭爾戈矛, 預備不虞, 毋替厥命, 朕之瞑目, 無遺恨矣。(《大越史記 全書》 본기 권3 인종 46년 12월조)

위에서 인종은 후사에 대해 유조하고 있는데, 1127년 63세의 나이로 죽기 직전에 해당한다. 인종은 군신에게 양환을 보필할 것을 당부하고 있다. 이에 《정선이씨 世譜》대로 李陽焜이 입양됐다면 그 시점 역시 빨라도 1117년 이후일 것이다. 그 이전 대월의 후계 구도 역시 확고히 정해졌다고는 보기 어렵다.

따라서 《정선 이씨 세보》대로 李陽焜이 실존했다고 가정하면, 시기적으로는 李陽焜이 입양됐다고 판단되는 1117년부터 송 휘종의 치세가 끝나는 1125년 사이를 검토할 필요가 있다. 여기서 국난이 대월의 국난인지, 송의 국난인지 명확하지 않다. 위의 휘종과 國難, 인종의 3子라는 점을 연계시키면 1117~1125년의 시기를 범위로 하여 李陽焜의 양자 입적 과정, 대월, 송의 국난을 살펴봄이 순서일 것이다.

《정선 이씨 세보》에서 李陽焜이 언제 출생했는가를 살펴보면 그 연대는 명확하지 않다. 그의 활동 연대를 추산하는 방법은 크게 두 가지가 있다. 첫째, 그의 親子로 기록되어 있는 李簾을 통하는 방법이다. 《정선 이씨 세보》에 의하면 그는 고려 인종 때 禮儀判書(禮儀司의 으뜸, 정3품)를 역임한 것으로 기재되어 있다.

고려 인종의 치세는 1123~1146년까지이다. 당시 禮儀 祭享과 朝會, 交聘, 學校, 科擧의 일을 관장했던 職官은 尙書禮部였으며, 그 首長은 判事(1인)·尙書(1인)·知部事(1인) 등으로 구성되어 있었다. 尙書禮部는 몽골 간섭기에 典理司에 병합되고, 儀曹로 불리다가, 選部에 다시 일시 병합되었고 排蒙期를 틈타 禮部로 되었다. 그러다가 다시 위의 禮儀司로 바뀌고 수장으로 判書를 둔 것은 공민왕 11년(1362)의 일이었다. 결국 李陽焜의 아들 李簾의 관력이 인종 당시의 직관과 부합되지 않음으로, 李簾의 父, 곧 李陽焜의 고려 移居에는 근본적으로 의문을 가질 수밖에 없다.

둘째로는, 《정선 이씨 世譜》에 근거, 6世孫 이의민의 졸년을 통해 李陽焜의 생년을 짐작할 수 있다. 이의민은 1196년 사망했으므로, 역산하면 李陽焜의 생년은 1046~1096년 즈음이라 추단해 볼 수 있다.[13] 이 때 대월 황제는 태종 19년~인종 25년이 된다.

하지만 대월과 관련한 사안에서 이러한 추산 방식은 문제가 드러난다. 1117년 10월, 인종은 崇賢·成慶·成光·成昭·成興 侯의 아들들로 후계를 도모했으며, 이 시점 이후에야 입양의 절차가 행해졌다. 李陽焜이 인종의 3子로 나타나므로 그 역시 1117년 이후 입적되었을 것은 앞서 논

13) 世孫의 차이를 20년으로 하면 1196-100년(20년×5)=1096년이 되며, 世孫의 차이를 30년으로 하면 1196-150년(30×5)=1046년이 된다.

했다. 앞에서 추산한 李陽焜의 생년을 토대로 한다면, 1117년 당시 李陽焜의 나이는 최대 71살, 최소 20살로 계산된다. 후자의 경우라 하더라도, 인종이 성년의 李陽焜을 제쳐두고 겨우 두 살에 불과한 양환을 후계로 삼은 것이나, 두 살배기 어린 양환에게 현명함과 총민함을 거론한 것은 쉽게 납득하기 어렵다. 성년의 李陽焜을 교육시킨다는 것도 새삼스럽다. 이 점에서 李陽焜의 생년은 1117년에 아주 근접할 것이라 추론할 수 있다.[14)]

결국 李陽焜은 인종 치세, 그것도 1117년에 근접한 시기에 출생했다고 볼 수밖에 없다. 이후 李陽焜은 인종의 3子로 입양되었고, 일단 《정선이씨 世譜》대로라면 이후 어느 시기엔가 그는 모종의 이유로 대월을 떠난 셈이 된다.

이와 관련하여 위 기록에서 확인되듯, 인종의 후계 결정은 그의 사망 직전인 1127년에 결정됐고, 이에 후계 구도와 李陽焜을 연계하기엔 무리가 있다. 또 가장 연대를 내려 잡아도 휘종 말년인 1125년 당시 李陽焜은 8살 정도에 불과하다. 李陽焜의 父가 누구인지 분명치 않으나, 양환의 父인 崇賢을 뺀 成慶·成光·成昭·成興 侯 가운데 한 사람일 것이다.

한데 양혼이 입양됐을 1117년부터 1125년 사이 侯들이 대월 내에서 정치적 박해, 또는 숙청을 당했다는 어떤 징표도 찾기 힘들다. 또 인종의 치세가 1127년까지 지속되고 있고 정확한 후계자 낙점은 사망 직전이라 일체의 혼란이 일어난 정황이 포착되지 않는다. 그렇다면 李陽焜이 황자들 사이의 권력다툼으로 말미암아 대월을 떠났다는 가설[15)]은 상정

14) 이로써 대월의 世孫 계산 역시 최대 20년 이상을 적용해선 안 된다는 가능성이 확인된다고 볼 사례일 수도 있겠다.

15) 판 후이 레, 〈정선 이씨, 12세기 이래 고려에 정착한 베트남 출신의 李氏〉, 《동아시아 역사에서의 한국과 베트남》, 한-베트남 수교 15주년 기념 역사 심포지움, 2007년 8월 20일 하노이 대우호텔 그랜드 블룸.

하기 어렵다. 열 살을 넘기지 않은 어린 그가 권력다툼 끝에 대월을 떠나 출향했다는 상정은 성립하기 어렵다고 추단된다.

이와 관련하여 《정선 이씨 世譜》에는 李陽焜의 부인과 관련하여 주목되는 기술이 보인다. 李陽焜의 부인 부굴진의 부친이 宋의 門下侍郞이었다고 한다. 이에 의하면 李陽焜은 송으로 일시 피신하였고, 송 권신의 딸과 혼인했으며, 그러다가 송에서 모종의 변란이 일어나자 다시 부인을 대동하고 고려에 移居한 셈이 된다. 李陽焜 자신은 대월인이고, 부인은 송의 사람이며, 정착지는 고려 땅이 된 셈이다.

《정선 이씨 世譜》에 의거할 경우 국난을 휘종과 관련한 변란, 곧 정강의 변과 결부지어 해석해 볼 수 있다.[16] 한데 文面대로 개봉 일대에 일정한 정치, 군사적 혼란이 있었다 해도 그 혼란의 界線은 개봉을 중심한 황하 이북에 그쳤다. 대월 출신인 李陽焜이 그 이북 지역에 당시 있었는지도 의문이거니와, 행선지를 고려로 정한 것 사이에는 因果가 부족하다.

이러한 의문은 李陽焜이 정착했다고 한 경주와 관련하여 더욱 증폭된다. 통일 신라 시대 무역항으로는 수도 경주의 인근에 위치한 울산과, 그 밖에 영암, 당항성이 번성했다. 그러나 고려에 접어들어 무역항은 개경을 낀 벽란도, 합포 등으로 변천되었고, 경주는 이미 중국에서 뱃길을 따른 왕래가 소원한 때였다.

게다가 대개 失鄕民의 경우 떠난 고국을 그리는 수구지심이 은연중 내면의 형질 속에 담기기 마련이다. 龍祥이 남녘의 대월을 그리워하며 통곡했다는 越聲岩,[17] 望國壇 등 일련의 전승은 그를 입증한다. 까닭에 정착지는 대개 고국과 面해 있기 마련이다.

실제 花山李氏와 신평 이씨가 世居地로 삼은 옹진, 홍주는 바다를 끼

---

16) 片泓基, 《성씨의 발생사 및 씨족별 인물사》, 1999, 양현재.

17) 金永鍵, 《黎明期의 朝鮮》, 정음사, 1948, p.31, p.33.

고 대월과 面하고 있다. 반면 李陽焜이 정착했다는 경주, 정선은 하나같이 대월을 등진 곳이다. 지리적 조건에서도 정선 이씨의 고려 정착은 상식에 비추어 의문의 여지를 남긴다.

[표 2] 정선 이씨 지역별 분포(KOSIS 2015 인구총조사 기준)

성씨, 본관별	행정구역별(시군구)	2015
정선	전국	2,597
	서울특별시	720
	부산광역시	105
	대구광역시	47
	인천광역시	205
	광주광역시	6
	대전광역시	76
	울산광역시	70
	세종특별자치시	8
	경기도	903
	강원도	144
	충청북도	31
	충청남도	99
	전라북도	40
	전라남도	6
	경상북도	85
	경상남도	42
	제주특별자치도	10

참고문헌

《大越史記 全書》, 《安南志略》, 《欽定越史通鑑綱目》, 《大越史略》, 《宋史》, 《宋会要輯稿》, 《大漢和辭典》, 《夢溪筆談》, 《文獻通考》, 《新增東國輿地勝覽》, 《대동지지》, 《高麗史》, 《承政院日記》, 《朝鮮王朝實錄》, 《司馬榜目》, 《忠孝堂集》 原譜. 《忠孝堂 實記》 原譜. 《鄕兵日記》, 《新平李氏世譜》 1-6(古2518-62-422), 《國朝文科榜目》, 《慶尙道邑誌》, 《嶺南邑誌》, 《국역 오천세고》, 《旌善李氏族譜》(한古朝58-가33-260), 《海槎錄》, 《花山李氏世譜(1921)》, 《花山李氏世譜》 原譜. 《花山李氏族譜(1987)》, 《最新朝鮮地誌》, 《馮公詩集》, 《표주록》, 《漂海錄》, 《GIAI THOAÅI VÙN HOÅC VIÏÅT NAM》, 《奉化郡史》, 《鄕兵日記》, 《지헌집》, 《栢巖集》, 《갈암집》, 《용사실기》, 《(국역) 영가지》, 《난중잡록》, 《金富儀 妻 李氏 別給文記》, 《知知錄》, 〈言志詩集〉, 〈多識集〉, 《芝峰類說》

李承哉 編, 《花山李氏 世譜》(권1~5), 蓉南石版所, 1921.

李福永 외 4인, 《花山李氏 族譜》 全, 회상사, 1987.

李相協, 《花山李氏 족보》, 회상사, 2004.

金永鍵, 杉本直治郎, 《印度支那に於ける邦人発展の研究》, 冨山房昭和17(1942).

金永鍵, 《黎明期의 朝鮮》, 정음사, 1948.

片倉穰, 《朝鮮とベトナム 日本とアジア》 4章, 福村出版, 2008.

박순교, 《花山君 李龍祥》, 圖書出版 생각나눔(기획실크), 2012.5.

박순교, 《홍하에서 온 푸른 별들》, 지성인, 2020.

박순교, 〈화산이씨 계보도〉(次子 계열), 경상북도·봉화군, 인쇄(지성인), 2019.

영산대, 호찌민외대, 《황숙 이용상과 베·한 협력관계의 과거와 현재》, 수교 20주년 기념심포지엄 자료집, 2012.

강은해, 〈한국 귀화 베트남 왕자의 역사와 전설〉, 《동북아 문화연구》 26, 2011.

강은해, 〈고려 무신 이의민의 역사와 베트남 왕손〉, 《동북아 문화연구》 29, 2011.

權五信, 〈近始齋金垓의 生涯와 義兵活動〉, 《安東文化》 11집, 2003.

권혁래, 〈베트남 고전산문 및 베트남 관련 한국의 고전산문 연구현황 검토〉, 《한국·베트남 고전문학의 이해와 문화소통》, 열상고전연구회 제98차 학술발표회, 2020.

金永鍵, 〈安南 花山君 李龍祥の事蹟〉, 《印度支那と日本との關係》, 冨山房, 1943.

金永鍵, 〈安南 花山君 李龍祥の事蹟〉, 《史學》 Vol. 20, No. 2, 三田史學會, 1941. 11.

金時璞, 〈近始齋金垓 先生의 事蹟〉, 《君子마을과 崇遠閣》, 2007.

노영구, 임란 초기 근시재 김해의 의병활동, 《군자리, 그 문화사적 성격》, 2000, 토우.

류선아, 《성씨에 따른 한국인집단의 Y염색체 DNA다형》, 충남대대학원 박사학위 논문, 1998.

박순교, 〈花山君 '李龍祥 Lý Long Tường'에 관한 연구(1)〉, 《택민국학연구논총》 15, 2015.

박순교, Vietnam(大越) 皇子 '李龍祥Lý Long Tường'에 관한 연구(2) - '고려移居 창작설' 검토를 중심으로 -, 《동아인문학》 40, 2017.

박순교, 〈Vietnam(大越) 皇子 '李龍祥Lý Long Tường'에 관한 연구(3) - 화산이씨의 혈맥과 동향에 대한 추적을 중심으로 -〉, 《인문연구》 82, 2018.

박순교, Vietnam(大越) 皇子 '李龍祥Lý Long Tường'에 관한 연구(4) - '花山李氏 古宅(경북 영주시 장수면 星谷里 所在)'에 대한 고찰을 중심으로 -, 《동아인문학》 42, 2018.

박순교, Vietnam(大越) 皇子 '李龍祥Lý Long Tường'에 관한 연구(5) - 화산이

씨의 族祖觀念을 중심으로 -, 《동아인문학》 44, 2018.

박순교, 〈한국·베트남·일본 三國의 李龍祥 연구 현황과 과제〉, 《우리시대 석학들, 인문학에 길을 묻다》, 동아인문학회 국제심포지엄 자료집, 2018.

박순교, 〈2장. 개발 여건 분석〉, 《봉화 베트남 타운 조성 기본 구상 및 타당성 검토 사업계획 보고서》, 경상북도·봉화군, 2018.

박순교, 〈한국-베트남, 봉화군 통해 하나로〉, 《봉화일보》 특집기사, 2018.4.9.

박순교, 〈선조 흔적 찾아 봉화에 온 베트남 대사〉, 《봉화일보》 특집기사, 2018.1.8.

박순교, "봉화는 왜 베트남을 노래하는가?", 「좋은 베트남」, 하노이, 2018, 11월호.

박순교, "봉화는 왜 베트남을 얘기하는가?", 「좋은 베트남」, 하노이, 2018, 10월호.

박순교, "봉화는 왜 베트남을 추상(追想)하는가?", 「좋은 베트남」,하노이, 2018, 12월호.

박순교, 〈이용상 일가의 행적과 기록〉, 《2019 李龍祥 국제학술 심포지엄》, 경상북도 봉화군·하노이 외국어대학 주최 국제심포지엄 자료집, 인쇄(지성인), 2019.

박순교, 〈Vietnam(大越) 황자 '李龍祥 Lý Long Tường'의 異論 批正〉, 《동아인문학》 48(11), 2019.

박순교, 〈이장발의 임란 참전과 충효당 유집 발행의 시말〉, 《대구경북연구》 18, 2019.

박순교, 〈Vietnam(大越) 황자 '李龍祥Lý Long Tường'에 관한 연구(6) - 관련 자료 전반의 一瞥, 사료적 가치 검토와 비정을 중심으로 -〉, 《동아인문학》 54, 2021.

박순교, 〈李長發의 殉國과 遺命詩에 대한 檢討〉, 《동아인문학》 58, 2022.

배양수, 〈뿌리를 찾는 사람들〉, 서남포럼, 2012.

마이 티 흐엉, 《베트남 황자 이용상의 본적에 관한 연구》, 신한대 석사학위 논문, 2021.

선문숙, 한국인 집단에서 Short tandem repeat(STR) markers의 DNA 다형 현상, 이화여자대학교 대학원 생물학과, 1994.

薛錫圭, 《光山金氏禮安派의 학문과 金垓의 義兵活動》, 近始齋 先生 殉國記念碑 除幕, 도서출판 한빛, 2006.

심수철, 〈근시재 김해의 생애와 문학 세계〉, 안동대석사학위논문, 2013. 12.

응웬 티 타이링, 《한국-베트남 교류와 화산이씨의 활동 연구》, 제주대 석사학위 논문, 2021.

유인선, 〈베트남 李 왕조의 후손 李龍祥의 行跡〉, 《한국 베트남 관계사 국제심포지엄》, 한국역사학회·베트남 역사과학회, 2007.

유인선, 〈베트남 리왕조와 한국 정선 이씨의 기원〉, 《황숙 이용상과 베·한 협력 관계의 과거와 현재》 2012년 베·한 국제 학술대회 발표집, 2012.

윤대영, 〈金永鍵의 베트남 연구 動因과 그 성격〉, 《동남아시아연구》 19권 3호, 2009.

李相伯, 〈花山李氏의 선조 李龍祥에 대하여-安南王弟의 高麗歸化-〉, 《李相伯著作集 3》, 1978.

이욱, 〈광산 김씨의 임란 의병활동과 의의〉, 《국학연구》 30, 2016.

李鎭榮, 〈族譜と歴史認識, ベトナムと韓國〉, 《ベトナムの社會と文化》 2號, 2000.

李鎭榮, 亡命ベトゥナム王族の祖先探しと 歴史認識, アジア·アメリカ言語文化研究所·通信 99호, 東京外國語大學, 2000.

이호준, 〈임진왜란 초기 경상도 지역 전투와 군사체제〉, 《군사》 77, 123.

조흥국, 〈12~14세기 베트남 사람들의 한국 이주에 대한 재고찰〉, 《石堂論叢》 55, 2013.

崔常壽, 〈13世紀傾 安南王子의 高麗歸化〉, 《韓國과 越南과의 關係》,韓越協會, 開明文化社, 1966.

한국역사학회, 동북아역사재단, 〈Hội thảo khoa học quốc tế, Quan hệ Việt – Hàn trong lịch sử〉, 2008.

허인욱, 〈高宗代'花山李氏'李龍祥의 高麗 정착 관련 기록 검토〉, 《백산학보》 100, 2014.

Do Phung Thuy, 《초국가적 다문화주의의 가능성 모색을 위한 월남 왕자 Lý Long Tường' 연구》, 계명대 대학원 박사학위 논문, 2016.

Phan Huy Lê, 〈정선이씨, 12세기 이래 고려에 정착한 베트남 출신의 李氏〉, 《한국 베트남 관계사 국제심포지엄》, 한국역사학회·베트남 역사과학회, 2007.

Phan Huy Lê, 〈Hoàng tử Lý Long Tường' và dòng họ Lý Hoa Son gốc Việt Ở Hàn Quốc〉, 《황숙 이용상과 베·한 협력 관계의 과거와 현재》 2012년 베·한 국제 학술대회 발표집, 2012.

Ngô Văn Lệ, Tộc người và văn hoá tộc người, Nxb. Đại học Quốc gia Tp. HCM, 2004.

Phan Huy Lê, Hoàng tử Lý Long Tường và dòng họ Lý Hoa Sơn gốc Việt ở Hàn Quốc, trong: Kỷ yếu Hội thảo quốc tế Việt – Hàn 2012, TP. HCM 2012, tr. 8 – tr.14.

Khương Vũ Hạc, Hoàng Thúc Lý Long Tường (Tiểu thuyết lịch sử). Nxb. Chính trị Quốc gia, 2010, tr.287- tr. 288.

Công bố cuốn sách "Hoàng thúc Lý Long Tường" http://vov.vn/Van-hoa/Cong-bo-cuon-sach-Hoang-thuc-Ly-Long-Tuong/147986.vov

Đi tìm dòng họ Lý ở Hàn Quốc (kỳ cuối): Đừng gọi tôi là người nước ngoài http://vietbao.vn/Phong-su/Di-tim-dong-ho-Ly-o-Han-Quoc-ky-cuoi-Dung-goi-toi-la-nguoi-nuocngoai/40172630/263/

Hành trình trở về Thăng Long sau 8 thế kỷ lưu lạc http://tuanvietnam.vietnamnet.vn/2010-09-10-hanh-trinh-tro-ve-thang-long-sau-8-the-ky-luu-lac

Hậu duệ nhà Lý và câu chuyện 800 năm tìm về cố quốc http://ca.cand.com.vn/News/PrintView.aspx?ID=97928

Hậu duệ nhà Lý ở Hàn Quốc nhập quốc tịch VN http://kienthuc.net.vn/channel/1987/201006/Hau-due-nha-Ly-o-Han-Quoc-nhap-quoc-tich-VN-1757590/

Nhập quốc tịch Việt Nam cho hậu duệ Lý Thái Tổ http://thanglong.chinhphu.vn/Home/Nhap-quoc-tich-Viet-Nam-cho-hau-due-Ly-Thai-To/20106/5010.vgp

Tám trăm năm tìm về làm người Việt http://vietbao.vn/Xa-hoi/Tam-tram-nam-tim-ve-lam-nguoi-Viet/1735082237/157/

Ngô Sĩ Liên (1993), Đại Việt sử ký toàn thư (in Vietnamese) (Nội các quan bản ed.), Hanoi: Social Science Publishing House

National Bureau for Historical Record (1998), Khâm định Việt sử Thông giám cương mục (in Vietnamese), Hanoi: Education Publishing House

Trần Trọng Kim (1971), Việt Nam sử lược (in Vietnamese), Saigon: Center for School Materials

Chapuis, Oscar (1995), A history of Vietnam: from Hong Bang to Tu Duc, Greenwood Publishing Group, ISBN 0313296227

부록

[표 1] 베트남 유학생 현황 2020년 기준

연도	지역	국가명	과정별								
			어학연수	대학(전문대학)						대학원	
										석사과정	
				인문사회	공학	자연과학	예체능	의학	계	인문사회	공
2020	아시아	베트남	18,909	12,485	1,812	1,213	502	-	16,012	1,394	38

[표 2] 베트남 이주민의 시군별 분포

행정구역별		전국								
성별		계			남자			여자		
2020	베트남	42,479			901			41,578		
행정구역별(시)		서울특별시			부산광역시			대구광역시		
성별		계	남자	여자	계	남자	여자	계	남자	여ᄌ
2020	베트남	3,064	100	2,964	2,318	64	2,254	1,966	38	1,92
행정구역별(시)		울산광역시			세종특별자치시					
성별		계	남자	여자	계	남자	여자			
2020	베트남	1,254	15	1,239	218	5	213			
행정구역별(도)		경기도			강원도			충청북도		
성별		계	남자	여자	계	남자	여자	계	남자	여ᄌ
2020	베트남	8,978	268	8,710	1,487	24	1,463	1,901	28	1,87
행정구역별(도)		경상북도			경상남도			제주특별자치도		
성별		계	남자	여자	계	남자	여자	계	남자	여ᄌ
2020	베트남	3,762	39	3,723	4,790	70	4,720	629	7	62

과정별											합계
대학원										기타연수	
석사과정				박사과정							
연과학	예체능	의학	계	인문사회	공학	자연과학	예체능	의학	계		
178	189	34	2,175	84	567	268	3	51	973	268	38,337

행정구역별(부)		읍부			면부			동부		
성별		계	남자	여자	계	남자	여자	계	남자	여자
2020	베트남	7,657	155	7,502	7,575	112	7,463	27,247	634	26,613
행정구역별(시)		인천광역시			광주광역시			대전광역시		
성별		계	남자	여자	계	남자	여자	계	남자	여자
2020	베트남	2,071	63	2,008	1,273	20	1,253	1,020	25	995

행정구역별(도)		충청남도			전라북도			전라남도		
성별		계	남자	여자	계	남자	여자	계	남자	여자
2020	베트남	2,647	51	2,596	2,359	38	2,321	2,742	46	2,696

[그림 1] 봉화일보 특별기고 1

8 2018년 1월 8일 월요일 특 집 봉화일보

선조 흔적 찾아 봉화에 온 베트남 대사

직원 8명과 1박 2일 일정으로 봉화군 방문
사과·인삼 등 대규모 수출 길 열릴 것 기대

1. 응웬 부 뚜(Nguy · nV · Tu) 베트남 대사와 봉화

박노욱 군수와 응웬 부 뚜(Nguy · nV · Tu) 베트남 대사가 만면에 웃음을 띠며 기념품을 주고받는 모습.

응웬 부 뚜(Nguy·nV·Tu) 베트남 대사를 비롯한 일행 8명은 2018년 1월 4일 오전 7시 10분 서울 북정로 베트남 대사관을 출발했다. 그리고 3시간 반의 장도(長途) 끝에 11시 40분 봉화 군청에 도착했다. 일국의 대사가 봉화를 전격적으로 방문하는 순간이었고, 봉화와 베트남 사이의 교감이 눈으로 확인되는 순간이었다.

응웬 부 뚜(Nguy·nV·Tu) 베트남 대사의 1박 2일 일정에서 놓쳐서는 안 될 중요한 대목이 엿보인다. 대사는 제일 처음 봉화를 방문했다. 그리고 영주와 안동을 거쳐 짙은 어둠이 깔린 저녁, 1시간 반을 다시 달려 기어이 봉화에서 고된 심신을 묵는 무리수를 선택했다. 그로 말미암아 이튿날 대사는 다른 일정을 위해, 봉화의 숙소에서 오전 5시 반의 미명(未明)에 아침을 먹고 출발해야만 했다.

대사는 중요한 일정 대부분의 시간을 봉화에서 소화했으며, 일정의 처음을 봉화로 잡았고, 일정의 마지막을 봉화에 묵으면서 마무리 지었다. 거리로 볼 때에도, 행정 구역의 크기로 볼 때에도, 안동, 영주를 제치고 봉화가 우뚝 서는 순간이었다. 대사가 온몸을 던져 보여주고 있는 봉화에 대한 이 각별한 사랑은 일반인은 쉽게 범접할 수 없는 것이며, 까닭에 깊은 울림을 던져 준다.

2. 응웬 부 뚜(Nguy · nV · Tu) 베트남 대사와 박노욱 군수

대월 리(李) DYNASTY를 세운 이공온의 묘비(비문 윗면에 황제라는 글자가 새겨져 있다.)

대사의 일정에서 봉화는 알파요, 오메가였다. 응웬 부 뚜(Nguy·nV·Tu) 베트남 대사가 이처럼 봉화를 각별히 여기는 것은 무엇일까? 이는 두 가지 까닭으로 정리된다. 첫째 봉화는 베트남과 떼려야 뗄 수 없는 역사적 유적이 있다. 둘째, 수년 전 이러한 사실을 깨달은 박노욱 군수가 폭설을 뚫고 서울에서 열린 한·베 수교 20주년 기념식에 참석하였고, 이러한 사실이 주한 베트남 대사에게 상세히 전해졌기 때문이다. 베트남 대사의 가없는 봉화 사랑은 시간의 힘이요, 역사의 힘이라 할 수 있다. 로마가 하루아침에 세워지지 않았듯이, 봉화가 맞이한 지금의 이 일도 묵혀진 오랜 시간의 힘이었다. 그리고 혜안을 지닌 수장(首長)의 힘이 얼마나 큰 감동과 새로운 역사를 가능하게 하는 지를 보이는 실증인 셈이다.

2018년 1월 4일 마침내 주한 베트남 대사와 박노욱 군수는 역사적 만남을 가졌다. 방금까지 서울을 떠나 머나먼 길을 달려 봉화를 찾은 진정과 일성이 담긴 대사의 현재와, 수년 전 폭설을 뚫고 서울까지 달려 한-베 수교 행사에 참석했던 진정과 열성이 담긴 박노욱 군수의 과거가 맞닿는 순간이었다.

3. 봉화와 베트남

베트남의 역사에서는 크게 4개의 통일 왕조가 있다. 그 중 최초로 중국의 속박에서 벗어나, 독립과 통일을 달성한 왕조가 리(李) DYNASTY였다. 이 시기 중국에 대하여 외교적으로 왕이라 칭했을지언정, 안으로는 황제라고 칭하였고 민족의 자긍심을 애써 숨기지 않았다. 모든 베트남 화폐의 유일한 표지 모델이며 정신적 지주인 HO CHI MINH 주석이 리(李) DYNASTY에 대해 각별한 애정과 관심을 보인 것도 이러한 맥락이다. 자주, 통일, 독립의 모든 요소를 골고루 갖춰 베트남의 원형질이 마련된 것이 리(李) DYNASTY였다.

이 시기에 대월 판 '독립선언서'라 해도 손색이 없을 뚜렷한 민족의 독자적 천하관이 면모를 드러내고 있으며, 베트남의 역사서 《대월사기 전서》 전편에서 '천하', '사해(四海)'라는 단어가 집중적으로 반복되어 등장하기도 한다. 1118년 인종은 자신의 친필로 천하가 태평하고 성스러움이 만세까지 무궁할 것이라는 '천하태평 성궁만세(天下大平 聖躬萬歲)' 8자를 써서 비석에 새겨 넣게 하기도 했다. 베트남이 자랑하고 후세에게 물려주고 싶은 모든 요소들을 이 리(李) DYNASTY는 온전히 지녔다.

그러나 리 황조(Ly Dynasty)는 총 9명의 황제를 거쳐 진씨로 넘어갔고, 이러한 혼란기 6대 황제 영종의 아들이 바닷길(남지나해, 동지나해)을 따라 고려로 이거(移居)하였다. 그의 성명이 다름 아닌 Ly Long Thang(리용상)이었고, 그 때가 1226년 고려 고종의 시기였으며, 황해도 옹진의 화산을 본향으로 삼아 화산 이씨의 시조가 되었다. 화산이씨는 현재 2015년 기준, 1,237명(남자 616명, 여자 621명)의 절대 소수임이 확인된다.

Ly Long Tanng(리용상)은 두 아들을 두었다. 첫째 아들은 이름이 간(幹), 둘째 아들은 이름이 일청(一淸)이었다.

첫째 아들 간(幹)의 계열은 대부분 황해도 옹진, 해주 등에 걸쳐 세거지를 형성하였다. 그리고 분단 이후 김일성 유일 체제가 지속, 강화되면서 전체적인 윤곽을 찾기 힘들게 되었다.

'Ly Long Tanng'과 관련한 북한의 유적 또한 거의 망실되었고 현재 자취를 찾을 수 없다.

둘째 아들 일청은 안동 부사를 마치고 복거(卜居)하였다. 기록을 토대로 추적하여 보니, 일청과 그의 후예들이 1)최초로 머문 곳은 안동부 나성현(奈城縣, 현 봉화 봉성면)이었고, 2)안동부 개단현(현재 봉화 물야면), 3)창해(현재 봉화 봉성면 창평) 등으로 화산이씨의 족적과 동선이 확인되었다. 이는 일청 후손들이 시종 봉화의 범주에서 결코 이탈하지 않고 있었음을 드러낸다. 봉화가 베트남과 관련한 여타 어떠한 지역보다 종주(宗主)의 위치에 있음을 드러내는 대목인 것이다.

봉화의 서쪽 대부분 지역은 Ly Long Tanng'과 불가분의 관계에 있다. 눈에 보이는 것만 살피면, 눈에 보이지 않는 것을 놓친다. 눈에 보이는 것 이상으로, 눈에 보이지 않는 Ly Long Tanng'의 숨결이 봉화에 서려 있음을 유념할 필요가 있다. 그러므로 봉화에서는 '어디에 Ly Long Tanng'의 흔적이 있는지'를 묻지 말고, '어디에 Ly Long Tanng'의 흔적이 없는지'를 물어야만 한다. 그것은 곧 봉화의 5할 이상이 Ly Long Tanng'의 혈통과 연결되어 있기 때문이다.

4. Ly Long Tanng'의 둘째 아들 일청과 봉화

Ly Long Tanng의 둘째 아들 일청이 봉화에 복거하였고, 이후 그 후예들은 봉화의 테두리에서 시종 삶을 영위하였고, 현재까지 이어지고 있다. 북한의 Ly Long Tanng 유적이 멸실된 지금, Ly Long Tanng 혈맥의 족적이 시종(始終) 확인되는 곳은 오직 봉화만이 유일한 것이 드러난다.

Ly Long Tanng이 베트남에서 고려로 이거한 인물임을 고려할 때, 봉화는 한국 내에 존재하는 베트남의 심원한 고향이며, 모태라 할 수 있다. 봉화는 명실 공히 베트남 왕가의 뿌리이자 터전인 셈이다. 봉화의 역사와 토양 속에서만 베트남의 정체성을 찾고 읽어낼 수 있다.

일청의 비속은 8세대를 거치면서 안동, 봉화, 밀양, 영천 등의 지역으로 계속하여 분지(分枝)해 나갔다. 현재 경북에 거주하는 화산이씨는 전체 58명으로 확인된다. 또 인근의 대구 직할시에는 43명의 화산이씨가 있다.

일청 비속의 주요 세거지 안동, 봉화, 밀양의 경우, 안동 10명, 봉화 14명, 밀양 6명 등 총 30명이 거주하고 있다. 화산이씨 족보에서 세거지로 운위된 영천에는 현재 화산이씨가 아예 없다. 기타 포항 8명, 청도 6명, 경주 5명 등의 순서로 나타난다. Ly Long Tanng의 둘째 아들 일청의 계보는 다음과 같다.

현재 봉화군 내에는 현재 화산 이씨 14명이 거주하고 있다.

한국에는 고래로 "네 조상을 생각하지 않느냐? 먼저 그 덕을 닦으라."라는 말이 있다. 지나간 세월 속에서, 현재 한국에 있는 베트남 사람들보다 한 발 앞서 들어온 베트남 조상의 숨결을 찾고 확인하는 뿌리 찾기의 테마로서, 봉화로의 베트남 방문은 더욱 활성화되고 진작되어야 할 당위성, 역사적 명분이 있다.

Ly Long Tanng의 둘째 일청이 처음 정착한 곳도 봉화였지만, 그의 혈통을 이은 종손이 머물고 있는 곳 역시 봉화이다. 봉화에는 현재 일청의 직계 종손(이양래, 이공온의 36세손, 1930년생)이 살고 있다. 과거와 현재를 관통하여 봉화는 명실 공히 Ly Long Tanng의 적통이요, 요람인 셈이다.

5. 장발과 봉화.

Ly Long Tanng의 실체가 가장 극명하게 드러난 계기는 실상 장발 때문이다. 장발은 베트남 리 왕조(Ly Dynasty)를 세운 리공온의 20세손, 화산이씨의 시조 리용상(Ly Long Tanng)의 13세손, 리용상(Ly Long Tanng)의 둘째 아들 일청의 12세손이다. 거주 지역은 현 봉화 봉성면 창평리였다.

1592년 임진왜란이 일어나자 장발은 홀로 된 노모(덕성 윤씨, 이름 失傳), 백일이 지나지 않은 외아들, 젊은 부인(창원 黃氏)을 두고 문경 전투에 참전하였다. 채 백일이 지나지 않은 외아들, 홀로 세파에 남겨질 젊은 부인, 늙고 병든 노모가 있었건만, 장발은 기꺼이 죽음의 길을 자원했다. 19세의, 젊고 미래가 창창한 장발은 삶의 길을 마다하고 죽음이 예견되는 전쟁 속으로 처연히 걸어 들어갔다. 이윽고 1592년 6월 10일 장발은 짧은 삶을 마쳤다. 장발은 최후의 순간 20자의 곡진한 유명시(維命詩)를 남겼고, 그 시는 주검으로 변한 그의 소맷자락에서 발견되었다.

百年存社稷 백년에 걸쳐 사직을 보존하려
六月着戎衣 유월에 융복(갑옷)을 입었네
憂國身先死 나라 걱정에 몸은 자위 없이 죽으나
思親魂歸歸 혈육 생각에 혼은 홀로 돌아가누나.

그의 장인어른 황소(黃昭)가 달구지로 장발의 주검을 싣고 왔다. 봉화로 운구(運柩)된 장발의 주검은 집 뒤의 금혈산에 묻혔다. 장인 황소는 사위의 뜻을 기려 공민왕의 글자를 집자(集字)하여 당호(堂號)를 충효당이라 하였다. 그리고 장발의 스무 글자 시를 기둥에 새겼다.

일가를 휩싸고 있는 이 무겁고 진중한 이야기의 전말은 기록이 침묵하고 있어 자세히 알 수 없다. 하나, 문경에서 봉화까지의 거리를 생각할 때, 장발의 주검은 인근 지역에 폭풍과도 같은 진한 감동과 회한을 던졌음이 확실하다.

대한민국 경상북도 봉화군 봉성면 창평리 소재 충효당 전경(봉성면 사무소, 손용석 사진 제공)

6. 충효당과 유허비

이장발의 유허비 세부 사진(경북 봉화군 봉성면 창평리 소재, 봉성면사무소 손용석 사진 제공)

인근 풍기, 예천, 영주, 안동 등지의 문사(文士)들은 장발의 위국헌신에 대하여 절기를 찬양하는 무수한 글들을 다투어 남겼다. 또 그들의 관심과 열정에 힘입어 충효당이 지어졌고, 그의 삶과 자취를 기리는 유허비도 세워졌다.

하지만 장발의 실행(實行)과 지절(志節)에 대한 인근 병리의 칭송에도 불구하고, 이장발의 구택은 이후의 일정한 시기(?)에 사라졌다. 그것은 이장발로부터 9세대 아래의 만운과 10세대 아래의 상규가 충효당과 유허비의 건립 과정에서 등장하고 있으며, 만운 스스로 집안이 영락하여 '충효당'이란 당호마저 상자 속에 보관해 왔다고 실토하고 있기 때문이다. 이를 뒷받침할 더욱 확실한 근거는 유안(惟顔)의 <유사(遺事)>인데, 여기에서는 집안이 영락했고 유지(遺址)마저 민멸되었다고 명시하고 있다. 1826년 충효당과 유허비는 다시 세워졌다. 그리고 현재의 유허비는 1856년, 원효에 의해 다시 재건의 과정을 거쳤음이 확인된다.

충효당 역시 1826년 초창되었고, 1856년 다시 상량(上樑)의 과정을 거쳤다. 요컨대 현재의 충효당, 유허비는 모두 원효 대에 이루어진 공역의 결과일 개연성이 크다. 원효는 1807년에 태어나 1889년에 82세로 사망하였으며, 49세의 나이로 유허비의 건립을 추진하였다.

곧 1826년 충효당, 유허비, 묘갈명 등의 대규모 건조가 있었고, 다시 1856년에 이르러 충효당과 유허비 등에 대한 대규모 공역이 있었다고 보인다. 요컨대 현재의 충효당, 유허비는 물리적으로만 따지면 세워진 지 약 161년이 지난 셈이 되지만, 결단코 그 시원을 추적하여 들어가면 임진왜란 직후부터 지금까지 불멸의 정수로 지금껏 한 치 흔들림 없이 자신의 위치를 이어 왔다고 할 수 있다.

거친 세상의 풍파 속에서 장발과 관련한 유적은 봄날의 꿈처럼 없어졌다. 이후 사라졌다가 다시 만들어지고, 없어졌다가 다시 부활했다. 두 차례 무너졌고 세 차례 복원되었다.

만일 장발을 향한 마음이 뜨겁지 않았다면 어찌 다시 들보를 높이는 공역이 여러 차례 있었을 것이며, 어찌 필설을 다하여 그를 기리는 글들이 접종(接踵)하며 차마 나타났겠는가. 이처럼 충효당과 유허비는 사라졌다가 다시 만들어지고, 없어졌다가 다시 부활하는 등 수많은 사람들의 내면에서 꺼지지 않는 등불이었다.

삼가 고하노니, 이면에 흐르는 숨결과 불멸의 정신을 깨달을지니, '충효당과 유허비 앞에서 세상 건축과 연대를 논하지 말라.'

장발의 유허비에는 화산이씨의 시조 Ly Long Tanng(리용상)의 이름이 뚜렷이 아로새겨져 있고, 이는 한국 유일의 유적이다. 더욱이 그 후손의 위국헌신을 기리는 비석에서 Ly Long Tanng(리용상)의 이름이 발견된다는 점에서 더욱 지고의 빛을 발한다.

7. 봉화의 미래와 박노욱 군수

2018년 1월 4일 박노욱 군수는 베트남 대사에게 유허지를 직접 설명하며, 시종 함께했다. 그리고 대사관 일행과, Ly Long Tanng의 혼이 서린 봉화 지역의 식당에서 오찬을 함께 했다. 박 군수는 식사 틈틈이 대사에게 봉화의 송이와 사과에 대해 설명했다. 봉화의 축제에 대한 설명도 빠뜨리지 않았다.

앞서 첫 대면의 순간에도 대사에게 백두대간 수목원의 사진첩을 내보였던 그였다. 일신의 안위만 챙기는 책상 위의 행정가가 아니라, 농심(農心)을 직접 어루만지고 위로하며 지역을 챙기는 살아있는 행정가의 면모가 지근거리에서 포착되는 순간들이었다. 앞서, 봉화 지역을 알리려 한다는 부탁에 이름조차 묻지 않고, 차가운 11월 말의 날씨에 왕복 40분을 차로 달려 충효당과 유허비의 사진 19장을 상세히 찍어 지역을 잘 알려 달라 한 분이 있는가 하면, 충효당 설명을 하고자 출력된 활자 틈틈이 파란 볼펜으로 깨알 같이 메모했던 문화계 계장, X마스에도 군청 사무실에서 대사관 면담 자료를 준비했던 분들, 박노욱 군수와 그들의 열정은 하나같이 기시감을 불러 일으켰다. 감히 고백컨대, 이처럼 전투적이고 열정적인 공무원들을 여타 지자체에서는 본 적이 없다.

예상컨대 봉화는 베트남에서 생산되지 않는, 그리고 Ly Long Tanng(리용상)의 혼과 숨결이 담긴 사과, 인삼, 송이의 대규모 수출의 길이 열릴 것이다.

1억의 베트남 사람들 식탁 위로 봉화의 산물이 올라갈 것이며, 그들은 봉화의 음식을 먹는 것이 아니라 Ly Long Tanng(리용상)의 혼과 숨결을 먹게 될 것이다. 이는 1억 베트남인의 심금을 울리고 한국과의 교감을 끌어당길 엔진이 봉화에 있음을 함의한다. 호혜평등의 원칙하에 봉화는 커피, 실크, 쌀국수 등 베트남의 특산품을 수입하여 한국 내에 값싸게 공급, 판매하는 전진 기지가 될 것이다.

이른바 한국·베트남의 역사와 교역, 정치와 무역으로 들어가는 창구가 봉화를 중심으로 형성될 것이다. 봉화가 보다 치밀하고 정교한 로드맵을 전제로, 현재 문재인 정부의 신남방 정책, POST China 정책의 주요 대상국인 베트남과 적절히 대응해 나간다면, 한국과 베트남의 가교, Hub로서 그 역사적 의미는 일층 중요해질 것이라 단언할 수 있겠다.

8. NGUYEN VU TU 베트남 대사의 충효당·유허비 참배

2018년 1월 4일 NGUYEN VU TU 베트남 대사는 충효당과 유허비를 참배했다. Ly Long Tanng(리용상)이 고려에 온 지 792년, 장발이 죽은 지 426년 만의 일이었다. 우리의 조상이자 대사의 조상이기도 한, 이들 Ly Long Tanng(리용상)과 장발의 영령이 모셔진 충효당과 유허비를 대사는 경건하게 둘러보았다. 대사는 장엄한 역사의 문을 열어, 갑피에 숨겨 있던 선조의 영령과 마주섰다. 지근거리에서 지켜본, 대사의 얼굴에선 필설로는 차마 형언할 수 없는 만감이 교차하고 있었다.

대사는 냉골처럼 차가운 충효당의 방문을 직접 열어 온기를 불어 넣었고, 침묵과 침묵의 역사 저편에 묻혀 있던 Ly Long Tanng(리용상)과 장발의 영령을 햇빛 영롱한 현실 속으로 이끌어 내었다. 장엄하고 감격적인 순간이었다. 참예한 사람들의 입에서 숨죽인 탄식이 터져 나왔다. 아! 봉화는 바로 이런 곳이었나니, 대사의 손길을 거쳐 이제야 온전히 세상의 밝음 속으로 나오게 되었구나.

이들은 태어나 죽음에 이르기까지 고결하고 올곧은 삶을 살았다. 군자는 숨어 살아도 세상 을 저버리지 않듯, 살아서는 충신의사였고 죽어서는 호국의 영령이 되었다.

그러하노니, 이제 붓을 들어 그 과정을 드러낸다 해도 낯부끄러운 빔이 없을 것이요, 글에는 넘치는 용기가 있을 것이다.

장발의 아들 진남은 태어난 지 74일 만에 아버지를 잃었다.

진남은 한 번도 아버지를 아버지로 부르지 못했다. 행복을 알기 이전 슬픔을 깨달았던 비운의 주인공, 장발의 유일한 피붙이 진남은 꺼져가는 숨결을 헤치고 기적적으로 명맥을 유지했다. 그리고 2018년 1월 4일 그 진남이 남긴 혈육 중 종손인 이시복이 베트남 대사와 박노욱 군수와의 만남에 자리를 함께 했다.

박노욱 군수와 주한 베트남 대사, 그리고 화산이씨 일족들(오른쪽에서 2번째가 진남이 남긴 종손 이시복)

제공= 박순교
(《Vietnam 황제의 아들 화산군 李龍祥Ly Long Tanng》 저자)
팩션(Faction) 작가, 영천 삼사관학교 강의교수.
역사의 행간에서 명멸해 간 인물들의 감춰진 삶과 운명을 부조하여 복원하는 것에 관심을 가져 왔다. 세간의 관심에서 멀어졌거나, 지탄받는 대상의 조명에 주로 초점을 두고 있다. 李龍祥 외에도 김춘추, 고종후, 경애왕 등에 관한 다수의 글들을 썼다. 李龍祥의 경우 한 권의 책과 수편의 논문이 있다.

강선희 기자

[그림 2] 봉화일보 특별기고 2

8 2018년 4월 9일 월요일 특 집 봉화일보

박노욱 봉화 군수와 NGUYEN VU TU 베트남 대사가 기념품을 주고받는 모습.

박항서 감독과 베트남 축구 선수들

한국-베트남, 봉화군 통해 하나로

두 동강난 리 황조 역사 맞닿는 접점지 '봉화군'

교린의 대상국·공존공영 함께 할 전략적 동반자

Ⅰ. 박노욱 군수와 박항서 감독

베트남 축구팀(감독 박항서)이 2018 아시아 축구 연맹(AFC) 23세 이하(U-23) 챔피언십에서 공전(空前)의 역사를 썼다.

2018년 1월 23일, 우리에겐 임시정부로 유명한 상하이의 인근, 강소성(江蘇省) 창저우(常州)의 스타디움에서 열린 결승전에서, 베트남은 연장전 끝에 1:2로 석패했다.

태어나 처음 경험했을 폭설에도 사력을 다하는 장면, 코뼈가 내려앉아 유혈이 낭자한데도 치료를 거부하며 경기를 뛰겠다는 장면, 경기가 패배로 끝난 뒤 응원석 위 베트남 소녀의 뺨 위로 흘러내리던 '소리 없는 눈물' 등은 가슴을 뭉클하게 하는 것이며, 베트남의 정신력, 밝은 미래를 보여주는 단면이었다.

'한 나라의 미래를 보려면, 그 나라의 청소년을 보라'는 말이 있다. 베트남의 정신을 하나로 묶어낸 거대한 동력, 향후 베트남의 성장 가능성이 확인되는 순간이었다. 베트남 축구는 축구가 아닌, 한 나라의 농축된 미래를 보여줬다.

박항서 감독은 베트남인에게 내면의 에너지를 분출하여 자기 존재를 확인하게끔 했다. 봉화의 베트남 사업 역시 베트남인 내면의 자긍심, 뿌리의식을 확인케 한다. 봉화의 베트남 사업은 역사적 맥락과도 닿아 있다. 2012년 겨울, 박노욱 봉화군수는 폭설을 뚫고, 한·베 수교 20주년 기념행사에 참석했고, 이러한 지성(至誠)이 NGUYEN VU TU 베트남 대사의 마음을 감격시켰고, 봉화 방문은 물론 봉화의 일이라면 물심양면으로 돕는 주인(主人)이 되었다. 박 군수가 건재(健在)하는 한, 봉화는 베트남과의 관계에서 '영원한 수혜자'로 자리매김할 것이다.

Ⅱ. 봉화는 왜 베트남을 얘기하는가?

봉화와 관련, 베트남과 화산이씨가 지금껏 회자됐다. 항간의 사람들은 1)왜 봉화인가, 2)왜 베트남인가, 두 가지 궁금증을 던진다. 봉화가 베트남을 논할 근거는 1)1592년 6월, 봉화에 살던 장발(長發)이 왜군이 쳐들어오자 문경 전투에서 순국하였고, 2)【장발의 선조= 대월(베트남)에서 고려로 망명해 온 Lý Long Tuong(李龍祥)】이라는 사실이 주로 얘기됐다. 이것은 역사의 짧은 한 자락에 불과하다.

·비운의 황자 Lý Long Tuong

2018년 1월 4일, NGUYEN VU TU 베트남 대사는 봉화의 베트남 유산을 찾았다. 대사의 뿌리 찾기는 한국인의 뜨거운 관심을 불러일으켰다. '화산이씨'와 '이용상'이 한 때 네이버와 Daum 등에서 나란히 실검 1, 2위를 차지했다.

처음 리공온(李公蘊)은 고법(古法, 古法, 현 단방)에서 태어났고, 기신(起身)하여 황제가 됐다. 현재 고법의 황실 종묘 사원(덴도)에서는 리공온이 개국한 음력 3월 15일을 전후하여 매년 국경절 행사(덴도 축제)가 며칠에 걸쳐 개최된다. 말 그대로, 한국의 개천절 행사가 수 일간 주야로 열리는 셈이다.

그로부터 150년, 리롱뜨엉(Lý Long Tuong)이 태어날 무렵 궁중 여인들의 암투가 무성했다. 22살의 황태자가 폐위되고 태어난 지 5개월 된 갓난아이가 태자로 책봉됐다. 황제 영종 또한 질병이 겹쳐 굴신이 불가능했다. 영종의 병력을 고려할 때, Lý Long Tuong은 영종이 세상에 남긴 마지막 핏줄일 수 있다. 리롱뜨엉은 태어남과 거의 동시에 부친을 여의었다고 보인다. 그의 삶은 겹겹이 불행과 혼란에 빠져 들었다. 잇달아 즉위한 3명의 황제들 모두, 비운에 사라졌다. 진수도를 중심한 진씨 세력이 그 틈을 비집고 발호하여, 역성혁명을 일으켰다.

그 와중 피의 숙청과 학살이 잇달았다.

리롱뜨엉이 대월을 떠난 까닭은 대략 이러했다. 이윽고 1226년 즈음 황해도 옹진 화산에 표착한 그는, 곧 '화산군'으로 책봉을 받았고, 화산이씨의 시조가 되었다.

'화산군'이란 봉작이 고려 조정에서 내린 것이라면, Lý Long Tuong(李龍祥)의 성명(姓名)은 대월의 것이었다. '화산군'과 'Lý Long Tuong'. 그는 이렇듯 두 나라의 질긴 그림자와 숙명을 안고 살아간, 비운의 황자(皇子)였다.

·800년 망명황조의 터전

그와 후손의 궤적을 추적해보니, 첫째 아들 혈맥의 흔적은 흐릿했다. 겨우 둘째 아들의 핏줄이 무심한 세월 속 생명을 거듭한 곳이 포착됐다. 다름 아닌, 그곳이 바로 봉화였다. Lý Long Tuong의 아들 일청을 필두로 지금까지 그 혈통은 끈기차게 봉화를 일관하고 있다.

Lý Long Tuong이 피눈물을 머금고 고려로 망명한 직후부터, 그 혈맥은 봉화를 터전으로 면면히 이어졌다. Lý Long Tuong은 두 아들을 두었다. 둘째 아들 일청(이공온의 8세손)이 안동부사로 내려온 이후 후손들은 봉화 일대에 세거지를 형성했다. 묘역을 통한 추적 결과, ⑥일청~ ⑬원숙에 이르는 9세대(代)는 대략 지금의 봉화의 서쪽 지역, 곧 봉화읍, 물야, 춘양을 맴돌았다. ⑭봉수~양래에 이르는 세대는 지금 봉화의 봉성 창평 일대를 삶의 터전으로 삼았다. 이 말은 베트남 망명 황조(리 왕조)가 Lý Long Tuong 직후부터 봉화에 고스란히 이식되었음을 함의한다. 800년 망명 황조의 터전이 곧 봉화였다. 리(李) 황조는 베트남에서 216년, 한국의 봉화에서 800년 명맥을 유지한 셈이다. 봉화는 이제 켜켜이 쌓인 세월의 무게를 갈아올리고, 베트남 황실 후예들의 애절한 망향가를 떠올리고 새삼 기억하려 하는 것이다.

·Lý Long Tuong의 이름이 새겨진 비석

Lý Long Tuong은 1224년 대월을 떠났고, 고난의 대장정을 몸소 견뎠다. Lý Long Tuong의 유적은 현재 남북한을 통틀어 거의 남아 있지 않다. 다만 봉화에는 그의 이름이 새겨진 비석이 있다. 그의 13세손 장발의 위국헌신을 기리는 비석에서 그의 이름이 확인됨으로써, Vietnam 황가의 희생과 헌신은 다시금 빛을 발한다.

봉화 창평의 비석은 단순한 돌, 또 그 돌에 새겨진 글자들이 아니다. 그것이 증거하는 Lý Long Tuong의 이름과 후손의 희생은 국가와 민족, 개인과 전체를 성찰하게 하며, 우리의 나아갈 길을 영세토록 밝히는 것이며, 한국과 베트남을 잇는 가교로서, 가히 일자천금의 가치를 발한다.

·'베트남 황자(皇子)'를 죽인 일본

장발(長發)은 임·란을 만나 19세의 나이로 문경에서 전사했다. 그는 1)벼슬 없는 포의(布衣)의 신분에다, 2)늙고 병든 노모가 있었고, 3)가족의 생계를 책임질 다른 사람이 없는, 집안의 외아들이었으며, 4) 신혼의 젊은 아내, 태어난 지 74일 된 아이가 있었다. 그런 점에서, 그의 참전은 당시의 기준으로나 오늘날의 기준으로나 도저히 이해할 수 없는 행위였다. 또 그의 불가해한 선택은 비단 자신의 죽음은 물론, 온 집안의 형용할 길 없는 불행을 예고한 것이었다.

자신과 일가를 불행의 구렁텅이로 몰아넣을 것을 알면서도, 그는 묵묵히 죽음보다 더한 죽음의 길로 걸어갔다. 민족의 가혹한 비극 앞에 설움 없고 사연 없는 죽음들이 어디 없었으랴만, 유독 장발의 죽음만이 길이 회자되고 그의 사명 일자만이 뚜렷이 기록되어 있음은 그의 죽음이 일대에 끼친 충격과 회한의 정도가 가볍지 않았음을 실증한다.

2018년 3월 2일, NGUYEN VU TU 베트남 대사 역시, 황자(皇子, 황제의 아들)(장발)를 죽인 일본에 대한 분노의 감정을 애써 숨기지 않았다. 대사가 유독 올해 3월 1일 서대문 형무소를 찬히 찾고, 일본에 대한 성토의 정도를 높인 데에는, 우리의 선조이자 그의 선조인 황자 장발의 죽음이 어김없이 작용하고 있었다. 1억의 베트남인은 자신들의 황자를 죽인 일본보다, 그 일본에 맞서 나라를 지키다 죽은 자신들의 황자, 그 황자가 죽음으로 지키고 싶어 했던 이 한국을 위해 몸과 마음을 함께 하려 할 것이 틀림없다. 이제 버거운 항일(抗日)의 행렬에 정신적 유대를 같이할 진정한 동반자가 우리 옆에 생긴 셈이다.

Ⅲ. 왜 지금인가?

많은 사람들은 봉화의 베트남 사업을 놓고 결손 가정, 빈곤 가정, 노인 가정에게 쓸 돈을 두메산골에 쏟아 붓는다고 맹공을 가한다. 일명 BYC 중 하나로 일컬어지는 오지(?), 봉화에 또 하나의 무익하고 황한 건축물을 짓는다고 입을 댄다.

봉화의 베트남 사업은 불요불급한 사안일 수 없다. 현재 한국에는 2,000년 통계 작성 이래 8만7,025명의 베트남 여성이 결혼 이주하였고, 그중 1만6,740명이 이혼하였다. 이혼율이 거의 20%에 육박한다. 그 정도는 가파르게 상승하고 있다. 어느 순간부터 한국 정부는 그 이혼율마저 공개하지 않고 있다. 현재 7만285명의 베트남 결혼 이주 여성의 불행은 위험 수위에 처해 있다. 다문화라는 얼토당토 않는 미명 하에, 그녀들의 눈물이 더 이상 교묘히 간과되어선 아니 된다. 한국과 베트남의 경계에 선 그녀들이 자식과 남편을 위해, 베트남을 설득할 '사비나의 여인'이 될 수 있게 해야 한다. 그녀들이 진정 한국을 사랑하도록 꿈과 애정을 불어넣어야 한다. 그녀들을 향한 각별한 사랑이야말로 우리의 미래를 가꾸는 것이며, 베트남에 대해 지니고 있는 '마음의 빚'을 갚는 과정이기도 하다.

그녀들의 가정에서, 불행과 그늘을 머금고 태어난 2세들은 이제 군 입대를 앞두고 있다. 국가 수호의 책임이 그들의 손에 쥐어지고 있다. 그들에게 수월성 있는 교육이 행해져야 할 필요성이 절박하게 확인되는 순간이다. 베트남을 모국으로 하는 그들 2세들에게 베트남을 이해하고, 베트남의 핏줄이 부끄럽지 않다는 것을 자각하게 하고, 베트남의 뿌리에 대해 인식할 기회가 제공되어야 한다. 스스로 스스로를 자존할 수 없게 하는 유의미한 조치가 절실하다. 이는 해체 직전의 가정에 대하여 놓칠 수 없는 사안이며, 이제는 국가가 나서 care할 사안이다.

봉화에 뿌리박힌 베트남의 유산은 이들에게 모국을 느끼고, 고향의 향수를 달래며, 자신들을 돌아볼 좋은 귀감이 될 것이다. 질풍노도의 시기에서 방황하는 그늘진 가정의 2세들에게 그들이 결코 '단독자'가 아님을 봉화에서 확인하게 할 것이다.

베트남의 핏줄이자 한국의 핏줄이기도 한 이들로 하여금, 조국과 모국 사이를 오가는 인재로 성장할 심오한 자기인식, 자긍심의 기반을 봉화의 토양에서 얻게 할 것이다.

대외적으로도 봉화의 사업은 깊은 의미를 지닌다. 한국과 베트남의 경제적 밀착은 미래로 갈수록 더욱 강화될 것이다. 우선 경제적 접근에 앞서 정신적, 역사적 성찰과 접근이 선행될 필요가 있다. 그들의 마음을 얻어야만 영속성, 지속성, 확장성이 열리며, 그들의 정신과 역사를 이해해야만 그들과의 교감이 가능해진다.

K팝, 한류, 축구, 가전제품이 일시적으로 베트남의 눈과 귀를 홀릴 수는 있다. 그러나 영원히 그럴 수는 없다. 그들의 심금을 울리고 그들과 우리가 다르지 않다는 영속적 일체감은 봉화의 유산을 드러내는 사업을 통해서만 가능하다.

이런 맥락에서 봉화는 베트남과의 교역을 여는 창구이자, 심리적 정신적 유대를 쌓는 성지이며, 한·베의 연결을 확고히 하는 교묘한 탯줄이다.

Ⅳ. 왜 베트남인가

한국은 불행히도 수출의존도가 높고 초고령화 사회로 진입한 상태이다. 농촌에는 일꾼이 없고, 산업 현장에는 인력이 없고, 청년 일자리는 줄어들고 있다. 성장 동력은 이미 꺼져 가고 있다. 한국의 이런 실정에서 베트남과의 협력은 중요하다. 1억 베트남인을 어찌 설득하고 그들과 어떻게 교감할 것인지 이제 진지하게 고민해야 할 순간에 이르렀다.

우리 역사를 통하여 중국만큼 우리를 힘들게 한 민족이 없다. 일본만큼 우리를 침략하고 약탈한 민족이 없다. 우리 역사는 피와 고통과 눈물로 얼룩져 왔다. 이들 양중, 양일의 배후 교두보로서 베트남은 절실하다. 베트남과 한국은 이미 혼인으로 동맹을 맺은 상황이다. 한국에게 있어 《손자병법》의 원교근공이란 솔직히 베트남을 두고 이른 말처럼 보인다.

한국은 G4(미, 중, 일, 러)의 틈바구니에서 애초 전쟁과 평화를 선택할 힘이 없었다. 한국은 언제나 '외로운 늑대'의 처지였다. 주위를 둘러봐도 친절한 이웃(?) 하나 없는 한국에게 있어, 베트남은 소중한 혈맹에 가깝다. 1억의 젊은 시장, 베트남은 교린의 대상국이자, 공존공영을 함께 할 전략적 동반자이다.

또 베트남은 굳건한 군사적 동맹 관계를 구축할 대상국이기도 하다. 안보란 자신의 힘만으로 지켜지는 것이 아니라 정교한 계획과 설계를 바탕으로 짜고 이웃과 더불어 보완되는 것이라야 한다. 이토록 명징한 교훈을 놓고 볼 때, 베트남의 가치는 더욱 커진다. 이제 우리의 미래를 위하여 베트남이 필요하다.

Ⅴ. 봉화는 무엇을 계획하는가?

봉화의 '베트남 타운'은 정주(定住)의 개념이다. '코리안 타운', '차이나타운'과는 달리 베트남인의 집주(集住)는 쉽지 않다. 타운의 예정지, 소금미는 산곡(山谷)이다. 풍수지리상 골바람이 이는 곳이다. 양택(陽宅)이 들어서기 부족하다. 오션뷰처럼 잔잔한 호수를 전망해야 하건만, 호수를 향하면 서향(西向)이 된다. 봉화의 접객 시설은 골바람과 서향을 피해되, 안온한 저녁을 선사할, 먼 미래를 내다보는 지혜로운 입지 선정이 필요하다. 봉화가 의도한 진짜 목적은 '베트남 테마 파크', '베트남 역사 파크', '베트남 기념 파크'가 분명하다. 이에 베트남, 봉화의 특산품과 음식을 염가 할인하고 판매하는 시가지의 형성, 주민들의 일자리 마련도 배제하지 않는다. 봉화에는 봉화에 거주하는, 베트남 출신 Native Speaker 70여 명이 이미 확보되어 있다.

봉화의 베트남 거리는 역사적으로도 의미심장하다. 창평~소금미에 이르는 베트남 거리의 배후에는 화산이씨 영령이 산록을 따라 줄지어 묻혀있다. 이로써 현재와 과거가 습합된 절묘한 역사 로드가 마련되는 셈이다.

산자수명한 봉화의 관광 활성화, 진작을 위해, 별도의 훌륭한 현대식 접객 시설 역시 절실하다. 남향의 양지바른 곳, 레이크 뷰(Lake View), 현대식 시설의 접객 시설은 불가결의 요소이다. NGUYEN VU TU 베트남 대사의 불편한 하룻밤이 다시 재현된다면, 봉화에게 있어 그것은 매우 불행한 일이 될 것이다. 훌륭한 숙박 시설이 전제될 때, 지역 경제에 보탬이 되고, 실익이 있으며, 재방문의 유인 요소가 된다. 그럴 때에만, 탐방객은 바람처럼 왔다가 안개처럼 자리할 것이다.

봉화는 가장 아름답되 편리하기 그지없는, 호반(湖畔)의 접객 시설을 갖출 것이다. 미구에 베트남의 공무원들이 연수를 오거나, 베트남의 대학생들이 졸업 여행을 오거나, 7만 명의 베트남 결혼 이주 여성의 가족들이 교대로 봉화를 방문할 때, 안온한 하룻밤을 제공할 쉼터, 힐링의 공간을 봉화는 마련해 둘 것이다. 베트남의 정·관계 주요 인사의 봉화 방문, 뿌리 찾기 역시 염두에 두고 봉화는 그 준비를 게을리 하지 않을 것이다. 훌륭한 접객 시설 안에서, 8,000개가 넘는 베트남 진출 한국 기업들의 간담회가 개최될 것이고, 주한 베트남 유학생들의 총회가 열릴 것이며, 한·베 정상 회담의 주요 장소로 애용될 것이다. 봉화는 베트남의 뿌리 찾기, 성지 탐방, 2세 교육 등 볼거리, 먹을거리, 경험 거리 제공에의 전범(典範)이 될 것이다. 봉화는 이 모든 가능성을 배제하지 않는다.

Ⅵ. 봉화는 무엇이 다른가?

봉화의 베트남 사업은 여타 지자체의 사업과는 궤를 달리한다. 예전의 사업들이 선심성, 즉흥성, 내수용으로 요약되며, 빈곤한 컨텐츠, 저열한 문제의식을 노정하였고, 수익성은 고사하고 예산과 혈세만 삼키는 하마였다면, 봉화의 사업은 1억 베트남인을 배후에 두고, 7만 5,000의 베트남 결혼 이주 여성, 8,000개가 훨씬 넘는 베트남 진출 기업들, 베트남의 공무원과 대학생들, 정관계 주요 인사들의 방문까지 염두에 둔, 국제적(International) 국리민복의 사업이다.

봉화의 베트남 사업은 국가와 국가를 묶는 교두보를 쌓는 사업이다. 국제적 봉화로의 발바꿈이 이제 눈앞에 이르렀다. 봉화의 베트남 유적 정비는 베트남 결혼 이주 여성들의 고민, 자녀들의 교육과 미래를 위한 교육의 장을 마련하는 것이다. 인간은 자긍심, 자존심을 가질 때, 자기 계발이 가능하다. 자신감이 생겨야, 노력할 수 있고, 노력해야 행복에의 문이 열린다.

봉화의 베트남 사업은 봉화 사람에 의한, 봉화 사람을 위한 것이기도 하다. 관광객, 탐방객을 위한 음식은 쌀 한 톨이라도 봉화의 산물을 사용할 것이다. 빠짐없이 봉화의 산물로 채워지는 '로컬 푸드' 체제로 운용될 것이다. 무엇보다, '봉화 사람이 행복하지 않는 봉화 사업은 있을 수 없다.'

봉화 사업은 철저한 역사적 명분과 팩트(Fact)를 기반으로 한다. 필자는 십년 세월을 Lý Long Tuong에 투자했다. 필자는 2012년, 2015년 결정적으로만 두 번, 봉화의 베트남 사업을 주창했다. 하지만 필자의 철학과 신념은 그 보다 더욱 많이 봉화에서 시험 당했다. 한때는 봉화가 이런 문화유산을 지닐 자격이 있나 심히 의심하기도 했었다. 이제 2018년, 필자는 더 이상 물러설 곳이 없다. 지금 봉화에는 군민과 미래를 위해 '사즉생'의 각오로 나선, 기민한 공무원들이 포진해 있다. 심기일전 청사에 길이 남을 금자탑의 대역사에 능히 도전해볼 만하다.

불과 인구 2,000의 '베들레헴'이 예수로 인해 '작지 않은 도시'라 일컬어지듯, 봉화는 베트남 유적으로 말미암아 1억의 심금을 움직이는, 한국 역사와 미래의 심장이 될 것이다.

NGUYEN VU TU 베트남 대사는 이미 봉화를 위해 전면에서 뛰고 있다. 베트남 정부 역시 깊은 관심을 표명하고 있다.

베트남 문체부는 봉화에 담을 콘텐츠를 고민하고 있다. 한국과 베트남 정부의 수뇌는 화산이씨를 쉼 없이 화두로 삼고 있다. 봉화의 사업은 한국 정부와 베트남 정부가 원하는, 시의성을 갖춘 긴요한 사업이다.

봉화는 리(李) 황조의 발상지 고법(현 단방)을 포함하는 뜨선시와의 결연 역시 이미 추진하고 있다. 베트남에서 216년, 한국의 봉화에서 800년, 이렇듯 두 동강난 리(李) 황조의 역사가 장엄하게 맞닿는 접점이 봉화이다. 한국과 베트남은 봉화를 통해 연결되며, 비로소 하나가 된다.

봉화가 결연을 추진하는 뜨선의 위에는 또한 삼성 산단이 위치한 옌퐁이 있다. 뜨선과 옌퐁은 모두 박닌성의 경역 안에 있다. 봉화는 리 황조의 과거와 결연을 맺는 동시에, 글로벌 기업 삼성의 현재와도 인연의 끈을 잇고자 한다. 베트남 전체 수출의 1/5을 차지하는 삼성과의 연대와 제휴는 과거를 바탕으로 이뤄지는 현재이며, 이는 다시 미래의 창달로 연결될 것이다.

이른바, 인생에 초점을 둔, '법고창신'의 새 역사, '실사구시'의 청사진을 봉화는 현재 계획하고 있다.

제공=박순교(《화산군 Ly Long Tuong》의 저자, 봉화군 정책 자문위원)

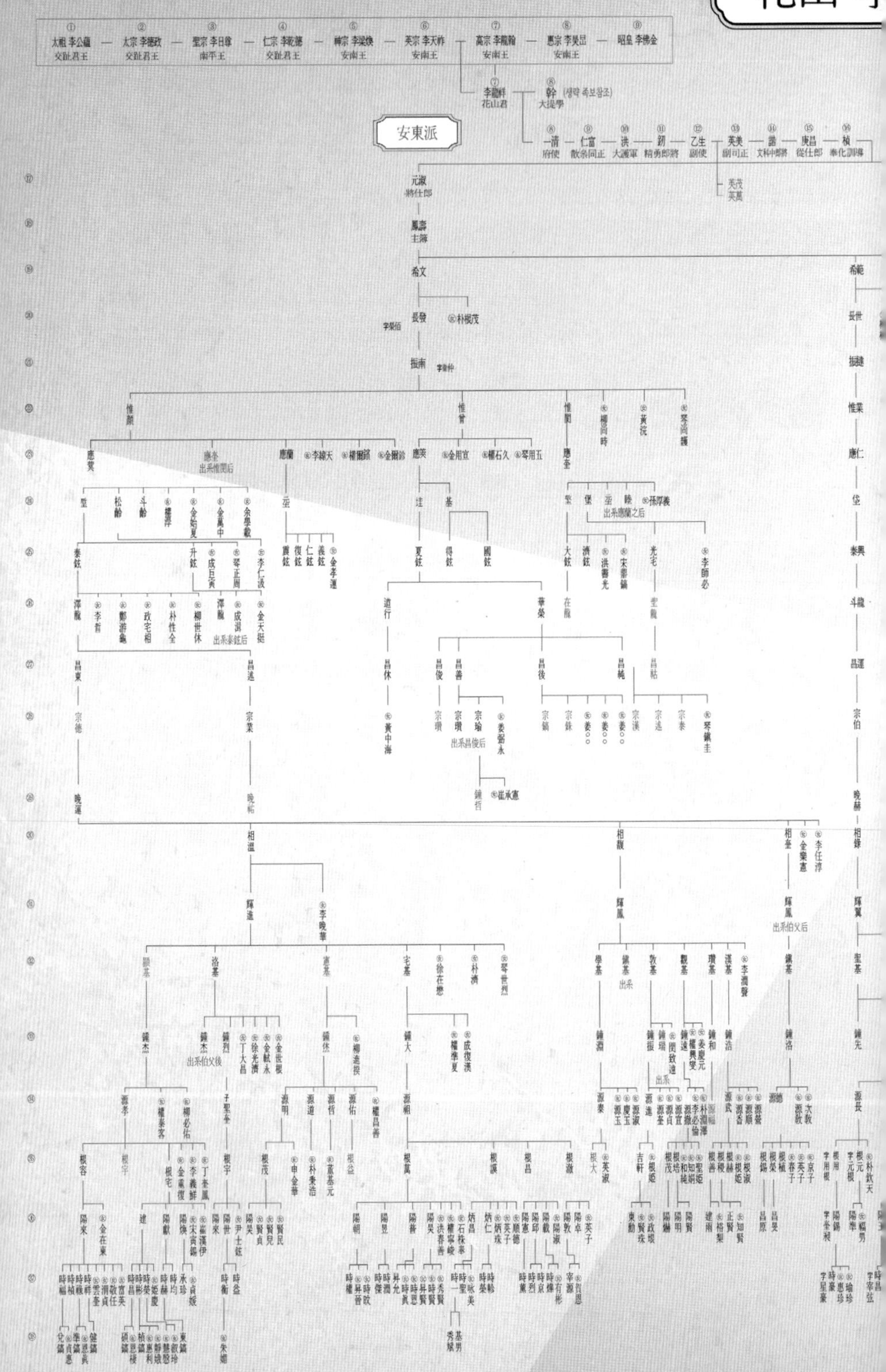

花山 李
① 太祖 李公蘊 交趾君王
② 太宗 李德政 交趾君王
③ 聖宗 李日尊 南平王
④ 仁宗 李乾德 交趾君王
⑤ 神宗 李陽煥 安南王
⑥ 英宗 李天祚 安南王
⑦ 高宗 李龍翰 安南王
⑧ 惠宗 李昊旵 安南王
⑨ 昭皇 李佛金
⑦ 李龍祥 花山君
⑧ 幹 (생략 족보참조) 大提學
安東派
⑧ 一淸 府使
⑨ 仁富 散系同正
⑩ 洪 大護軍
⑪ 純 精勇郎將
⑫ 乙生 副使
⑬ 英美 副司正
⑭ 諧 文科中郎將
⑮ 東昌 從仕郎
⑯ 楨 奉化訓導
英茂
英蕃
元淑 將仕郎
鳳壽 主簿
希文
希範
長發
朴樹茂
指南
惟顏
惟曾
惟閔
柳尙時
黃沆
琴尙護
應蓂
應奎 出系惟閔后
應蘭
李綽天
權爾鉉
金爾瑜
應英
金用宣
權石久
琴用五
應奎
出系應蘭之后
孫厚義
夏鉉
得鉉
國鉉
道行
華榮
昌休
昌俊
昌善
昌後
昌純
黃中海
出系昌俊后
崔承憲
出系泰鉉后
晩運
相溫
相馥
輝遠
李晚華
輝鳳
出系伯父后
出系伯父後
出系

▯(次子계열)

* 본 자료는 이미지컷으로,

상세자료는 도서출판 지성인(010-3221-1878)에서 확인가능

범례
- ● 절손(無嗣)
- ● 出系
- ㊀ 세대수

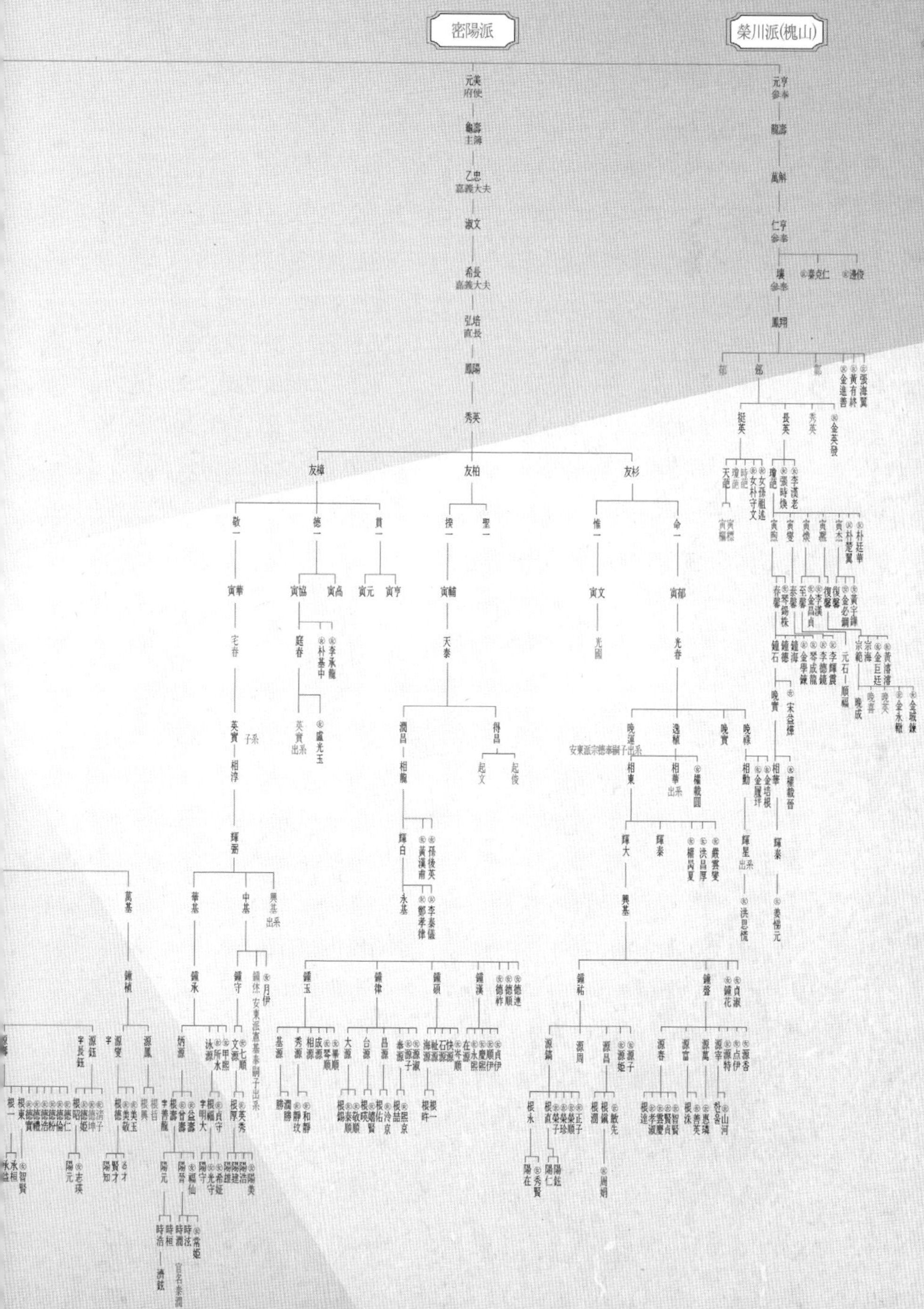

연구자: 朴淳敎[Park soonkyo] 발주처: 경상북도 봉화군 인쇄·제작: 도서출판 지성인

찾아보기

[아]

[자]